A Clínica do Escrito

Jean Allouch

A Clínica do Escrito

Tradução
Dulce Duque Estrada

Editor
José Nazar

Copyright © 1994 by Editions Erès, atual Epel.

Direitos de edição em língua portuguesa adquiridos pela
EDITORA CAMPO MATÊMICO
Proibida a reprodução total ou parcial

EDITORAÇÃO ELETRÔNICA
FA – Editoração Eletrônica

CAPA
Fatima Agra sobre imagem de
Gustav Klimt – A Árvore da Vida

EDITOR RESPONSÁVEL
José Nazar

CONSELHO EDITORIAL
Bruno Palazzo Nazar
Pedro Palazzo Nazar
José Nazar
José Mário Simil Cordeiro
Maria Emília Lobato Lucindo
Pedro Palazzo Nazar
Teresa Palazzo Nazar
Ruth Ferreira Bastos

Rio de Janeiro, 2007

CIP-BRASIL. CATALOGAÇÃO-NA-FONTE
SINDICATO NACIONAL DOS EDITORES DE LIVROS, RJ

A438c
    Allouch, Jean
    A clínica do escrito / Jean Allouch; tradução Dulce Duque
Estrada; coordenação editorial José Nazar. – Rio de Janeiro: Cia. de
Freud, 2007.
    280p.

    Tradução de: *Lettre pour lettre : transcrire, traduire, translittérer*
    ISBN 978-85-7724-029-6

    1. Freud, Sigmund, 1856-1939. 2. Lacan, Jacques, 1901-1981.
3. Psicanálise. 4. Sinais e símbolos. 5. Escrita. I. Título.

07-2835.
                                  CDD: 616.8917
                                  CDU: 615.851.1

Companhia
de Freud
e d i t o r a

ENDEREÇO PARA CORRESPONDÊNCIA
Rua Barão de Sertório, 57 – casa
Tel.: (21) 2293-7166 • (21) 2293-9440
Rio Comprido – Rio de Janeiro
e-mail: ciadefreud@ism.com.br
www.ciadefreud.com.br

Nem no que diz o analisando, nem no que diz o analista, (não) existe outra coisa além da escrita.

Lacan, Seminário de 20/12/1977.

Para começar, a pretexto de que defini o significante como ninguém ousou fazer, não pensem que o signo não seja assunto meu. Muito pelo contrário, este é o primeiro, e será também o último. Mas é preciso fazer este desvio.

Lacan, "Radiophonie", in Scilicet 2/3, p. 65

Introduzindo na psicanálise o tríptico transcrição, tradução, transliteração, este livro tenta abordar este "assunto", dando sua consistência de escrito a este "desvio".

Tentou-se manter este trilhamento para aquém desse ponto de báscula assinalado por Lichtenberg, quando notava que "Como diz magnificamente Bacon (Novum Organon, L. 1, 45 apha), 'Onde o homem percebe um pouquinho de ordem, supõe imediatamente um excesso dela'" (Aphorismes, p. 233/234 da tradução francesa).

SUMÁRIO

INTRODUÇÃO	Por uma clínica psicanalítica do escrito 9	

PRIMEIRA PARTE
Sobre o trilhamento de Freud 21

CAPÍTULO UM	Freud e a cocaína 23
CAPÍTULO DOIS	A histérica em suma 39

SEGUNDA PARTE
As transversais do literal 61

CAPÍTULO TRÊS	Tradução, transcrição, transliteração 63
CAPÍTULO QUATRO	O "pas-de-barre" fóbico 75
CAPÍTULO CINCO	Onde o desejo não vale nada 97

TERCEIRA PARTE
Doutrina da letra 109

CAPÍTULO SEIS	Leitura de um deciframento 111
CAPÍTULO SETE	A "conjetura de Lacan" sobre a origem da escrita 135

QUARTA PARTE
Função persecutória da letra 155

CAPÍTULO OITO	Da discordância paranóica 157

QUINTA PARTE
A letra em instância 209

CAPÍTULO NOVE	O engaste da transferência 211
CAPÍTULO DEZ	A discursividade 235
Conclusão	Estatuto psicanalítico do sexual 271

INTRODUÇÃO

Por uma clínica psicanalítica do escrito

"Na psicanálise tudo é falso, menos os exageros."
Adorno[1]

Um amigo, interessado em psicanálise, e para quem — sem, aliás, que eu ou ele saibamos precisamente por que — minha opinião é importante, confessou-me um dia uma questão que o preocupava: "Como você define a saúde mental?", dizia ele.

Surgem, às vezes, vindas de pessoas que não pretendem qualquer competência, que nem mesmo podem pensar-se como estando realmente "por dentro", certas observações ou interrogações que se distinguem por uma agudeza toda particular. Era este o caso, ao que me parecia, e com a ajuda do fio da conversa, dei uma resposta que me pareceu, tão logo a emiti, pertencer a essa espécie de enunciados cujo locutor sabe, no momento mesmo em que os formula, que dizem mais do que aquilo que ele desejava dizer em primeiro lugar. A saúde mental, foi minha resposta, é **passar para outra coisa**.

Eis uma definição! Vai-se observar que ela nos deixava aos dois tão ignorantes como antes, pois, tanto quanto eu, esse amigo sabia que não basta imaginar que se passa para outra coisa, nem mesmo agir a fim de sustentar essa imaginação, para que este seja efetivamente o caso. Existirá uma chance, apenas, de poder algum dia atribuir esse **passar para outra coisa** a um sujeito? Não se deveria, ao contrário, aceitar o fato de que aquilo que aparece como mudança numa vida não passa de tentativa (às vezes, a última) onde essa vida não cessa de não passar para outra coisa? Neste sentido, o interesse desta definição de saúde mental seria valioso, independentemente da questão de saber se existe alguém que a satisfaça; ela se verifica, assim, não ser incompatível com a definição dos humanos como "necessariamente loucos", onde Pascal excluía que qualquer um pudesse escapar.

O que vem a ser, pois, o encontro do psiquiatra com seu louco, senão uma tentativa do primeiro para tornar operante, quanto ao segundo, o voto de que ele passe a outra coisa... que não a sua alienação? Que se evoque a figura

---

[1] Citado por M. Jay, in **L'Imagination dialectique**, Payot, 1977, p. 131.

de Pinel (que se perfila sempre por trás da de Charcot) orquestrando toda uma encenação, convocando alguns colegas para fazê-los se assentar, vestidos convenientemente, num tribunal revolucionário simulado a fim de obter, de alguém que se acreditava objeto de uma sentença de morte por ter feito em público afirmações de um duvidoso patriotismo, e através de uma absolvição que lhe seria formalmente comunicada, que ele renuncie à sua crença delirante, que aceite, enfim, mudar o que Pinel não hesita em designar como "o círculo vicioso de suas idéias". Existe aí uma tomada em consideração notável do próprio discurso do alienado[2]. Entretanto, falha-se, na alienação (e de fato, o "tratamento moral" é fracassado), ao apoiar-se, para contrabalançá-la, naquilo que, no louco, ainda subsiste de razão, aquilo que o faria admitir, por exemplo, já que um tribunal o absolve, que ele não tem mais que se achar culpado, e pode expulsar imediatamente esses pensamentos delirantes que o deixavam em estado de permanente prostração.

Essa maneira de empurrar o outro a fim de passar para outra coisa se reencontra, quase tal e qual, na psicanálise. No entanto, o fato de que a saúde mental seja formulada **como tal**, mas ainda assim **em outra parte** que não ali onde se exerce a psiquiatria, introduza uma notável defasagem, sugere que existem alguns (e não é excepcional que alguns psicóticos se incluam nesse grupo) que consideram, pelo menos como possível, um outro modo de "sair disso".

De fato, é isso que dá a entender, em certos tempos privilegiados, o discurso da psicanálise. É assim que aquele que se dirige a um psicanalista, quando não é mais possível não passar para outra coisa, "sabe" (ao menos sob este modo de saber implicado em toda efetuação) que não existe outro caminho para sair disso, senão o autorizar-se a se envolver mais ainda nisso. Se há, aqui, uma chance de se **passar para outra coisa**, esta só poderia advir passando-se, ainda uma vez, pela coisa do outro — o que equivale a acrescentar a ela. A isso subscreve o psicanalista, na medida em que aceita, de saída, reduzir sua resposta ao monótono "associe", isto é, dando a palavra a quem se dirige a ele, abrindo assim o campo ao desenvolvimento da transferência.

Mas, vai-se dizer, Pinel tampouco ignorava que não era viável passar para outra coisa sem passar pela coisa do outro. Não era isso mesmo o que ele punha em jogo, ao recomendar que se "domesticasse", e mesmo que se "domasse" (são suas próprias metáforas) o alienado? Segue-se que essa maneira de dizer não é suficiente, e a questão é mais a de uma distinção dos diversos modos dessa passagem: se é, com efeito, concebível que nem todos são equivalentes, ainda é necessário situar, precisamente, o que os diferencia.

Como toda questão elementar, esta é difícil de abordar. Se domesticar o alienado para afastá-lo de sua alienação parece, realmente, uma maneira de levá-lo a se produzir num terreno, para ele **outro** (aquele onde cada um se vota à "utilidade pública" — últimas palavras do tratado de Pinel), temos, no

---

[2] Ph. Pinel, **Traité médico-philosophique sur l'aliénation mentale ou la manie**. Ano IX. Cercle du livre précieux, Paris, 1965, p. 58 e 233-7.

entanto, a intuição de que este tipo de relação com o outro difere sensivelmente daquele que se institui, para alguém, a partir do momento em que a palavra lhe é dada. Isso, porém, permanece em parte confuso, e tudo se passa como se não fosse possível, de imediato, com as palavras de todos os dias, explicitar os diversos modos dessa passagem. Assim, por exemplo, não se é capaz de poder simplesmente nomeá-los, de estabelecer a sua lista e, portanto, contá-los.

Diante desta dificuldade, vamos voltar, por exemplo, à oposição entre o que seria proveniente da sugestão e o que a dispensaria? Pode-se, com efeito, pensar a domesticação como uma maneira de sugestão, e recordar que este termo, de um ponto de vista nocional, mas também prático, serviu por algum tempo para definir um certo modo de acesso — ou seria melhor dizer de não-acesso? — à alteridade. Mesmo considerando, entretanto, o trilhamento de Freud como contrário a esta tentativa, não se poderia tirar daí uma bipartição qualquer para uma classificação dos diversos modos desse acesso/não-acesso. Com efeito, é patente que a sugestão faz questão na própria psicanálise (Freud é testemunha disso) e não poderia, pois, ser tomada simplesmente como aquilo que a psicanálise rejeitou para se constituir.

O afastamento de toda oposição, por ser demasiado redutora, parece aumentar a dificuldade. Todavia, isso tem a vantagem de dar lugar ao que se chama **experiência**. Vamos qualificar esta última de "clínica", na medida em que poderá ver, na clínica, uma das principais tentativas de produzir uma descrição — senão uma análise — dos diversos modos de relação com a alteridade, maneiras, às vezes variadas e variáveis, pelas quais uma certa alteridade não cessa de ser aquilo com que um sujeito tem a ver, isso a que ele responde no seu sintoma (neurose), às vezes isso com que ele responde na sua existência (psicose) ou na sua carne (doenças ditas "orgânicas").

Convidando o analisando a tornar a passar pela coisa do outro, a psicanálise estabeleceu uma nova maneira de recolher o testemunho da clínica. Daí resultou uma clínica psicanalítica, sobre a qual o fato notável é que ela não rompeu radicalmente com a psiquiatria, e sim introduziu, com relação a esta última, um certo número de rupturas, de desamarrações, de defasagens, de deslocamentos de questões, de reformulações e até mesmo de novos objetos. Cada um desses elementos vale como a singularidade de uma diferenciação que se conseguiu estabelecer; já o disseram: "Deus está no detalhe". Não constatamos que toda grande questão de doutrina psicanalítica, quando se estuda um pouco mais de perto, remete a um ponto localizado de uma observação clínica? Um exemplo: do fato de que a análise de Serguei Pankejeff dá o lobo como **sendo apenas** o substituto do pai, Freud situa, o que estava longe de ser evidente, a oralidade, como uma pré-genitalidade, como marcada pelo genital.[3]

Assim, a experiência da psicanálise reelabora, às vezes aos poucos, às vezes em blocos inteiros, o saber clínico. É disso que este livro, ao que me

---

[3] Cf. "Le terme de l'homme aux loups", J. Allouch e E. Porge, in **Ornicar?** n° 22/23, 1981, Lyse éd., Paris.

parece, dá conta. Ele situa em primeiro lugar como e em que o trilhamento de Freud rompeu com uma certa abordagem clínica (será necessário precisar seu estatuto), instalando assim uma outra maneira de interrogar a experiência, uma outra possibilidade de acesso à loucura. A partir daí, ele dá a entender como a clínica psicanalítica assim inaugurada viu-se, com Lacan, definida (mas também posta em obra) como uma clínica do escrito.

Como situar o trilhamento de Freud, o deslanchar a partir do qual se pôde começar a formular uma clínica psicanalítica? O fato de que a experiência analítica tenha advindo ao lugar mesmo em que se via falhar aquilo que a língua francesa condensa sob o termo "drogue", droga, esta droga que devia, para Freud, assegurar a estabilidade da relação terapeuta/paciente, mantê-la na evidência triunfante de uma bipartição não questionada, isso é o que se pode ler na aventura de Freud enquanto cocainômano (capítulo I). O caso é tanto mais notável na medida em que se pode observar por que vias é possível interromper o enganchamento de um sujeito em seu sintoma. Foi nessa falta, para si mesmo, de um medicamento/sintoma, foi desde o reconhecimento dessa falta que Freud se fez, em primeiro lugar, o tapeado pela histérica, apresentando-se como o arauto de uma teoria histérica da histeria. Da cocaína falha ao sonho de uma injeção de trimetilamina, depois, desta injeção, à revelação da trimetilamina como fórmula, há um percurso, série de malogros diferenciáveis, senão já diferenciados. O segundo desses malogros foi efetuado por um Charcot que soube elevá-lo ao nível de uma gigantesca bufonaria pública. Freud não subscreveu a isso, mas ficou atento, a ponto de dever, para marcar sua escolha de Anna O. contra Porcz ou Pin (dois doentes de Charcot que Freud conheceu na famigerada apresentação), deixar sua pena ser guiada pelas sugestões da histérica (capítulo II). A coisa freudiana, como se sabe, não ficou por aí e foi o sonho, ou mais exatamente sua interpretação analítica, que veio deslocar o simples jogo de uma oposição entre uma versão universitária da histeria e a teoria da histeria tal como a propõe a própria histeria.

Assim, a análise do deslanchamento ao qual se deve aquilo que já permite falar numa clínica psicanalítica se fecha aqui numa retomada da questão do sonho (capítulo III). Ao menos provisoriamente, pois este fio encontra seu prolongamento na questão da transferência. O fato de que a revelação da transferência seja um dos principais frutos da clínica analítica não quer dizer, no entanto, que ela tenha chegado a termo. Veremos como somente ao fim de um encaminhamento ao mesmo tempo clínico e doutrinário se pode encarar uma abordagem da transferência. Nada, com efeito, pode ser formulado hoje (ou seja, depois de Lacan, especialmente depois da dissolução da Escola Freudiana de Paris, tomada como um acontecimento maior do "retorno a Freud" de Lacan), para situar a transferência, sem que se leve em conta o que Lacan apontou como "o campo propriamente paranóico das psicoses". Tal é a razão para que uma cifração* da transferência seja proposta aqui, ao final do percurso (capítulo IX).

---

* Traduz-se, neste texto, "dechiffrement" por " deciframento" e " chifrage" por "cifração", mantendo-se o mesmo procedimento para os vocábulos de mesma derivação. (NR)

Começamos esse percurso clínico pela toxicomania, depois pela histeria. Mas o fato de se ter levado a coisa, a cada vez, no nível do caso, do particular, não deixa de se beneficiar da doutrina, o que a análise do sonho põe, claramente, a nu. A clínica trilhada por Freud, dando ao sonho — este é o fato decisivo — o valor de uma formação literal, se define, de imediato, como uma clínica do escrito. A partir daí, munidos desta chave, podemos retomar algumas das grandes questões clínicas tais como a fobia (capítulo IV), o fetichismo (capítulo V), ou ainda a paranóia (capítulo VIII). Em que uma clínica do escrito pode renovar a análise desses modos diversos da relação com o outro? Tal é a questão que, esperamos, ao ser tratada, não deixará de ter conseqüências para a prática da psicanálise. É assim que a análise do trilhamento freudiano, da defasagem entre a abordagem freudiana e qualquer outra já estabelecida se desenvolve em extensão, liberando algumas vias de uma clínica analítica que, ainda hoje, permanece em grande parte não cultivada.

Entretanto, a esses dois fios ligados entre si (história da psicanálise, formulações de uma clínica analítica) acrescenta-se um terceiro, este relativo à doutrina (cf. **terceira parte**: doutrina da letra). Para dizer a verdade, não é possível opor doutrina e clínica, pois verificamos, ao contrário (a experiência o verifica imediatamente), que, quanto mais uma observação se faz literal, mais próxima, portanto, do que se dá a ler, mais facilmente se percebe (às vezes até mesmo formulado tal e qual) o ponto de doutrina ali implicado. No entanto, a coisa não é automaticamente retomada na doutrina, existe aí uma parcela de sorte, de uma felicidade originada num registro inteiramente outro que não o da mestria. Se não se tivesse descoberto a produção de tal felicidade, não me parece que fosse realmente justificada a reunião, num livro, desses estudos clínicos; e, talvez, sem o jogo de nomeação de que se vai tratar agora, a doutrina se iria ver, mais uma vez, não questionada pela clínica. Lacan: "A nomeação é a única coisa de que temos certeza que faz furo."[4]

Uma **clínica do escrito**, o que significa isso? Basta ter assim singularizado a clínica analítica para que se apresente um certo número de questões, sobre as quais o fato espantoso é que tenham sido tão pouco abordadas. A primeira dentre elas talvez seja a da leitura; se um sonho deve ser tomado como um texto, em que consiste o fato de se o ler? E, mais geralmente, se a psicanálise opera a partir do seguinte: **um ser que pode ler sua marca, isso basta para que ele possa se reinscrever noutra parte além dali onde a gravou**[5] o que deve ser essa leitura para que ela produza, sem outra intervenção (cf. o **basta**), uma reinscrição noutra parte do ser falante?

Neste ponto preciso, Lacan é consultado. Isso quer dizer que nos dirigimos a ele enquanto leitor, enquanto suscetível de esclarecer (quando se estuda de perto sua maneira de ler) o que significa "ler" em psicanálise. É claro que este viés é específico, mesmo que se possa notar que está na linha direta da relação de Lacan com Freud, já que é realmente como um **leitor** de Freud que Lacan posicionou a si mesmo, uma vez que foi mesmo por estar apegado

---

[4] Lacan, R.S.I. Seminário infelizmente inédito de 15 de abril de 1975.

[5] Lacan, Seminário infelizmente inédito de 14 de maio de 1969.

à letra de Freud que seu "retorno a Freud" pôde ser reconhecido como efetivamente freudiano.

Não há paradoxo algum, a partir desses laços dissimétricos de Lacan com Freud, em optar por interrogar Lacan, em vez de Freud, sobre o que quer dizer "ler" sob um ponto de vista freudiano. Isso se verifica nos fatos: a leitura freudiana do presidente Schreber ou de Herbert Graf se faz mais aguda, mais precisa, mais rigorosa, quando retomada por Lacan. Existe aí o favorecimento a priori de um método que vai de encontro ao que se imagina de um acréscimo de verdade atribuído ao testemunho direto, à presença, à imediatez; essa opinião, valorizando, ao contrário, o **testemunho indireto**, já dá uma indicação concernente ao que pode ser uma clínica do escrito. Sabe-se que Lacan, na proposição chamada de "outubro de 1967", ao fazer depender a nomeação ao título de analista da escola do testemunho (indireto) de "passadores", deu todo seu peso a esse modo de testemunho. Entretanto, este peso não deve levar a desconhecer que a coisa era homóloga ao fato de que um psicanalista, em geral, não sai para verificar a justeza de uma afirmação que o analisando lhe confia, com referência a um terceiro, mas fica, também, no testemunho indireto.

Entretanto, a opção por valorizar o testemunho indireto não poderia ser justificada a priori, já que depende da verificação da tese segundo a qual, **sob certas condições**, o testemunho indireto efetua melhor o bem dizer daquilo de que se trata. Não optamos aqui por construir o tratado que fundaria a pertinência dessas condições, mas vamos nos engajar nessa aposta, esperando que algumas delas possam, durante o percurso, encontrar sua formulação. A coisa será julgada, pois, não por seus frutos, mas por uma certa qualidade desses frutos.

Existe aí um eixo metodológico para uma clínica do escrito. É assim que fobia, fetichismo e paranóia serão estudados a partir daquilo que Lacan testemunhou ter lido sobre eles. E já que há solidariedade entre a operação do testemunho indireto e a tomada em consideração do caso **como caso**, o estudo do testemunho de Lacan vai-se concentrar em algumas das suas leituras, aquelas onde ele se deteve o tempo que foi preciso para visualizar as coisas em seus detalhes; vai-se tratar da sua leitura do "pequeno Hans", de André Gide (com o testemunho indireto constituído pelo estudo de J. Delay) e do presidente Schreber.

Mas consultar Lacan enquanto leitor (logo, consultá-lo também sobre o que é ler) reservava uma surpresa. O questionamento assim engajado devia conduzir a evidenciar um modo de leitura em Lacan, modo que, uma vez enunciado, só poderia ser reconhecido por quem quer que aceitasse estudar a coisa um pouco mais de perto. Pode-se constatar, com efeito, que cada uma das leituras que Lacan prosseguiu até receber ele mesmo um ensinamento delas (e assim fazer ensinamento deste ensinamento) se caracteriza pela colocação em jogo de um escrito para a leitura, para o acesso ao texto lido, a sua literalidade. Lacan lê **com o escrito**: e uma clínica do escrito se verifica assim uma clínica onde a leitura é confiada ao escrito, se faz vítima do escrito, aceita deixar o escrito conduzir seus passos.

Isso não quer dizer, é claro, que qualquer escrito sirva. Vamos pensar somente nos seminários consagrados por Lacan à construção de um grafo que lhe permitiria ler um dos mais comentados chistes recolhidos por Freud. Dois anos! Mas falar do cuidado que isso às vezes pode exigir não é responder à questão de saber o que funda a pertinência de tal escrito, o que o faz ser aquele escrito que convém ao objeto daquela leitura. Ora, a questão é decisiva, já que a leitura escolheu pôr-se na dependência do escrito, já que o objeto talvez não passe do que resulta da operação do escrito na leitura.

O caráter abrupto da questão não impede que se saiba que ela já encontrou, por vezes, em outros campos, a sua solução. Ela implica que haja leituras e leituras, e que nem todas sejam equivalentes; ora, existe um domínio, como o da egiptologia, onde essas diferenças atuaram no ponto preciso em que, devido a uma certa leitura, essa disciplina pôde ser reconhecida como tal, isto é, como um encaminhamento racional. Por que esquecemos que se "liam" (essas aspas são todo o problema) os hieróglifos muito antes que Champollion os decifrasse? E não se tem, com freqüência, a impressão justificada de que tal leitura clínica é exatamente da mesma natureza dos hieróglifos antes de Champollion? Tinha razão aquele analisando que abandonou, discretamente, seu analista, depois da sessão em que o ouviu proferir a obscenidade segundo a qual, com o que estava dizendo naquele dia, ele, o analisando, realizava "a castração sádico-anal do seu pai". Não duvidemos de que este analista acreditava ler! E até mesmo, ao fazê-lo, interpretar! E certamente não será aqui a substituição de termos freudianos pelos de Lacan que vai mudar o que quer que seja no estatuto deste tipo de leitura.[6]

Logo, se existem, realmente, leitura e leitura, ainda é preciso definir um pouco melhor o que é ler com o escrito — não só para estabelecer como que um leque de leituras diferentes, mas também para fazer obstáculo ao desenvolvimento, na psicanálise, a algumas delas. Terá sido por acaso o fato de ser a propósito da leitura lacaniana do pequeno Hans, isto é, de um caso de fobia, de um caso-charneira entre neurose e psicose, que se deveria produzir a nomeação que permitiria ordenar o conjunto da questão?[7] É bem verdade que, uma vez franqueado o passo desta nomeação, vista só-depois, a coisa parece, falando propriamente, trivial. Com efeito, ler com o escrito é relacionar o escrito com escrito, o que se chama, ali onde acontece freqüentemente que se deva passar por semelhante operação — isto é, na filologia — uma transliteração. Vamos reconhecer, dentre diversas maneiras possíveis de "ler", aquela que se distingue como uma leitura com o escrito, quando se verificar que esta leitura não causa impasse à transliteração.

A transliteração intervém na leitura, ligando o escrito ao escrito; confere,

---

[6] O que distingue essa aventura da prática analítica mais comum hoje em dia é que aqui o analisando soube que o caso (do seu analista) era incurável, que nada mais havia a fazer, portanto, senão deixá-lo e dar testemunho. Cf. F. Peraldi, Revista **Interpretátion**, n° 21.

[7] Foi escolhida uma ordem de apresentação que difere daquela de elaboração.

assim, importância ao que é geralmente admitido (particularmente em Lacan, que aqui segue a opinião comum) como a **qualidade secundária** do escrito. Não é tanto com relação à fala que esta secundariedade assume seu peso; ou, mais exatamente, esta secundariedade do escrito com relação à fala nada mais é que a recaída dessa secundariedade fundamental do escrito com referência a ele mesmo. O escrito, eis o que resulta da sua definição pela transliteração, está sempre ligado ao que Queneau inventou, criando o nome de "segundo grau". Por que se imaginaria menos presença nessa secundariedade quando basta admitir que lhe é adjacente um outro modo da presença? Quanto ao que nodula o escrito a um certo modo da presença do outro, não é possível deixar de consultar a experiência psicótica; ela permitirá que esse questionamento se prolongue, que se delimite melhor a maneira pela qual o escrito pode neutralizar uma certa presença, sobre a qual vamos nos limitar nessas páginas introdutórias a anunciar suas cores, dizendo-a persecutória.[8]

A transliteração é uma operação tanto mais convocada pela leitura quanto o que é dado a ler difere mais, na sua escrita, do tipo de escrita com que a leitura se irá constituir. Esta leitura **literal**, saberemos só-depois se ela foi isso mesmo. Ora, escrever o escrito é cifrá-lo, e esta forma de ler com o escrito merece, pois, ser designada como **um deciframento.**

A referência de Freud a Champollion no que diz respeito à interpretação dos sonhos, mas também, e de um modo mais geral, no que se refere à análise de toda formação do inconsciente, a nomeação por Lacan dessas formações como "cifrações" ("cifração inconsciente"), iriam elas confirmar a revelação, aqui, de um certo modo da leitura para a psicanálise? Iriam elas confluir com o privilégio atribuído, na psicanálise freudiana, a um certo tipo de leitura tal que seu mapeamento se teria tornado possível em Lacan? Seria viável, para além dessa eventual confirmação, especificar ainda mais em que esta leitura se especifica?

Esta prova deveria mostrar que a transliteração não basta, por si só, para definir um modo da leitura, que sua entrada em jogo na leitura é uma operação simbólica que se verifica, em cada caso, estar articulada às duas outras operações que são a tradução (do registro do imaginário) e a transcrição (operação real). Assim, a questão dos diferentes tipos de leitura encontrou sua formulação, construindo-se como aquela dos diversos modos possíveis de articulação dessas três operações.

É evidente que, tanto em Freud como em Lacan o emprego dos termos "tradução" ou "transcrição" é mal explicitado. Assim, Freud fala, a propósito da interpretação dos sonhos, em "tradução", mas só para corrigir-se, dizendo que não se trata, falando propriamente, da transmissão de um sentido de uma língua para outra, mas sim de um deciframento, tal como o de Champollion. Certamente, decifrar não é traduzir, mas foi preciso observar a transliteração na decifração de Champollion, bem como no trabalho de elaboração do sonho, para poder, a partir daí , definir o que era focalizado pela tradução e pela

---

[8] Cf. o capítulo VII, A discordância paranóica.

transcrição. Escrever se chama **transcrever** quando o escrito é regulado pelo som, **traduzir** quando se baseia no sentido e **transliterar** quando é regido pela letra.

O objetivo deste livro é a introdução deste tríptico na doutrina psicanalítica e, em seguida, o estudo de uma primeira observação do que isso vem esclarecer, até mesmo modificar.

Transcrever, traduzir, transliterar, essas operações nunca aparecem postas em jogo, quando se examina de perto tal ou tal caso, independentes umas das outras. Do mesmo modo as definições seguintes, se carecem de efeito prático, ou conseqüências marcantes, designam todavia operações que são inteiramente isoláveis, mas jamais encontradas em estado de completo isolamento; antes, trata-se da prevalência de uma delas, de uma espécie de jogo que consiste em **levar vantagem,** até mesmo em **passar à frente** (logo, em oposição radical a "não passar").

Transcrever é escrever regulando o escrito com base em alguma coisa fora do campo da linguagem. Assim (caso de transcrição mais freqüente ou, pelo menos, o melhor estudado) o som, reconhecido fora deste campo a partir do momento em que a lingüística sabe distinguir entre "fonética" e "fonologia". Não podemos deixar de notar, nesse sentido, o que separa a lingüística da psicanálise: ali onde um Jackobson se contenta com dois termos, **som** e **sentido**, e portanto, apenas com transcrição e tradução[9], fazemos aqui referência não só a duas, mas a três operações, e não a dois, mas a três termos. Vamos observar, além disso, que se tenta transcrever — dos movimentos complexos da dança ao simples jogo de cara ou coroa — muitos outros objetos além dos sons.

Vai-se observar, com razão, que a partir do momento em que se transcreve, entra-se no campo de uma linguagem, e que o objeto produzido pela transcrição nunca é mais que objeto determinado, ele também, pela linguagem. Entretanto a transcrição vai contra essa determinação, quer notar a própria coisa, como se a notação não interviesse na consideração do objeto notado[10]. Há um obstáculo real para a transcrição, já que o objeto visado jamais será objeto obtido, pois é impossível que ela produza o **tal e qual** do objeto. A transcrição esbarra (no sentido em que não desiste) neste ponto e, chocando-se com ele, tropeça. Daí sua definição como operação real no sentido em que Lacan, com Koyré, define o real pelo impossível. Mas, a este real, a própria transcrição não poderia ter acesso. É que o escrito que ela põe em jogo não encontra nela seu estatuto e assim ela não pode, agindo com algo de que não pode dar conta, **autofundar-se** de modo algum.

---

[9] R. Jackobson, **Six leçons sur le son et le sens.**

[10] Os distribuidores franceses do filme norte-americano intitulado por acrofonia E.T. optaram por não transcrever este título, o que daria, por escrito, ITI, mas transliterar para ET (trata-se de um fraco grau de transliteração, pois opera de uma escrita alfabética para uma outra escrita também alfabética e, além do mais, ambos os alfabetos têm uma origem comum). É assim que a classe culta pronuncia "iti", e o povo diz "etê". Eliminando o fato da influência cultural, surge o fenômeno mais puro que diferencia a transcrição da transliteração: onde se translitera, produz-se uma outra pronúncia; onde se transcreve, produz-se uma outra escrita.

Traduzir é escrever regulando o escrito pelo sentido. A operação tem a ver com o imaginário, tanto mais quanto o tradutor, tomando o sentido como referência, é levado a desconhecer sua dimensão imaginária. Surge, assim, como uma necessidade, que não haja uma teoria da tradução — não devido a alguma falha ou dificuldade, em princípio superável —, mas porque a tradução é uma prática não teorizável: o sentido tomado como objeto dá, com efeito, **imediatamente**, pregnância demais à captação (uma das figuras do inapreensível), quando mais não seja porque sempre intervém um espertinho para interrogar alguém que pretenda ter captado um sentido, com a pergunta: "Mas que sentido tem esse sentido?" — Dessa maneira, o sentido, pelo menos ao que se diz, "se aprofunda", se torna mais denso, mais pesado, e a confusão serve ao espertinho que, a pretexto de dizer o verdadeiro sentido profundo da coisa, tenta impor sua própria visão. É a essa tendência que a psicanálise deve sua aborrecida definição de "psicologia das profundezas". Estamos vendo, juntamente com o caso da "castração sádico-anal do seu pai" acima citada, o quanto a profundeza do sentido cresce na proporção inversa da literalidade daquilo que se traduz.

É por isso que em geral a tradução se quer "literal", o que designa simplesmente a procura de seus pontos de ancoragem em outras partes além do simples transporte do sentido a que ela se consagra: é necessária à tradução uma outra referência além do sentido para lutar contra o que Lacan observava ao dizer que o sentido rola como um tonel. Não é com o sentido que se detém a fuga do sentido.[11]

Transliterar é escrever regulando o escrito no escrito; a especificidade desta operação aparece melhor onde se lida com duas escrituras diferentes em seus próprios princípios. Poderemos ver e, parece-me, demonstrar, como essa transferência de uma escrita (aquela que se escreve) para uma outra (aquela que escreve) permite definir como simbólica a instância da letra. Mas essa definição da letra pela transliteração não implica que se deva supor algo como uma autonomia radical do escrito, que seja preciso considerá-lo como fechado em si. Ao contrário, a secundariedade, cujas conseqüências a transliteração, de certa forma, tira, exige reconhecer que o escrito constituiu-se inicialmente no domínio de algo de ordem diferente daquela da letra, uma ordem que a história da escrita mostra ser a do significante — o que designa também a ordem numérica, ou geométrica, ou musical, etc... Isso quer dizer que a transliteração tem seu ponto de partida na transcrição mesmo que seja da primeira que a segunda possa, só-depois, ganhar sua razão. Deve-se notar, por outro lado, que na sua articulação mais comum, não com a transcrição, mas com a tradução, a transliteração, quando se impõe concretamente, está a serviço desta, ou, mais exatamente, a serviço da ancoragem da tradução na literalidade.

Se transcrição, tradução e transliteração, se escrita do som, do sentido

---

[11] Lacan, "Intervention", in Lettres de **l'École Freudienne**, n° 15, junho de 1975, p. 72.

e da letra não atuam de maneira isolada, como se articulam essas operações? E como definir, a partir dessas diferentes articulações, quais seriam os diversos modos de leitura?

Não quisemos forjar aqui uma resposta **a priori**, desenvolvendo **como conceitos** os termos "transcrição", "tradução" e "transliteração"; tal pesquisa teria, com efeito, deixado escapar o próprio fio condutor da questão que incide, não sobre o estatuto do conceito, e sim sobre o da letra. Daí, o estudo literal de certos **casos** deveria, de preferência a qualquer outra conduta, revelar algumas articulações possíveis (já que atestadas) dessas três operações. Essa maneira clínica oferece o inconveniente (ou algo que parece sê-lo) de não permitir encarar a exaustividade das diversas articulações esboçadas; mas cada caso estudado, por ser um caso concreto, por se originar de uma análise literal, se oferece como podendo ser contestado. Responde-se, assim, nos fatos, à afirmação contundente de K. Popper, para quem as interpretações analíticas não eram refutáveis. Popper, decerto, é confirmado quando a interpretação se quer uma tradução das profundezas; mas uma interpretação que consiste numa leitura-deciframento pode, ela sim, ser objeto de um exame racional.[12]

A análise da seqüência — incidente da véspera/sonho/interpretação do sonho (é preciso, não só um sonho, mas uma tal seqüência, para que a questão cifrada num sonho possa se fechar) — que introduz aqui o tríptico transcrição / tradução /transliteração (capítulo III) mostra como um analisando, por ter traduzido (aliás, sem o saber) tal frase escutada na véspera e assim obtido algo inaceitável para o seu Eu, pode ser levado a retomar a questão em sonho, a lê-la (transliterando-acom o escrito que é o sonho) de uma outra maneira. Vamos mostrar, também, como o jogo dessas três operações intervém em certas leituras de Lacan. Mostraremos, enfim, com a definição de sua atuação no deciframento dos hieróglifos, que não se tratava, na referência de Freud a Champollion, de uma simples alusão suscetível de esclarecer o trilhamento freudiano, mas do próprio trilhamento.

Toda formação do inconsciente é um hieróglifo, no sentido inicial em que resiste à compreensão imediata, não é transparente e só se deixa ler mediante um trabalho de deciframento. Mas se este trabalho reclama associ-ação livre, convoca, com razão, a fala do analisando, o que é que liga um à outra?

Em Lacan, esta questão é a da relação entre o significante e a letra. Apresentando a conjetura de Lacan sobre a origem da escrita (capítulo VII), vamos mostrar como a letra vem assumir o significante, até disjungi-lo de seu referente (o objeto é metonímico), na junção precisa onde a letra encontra seu estatuto literal na transliteração.

Aparece também, com coerência, que seja um psicanalista — Lacan — que chega a redefinir as modalidades da lógica clássica a partir daquilo que

---

[12] Para um desenvolvimento desta questão, cf. mais adiante, p. 192.3. Cf. Lacan: "Não existe nenhuma razão para que não se possa colocar meu ensinamento em falta". Seminário de 18 de janeiro de 1977.

"cessa de se escrever". Só uma abordagem do escrito enquanto tal pode, com efeito, dar conta de que é às vezes possível que se desvaneça o necessário do sintoma; que isso que de escrever não cessa, chegue a cessar de não se escrever. Só por citá-las assim, já fica evidente de imediato que essas definições lacanianas das modalidades implicam **dois** modos do escrito: a transliteração é o nome do escrito enquanto este só tem existência como escrito a partir desse redobramento.

Mas essa relação literal à letra como "estrutura essencialmente localizada do significante", não é ela mesma que o psicótico presentifica? E se devemos assim associar, até mesmo assimilar, a interpretação delirante à interpretação analítica, o que irá diferenciar, afinal, uma psicanálise daquilo que Lacan chamava de um "autismo a dois"?[13] Aqui se confirma não ser sem conseqüências e mesmo sem frutos a diferenciação entre transcrição, tradução e transliteração. Ela prova dar, como veremos, a possibilidade de especificar os estatutos do que foi definido por Lacan como "Nome-do-Pai", enunciar o que particulariza esse significante e, ao mesmo tempo, em que consiste o processo da foraclusão.

"Na psicanálise" — escrevia Adorno — "tudo é falso, menos os exageros"; isso é dar um grande crédito à psicanálise. Dir-se-á, mais limitadamente, que exagerar no escrito é a única chance de se passar para outra coisa; isso é o paranóico quem diz. A experiência psicanalítica ("paranóia dirigida", dizia Lacan) bordeja desse modo a experiência psicótica. Entre as duas, a lâmina fina da transferência. Faria esta um corte, quando se fecha sua eficácia? Deixando de lado, provisoriamente, a questão de saber o que, como falta, se obtém — ou não —, vamos nos limitar, neste percurso de clínica analítica, a cifrar e assim a decifrar seu modo de execução pela intenção cuja necessidade Freud marcara ao dizer que ninguém podia ser morto (**tué**) (e Lacan, que tem como ponto de partida a paranóia, escreve "tu es") **"in absentia aut in effigie"**.

O que se passa com a letra, quando, em instância por algum tempo na transferência, e depois perdendo — às vezes —, por este viés, seu valor neuroticamente estimável do inédito, atinge assim seu público? O discurso virá então tomar o lugar, acolhendo-a? Vamos mostrar que a discursividade não pode ser recebida como a palavra final. E que a letra em instância, na sua insistência, não cessa de interrogar a análise sobre o estatuto — precário — que ela dá ao sexual.

---

[13] Lacan, seminário inédito de 19 de abril de 1977.

PRIMEIRA PARTE

Sobre o trilhamento de Freud

Este trilhamento é apresentado aqui como inaugurando o campo de uma clínica psicanalítica.

Vamos mostrar que essa abertura só foi possível à custa de rupturas (Charcot, Breuer, Fliess), que, para além dos conflitos pessoais, envolveram nada menos que mudanças discursivas.

Vamos ler, pois, algumas dessas rupturas, tomadas dentre as primeiras, com a escrita lacaniana dos quatro discursos.

Foi preciso que Freud encontrasse sérios obstáculos — e tenha sabido não subestimá-los — para autorizar-se a se afastar do discurso dominante.

O caso da cocaína é um desses obstáculos: Freud cocainômano teria sido, enquanto tal, um médico de acordo com seu voto; esse obstáculo é, pois, o lugar mesmo de sua ruptura com a medicina.

Rompendo com Charcot, ele encontra outro obstáculo: impõe-se a ele dar razão à histérica, fazendo-se, por algum tempo (o do método dito "catártico"), de tapeado por seu discurso.

CAPÍTULO UM

Freud e a cocaína

Nos primeiros passos do trilhamento da psicanálise por Freud, encontra-se — é o que se diz — a histérica. Esta afirmação, decerto, tem fundamento, só que a partir daí faz-se um deslizamento, tornando a histérica uma teórica a quem Freud teria furtado seu saber. Esta tese — feminista — passa ao largo do que é realizado pela histérica, que não consiste em formular uma teoria, e sim em produzir, dirigindo-se a seu parceiro, a sugestão de que haveria realmente uma teoria. É a este parceiro que ela deixa o encargo da elaboração daquilo que só indica a ele por meias-palavras, pronta para, ocasionalmente, mudar de tática.

A operação de demarcação onde Freud, com a histérica, renuncia a sustentar o discurso universitário, será objeto do próximo capítulo. Esquece-se, com efeito, de que naquele tempo, para Freud, é outra questão que está em pauta, a da cocaína, questão, no entanto, não menos pregnante, já que deverá convergir com a histeria num ponto muito preciso, ou seja, o sonho dito da injeção de Irma e sua análise, a primeira, como se sabe, inaugural do método então fundado.

Quando se trata de desintoxicação, os especialistas ainda hoje quebram a cabeça. O que não imaginam fazer para conseguir de um sujeito que este deixe de se agarrar a um objeto de satisfação!

O caso de Freud com a cocaína — Freud cocainômano — poderia interessá-los. Dirão que não é exemplar? Estar-se-ão se privando, assim, de interrogar a relação do sujeito com o tóxico de uma maneira que torna viável o que é preciso, realmente, chamar por seu nome, a saber, uma separação. Esta possibilidade, com efeito, é que diferencia o testemunho de Freud do deste outro célebre drogado que foi Moreau de Touis.

É verdade que o drogado solicita um médico mais curado do que sábio; mas será esta razão suficiente para que nos curvemos a ela? Isso seria desconhecer o que Freud fez questão de relatar à comunidade de sábios a que se dirigia. Vou formular as coisas assim: foi por ter escrito sua experiência com a cocaína em termos presos às exigências de um discurso científico, feitas pela universidade, que Freud chegou a renunciar aos "benefícios" dessa substância tão louvada. Logo, se é dado um estatuto de sintoma a este uso, uma suspensão do sintoma se torna possível para Freud depois que ele o escreve. O sintoma, então, cessa,por se escrever.*

O que significa isso, senão que é com este escrito que Freud lê (e liga) a relação do cocainômano com seu objeto e a partir daí, como cocainômano, se separa deste. **Participando do escrito, o sintoma se torna inscritível.** Essa participação (cujo estatuto convém explicitar) funda o necessário do sintoma, que não cessa... mesmo que se escreva... como sintoma. O fato de que o seu real venha a ser suspenso devido a um **escrever-se**, eis o que faz questão.

O interesse do apoio tomado nas definições lacanianas das modalidades lógicas usuais está ligado ao fato de que estas permitem formular mais precisamente essa questão do sintoma e sua suspensão. A intervenção das modalidades do necessário e do possível, com efeito, a desloca, transformando-a nessa outra questão que incide sobre o escrito: o termo **escrever-se** tem a mesma importância, oferece as mesmas conseqüências e, finalmente, tem o mesmo sentido nos registros do necessário e do possível?

Em outras palavras, o **escrever-se**, operante nessas definições ocultaria, em sua forma singular, um plural: iria escondê-lo, mas ao mesmo tempo manifestar sua existência, com o equívoco trazido pela vírgula. A vírgula escreve este plural, designa que há maneiras de escrever e permite, assim, entrever que existe uma relação entre o escrito e as maneiras (o trocadilho é de Lacan)** e, portanto, um possível apagamento do sintoma.

A coisa é abrupta demais para ser encarada de frente. Mas como decifrá-la de modo a não hipotecar sua solução? Respondo: com o escrito. De fato, esta é a única resposta isomorfa ao que está em questão. Se Freud lê sua relação com o objeto cocaína com o escrito e, a partir daí, deixa de depender dela, só podemos aqui duplicar sua operação, lendo-a — já que é ela o nosso objeto — com o escrito. Para fazer isso, optei pela escrita proposta por Lacan para aquilo que ele chamou de "discurso".

Cada um desses discursos é definido por uma série ordenada de letras (S_1, o significante-mestre; S_2, o saber; **a**, o mais-gozar; $\cancel{S}$, o sujeito barrado) ocupando quatro lugares fixos e marcados. Eis os lugares:

$$\frac{\text{O agente}}{\text{a verdade}} \longrightarrow \frac{\text{o outro}}{\text{a produção}}$$

A partir de qualquer um deles, as três únicas permutações possíveis (já

---

* No original, **cesse, de s'écrire.** A vírgula modifica o sentido da frase, que seria "de se escrever", tornando-a "por se escrever" (N.T.)

** No original: **entre l'écrit el l'effaçons** (entre o escrito e o **apaguemos**). Trata-se da homofonia entre **l'effaçons** (o apaguemos) e **les façons** (as maneiras), neste jogo de palavras intraduzível em português. (NT)

que a quarta faria voltar ao ponto de partida) escrevem os demais discursos:

$$\frac{S_1 \longrightarrow S_2}{\not{S} \quad\quad a} \qquad \frac{\not{S} \longrightarrow S_1}{a \quad\quad S_2} \qquad \frac{a \longrightarrow \not{S}}{S_2 \quad\quad S_1} \qquad \frac{S_2 \longrightarrow a}{S_1 \quad\quad \not{S}}$$

do Mestre	da histérica	analítico	da universidade

Por não poder dispor dos seminários que introduziram e comentaram essa escrita dos quatro discursos, o leitor poderá referir-se ao número 2/3 de Scilicet, às páginas 96-97 e 391 a 399.

Escolhê-los aqui para leitura é decerto um fato contingente, tão contingente quanto a suspensão de um sintoma. Isso significa que, longe de considerar que haja nisso uma fragilidade da leitura, reivindico essa contingência como essencialmente ligada à maneira de ler promovida pela psicanálise. Este livro visa revelá-la. Para isso, nada melhor que, de saída, praticá-la.

Impõe-se, aqui, um pouco de história, por motivos que logo surgirão. Data de 1785 a construção do termo "neurose". Isso quer dizer que os primeiros balbucios de uma medicina centrada no anatomoclínico deram-lhe uma base epistemológica. Isso equivale também a acentuar que essa construção marca o próprio termo "neurose", sustentado por um modelo lesional. Os sufixos -ite e -ose inscrevem a oposição entre lesões inflamatórias e não-inflamatórias. Em 1889, Grasset queria, apesar de tudo — ou seja, apesar de Lasègue, que escrevera "a definição da histeria nunca foi dada e nunca o será" — propor alguma coisa contra essa impotência, e formulou o seguinte: "A histeria é uma neurose, **isto é**,* não conhecemos sua lesão característica." Contrariamente ao adágio, aqui é o desconhecido que explica o conhecido, pois a operação que define a histeria como neurose não é de modo algum anulada pelo fato da lesão, aí, ser apenas suposta.

Ora, o trilhamento freudiano não se efetuou no interior da teoria lesional da **histeria** como uma nova edição desta teoria (como, por exemplo, em Janet), mas procedeu a um remanejamento radical da articulação da neurose à lesão. O estabelecimento deste ponto será o objeto do capítulo seguinte.

Proponho, por ora, notar por $\dfrac{S_2}{S_1}$ a relação entre a lesão (S_1) e o saber clínico (S_2) por ela ordenado. O leitor poderá observar que, assim escrita, esta relação só se pode originar do discurso chamado por Lacan da universidade. Resulta disso um certo número de implicações. Em primeiro lugar, escrever a lesão como S_1 equivale a dar a esta um estatuto de significante-mestre. Isso é, com efeito, admissível, se observarmos que a lesão, como fundamento sobre o qual se apóia a observação clínica, apresenta aqui como particularidade o fato de não remeter a nada de observado. Logo, ela não tem valor de signo — como

---

* O grifo é meu.

é o caso na neurite, por exemplo — que representaria alguma coisa para alguém. Freud se esforça, num primeiro tempo, por tornar tangível esta lesão quando, ao fim de seu artigo **"Über Coca"**, de 1884, propõe utilizar a coca no tratamento da asma, do mal das montanhas e "de outras neuroses do nervo vago" (p. 98)[1]. Ele supõe, então, uma ação fisiológica direta da coca no próprio lugar onde se considera intervir, ativa, a lesão nervosa. A coca visa a lesão como verdade última da neurose. Assim, é legítimo escrever S_1, a lesão, no lugar que é o da verdade no discurso da universidade. Escrevê-la como S_1 consiste em tomá-la como significante, destacando-a, desse modo, da idéia de que ela seria o signo de um objeto. Pois esta lesão sempre imaginada, jamais situada, principalmente na histeria, por que manter tão resolutamente sua suposição a não ser porque ela responde a uma exigência discursiva?

Em **"Radiophonie"**, Lacan escreve os quatro discursos estabelecendo entre eles algumas relações. Ele nota, quanto ao que nos interessa aqui, que o discurso da universidade é esclarecido por seu "progresso" no discurso do analista[2]. A palavra **progresso** é posta, ironicamente, entre aspas, já que designa apenas a operação de um quarto de volta quando a série de termos, continuando a se manter como série ordenada, gira no sentido levógiro. Assim, escrever por $\dfrac{S_2}{S_1}$ a relação entre a lesão e o saber clínico da neurose, situar esta lesão como a verdade deste saber posto em posição de agente da ação terapêutica exige admitir — em conformidade com este progresso — o ponto de partida de Freud como oriundo do discurso universitário. O interesse de Freud pela cocaína é ao mesmo tempo pessoal e científico. Essa dupla polaridade, mantida por ele ao longo de toda a sua tentativa com o objeto cocaína, fará desta uma tentativa malograda, malograda ali mesmo onde consegue inscrever os efeitos da cocaína num tipo de escrita submetida às exigências de um campo médico saído, fundamentalmente, do discurso universitário. A cocaína **teria sido** este objeto que viria selar este discurso, oferecendo um respondente à definição da neurose como sustentada pelo significante-mestre da lesão.

Em 30 de abril de 1884, Freud experimenta pela primeira vez em si mesmo os efeitos da cocaína. Não hesita em fazer dela, de saída, um uso terapêutico: no momento de escrever à noiva, de apresentar-se numa recepção onde deve fazer boa figura, quando se sente deprimido ou sujeito a violentos males estomacais, encontra numa pequena dose de coca um meio de enfrentar tranqüilamente a dificuldade, acalmar suas dores, ultrapassar suas falhas. Envia um pouco dela a Martha, distribui pequenas quantidades a suas irmãs e seus colegas, assim como para seus pacientes. A partir do mês de maio, começa a administrá-la a seu amigo e colega Fleischl. Continua a recomendar seu emprego, embora, é verdade, de maneira muito mais limitada, ainda em

---

[1] As indicações de página deste capítulo remetem, salvo aviso em contrário, ao livro **Sigmundo Freud — De la Cocaine**, Ed. Complexe, 1976. Textos reunidos por R. Byck.

[2] Cf. Scilicet, 2/3, p. 99.

1895, data dos "Estudos sobre a histeria". Em 18 de junho de 1884, termina **"Über Coca"** que, publicado em julho, deve estabelecer sua reputação, ligando seu nome à cocaína. Terá disso, com efeito, o testemunho do Nothnagel (p.111), mas também, e mais inesperado, o de Knap, primeiro oftalmologista de Nova York que ele conhece através de Charcot.

Para situar a ressonância desse artigo, é preciso afastar-se do que é evocado hoje pelo termo "cocaína", acomodar-se ao fato de que na época não se tratava em aboluto de um produto proibido. Sua proibição data de 1906. Nos anos 1880, a cocaína gozava nos Estados Unidos de um inocente favorecimento que se estendia amplamente para além dos círculos médicos. O consumo de vinhos contendo cocaína — os vinhos Mariani — era coisa popular. A coca-cola deveria incluí-la em sua fórmula até 1903. A associação contra a febre de feno havia adotado a cocaína como remédio oficial. Em suma, havia um entusiasmo quase geral por aquele maravilhoso alimento que fortificava o sistema nervoso, auxiliava a digestão, estimulava os corpos fatigados, acalmava as dores, libertava da toxicomania. Freud, que leu **The Detroit Therapeutic Gazette**, tinha conhecimento de relatos de vitórias obtidas sobre a opiomania ou o alcoolismo graças à erytroxylon-coca.[3] Uma citação de Bentley, extraída de um comentário do **Louisville Medical News,** dá o tom das gazetas especializadas: "Viciados ou não em ópio, todos têm vontade de experimentar a coca. Um remédio inofensivo contra o tédio, que maravilha"(p.60). Nos Estados Unidos, chegou-se a ponto de não se hesitar em divulgar a informação de que a política do Sul precisara introduzir uma nova pistola de calibre 38, pois os cocainômanos negros, graças à cocaína, estavam protegidos das balas de calibre 32! Até então eram apenas as lendas peruanas que atribuiam à cocaína as virtudes de uma "planta divina que sacia os esfaimados, fortifica os fracos e lhes permite esquecer seus destinos miseráveis" (**"Über Coca"**, p. 77).

Na velha Europa, o tom era diferente: sobre a cocaína, falava-se muito pouco. Não é impossível que o interesse suscitado por **"Über Coca"** se deva ao fato de tratar-se do melhor estudo europeu escrito até então sobre o assunto. Este artigo, muito elaborado no plano bibliográfico, confirmava além disso, experimentalmente, os efeitos miraculosos do novo remédio de que fazia a apologia; e sabe-se que, em seguida, Koller, "Coca-Koller", como Freud o havia espirituosamente apelidado, deveria descobrir, exatamente um mês depois de sua publicação, as propriedades de anestésico local do alcalóide. Mas além do produto em si, o que Freud retoma, e importa, é um tom de entusiasmo cujos indícios Bernfeld[4] não deixa de acentuar em **"Über Coca"** — Freud escrevendo, por exemplo, um "dom" (**Gabe**) da cocaína, ali onde deveria, em termos científicos, falar prosaicamente de uma dose. Bernfeld conclui daí, com razão,

---

[3] Jussieu, em 1749, classifica a planta no gênero Erytroxylon. Em 1786, Lamark lhe dá o nome de "Erytroxylon-coca". O alcalóide é isolado em 1858 por Wohler, químico da universidade de Gottingen, que recebera folhas de coca transportadas pela fragata Novara.

[4] Bernfeld, "Os estudos de Freud sobre a cocaína" in International Journal of Psychiatry, 1951, XXXII. Textos retomados em Byck, **Sigmund Freud — de la Cocaine**, op. cit., p. 278-306.

que o texto é atravessado por uma "corrente sobjacente muito persuasiva". Freud, escrevendo a Martha, fala de seu texto como "um cântico à glória da cocaína", confirmando assim o que lhe dizia em 25 de maio de 1884, quando acabava de obter um sucesso estrondoso, curando com a cocaína um doente de inflamação gástrica. "Se tudo correr bem, vou escrever um artigo sobre este ponto e espero que a cocaína venha situar-se ao lado e acima da morfina. Ela faz nascer em mim outras esperanças e outros projetos. Tomo regularmente pequenas doses dela, para combater a depressão e a má digestão, e isso com o maior sucesso. Espero chegar a suprimir os vômitos mais tenazes, mesmo os devidos a alguma moléstia grave; em suma, **somente agora me sinto um médico, já que pude vir em socorro de um doente, e espero poder socorrer ainda a outros"** *.

Essa esperança desmedida (o termo aparece quatro vezes em seis linhas), este entusiasmo contagioso, deve-se observar que são — comentados como tal por Freud — **efeitos da cocaína**, sua magia. Efeitos diretos — por que não? — já que nada impede de pensar que Freud tenha ingerido uma dose de cocaína para escrever mais facilmente **"Über Coca"**; o fato é mesmo bastante verossímil. Ora, trata-se de um texto que satisfaz em todos os pontos as exigências sobre este gênero de exercício: descrição botânica precisa da planta, histórico detalhado de sua utilização no Peru, referências completas à literatura científica que lhe foi consagrada, fórmula química do alcalóide, estudo de seus efeitos em animais, relato do que se conhece de seus efeitos no homem com a contribuição de um experimento original, e, para terminar como se deve, análise argumentada de suas numerosas indicações em função de hipóteses relativas às vias e modos de ação fisiológica do produto. É essencial notar que existe aqui **solidariedade** entre uma apresentação de um rigor universitário incontestável e uma crença cega na ação mágica do objeto assim introduzido.

De fato, as leituras propostas do que se designou como "o episódio da cocaína" passam todas ao largo dessa solidariedade. Daí esta designação que se faz, **episodion**, um acessório. Ou seja, considera-se, como faz Jones, que se Freud soube, pela primeira vez em sua carreira, sair dos caminhos batidos apoiando-se num "fato isolado", não soube por outro lado dar provas de suficiente espírito crítico para dar a este fato seu verdadeiro valor. A leitura do texto "Contribuição ao conhecimento da ação da cocaína", de janeiro de 1885, mostra o quanto essa opinião de Jones é errônea. Do lado oposto, e esta é a posição de Byck, faz-se de Freud um precursor de nossa moderna psicofarmacologia (o termo é de 1920) na linha de Moreau de Tours (1845), observando-se então o caráter cuidadoso de suas experiências, o valor paradigmático em psicofarmacologia da figura do experimentador que toma a si mesmo por cobaia, mas fica-se assim condenado a não poder dar conta do fato de Freud ter acabado por renunciar, com grande rapidez, a prosseguir suas pesquisas "psicofarmacológicas'. Ora, é claro que **é possível dar conta, ao**

---

* O grifo é meu.

mesmo tempo, do interesse de Freud pela cocaína e da brusca virada que pôs fim a esse interesse. Se Jones minimiza sua importância, Byck, elogiando-o, o eterniza, fazendo dele um modelo.

O problema é que um e outro tendem a cindir em dois domínios distintos as obras científicas de Freud sobre a cocaína e sua crença nas virtudes milagrosas do produto.

Daí a espécie de cegueira que faz Bernfeld — que no entanto estudou a questão em seus mínimos detalhes — escrever que Freud nunca teve a idéia de utilizar as capacidades recuperadas graças à cocaína para fins outros além do trabalho. Com efeito, no próprio dia em que terminava **"Über Coca"**, Freud escrevia a Martha antecipando seu próximo encontro: "Se você não se deixar encabular pelos sisudos hamburgueses, se me der um beijo assim que me vir, e um segundo enquanto estivermos indo para Wandsbeck, depois um terceiro, e assim por diante, então eu me rendo. Não estarei cansado, pois vou estar sob os efeitos da cocaína que irei absorver para dominar minha terrível impaciência."[5] Na correspondência com Martha, pode-se observar a pregnância da metáfora guerreira, organizadora para Freud de sua relação com a noiva. A cocaína absorvida por Freud vem reforçar essa pregnância, já que ela é o que transforma um soldado fatigado e inábil num conquistador fresco e glorioso[6].

Essa metáfora guerreira remete a um artigo publicado em 1883 por Aschenbrandt, contando que, por ocasião das manobras da artilharia bávara, ele pôde constatar em seis casos, inclusive no seu próprio, que a cocaína torna um homem "mais apto a exercer um grande esforço, a suportar a fome e a sede", que ela é realmente este "alimento benéfico para os nervos", cujos efeitos milagrosos haviam sido louvados por Mantegaza. Mas não se deve esquecer que se trata de um alimento muito particular, na medida em que atua até mesmo no ponto em que a derrota é **inevitável** — caso das manobras militares onde os homens são incitados a dispender, até o limite extremo, suas forças. Aí intervém a cocaína, que lhes permite, sem qualquer outro alimento e sem repouso, voltar ao combate frescos e dispostos, como se no instante anterior nenhuma fadiga os houvesse afetado.

Freud realiza suas primeiras experiências e publica **"Über Coca"** apenas alguns meses depois do surgimento do artigo de Aschenbrandt. Confirma, por sua vez, as virtudes do miraculoso produto. Nesse ponto de coalescência do mágico e do científico, ele se sente, e se diz, pela primeira vez, enfim, um verdadeiro médico. Com razão. Se, com efeito, o discurso médico no qual assim se inscreve se caracteriza realmente por apoiar-se no significante-mestre da lesão, **a cocaína será este objeto que, no lugar do Outro, dará consistência**

---

[5] Igualmente, o trecho de uma carta de 2 de junho de 1884: "E se você se mostrar indócil, verá bem qual de nós dois é o mais forte: a doce mocinha que não come bastante ou o grande rapaz fogoso que tem cocaína no corpo".

[6] Numa carta de 30 de junho de 1884, Freud, evocando sua última separação, descreve a si mesmo naquela situação como um soldado consciente de ter que defender uma posição "antecipadamente perdida".

à suposição desta lesão, ratificando em contraponto a sua verdade.

Daí o fato de que ela não é, e nem poderia ser, um medicamento como os outros, ou dentre outros. Ela encarna, por confirmar a lesão, o que se deve designar como sendo o medicamento. Disso resulta que sua ação não pode ser unívoca, pois esta univocidade daria lugar a uma outra ação possível e, portanto, a um outro medicamento. **"Über Coca"** marca com perfeição esta posição eminente. Falando da "ação estimulante prodigiosa" da coca, Freud escreve: "Um trabalho mental ou muscular de longa duração pode ser executado sem fadiga; tem-se a impressão de estar livre da necessidade de comer e de dormir que em geral se faz insistente em certos momentos do dia. Sob o efeito da cocaína, podemos, se nos propusermos a isso, comer copiosamente e sem repugnância, mas temos a impressão evidente de poder dispensar as refeições. Quando a ação da cocaína decai, pode-se adormecer em seguida ao deitar-se, mas também é possível continuar a vigília sem dificuldade. Durante as primeiras horas de ação da cocaína, não é possível dormir, mas esta ausência de sono nada tem de penoso." (p. 87). A cocaína abre ao usuário o acesso a uma dimensão onde **ao mesmo tempo ele pode, ou não,** sem que nada de desagradável se suceda, para ele, devido à escolha de uma outra possibilidade, nem mesmo por uma suspensão da alternativa. A potência se vê, assim, elevada à onipotência, incluindo em si mesma a potência do poder não... (o que se chama habitualmente de impotência). Este campo de coabitação dos possíveis é o próprio imaginário.

Em 1924, Freud, a propósito do caso da cocaína, escreve: "O estudo da coca era um **allotrion** que eu tinha pressa de acabar". Segundo o testemunho de Bernfeld, o termo "allotrion" servia aos professores do ginásio para designar pejorativamente "aquilo que se desvia do cumprimento do dever em proveito de um capricho ou de alguma má ação qualquer"(p. 290). Daí a concluir que Freud "estava-se desviando de seu trabalho científico sério em neuropatologia" — esta é a tese de Jones —, isso é perder de vista o que o próprio termo "allotrion" indica quanto a uma relação com o Outro. A cocaína interroga a alteridade, uma alteridade imaginarizada pelo longínquo Peru, como o haxixe de Moreau de Tours encarna o Oriente. O consumidor de cocaína é essa figura onde se torna efetiva uma maneira de ser outra, uma outra maneira de ser que não é, justamente, qualificável por nada em particular. Moreau de Tours chama a isso "Fantasia"; Freud instala aí um ideal de potência cada vez maior. Mas ao mesmo tempo ele visa demonstrar, nos termos que adota para sua importância científica, que o que é verdadeiro no Peru o é igualmente em Viena, que a magia da droga nada tem a ver com uma elucubração imaginativa local. **"Über Coca"** é um texto anti-racista. Ora, tal visada só pode se realizar em Freud através de uma chicana simbólica exigida pela ética da ciência.

Como testemunham seus artigos posteriores, foi em **levar a interrogação científica sempre mais adiante até um certo ponto de obstáculo** que consistiu o trabalho de Freud sobre a cocaína.

Esta cientificidade pode ser mesmo designada como o ponto em que Freud diverge radicalmente de Moreau de Tours.

Com Moreau de Tours, o haxixe abre ao psiquiatra a via iniciática — a palavra vem sob sua pena[7] — que lhe permitirá aceder à própria fonte da loucura. Dizer "a" fonte é uma imposição, com efeito, já que as diferentes "desordens do espírito" não passam de "sinais exteriores", todos originados por um suposto "fato primitivo".[8] "Revelando o fato primitivo" — escreve Moreau de Tours — ,"a lesão funcional primordial de onde decorrem, como outros tantos riachos partidos da mesma fonte, todas as formas de loucura, espero ressaltar alguns ensinamentos úteis relativamente ao melhor modo de tratamento desta doença"[9]. "Esta doença": a loucura é uma doença no singular, cujo modelo é a excitação maníaca[10], apresentada como o modo de ser louco que melhor corresponde à atividade do pensamento entregue a si mesma. "Nada se compara à variedade quase infinita de nuances do delírio senão a própria atividade do pensamento", observa Moreau de Tours, não sem pertinência. Daí a analogia, para ele fundamental, entre o sonho e o delírio. Se nesses estados de loucura, delírio ou sonho, o pensamento é entregue a si mesmo, é que foi lesada a via resultante "de nossas relações com o mundo exterior, com este grande todo a que se chama o universo"[11]. Então, a outra via (já que, segundo esta teoria, duas vias foram dadas ao homem), que é imaginação e memória, e não mais vontade, se vê excitada e ganha, assim, ascendência sobre a primeira, realizando com ela uma "fusão imperfeita", resultado da suposta lesão. O haxixe, realizando ele também essa fusão imperfeita no usuário, abre-lhe igualmente um acesso a essa outra via, mas com a especificidade de lhe deixar intactas as faculdades de observação e mesmo de ação. Daí seu interesse para o psiquiatra, que encontra uma confirmação de sua teoria da ação específica do haxixe no fato de que o nome dos bebedores de haxixe, **hachichya**, deu em língua francesa o termo **assassin**, assassino, termo que nomeou inicialmente os sectários sírios que não hesitavam em trucidar com a maior selvageria os chefes cristãos ou muçulmanos, ferocidade que se atribuía à influência do haxixe.

A lesão aparecia assim, em Moreau de Tours, como o elemento explicativo último de toda loucura. O fim de sua obra é dedicado[12] a dar uma resposta a um problema apaixonadamente controvertido: lesão orgânica ou lesão funcional? O fato de que ele se saia com uma pirueta, imaginando a existência de uma lesão orgânica não observável como tal no organismo, indica suficientemente que o importante é manter o apoio tomado na lesão como significante. Pois o que poderia ser, senão um significante, esta lesão orgânica sem órgão lesado? Esta observação assume toda a sua importância a partir de seu

---

[7] "Sobre o haxixe e a alienação mental", 1845, p. 29.

[8] Op. cit., p. 31 e 392.

[9] Op. cit., p. 32.

[10] Op. cit., p. 36.

[11] Op. cit., p. 41.

[12] Op. cit., p. 391 a 400.

corolário: a colocação em segundo plano das diferenças que a loucura presentifica, que não passam de contingências formais, secundárias em relação ao fato primordial. Mas, justamente, por serem consideradas como o cúmulo da extravagância, por serem tomadas como insignificantes, essas diferenças são, de fato, recebidas como ligadas a nada além do jogo significante: "Uma vez rompido o laço das associações regulares de idéias, os pensamentos mais bizarros, mais extravagantes, as combinações de idéias mais estranhas se formam e se instalam, por assim dizer, com autoridade, no espírito. A mais insignificante das causas pode originá-los, exatamente como no estado de sonho"[13]. Moreau de Tours ilustra, com um caso tomado em Esquirol, esta extravagância do significante: "A cidade de Die é dominada por um rochedo chamado V; um rapaz resolve acrescentar a letra U à palavra Die, fazendo assim a palavra DIEU (Deus), e todos os habitantes de Die são deuses para ele. Logo reconhece o caráter absurdo desse politeísmo, e concentra então a divindade na pessoa de seu pai, como sendo o indivíduo mais respeitável dessas paragens." A teoria psiquiátrica que funda a verdade da loucura na lesão desconhece, correlativamente, os efeitos de significante, os quais, no entanto, pelo menos nos seus primeiros tempos, ela testemunha.

Nos anos 1884-1885, Freud não se interessa pela psiquiatria, e sim pela neurologia. O fato é fundamental para compreender em que, a partir de dados e experiências semelhantes, com base nas mesmas exigências epistemológicas, sua trajetória deveria ainda assim divergir da de Moreau de Tours. Se Moreau de Tours, fundando sua teoria na analogia, nunca esbarra num fato que venha constituir obstáculo intransponível, Freud se atém resolutamente, quanto à sua maneira de interrogar os efeitos da cocaína, ao primeiro princípio da termodinâmica, questionando com este princípio os ditos efeitos. Ora, **é a partir daí que a cocaína vai-se tornar, para Freud, um objeto caído.** Tal é a tese a ser agora demonstrada.

Seja O o estado dado de um organismo. Neste estado, ele dispõe de uma quantidade de "força vital"[14] F. Esta força pode ser convertida numa quantidade de trabalho W, ela também perfeitamente determinada a partir de O. Daí a seqüência:

$$O \longrightarrow F \longrightarrow W$$

Ora, o efeito estimulante da cocaína, o milagre que ela realiza pode se escrever como um valor W' superior a W: W' > W. A elaboração teórica de Freud, desde **"Über Coca"**, consiste em interrogar como isso é possível e, mais ainda, se não existe aí uma colocação em causa, com a experiência do cocainômano, do princípio de conservação da energia. Com efeito, a interven-

---

[13] Op. cit., p. 106.

[14] p. 94.

ção em O da cocaína tem como conseqüência:

$$O\ (+\ cocaína) \longrightarrow F' \longrightarrow W'$$

Se F'> F e W'> W, a dificuldade se liga ao fato de que se tem, igualmente, (O + cocaína) = O. É que ninguém imagina que a pequena dose de cocaína ingerida possa ser em si mesma portadora da considerável energia (convertida em trabalho) que ela proporciona ao usuário; tampouco se concebe que a cocaína possa liberar em O uma energia que, sem ela, permaneceria fixa ali como uma energia em permanência, não-disponível. Não sendo sequer consideradas essas duas hipóteses, Freud esbarra, realmente, numa ação da cocaína que contradiz o princípio de conservação da energia. Segundo este princípio, os valores máximos se escrevem:

$$1\text{-}\ O \longrightarrow F \longrightarrow W$$

ao passo que, com a cocaína, obtêm-se valores ainda superiores:

$$2\text{-}\ O \longrightarrow F' \longrightarrow W'$$

Freud discute isso como um fato polêmico que ele vai procurar reintegrar no saber científico constituído. À primeira hipótese de uma transformação milagrosa de F em F', hipótese sobre a qual nada se sabe dizer, ele acrescenta uma segunda que seria mais explicativa: a cocaína não interviria em F, e sim sobre a relação F $\longrightarrow$ W, produzindo assim F $\longrightarrow$ W'. Ela permitiria que um dado trabalho exija um menor dispêndio de força vital; de onde, com força vital igual, a possibilidade de efetuar um trabalho maior. Isso define a cocaína como "meio de poupança".

Mas o fenômeno considerado, além de permanecer perfeitamente enigmático, é contradito pelos resultados de experiências feitas em animais. Deixando sem alimento animais com e sem cocaína, os pesquisadores constataram que aqueles tratados com cocaína sucumbiam tão depressa quanto os outros. Todavia, isso não chega realmente a embaraçar Freud, já que este tomou a precaução de recusar, no início de seu trabalho sobre a cocaína, a idéia de que sua ação devesse ser semelhante em animais e no homem. Logo, é possível para ele admitir como não contraditórios os resultados dessas experiências e o testemunho de um cronista segundo o qual, quando a cidade de La Paz foi assolada pela fome, só os cocainômanos haviam sobrevivido(!)

Portanto, aí está novamente, com esse testemunho, a cocaína como meio de poupança. Freud, no entanto, introduz uma terceira hipótese: a ação da cocaína seria situável em W. Os esfomeados de La Paz que tomavam coca teriam tido sobre os demais a vantagem de lutar melhor contra a inanição, gastando menos energia para continuarem vivos. Em outras palavras, se W parecia ter-se transformado em W', isso de fato não ocorria: antes, W teria permanecido constante, e o que se utilizaria para a sobrevida não seria W, mas w , com w < W. Esta hipótese respeita a preeminência do princípio de conservação da energia, mesmo que permaneça obscura a razão pela qual a sobrevida exige do cocainômano um dispêndio reduzido de energia.

Vamos resumir essas três hipóteses:

Fórmula inicial: O ——→ F ——→ W
1ª hipótese: O ——→ F'——→ W'
2ª hipótese :   O ——→ F ——→ W'
3ª hipótese: O ——→ F ——→ w ... W

A terceira hipótese é a única em conformidade com a fórmula inicial, exceto por introduzir nesta uma clivagem entre energia utilizada e energia disponível, entre w e W. A cocaína seria esse objeto que permitiria haver — sempre? (este "sempre", como trama imaginária, é o que faz a questão) — um superavit de energia disponível com relação à energia efetivamente dispendida. É de se notar que o conjunto da argumentação de Freud permite situar, sobre a fórmula inicial, cada uma das hipóteses:

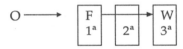

Ora, este enfoque do estudo energético da ação da cocaína está de acordo — e isso é decisivo — com a afirmação de que a cocaína age **indiretamente**, isto é, pela intervenção dos centros nervosos ou ainda daquilo que Freud, em **"Über Coca"**, chama de "influências psíquicas". Entretanto, se o papel dos centros nervosos foi formulado desde o início com o postulado do caráter não probatório das experiências feitas com animais, estes centros são considerados, em **"Über Coca"**, apenas como um dos lugares possíveis onde pode intervir, com um efeito terapêutico benéfico, a cocaína. Portanto, ela é indicada em casos de neurastenia, hipocondria, histeria, prostração, melancolia, estupor, todos os casos que podem ser referidos a um enfraquecimento psíquico, a uma "atividade reduzida" dos "centros".

Eis, portanto, com esta fraqueza psíquica, uma nova forma da lesão. A fraqueza psíquica é a explicação basal dessas doenças, de sua suposta referência comum. Freud, aqui, embarca num discurso que não é diferente do de Moreau de Tours. Em seu relatório intitulado "Sobre a ação geral da cocaína", lido diante da sociedade psiquiátrica (a mesma onde ele deveria algum tempo depois apresentar a histeria masculina, na versão de Charcot), Freud enuncia que a psiquiatria "não tem meios para acelerar a atividade do sistema nervoso quando esta atividade está enfraquecida: é por isso que é fácil compreender que se deseje esta ação, a saber, a da cocaína, nessas doenças que designamos por estados de depressão e de enfraquecimento do sistema nervoso sem lesão orgânica"[15].

---

[15] p. 129.

Na relação de Freud com a histeria, a cocaína está no próprio lugar que será o do tratamento psicanalítico.

O texto de 1885, "Contribuições ao conhecimento da ação da cocaína", é um primeiro passo na destituição da cocaína como objeto privilegiado de uma ação terapêutica enfim à altura de suas ambições. Este texto é o único em que Freud desenvolve o ponto de vista energético até o mensurável. Ora, com essa introdução de medidas, o problema econômico vai singularmente se tornar mais complexo.

"Contribuição ..." nasce de divergências que são manifestadas, à medida em que se multiplicam, pelos testemunhos sobre os efeitos da cocaína. Para confirmar **"Über Coca"**, Freud estabelece um "método de verificação objetiva". Certamente, ele vai obter dessas experiências algo diferente de uma confirmação: mas aí está ele, esperando, ajudado por um médico amigo, aparelhado com um dinamômetro, munido de lápis e papel: em tempos cuidadosamente anotados, ele efetua três pressões sobre o aparelho, inscreve as cifras obtidas, calcula as médias, anota o estado de seu estômago, renova essas medidas durante sete horas, inicialmente sem ter absorvido cocaína e, depois, "com a cocaína no corpo". Retoma essas experiências por vários dias, compara-as e tira daí um certo número de constatações. Quais?

Em **"Über Coca"**, Freud escrevia: "Ainda não se pode julgar com certeza até onde a coca nos permitirá aumentar a eficácia mental". Este "até onde" deixava em aberto a possibilidade de uma progressão indefinida, sem um máximo previsível do ganho de eficácia mental.[16] A fim de elucidar e objetivar as coisas, Freud escolhe agora concentrar seu estudo sobre a ação da cocaína no nível da força motriz; esta, com efeito, suscetível de medida. Aí uma surpresa o aguardava: a descoberta de variações da força motriz. Certamente, essas variações já haviam sido observadas, mas essa redescoberta é decisiva no que diz respeito à relação de Freud com a cocaína, na medida em que não lhe é mais possível, a partir de então, medir em valores absolutos a ação da cocaína. Esta ação não intervém sobre uma constante, mas sobe algo que é por si mesmo variável. A partir daí, o experimento se desloca e Freud põe-se agora a medir as variações da força motriz **independentemente da cocaína.** Constata, assim, que é possível distinguir dois tipos de variações, já que a diária deve ser situada, ela própria, mais ou menos elevada, conforme o dia. Como situar desse modo a ação da cocaína?

Às variações de um dia para outro, Freud dá o sentido de uma manifestação do "estado geral", do "humor". Isso lhe permite sustentar que a coca não age diretamente sobre a força motriz, mas por intermédio desse estado geral, que, nos melhores dias, se chama "euforia". A cocaína provoca euforia; Freud apresenta, desde **"Über Coca"**, essa euforia como "o estado normal de um córtex cerebral bem alimentado, que "não sabe nada" sobre os

---

[16] p. 90.

órgãos de seu próprio corpo". É por provocar euforia, por intervir no nível do estado geral que a cocaína permite ao sujeito dispor de maior força muscular. Mas, a este termo, "maior", será possível agora atribuir um limite observável como tal.

Suas experiências mostram a Freud que a cocaína tem como efeito principal preencher a diferença entre os maus e os bons dias. "O aumento da força motriz é muito maior quando a cocaína age em más condições do estado geral, num momento em que a força motriz está enfraquecida". Nessas condições, a cocaína permite ao sujeito dispor, não mais de uma quantidade quase ilimitada de força motriz, mas dessa mesma quantidade a que ele pode, razoavelmente, aspirar, já que a experiência lhe demonstrou que, em certos dias felizes, dispunha dela.

As experiências sobre os tempos de reação confirmam o seguinte: a cocaína diminui os tempos de reação, mas, escreve Freud, "outras vezes, quando me sentia com humor mais alegre e empreendedor, encontrei-me em condições de reação igualmente favoráveis".

Introduzida pela medida, impensável sem ela, esta consideração se apresenta como o ponto de báscula da relação de Freud com a cocaína. Com efeito, se a cocaína permite ao sujeito dispor de uma energia que é apenas igual àquela de que dispõe quando seu humor é bom, então **ela não é mais um objeto necessário**. Mas igualmente notável é o fato de que ela decai do necessário **ali mesmo onde nada mais faz senão responder exatamente a este outro significante da lesão que é a fraqueza psíquica.** No próprio momento em que Freud situa o objeto cocaína como aquilo que faz contrapeso aos efeitos da lesão, ela se torna, para ele, objeto suscetível de ser perdido.

Por esta escrita dos efeitos da cocaína, desfaz-se o necessário do apego de Freud a este objeto. O assunto, porém, não está encerrado. A essas constatações experimentais, Freud reage escrevendo: "Isso não impede que mesmo nesses casos — isto é, quando o estado geral está em más condições — as forças devidas à ação da cocaína superem ainda o máximo atingido em condições normais." Todavia, se ocorreu uma primeira substituição — a cocaína advindo ao lugar daquilo que **no estado normal** provoca a euforia — , então outras poderão ocorrer, dando posteriormente à cocaína seu estatuto de objeto metonímico. Testemunha disso, dois anos mais tarde, "Cocainomania e Cocainofobia". Freud liga aí a ação da cocaína a um "fator de disposição individual"[17] que varia muito de uma pessoa para outra, que varia igualmente num mesmo indivíduo.

Ora, este fator apresenta uma particularidade notável: ele não está envolvido na rede do saber médico constituído como um de seus dados. A ação da cocaína é assim referida a um saber não sabido, particularizado, não sabido porque particularizado. De súbito, o lugar do saber como agente da ação terapêutica não pode mais ser mantido: não há mais meios de se fazer da

---

[17] p. 173.

cocaína o objeto de uma "indicação". Dado que, em geral, não se conhece o grau dessa sensibilidade, que até agora não se deu muita importância a este fator de disposição individual, penso que convém cessar o mais depressa possível de tratar as doenças internas e nervosas **por injeções** (o grifo é meu) subcutâneas de cocaína".[18]

Este texto é de julho de 1887. Ele responde, tentando dar-lhe termo, à imprudente recomendação de 1885, que Freud deveria formular e depois esquecer e que, ligada ao caso Fleischl, lhe iria aparecer mais tarde como uma "rata": "Aconselharei sem hesitação, para este tipo de desintoxicação (de morfinômanos), administrar a cocaína em injeções subcutâneas em doses de 0,03 a 0,05 g., sem temor de aumentar as doses".

A escrita que permite a Freud acabar realmente com esta rata abre a possibilidade de sua elaboração no simbólico: e o que, em 1887, permanece para Freud em suspenso na sua relação com a cocaína vai encontrar sua cifração com o deciframento, oito anos mais tarde, do sonho inaugural da "injeção de Irma".

Mas a histérica tem algo a ver com a ocorrência deste deciframento. E se o caso da cocaína foi este tempo em que Freud se poderia constituir como autor — autor da grande descoberta que teria vindo selar o discurso universitário com um objeto respondendo, enfim, à lesão suposta —, foi, para encerrar, a disjunção entre a produção desse discurso (ou seja, o próprio autor) e sua verdade (ou seja, o significante-mestre da lesão) que lhe restou, devido à rata, em suas mãos.

---

[18] p. 173.

CAPÍTULO DOIS

A histérica em suma

Charcot: Aqui está uma paralisia artificial do braço absolutamente semelhante a uma paralisia natural. Esta mulher não sabe de jeito nenhum onde está o braço. (Dirigindo-se à doente, que é apresentada em estado de hipnose): Feche os olhos e tente segurar o braço paralisado.
A doente: Não sei onde ele está, isso me irrita.

Charcot: Ela não sente nada: eu poderia torcer, até quebrar seu braço antes de lhe despertar a sensibilidade. Mas, como vêem, esses sujeitos não são obedientes.
A doente: Oh, não.

Charcot: Eles são difíceis de manejar, mas, no entanto, são bastante cordatos.
Assim, perda do sentido muscular, perda completa da sensibilidade. Aí está a linha circular que separa a parte sensível da parte insensível.
(À doente): Vamos, mexa os dedos.
(A doente se entrega a manifestações de mau humor).

Charcot: Ora, vamos, não mostre seu mau gênio.
A doente: Essa não! Espetam a gente e ainda se tem que ficar contente.

Charcot: (Ao chefe da clínica) — Pode acordá-la.

O chefe da clínica: Pronto, ela está acordada.

Charcot: Quando nos acostumamos com esses sujeitos, sabemos utilizá-los. Elas têm uma história natural, essas histéricas.[1]

---

[1] Extraído de J.M. Charcot: **A Histeria**. Textos escolhidos e apresentados por E. Trillat, 1971. "Paralisia histerotraumática desenvolvida por sugestão".

Fase dos grandes movimentos

Fase das contorções
(Arco de Círculo)

J.M. Charcot, Lecons du mardi à la Salpêtrière, Progrés médical éd. Paris, 1892-1894

A histérica em suma, tal é o nome dado aqui à histérica de Charcot, com quem Freud teve de lidar, de outubro de 1885 a fevereiro de 1886, na Salpêtrière. "Em suma" significa que ela é somada, no sentido em que o saber, por algum tempo, se apresentou como soma. Mas "em suma" a diz também em sono (**somme, sommeil**), e assim seria se o grande Mestre não houvesse sido pela histérica (com licença da palavra) magistralmente engrupido. Há solidariedade entre este sono provocado e essa soma de saber: isso é o que diz o título do presente capítulo, ficando a cargo do estudo fornecer-lhe uma demonstração.

Em Lacan, o saber que se soma é aquele cujo sentido se vê definido por seu lugar de agente[2]. O fato de que isso designe o discurso da universidade indica que a esse discurso a hipnose cai como uma luva. O sono da histérica faz a alegria da universidade. Mas a histérica é insone, pelo que, depende de outro discurso.

Charcot fez-se o promotor de uma versão universitária da histeria. O saber somado se designa como "quadro"; posto em lugar de agente, o quadro clínico funda sua verdade no significante da "lesão funcional" e tende a fazer de seu outro (histérica, mas também, como veremos, discípulo médico) este puro olhar que lhe é suporte necessário; este discurso produz um "Charcot" cuja reputação de didata, divulgada muito além de Viena, devia atrair Freud. Escrever, assim, esta efetuação do discurso universitário:

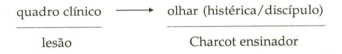

vai provar ter conseqüências sobre a leitura daquilo que foi para Freud, na sua relação com a histérica, a lição da Salpêtrière. Freud não retomou por conta própria a naturalização da histérica. Testemunha disso um incidente aparentemente anódino, mas cuja importância, no entanto, não se pode negligenciar. Jones conta que um dia, quando Freud se aventurava a expor a Charcot o exemplar tratamento de Anna O., a quem já conhecia há três anos, recebeu do Mestre, certamente, uma resposta, mas não a que esperava como audacioso jovem estagiário. Eis o que Jones escreve sobre isso: "Durante sua estadia em Paris, ele contou a Charcot essa notável descoberta, mas, diz ele, "os pensamentos de Charcot pareciam alhures", e o relato deixou-o indiferente. Este fato, aliás, pareceu atenuar por algum tempo o entusiasmo de Freud"[3].

Não há outra acolhida possível na Salpêtrière para aquilo que Freud suscitou com Anna O. além dessa indicação de um "alhures" que representa algo inadmissível. A indiferença de Charcot, dado o ensinamento que ele promove, é obrigatória. Como resposta, ele manifesta a Freud que este

---

[2] Cf. "Clôture du Congrès de 70", **Scilicet** 2/3, p. 395.

[3] E. Jones, **La vie et l'oeuvre de S. Freud**, PUF, vol. I, p. 248.

ensinamento sobre a histeria só pode excluir o que Freud, sem dúvida ingenuamente, lhe teria desejado acrescentar a título de um simples suplemento. Este "alhures", portanto, é lido aqui como índice de um outro discurso.

Sobre a importância deste encontro de Freud com a histérica de Charcot, todos os interessados na história, até mesmo na pré-história da psicanálise, estão de acordo. Feud se teria submetido à "influência de Charcot", dizem, sem maiores questionamentos sobre essa noção de influência, que se poderiam esperar da parte de analistas, que não têm o hábito de deixá-la inalterada. Esta influência de Charcot se especificaria por dois lugares comuns, agora bem arraigados.

Primeiro lugar comum: o grande Mestre da neurologia mundial, pondo em jogo toda a sua autoridade no interesse que dedicou, a partir de 1870, à histeria, deu seu título de nobreza a esta doença, tornando assim viável, daí por diante, sua abordagem científica. O grande Charcot teria feito grande a histeria: nomeou-a, aliás, a "grande histeria". Por se ter beneficiado do selo de um Charcot autor (já que autoridade, e como tal reconhecido), essa histeria assim autorizada teria sido, segundo os historiadores, o ponto de partida daquilo a que se autorizou Freud com a histérica. Mas soar, um século depois, as trombetas da fama não garante que o historiador, fazendo isso, nomeie como convém. E a naturalização universitária da histeria não é tanto uma retomada da histeria no discurso da ciência — "uma cientifização", do mesmo modo que se diz "uma encenação" — quanto uma maneira para a ciência estabelecida de se preservar da histeria. Freud não trilha a psicanálise a partir daí, a não ser que se entenda este "a partir" como um re-partir, uma demarcação cuja efetividade só é pensável se se marcar em que ponto seu apoio vem de outra parte.

Segundo lugar comum, corolário do primeiro e não menos soberano: graças a Charcot, Freud teria passado da neurologia à psicologia, o que teria constituído, na idéia dos autores, um primeiro passo em direção à psicanálise. É falso, em primeiro lugar, que o ensinamento de Charcot tenha sido do registro de uma psicologia; tratava-se manifestamente de uma clínica de doentes do sistema nervoso, ou seja, de neurologia.

Certamente, num ponto localizável de modo muito preciso no seu ensinamento sobre a histeria, Charcot recorre a uma explicação psicológica. Isso vale a pena ser visto de perto, já que é posta em jogo a noção de **trauma** como explicação das paralisias histéricas, e que, sobre esta noção em Freud nada pode ser dito de válido fora do fato de que sua definição difere da promovida por Charcot.

Sua teoria do trauma permite a Charcot dar conta da distância constatada entre a pregnância, a intensidade, a permanência de uma paralisia histérica e a pouca importância, "objetivamente", do incidente que constituiu seu ponto de partida. Para reduzir essa desproporção, Charcot utiliza uma distinção, retomada de autores ingleses: se o choque (assim escrevia ele) traumático não é suficiente para dar conta dos efeitos observados, é preciso então admitir que na histérica foi acrescentado um outro choque, que se vai qualificar de "nervoso". Os distúrbios sensitivos e motores "**que se produzem nos membros submetidos a uma contusão não pertencem propriamente, muito pelo contrário, aos sujeitos histéricos. Nesses sujeitos, sem dúvida, eles se produzem sob a influência de choques aparentemente os mais leves, e adquirem facilmente um desenvolvimento considerável fora de toda proporção com a intensidade da causa tramática.**"[4] A referência ao choque nervoso é necessária na medida em que reduz a desproporção a uma igualdade: "**Este choque nervoso se produz quando sobrevém uma emoção viva, um susto, o terror determinado por um acidente, sobretudo quando este acidente ameaça a vida, como se vê, por exemplo, nas colisões de trens. Nessas condições, desenvolve-se um estado mental todo particular, recentemente estudado cuidadosamente pelo Sr. Page, que aliás o aproxima de modo muito judicioso, na minha opinião, do estado de hipnotismo. Em ambos os casos, com efeito, a espontaneidade psíquica, a vontade, o julgamento, estando mais ou menos deprimidos ou obnubilados, as sugestões são fáceis: igualmente, a mais ligeira ação traumática, incidindo, por exemplo, sobre um membro, pode ocasionar, então, uma paralisia, uma contração ou uma artralgia**".[5]

Não existe outra "psicologia" em Charcot senão essa descrição sumária de um estado mental. Seria a isso que Freud teria atribuído mérito a ponto de inscrever-se, em seguida, nas mesmas vias?

A resposta da doxa é aqui mais que inexata: ela oculta, com esta referência à psicologia, a diferença radical que proíbe assimilar as definições do trauma em Charcot e em Freud. Ora, a abordagem freudiana do trauma só é viável a partir da exclusão do pouco de psicologia utilizada por Charcot. Pelo vazio que realiza, a depressão das faculdades psíquicas explica, em Charcot, a extensão do choque traumático, sua intensificação em sintoma. É por não se chocar com coisa alguma que a idéia sugerida pelo choque traumático se desenvolve em extensão e o choque nervoso é o nome desta página deixada em branco. Nada semelhante se encontra em Freud. O trauma, para Freud, é constituído pela ligação da idéia suscitada pelo choque traumático com **uma outra idéia** com a qual ela se viu historicamente ligada. Com o caso de Anna O., Freud apresenta a Charcot esta teoria do trauma: o choque traumático se metamorfoseia em sintoma, na medida em que existe uma "relação simbólica"[6] ligando aquilo que ele evoca com uma outra representação, mas — o que é igualmente importante — sem que o Eu (**Moi**) "saiba alguma coisa disso ou possa intervir para impedi-lo."[7]

Com essa primeira teoria freudiana do trauma, impõe-se a hipótese de um saber não-sabido; ela dá ao sintoma um valor de signo. O sintoma se vê, por

---

[4] Charcot, **Leçons sur les maladies du système nerveux**, vol. III, 1887, p. 402.

[5] Charcot, L.M.S.N., p. 392.

[6] Freud, "Sobre o mecanismo psíquico dos fenômenos histéricos".

[7] Freud, **Charcot**.

esse motivo, deslocado ao lugar do outro e o saber não sabido está à espera de sua própria produção. A escrita do discurso da histérica em Lacan,

$$\frac{\cancel{S}}{a} \longrightarrow \frac{S_1}{S_2}$$

onde o S_1 do sintoma ocupa o lugar do outro e o S_2 do saber ocupa o lugar da produção, permite assim qualificar essa teoria freudiana do trauma como "teoria histérica da histeria"[8]. Freud se faz, então, diante de Charcot, o porta-voz da histérica, por ser, à sua revelia, tapeado por ela.

A teoria histérica da histeria inverte a sua versão universitária. Se existe um continuador de Charcot sob um modo psicológico, este se chama Janet e não Freud. Num texto intitulado "Pierre Janet, psicólogo realista"[9] , H. Wallon aponta o postulado fundamental dessa psicologia. **"Não há necessidade"**, escreve ele, **"de justificar por raciocínios ou hipóteses a eventualidade de um acordo entre a pessoa e o meio psíquico e social. O fato primitivo no plano psíquico é este acordo, seja ele, aliás, bem sucedido ou não, é a união essencial entre o ato e seu objeto."** A idéia do choque nervoso transformado aqui em "insuficiência psíquica" tem por função dar conta da histeria sem ter que pôr em questão esse acordo postulado: **"O moinho pode ser muito aperfeiçoado, mas se a força motriz for insuficiente em volume, em força de empuxo, ele não vai girar e só irá produzir gemidos discordantes ou perturbações. Assim, à falta de uma tensão psíquica conveniente, o que Janet chama de "função do real" se degrada: o ato se faz, inicialmente, lúdico, torna-se um simples simulacro, um desvario sem eficácia real. Uma nova baixa no nível acarreta o exercício sem controle, incoercível, obsessivo, de conjuntos funcionais desintegrados e parasitas. No nível mais baixo vêm as manifestações explosivas sob a forma de atitudes passionais ou histéricas, e enfim, simples espasmos musculares característicos da crise epilética, este mal elevado, ou mal sagrado dos antigos."** Assim, prossegue este texto notável, **"Janet expunha problemas que estão entre os mais delicados da psicologia contemporânea; os da personalidade, não mais como indivíduo "na terceira pessoa", mas como autor, ao menos putativo, de seu próprio destino, e diante de si mesmo como uma existência única no mundo: do plano metafísico, o Eu (moi) tende a passar para o plano psicogenético"**.

Esta longa citação mostra o que está em jogo na resposta histérica, que alcança, nada menos, que os fundamentos da psicologia. Em sua versão universitária, **a histeria é pensada como insuficiência, na exata medida em que ela é referida à suficiência do Eu (moi) em satisfazer a função do real**, o que nada mais quer dizer senão a satisfação do princípio fundador da

---

[8] Denominação que devo a A. Rondepierre.

[9] "Pierre Janet psichologue réaliste", in **Bulletin de psychologie,** nov. 1960.

psicologia, o de um acordo entre a pessoa e o mundo exterior, o **Innenwelt** e o **Umwelt**. Quando Freud, sob a sugestão da histérica, escreve: "**Pode-se dizer que a histeria é uma anomalia do sistema nervoso baseada numa repartição diferente das excitações, provavelmente acompanhada por um excesso de estímulos no órgão da memória**"[10], ele rejeita, de fato, essa insuficiência psíquica, fragilidade, depressão ou choque nervoso — chame-se a isso como se quiser, pouco importa — que não poderia, a rigor, ter existência, já que vai contra o primeiro princípio da termodinâmica. O leitor se recordará, aqui, de que a modificação da relação de Freud com a cocaína só foi efetivada pelo apoio tomado nesse primeiro princípio.

Como compreender o incontestável interesse que Freud manifestou pelo ensinamento de Charcot, uma vez excluída a confusão psicológica? Freud é absolutamente explícito neste ponto. Se atribui ao Cesar da Salpêtrière "a glória de ter sido o primeiro a explicar a histeria", não deixa de precisar que lê essa "explicação", não naquilo que Charcot sustenta como teses sobre a histeria, mas na sua prática avançada, a saber, a reprodução artificial, sob hipnose, do sintoma histérico. Charcot, escreve Freud, "explica este processo, reproduzindo-o".[11] A explicação que Freud recebe de Charcot consiste apenas nessa própria reprodução. Quanto ao que se apresenta como a elaboração dada por Charcot de sua prática, Freud tem o cuidado de indicar, não que se separe de Charcot neste ponto, mas — mais precisamente — que essa separação é obra de Charcot, que não soube seguir o caminho tomado de empréstimo por Freud, aquele promovido pela histérica. Tal é o sentido do artigo necrológico consagrado por ele a Charcot em 1893.

Se a reprodução dos sintomas histéricos sob hipnose é o ponto onde Freud vê Charcot elevar-se a um nível superior ao de seu tratamento habitual da histeria, é que passava por aí, para Charcot, a elaboração de uma clínica da histeria, a possibilidade de diferenciar finamente uma monoplegia braquial de origem histérica de uma monoplegia orgânica.

Essa diferença recebeu, ao final desse estudo, sua ancoragem epistemológica na relação do sintoma com o quadro. Basta, por ora, notar que existe em Charcot uma clínica da histeria; essa clínica é apresentada pelo Mestre; Freud está tanto mais atento a ela quanto vai-se tratar, para ele, de registrá-la, sem no entanto reduzi-la em última instância, como propunha Charcot, a essa "lesão funcional" que bastava invocar como verdade da clínica para que a histeria, enfim!, tomasse seu lugar no quadro das doenças do sistema nervoso.

$$\frac{S_2 \longrightarrow a}{S_1 \qquad \sslash}$$

---

[10] Cf. a contribuição de Freud sobre o tema da histeria na enciclopédia Villaret.

[11] Freud, "Sobre o mecanismo psíquico dos fenômenos histéricos", 1893.

Este objetivo é perfeitamente observado por Dejerine, que, em 1911, declara: "Por seus estudos sobre a histeria, Charcot soube retirar dos psiquiatras um domínio que estes tentaram em vão reconquistar. Certamente, sua doutrina sobre a histeria não permaneceu integralmente. Mas Charcot tem ao menos o mérito de fazer compreender aos médicos que, fora das lesões materiais, os problemas levantados por certos distúrbios psíquicos ofereciam à sua atividade um campo considerável, e só isso já nos faz dever-lhe todo o nosso reconhecimento"[12]. Entretanto, as exigências do discurso são tais que este "fora das lesões materiais" só poderia ser concebido como lesão funcional.

A qualificação de "funcional", em Charcot, vem indicar que o tipo de lesão designado não é observável (pelo menos até então) à necrópsia. A lesão funcional é uma lesão suposta. O necessário dessa suposição é observado com justiça por E. Trillat[13] como ligado ao fato de que a lesão anatômica é a pedra angular do sistema anatomoclínico de Charcot. A lesão é aquilo a que se referem os sintomas, aquilo que funda e justifica seu agrupamento em um quadro clínico, aquilo que confirma esse agrupamento da doença. A lesão dá sua legitimidade médica ao método de observação diferencial dos elementos sintomáticos.

Análise diferencial dos sintomas, lesão, método anatomoclínico: uma lei rege em Charcot as relações entre esses três termos. Ela se formula assim: **A observação das diferenças sintomáticas pode ser levada tanto mais adiante na medida em que não implica, pelo fato da referência última à lesão, nenhum perigo para o método.** Esta lei ao mesmo tempo autoriza, situa e limita o que Charcot apresenta sob o nome de histeria. O deslocamento dos interesses do Mestre, da esclerose lateral amiotrófica para as convulsões epiléticas, e principalmente histéricas, não implica qualquer questionamento dessa lei. Trata-se, ao contrário, no terreno novo e pretensamente inapreensível da histeria, de fazer surgir sua fulgurante verdade. Posto à prova da histeria, o método anatomoclínico dará a prova de sua validade.

Só há provas a apresentar num jogo de réplicas a um parceiro-adversário. Essa elaboração universitária da histeria assume sentido por se inscrever em falso contra aquilo que Briquet pusera recentemente em moda, a saber, a tese de que a histeria era fundamentalmente definida pela simulação.[14]

Briquet retoma, dois séculos depois, a teoria de Sydenham: a histeria não é uma doença como as outras, já que nenhum sintoma, ou grupo de sintomas, a define. Em 1681, Sydenham escrevia: "**A afecção histérica é não só muito freqüente, mas manifesta-se ainda sob uma infinidade de formas diversas, e imita quase todas as doenças que acontecem ao corpo humano, pois, em qualquer parte que se encontre ,ela logo produz os sintomas próprios àquela parte do corpo.**"[15] A histeria é essa formação particular de paixões que consiste

---

[12] **Presse Médicale**, abril de 1911.

[13] Charcot, **L'hystèrie**, textos escolhidos e apresentados por E. Trillat, "Introduction", p. 12.

[14] Briquet, **Traité clínique et thérapeutique de l'hystèrie**, Paris, 1859.

[15] Sydenham, **Dissertation sous forme de letre**, 1681.

no fato destas se manifestarem simulando qualquer sintoma. "Patologia de segundo grau", Trillat deu esta fórmula feliz: ela seria, como expressão passional, mais um assunto para moralistas que para médicos.

A versão universitária da histeria apresentada por Charcot se caracteriza por visar excluir a simulação. Dar uma forma à histeria, defini-la como aquilo que Charcot designa, nomeando-a um "tipo fundamental", diante do qual todos os fenômenos histéricos observáveis se repartem em elementos típicos ou em variações acidentais, é estabelecer em primeiro lugar que "**a neurose histérica não é, como muitos ainda o afirmam, mesmo dentre nós na França, contrariamente aos ensinamentos de Briquet, "um proteu que se apresenta sob mil formas e que não pode ser apreendido sob nenhuma delas" ...".** Trata-se de provar que no campo da histeria "**... nada é dado ao acaso; que tudo se passa, ao contrário, conforme certas regras bem determinadas, comuns à prática hospitalar e à da vida civil, válidas para todos os tempos, para todos os países, em todas as raças, regras cujas próprias variações em nada afetam a universalidade, já que essas variações, por mais numerosas que possam parecer, estão sempre ligadas, logicamente, ao tipo fundamental"[16].**

É como um quadro que a histeria se presta à compreensão. A histérica ou bem é uma simuladora, ou bem é igualável ao quadro; tal é a alternativa ordenadora do trabalho de Charcot. Freud vai contestar sua pertinência. **Enquanto ele deixa de lado a teoria psicológica do trauma para ater-se à própria experiência de reprodução do sintoma histérico, a idéia de uma "lesão funcional", em contrapartida, que daria ao quadro sua verdade, vai reter toda a sua atenção.** É pela interpretação do significante-mestre dessa lesão que Freud se separa inicialmente — e da maneira mais resoluta — da versão universitária da histeria.

Mas, antes de chegar a essa interpretação freudiana da lesão funcional, coloca-se a questão de sua articulação, em Charcot, com a teoria traumática anteriormente apresentada. O. Anderson notou a ausência, no ensinamento do Mestre, de um aprofundamento da relação entre essas duas teorias, lesional e traumática[17]. A coisa, com efeito, não é desenvolvida e nada mais resta senão abrir a porta da sala onde Charcot apresentava suas histéricas para ali esperar encontrar, como Freud o fizera, a resposta ao que foi deixado em branco na teoria.

Aí está, pois, o célebre doente Pin... que Freud pôde encontrar na Salpêtrière e cuja observação utilizou, apesar de tudo, na conferência que fez quando de sua volta, para demonstrar aos médicos de Viena a existência da histeria masculina. Ele nota, em seu relatório sobre seu estágio em Paris, que este caso "constituiu durante perto de três meses o núcleo de todos os estudos de Charcot"[18]. O texto da lição de Charcot que apresenta esta histeria masculina

---

[16] Charcot, carta prefácio a Richer, **Etudes cliniques sur l'hystéro-épilepsie ou grande hysterie,** Paris, 1881.

[17] O. Anderson, **Studies in the prehistory of psychoanalysis,** 1962, p. 60.

[18] Charcot, **Leçons sur les maladies du système nerveux,** (L.M.S.N.), vol. III.

se intitula "Sobre dois casos de monoplegia braquial de natureza histérica no homem"[19]. O fato de Charcot estudar simultaneamente **dois** casos é tanto mais notável na medida em que isso não encontra qualquer justificativa no nível das próprias apresentações. "As observações" — nota Charcot — "são assimiláveis sob qualquer ponto de vista". Poderia parecer, em primeiro lugar, que Pin é introduzido apenas para completar o quadro apresentado pelo outro doente, um tal de Porcz, no qual não foi possível revelar as "zonas histerógenas", nem tampouco o que o estímulo dessas zonas desencadeia regularmente, a saber, a grande crise histérica. Se Pin apresenta os mesmos sintomas de Porcz, com o acréscimo de zonas histerógenas e crises histéricas, então a ausência destas em Porcz poderá ser considerada acidental. Mas o fato de "alguma coisa faltar no quadro"[20] de Porcz não é redutível a este acidente, de vez que, como observa Charcot, "esta circunstância não nos poderia deter: o ataque convulsivo, como sabem, não é — muito pelo contrário — necessário à característica da histeria"[21]. A que, então, responde a introdução do doente Pin na discussão do quadro de Porcz?

É notável que a observação de Porcz se conclua pela suposição, a partir do diagnóstico de histeria, da existência de uma lesão funcional no nível central, quando a de Pin prossegue por experiências de reprodução do sintoma histérico — no caso, o da monoplegia braquial — e alcança a etiologia traumática desses sintomas, isto é, a teoria da articulação patógena, do choque traumático e do choque nervoso. Portanto, encontramos aqui, com a justaposição dessas duas observações, a resposta que Andreson dizia estar ausente do ensinamento de Charcot.

A introdução, com Pin, da etiologia traumática visa preencher o que era uma lacuna na observação de Porcz, não de modo acidental, mas essencial — só se pode tratar de algo que se encontra numa posição semelhante à do trauma, ou seja, a lesão funcional a que conduz a observação de Porcz, que é realmente **o que estará sempre faltando no quadro,** o que terá por efeito, para além da acumulação de sinais clínicos confirmando sem cessar o diagnóstico, suspender sua certeza; sempre será necessário, como formula Charcot, "legitimar ainda mais as conclusões em que nos detemos".

A teoria do trauma vem no lugar da lesão funcional, mas não a anula nem a subverte. Ela é uma tentativa abortada e tímida de dar um corpo teórico àquilo que não é observável no corpo anatômico. O interesse dirigido a Pin é somente o interesse deslocado de Porcz; o significante da lesão funcional como verdade do quadro permanece decisivo para Charcot, o que dá conta do fato de que ele próprio se tenha envolvido tão pouco na teoria do trauma psíquico, contentando-se, como observa Freud, com uma fórmula, a do choque nervoso.

O bisturi de Freud corta transversalmente o texto de Charcot. Ele

---

[19] Charcot, L.M.S.N., vol. III, p. 333.

[20] Charcot, L.M.S.N., vol. III, p. 327.

[21] **Idem.**

conserva, com Pin, o fato da reprodução da monoplegia braquial sob hipnose, mas só para interrogar, com Porcz, sua articulação à teoria neurológica da lesão.

O fato de a histeria, como quadro, ocultar o significante-mestre da lesão funcional é o que Freud discute principalmente em "Algumas considerações para um estudo comparativo das paralisias motoras orgânicas e histéricas". Este texto dá razão, inicialmente, a Charcot contra Briquet. Existe uma patologia qualificável de histérica fora de sua definição pela simulação: uma paralisia motora histérica apresenta características que permitem distingui-la de uma paralisia orgânica que afetasse os mesmos lugares do corpo.

Mas Freud vai voltar esta patologia contra o que, em Charcot, a tornaria possível: "Já que apenas pode existir uma anatomia que seja verdadeira, e uma vez que esta encontra sua expressão nas características clínicas das paralisias cerebrais, é inteiramente impossível que a anatomia seja a explicação das particularidades distintivas das paralisias histéricas"[22].

Freud recusa aqui o passe de mágica constituído pelo termo "lesão funcional": segundo ele, ou bem trata-se de uma lesão do centro nervoso, e neste caso, mesmo transitória, mesmo ligeira, ela deve produzir os sintomas característicos da dita lesão, o que contradiz a clínica da histeria, ou bem — e este será seu trilhamento — é preciso mudar de terreno e pensar de outra maneira o que é designado por "lesão funcional". **"Somos levados"** — escreve — **"a crer que, por trás dessa expressão, "lesão dinâmica", esconde-se a idéia de uma lesão como o edema ou a anemia, que são, de fato, afecções orgânicas transitórias. Mas, ao contrário, afirmo que a lesão nas paralisias histéricas deve ser completamente independente da anatomia do sistema nervoso, já que, nessas paralisias e noutras manifestações, a histeria se comporta como se a anatomia não existisse, ou como se não tomasse conhecimento dela"[23].** Logo, o fato de que a paralisia braquial histérica não se acompanha de uma paralisia do rosto situada do mesmo lado do braço paralisado contradiz a idéia de uma lesão funcional: **a clínica de Charcot desmente o que a funda.**

Eis, portanto, a "lesão funcional" libertada de toda imaginarização usual de um referente, em outras palavras, tomada como um significante. Doravante interpretável, a lesão funcional é então tomada **ao pé da letra** como lesão de uma função. É notável ver, doze anos antes do texto sobre o chiste, Freud apoiar-se numa história estranha para explicitar o que pode querer dizer "alteração da função": **"Conta-se uma história estranha sobre um sujeito que se recusava a lavar a mão porque um soberano a havia tocado. A relação desta mão com a idéia do rei parece tão importante para a vida psíquica deste homem que ele se recusava a fazer com que a mão entrasse em contato com qualquer outra coisa"[24].**

---

[22] **St. Ed.**, vol. I, p. 160 e seg.

[23] **St. Ed.**, vol. I, p. 160 e seg.

[24] **St. Ed.**, vol. I, p. 170.

Esta aproximação com um relato cômico permite dar conta do sintoma histérico. Seja, por exemplo, uma paralisia braquial histérica. A representação como tal do braço não se manifesta, aí, como lesada, uma vez que, ao contrário, o sintoma a revela atuante. Em contrapartida, existe de fato — e aí está o próprio sintoma — alteração de uma função dessa representação: "**Do ponto de vista psicológico, a paralisia do braço consiste no fato de que a representação do braço não pode entrar em associação com as outras representações constituintes do Eu das quais o corpo do sujeito participa de maneira importante**". A "lesão funcional" é, pois, interpretada por Freud como uma operação pela qual a imagem narcísica se vê lesada de uma parte de si mesma. Esta parte, subtraída à ordem especular, entra como representação em contato com uma outra representação que, devido à sua importânica para o sujeito, a atrai, a quer, de certa forma, toda para si. Esta outra representação é qualificada de "traumática", na medida em que comporta um excesso de afeto de que o Eu não pode se libertar: ela é "causa de sintomas histéricos permanentes", no sentido em que realiza **a subtração, do registro do imaginário, de um de seus suportes simbólicos que assume este excesso de afeto pertencente a uma outra representação e dá, assim, ao sintoma, seu peso de real**. A história estranha torna sensível esta relação de pelo menos dois significantes, onde o significante "mão" representa o sujeito para o significante "rei", com a conseqüência de excluir, por esse fato, a mão, da função de limpeza, pois esta limpeza a faria perder a realeza, até mesmo sua lealdade. Apostamos que, no próprio momento daquele aperto de mãos, um pensamento em si mesmo não formulado deve ter perpassado aquele que, estando em presença da Pessoa Real, só pode ter-se proibido de formular, numa injúria, o termo: "sujeira!"

Essa interpretação da "lesão funcional" faz retorno na noção de trauma, que perde aí seu estatuto, assim como se perde o latim. Para Freud, com efeito, a discussão da definição do trauma promovida pela Salpêtrière vai implicar uma modificação da relação do médico com o saber — mais precisamente, ainda, com o malogro deste.

O sintoma histérico é feito em Charcot à imagem do choque traumático, nascendo deste último, tanto mais naturalmente quanto não encontra obstáculo algum devido ao choque nervoso. Eis o que ensina Charcot a propósito das paralisias histerotraumáticas de Pin e Porcz: "**... por um lado a sensação de peso, de entorpecimento, de ausência do membro contundido e, por outro lado, a paresia que nunca deixa de existir em algum grau, farão nascer, de certa forma, naturalmente, a idéia de incapacidade motora do membro; e esta idéia, devido ao estado mental sonambúlico tão particularmente favorável à eficácia das sugestões, poderá adquirir em seguida, por uma espécie de incubação, um desenvolvimento considerável, e realizar-se, enfim, objetivamente, sob a forma de uma paralisia completa, absoluta**"[25]. O leitor há de convir que nada há de natural no fato de um golpe sofrido evocar a idéia de

---

[25] Charcot, L.M.S.N., vol. III, p. 453.

impotência motora do membro. Em alguns, neste caso, a idéia de "devolver golpe por golpe" não é menos "naturalmente" sugerida. Mas, sobretudo, esta evidência de um natural implica que se trata da mesma idéia, que, ao se desenvolver, provoca a mesma paralisia em Porcz ou Pin e que essa idéia é a partir daí conhecida pelo Mestre. Choque traumático e choque nervoso só se articulam nesta descrição na medida em que se vêem formulados como não particularizados. Sob a capa de "natural", o caráter de generalidade da idéia é necessário a fim de que esta permaneça ao alcance do saber.

A interpretação freudiana da lesão funcional como lesão devida à ligação da representação a uma outra representação implica que a passagem ao sintoma da primeira está referida a esta própria ligação e não a um processo de incubação, de extensão, da única representação que tem em conta a teoria do trauma de Charcot. O acréscimo, por Freud, dessa outra representação traumática é decisivo, pois ela escapa assim ao saber, tanto ao do médico quanto ao da histérica. É um passo à frente do método catártico admitir que existe saber não-sabido.

É por um ato único que Freud se submete ao particular do saber do significante traumático e admite não dispor dele. **"Fazia muito escuro"** — lhe diz Catarina, a filha do estalajadeiro — **para ver alguma coisa; eles estavam vestidos, todos dois. Ah, se eu soubesse o que foi que me causou repulsa naquele momento!** Acrescenta Freud: **"Quanto a mim, eu tampouco sabia de nada, mas convidei-a a me contar o que lhe viesse à mente, estando certo de que ela pensaria justamente naquilo de que eu precisava para explicar o caso"**[26].

O saber do trauma elaborado por Freud dá lugar à fala da histérica, pois ele espera desta fala, em conformidade com a estrutura de seu discurso, a produção de um saber não-sabido:

$$\frac{\cancel{S}}{a} \longrightarrow \frac{S_1}{S_2}$$

Esta acolhida dada ao particular do S_2 não convém a um discurso que põe o saber em lugar de agente; daí a necessidade de uma outra abordagem do trauma. "Contentávamo-nos", escreve Freud em seus "Estudos sobre a histeria", "em dizer que a doente era afetada por uma constituição histérica e que, sob a pressão intensa de excitações *quaisquer* (sublinhado por Freud), ela poderia, segundo seu temperamento, desenvolver sintomas histéricos".[27]

Recusando o termo de agente provocador como suscetível de metaforizar o que vem a ser o trauma, é este **qualquer** da excitação traumática que Freud recusa. Esta excitação não é qualquer, já que está ligada a uma outra represen-

---

[26] Freud, "Estudos sobre a histeria", "Comunicação preliminar".

[27] Freud, "Estudos sobre a histeria", "Comunicação preliminar".

tação — o que leva a admitir que essa outra representação, não sabida, só pode encontrar lugar com a entrada em jogo de um outro discurso.[28]

Freud, quando de sua estada em Paris, fez-se o porta-voz da histérica; e os confrontos com Charcot, por terem sido discretos, nem por isso foram esquecidos. Vamos recordar o incidente de Anna O. Houve outros deles. Um dia, Charcot, indo de encontro à sua própria tese sobre as diferenças clínicas entre as paralisias ou anestesias de origem histérica e orgânica, sustentava que em certos casos, em conseqüência de uma espécie particular de lesão orgânica no nível central, haveria uma analogia completa entre hemianestesia histérica e orgânica. Voltava a ser posto em questão o próprio ponto em que Freud se iria apoiar para destruir, reinterpretando-a, a hipótese da lesão funcional. Não é de surpreender que ele tenha objetado imediatamente. Eis o que diz sobre isso: **"Quando, na ocasião, arrisquei-me a expor a questão sobre esse ponto e argumentar que isso contradizia a teoria de hemianopsia, choquei-me com este excelente comentário: "a teoria, isto é bom, mas isso não impede de existir".** Se essas palavras deveriam permanecer inesquecíveis para Freud, também é verdade que este não se submeteu a elas a ponto de ficar de bico fechado. Acrescenta, com efeito, uma coisinha que, como interpretação da sentença célebre, vai-lhe dar, retroativamente, seu alcance: **"Se apenas"** — escreve — **"soubéssemos o que existe"**[29]. Em outras palavras, o que se trata de não impedir de existir não é um mítico fato bruto, e sim um saber.

$$\frac{S_2 \longrightarrow a}{S_1 \qquad \cancel{S}}$$

Ora, este saber não está tão certo de sua própria existência quanto poderia parecer de saída. Isso fica evidente quando se interroga a lógica classificatória que o subtende nas relações que ele institui entre o quadro e o sintoma. O que acontece com o sintoma quando se vê convocado a participar de um agrupamento onde se constitui, como "espécie doença"[30], isto é, como uma entidade de ordem imediatamente superior, o quadro?

O fato de definir a espécie é suficiente para fazer surgir, no nível principal, o que não era visível antes de sua constituição, a saber, que um sintoma, a partir daí, pode vir a faltar. O caso foi exposto com as observações de Porcz e Pin. Duas conseqüências podem ser tiradas dessa nova ocorrência, mas cada uma delas testemunha a dificuldade de uma compreensão conceitual estável do sintoma, a partir do momento em que sua definição se apóia na de espécie mórbida.

---

[28] "É preciso preservar-se de crer que o trauma aja à maneira de um **agent provocateur** (em francês no texto) que deslancharia o sintoma. Este, tornado independente, subsistiria em seguida" (Freud, "Estudos sobre a histeria", p. 3).

[29] Freud, nota à sua tradução de **Leçons du Mardi, St. Ed.,** vol. I, p. 39. Cf. também Freud, **Ma vie et la psychanalyse,** trad. franc., p. 19.

[30] Charcot, **Leçons du Mardi,** vol. I, p. 23.

— Ou bem se decide que aquilo com que se lida nesse agrupamento novo (já que ele é o primeiro agrupamento menos um sintoma) é uma nova espécie e, neste caso, repetindo-se a operação, vamos encontrar tantas espécies quanto sintomas, em outras palavras, anula-se a distinção entre sintoma e espécie que fora formulada inicialmente,

— Ou bem se decide que esta falta de um sintoma não é essencial no que diz respeito à espécie: decide-se que o novo agrupamento é da mesma espécie e segue-se, então, uma divisão do registro dos sintomas, a ausência de uns não conduzindo a um questionamento da espécie com que se supõe estar lidando, a ausência de outros provocando-o obrigatoriamente.

Logo, a opção reside em perder a distinção sintoma/espécie ou dividir em dois níveis hierarquizados a categoria do sintoma, mas esta operação, repetindo-se indefinidamente, pulveriza, ao final, a noção de sintoma.

O que não se pode fazer, é melhor deixar de lado! E Charcot permanece prudentemente à parte quanto à interrogação da lógica classificatória que nele é subjacente à relação sintoma-quadro. Isso não quer dizer que a questão não se coloque, nem mesmo que ela não tenha sua resposta, de vez que o que opera uma estabilização desta relação entre o sintoma e a espécie mórbida tem em Charcot, precisamente, o nome de "quadro" — termo a se entender agora não apenas como equivalente ao de espécie, mas como uma pintura, daquelas que se expõem nos museus.

É na Salpêtrière, como inesgotável museu de entidades mórbidas, que Charcot, jovem interno, decide fixar-se. Ele não descarta, então, mas até realiza seu sonho de ser pintor. A nosologia desta clínica do quadro é uma galeria de imagens. E a prova quotidiana do diagnóstico é assegurada apenas por essa captura do olhar do outro visada pelo quadro e que, por si só, dá ao diagnóstico sua consistência.

O quadro clínico chega a submeter à sua ordem aquilo que, da prática médica, se destaca da fisiologia. Ainda aí, Charcot vai a extremos para receber a confirmação da exatidão de sua postura. Aí está, pois, o Mestre da fisiologia, o próprio Claude Bernard, invocado por Charcot: **"Não se deve"** , diz ele, **"subordinar a patologia à fisiologia. O inverso é o que se deve fazer. É preciso, em primeiro lugar, expor o problema médico tal como ele é dado pela observação da doença, em seguida procurar fornecer a explicação fisiológica; agir de outro modo seria expor-se a perder de vista o doente e desfigurar a doença"**. Comenta Charcot: **"Eis, a meu ver, palavras excelentes. Fiz questão de citá-las textualmente, porque são absolutamente significativas. Elas dão a compreender, de modo suficiente, que existe na patologia todo um domínio que pertence propriamente ao médico, que somente ele poderia cultivar e fazer dar frutos, e que permaneceria necessariamente fechado ao fisiologista que, de maneira sistemática, confinado ao laboratório, iria desdenhar os ensinamentos da enfermaria"**[31].

---

[31] Charcot, **L.M.S.N.**, 1887, vol. III, p. 9.

Freud, formado numa clínica que tinha "tendência a fazer uma interpretação fisiológica do estado clínico e da inter-relação dos sintomas"[32], não adotou este "método francês" onde a imagem clínica e o tipo desempenham um papel fundamental. É mesmo ao seu caráter exclusivamente nosográfico que ele atribui, no artigo necrológico, a responsabilidade por essa virada em que Charcot se engaja numa outra via que aquela indicada pela histérica. O método francês falhou com a histeria por se ater a uma prevalência do escópico como campo de exercício de um gozo intelectual cujo elogio Charcot não hesitava em fazer. Freud, em termos de um surpreendente extremismo, consagra duas páginas a uma apresentação do método clínico de Charcot: **"Ele não era um homem de reflexão, um pensador; tinha a natureza de um artista. Era, como ele mesmo dizia, um "visuel"** (em francês no texto), **um homem que vê. Eis o que nos dizia ele próprio sobre seu método de trabalho. Tinha o costume de olhar repetidas vezes para as coisas que não entendia, aprofundar diariamente a impressão que delas retirava, até que, de súbito, a compreensão baixava nele. Na visão de seu espírito, o caos aparente apresentado pela contínua repetição dos mesmos sintomas começava então a se ordenar. As novas imagens nosológicas emergiam caracterizadas pela continuidade constante de certos grupos de sintomas"[32].**

Charcot ensina apresentando. O necessário da coisa se liga ao fato de que apenas a apresentação permite pôr em presença quadro e olhar, tempo puntiforme em que "a luz é tanta que abate os espíritos menos preparados"[33]. Esse golpe de Charcot — como se fala de um golpe de Jarnac — vale a pena nos interessar por ele, pois permite uma elucidação do fato hipnótico como fundamentalmente ligado ao discurso da universidade.

Aí está, pois, passo a passo, uma apresentação de paciente a que Freud assistiu. O relato dessas duas lições se intitula "Sobre um caso de coxalgia histérica de causa traumática no homem.[34]

Primeiro exame, primeira surpresa: o diagnóstico é de saída afirmado por Charcot: "... este homem vigoroso colocado diante de vocês é um histérico". Há desafio nessas palavras, pois este enunciado não combina com o que os assistentes podem constatar **de visu**, ou seja, um doente cuja aparência é bastante "afastada do tipo ainda hoje clássico dos histéricos". O que está em jogo, portanto, não é o estabelecimento de um dignóstico, e sim sua mostração, e esta vai visar preencher a lacuna entre o que é afirmado e o que é dado a ver.

O questionamento do caráter orgânico da coxalgia apresentada tem seu ponto de partida num saber já constituído. Existe, descrita por Brodie em 1837, uma "afecção histérica das juntas", distinta de uma artropatia orgânica. Brodie estabeleceu as marcas dessa distinção: na histeria, a dor é mais extensa e mais intensa na superfície, o sintoma surge e desaparece brutalmente, com freqüen-

---

[32] Freud, **Charcot, St. Ed.**, vol. III, p. 12-13.

[33] Charcot, **Leçons du Mardi**, vol. I, p. 231. Citado por Trillat, op. cit., p. 17.

[34] Charcot, **L.M.S.N.**, 1887, vol. III, p. 370 e seg.

cia em seguida a uma impressão moral, não havendo, por outro lado, nem atrofia do membro nem elevação da temperatura. Entretanto — segunda surpresa! — ao mesmo tempo em que este tipo de distinção é tipicamente o material com que Charcot constitui sua imagem clínica da histeria, ele minimiza desta vez a importância dessas observações: "Existem aí, senhores, não se pode dissimulá-lo, nuances bem delicadas". Como indica seu emprego do termo "dis-simular", a razão dessa recusa não se liga a uma rejeição das observações sintomáticas propostas por Brodie, mas ao fato de que este autor define a histeria pela simulação. Aí está o segundo ponto posto em jogo nessa apresentação: mostrar que a histérica se identifica ao quadro da histeria é demonstrar que ela não é uma simuladora. **O quadro tem por função excluir a simulação.**

Logo, aí está um doente que apresenta todos os sinais de uma afecção articular com lesão orgânica: encurtamento do membro inferior esquerdo, junta imobilizada, dor que aumenta com a pressão, volume inferior da coxa esquerda, atitude característica de coxalgia, não se podendo manter de pé. É a partir deste último sinal que se poderá emitir uma dúvida quanto à organicidade do caso.

Para fazer isso, Charcot introduz na cena da apresentação alguém que tem por profissão emprestar seu corpo ao olhar do outro. A este "indivíduo sadio, habituado a posar para pintores", Charcot pede que imite, tanto quanto possível e depois de havê-la estudado, a atitude do doente. O olhar dos assistentes vai assim poder captar que a deformação das pregas das nádegas, idêntica no doente e no modelo, liga-se unicamente à posição anormal da bacia. O sinal "atitude característica" perde, nessa prova, seu valor de signo de uma coxalgia orgânica: isolado, arrisca-se a nada mais sinalizar, a nada ser senão indício de um quadro por vir, onde ele poderá, legitimamente, inserir-se.

Mas este quadro por vir não poderia por si só constituí-lo. Daí a necessidade de um segundo exame que, à diferença do primeiro, desta vez irá à frente do que há a produzir: "Quero examinar o doente sob um outro ponto de vista. Vou trabalhar com a hipótese de que ele está afetado por uma coxalgia **sine materia**, e pesquisar se os sintomas que apresenta estão de acordo com a descrição de Brodie".

O novo exame é decisivo, pois opera uma báscula do diagnóstico. O ponto-chave é agora o sinal da hiperestesia: um beliscão revela, com efeito, uma reação hiperestésica, fora de proporção com a importância do estímulo exercido. "Insisto nessa hiperestesia da pele vizinha ao quadril porque ela é destacada pela maioria dos autores que escreveram sobre coxalgia histérica; ela mereceria, realmente, ser designada sob o nome de sinal de Brodie". Glorificar Brodie por haver revelado essa hiperestesia como sinal consiste em proceder com o célebre cirurgião inglês como os governantes com um general que se torna poderoso demais: uma condecoração a mais e uma nomeação para a província vão acalmar um ardor intempestivo. A hiperestesia, que era em Brodie a **causa** da histeria das juntas, torna-se aqui um **sinal** dela. É que o quadro convoca uma certa concepção da causalidade, em primeiro lugar na medida em que a questão é remetida por ele para um depois. Remeter algo a um depois já é marcar alguma coisa, e Freud declara que este remetimento se verifica suficiente para tornar insolúvel a questão da causalidade na histérica. **"Depois que os últimos desenvolvimentos do conceito da histeria conduziram com tanta freqüência à rejeição do diagnóstico etiológico, tornou-se necessário penetrar na etiologia da própria histeria. Charcot criou uma simples fórmula para isso: a hereditariedade deve ser considerada como a única causa. Em conseqüência, a histeria seria uma forma de degenerescência, uma parte da "famille névropathique"** (em francês no texto). **Todos os outros fatores etiológicos desempenhariam o papel de causa acidental, de "agent provocateur"** (em francês no texto)"[35].

Definição de trauma e concepção da causalidade são solidárias. Uma causalidade ligada ao quadro não se pode constituir fora dessa pura suposição de uma referência, aqui designada pelo termo "degenerescência", e que nada mais é senão um outro nome para a lesão. Recusando o de agente provocador, o método catártico expõe a questão da causa, não mais a propósito do quadro, e sim no nível do sintoma, tornando necessária, a partir de então, uma revisão da própria noção de causalidade. O passo do método catártico vai consistir em tomar os sintomas **um a um** para interrogar, a cada vez e quantas vezes forem implicadas por este "um por um", o que vem a ser a causa. E a falha, a cada vez, de S_2, é exatamente o que impõe a Freud contestar a validade do axioma **"cessante causa, cessat effectus",** já que a ancoragem do sintoma é tanto mais assegurada quanto sua causa é ausente.

O gesto pelo qual Charcot recusa, aqui, à hiperestesia, o estatuto de causa que ela tem em Brodie, para integrá-la como signo do quadro, verifica-se então ser o próprio tipo de operação que torna insolúvel a questão etiológica. Mas nem por isso resolve a do diagnóstico.

Daí a necessidade de um terceiro exame que importa, não tanto na medida em que introduz um outro signo em conformidade com o quadro da histeria (a hemianestesia), mas principalmente pela maneira como essa hemianestesia é introduzida... Tudo se passa, com efeito, como se Charcot lidasse a partir de então com **a impossibilidade, pela simples acumulação de signos, de chegar a fazer um quadro.** Daí esse simulacro de método dedutivo que vai ser feito com a hemianestesia. Se nosso paciente é realmente, um histérico, formula Charcot, então devemos supor que ele apresente essa hemianestesia que é, mais que signo, estigma de histeria; existe realmente na quase totalidade da metade esquerda do corpo, uma anestesia completa ao toque e à temperatura: trata-se, portanto, de um histérico!

Em cada um desses três exames, o signo apresenta um valor diferente:

— signo-índice de um diagnóstico por vir: esta é a atitude característica do coxálgico em pé;

— signo-apoio ou signo-confirmativo da hipótese diagnóstica: é a hiperestesia.

---

[35] Freud, "Estudos sobre a histeria", trad. franc., p. 118.

— signo-prova da validade da hipótese: é a hemianestesia.

Último a chegar, o estigma é o ideal do signo na medida em que é signo feito argumento. O patognomônico do signo não é o feliz acidente de uma clínica do quadro, mas assegura a ancoragem num real de sua idealidade. O signo, então designado como estigma, representa o quadro que, em retorno, faz do sintoma um signo, descartando, assim, tanto quanto possível, sua dimensão* significante.

Entretanto, este passe de mágica que se apóia num signo estigmatizado não satisfaz plenamente Charcot. Um cirurgião eminente, revela ele, depois desse terceiro exame, tirou da exploração do caso as duas conclusões seguintes: "1) — Não existem, neste sujeito, traços de uma afecção orgânica das juntas; 2) — Este indivíduo, muito provavelmente, é um simulador." A discussão prossegue: "A esta última parte das conclusões, senhores, não poderíamos evidentemente subscrever, depois do relatório precedente", e, mais adiante: "Por dinâmica que seja, a doença é perfeitamente legítima, perfeitamente real, e nada, absolutamente nada nos poderia autorizar a acusar nosso homem de simulação." O terceiro exame, se não encerra a interrogação diagnóstica, é suficiente, no entanto, para excluir a simulação.

Se não existe, falando propriamente, o quadro, no final desses três exames, existe todavia, **quadro** suficiente (como manteiga no espinafre) para excluir a simulação. É que o quadro é essa "trama apertada cujas malhas estreitas, impenetráveis, não poderiam ceder o menor lugar às criações da fantasia e do capricho"[36]. Uma vez introduzido o quadro na histeria, a única simulação teoricamente viável seria aquela que o tomaria por modelo. Charcot julga essa possibilidade altamente improvável, pois implicaria, na histérica, um saber da histeria igual ao do médico, senão infinitamente superior a este, já que ela o teria obtido, não pelo trabalho clínico, mas por um dom difícil de se imaginar. **O quadro garante a histeria, ele é a legitimidade que Charcot oferece à histérica.**

É por isso que a histérica, na Salpêtrière, só podia levar as coisas ao extremo. Uma vez que a tapeação ali era impiedosamente perseguida, já que cada manifestação sintomática era imediatamente retomada como signo no universo do quadro, nada mais restava à histérica senão dar ao próprio quadro valor de sintoma, fazer, daquilo que deveria em definitivo pôr fim à tapeação, o lugar mesmo de uma simulação generalizada. A grande decepção da Salpêtrière se reduz aqui a um fato, afinal de contas, banal: a sagacidade de um Lichtenberg não deixou de notar que bastava deslocar um vaso valioso com a intenção de protegê-lo de um acidente eventual para que este acidente ocorresse devido ao próprio fato da troca de lugar. **A decepção de Charcot com a histérica é seu ato falho,** lufada de ar fresco de encontro ao programa de que ele se fizera o herói, ou seja, "**desmascarar o fingimento em toda a parte onde este se produz, e destacar os sintomas reais que tomam parte, fundamental-**

---

* No original, **dit — mension**. (NT)

[36] Richer, **Études sur l'hystéro-épilépsie**. Prefácio de Charcot, p. VIII.

mente, na doença, dos sintomas simulados que o artifício dos doentes acrescenta a eles."[37].

Não há Mestre do fingimento. Mas, para a histérica, há uma trama com a instalação de uma versão universitária da histeria: isso é o que manifesta o encerramento dessa apresentação de um caso de coxalgia.

A segunda lição, que apresenta o assunto como resolvido, se inaugura com o anúncio de uma vitória. O doente "compreendeu melhor seus interesses e submeteu-se ao nosso exame". Este exame decisivo, já que permitiu, enfim, igualar o doente ao quadro, em que teria consistido para que o paciente se tivesse em primeiro lugar recusado com tanta firmeza a ele?

Trata-se de constatar que o quadril se movimenta livremente depois que se administra clorofórmio ao paciente. Convergem aqui a certeza do diagnóstico e o uso do clorofórmio. **A histeria só é declarada conforme com a clorofomização da histérica.** Esta convergência impede que se distinga, como o faz P. Marie[38], um Charcot hipnotizador de um outro, que seria um grande clínico. O poder de produzir à vontade o quadro da histeria "aproveitando esse estado mental dos sonâmbulos que é a credulidade absoluta" encontra na hipnose sua condição de possibilidade. Por que não homologar essa declaração de Charcot, que faz dela "o sublime do gênero e o ideal, de fato, da fisiologia patológica"[39]? Com a hipnose da histérica, o ideal se faz realidade: **"Poder reproduzir um estado patológico é a perfeição, porque parece que se segura a teoria quando se tem nas mãos o meio de reproduzir os fenômenos mórbidos"[40].** O quadro — e, com ele, o método clínico — só recebe sua consistência por um olhar hipnotizante.

$$\frac{S_2}{S_1} \longrightarrow \frac{a}{\text{\$}}$$

A apresentação da histérica em suma não deixava de ter efeitos sobre a assistência: o efeito de contágio da hipnose. Freud testemunha disso quando, descrevendo a lição clínica de Charcot, fala do Mestre como de um "mágico", subjugando um auditório fascinado por seu ensinamento. **"Cada uma de suas lições era uma pequena obra-prima de arte, de construção e de composição; o estilo era perfeito, e isso produzia tal impressão que durante todo o resto do dia não se podia extirpar dos ouvidos o eco do que ele dissera, nem desligar o espírito do pensamento que exprimira"[41].**

---

[37] Richer, op. cit., p. 111.

[38] P. Marie, "Éloge de J.M. Charcot", **Bulletin de l'Académie de Médecine**, 1925, XCIII. Citado por G. Guillain, **J.M. Charcot, sa vie, son oeuvre.**

[39] Charcot, **L'hystérie,** textos selecionados por E. Trillat, p. 101.

[40] Charcot, id., p. 100.

[41] Freud, **Charcot, St. Ed.,** vol. III, p. 17.

O que vou chamar aqui de **ecopsicologia** é esta operação cujo produto é um Charcot didata, operação que consiste em colocar o saber, tomado como quadro, neste posto de comando de onde o outro é visado a título de um objeto causa do desejo de dormir.

A ecopsicologia é essa psicologia que convém à universidade: a hipnose a sustenta; efetiva, ela seria este ponto onde o discurso universitário atinge o sublime. Que toda a história da Salpêtrière tenha, afinal, caído no ridículo não é de surpreender: o ridículo segue o sublime, e a um passo, apenas. A versão universitária, ou melhor, a aversão universitária da histeria reduz-se à lançá-la à conta do sublime, de fazer dela um saber em suma, um saber que se distribui como o punhado de areia lançado por um certo personagem às cabeceiras das crianças, não tanto para fechar-lhes os olhos e fazê-las dormir, mas para fazê-las ocupar o lugar daquilo que, como olhar, será a causa dos embates parentais.

Entremeando sua tradução das "lições das terças-feiras" com notas de leitura de sua própria criação, Freud sabia que ia desagradar Charcot. Ele o fez, no entanto, e isso faz parte do golpe que iria sofrer a reputação da Salpêtrière, com o anúncio de que ali a simulação corria solta.

Charcot não vê que, querendo flagrar o "artifício do doente", só consegue reintroduzir ele próprio este artifício, reproduzindo-lhe, como diz inadvertidamente, "artificialmente os sintomas"[42]. Nesse sentido, ele confirma a importante descoberta de Breuer, e essa confirmação faz o interesse que Freud atribui a seu trabalho. A indiferença que ele testemunha a Freud quando este lhe relata sua descoberta tem por efeito tornar evidente, para o jovem estagiário vienense, que não se trata de reconhecer no sintoma sua importância de fala, mas que é necessário, para este reconhecimento, um outro discurso. Logo, é perfeitamente possível pensar que essa indiferença tem para Freud um efeito de relançamento e o método catártico, confirmado de fato mas rejeitado de direito, seria construído por ele — até a descoberta da fantasia — como a prática e a teoria conformes ao discurso da histérica.

Porta-voz da histérica, Freud pôde sê-lo por algum tempo; é que ele podia-se autorizar a fazer-se de tapeado por ela. Tal foi a lição da Salpêtrière: para quem se quer parceiro da histérica, está excluída a pretensão de escapar ao ridículo.

---

[42] Charcot, **L.M.S.N.**, vol. III, p. 390.

SEGUNDA PARTE

As transversais do literal

CAPÍTULO TRÊS

Tradução, Transcrição, Transliteração

Seu jogo numa seqüência: incidente da véspera, sonho, chiste interpretativo

Ler com o escrito foi a tarefa a que me propus nos dois capítulos anteriores. Certamente, quem quer que tenha tomado conhecimento do que fora dito até aqui sobre a relação de Freud com a cocaína ou de seu encontro com a histérica de Charcot há de convir que esta leitura renova seu sentido. Todavia, não é sem interesse perguntar-se se esta renovação define a leitura, co-mandando-a, ou se constitui, preferencialmente, seu resultado.

A questão parece ser a de saber o que tem prevalência, letra ou sentido; ou ainda, e talvez mais justamente, se não se devem distinguir dois modos de leitura, conforme prevaleça a letra ou o sentido. A introdução do escrito na leitura, para a leitura, virá ela homologar, registrar uma renovação do sentido, ou será que ela atua fora do sentido sem, no entanto, deixar de modificá-lo?

Mas esta dicotomia não será excessivamente redutora? Não compromete a questão mais geral do que se pode esperar do escrito quando se dá a este o lugar que convém, o que lhe convém, o que não o refreia antecipadamente, por exemplo, sufocando-o com o espartilho que se constrói, não sem sutileza, com uma ideologia da escrita?

Sobre a importância do escrito pode-se ler, em "A Instância da letra no inconsciente ou a razão desde Freud", o seguinte: **"O escrito se distingue, com efeito, por uma prevalência do texto no sentido em que se verá tomar aqui este fator do discurso, o que aqui permite este estreitamento que, a meu ver, não deve deixar ao leitor outra saída senão sua entrada, que prefiro difícil"**[1]. A função dessa prevalência é impedir **o que pode aí haver de demasiado flexível, habitualmente, nesse jogo entre o imaginário e o simbólico, tão importante para nossa compreensão da experiência"**[2]. A esta excessiva flexibilidade, várias respostas podem ser dadas. Dentre elas, vou distinguir não duas, mas três.

---

[1] Lacan, **Écrits**, p. 493.

[2] Lacan, seminário de 3 de julho de 1957.

A tradução se caracteriza por promover o que seria uma prevalência, não somente do sentido, mas mais exatamente do sentido único, do um-senso; ela se guia por este um-senso para decidir quanto ao falso sentido, ou ao contrasenso, mas só intervém como resposta possível ao jogo flexível demais do imaginário e do simbólico participando do literal, em outras palavras, de algo além daquilo que a orienta. Esta ancoragem em outro lugar lhe é tão indispensável que se pode desafiar qualquer um a produzir um único exemplo de tradução, no sentido moderno deste termo, que esteja antes, ou fora, da invenção da escrita[3]. Existe aí um fato que, ao menos que seja de meu conhecimento, ninguém ressaltou e que, portanto, **a fortiori**, não recebeu toda a ressonância que mereceria numa teoria da tradução. O desapercebido deste fato tem seu motivo na manutenção de uma visão (é o caso de dizê-lo) do escrito como pura e simples transcrição da fala.

A transcrição é esta outra maneira de regular o escrito que se apóia, não mais no sentido, mas no som. Esse modo determina o que se chama de escrita fonética. Um som por letra, uma letra por som, tal é a regra da transcrição formulada, entre outras, na gramática de Port-Royal, e que qualquer pessoa escolarizada sabe que não se aplica. O fato de que eu a diga inaplicável talvez pareça excessivo: o fato, no entanto, está aí, não desmentido, inclusive pelas normas cultas do alfabeto fonético internacional. Alguma coisa na escrita resiste à sua redução a um redobramento da fala e, mesmo que desagrade a Voltaire, a escrita não é uma fala para os olhos. Longe disso, este é apenas um dos ideais que ela ocasionou. Aliás, imaginem este ideal realizado: então a escrita não seria mais de nenhuma utilidade para este "estreitamento" do jogo do imaginário e do simbólico: duplicando, estritamente, a fala, ela só faria reproduzir a frouxidão desta.

A terceira forma de realizar esse estreitamento se chama transliteração. Ela regula o escrito, não mais sobre o sentido ou o som, mas sobre a letra. Mas

---

[3] Pode-se dar conta do que quer dizer este "traduzir" numa sociedade que não efetuou a escrita de sua língua, com uma anedota que os africanos de Banguá (um distrito de Bamileké) contavam entre eles, não sem encontrar nela motivo de hilariedade. Deve-se saber que esta anedota só foi contada aos brancos depois da morte do "tradutor" africano de que ela tratava. A história aconteceu com um médico branco de uma missão protestante, o doutor Broussous que, não compreendendo uma palavra de banguá, utilizava em sua clínica os préstimos de um tradutor africano chamado André. Um dia, um fazendeiro africano vem à consulta trazendo uma galinha. Segue-se então a seguinte troca de palavras:

O consulente (em banguá, para André): Será que o doutor consentiria que eu lhe traga minha mulher amanhã?

O doutor (em francês, para André): O que é que ele quer que eu faça com esta galinha?

André (ao doutor): Ele quer que o senhor atenda a mulher dele.

O doutor (a André): Pois que ele a traga!

O consulente (intrigado com o que acaba de ouvir, sem entender, dirigindo-se a André): O que diz o doutor?

André (ao consulente): Ele diz que é para você dar a galinha a minha mulher e trazer o dinheiro amanhã com a sua mulher.

— vai-se dizer — se a letra é o que escreve, como apoiar-se na letra para o escrito? A coisa pode parecer paradoxal. Esta observação será respondida de uma maneira que, penso, irá solucionar a objeção. Sem querer, de saída, definir seu conceito, direi antes o que é nomeado pela transliteração. **A transliteração é o nome dessa maneira de ler promovida pela psicanálise com a prevalência do textual: ela é esta própria prevalência, ela a designa, a especifica, e a dá pelo que é, a saber, uma operação.** Mas como esta operação até o presente só é conhecida e praticada em certos meios cultos especializados, talvez convenha em primeiro lugar indicar que não é sem pertinência introduzi-la no campo freudiano.

O que pode ser melhor que um sonho para fazê-lo? Um analisando me relata uma breve troca de palavras que ocorreu entre ele e sua mulher quando estavam à mesa. Na noite anterior, ele havia sonhado que um homem levava no ombro um corpo humano dobrado em dois e, de repente, este corpo carregado aparecia como o de um peixe. Se ele, naquele momento, contou este sonho a sua mulher, foi porque, na hora da refeição, ocorreu-lhe o chiste que o levou a recordá-lo. Um chiste, como o leitor sabe por experiência, isso se conta; isso chega mesmo a não poder deixar de ser contado: nesse sentido, o chiste ex-siste como formação do inconsciente. Tal é o estatuto que ele recebe de Freud e que dá conta de que um chiste pode fazer a interpretação de um sonho. O dizer do chiste implica certas condições no nível do ouvinte, que deve estar, de certa forma, por dentro do assunto. A mulher deste analisando estava, certamente, por dentro, já que uma observação sua à hora de deitar havia suscitado o sonho que ele lhe contava e que o chiste iria, entre um e outro (do incidente da véspera ao sonho), fazer a ligação. Vendo-o nu, na noite da véspera, ela observara que ele havia engordado e, reconhecendo o fato, ele respondera anunciando sua intenção de começar um regime na segunda-feira seguinte. Agora, à mesa, parecia-lhe (era domingo, véspera do início do regime programado) que o peixe do sonho (**poisson**) queria dizer "seu peso" (**son poids**) e que assim ele "carregava seu peso", pelo menos em sonho. Em conseqüência, assumia sua importância o fato de comunicá-lo a sua mulher, já que o chiste (nem tão bom assim, decerto, mas o inconsciente, se é esnobe, como diz Albert Cohen, não é cheio de frescuras) dizia a sua ouvinte o que o sonho havia cifrado, tornando-o aceitável. Sua resposta, assim, alcançava sua destinatária, mas sem ofendê-la.

No divã, outros prolongamentos associativos certamente se apresentaram. A palavra "gordo" era censurada nas lojas burguesas em que, quando criança, o vestiam. Diziam que ele era uma criança "forte", com um "forte" fortemente equívoco, já que, aplicado a um homem este qualificativo não tem nada de pejorativo. Em suma, ele havia recebido a observação de sua mulher como uma castração imaginária e a proibição que sem saber impusera a si mesmo de lhe dar uma resposta muito bruta, que a teria magoado, era apenas a conseqüência da imaginarização, no lugar do Outro, da ferida recebida por ele sem o saber. O mal-entendido aqui é patente, pois sua mulher — admitia ele agora —, ao lhe dizer isso, estava longe de querer destituí-lo de sua posição

Desenho de Jean-Pierre Graûzere

de homem forte: para ela, gordo não evocava forte, mas antes um impedimento de sê-lo!

Entretanto, esses prolongamentos desorientam o leitor, levando-o a crer que dizem a verdade sobre a verdade deste sonho, quando eles fazem apenas, como o próprio sonho, como seu deciframento num chiste, semi-dizer essa verdade. Esses mesmos prolongamentos têm outros prolongamentos e a nomeação por Freud do umbigo do sonho quer dizer que não existe nenhuma chance de se atingir jamais esta verdade sobre a verdade. Logo, é legítimo apegar-se à seqüência (é só com isso que se lida): observação da véspera/sonho/chiste.

O sonho dá ao "você engordou" uma outra resposta que não aquela formulada, como se esta última não houvesse sabido resolver a questão que a observação reavivava. Carregar ou não seu peso, tal haverá sido esta questão. O futuro anterior aqui é exigível, pois a coisa só aparece no tempo três, o da interpretação do sonho pelo chiste. Ter-se-á tratado de levar seu peso como alguém leva sua idade ou "vai levando", mais ou menos bem. O que realiza o sonho quanto a isso? Ele não traduz numa outra língua o voto deste analisando de levar seu peso; e o emprego, sob a pena de Freud, do termo **Übersetzung**, nesse sentido implica uma definição tão frouxa do que é a tradução que ninguém se poderia contentar com ela. A extensão de seu conceito abre, então, o caminho para um tipo de interpretação que se deve realmente chamar de abusivo. O "isso traduz ... isto ... ou aquilo" destaca a tradução do literal e continua, então, as imbecilidades do gênero daquelas que fazem, na boca do crítico literário, dos romances de Balzac, a tradução de um profundo sentimento, no autor, do derrisório da vida em sociedade. Isso não é nem verdadeiro nem falso, e nada se pode responder a isso a não ser observando que essa extensão dá razão a Popper na sua crítica da psicanálise. Pois é preciso realmente admitir que os psicanalistas caem, mais que ninguém, nesse gênero de imbecilidades. Eu a chamo de "inteligência", já que ela consiste na pretensão de **ler entre** as linhas; e se a prática de Freud se funda nessa prevalência do textual sublinhada por Lacan, é principalmente a indicação dada aos psicanalistas de que ler **as** linhas é aquilo a que se deveriam dedicar, ou seja, agarrar-se a elas. É um fato de estrutura o desvanecimento de Champollion no momento preciso em que comunica a um outro, seu irmão, que ele sabe ler as linhas. Chamo de "debilidade" a esse ler as linhas: não basta, hoje em dia, que um psicanalista invoque Freud e Lacan para assegurar-se de não fazer da teoria psicanalítica um uso deste tipo, que dá o primado à inteligência sobre a debilidade[4].

Tampouco é possível admitir que este sonho transcreva, no sentido aqui definido de uma escrita do som: o "levar/carregar seu peso" não aparece nem

---

[4] Aqui está, dentre muitos, um exemplo de tradução abusiva: trata-se de um artigo do **Monde** contando as Conferências de Bichat onde se lê: "a insônia, a obesidade por bulimia, a enurese, as fugas e condutas delinqüentes traduzem com freqüência uma depressão subjacente". **Le Monde**, 1º de outubro de 1980, p. 11.

como escrito foneticamente nem mesmo como acabo de fazer aqui. No nível do sonho, duas **imagens** se sucedem: primeira imagem, um homem carrega um corpo humano sobre um ombro e, segunda imagem, este corpo carregado é o de um peixe.

Entretanto, esta segunda imagem, tal é a lição só-depois do chiste interpretativo, só é levada em conta pelo trabalho do sonho como imagem no sentido de uma pintura da realidade: o peixe carregado só é preferido a qualquer outro objeto suscetível de sê-lo na medida em que, na língua do sonhador, "peixe" (**poisson**) é homófono de "peso seu" (**poids son**). Um tal encontro não poderia ocorrer, por exemplo, em inglês. E meu tradutor nesta língua deverá escolher, aqui: ou citar os termos em francês, em outras palavras, renunciar a traduzir, o que não é a vocação de um tradutor, ou recriar inteiramente uma seqüência onde a homofonia irá atuar para os seus leitores, o que vai levá-lo a reescrever completamente, em torno de um exemplo de sua criação, essas poucas páginas, exercício que tem uma ligação no mínimo distante com a tradução. O sonho não traduz e não é traduzível. Ele escreve invertido: aqui, o "seu peso" (**son poids**) com a imagem do peixe (**poisson**). Freud, como se sabe, não apenas compara, mas identifica sonho e rébus. O sonho é uma **Bilderschrift, uma escritura por imagem.** Freud se empenha, mesmo, em martelar a coisa, explicitando que as imagens do sonho não devem ser lidas conforme o seu valor de imagem — **Bilderwert** —, e sim tomadas uma a uma na relação que cada uma delas mantém com um signo — o que ele chama de **Zeinchenbeziehung**[5].

O que acontece com esta relação entre a imagem e um signo? No caso apresentado, a imagem do peixe escreve o signo "seu peso". Uma tal coisa é familiar aos que se interessam pelas diferentes escritas: eles a designam, às vezes, pelo termo "rébus de transferência" ou ainda "rébus de empréstimo".

Não se deve esquecer que uma grande parte dos ideogramas chineses são forjados com este suporte homofônico[6]. Assim, a palavra "dōnxi", que é o nome para "coisa", se escreve com dois caracteres, dōng e xī, sem maiores preocupações com o fato de que o primeiro significa "leste" e o segundo "oeste".

---

[5] "O conteúdo do sonho se dá, por assim dizer, numa escrita de imagens cujos signos se transferem um a um na língua dos pensamentos do sonho. É claro que seríamos induzidos ao erro se quiséssemos ler estes signos pelo seu valor de imagem, em vez de lê-los segundo suas relações de signos." Estas linhas (**Gesammelte Werke**, II/III, p. 283-4) introduzem o termo "rébus" ou ainda **Bilderrätsel** — adivinhação, mas também enigma por imagens — que Freud põe em equivalência.

[6] Isso significa que aprovo a malevolente lucidez de um F. Georges, que no entanto permanece reservado em excesso nas conclusões que tira daquilo a que chama, com tanta pertinência, o efeito **"Yau de poêle".** (N.T.: referência a diálogos aparentemente absurdos construídos quando alguém encadeia a última sílaba do que lhe foi dito com uma frase que nada tem a ver com a do interlocutor. Em francês, por exemplo, alguém pergunta "Como vai?" (**Comment vas-tu?**) e a resposta é "... yau de poêle", dando a expressão tuyay de poêle, tubo de chaminé.) É uma pena que ele não prolongue suas considerações declarando sem valor a escrita chinesa, onde o "Yau de poêle" desempenha um papel tão decisivo! Observação igualmente válida para o texto de Freud sobre o chiste. A seriedade não está onde se acredita. Ver Kierkegaard.

Só se leva em consideração a homofonia que intervém de uma maneira que pode ser dita tanto mais fora do sentido na medida em que destaca, pela própria operação do rébus, o caráter para dōng e o caráter para xī do objeto a que cada um deles remete, por se interessar somente pela relação do caráter com o significante do nome do objeto. Este procedimento, que convocava a adjunção daquilo a que se chama "chave", a fim de distinguir os homófonos, para reintroduzir sentido (sem essas chaves, os homófonos assim escritos seriam igualmente homógrafos), foi posto em ação, massivamente, pela escrita da língua chinesa, mas igualmente a cada vez que se precisou importar, nessa escrita, palavras novas: quando se escreveram os nomes próprios do panteão budista, por exemplo, mas também recentemente, com a adoção de termos técnicos e científicos. "Lógica" se escreve com dois caracteres, que se lêem **luóji**, "aspirina" se escreve com quatro caracteres: **a-si-pi-líng**. O fato de que uma feliz circunstância faça com que, para a vitamina, os três caracteres escolhidos nessas bases de homofonia — **weitaming** — signifiquem, em seu conjunto, "proteger sua vida", não desmente, com certeza, mas antes confirma, por seu estatuto de exceção (uma exceção do mesmo tipo permitiu a Lacan traduzir o **Unbewusste** freudiano pela **une-bévue**), que existem ali duas operações que devem ser distintas como tais. A escrita hieroglífica também faz amplo uso do rébus de transferência, "desviando", como diz a seu modo Champollion, os ideogramas de sua expressão comum para representar acidentalmente o "som". Assim, a maça, 𓌉 , que se translitera como **hd**, escreve tanto o substantivo "lástima" quanto este outro homófono que é, na língua egípcia clássica, o adjetivo "branco"; a cesta 𓎟 **nb(t)**, escreve "mestre", ou ainda "tudo", etc.

O procedimento do rébus de transferência não é análogo, mas idêntico ao do sonho. Da mesma maneira como o ideograma da maça perde seu valor pictográfico (um valor, aliás, relativo), escrevendo "lástima", o peixe do sonho não intervém como figurando o objeto peixe, como evocação de um universo aquático materno qualquer, mas como escrevendo "peso seu": ele é colocado pelo texto do sonho em relação ao "peixe" como significante no sentido lacaniano do termo, isto é, como suscetível de significar outra coisa além daquilo que o código lhe atribui a título de um objeto. **Não existe demarcação do significante como tal sem escrito.**

Logo, se a imagem do peixe tem no sonho valor de escrita, é de se notar que esta escrita **não é alfabética.** Mas, em contrapartida, a homofonia implica a escrita alfabética como mostram as transliterações acima apresentadas. E o interesse da escrita hieroglífica se liga ao fato de que ela se manteve como uma escrita bastarda, ideográfica e alfabética (coisa impensável para os alfabetizados, como frisa o livro de M. David intitulado **Le débat sur les écritures et l'hiéroglyphe aux XVIIe. et XVIIIe. siècles)**, onde não faltam exemplos, nos próprios escribas egípcios, de fragmentos de textos transliterados. A transliteração foi praticada 4 mil anos antes de ser nomeada: tem-se a prova disso no texto dito "das pirâmides", que data das primeiras dinastias.

A transliteração é o nome dessa operação onde o que se escreve passa

de uma maneira de escrever para outra. Enquanto a transcrição visa a assonância, a transliteração escreve a homofonia que se verifica assim, apesar de seu nome, ser um conceito ligado à escrita, já que somente esta estabelece a colocação em correspondência de elementos de discriminação vizinhos.

Vai-se dizer que optei aqui por um sonho particularmente suscetível de satisfazer a demonstração deste jogo entre dois modos do escrito? O leitor há de convir que, se a segunda imagem foi escolhida por mim para introduzir a transliteração, a primeira, em contrapartida, me foi imposta pelo relato do sonho. Será que ela apresenta as mesmas características e se resolve, igualmente, num chiste? A resposta é sim. O relato do sonho dá, dessa primeira imagem, a descrição já mencionada: "Um homem carrega no ombro um corpo humano dobrado em dois." Por que o ombro, e por que este corpo dobrado em dois? A coisa foi deixada de lado até agora, e deve ser abordada segundo a regra freudiana que convida a tomar as imagens uma a uma. Acontece que este analisando — ouço isso de sua boca, depois de ele ter ficado por um tempo perplexo diante dessa primeira imagem — mora na vizinhança imediata de um açougue, e teve ocasião de ver, freqüentemente, de manhã cedo, o açougueiro levando nos ombros animais dobrados em dois, sendo trazidos dos caminhões frigoríficos para a loja, para ali serem retalhados. Esta evocação prova ser suficiente para lhe sugerir, de imediato, que a palavra "ombro" (**épaule**) pertence ao vocabulário do açougue. Espádua, paleta de boi, de vitela, de carneiro, ele adora carne! Mas é um corpo humano que é carregado, e como, na segunda imagem, este corpo se revela ser o seu, a primeira se lê agora sem dificuldade: "Sou chegado aos ombros"*, como outros são chegados a cometerem tolices. Depois do equívoco do ombro, (**l'épaule**), o equívoco de **ser chegado a** (**être porté sur**) se torna patente.

Lacan observava, durante um seminário, que a não-identidade consigo mesmo de um significante se manifestava de maneira tanto mais sensível quanto era a identidade que se visava. Assim, a expressão "um tostão é um tostão". Ela apresenta duas ocorrências de uma mesma palavra; no entanto, numa e noutra dessas ocorrências, o sentido é diferente. O segundo tostão do avarento que guia este provérbio é muito mais que um tostão, o que impede a permutação dos termos; basta que o segundo venha no lugar do primeiro, e acabou-se a avareza, já que a expressão se torna, então, o equivalente semântico de **um tostão é só um tostão.** A expressão **um tostão é um tostão** põe em jogo a homofonia, aquela mesma que liga **épaule** (ombro) e **épaule** (paleta), entre **être porté sur** (ser carregado sobre) e **être porté sur** (ser chegado a).

A primeira imagem do sonho se apóia, assim, nessa homofonia para escrever "**je suis porté sur l'épaule**" (sou carregado no ombro/sou chegado a uma paleta) mediante uma escrita "figurativa". Trata-se, realmente, de uma escrita, pois o desenho não ilustra, nem mesmo sugere o que quer que seja; só

---

* O equívoco em questão se refere a **être porté sur l'épaule**, literalmente, ser levado no ombro. **Être porté sur**, "ser levado sobre", tem, no entanto, em francês, o sentido de uma tendência, uma inclinação, sendo equivalente ao português "ser chegado" a alguma coisa (NT).

tem valor a partir da relação feita entre seu traçado e a língua do sonhador, relação introduzida — mas como enigma — pelo relato do sonho, e que o chiste conclui, dando ao enigma sua solução, ou seja, esvaziando-o de seu sentido. Com efeito, há no relato do sonho menos sentido que o que resulta de sua interpretação, a saber, uma frase que, associando as duas imagens, poderia ser formulada assim: "Sou carregado no ombro e carregarei seu peso, o peso deste corpo que chamo de "seu" (**son**) porque não o admito como meu, já que me obriga (pelo menos, é o que imagino) a escolher entre a satisfação de minha mulher e a de meu paladar".

Agora é possível dar um estatuto aos diferentes tempos da seqüência aqui apresentada:

1) — O "você engordou", ouvido na véspera, da boca de sua mulher, à revelia do sujeito, foi objeto de uma tradução que fez dessa frase, não integrável no sistema do Eu, o enunciado de uma castração imaginária sofrida por ele. Esta tradução se caracteriza por ser orientada: não seria aceita por um júri escolar, que nela denunciaria, com razão, a confusão entre barriga e pênis. Entretanto, ter de antemão feito esta denúncia me deixa mais disponível para dizer que, aqui, o "erro" de tradução, o forçamento que esta realiza, são perfeitamente admissíveis, uma vez que a orientação dada é o indício de uma tendência do sujeito, que pode, pois, admitir a arbitrariedade como correspondente à sua própria inclinação. Resta o fato de que esta tendência que é a sua, ele deverá segui-la, mas, conforme a feliz fórmula de Gide, remontando-a.

2) — O trabalho do sonho elege um certo número de significantes que se caracterizam por equivocar homofonicamente. "**Être porté sur**", "**épaule**", "**poids son**", **a homofonia é um dos nomes da não-identidade a si do significante**. Ela é um modo do equívoco. Uma frase como "ele conhece minha mulher melhor do que eu" equivoca gramaticalmente. Entretanto, o privilégio do equívoco homofônico (fato notável em psicanálise, e confirmado, se necessário, por cada um dos deciframentos das escritas ditas mortas) está ligado ao fato de que ele implica uma abordagem da linguagem que distingue os elementos literais. A poesia manifesta esta incitação com o jogo da rima. F. Ponge escreve: "Para ter uma verdadeira mesa (**véritable table**), basta tirar de **véritable** seu insuportável **veri**, e de insuportável (**insupportable**) seu insuportável insuporte".[7]

O poeta se faz, aqui, de "pato" (**dupe**) do significante, deixando à homofonia a tarefa de operar cortes inesperados. Para se expor outros recortes do mesmo tipo teríamos que constituir um silabário (ou seja, algo que corresponde ao escrito). Um passo a mais, e teremos, com as palavras unilíteras e com a acrofonia, a distinção da letra como tal. O inconsciente é poeta. Freud conta ter-se espantado com a insistência, nos sonhos de um paciente, do nome

---

[7] F. Ponge, **Envoi à H. Maldiney**. No original: "**Pour avoir une véritable table il suffit d'ôter à véritable son insupportable véri, à insupportable son insupportable insupport**". Em português se poderia inventar: "Para ter uma primorosa rosa basta tirar de primorosa seu esplendoroso primor, de esplendorosa seu esplendoroso esplendor". (NT).

próprio **Jauner**. Ele interpreta essa insistência propondo o termo **Gauner** (a se traduzir por "tratante", "trapaceiro") que se encontra, com a equivalência, na fala vulgar, entre o G e o J, como seu homófono. Esta proposição provoca uma vigorosa contestação do paciente: situação jocosa do "não é você, sou eu ... quem tem razão". Mas então o paciente lhe diz que essa associação, assim mesmo, lhe parece ousada demais: "**Das scheint mir doch zu gewagt**", sua língua tropeça na última palavra, que, pronunciada **jewagt**, confirma assim, por um lapso, a interpretação proposta, uma vez que este lapso retoma, por sua própria conta, a homofonia que lhe dera seu fundamento![8] Dar à homofonia seu estatuto de escrita exige distingui-la da assonância em que consiste, não a transcrição, mas seu ideal. A homofonia é fato de linguagem, e só corresponde, pois, ao escrito. A propósito da homofonia schreberiana, Lacan observa que "**o que é importante não é a assonância, é a correspondência, termo a termo, de elementos de discriminação muito vizinhos**". A homofonia põe, assim, em relação, a letra com a letra e fica patente, desse modo, que uma escrita transcritiva **implica** a operação da transliteração. Ela implica isso, pelo próprio fato de reduzi-la até o ponto de passar despercebida, na medida em que as letras de um alfabeto dado parecem ser ali relacionadas cada uma consigo mesma, sugerindo, assim, que, devido a este "consigo mesma", ela não difere. É por isso que a transliteração se torna mais manifesta quando essa correspondência se faz com dois alfabetos e, mais ainda, entre duas maneiras de escrever, das quais uma é alfabética e outra não.

3) — Este último caso é aquele realizado para terminar o trabalho do sonho, com a colocação em imagens. **O sonho translitera: ele escreve, em figuras, elementos literais**. E a regra freudiana, tomando esses elementos **um por um** para seu deciframento, se apresenta como a regra fundamental de sua transliteração. É por se ter apegado estritamente a esta regra que um Champollion pôde tornar legíveis, enfim, os hieróglifos egípcios.

Trans-literando, o sonho escreve. Escrevendo, o sonho lê e, em primeiro lugar, lê o que na véspera não pôde ser ligado, em outras palavras, lido, e lido com um escrito. Na sua relação com o incidente da véspera, o sonho se comporta na direção oposta ao primeiro movimento do sujeito, que é de evitação daquilo que perturba o princípio de prazer, ou seja: sua tranqüilidade. Existe sonho a partir de um outro movimento, aquele definido de modo pertinente pela fórmula de B. Vian sobre o sujeito da ciência: "**Tem coiserradaí, vô já vê quié**"*. O sonho volta ao incidente da véspera para lê-lo com o escrito. Assim, Freud declara que o sonho que satisfaz melhor sua função é aquele do qual não nos lembramos.

O que escreve o escrito tem um nome, a isto se chama **cifra**. O sonho, mas

---

[8] Lacan, Seminário de 9 de maio de 1956.

* A fórmula de Boris Vian se refere ao sujeito da ciência: quando certo inventor comenta que não consegue fazer com que a bomba que está construindo tenha um raio de ação de mais de três metros e meio, diz: "Tem alguma coisa errada ali, vou voltar ao trabalho imediatamente" (no original: "**Y a kék chose qui cloch la-d'dans, j'y r'tourn immédiat'ment**".) (NT)

também toda formação do inconsciente, é cifração. Cifrar não é traduzir, mesmo que a tradução possa ser legitimamente considerada como um modo de cifração, para dizer a verdade muito pouco empregado. Cifrar também não é redutível a um transcrever: o fato de que a transcrição esteja implicada na cifração não quer dizer que ela baste para definir a operação. Esta última só advém com a escrita, não apenas do som, mas do escrito.

Ora, como não deixam de afirmar em sua ruidosa publicidade e desde a primeira página os livros de criptografia, quando um sujeito se vê implicado em algum assunto, é necessário que passe pelacifração. O mesmo, já se vê, vale para o sujeito do inconsciente: **existe cifração ali onde algo está em jogo.**

Assim, o fato de que o sonho leia significa que sua cifração tem valor de deciframento. A transliteração, que escreve o escrito, é o nome de equivalência da cifração e do deciframento.

Transcrição, tradução, transliteração — escrita do som, do sentido e da letra — formam um ternário.

A partir das leituras de Lacan (do Lacan leitor) que serão apresentadas, pretendo mostrar este jogo de cifração e deciframento antes de demonstrar a sua equivalência com Champollion.

CAPÍTULO QUATRO

O "pas-de-barre" fóbico

James J. Février relata a história seguinte: " Abd Allāh ibn Tahir, governador de Khorasan, recebeu, no ano de 844, uma carta que utilizava pela primeira vez sinais de vogais. Envergonhado de que o governo central pusesse assim em dúvida sua capacidade de leitor, considerando uma descortesia essa introdução de signos-vogais,ʿAbd Allāh ibn Tahir, depois de ter lido o texto, teria declarado: "Que obra-prima seria isto, sem todos esses grãos de coentro que lhe salpicaram!"[1]

Uma clínica que se quisesse psicanalítica seria caracterizada por uma relação ao textual que não se recusaria a tomar o grão de coentro. Esse foi o caminho trilhado por Freud. Quando Lacan — retomando este filão — define a clínica psicanalítica como "o real como impossível de suportar", sua prática de leitor convida a prolongar esta definição: este real é impossível de suportar de outra maneira que não pelo escrito. Não que o escrito torne a clínica psicanalítica suportável, mas somente ele é que pode permitir que se faça valer a sua impossibilidade. Que o consiga — ou não — é um assunto já introduzido aqui. Permanece o fato, entretanto, de que mesmo fracassando, um psicanalista não se engaja nesta via sem conseqüências. A primeira delas é um afastamento, de fato, da famigerada "intuição clínica" que faz da compreensão a palavra de ordem.

Só os parênteses compreendem, e quem pretende "compreender" põe o que atrapalha entre parênteses, e assim se mantém o bem-estar da evidência.

Eis uma evidência, escolhida por seu caráter paradoxal, formulada em **Le chat noir** por Jules Jouy: "Para o grande prêmio de 500 mil francos, era absolutamente inútil vender tantos bilhetes, já que só um ganharia"[2]. À evidência não se contesta. Como um argumento se poderia atravessar diante do tipo de **satisfação** referente, na evidência, à manutenção de uma relação

---

[1] J.G. Février, **Histoire de l'écriture**, ed. Payot, p. 270.

[2] Citado por J.C. Carriere, **Humour 1900**, ed. "J'ai Lu", Paris, p. 314.

intuitiva com o real? Algo está em jogo nesta manutenção.

Outra evidência, aquela do pai de família que me dizia não conseguir parar de fazer filhos, porque não admitia que algum de seus filhos sofresse, como ele mesmo havia sofrido, a posição de ser o "caçulinha". Aqui está em jogo o que, na procriação, se apresenta como inassimilável simbolicamente. Esta dificuldade, a Anne Desbaresdes de **Moderato cantabile** a formula com precisão, com a confissão que solta ao professor de piano de seu filho: "Não consigo ser razoável e me resignar com este filho". Quantos segundos, até mesmo enésimos filhos devem suas vidas a essa outra tentativa de que se espera que permita, enfim, alcançar essa razoável resignação?

O "ser razoável" está em jogo, a cada vez, numa demanda de análise. "Existe uma coisa que eu gostaria de pôr entre parênteses, só que não consigo". Esta fórmula de uma demanda de análise designa o lugar, extraparênteses, onde aquilo que insiste resiste à compreensão. A análise oferecerá uma nova compreensão, mais ampla, mais tolerante, onde o sintoma encontraria enfim, senão sua redução, pelo menos sua inclusão? Esses bons sentimentos, por mais louváveis que sejam, rebatem o racional sobre o intuitivo e denegam, de fato, a apresentação extraparênteses do sintoma. Ser razoável e resignar-se com o que está extraparênteses exige admiti-lo como tal, mas essa aceitação só é praticável por um apoio tomado noutra parte, somente ali onde esta razão poderá ser "pato" de si mesma, fazendo-se razão gráfica[3].

Uma clínica do escrito se liga ao caso, mas de certa forma. Ela proíbe a si mesma abandonar o caso depressa demais para evocar outros casos , até mesmo o quadro que os apresenta em sua generalidade: ela não espera grandes coisas de tais generalidades. E a interdição a que se submete é apenas o avesso da autorização que se concede a "retornar sempre e sempre" ao caso. A primazia do caso se origina da mesma exigência formulada por Freud a propósito da interpretação das imagens do sonho. Assim como essas imagens devem ser tomadas uma por uma, omesmo ocorre com os casos. Freud leva as coisas tão longe que aconselha ao psicanalista, como se repete com freqüência, abordar caso caso sem levar em conta o que acredita ter aprendido com outros casos. Este conselho é de leitura, de convite à leitura, em primeiro lugar, já que ler não se origina de uma tendência natural. Mas, mais ainda, este conselho introduz a um modo específico da leitura. E já que foi de Lacan que recebi um ensinamento sobre o que poderia vir a ser este modo de leitura, é nele, enquanto leitor, que vou-me basear aqui para destacá-lo. Para isso, optei por duas leituras de Lacan; a do mal nomeado "pequeno Hans" e a do empreendimento gideano. Ao literal do objeto fóbico fará eco, aqui, a fetichização do objeto letra (Cap. V).

Como Lacan lê o testemunho duplamente indireto que Freud nos dá sobre a fobia de Herbert Graf?

Ele o lê obliquamente. O fato de que este atravessamento seja o do literal — o que se trata de mostrar aqui — não deve conduzir a desconhecer que ali

---

[3] **La raison graphique**, título de um livro de G. Godoy, Ed. de Minuit.

está o que deu um limite prematuro à formalização proposta: foi como alguma coisa da ordem da mancada que essa formalização, desde seus primeiros passos, foi acolhida pelo auditório. O resultado aparece hoje, pois, como um texto que, apesar de comportar umas 400 páginas datilografadas, continua sendo, no entanto, um texto abortado. Se tiver a bondade de não fazer pré-julgamentos quanto a essa relação do texto com o aborto, o leitor há de convir que este não seria motivo suficiente para proibir sua leitura.

Vai-se dizer que "O pequeno Hans" é um texto, já que só o encontramos como notas escritas, primeiro pelo pai e depois por Freud, de uma série de conversas que Max Graf teve com seu filho Herbert, que tinha então cinco anos? Vamos deslizar a partir daí e pôr em oposição dois dispositivos: aquele que associa a este texto um leitor supostamente tranqüilo, que se supõe ter muito tempo e poder manipular à vontade o dito texto, e aquele outro dispositivo, dito então mais vivo, mais espontâneo, mais rico, onde alguém fala a um parceiro, com uma fala pensada, então, como fora da textualidade. **Não encontro em Lacan traço algum desta problemática**. Longe de apresentar sua leitura como diferente, a priori, daquelas que um psicanalista pode operar com um analisando, Lacan, por este mesmo movimento que fizera Freud pôr em foco o texto do presidente Schreber, opta por ler esse texto como testemunhando, para além mesmo da interposição às vezes sufocante do pai, a palavra de uma criança. O texto não é a fala deposta no papel, e opor **a priori** um à outra equivale a regular antecipadamente a questão do escrito, reduzindo-a imaginariamente a uma pura transcrição. Só o preconceito da escrita como transcrição pode sugerir que a escrita se ofereça à imediatez.

Não há acesso imediato ao escrito, logo, não há reconhecimento possível do escrito no imediato, logo, não há possibilidade **a priori** de se atuar a oposição escrito/não- escrito.

Se é, assim, legítimo, admitir como um texto a série de folhas enegrecidas pelo impressor de Freud e reunidas sob o título "**Analyse der Phobie eines fünfjährigen Knaben**", de vez que esta análise é apresentada segundo as regras de uma ortografia precisa, a partir de um alfabeto dado, nem por isso se pode concluir daí o que quer que seja a respeito do jogo da palavra e do escrito, que se desenvolve com a fobia do cavalo e até a sua resolução.

Mas, qual o modo da leitura? Para definir este modo, vamos interrogar agora a leitura do "pequeno Hans" apresentada por Lacan.

O passo-a-passo desta leitura é o que surpreende de saída. Em oposição aos métodos de leitura dita "rápida", Lacan segue o pequeno Hans marca por marca, e quase no seu dia-a-dia. "Quase", pois que o que faz corte no que diz Hans não se baseia nas distinções do calendário, mas no lugar mesmo deste dizer, no jogo de permutação de um conjunto de elementos — sempre os mesmos —, mas que formam, de uma vez para a outra, configurações sintáticas diferentes. A leitura distingue esses conjuntos — ela os chama de fantasias. Cada uma delas recebe, apropriadamente, um nome. O calendário permite uma ordenação: 9 de abril: as duas calcinhas; 11 de abril: a banheira e a broca; 13 de abril — queda de Anna; 14 de abril: a caixa grande...etc.

Com o estabelecimento desta série, a leitura **pontua** o texto do "pequenos Hans". Destaco esta pontuação, não simplesmente para indicar que esta operação só se liga ao escrito, mas, mais ainda, para que não passe despercebida a convergência entre este modo de leitura e aquilo que, segundo ela, a fobia instaura: uma pontuação, precisamente.[4]

A pontuação desempenha um papel tão decisivo no trabalho de Lacan (entendo por este tanto seu ensinamento quanto sua prática de psicanalista, onde as sessões ditas "curtas", tão glosadas, só podem encontrar seu estatuto pelo nome de **sessões pontuadas**: assim, haveria meios de se observar que o escândalo provocado por elas se origina exatamente da mesma reação citada acima com o apólogo de Abd Allāh ibn Tahir), que pode ser considerada como tendo tomado a seu encargo grande parte do que era subsumido até então, em psicanálise, pelo termo "interpretação". Assim, por exemplo, a interpretação lacaniana do **cogito**: escrever este tempo pontual de certeza "Eu penso: "logo eu sou" "vai produzir outras implicações além daquelas desenvolvidas por Descartes.

A seriação, cronologicamente ordenada, das elucubrações imaginárias do "pequeno Hans" pontua o texto de sua análise. Ela distingue, aí, elementos que são, eles mesmos, conjuntos de elementos, nomeia-os a cada um, realiza uma primeira demarcação que respeita o luxuriante do texto, tornando-o, todavia, acessível.

É notável que a pontuação aqui pertença à leitura, que seja criada por esta, estando a seu lado. **A pontuação está no lugar do Outro; esta regra se verifica sempre, desde que a leitura tenha a ver com a cifra e se veja assim obrigada ao deciframento.** Não há deciframento sem envolver decisões quanto à pontuação do texto a decifrar.

Mas fico sob uma imposição, ao enunciar essa regra. Portanto, vou proceder ao texto desta leitura de Lacan como ele mesmo procede com a do **pequeno Hans,** observando que esta leitura consiste em três níveis. Escolho este termo, "nível", como conveniente por sua (relativa) neutralidade no começo de uma situação da leitura. O fato, porém, de ele evocar a metáfora de um folhear vai provar ser pertinente. O leitor pode, desde já, constatar esta pertinência evocando, simplesmente, a designação em gíria francesa de orelha por "folha". Para os que usam este termo, não há dúvidas: escuta-se com o escrito.

A estes três níveis correspondem três tempos da leitura:

1º tempo: de 13 a 27 de março de 1957 (dois seminários e mais o começo do de 27 de março);

2º tempo: de 27 de março a 22 de maio (final do seminário de 27 de março e mais cinco seminários);

3º tempo: de 5 a 26 de junho (quatro seminários).

Em seu primeiro tempo, a leitura encontra uma orientação mediante a

---

[4] Lacan, **A relação de objeto**. Seminário de 20 de março de 1957.

exposição de um certo número de conceitos. Esta cifração estende a problemática do "pequeno Hans" entre dois pólos.

Um momento de crise, a princípio, crise aos olhos da qual a fobia aparece como dando a essa problemática um começo de solução. Esta crise sobrevém quando a manifestação, nesse garotinho, das primeiras sensações orgásticas, o confronta com um real inassimilável simbolicamente. Diferente, nesse ponto, do analisando que em sonho "carregava seu peso" (e para quem a interpretação de seu sonho tivera como efeito deixá-lo em liberdade, a ponto de poder, sem mais dificuldades, decidir fazer seu regime), o "pequeno Hans" é tomado, então, por uma crise de tamanha gravidade que não é viável que um único sonho venha, para ele, suspender a hipoteca incidente sobre seu faz-pipi. Ele se apega muito às sensações recebidas deste e, apesar da interdição parental, não renuncia à masturbação; este fato — decisivo — vai provar ser salutar para ele. No entanto, aí está o que introduz a crise: não a interdição como tal, mas seu efeito só-depois, que, conjugando-a às sensações experimentadas, faz com que ele constate, ao mesmo tempo, o caráter satisfatório do que lhe acontece e o fato de que esta satisfação não tem um lugar naquilo que, até então, fora o seu mundo. O que ocorre neste mundo, para que este elemento suplementar o macule a ponto de transtorná-lo radicalmente?

Devemos, aqui, levar em consideração o fato de que esta leitura do **pequeno Hans** se inscreve no tempo do ensinamento de Lacan em que a introdução da tríade castração/frustração/privação renova a problemática da "relação de objeto": seu desenvolvimento em três termos visa dar-lhe um estatuto suscetível de desprendê-la da perspectiva estritamente genética que era a ortodoxia dos psicanalistas da época. O quadro que resume a construção desses três conceitos é dado, sob a forma mais completa, logo antes do começo da leitura do pequeno Hans. Eis o quadro:

Agente	Operação	Objeto
Pai real	Castração simbólica	Imaginário
Mãe simbólica	Frustração imaginária	Real
Pai imaginário	Privação real	Simbólico

Se o acesso, no ser falante, a um objeto heterossexual implica uma entrada em jogo efetiva, historicizada, de cada uma dessas três operações, se esta matriz (reencontram-se, por linha ou por coluna, os três mesmos termos, real, imaginário e simbólico, mas num lugar diferente a cada vez) é uma construção **a minima** suscetível de dar conta deste acesso, então não é ilegítimo apoiar-se nela para observar, em tal ou tal caso, o que resulta da falha de uma ou de outra dessas três operações.

Assim, no "pequeno Hans", a ausência da intervenção de um pai real que possa fazer à criança o dom de sua castração. Este é o segundo pólo do caso, acima anunciado. Mas como a coisa vai-se manifestar tanto mais necessariamente e de uma maneira tanto mais aguda quando os efeitos de sua falha forem mais patentes, essa conjugação da castração simbólica ao pai real só poderá ser explicitada ao final da leitura.

As manifestações de seu faz-pipi (em epistemologia, falar-se-ia de um "fato polêmico") inauguram esta crise que a angústia assinala, num tempo que precede de pouco a aparição do objeto fóbico. Há crise, não tanto porque o "pequeno Hans" escuta, da boca de sua mãe, a qualificação deste elemento novo como "porcaria", mas porque essa rejeição só poderia ser reconhecida por ele como fundada, senão de direito, ao menos de fato: não há lugar para a manifestação de seu faz-pipi neste universo materno que era o seu, até então, e onde o o jogo com o objeto do desejo materno (por mais liberal que possa ter sido, com esta mulher moderna que lhe abria os lençóis, que o levava junto consigo ao banheiro, e não hesitava em lhe declarar que ela também tinha um faz-pipi) só oferecia à criança a possibilidade de se identificar com esse falo imaginário materno. Ora, encarnar esse objeto implicava que a criança fosse capturada **por inteiro** nessa identificação: e um inteiro não tem apêndice. Assim, há crise desde esse princípio, onde a criança não é tomada como metáfora do amor da mãe pelo pai, e sim como metonímia de seu desejo de falo. Sua nova posição de falóforo objeta a este **por inteiro**. De uma posição a outra, não há mediação possível. E a chegada de uma irmãzinha vem frisar para o pequeno Hans o que se apresenta a partir daí para ele, numa tentativa que seria de integração de seu pênis real no seu universo imaginário, como sua radical insuficiência — este "sua" designando tanto seu pênis quanto o próprio "pequeno Hans", equivalência que os psicanalistas mantiveram sem pestanejar com este nome, "**pequeno Hans**", que Freud, depois de alguma hesitação, ratificou.

O "pequeno Hans" soubera encontrar até então as referências de que necessitava, não num cara-a-cara com a mãe, mas, mais exatamente, na relação de sua mãe com o falo imaginário: infiltrando-se, deslizando ele mesmo nessa relação, brincando assim de lograr o desejo materno, ele encontrava em sua parceira uma cumplicidade amorosa e divertida. A brincadeira, agora, vira cilada, surge-lhe como tal. Ei-lo suspenso às reações de sua parceira, de uma parceira que se torna real no mesmo tempo em que o objeto em jogo aparece como imaginário, já que ali está ela em posição de sancionar o que se apresenta como sua insuficiência em satisfazê-la. Neste avatar da frustração, as primeiras sensações orgásticas tomam valor de signo, representam para um outro essa insuficiência não simbolizada, submetida ao capricho de um Outro real.

Esta problemática de crise merece tanto mais interesse quanto é reencontrada na clínica da paranóia. A ligação de uma primeira sensação orgástica com a insuficiência para satisfazer o outro se apresenta aí como uma "invasão dilacerante", uma "irrupção destruidora"[5], aos olhos da qual o delírio que se elabora logo depois tem valor de apaziguamento. Será possível tornar a passar uma segunda e uma terceira vez, nessa leitura, por este ponto de encruzilhada.

---

[5] Lacan, Seminário de 27 de março de 1957.

A intervenção do pai real, de que maneira teria ela podido libertar o "pequeno Hans" deste impasse? A castração simbólica que ele solicita repetidas vezes — Pegue-a de uma vez! Deixe que eu possa enfim me chocar contra a pedra![6] —, tirando o assunto das mãos da criança, teria tido um valor resolutivo, autorizando-o a deixar, por um tempo, seu falo em recreação*. Por que motivo, vai-se perguntar, esperar isso de um pai real? Em outras palavras, o que faz o caráter devastador da castração materna, quando aquela que vem do pai tem valor resolutivo? Se toda investidura vem do Outro, não é qualquer pequeno outro que pode-se encontrar em posição de emitir um enunciado que, como dizem os lingüistas, terá valor "performativo". Sua identificação sexuada, este dom da castração, esta anulação do objeto fálico imaginário a partir daí marcado por um aval para um gozo ulterior, sua legitimação de falóforo, tudo isso o menino só pode esperar de alguém que esteja, ele próprio, em posição de poder arriscar a emasculação e que demonstra, comportando-se convenientemente com sua mulher, sua própria dependência do significante.

A instauração da fobia supre a falta dessa solução. O fato de que o objeto fóbico se apresente como parasita, podendo chegar a paralisar gravemente os movimentos do sujeito, não autoriza a desconhecer que este parasita não apenas é designado por um nome, mas, mais ainda e por isso mesmo, é localizável; ele somente paralisa se for tomado como signo de inibição, a partir do, se vê instaurado um traçado que separa o que é freqüentável e o que não é. Um medo localizado, um medo de alguma coisa designada com precisão é uma coisa inteiramente diversa do cúmulo da angústia (não "muita angústia", mas o cúmulo como angústia) da introdução, para o sujeito, "da falta-a-ser na relação de objeto".

Esta última citação formula, em Lacan, o efeito metonímico. O objeto fóbico só introduz uma fratura no universo do sujeito na medida em que se constitui, não metonimicamente, mas, mais exatamente, **com** uma metonímia. No diálogo de 9 de abril com seu pai, o pequeno Hans declara que foi em Gmunden, por ocasião das últimas férias de verão, que ele, como diz, "pegou a bobagem". Brincando de cavalo, um de seus amigos se havia machucado, o que fazia com que os outros dissessem, o tempo todo, "**Wegen dem Pferd**", "por causa do cavalo". **Wegen** é ao mesmo tempo homófono e homógrafo do plural de **Wägen** (carro), o que o pai e Freud não deixaram de notar. Este episódio é anterior em alguns meses à primeira manifestação do sintoma fóbico (janeiro de 1908). Entre os dois, um sonho de angústia onde se revela, para o pequeno Hans, o fato de que não é mais possível fazer mimos com sua mãe. Há um passo entre brincar de cavalo, estar atrelado ao cavalo como "**Wegen**" está a "**dem Pferd**", e encarregar o cavalo de metaforizar aquilo que é capaz de morder, num tempo em que a mordida é o que vem, regressivamente, ordenar a relação mãe/criança quando se torna patente, para esta última,

---

[6] Freud, **Cinq psychanalyses**, PUF, p. 151.

* No original, re-créacion, de duplo sentido: recreação e re-criação. (NT)

a impossibilidade de satisfazer a mãe. "Já que não posso mais satisfazer a mãe em nada" diz Lacan — "ela vai-se satisfazer como eu me satisfaço quando ela não me satisfaz em nada, isto é,   vai-me morder, como eu a mordo, já que este é meu último recurso quando não estou certo do amor da mãe"[7].

O cavalo é um nome para o agente da mordida: ele localiza, assim, sua eventualidade; ele metaforiza o que está em questão na relação do pequeno Hans com esta mãe a quem está atrelado; mas, ao mesmo tempo, ele inaugura como tal a dimensão metafórica, o jogo da metáfora, onde o cavalo, como significante — a seqüência da elaboração relata isso amplamente — vai receber diversas significações, encarnar tal ou tal personagem ou objeto.

O objeto fóbico não supre a carência da intervenção do pai real senão na medida em que é posto em função de significante[8], mas de um significante **especificado** por abrir para o sujeito — como o significante do Nome-do-Pai — a dimensão (**dit-mension**) significante como tal, em outras palavras, instaurá-lo como sujeito.

O fato de que esta metáfora inaugural faça o fundo de uma metonímia nada apresenta aqui de excepcional: essa é a regra em cada processo metafórico.

Não basta, no entanto, mostrar que o objeto fóbico tem valor de significante: ainda é preciso dar conta da possibilidade deste pôr o objeto em função significante. Se os conceitos de objeto e de significante são geralmente opostos, em que pode consistir a operação de reuni-los?

O objeto fóbico não é da ordem do que se chama "objeto empírico", ou ainda "objeto material", de alguma coisa do mundo que se daria diretamente à percepção. É divertido notar que, se a clínica da fobia não avançou com o estabelecimento de uma listagem muito longa de fobias — cada uma recebendo um nome erudito forjado a partir de seu objeto —, em compensação essa tentativa teve o mérito de fazer valer, retomando-o por sua conta, o fato de que o objeto fóbico é **um objeto tomado de empréstimo a uma lista.**

Lacan observa que esta lista se origina de uma heráldica. O edito de 1696 obrigava que se registrassem os escudos de armas, mas dando a cada um (incluindo os camponeses, chegavam a 70 mil) o direito de mandar gravar o que bem lhe aprovesse, mostrando que não existe oposição, muito pelo contrário, entre essa listagem e o desenvolvimento da heráldica. Se as armas são ali ditas "falantes", não é simplesmente para permitir identificar, como originalmente, o combatente cujo rosto estava escondido pelo capacete, mas também — e sobretudo — devido ao fato de que os elementos componentes do brasão são escolhidos, na maioria dos casos, como rébus, dando a ler o nome de seus possuidores. Algo está em jogo nessa cifração, o que é suficientemente indicado pelo fato de Racine, depois de ter optado inicialmente em seu brasão por um rato e um cisne (**rat/cygne**, homofonia), dever mais tarde abandonar

---

[7] Lacan, Seminário de 5 de junho de 1975.

[8] Lacan, Seminário de 26 de junho de 1957.

o rato; e a destruição dos brasões, durante a revolução francesa, não é diferente em sua natureza do que se fez com o cartucho de Akhenaton, depois que os sacerdotes de Amon retomaram o poder. Relacionando, assim, objetos desenhados ou gravados com elementos da língua então falada (principalmente nomes próprios), de tal maneira que uma leitura é capaz de encontrar com que identificar cada um dos elementos, a heráldica se verifica ser da ordem do escrito. Certamente, vai-se observar que esta escrita não é capaz de escrever tudo aquilo que é falado, mas fazer deste "escrever tudo" o critério da escrita só poderia ter por resultado, falando seriamente, a impotência que seria a de não se poder mais escrever coisa alguma.

Assim, a observação de Lacan que situa como figura heráldica o cavalo, objeto fóbico do "pequeno Hans", se revela como dando a este objeto estatuto de cifra e, como tal, escrito. Estou-me excedendo aqui, mas muito ligeiramente, no que é enunciado por esse primeiro tempo da leitura. Fazendo do objeto fóbico um escrito, atribuo-me essa "superioridade que se adquire tão facilmente **a posteriori**", evocada por Freud em seu texto sobre o pequeno Hans, já que este estatuto lacaniano do objeto fóbico só encontra sua plena justificativa em Lacan cinco anos depois, com o seminário sobre "A Identificação" (que não escondo ter lido... tanto quanto se pode dizer "ter lido"...), em que é abordada de frente a questão da escrita — texto que será retomado aqui mesmo, em seguida (Cap. VII). Portanto, vou limitar agora esta alusão ao seminário sobre "A Identificação", destacando que o escrito se apresenta ali da mesma maneira que o objeto fóbico no seminário sobre a "relação de objeto", como originado por uma operação onde o objeto é posto em função de significante.

Assim, não é uma simples maneira de falar, dizer, como faz Lacan, que o cavalo "pontua" o universo do "pequeno Hans". Sabe-se que os sinais de pontuação apareceram tardiamente na história da escrita: eles supõem não apenas o escrito, mas ainda uma apreensão das dificuldades de sua legibilidade. O objeto fóbico é sinal. Sentinela avançada contra a angústia, ele é, realmente, pois esta, na sua definição freudiana, é ela mesma um sinal, sinal de sinal.

Será necessário fundamentar ainda mais este estatuto de escrito do objeto fóbico? A coisa não parece supérflua. Logo, vou questionar a definição lacaniana do objeto fóbico como objeto tomado de empréstimo a uma lista.

Se existe um ponto em que o escrito desempenha um papel específico, faz manifestamente algo mais que duplicar a fala, este é realmente a lista. E é estranho constatar que os psicanalistas, mesmo fazendo, em suas instituições, lista, nunca acharam por bem interrogar-se sobre o que implica para um sujeito essa listagem de seu nome. Sabe-se que a proposição de Lacan referente à habilitação do psicanalista, dita a proposição do passe, instituía uma instância dita "júri de assentimento", encarregado, muito precisamente, de decidir se era possível ou não pôr na lista o nome próprio do candidato.

A lista é correlativa da nomeação, e duplamente: não há nomeação sem lista, mas também não há lista que não implique uma nomeação, a do traço que regula a pertinência à lista, traço que pode, certamente, ser implícito no começo, mas que a lista vai revelar, ou por si mesma, pelo fato de realizá-lo (no sentido bancário deste termo, isto é, escrevê-lo), ou, mais indiretamente, tornando necessária a sua revelação a fim de decidir se tal ou tal elemento, novo candidato à lista, é ou não admissível a ela. O fato de que o tomate seja uma fruta ou um legume não carece de interesse, ao repercutir sobre o que até então se sabia, de uma maneira parcialmente confusa, quanto ao que vem a ser uma fruta ou um legume. A lista formaliza, razão, sem dúvida, pela qual as pessoas se incomodam tanto com a quebra das formalidades (a recusa de divulgar os fichários informatizados), inclusive sob uma forma denegada do conselho bem-intencionado: "Não convém aborrecer-se com isso" (**Il ne faut pas vous en formaliser**).

As listas, não sendo quase nunca vocalmente articuladas, nem por isso são negligenciáveis; muito pelo contrário: assim, as listas dizem respeito ao sujeito em certos pontos vitais de sua existência — em seu registro civil, seus amores, seus envolvimentos como cidadão, suas doenças, seu estatuto de contribuinte, sua relação com a propriedade, sua vida profissional ... E só se pode aprovar Jack Goody por ter inaugurado, muito freudianamente, seu estudo da lista, com a leitura do **Oxford English Dictionnary,** onde o termo "**list**" remete ao fato de escutar (**listening**), ao desejo (**lusting**), a um fato de borda ou de limite (**to enter the lists**, equivalente a "entrar na liça").[9]

Goody observa que os primeiros documentos escritos de que dispõem os eruditos consistem, numa parte não desprezível e, em certos lugares, majoritária (por exemplo, na antiga Mesopotâmia), não em obras literárias, e sim em listas de ordem administrativa ou escolar. Ele apresenta, com razão, a lista, como permitindo uma série de operações que, sem este apoio tomado na escrita, só poderiam fracassar em pouco tempo. Aqui está, de acordo com o procedimento que adotamos, uma lista delas:

— A lista se inverte: uma lista de proprietários de terras se transforma em lista de terras referidas a seus proprietários e permite, assim, verificar a exaustividade das informações possuídas.

— A lista introduz a questão da exaustividade: uma lista de rituais se ordena sobre a dos dias do calendário; daí a possibilidade de estabelecer outras listas igualmente exaustivas: a dos rituais segundo seus diferentes gêneros, a dos rituais próprios a cada um do deuses...

— A lista convida à enumeração: a enumeração é um pôr em relação os elementos da lista com a lista dos elementos da série numérica.

— O pôr em correlação duas listas produz uma terceira, mas de uma ordem diferente: uma lista de objetos se conjuga com uma lista de procedimentos, e isto proporciona seu modo de emprego: uma receita.

— A lista implica a hierarquia: parece mesmo implicá-la tão necessari-

---

[9] J. Goody, **The domestication of the savage mind,** 1977, traduzido para o francês em 1979 por Ed. de Minuit sob o título **La raison graphique**.

amente que se apela com freqüência para a ordem alfabética, que se supõe permitir evitá-la.[10]

— A lista leva mais adiante a análise (no sentido da distinção dos traços pertinentes): as palavras postas em listas são classificadas, quer apoiando-se em seu sentido (as noções de determinativo na escrita egípcia ou de chave, na chinesa, são produtos da lista), quer a partir de sua forma gráfica (lista de signos hieroglíficos), ou ainda baseando-se na homofonia (princípio acrofônico).

— Em suma, existe uma praticabilidade a partir da lista, e o objeto fóbico, como objeto de uma lista, confirma, com seu estatuto de escrito, sua função de abertura, de acesso para o sujeito a uma posição que define, **a minima**, este traço de praticável.

O desenvolvimento deste praticável, sua função, seus efeitos, vão-se destacar com o segundo turno da leitura, isto é, a listagem das sucessivas fantasias do "pequeno Hans". A leitura se fará, então, de "pato" de seu objeto, a ponto de receber dele um ensinamento de método.

Resta o fato de que essa primeira cifração já permite dar ao "pequeno Hans" o que lhe é devido: a entrada em jogo do escrito é, em primeiro lugar, uma criação sua, a da resposta à crise que o habita e pela qual ele liga sua sorte à de uma cifra. Pôr o objeto em função de significante consiste em atribuir-lhe valor de cifra. Este é o **Sinnrebus** cujo exemplo canônico se deve a Heródoto. Trata-se do relato de um episódio da guerra entre os Citas e Dario; este último recebeu, dos inimigos cujo território ocupava, uma mensagem composta por quatro objetos: um pássaro, um rato, uma rã e cinco flechas. O portador, interrogado, esquivou-se; Dario interpretou o texto, de acordo com seu desejo, como anúncio de uma rendição. Mas tal não foi a opinião de seu sogro que, consultado, leu: "**A menos que te transformes em pássaro para voar pelos ares, em rato para penetrar sob a terra, ou em rã para refugiar-te no brejo, não escaparás de nossas flechas**".[11] São abundantes os exemplos de tais **Sinnrebus**, sobre os quais é interessante notar que a maioria dos mencionados que se referem a uma ameaça não se contentam em interditar, mas visam atemorizar o leitor que transgrida a interdição. O objeto, aí, é tomado como significante a ponto de poder, como qualquer significante que se preze, mudar de valor, mudando de posição. Assim, a flecha que os caçadores de Tunga deixavam para trás na pista que seguiam: ela podia, conforme sua orientação (paralela ou perpendicular ao trajeto da pista), e conforme sua posição (no chão ou espetada numa árvore), significar que era possível cessar de seguir aquela pista, ou que

---

[10] Essas observações demonstram sua pertinência, permitindo resolver, sem mais dificuldades, uma questão que permanecera até ali, para os sábios, em estado de enigma: como se dá que nosso alfabeto tenha tão escrupulosamente conservado, desde suas origens fenícias, a ordem de sucessão das letras? E tanto mais curiosamente na medida em que esta ordem não tem sentido algum? A resposta é como um ovo de Colombo, dada pela própria pergunta. É que sempre se tem necessidade de uma ordem **que não tenha nenhum sentido**, e isso é tão raro que não se abre mão dela facilmente quando se a tem nas mãos!

[11] Heródoto, **Livro IV**, Caps. 131 e 132.

não havia mais caça para além daquele limite, ou ainda que era proibido acampar naquele ponto. Mas, como nota Février[12], que cita esta observação etnográfica, um passo à frente é dado quando se utilizam, em vez de objetos, signos forjados pela mão do homem: nós, entalhes, desenhos. É este mesmo passo que é dado, com sua fobia, pelo "pequeno Hans", que põe os pingos nos ii quando explica ao pai que o cavalo provém de seu primeiro livro de gravuras, do desenho de um cavalo sendo ferrado.[13]

Este desenho não é em si mesmo o objeto fóbico, mas vai-se tornar, devido à fobia. Mas o que quer dizer? É de se notar, inicialmente, que este desenho já não é mais o próprio objeto, no sentido do referente, e que é com isso que se forja a fobia. Mas como? Tomando esse desenho como um significante, ou seja, como representante, não do objeto que evoca pictograficamente, mas como representante da representação (é o **Vorstellungsrepräsentanz** de Freud, que julgamos aqui ser decisivo não traduzir por "representante representativo", nem por "representante-representação", e sim por "representante da representação").

A fobia é este passo onde se barra o objeto como referente com a instauração de uma cifra que representa, não mais o objeto, e sim a representação. Isso justifica, para mim, chamar de "**pas-de-barre**"* o que ela realiza.

Todavia, este "**pas-de-barre**" se apresenta na clínica da fobia como algo de flutuante, no sentido da falta de ancoragem, como se ele não cessasse de não aceder à efetividade, como se o franqueamento do que realiza estivesse permanentemente suscetível de ser reduzido, como se o **pas** da negação pudesse a cada instante abolir o da instauração. A esta outra vertente do **pas-de-barre** responde a alegação fóbica de um sempre eventual retorno da angústia e, em numerosos teóricos, a definição da fobia como defesa contra a psicose. Esta última tradução é demasiado brutal e rápida: limitar-nos-emos, aqui, mais modestamente, a considerar legítimo o medo relacionado com a cifra fóbica, considerando-o ligado a uma possível falha da barra.

Essas duas vertentes do "**pas-de-barre**" são o "litoral" da letra[14], sua função de limite. A fobia é um mau passe, daí seu caráter freqüentemente transitório. A letra fóbica é este gancho que um alpinista medíocre e imprudente não recusará, mesmo que saiba não ser ele capaz de garantir sua segurança, já que é falível, mas, ainda assim, capaz de lhe dar acesso, se seu movimento for feito com vivacidade bastante, a um outro gancho onde poderá encontrar apoio mais sólido.

Com o estabelecimento da fobia, de que acabo de dar conta, encerra-se o primeiro turno da leitura.

---

[12] James G. Février, **Histoire de l'écriture**, p. 17.

[13] Cf. **Les cinq psychanalyses**, PUF, p. 144.

* Intraduzível em português, a expressão significa, ao mesmo tempo, "passo de barra", tomando-se **pas** na sua acepção de passo, e "falta-de-barra" ou "não-há-barra", se **pas** for tomado como partícula negativa. (NT)

[14] Lacan, "**Lituraterre**", artigo publicado em **Littérature** n° 3, outubro de 1971.

O assunto, aliás, pareceria poder ficar neste nível, que põe em jogo um certo número de conceitos, dos quais estabelecer o inventário não está excluído: frustração, castração, privação, metáfora e metonímia, imaginário, simbólico e real, representação e representante da representação, falo, demanda e desejo, etc. Este vocabulário, de fato, empanturrou alguns ouvintes e discípulos de Lacan. Os textos que marcam esta reação ao ensinamento de Lacan, aliás, envelheceram rapidamente[15]. À inquietude gerada por um retorno a Freud, eles respondem com fortes doses de tranqüilizantes que exibem a crença de que aquilo com que se está lidando **tem um sentido psicanalítico.** Vemos, ainda hoje, essa coisa solta pelas ruas, onde é evidente o **sentido do sentido** psicanalítico: é o sentido sexual! Este efeito de adormecimento é muito bem assinalado por Du Bellay, quando relata a seu amigo Doulcin o que provoca, nele, a visão do espetáculo das possessas. Aqui estão os seis últimos versos deste soneto, em francês arcaico:[16]

Quand effroyablement écrier je les ois
Et quand les blancs yeux renverser je les vois
Tout le poil me hérisse, et ne sais plus que dire.

Mais quand je vois un moine avecque son Latin
Leur tâter haut et bas le ventre et le tétin
Cette frayeur se passe, et suis contraint de rire.

(Quando horrivelmente gritar as escuto
e seus brancos olhos revirados vejo
fico de cabelos eriçados, não sei o que dizer.

Mas quando um monge, com seu latim, vejo
tatear-lhes de cima a baixo o ventre e as tetas
este horror passa, e sou obrigado a rir.)

O conforto obtido se deve ao fato de que a tradução do sentido do que é escutado em sentido psicanalítico é irrefutável. Se uma criança como o pequeno Hans vier falar de **lumpf,** vai-se saber, imediatamente, e sem nem mesmo se deter na ligação **lumpf/strumpf,** no entanto bastante sublinhada pelo reduplicamento da homofonia numa homografia (semelhança de forma e de cor entre as meias e o excremento), que se trata aí de uma regressão à analidade.

---

[15] Depois da morte de Lacan, essas maneiras se revelam francamente como uma retomada da semântica analítica. Demonstram, assim, só terem sido seus discípulos na medida em que ele alimentava seu insaciável apetite hermenêutico.

[16] Encontra-se o texto deste soneto citado por M. de Certeau em **La possession de Loudun,** col. Archives, Gallimard, 1980, p. 160.

É necessário um segundo turno da leitura, pois a cifração conceitual se presta com demasiada facilidade a um tipo de leitura definido unicamente pela tradução. O segundo turno será, pois, um modo de barrar o que se poderia imaginar a partir do primeiro. Este segundo turno é o ponto exato em que um grande número de discípulos deixou de seguir Lacan, preferindo — vai-se tratar de explicar a razão para isso —, diante da formalização que ele introduzia, adotar a postura da bela alma, em outras palavras, aborrecer-se com essas formas. A principal característica dessa segunda leitura é a introdução do mito, tal com Lévi-Strauss acabava então de definir-lhe as coordenadas; o mito serve de referência para a leitura desta produção luxuriante que o pequeno Hans, solicitado por seu pai, desenvolve a partir de sua fobia. Num artigo de 1955, "The structural study of myth",[17] Lévi-Strauss havia mostrado que o mito não deve ser lido como remetendo a um acontecimento suposto, mas apresenta uma combinatória que, se forem dados os meios para decifrá-la, permite, em retorno, definir o mito como "modelo lógico para resolver uma contradição"[18]. Assim, o que Lacan vai chamar daí por diante "fomentação mítica" do "pequeno Hans" é levado em conta, não como aludindo a acontecimentos psíquicos, interiores — não se deve imaginar um equivalente psíquico que corresponda a cada uma dessas fomentações —, mas como uma série de sistemas coerentes de significantes, cuja coerência, aliás, só aparece a partir da seriação. Sua função para o pequeno Hans é de integração da sua genitalidade: o que é da ordem da impossibilidade, no tempo da instauração da fobia, só advém com a articulação sucessiva de todas as formas de impossibilidade implicadas na questão inicial.

Não tenho a intenção de retomar aqui, em detalhes, esta leitura que é, com efeito, uma leitura em que o detalhe conta, já que o valor de cada significante não é dado **a priori**, num código pré-estabelecido, mas depende, para uma fantasia dada, do lugar dos outros significantes com os quais forma um conjunto sintático. O caráter equívoco dos elementos em jogo só aparece mediante a seriação, aquilo que Lacan chama, com Lévi-Strauss, a superposição de linhas.[19] Um capítulo seguinte (cf. Cap. IX) dará a demonstração do caráter necessário dessa superposição de linhas, única capaz de dar conta do fato de que uma linguagem formal determina o sujeito[20]. Será suficiente observar, por ora, que a lista de fantasias do pequeno Hans, citada no começo deste estudo, não é um ornamento da leitura, mas o meio indispensável de sua operação.

O segundo turno da leitura estabelece a série de fantasias, recorta cada uma delas, a título de um "elemento alfabético"[21].

Mas, se é verdade que o real deve passar pelo imaginário para ser

---

[17] Artigo retomado em **Anthropologie structurale**, "**La structure des mythes**", p. 227 a 255.

[18] Op. cit., p. 254.

[19] Lacan, Seminário de 3 de abril de 1957.

[20] Lacan, **Écrits,** p. 42.

[21] Lacan, Seminário de 3 de abril de 1957.

simbolizado, resta dar conta desta simbolização, daquilo que torna possível ao pequeno Hans "**a passagem de uma apreensão fálica da relação com a mãe a uma apreensão castrada do conjunto do casal parental**"[21]. No que diz respeito a esta exigência, a colocação, num alfabeto ordenado, da série de fantasias do "pequeno Hans" é somente um primeiro passo. Será necessário, com o terceiro turno da leitura, escrever aquilo que liga uns aos outros esses elementos alfabéticos, único meio de não deixar no mistério a trama simbólica da proliferação imaginária.

Não se trata mais, a partir de agora, com efeito, de se ater a uma cifração conceitual. Lacan é absolutamente explícito neste ponto: o objeto fóbico "**de modo algum é acessível à conceitualização, senão por intermédio desta formalização significante**"[22], desta mesma que, como um grão de coentro, é introduzida pelo terceiro turno.

Formalização implica fórmula. Só a fórmula é suscetível de revelar a razão do progresso metafórico atestado pela observação. O procedimento de Lacan se distingue, aqui, do de Lévi-Strauss: se este último, com efeito, propõe, para finalizar, uma fórmula para "todo mito"[23], Lacan escreve uma série de fórmulas, cada uma delas correspondente a um recorte dado da produção mítica do "pequeno Hans". A cada elemento alfabético anteriormente transcrito vai responder sua fórmula, tal é a regra a que se submete esse terceiro turno.

Existe uma conexão do terceiro turno com o primeiro. Para começar, convém formalizar o que havia sido enunciado sobre o estatuto da fobia como suplente da falha do dom de sua castração que o "pequeno Hans" espera de um pai real, e de uma maneira tanto mais imperiosa quanto se mostram incompatíveis (esta incompatibilidade é a própria crise) sua recente posição de falóforo e aquilo que até então orientara seu mundo: sua relação com a relação de sua mãe com o falo imaginário.

O que significa este "dom de sua castração?" Para escrever o que está em questão, Lacan se apóia na escrita da metáfora, contemporânea, devemos notar, de sua leitura do "pequeno Hans". Aí está a escrita:

$$f\left(\frac{S'}{S}\right) S \cong S\,(+)\,s \qquad I$$

Sabemos que Lacan ilustrou esta escrita com uma metáfora tomada de Hugo: "Seu feixe não era avaro nem odioso". A fórmula sublinha o fato de que, no próprio tempo da produção metafórica, a substituição de "Booz" por "seu feixe" anula "Booz". Já não se poderá tratar, daqui por diante, de que ele tome

---

[22] Lacan, Seminário de 19 de junho de 1957.

[23] Lévi-Strauss, **op. cit.**, p. 252. Lévi-Strauss retoma, vinte anos depois, esta fórmula, para ler os ritos do **naven** praticados pelos iatmul da Nova Guiné (Curso de 1974/75 resumido no Anuário do Collège de France), bem como em **Du miel aux cendres**, p. 212, onde declara, sem maiores justificativas, que esta relação canônica não cessou de guiá-lo.

o lugar de "seu feixe", "o frágil fio da pequena palavra **seu** que o une a ele é um obstáculo a mais"[24]. Mas, correlativamente, esta abolição radical de seu nome próprio se apresenta como um preço pago por uma criação, por um franqueamento que é, como se sabe, o acesso de Booz, apesar de sua idade avançada, à paternidade.

Esta relação anulação/re-criação (re-créacion) é a mesma em jogo no que se refere à castração simbólica. O objeto "falo imaginário" recebe aí, por ser posto temporariamente fora do jogo, sua legitimação para um gozo ulterior. A saída do Édipo pela castração simbólica se verifica, assim, inscritível numa fórmula que retoma, em seu agenciamento, a da metáfora:

$$\left(\frac{P}{X}\right) M \cong \text{---}\cap \quad + s \qquad II$$

Ela não difere da escrita da metáfora, senão pelo valor dos termos empregados: P designa o pai real como agente da castração simbólica, X inscreve a posição do menino como anulada por esta operação. A fórmula, pois, se lê assim: a substituição pela qual o pai real ocupa o lugar da criança numa relação com a mãe imaginariamente enganosa é congruente ( ) com a castração simbólica (a foice) onde o ser da criança, o X, encontra sua solução (é o + s).

Nada disso advém para o pequeno Hans: quando, num comportamento manifestamente dirigido a seu pai, ele declara, em nome de seus pequenos problemas, querer ir mimar na cama com a mamãe — mamãe esta que fica encantada de tê-lo em seus lençóis —; o pai, deixando mãe e filho às suas ternas efusões, não encontra nada melhor a fazer do que soltar alguns gritos bem fracos, notavelmente endereçados a ninguém menos que Freud, que, inventor do Édipo, é considerado desse modo indicar a seus discípulos que é esta atitude, exatamente, que ele espera de um pai em semelhante caso[25].

Quando esses mesmos mimos se tornam, para o "pequeno Hans", sinais de sua insuficiência em satisfazer a mãe (a chegada de uma irmãzinha confirma esta insuficiência), eles mudam de valor: de refúgio que eram, surgem agora como armadilha. Esta é a crise que Lacan escreve:

$$(M + \varphi + a)\, M \cong m + \pi \qquad III$$

A seqüência entre parênteses: mãe + falo imaginário + seus pequenos outros (aqui, a irmã recém-chegada) é a seqüência do desejo materno, em outras palavras, aquilo com que o pequeno Hans tem a ver, para além da mãe como objeto — daí a duplicação de M, ao mesmo tempo dentro e fora dos parênteses. A crise consiste na equivalência:

---

[24] Lacan, **Écrits**, p. 507.

[25] **Le petit Hans**, Puf, p. 188.

— do Eu da criança (m) aumentado de seu pênis real (π)

— e de sua relação com o objeto materno, na medida em que, para além da mãe como objeto, é a seu desejo que se trata a partir de agora de responder efetivamente.

Esta equivalência funda o vivido de uma insuficiência que só pode ser situada sobre o seu fundo. Assim, esta fórmula é válida, não para a paranóia, mas para aquilo a que responde a paranóia.

Aplicando, agora, o método de leitura descrito para o segundo turno, é possível pôr em série essas escritas: daí resulta uma observação muito simples, segundo a qual a última fórmula difere das duas anteriores (bem como das que se irão seguir) na medida em que exige apenas, para se escrever, **uma só linha.** Ela escreve, pois, escavando, aquilo que chamei de **pas-de-barre,** que se verifica assim ser o nome desta encruzilhada, deste tronco comum a partir do qual se separam fobia e paranóia. O **pas-de-barre** nomeia a falha da função metafórica.

A resposta fóbica instaura a metáfora sendo ela mesma uma metáfora. É isso que constitui o valor da definição do objeto fóbico como objeto posto em função de significante. Existe fobia para o pequeno Hans, não porque sua relação com a mãe regrida, devido à crise, à mordida, e sim pela nomeação do cavalo como metáfora do agente da mordida, **no lugar mesmo onde era esperada a intervenção de um pai real.** Daí a fórmula da fobia em seu tempo inaugural:

$$\left(\frac{I}{M + \varphi + a} \right) \quad M \cong (m)\, \pi \qquad IV$$

O cavalo como significante (I) está no lugar de P em II. Ele anula, por substituição, a seqüência do desejo materno. Esta fórmula da fobia é conforme à da metáfora (I). Comparada a III, existe agora a barra, a superposição de linhas, mediante o que o cavalo, como significante, vai-se verificar suscetível de entrar em conexão com outros significantes, e metaforizar, assim, não mais a mordida apenas, mas ainda o atrelamento, a queda, etc.

Lacan escreve algumas das fórmulas correspondentes às sucessivas fantasias: ele dá em particular a do ponto de resolução onde o pequeno Hans, redistribuindo os lugares, se coloca como pai imaginário. Não é fácil dar conta deste progresso metafórico, pois a formalização instalada não está completamente desenvolvida. E como, além disso, Lacan opta por não explicitar as regras da escrita que ele introduz da mesma maneira que se pode apresentar o jogo de uma axiomática, mas procede, de preferência, segundo cada ocasião, seria possível propor escritas para as fórmulas faltantes, e destacar em seguida, **a posteriori**, as regras de ortografia que permanecem, parcialmente, implícitas no texto de Lacan. Entretanto, dado que meu objeto aqui não é o pequeno Hans, e sim a leitura que dele faz Lacan, considero suficientes as indicações aqui retomadas. Elas permitem que se tirem algumas conclusões.

Esta leitura se ordena em três linhas superpostas:

1) — A cifração conceitual. Este é o nível da tradução.

2) — Uma transcrição das fantasias do "pequeno Hans", numa série temporalmente ordenada de elementos alfabéticos.

3) — Uma transliteração (formulada em princípio e realizada em parte) de cada um desses elementos, tomados um a um, e formalizados numa outra escrita, que tem como ponto de partida a da metáfora.

Apenas este terceiro nível pode dar conta do assunto, do surgimento da fobia e, igualmente, do fato de que chega um tempo em que ela cai em desuso. Nos últimos seminários do ano universitário de 1956/57, Lacan diz de sua hesitação em "dar uma série de formulações algébricas". "Tenho certa repugnância em fazê-lo, temendo que, de certa forma, os espíritos ainda não estejam completamente habituados, abertos a este algo que, creio, está assim mesmo na ordem de nossa análise clínica e terapêutica da evolução dos casos, [algo que é] o porvir. Quero dizer que **todo caso deveria poder, ao menos em suas etapas essenciais, chegar a se resumir numa série de transformações de que lhes dei, da última vez, dois exemplos...**" (Segue-se aqui a retomada do comentário das fórmulas aqui enumeradas III e IV)[26].

É fato que esta abordagem da clínica psicanalítica não encontrou, praticamente, nenhum eco: não há um único trabalho que tenha adotado o modo da leitura aqui operada. Será que isso quer dizer que se trata de uma simples questão de método? Certamente que não, se entendermos por isso algo que seja exterior e estranho a seu objeto.

Com efeito, é arriscado aventurar-se para além da cifração conceitual; o perigo não reside tanto na formalização como tal (afinal, esta é familiar ao escolarizado), e sim naquilo que ela convoca, necessariamente, a saber, a afirmação seguinte: **o que a formalização escreve não é simplesmente para o analista, mas vale também para o sujeito que ele considera.**

Vou justificar inicialmente a pertinência desta observação, antes de pô-la em discussão. Assim, pode-se notar que Lacan, a propósito da fórmula da crise, não hesita em dizer que "o que está em questão **para a criança** talvez seja, com efeito, fazer evoluir isso" (a fórmula III), ou ainda que o pequeno fóbico, por não se ater à solução provisória do medo dos cavalos, terá de fazer "esta equação (que) não pode ser resolvida senão conforme suas leis próprias"[27] (trata-se da fórmula IV). Na linha direta dessas confirmações está a admissão, para terminar, de que o que faz cessar o sintoma está ligado ao fato de que a criança, brincando com os elementos do sistema, se dá conta de tratar-se justamente de um sistema que lhe aparece, quando ela o experimenta como tal, logicizado. **A logicização é a transformação decisiva.**

Pode parecer insensato dever admitir que o pequeno Hans tivesse de lidar com este conjunto de letrinhas e sinais gráficos que formam álgebra, e que

---

[26] Lacan, Seminário de 26 de junho de 1957.

[27] Seminário de 26 de junho de 1957.

Lacan introduz para a leitura daquilo que ele fizera escutar a seu pai e a Freud. Ou ainda, para dizê-lo de outra forma, a recomendação de Freud de "não confundir os andaimes com o próprio edifício" teria valor, não de conselho, e sim de constatação de impossibilidade: não se trata de confundir os andaimes com o edifício pela razão de serem, eles próprios, o edifício.

Pode-se observar que talvez seja ainda mais insensato não admitir este real da formalização. Pois, a não ser que se considere o inconsciente como a própria ilogicidade, não há, praticamente, escolha: tem-se que admitir que esta lógica de que ele se origina é realmente aquela que se diz, já que, aquela que não se diz, como não se diz, nada se pode dizer dela. No entanto, diz-se qualquer coisa? Isso, decerto, tem que ser posto à prova. Mas permanece o seguinte, que não é pouco: a partir do momento em que se escreve a fórmula, tal prova se torna possível: a cifração formal se presta à refutação.

Esta discussão deverá aguardar até que se desenvolva mais aqui a introdução de novos materiais. Parece-me, todavia, que a questão ganha em precisão quando percebemos que o último passo da leitura do "pequano Hans", aquele que Lacan indica dizendo que se trata de "transpor numa formalização"[28], é identificável como transliteração.

A partir daí, fica possível, então, situar, para concluir, o que vem a ser o sintoma, no campo da psicanálise. Para isso, bastará que o leitor, tal como um cego, se deixe guiar pelas fórmulas retomadas acima.

A fórmula IV corresponde à emergência do sintoma fóbico. Ela escreve a tripla operação — de suplência, de substituição e de abertura — do objeto colocado, na fobia, em função de significante.

1) — A suplência à castração fóbica está ligada ao fato de que I, em IV, vem em lugar de P, em II.

2) — A substituição corresponde ao fato de que a seqüência do desejo materno $(M + \varphi + a)$ vem, em IV, no lugar de S, em I.

3) — Mas estes dois lugares só existem devido ao fato da barra que os separa; esta barra, que faz descontinuidade entre III e IV, escreve a superposição de linhas, a abertura da função metafórica como tal.

O **pas-de-barre** que faz báscula de III a IV não é uma simples maneira de cifrar; se, com efeito, ele é a própria fobia, deve ser possível mostrar que o fóbico tem a ver com esta barra, e de uma forma que se origina de alguma coisa além de uma profundeza qualquer. A profundeza é o álibi da tradução abusiva.

Para esta mostração, vamos deixar as vertentes arejadas que, até há pouco, faziam metáfora, para penetrar agora na sufocante atmosfera das pirâmides.

No texto chamado "das pirâmides", temos a surpresa de encontrar certos ideogramas que se distinguem da maneira como se os encontram escritos por todas as outras partes: os egiptólogos fizeram a lista desses traços distintivos:

---

[28] Seminário de 26 de junho de 1957.

1 — Ideogramas figurando animais ou humanos são incompletamente desenhados: ⌒ em lugar de 𓀁 ; ⌐ em lugar de ⌐

2 — Ideogramas cortados em dois por uma secção não gravada: assim, ⚬⚬⚬ , ou ainda: 𓃒 .

3 — Quando a escrita está inscrita em oco sobre a parede, uma parte do ideograma é recolocada com o auxílio de um pouco de gesso[29]:

Fragmentos de "textos das pirâmides". O hieróglifo indicado apresenta algo de notável: apenas a parte anterior do bovino foi pintada de verde, como cada um dos outros hieróglifos do texto; sua parte posterior havia sido tapada com gesso. Tais fatos são constatados em outros hieróglifos figurando grandes animais. Cf. Saqqarah, de Jean Philippe Lauer, Tallandier ed., Paris, 1976, p. 210, fora do texto. N° 155

Semelhantes fatos são difíceis de interpretar, mas dois pontos permanecem. Inicialmente, trata-se aí de elementos do texto, sob o mesmo título que outros elementos do texto que os acompanham. Este ponto é incontestável. Podemos discutir muito mais sobre o segundo, pois ele apela à teologia egípcia. Sabemos que não existe, nos antigos egípcios, adoração como tal da imagem, mas que, em contrapartida, a imagem é suscetível de adquirir vida, de abrigar por algum tempo aquilo a que chamam Ka e que se traduz como se pode — e, certamente, muito mal — por "espírito". Este possível albergamento, que é operante para a imagem, a estátua, e, igualmente, a múmia, se relaciona com

---

[29] Lexa, **La magie dans l'Egypte ancienne**, p. 77, 78 e 88, e ilustração LXXI. Lauer, **Saqqarah**, p. 180 e figura n° 155.

a boa-vontade do Ka, que pode decidir passar a noite vagando pelo vale ou reintegrar sua imagem na tumba (imagem que privilegio aqui, já que, como em Lacan, o corpo é pensado pelos egípcios como planificado). Entretanto, numa pequena parte, a imagem pode influenciar a decisão do Ka, apresentando-se ela mesma sob uma luz que seja agradável a seus olhos, que lhe convenha por sua beleza — o que implica, entre numerosas exigências estéticas codificadas, que ela seja inteira. Assim, os diferentes tratamentos a que o escriba submete os ideogramas se dirigem, realmente, aos Ka(s) correspondentes, como para dizer a cada um: "Veja esta imagem truncada, decapitada, barrada, sujada com um monte de gesso, como poderia decidir vir habitá-la! Existem outras imagens para você, e não desconheça seu valor, elas estão nas paredes desta tumba apenas como signos de escrita!"

Assim, a barra que atravessa o leão indica que se trata, realmente, de um significante, indicado como tal pela marca que se aplica, atravessada, sobre o que lhe poderia restar de aspecto pictográfico. Mas, a este significante como tal, associa-se uma suposição que não é a do escriba — que, quanto a si, tem o cuidado de explicitar o que está em jogo —, mas aquela que ele atribui ao visitante eventual, considerado como suscetível de se equivocar, desconhecendo o valor escritural do desenho, por considerá-lo apenas como uma imagem do objeto. O escriba, certamente, tem boas razõs para levar em conta esta eventualidade, e deve-se realmente admitir que o porvir não o contradisse, uma vez que ainda hoje a opinião geral vê, na pictografia, o primeiro passo da escrita. O mal-entendido possível está no lugar do Outro, onde a letra **deve** fazer litoral e suspender, assim, o mal-entendido: razão pela qual convém pôr os pingos nos ii. O leão barrado **é** um objeto fóbico.

É divertido notar que o escriba não trata seu leitor de uma maneira diferente daquela que faço atuar aqui, com o meu, sublinhando, no lugar do objeto fóbico, um significante que o escrito localiza como tal.

A partir daí é possível precisar o que significa dizer "pôr o objeto em função de significante". A coisa não se reduz a seu ponto de partida, que, no entanto, não se deve negligenciar, pois que já o objeto em questão, cavalo ou leão, não é um hipotético "objeto bruto", e sim o desenho de um objeto, um desenho que não é tomado como representante do objeto, mas como escrita do seu nome. Esta é a operação do rébus-emprestado, de que já se tratou aqui. Todavia, se o rébus-de-empréstimo é um ponto de apoio para a fobia, ele não basta para defini-la. Existe fobia, falando propriamente, por esta marca suplementar que escreve para o Outro que o objeto está situado em função de significante. A fobia tem a consistência de um rébus-de-empréstimo **assinalado**. Daí o fato de que ela venha sempre abalar o meio do sujeito: e o que designa o seu meio, e da maneira mais viva (ele logo chega ao ponto de não saber o que fazer), a cifra fóbica como tal (uma cifra, quer dizer, "não se entende nada"!), nada mais é que o medo, ou seja, a angústia aliviada.

O medo é o afeto da barra que, para o fóbico, só pode ser efetivo (no lugar do Outro) se afetado. Não se fala em afetação quando alguém encontra uma maneira de ser simplesmente sublinhada?

Nas pirâmides de Unas ou de Téti, encontra-se uma outra maneira de marcar o valor escritural do ideograma. Em vez de sublinhar este valor por um dos traços acima enumerados, o escriba suprimiu, pura e simplesmente, o ideograma, ⟨ideograma⟩ substituindo-o, já que ele escreve o trilítero rmt — pelos três unilíteros ⟨ideograma⟩ correspondentes, respectivamente, a r, m e t. O caso é digno de interesse, pois basta produzi-lo para que seja demonstrado que **uma transliteração pode ocupar o lugar de barra.** Não somente ela ocupa o seu lugar, mas **ela** o é. Trata-se, realmente, de uma transliteração efetiva, de vez que, na preocupação de marcar o escrito por uma cifra, o escriba passa de uma maneira de escrever para outra maneira, apagando radicalmente, desta vez, todo resto pictográfico. Teria bastado que este procedimento fosse generalizado para que a escrita egípcia cessasse de ser a bastarda que era, manifestamente, para virar uma escrita alfabética.[30]

Assim acontece que, transliterando um a um os conjuntos sintáticos, inicialmente transcritos, Lacan não introduz, com sua álgebra, uma cifração suplementar que teria estatuto de metalinguagem; a cifração suplementar permanece na linha direta situada com a fobia. Ou ainda, para dizê-lo em outras palavras, não existe diferença essencial entre o que Lacan dá a ler e o que dá a ler o pequeno Hans.

Isto não quer dizer que a transliteração seja sem conseqüências. Ela permite, em particular, situar a função do sintoma. O fato de que a fórmula III da crise não satisfaça a da metáfora dá, em contraponto, a função do sintoma fóbico (IV) que, como **pas-de-barre**, instaura uma disposição isomorfa à da escrita da metáfora. Isto quer dizer que **o sintoma efetua a transliteração ali mesmo onde ela falha.**

---

[30] Lefebvre, **Grammaire de l'égyptien classique**, p. 16.

CAPÍTULO CINCO

Onde o desejo nada vale

A letra fetichizada

Na página 318 do volume V dos Cahiers, sob a pena da Petite Dame, encontra-se o seguinte testemunho: "... depois ele riu abertamente, porque eu lhe disse, num tom exasperado: "Você nunca dirá simplesmente: "Esta manteiga é amarela!" Não, você tem que dizer: "O fato de ser esta manteiga amarela, seria loucura negá-lo!" — "Sim", disse ele com ironia, "é a isso que se chama o movimento da frase!"

"Oh! imitar o que se imagina".

André Gide

Enquanto as cifrações postas em jogo pela leitura podem variar, em contrapartida, verifica-se constante em Lacan este modo de leitura e, correlativamente, esta abordagem do sintoma. Lacan lê o caso da jovem homossexual com o esquema L, Schreber com o esquema R, Joyce com o nó borromeano ... etc. Acabemos de concluir o capítulo anterior com a importante observação de que este modo do **ler com o escrito** implica levar-se em conta o sintoma como aquilo que supre a falha da transliteração.

Não há necessidade de proceder por exaustão para confirmar isso: cada um pode ir ver por si. Mas, de vez que é preciso haver pelo menos duas ocorrências para se poder dizer: "... e assim por diante", vamos optar, agora, estudar o texto **Jeunesse de Gide** ou **La letre et le désir** que, além dessa confirmação, oferece a vantagem de apresentar, com o fetiche, seu contraponto à fobia.

Aí está: um baile é dado na casa da família dos Gide. Alertado pelo rumor pouco habitual, o jovem André ousa descer furtivamente alguns degraus da escada: é preciso ir ver. Cito: "**Nada tem o ar costumeiro; parece-me que serei iniciado de súbito numa vida misteriosa, diversamente real, mais brilhante e mais patética, e que começa somente depois que as crianças vão-se deitar.**" Uma bela Dama, percebendo-o, dirige-se a ele: ele não consegue reconhecer, com suas fitas e vestido de seda, uma amiga de sua mãe que, no entanto, vira naquela mesma manhã. Depois, reconduzido à cama, a mente agitada, surge, logo antes de cair no sono, este pensamento: "**Existe a realidade e existem os sonhos; e depois existe a segunda realidade**"[1]. André Gide ainda não tem sete anos.

Se a realidade é como "um espetáculo fora da realidade"[2], não é possível encontrar nela esta garantia imaginária em que se apóia a ilusão comum que faz, por exemplo, conceber que aquele que vem ao encontro é o mesmo que o marcou. O Eu, objeto da realidade, é marcado por sua clivagem. Aquele que declarava: "Como esquartejado vivi"[3], gostava de citar este verso de Racine: "Por que distúrbio me vejo levado para longe de mim?[4]"

Assim, quando, na idade de 11 anos, em meio a soluços cujo motivo lhe escapa, Gide dá a escutar a sua mãe seu "Eu não sou igual aos outros! Eu não sou igual aos outros!", é preciso admitir, não que ele seja outro para um outro, de quem divergiria por tais ou tais traços, mas, mais radicalmente, que ele foi feito de outra maneira, por não ter um outro sobre quem se acomodar enquanto Eu![5] O amor de uma Eco faria falta a Narciso? Mas, antes de buscar prematuramente a razão para isso, convém acompanhar seus efeitos.

Vamos chamá-los de proteificação do Eu. O camaleão, à falta de uma cor a adotar em seu meio ambiente, vai elaborar uma teoria sexual infantil segundo a qual ele se torna verde porque "pensa nas folhas"[6].

Mas o pensamento foge. E a questão de saber onde vai parar o pensamento se faz tanto mais aguda quanto o Eu o segue. Gide, em suas "obsessões", lida diretamente com isso: "**Eis como isto começa: no silêncio da noite, tão logo deitado, apagada a vela, em lugar do sono, o que vem é uma melodia, uma melodia curta, simples, em forma de fuga. Primeiro ela se desenvolve simplesmente; depois, ao recomeçar, surge, como um eco, uma outra adjacente que se desenvolve em cânon, paralelamente à primeira. Depois uma terceira se enxerta, ao terceiro compasso ... uma quarta quer-se lançar; ela atropela a primeira, em uníssono, mas com um timbre diferente: eu as distingo — elas se apressam — tudo se embaralha — há que recomeçar — a primeira acelera; as outras seguem scherzando... Logo é uma obsessão insuportável; levanto-me e, para silenciá-la, toco com toda força, ao piano,**

---

[1] A. Gide, "**Si le grain ne meurt**", em **Poésies, Journal, Souvenirs**, NRF, 1952, p. 310.

[2] J. Delay, **La jeunesse de Gide**, Gallimard, vol. I, p. 147-8.

[3] J. Delay, **op. cit.**, vol. 2, p. 636.

[4] **Id.**, vol. I, p. 549.

[5] **Id.**, vol. I, p. 173.

[6] **Id.**, vol. 2, p. 310.

acordes ao acaso; e a melodia irritante canta tão alto que produz, em choque com o acorde tocado, uma dissonância real"[7]. A multiplicação gideana de personagens é do mesmo tipo: Gide convida a incluir, nessa lista, sua própria figura de homem de letras. Assim, nos **Faux-monnayeurs**, um dos personagens, Edouard, projeta escrever um romance cujo título seria "os moedoeiros falsos" e mantém, com este fim, um diário onde discute o romance por vir. Mas, paralelamente (desse mesmo paralelo que André Walter dirige a Emmanuelle — "Nós caminharemos paralelos...", a multiplicação da imagem reclama a posição paralela de dois espelhos), Gide, escrevendo **Les faux monnayers**, propõe, com seu romance, um outro livro intitulado **Journal des faux monnayeurs**, onde tem o cuidado de escrever que este caderno "deve tornar-se o caderno de Edouard"[8]. Não mais que Edouard, André Walter, Tytire, Corydon... são, para André Gide, apenas suportes de identificação. Ele nota: "Eu não sou o imoralista, basta-me tê-lo escrito"[9].

Em termos gideanos: o "representar" (isto é: compor) não cessa de presentificar o que seria "Eu" como algo "posto em abismo". No limite extremo desse processo de refração do Eu, encontra-se sua dissolução, que é este ponto onde ele se tornaria, enfim, alguma coisa, mas só poderia fazê-lo reduzindo-se a **nada**. Gide jamais esquece que a possibilidade da sua dissolução (que se verifica aqui ser ponto de encontro entre o imaginário e o real) habita a imagem, que o nada, termo da série, está igualmente presente em cada um dos seus termos.

Este **rien**, nada, que Delay leu em **Voyage d'Urien**, talvez não tenha sublinhado suficientemente sua importância? Este nada, como "... **marca deste ferro que a morte traz à carne quando o verbo a desintrincou do amor**"[10] se reencontra, igualmente:

— na literatura escolhida por Gide que, desencantada da ação, é uma literatura onde nada acontece. A Angèle de **Paludes** se espanta com esta maneira de pescar: Tytire não pesca nada; "Por que isso? pergunta Angèle. — Pela verdade do símbolo. — Mas, e se pescasse alguma coisa? — Então seria um outro símbolo e uma outra verdade"[11].

— na filosofia do ato gratuito: "Um ato que não é motivado por nada. Compreendem? interesse, paixão, nada."

— até na relação com sua mulher, Madeleine, Rainha (**reine**) de Urien (seu título de **Reine**, tirando o e mudo, não difere do **Rien** senão por uma permutação), relação de que Gide assinala o exato teor quando escreve, em **Si le grain ne meurt**: "Acreditei que podia, integralmente, dar-me a ela, e o fiz sem reservas de nada". Introduzir uma vírgula entre "sem reservas" e "de nada" será o bastante para legitimar o lugar deste "de nada" que, por parecer

---

[7] Id., vol. I, p. 563.

[8] Gide, **Journal des faux monnayeurs**, Gallimard, p. 31.

[9] Citado por A. Anglès, **André Gide et le premier groupe de la N.R.F.** Gallimard, p. 38.

[10] Lacan, "Jeunesse de Gide", **Écrits**, p. 756.

[11] Citado por Delay, **op. cit.**, vol. 2, p. 415.

redundante do ponto de vista semântico na frase de Gide, vai assumir, com a vírgula, o sentido da resposta ocasional a agradecimentos.

Nada é aquilo com que Gide "não negligencia seu desejo"[12]. Pode-se dizer, sobre ele, o que este escreve sobre o pequeno Boris dos **Faux monnayeurs**: "Parecia-lhe que se perdia, que se afundava, muito longe do céu; mas sentia prazer em perder-se e fazia, desta própria perdição, sua volúpia"[13]. A criança Gide cedo experimentou o fato de que a dissolução do Eu pode ser prazerosa[14]. Também o ponto em que a dissolução reduz o Eu a Nada é, ao mesmo tempo, aquele em que cessa o gozo. E quando é necessário a Gide uma fantasia para o seu desejo aceder ao prazer, para ser por ela perturbado até a vacilação, ele a encontrará na figura do menino vagabundo, que não vale nada (**vaurien**).

Deixamos escapar o que está em questão ao falarmos aqui em "pedofilia". Não é uma criança qualquer que faz desfalecer Gide, e suas relações sexuais com um Mohamed (encarnação, para ele, do **vaurien**) não fazem mais ruído que a palavra "palmas" num verso de Mallarmé. Tomar a mão de um Mohamed basta para dar corpo à fantasia, permitir-lhe "gozar de desejar"[15]. Ou então, se se preferir manter esta categoria da pedofilia, é preciso apaziguar (se é que se pode! — mas, certamente, isso não se pode) as imaginações eróticas de legisladores neuróticos, fazendo-os observar que o caçador de vagabundos está munido, não de um fuzil de cartuchos, e sim de uma espingarda de ar comprimido cujo gatilho é acionado por uma bola de borracha deformada[16].

Mas gozar de seu desejo — fórmula lacaniana para a perversão — não é desejar. Desejar o desejo difere de ter o seu gozo, tanto mais claramente quanto este gozo é uma última maneira de evitar o desejo. Basta que uma mulher avance para Gide, manifestando, na sua direção, o que ele pode acreditar que seja o seu desejo, e logo o medo perturbador que o invade só encontra escapatória no sobressalto com que, sem mais esperar, ele se desvia. Este movimento, em Gide, se verifica sempre. Não o desmente, decerto, a aventura com Meriem (**me-rien**), criança-mulher possuída pensando em seu jovem irmão Mohamed, em conivência com Paul Laurens, que havia aberto o caminho, e não sem que, ao apelo do filho, a mãe de Gide venha até Biskra, consolá-lo por dever-se apresentar, diante de uma mulher, como falóforo. Quer se trate dos avanços de sua tia (mãe de Madeleine), dos de uma andaluza de cabaré ou, ainda, da corpulenta suíça, é sempre a mesma evitação, muito bem observada por uma prostituta das ruelas próximas ao Boulevard Saint-Germain: ao ver o adolescente se afastar à sua aproximação, ela lhe diz com

---

[12] Lacan, "Jeunesse de Gide", **Écrits**, p. 757.

[13] Delay, **op. cit.**, vol. I. p. 252.

[14] Cf. 1) a metamorfose de Gribouille em vegetal (Delay, vol. l, p. 250); 2) o jogo de derreter soldados de chumbo (vol. I, p. 142 e 149); 3) a frase "a destruição me fazia desfalecer", a propósito de uma leitura de Mme. de Ségur onde uma criada em quem se faziam cócegas, deixava cair no chão toda uma pilha de pratos.

[15] Lacan, Seminário "As Formações do Inconsciente", 26 de março de 1958.

[16] Delay, **op. cit.**, p. 402, vol. 2.

uma voz "ao mesmo tempo de censura, brincalhona, sedutora e jovial: **Mas não precisa ter tanto medo, meu lindo menino!** — e Gide acrescenta: "Um fluxo de sangue me subiu à cabeça. Fiquei emocionado como se houvesse escapado de boa"[17]. Sobretudo, não despertar as atenções de uma mulher, manter-se na posição de criança pouco agraciada, tal é o imperativo. "Todo o mistério feminino, se eu pudesse descobri-lo com um só gesto, este gesto eu não faria de jeito nenhum"[18]. Frase tanto mais notável quanto, por pura implicação, ela nada diz sobre a possibilidade deste gesto, exceto, precisamente, dizer que nada diz dele.

Este evitar sua privação que faz desejar uma mulher aparece, assim, como um ponto fóbico que, com Gide, pode ser designado como fobia da mulher que ataca com vitríolo. Evocando suas relações com as prostitutas, Gide escreve: "Muitos anos depois, estas constrangedoras criaturas me inspiravam tanto terror quanto as mulheres que atacavam com vitríolo"[19].

Entretanto, um pesadelo deveria fazê-lo passar, uma vez, além deste terror-limite, para aquém do qual se havia mantido. Como Delay cita esse texto integralmente, vou dar aqui apenas o seu final: "**E eu tinha medo de ver; queria desviar os olhos, mas, contra minha vontade, eu olhava. Sob o vestido, não havia nada; era preto, preto como um furo; eu soluçava de desespero. Então, com as duas mãos, ela puxou a barra do vestido até acima da cabeça. Virou pelo avesso, como um saco. E não vi mais nada: a noite tornou a fechar-se sobre ela... Acordei, de tanto medo; a noite ainda estava tão escura que eu não sabia se ainda era a noite do sonho**"[20]. Se a mulher que joga vitríolo desfigura, só existe, para além do véu cegante que é o vitríolo, este Nada que proíbe para sempre fazer algo além de imaginar.

Assim, revelam-se solidários: 1) — o fato de o Eu não cessar de exigir um "representar"; 2) — o fracasso deste "representar" (ou seja, a redução do Eu ao Nada) e, 3) — a necessidade que, por este Nada sob o vestido, constitui a menor manifestação de uma mulher fatal.

Este primeiro fechamento, lembrando alguns dados principais do empreendimento gideano, vai servir agora de trampolim para o estudo da leitura de Lacan. Com efeito, escapou até agora o próprio empreendimento, ou seja, a relação, em Gide, entre a letra e o desejo. Aí está o que é exposto por Lacan, como já indica o título do artigo, composto por uma retomada do de Delay, a que Lacan acrescenta: "ou a letra e o desejo".

O de que se trata de dar conta só é enunciado ao fim do artigo, mas não deixa de focalizar as observações anteriores, ou seja: "... este intercâmbio fatídico por onde a letra vem tomar o lugar mesmo de onde o desejo se retirou"[21]. Ora, este intercâmbio que dá estatuto de fetiche à letra gideana

---

[17] Delay. **id.**, vol. 1, p. 358, bem como p. 297 (a tia), vol. 2, p. 381 (a suíça) e p. 223 (a andaluza).

[18] Delay, vol. 1, p. 357.

[19] Delay, vol, 1, p. 200.

[20] Delay, vol. 1, p. 525.

[21] **Écrits**, p. 762.

define o empreendimento, tanto mais necessariamente quanto ele mesmo se origina da modalidade do necessário. Por se escrever, a fetichização da letra não cessa.

Em que se baseia Lacan para legitimar o necessário, em Gide, desta substituição do desejo pela letra? Responder a isso vai, ao mesmo tempo, tornar manifesta a maneira de ler operada por Lacan — aquela mesma já observada com a leitura do **pequeno Hans**.

Lacan lê Gide com o esquema L. Mas, o que quer dizer aqui "com"? É isso que se pode explicitar. Vamos ver, em primeiro lugar, este esquema:

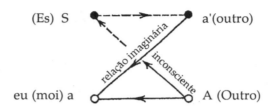

Ele próprio responde, cifrando-a, a uma necessidade, a do sujeito do inconsciente como sujeito estirado aos quatro cantos que são um mínimo exigível para a diferenciação dos sistemas do Eu e do Inconsciente. O esquema L escreve essa diferenciação como irredutível, e leva em conta, ao mesmo tempo, o entrecruzamento dessas duas dimensões[22]. Não vou mostrar, aqui, em quê ele é uma transliteração, num outro alfabeto, do esquema do Capítulo VII da Traumdeutung, em quê ele inscreve uma "estrutura comparável"[23] cuja reescritura seria indispensável para levar em consideração o "além do princípio do prazer". Por ora, é como escrito, de que depende uma leitura, que o considero.

Situar com o esquema L o empreendimento gideano pode parecer absolutamente inadequado, e o é, com efeito, já que a posição de exclusão de sua relação com o semelhante, de que Gide testemunha, proíbe dar consistência à linha a-a'; a dissolução vem sempre borrar, com a do outro, a imagem que não cessa de nunca constituir "Eu". Será preciso, a partir daí, admitir que um fato desta ordem impõe não levar em conta o esquema L, até mesmo invalidar este esquema? Tal não é a conseqüência tirada por Lacan, que, ao contrário, funda, neste obstáculo à transliteração, o caráter necessário, para Gide, de seu empreendimento.

Lacan nota "que se redobram, nas criações do escritor, as construções mais precoces que foram mais necessárias na criança, por ter que ocupar esses

---

[22] Sobre o esquema L, cf. Lacan: **Écrits**, p. 53, 548, 551, bem como o texto que o introduz em **O Eu na teoria de Freud e na técnica da psicanálise**, p. 131, 284, 289. Ver também, aqui mesmo: "o assinalamento da transferência", cap. IX.

[23] Cf. Lacan, **O Eu...**, p. 129 e 284.

quatro lugares tornados mais incertos pela carência que ali residia"[24]. O necessário de que se trata aqui é aquele mesmo escrito pelo esquema L (nomeado, especificamente, algumas linhas acima). Assim, ler com o esquema L significa reconhecer que o empreendimento gideano se escreve tanto mais necessariamente com o esquema L quanto há obstáculo, ali, à transliteração. Ali onde isso não satisfaz a transliteração, ali mesmo está o necessário, ou seja, aquilo que, a título de suplência, vai fazer com que isso satisfaça a ela assim mesmo. Aqui se reencontra o que já foi apontado quanto ao estatuto do sintoma, com o pequeno Hans.

Ter que ocupar os quatro lugares do esquema L não é pouca coisa. O estudo de Lacan desenvolve suas conseqüências — em outras palavras, o próprio assunto.

Em primeiro lugar, no imaginário, onde isso implica que aquilo que Lacan chama de "desdobramento"[25] (diferente, como veremos, do "redobramento" acima citado). A falha do semelhante exige um desdobramento, de que Lacan encontra a figura exemplar num estudo de Lévi-Strauss sobre as máscaras[26]. A questão do que significa "desmascarar" se via colocada, em Lévi-Strauss, a partir de um conjunto de traços estilísticos análogos, observados por antropólogos, entre produções artísticas de populações todavia bastante afastadas. Uma dessas características havia recebido o nome de "**split representation**": um desenho caduveu mostra, assim, um rosto tatuado composto por dois perfis acoplados. O traçado plano não respeita as leis do **trompe-l'oeil** que exigem as duas dimensões, mas opta por reproduzir, sobre o suporte plano, sem deformação, a decoração tal como poderia ter sido desenhada sobre o rosto, daí o efeito de perfis acoplados. Lévi-Strauss interpreta essa conservação, tal e qual, da decoração, como ligada ao fato de que ele "é o rosto", ele "o cria", "confere-lhe seu ser social". Não existe, em outras palavras, nenhuma suposição de um rosto que esteja por trás da decoração. Assim, Lévi-Strauss dá o paradigma dessa relação entre o ser e o pare-ser, com as máscaras polípticas: ele mostra que não há outro modo de desmascarar senão aquele que estas permitem e tornam manifesto, a saber, abrir a máscara, desdobrá-la pelo avesso. Desmascarar nada tem a ver com desvelar, muito pelo contrário, é exibir a máscara como tal.

Apresentar-se com a máscara aberta, tal é, no imaginário, a postura gideana. E, no que pese a Descartes, se Gide, na cena do mundo, se adianta desmascarado, deve-se convir que o enunciado deste fato só foi possível a partir da cativante aporoximação de "Paludes" e dos desenhos caduveus, aproximação inimaginável a não ser pelo fato de Lacan, lendo Gide, ter-se mantido fiel à descoberta freudiana, tal como a cifra, então, o esquema L.

Entretanto, o empreendimento gideano não é redutível ao problema da pessoa; a composição do personagem se "redobra" nele com as criações do

---

[24] Lacan, **Écrits**, p. 751.

[25] Lacan, **id.**, p. 752 e 757.

[26] Cf. Lévi-Strauss, **Anthropologie structurale**, artigo "Art", p. 269 a 299.

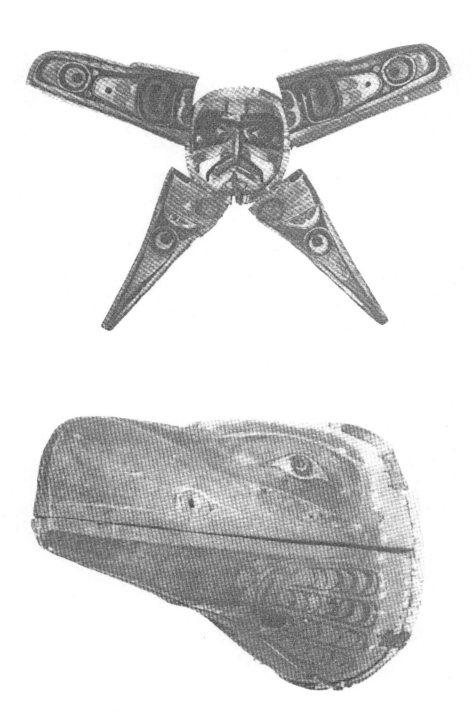

escritor. A maneira como Lacan dá conta deste redobramento vai, por um lado, confirmar o que acaba de ser dito sobre a postura gideana no imaginário, mas fazendo valer, por outro lado e ao mesmo tempo, sua contrapartida simbólica.

Se alguma coisa pudesse, para Gide, constituir exceção ao "não igual", fazer tornar a se fechar a máscara políptica, seria realmente seu amor por Madeleine, "místico oriente" de sua vida — mas que deveria dar, a esta vida, apenas uma orientação pontilhada. Conhecem-se as circunstâncias em que este amor nasceu para nunca mais se desmentir. Curar Madeleine de ter tido que reconhecer em sua própria mãe uma mulher que ataca com vitríolo, protegê-la para o futuro de qualquer intromissão da fatídica figura, tal foi o voto, fundador, deste amor.

No entanto, essa identificação, que deveria encontrar em Madeleine o eco mais propício à sua sustentação, não deixou de se revelar sem resto. A cristalização do ideal ao mesmo tempo mortífero e angélico ("Avançávamos os dois, com aquelas vestes brancas de que falava o Apocalipse...[27]), que excluía o desejo, propiciou seu reaparecimento, em contraponto, exatamente um ano depois (final de dezembro de 1882 — 1º de janeiro de 1884), quando, ao sair de uma visita a A. Shackleton, Gide viu um pássaro pousar em seu gorro, "à maneira do Espírito Santo" — sinal que ele logo interpreta de uma maneira quase delirante e, posto que é para ele de um "interesse vital"[28], lê nele sua predestinação de eleito. Teseu se afasta do apego a Ariadne ao encontrar, na certeza da obra a realizar, a força para cortar o fio. Reconhecer-se em Goethe será, a partir daí, para Gide, decisivo. O "eu não sou igual aos outros" se prolonga, então, num "eu sou eleito".

Gide dirá de mil maneiras este entrecruzamento que fará doravante a tensão de sua vida; assim, observa ele que: "... é quando se é envolvido pelo admirável que se tem mais vontade de ver alhures (é muito difícil escrever isso)"[29]. A passagem do branco do casamento ao branco da folha torna possível a ereção da obra, mas de uma obra marcada necessariamente pelo selo do deslocamento. Sem dúvida, ela repõe em jogo aquilo que se encontrava simbolicamente subtraído (levanto, aqui, o aspecto alusivo dessa "subtração simbólica" que Lacan designa na página 754 dos **Écrits**) com o amor de Madeleine: mas, se o desejo aí encontra sua lei, é ao preço de desmentir a si mesmo no que é visado pela obra, a saber, sua própria unidade. Pigmalião se consagra à sua estátua, não ignorando que esta será reconhecida como **uma** somente depois de sua própria morte.

Mas como fundar a unidade de uma obra? Gide recebe de Goethe a afirmação possível da unidade, não a de um **corpus** tornado, na sua completude, tanto mais problemático quanto intervêm os pequenos papéis, mas a de um estilo, aquele presentificado pelo ideal da beleza clássica. Da Helena que ele encarna, escreve Goethe: "**Sie ist mein einziges begehren!**" (ela é meu único

---

[27] Citado por Delay, vol. 1, p. 369.

[28] Delay, vol. 1, p. 316.

[29] Gide, **De me ipse et aliis**. Citado por C. Martin, **La maturité d'A. Gide**, Klincksieck, p. 234.

desejo); e Gide, por achá-la "esplêndida", só fará sua esta única exigência interpretando-a como exigência do um[30].

Não conheço nada mais suscetível que esta relação de Gide com sua obra de fazer ressoar o aforisma lacaniano, segundo o qual "O estilo, é o objeto".

Será possível objetar a isso evocando o nomadismo? Isto seria esquecer que "esta bela palavra: NOMOS, pastagem,"[31] evoca MONOS e, assim, o nomadismo se revela ser um monoteísmo: "Vejam: creio que eu chamo lirismo ao estado de um homem que consente em se deixar vencer por Deus"[32].

À obra monolítica, Madeleine aplicou um golpe fatal. É preciso, em primeiro lugar, admitir que ela se encontrava, com relação a Gide, numa posição em que um tal ato — que Lacan qualifica, "de uma verdadeira mulher" — podia surtir efeito. É que não se pode concluir, pelo fato de que a obra invocava, a seu respeito, um "alhures" (por incluir neste alhures a própria Madeleine), que esta clivagem satisfizesse aqueles que a ela se prestavam. Gide notou diversas vezes que toda a sua obra se inclinava em direção a Madeleine, que só existia "para arrastá-la"[33]. E basta que ele lhe confesse, em meias-palavras, sua alegria de não partir só para a Inglaterra, para que, em resposta a este dom, demasiado vidente, de sua fantasia, ela lance uma a uma, no fogo de sua feminilidde, as cartas que têm como característica serem, ao mesmo tempo, sua obra e seu amor.

Na junção do imaginário e do simbólico, neste ponto de torção que é demarcado pela escrita do esquema L, Lacan situa o que faz, irremediavelmente, furo, para Gide, com a destruição dessas cartas. A partir daí se observa o que teria implicado o fechamento da máscara, a cessação do desdobramento: daí se destaca a razão pela qual dedicar-se a manter a máscara aberta foi, para André Gide, uma necessidade. Esta necessidade se funda numa impossibilidade, da qual tira seu real: não consentir neste furo é impossível, pois que o correlato desta recusa é esta necessidade de manter aberta a máscara, manter ocupados estes lugares (a-a') que jamais valem, um em relação a outro, senão por este furo.

A letra como "redobramento de si mesmo"[34] não cessa de se revelar sempre mais incapaz de suturar este furo; ainda seria preciso, para Gide, manter no imaginário a idéia desta sutura como um semblante. O ato de Madeleine anula esse semblante e, tornando patente a incapacidade da letra, desnuda a impossibilidade da qual ela é a renegação (**Verleugnung**).

Foi preciso que Lacan se mantivesse firme nessa escrita mínima da estrutura que é o esquema L para assinalar, em Gide, "esta troca fatídica pela qual sua letra vem assumir o próprio lugar de onde o desejo se retirou"[35].

---

[30] Citado por Delay, vol. 2, p. 664.

[31] **Idem,** vol. 2, p. 596.

[32] **Idem,** p. 671.

[33] **Idem,** p. 587.

[34] J. Lacan, **Écrits, op. cit.,** p. 761.

[35] **Id.,** p. 762.

Devido ao fato de Lacan ter tido a delicadeza de evitar qualificar Gide de "fetichista" (que furor causaria, com efeito! Mas, principalmente, que fluxo de mal-entendidos!), não se percebeu que sua leitura, que prolonga o estudo de Delay, é **o mais importante trabalho de Lacan sobre o fetichismo.** Esta "troca fatídica" é constituinte do objeto fetiche, e este, por obter sua consistência devido a esta troca, aparece assim como o objeto literal que ele é. Assim se esclarece que Lacan tenha confundido a mãe de Hans com a de Gide: a esta última é que foi dito, por ocasião da escolha de um novo apartamento, a respeito da obrigação burguesa de ter uma **porte cochère** na entrada: "Deve isso a seu filho"[36].

Fora deste apoio do escrito, a clínica psicanalítica só pode virar para o pior, este pior que Gide não encontrava em Freud (ele pretendia pedir-lhe um prefácio para o seu **Corydon**), mas que ele sabia não ignorar, uma vez que, evocando o que os médicos haviam tagarelado sobre o uranismo, não deixa de assinalar, em termos perfeitamente escolhidos, "um intolerável odor de clínica".[37]

---

[36] J. Lacan, **A relação do objeto**, seminário de 15/5/1957.

[37] A. Gide, **Corydon**, Gallimard, Paris, p. 30.

TERCEIRA PARTE

Doutrina da Letra

"Aqueles que se gabam de ler letras cifradas são maiores charlatães que aqueles que se gabariam de entender uma língua que não aprenderam".

> *Voltaire*, Dictionnaire philosophique, *citado por Cullmann:* Le déchiffrement des écritures et des langues.

"Para saber o que isso significa, não procuremos o que isso significa".

> *Lacan, Seminário de 20/11/57.*

CAPÍTULO SEIS

Leitura de um Deciframento

Ler com o escrito é essa maneira de ler que dá à leitura valor de deciframento, formulando a equivalência da cifração (esta é a função do escrito posto em jogo) e do deciframento.

A criptografia distingue dois sentidos da palavra "deciframento". Sendo dado um texto cifrado, aquele que deseja lê-lo pode-se encontrar em duas posições muito diferentes com referência a esse texto: se ele conhece o procedimento da cifração e dispõe, por exemplo, da chave e dos alfabetos a que ela remete, num sistema dito "de substituição", ou ainda da figura que regrou a modificação da ordem das letras numa cifração por "transposição"; neste caso, o deciframento é em geral bastante simples de se produzir, pois o receptor sabe as convenções que serviram à cifração pelo lado do emissor. Em contrapartida, se quem quer ler é alguém que desviou a carta do destino previsto, então terá de decifrá-la num outro sentido desta palavra: deverá, freqüentemente a partir apenas do texto, observar o procedimento da cifração, e reconstruir, uma por uma, o conjunto das convenções. Alguns diferenciam esta segunda e muito mais complexa operação, chamando-a de "decriptação".

Falar em "decriptação" equivale a dar à palavra "deciframento" a significação de "decifração", no sentido em que se diz, de alguém que conhece música, que ele está decifrando uma partitura abordada pela primeira vez. Prefiro, aqui, o termo "deciframento" a "decifração". Esta escolha sublinha no significante a equivalência (que será demonstrada) entre cifração e deciframento — equivalência que seria dada pela oposição cifração/decifração, se este último termo não estivesse reservado à transcrição, por exemplo, digital, de uma partitura lida. Preferir o termo "deciframento" se justifica, principalmente, por fazê-lo sustentar os dois sentidos acima distintos (cf. parágrafo anterior): num deciframento como o dos hieróglifos, veremos, com efeito, esses dois modelos intervir alternadamente.

Uma segunda razão me faz escolher este último termo, razão que vou indicar, sem desenvolver: ela consiste na evocação da mentira inscrita por sua última sílaba (déchiffrement), em outras palavras, no caráter fundamentalmente precário da linguagem como tal. E, ao humorista que lendo o título deste capítulo me perguntasse: "Uma das cifras mente. E a outra?", eu responderia: "A outra também — mas isso não impede que haja efeitos de verdade".

Esta observação terminológica resolvida (e de uma maneira que contradiz o que se desenvolve, em certos psicanalistas franceses contemporâneos, em torno da metáfora da cripta), volto à questão que será formulada ao deciframento de Champollion e que justifica nossa atenção detida. Essa questão, muito simples, é a seguinte: **decifrar é traduzir?**

Notável é o fracasso da lingüística contemporânea para produzir uma teoria da tradução. Que o leitor abra, por exemplo, o livro de G. Mounin consagrado aos **Problemas teóricos da tradução**[1]. Pelo número de suas referências, pela qualidade de seus exemplos, pela exigência a que ele se submete de fazer um circuito completo da questão, este trabalho adquiriu o estatuto de uma referência obrigatória. Entretanto, como já indica a marca do plural inscrita em seu título, aparece, à leitura, que, no que diz respeito a uma teoria da tradução, o autor acaba entregando os pontos, chegando a situar a prática da tradução num relativismo que, felizmente, não exclui o que se poderia chamar "a sorte do acaso". Dizer, com efeito, como faz Nida, citado em sua conclusão por Mounin, que a tradução "consiste em produzir na língua de chegada o equivalente natural mais próximo da mensagem da língua de partida, em primeiro lugar quanto à significação e, em seguida, quanto ao estilo"[2] não é, certamente, um enunciado que possa ser apresentado como uma definição teórica da tradução: e é preciso que sejamos reconhecidos ao autor por ter sabido destacar, sem esconder, que "a lingüística contemporânea consegue definir a tradução como uma operação relativa em seu sucesso, variável nos níveis da comunicação que atinge"[3].

Diria que esta conclusão é fundada, e, à constatação que ela honestamente estabelece, acrescentaria simplesmente: e com razão! É que a prática do tradutor ultrapassa, de fato, o que este deseja produzir, a saber, uma tradução, e chamar "tradução" ao mesmo tempo a tradução propriamente dita (ou seja, a primazia dada ao sentido nessa operação complexa) e aquilo que a ultrapassa, mas que no entanto a funda, equivale a criar um objeto composto, no qual nem mesmo uma mãe coruja reconheceria seus filhos.

O que significa, por exemplo, que seja uma boa tradução aquela proposta por Lacan para o **Unbewusste** freudiano, tornado, em francês, **"l'une-bévue"**? Este caso é tanto mais interessante de se estudar na medida em que se encontram fatos da mesma ordem, por exemplo, nas análises em francês de pessoas que passaram os primeiros anos de vida mergulhadas num meio onde se falava uma outra língua, sejam franceses que residiram no estrangeiro, sejam estrangeiros de origem.

"L'une-bévue" passa o Unbewusste de duas maneiras. Esta tradução

---

[1] G. Mounin, **Les problèmes théoriques de la traduction,** Ed. Gallimard, 1963.

[2] Op. cit., p. 278.

[3] Op. cit., p. 278.

propõe, por um lado, um equivalente semântico para o termo traduzido. Certamente, essa equivalência vale ser discutida, e poderíamos achar preferível, sob este ponto de vista, o termo "inconsciente". Mas, entre a posição de alguém que achasse demasiado obsessiva a tradução por "**l'une-bévue**" e a de alguém que a escolhesse por objetar, no termo "inconsciente", ao malogro que ele favorece, acentuando o **Unbewusste** como negação do consciente, como decidir? Nada mais restaria senão apelar para o conjunto da obra de Freud, mas, deslocando-se a discussão de um ponto para outro desta obra, arriscamonos à perda de um longo tempo até que intervenha um acordo entre os interlocutores, supondo-se ainda que, durante o percurso, estes não se tenham esquecido do que estava na origem de seus debates! O cômico da coisa não contradiz, antes sublinha sua seriedade. Sua razão se deve ao fato de que, segundo a fórmula lacaniana, "o sentido foge" (rola como o barril) e o "um-sentido', que se considera regrar a escolha do tradutor, é por natureza instável; ele levanta, a partir do momento em que se acredita captá-lo, a questão de seu sentido, revelando assim que desde sempre o sentido do sentido (**meaning of meaning**) habita o "um-sentido".

Assim, verifica-se necessária, para pôr fim à eternização do debate, a intervenção de uma outra dimensão (**dit-mension**). Esta é evidente no exemplo considerado. **L'une-bévue** passa o **Umbewusste** não apenas quanto ao sentido, mas também como significante; a passagem de uma a outra língua mantém, com a homofonia entre os dois termos, a literalidade do primeiro. Aqui mesmo já demos o nome de transliteração a essa transferência da letra. Pode-se retorquir, fazendo valer o caráter incompleto da homofonia? Eu não veria nisso qualquer inconveniente, antes a ocasião de indicar sua diferença da assonância, que é aquilo que regula a transcrição. Esse afastamento, essa disjunção entre a homofonia e a assonância, é um fato de linguagem tão fundamental que chegou mesmo a receber um nome, dado por alguém que fez da linguagem a sua paixão, a saber, Bobby Lapointe, que designou "**le lape-près**". O **lape-près** é esse resto que marca que a visada da assonância esbarra na impossibilidade da transcrição. O presidente Schreber testemunha, como veremos (cf. cap. VIII), que a homofonia lhe é suficiente para desativar o caráter envenenador do que lhe papagueiam os pássaros falantes.

Assim, **l'une-bévue** ao mesmo tempo traduz (sentido) e translitera (letra) o **Unbewusste** freudiano. E o inconsciente surge agora com o nome de **l'une-bévue** ontologizado.

Nada impede, com certeza, de chamar "tradução"a essas duas operações: entretanto, ganha-se em precisão quando se as distingue. O fato de não se ter, até agora, observado essa transliteração é algo de que devo dar conta. Sua razão se deve a que os dois alfabetos postos em jogo — no caso, o alemão e o francês —, se diferem notavelmente, originam-se no entanto de uma mesma família, aquela que agrupa as escritas ditas "fonéticas", e que, assim, essa familiaridade faz crer que se trata simplesmente de uma tradução, auxiliada por um feliz concurso de circunstâncias. Entretanto, basta que o tradutor lide com um primo mais afastado dessa mesma família, como a escrita árabe, para reconhecer como tal a operação da transliteração. Como transliterar os nomes próprios ocidentais que vêm, por um tempo, mostrar-se à luz da atualidade? A coisa interessa um número suficiente de pessoas para ser objeto de comunicações em congressos, para que se tente responder à necessidade cada vez mais nítida de um sistema de transliteração dos elementos diversamente modulados do alfabeto latino em escrita árabe. Logo, não é porque a transliteração atua plenamente ali onde se tem dois modos diferentes de escrita (como era o caso da cifração do sonho exposto no capítulo III) que se deve negligenciar de diferenciá-la da tradução, ali onde ela intervém de uma maneira menos facilmente observável.

A transliteração, que escreve o escrito, é uma cifração. E o fracasso da elaboração de uma teoria da tradução será menos surpreendente se observarmos que essas tentativas de negligenciar a dimensão (**dit-mension**) da cifra criaram seus próprios impasses centrando-se exclusivamente naquela do sentido.

Decifrar é traduzir? Essa pergunta, por menos que se tente pôr fim a tal negligência, transforma-se nessa outra: como se articulam, no deciframento, tradução e transliteração?

A obra de Freud dá margem a essa pergunta pela flutuação no uso que faz do termo "Übersetzung". Se, com efeito, Freud parece às vezes identificar a interpretação do sonho com uma tradução, outras vezes ele explicita que não se trata de uma transferência de sentido de uma língua para outra. Corrigindo a si mesmo, ele escreve, por exemplo: "Parece-nos mais justo comparar o sonho a um sistema de escrita que a uma língua. De fato, **a interpretação de um sonho é análoga, do começo ao fim, ao deciframento de uma escrita figurativa da Antigüidade, como os hieróglifos egípcios**"[4].

Temos o testemunho, tanto em sua obra quanto em suas leituras, de que Freud tinha um sério conhecimento dos hieróglifos egípcios; podemos, pois, estar certos de que, ao evocar aqui a operação de seu deciframento, ele não o fazia sem saber o que estava dizendo. No entanto, se Freud deixa coabitar pacificamente os dois termos, "deciframento" e "tradução", Lacan, que introduz na doutrina psicanalítica o ternário real/simbólico/imaginário, suspende essa flutuação, dissociando-os: "O inconsciente não traduz, mas cifra"[5]. Essa fórmula, corolário daquela citada com mais freqüência ("O inconsciente está estruturado como uma linguagem"), talvez seja mais esclarecedora do que se pensa. Vou desenvolver este ponto no próximo capítulo. Por ora, a distinção lacaniana entre cifra e sentido será um apoio suficiente para apresentar, num deciframento, o jogo da tradução e da transliteração.

Como essas duas operações intervêm no deciframento dos hieróglifos? Tal é a questão com que passo a interrogar o texto de Champollion.

---

[4] Freud, G.W. 11/111, p. 104. Consulte-se, sobre o ponto em discussão, P. Vernus, "**Écriture du rêve et écriture hiéroglyphique**", in Littoral 7/8.

[5] Lacan, introdução à edição alemã do primeiro volume dos **Écrits**, in **Scilicet** 5, p. 11 a 17: "... o inconsciente ...: um saber que só se trata de decifrar, já que consiste numa cifração".

Champollion era um homem de seu tempo. Isso quer dizer que partilhava, com Silvestre de Sacy, que fora seu professor, com Quatremère e outros, toda uma série de opiniões sobre aquilo em que a escrita hieroglífica deveria consistir. Essas opiniões, organizadas numa verdadeira teoria da escrita, resultavam de uma série de elucubrações causadas pelos hieróglifos. Os nomes de Kircher e Warburton distinguiam-se, particularmente, nessa linhagem. Kircher afirmava saber ler os hieróglifos; propunha, por exemplo, para o nome de um faraó que hoje se translitera "**Apries**" a seguinte leitura: "**Os benefícios do divino Osíris devem ser buscados por meio de cerimônias sagradas e da cadeia dos gênios, a fim de se obterem as bênçãos do céu**". Estaríamos errados em zombar dessa tradução desvairada. Isso seria desconhecer o **possível** desse estilo de leitura, e não ver logo que a psicanálise contemporânea está longe de ser isenta deste tipo de facilitação. Não creio injustificado qualificar de "kircheriana" esta clínica, já que a psicanálise se dirige, assim, à Igreja, com um piscar de olhos de terna cumplicidade.

De Silvestre de Sacy, Champollion recebe o conceito de uma "língua hieroglífica". Este conceito não pode mais se superpor à noção kircheriana da escrita hieroglífica como anotação direta da intuição, como escrita eminentemente superior, já que escapada da maldição de Babel. Esta última abordagem dos hieróglifos — que encontramos também em Leibniz com a idéia de uma **língua característica** — lhe confere estatuto de exceção. O conceito de uma língua hieroglífica, em contrapartida, aproxima a escrita egípcia da chinesa, situando uma e outra como representando um suposto estágio "ideográfico" da escrita. Este estágio seria caracterizado pelo fato de que os termos escritos não teriam flexões (sendo independentes e invariáveis). Mas falar de "estágio" exige um plural. Trata-se, com efeito, de uma teoria evolucionista — ou, se preferirem, progressista — da escrita, que distingue três tipos desta, ou, mais precisamente, que diferencia três relações da escrita com a língua. As línguas "bárbaras", por serem sem escrita, são ditas submetidas a uma contínua mudança; as línguas hieroglíficas (egípcia e chinesa) têm seu vocabulário estabilizado pela ideografia, mas, dado o que foi dito acima quanto à natureza dessa ideografia, essas línguas hieroglíficas não têm uma gramática, o que as impede de sedimentar por escrito as nuances do pensamento; apenas as línguas escritas foneticamente (esta é a terceira espécie de língua e segunda de escrita), como o grego ou o latim, combinam a estabilidade do escrito à leveza da fala.

Esta classificação se apóia, pois, no preconceito que vê no escrito um instrumento de fixação da fala. Não existe um só texto sobre a escrita que não retome este **leitmotiv**. A evidência, aqui, é tão pregnante que leva a desconhecer o que, na experiência, desmente duplamente o adágio: as palavras permanecem e provam ser operantes muito para além da morte de quem as proferiu, e os escritos passam, de uma maneira tão sensível que é necessário estabelecer uma organização complexa para assegurar sua conservação, desde a estocagem de microfilmes em locais com ar condicionado até a simples carta que, se tiver alguma importância, deve ser registrada. Quanto trabalho não se tem para evitar que o escrito vá parar no lixo!

115

A inserção dos hieróglifos egípcios no conceito de uma "língua hieroglífica" tinha por conseqüência considerar irrealizável o seu deciframento. Silvestre de Sacy, em sua "Carta ao cidadão Chaptal" de 1802, enunciou claramente a razão para isso: **"Os caracteres hieroglíficos, sendo representativos de idéias, e não de sons, não pertencem ao domínio de nenhuma língua particular"**. Conseqüência: tendo tido em mãos a pedra de Roseta, ele vai negligenciar o texto "hieroglífico" para centrar sua tentativa de deciframento no texto demótico, considerado menos "hieroglífico" porque menos figurativo. Mas, como um erro facilmente chama outro, mesmo quando ele observa, com razão, que este último texto comporta manifestamente mais signos que as 25 letras que haviam sido mencionadas por Plutarco, logo reduz a importância do que descobre, recusando-se a deduzir daí que o demótico não deveria ser uma escrita inteiramente alfabética, para optar pela suposição de que as letras deveriam modificar suas formas conforme o lugar ocupado nas palavras. Vemos, nesse caso, uma ilustração exemplar da maneira como uma teoria pode tornar inoperante a leitura.

Sobre o motivo desse fracasso, Madeleine David, em seu estudo **"Le débat sur les écritures et l'hiéroglyphe au XVIIe. et XVIIIe. siècles"**, traz um esclarecimento capital. Este livro foi escrito para responder à questão de saber por que foram necessários dois séculos — não menos — para que se decidisse aplicar a noção de deciframento às escritas ditas "mortas", e em especial à hieroglífica. A questão assume relevo na medida em que, ao mesmo tempo, quase ninguém suspeitava do fato de que se tratava, aí, realmente, de uma verdadeira escrita. M. David designa, pela expressão perfeitamente apropriada de "preconceito hieroglífico", o fato de que não se podia imaginar, e portanto admitir, que os signos — até mesmo um conjunto de signos — que se apresentam como figurativos pudessem ter uma função escritural, pudessem, tanto quanto as letras, notar uma língua. **Lá onde isso se escreve, isso não é figurativo, lá onde isso é figurativo, isso não se escreve.** Ou ainda, o que dá no mesmo, isso escreve a própria essência das coisas (Kircher) ou as idéias enquanto separadas de todo suporte na linguagem (Sacy).

A **Bilderschrift** freudiana, como também o rébus de transferência dos historiadores da escrita (apresentado no capítulo III), tomam aos olhos desta alternativa o valor de fatos polêmicos, tornando insustentável, doravante, o caráter exclusivo desse "ou". Chamo de "alfabesteira" o preconceito hieroglifista, pois ele é um efeito do alfabeto; efeito a mais, e mesmo demais: entre os alfabetizados, a escrita só se imagina como transcrição. "Onde o homem percebe um bocadinho de ordem, logo supõe muito mais"[6].

Teremos ocasião de notar a que ponto o deciframento dos hieróglifos se operou no sentido inverso dessa alfabesteira de que Champollion, não mais que os outros, tampouco estava isento.

Como o falso engendra tanto o falso quanto o verdadeiro, não vamos nos

---

[6] Fórmula de Bacon citada por Lichtenberg e retomada aqui mesmo como exergo.

surpreender com o fato de que tenha sido da aproximação errônea das escritas chinesa e egípcia que surgiu a primeira falha nessa teoria progressista da escrita. As gramáticas chinesas datam, na Europa, do século XVIII. Em 1811, Abel Remusat publica novas informações sobre o fonetismo na escrita chinesa, mais precisamente, sobre a maneira de nela se notarem os nomes próprios estrangeiros. Para escrever, por exemplo a palavra KHAN, que, em mongólico, quer dizer "imperador", mas que tem valor de nome próprio, já que faz parte dos títulos e portanto não deve ser traduzido, os chineses justapõem o caráter que se diz KO e o que diz HEN: esses caracteres, portanto, são tomados, neste caso, por seu valor fonético: são escolhidos especialmente como os mais suscetíveis de dar, homofonicamente, KHAN; e Remusat nota, nesse sentido, que os chineses usam uma marca especial para designar este uso fonológico dos ideogramas.

Quando Silvestre de Sacy tomou conhecimento dessa marca, veio-lhe à mente, em conformidade com a aproximação que ele considerava pertinente entre o chinês e o egípcio, uma hipótese: **"Suponho que na inscrição hieroglífica de Roseta empregou-se com o mesmo fim o traçado que cerca uma série de hieróglifos."**

Essa suposição, propriamente falando, era inexata: esse traço — chamado "cartucho" — não é a marca de um funcionamento anormal da escrita hieroglífica, tornado necessário para a notação dos nomes próprios estrangeiros. Estrangeiro, aqui, quer dizer grego, pois supõe-se que esses nomes próprios, como indicaria o texto grego, devam ser os dos sucessores de Alexandre, que tomaram o lugar dos faraós, adotando seus atributos. Ora, como os conquistadores traziam com eles uma escrita alfabética, podia-se suspeitar que a escrita hieroglífica de seus nomes, se fosse aqui alfabética, era feita por escribas que, tendo tomado conhecimento do alfabeto grego, teriam inventado para a ocasião um alfabeto hieroglífico sem outra relação, senão a de exceção, com o funcionamento não-fonético que se pensava ser o dos hieróglifos. Se tal fosse o caso, teria sido possível, eventualmente, decifrar esses nomes próprios estrangeiros sem, no entanto, avançar mais no deciframento dos hieróglifos propriamente ditos. Veremos que foi por ter franqueado esse limiar histórico da conquista grega, por ter podido, em outras palavras, ler o nome de um faraó que ele sabia ter vivido muito antes dessa conquista, que Champollion considerou seu deciframento como adquirido. No entanto, a contrapartida dessa hipótese, segundo a qual os egípcios teriam recebido o alfabeto dos gregos, era que ela autorizava uma tentativa de deciframento desses nomes próprios, pois garantia que tal deciframento não punha em jogo a classificação das escritas que era evidente para todos.

O cartucho hieroglífico do universo, ou seja, "daquilo que o sol circunda", intervém na escrita como determinativo do circuito, mas também, e principalmente, para marcar algo sobre o que não podemos nos precipitar em dizer que se trate do nome próprio do faraó. Os egípcios designavam pelo termo "grande nome", não o, mas **os** cinco nomes do faraó, que constituíam seus títulos. O primeiro deles se dizia, por exemplo, "nome de Hórus", e

escrevia-se sobre um hieróglifo figurando os portões do palácio real[7]: ⊞ .
O cartucho tem, nos títulos, uma função equivalente: ele cerca os dois últimos
destes nomes do faraó, ou seja, seu nome de "**Senhor do duplo país**" e seu nome
de "**Filho de Rá e senhor das coroas**". Esses dois últimos nomes são os únicos
gravados quando não se relatam todos os títulos em seu conjunto.

O cartucho se verifica, assim, entre os antigos egípcios, uma das marcas
daquilo que M. Duras explicitou, fazendo valer, em sua obra, o sintagma "seu
nome de". Não vou tratar, por ora, do tipo de inversão que é causado por essa
explicação na maneira como, em geral, se concebe o nome próprio, limitando-
me a sublinhar que, no cartucho, é mesmo uma marca de "seu nome de" que
está em jogo.

Logo, esta marca difere do que supunha Sacy. Entretanto, ligando o
cartucho a um emprego "fonético" do hieróglifo, essa indicação, ainda que
falsa, vai no ponto preciso: existe, realmente, a homofonia em que se apóia a
escrita hieroglífica, uma homofonia operante em toda a parte (o que Sacy não
imaginava) e, portanto, também na escrita dos nomes próprios (o que ele
tampouco imaginava, a não ser no que diz respeito aos nomes próprios
estrangeiros). Sacy dá ao cartucho o valor de um signo marcando uma
mudança excepcional do regime da escrita hieroglífica. Mesmo assim, esse
erro de tradução designa com exatidão que existe nome próprio ali — para não
dizer "nomes próprios", ali mesmo onde, efetivamente, é o caso. A tradução,
em outras palavras, localiza os significantes do nome próprio, ou seja, aquilo
que, justamente, ela não traduz. E é a partir dessa localização que Champollion
poderá iniciar seu deciframento, apoiando-se nesses significantes para constituir aquilo a que vai chamar o seu "alfabeto", para estabelecer, em outras
palavras, como veremos, a transliteração dos elementos alfabéticos hieroglíficos
em alfabeto grego, apoiando-se nessa homofonia que vem sempre em primeiro
plano quando se trata de significantes do nome próprio.

O nome próprio não se traduz. Quando é preciso fazer passar um nome
próprio de uma língua para outra, adotando-se (não há outra escolha) as
convenções de escrita ligadas a esta última, tenta-se manter nessa passagem o
que Frege chamou "a cor do nome próprio" (cf. Frege, **Écrits logiques et
philosophiques**, Paris, Seuil, 1971, p. 107. Este ponto será desenvolvido aqui
mesmo, no capítulo VIII); visa-se a assonância para fazê-lo passar, afinal, pela
homofonia. A frase "o nome próprio não se traduz" deve, pois, ser lida como
essas frases que se dirigem usualmente às crianças, do tipo "não se fala de boca
cheia"; ela não implica que o nome próprio seja intraduzível ("Smith" quer
dizer "ferreiro", e "Sebek-Hopte", nome de "filho de Rá" de um faraó, pode-se
ler "Sobk está contente"), e sim que não se deve traduzi-los (não vamos traduzir
o "Mr. Smith" por "Senhor Ferreiro", nem "Kierkegaard" por "Cemitério").

O fato de poder fazer sentido não é o que importa no nome próprio.
Considerar o nome próprio como nome próprio consiste na própria recusa,
nesse tratamento específico que só o mantém como nome próprio ao preço de

---

[7] Hieróglifo n° 3651 (cf. Lefreve, p. 408), outrora chamado "nom de bannière".

interessar-se apenas por sua cor. Temos a prova de que o nome próprio foi assim considerado desde os tempos mais primitivos no fato de que os deciframentos das escritas ditas "mortas", na sua grande maioria, encontraram no nome próprio um apoio que se verificou decisivo. Nesse sentido, o deciframento dos hieróglifos nada tem de excepcional.

Logo, não vamos nos surpreender ao ver o começo da operação de Champollion centrar-se no jogo da letra na escrita do significante do nome próprio, **sem nenhuma consideração pelo que seria o sentido desses nomes.** Vai-se tratar apenas de uma espécie de jogo de batalha naval, jogo fora do sentido, onde as determinações dos valores das letras serão dadas **pela relação das letras com os lugares,** onde Champollion poderá dizer "**touché**" quando a letra for por ele observada no próprio lugar onde a esperava.

O texto hieroglífico da pedra de Roseta estava truncado: ali aparecia apenas, inscrito num cartucho, um só nome que se supunha fosse o de Ptolomeu. Essa conjetura se apoiava no fato de que o texto demótico, que ninguém sabia ler, comportava um grupo de caracteres que aparecia em número de ocorrências igual ao número de inscrições do nome de Ptolomeu no texto grego. Um cartucho, somente, não permitia proceder a recortes, e essas conjeturas permaneciam sem conseqüências, pois não eram confirmadas sob um ponto de vista estritamente textual.

Champollion teve a idéia de aproximar esse cartucho daqueles gravados no obelisco de Philae, descoberto em 1815. Este obelisco apresenta como particularidade associar ao texto hieroglífico, de cada um dos seus lados, um texto grego gravado sobre seu pedestal, onde se podia ler uma demanda que os sacerdotes de Philae dirigiam a Ptolomeu e sua mulher Cleópatra. Ora, um dos cartuchos do obelisco é idêntico ao da pedra de Roseta. Havia, pois, boas chances de que aquela fosse a escrita hieroglífica do nome de Ptolomeu.

Esse gênero de confirmação, por interessante que seja, não é decisivo. Poder-se-ia, assim, ter passado de confirmação em confirmação, tornando cada vez mais verossímeis as primeiras conjeturas, localizar com precisão quais os nomes próprios escritos e em que lugares, designá-los com exatidão, sem que se possa dizer, no entanto, que esses nomes próprios hieroglíficos sejam verdadeiramente lidos. Aqui, verifica-se que decifrar não é redutível a um aumento da verossimilhança, mesmo que estejam corretas essas identificações de um kircherismo temperado. Decifrar implica pôr em jogo uma outra dimensão, a intervenção do que Lacan chama de "saber textual", que por si só dá à leitura sua certeza, fazendo-a de pato do escrito.

Confirmando a conjetura para Ptolomeu, o obelisco de Philae designava, ainda, o outro cartucho como suscetível de conter a inscrição do nome de "Cleópatra". Dois significantes: era o bastante para que saltassem além da verossimilhança, introduzindo um outro tipo de conjetura, com consistência de saber textual. Eis esses dois significantes, tais como se apresentavam aos olhos de Champollion:

Para facilitar o relato do deciframento, chamo A o cartucho que se encontra na pedra de Roseta e no Obelisco de Philae, e B aquele considerado como suscetível de escrever o nome de Cleópatra; vou escrevê-los agora, alinhando-os segundo uma dupla convenção:

1) — Partir da esquerda para a direita.
2) — Quando dois signos superpostos se apresentam, notar inicialmente o que está em cima.

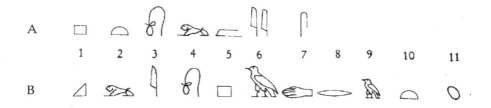

Apesar da dificuldade inerente ao fato de escrever um modo de emprego — magistralmente sublinhada por Robert M. Pirsig[8] — tentarei explicitar agora a regra adotada por Champollion. Ela será formulada assim: **"O valor alfabético de uma letra hieroglífica sendo dado pelo lugar que ela ocupa na ordenação dos cartuchos acima apresentados, este valor será considerado como adquirido — isto é, como equivalente homofonicamente a uma letra do alfabeto grego — se, depois de haver suposto que esta mesma letra deve ser encontrada, com o mesmo valor, num outro lugar (em outro cartucho, ou, igualmente, num outro lugar do mesmo cartucho), ela se encontra aí, efetivamente.**

Vamos seguir passo a passo a operação dessa regra no percurso de Champollion.

1. Se o cartucho A escreve o nome próprio de Ptolomeu, A1 deve escrever a letra Π. Ora, este Π deve ser encontrado igualmente no nome Κλεοπατρα, precisamente no quinto lugar. ☐ ali se encontra, efetivamente. Champollion considera, pois, como estabelecida a equivalência: ☐ ≅ π.

---

[8] Robert M. Pirsig, **Traité du Zen et de l'entretien des motocyclettes**, Ed. Seuil, 1978.

2. Da mesma maneira, A4 = B2 dá para ⟨glifo⟩ o valor A.

3. A3 = B4 permite acrescentar uma terceira correspondência na grade de transliteração assim, aos poucos, estabelecida: ⟨glifo⟩ equivale a 0.[9]

4. A2 = B10 dá para ⟨glifo⟩ o valor T.

5. Esta mesma letra deveria ser reencontrada em B7. Ora, no lugar de ⟨glifo⟩ existe ⟨glifo⟩. Champollion observa que em outras ocorrências do nome de Κλεοπατρα, não se tem mesmo ⟨glifo⟩, mas sim ⟨glifo⟩ : **logo, ele supera essa dificuldade** notando em seu alfabeto que ⟨glifo⟩ escreve, tanto quanto ⟨glifo⟩ , a letra T.

6. A última letra de Πτολμηζ sendo um sigma, Champollion inscreve: $\zeta \cong \pi$

7. No nome de Κλεοπατρα a letra A é encontrada duas vezes, em dois lugares que correspondem aos lugares onde se repetiu o hieróglifo do abutre; daí a equivalência: ⟨glifo⟩. = A.

8. Em B3, o signo ⟨glifo⟩ deve corresponder à vogal E. Este mesmo signo está presente, mas de maneira redobrada, em A6. Isso conduz Champollion a desconfiar de que seu redobramento em A6 escreveria algo que estaria próximo do ditongo AI (de ΑΙΟΣ), que ele escreve, em seguida, H.

9. A leitura dos dois nomes próprios parecendo agora assegurada, pode-se permitir completar, aguardando confirmações ulteriores: A5, ou seja, ⟨glifo⟩, deve equivaler a M; B1, ou seja, ⟨glifo⟩ $\cong$ K; e B8, ou seja, ⟨glifo⟩ $\cong$ P.

10. Resta a questão levantada por B10 e B11. Champollion recorre aqui àquele que se quis seu rival no deciframento, a saber, Young, que emitira a idéia de que se tratava, nesses dois signos, de uma desinência feminina que aparecia sempre nos nomes das deusas.

Esta série de identificações pode ser apresentada num quadro onde está enquadrada, para cada novo passo no deciframento, a letra correspondente à numeração acima.

---

[9] Sabe-se hoje que o ⟨glifo⟩ corresponde ao bilítero ω; pronuncia-se como correspondente a um "h" aspirado e ao som de "u". ⟨glifo⟩ é o ideograma nº 3482.

	1	2	3	4	5	6	7	8	9	10
1 A	Π̣									
1 B	Π̣				Π̣					
2 A	Π		Λ̣							
2 B		Λ̣			Π					
3 A	Π		Θ̣	Δ						
3 B		Λ		Θ̣	Π					
4 A	Π	Τ̣	Ο	Λ						
4 B		Λ		Ο	Π			Τ̣		
5 A	Π	Τ	Ο	Λ						
5 B		Λ		Ο	Π	Τ̣	Τ			
6 A	Π	Τ	Ο	Λ		Σ̣				
6 B		Λ		Ο	Π	Τ	(Τ)			
7 A	Π	Τ	Ο	Λ		Σ				
7 B		Λ		Ο	Π	Α̣	Τ	Α(Τ)		
8 A	Π	Τ	Ο	Λ		Η̣	Σ			
8 B		Λ	Ε	Ο	Π	Α	Τ	Α(Τ)		
9 A	Π	Τ	Ο	Λ	Μ̣	Η	Σ			
9 B	Κ̣	Λ	Ε	Ο	Π	Α	Τ	Ρ	Α(Τ)	
10 A	Π	Τ	Ο	Λ	Μ	Η	Σ			
10 B	Κ	Λ	Ε	Ο	Π	Α	Τ	Ρ	Α(ΤΟ)	

Este tempo do deciframento dispensa qualquer apoio tomado no sentido. Verifica-se, assim, que depois de se ter apoiado na tradução (já se observou o seu caráter particularmente errôneo) do determinativo do cartucho, o deciframento dos hieróglifos consistiu unicamente no estabelecimento do sistema da transliteração da escrita hieroglífica em escrita grega, aquilo que Champollion chama de seu "alfabeto", constituído pelo conjunto de correspondências homofonicamente inferidas, a partir dos nomes próprios, das letras hieroglíficas e das letras do alfabeto grego.

A seqüência do deciframento vai alimentar com novas correspondências a transliteração cujo estabelecimento, até hoje, está apenas iniciado. Com as leituras de "Ptolomeu" e "Cleópatra", que produziram um começo de alfabeto, Champollion vai empreender a leitura de outros cartuchos, confirmando assim as primeiras correspondências e acrescentando novas. Tal é o passo que o deciframento de Young nunca foi capaz de franquear; será importante observar com precisão o motivo deste fracasso de Young.

Champollion apela então para um cartucho de Karnak, cuja equivalência na escrita demótica foi lida por Akerblad e apresentada por ele como suscetível de escrever o nome de Alexandre. Aí está esse cartucho:

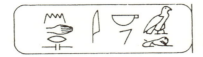

Pode-se escrever, respeitando seus lugares, os equivalentes no alfabeto grego das letras hieroglíficas já conhecidas. Obtém-se o seguinte:

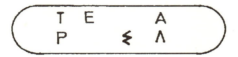

Logo, é muito verossímil que este cartucho escreva o nome de ΑΛΚΣΑΝΤΡΣ. Este passo confirma, pois, a conjetura de Akerblad, ao mesmo tempo que o primeiro "alfabeto". Ele permite completá-lo com três novas letras:

$$\smile \;\cong\; K$$

$$\text{/\!\!\backslash\!\!/\!\!\backslash} \;\cong\; N$$

$$\dashv\vdash \;\cong\; \Sigma$$

Champollion multiplica esse tipo de procedimento: Berenice, Vespasiano, Arsino, Apolônio, Antióquio, Antígono, etc..., vão-lhe fornecer, para terminar, 40 sinais hieroglíficos correspondentes a 17 letras gregas.

Já que ninguém achou por bem reeditar os textos de Champollion, mesmo ali onde se apregoa um interesse pela escrita, dou aqui mesmo "o alfabeto" da **Carta a M. Dacier.** (ver página seguinte)

Vamos constatar que ele se apresenta, não como um "alfabeto", mas como uma série de correspondências, homofonicamente fundadas, entre dois alfabetos, o hieroglífico e o grego. Este quadro nada mais é que uma grade para a transliteração. O fato de que alguns desses dados tenham sido aprimorados mais tarde, até mesmo corrigidos, que as modernas transliterações, em outras palavras, se apóiem numa grade que difere parcialmente desta, não altera em

123

Reprodução fotográfica — com redução — da prancha IV da Carta a M. Dacier nada seu estatuto de princípio: não se trata nem de tradução, nem de transcrição, mas, como demonstra a própria existência deste quadro, de transliteração. Tal é a razão essencial para o fato de que o deciframento dos hieróglifos egípcios não seja devido a um mandarim!

Entretanto (tal é a força do preconceito hieroglífico), chegado a este ponto, Champollion não acredita mais haver decifrado os hieróglifos; pensa ter simplesmente lido nomes próprios estrangeiros, todos posteriores, com efeito, à invasão grega. Nada em seu trabalho, até ali, vem contradizer a aproximação entre as escritas chinesa e hieroglífica, que era um dos pilares da teoria da escrita então em voga. Champollion, pois, chama de "hieróglifos fonéticos" este uso excepcionalmente fonético dos hieróglifos para a escrita desses nomes próprios estrangeiros, e admite não haver em nada deslindado o problema propriamente dito, ou seja, aquilo que ele designa por um termo que, justamente, assinala o preconceito: os "hieróglifos puros".

Logo, o que provou ser decisivo para a suspensão desse preconceito, que provocou Champollion a publicar, apressadamente, sua **Carta a M. Dacier**? Em vista da apresentação que acaba de ser feita, o leitor pode ter alguma pista: trata-se da certeza, adquirida por ele, de que sabia ler **igualmente** os nomes dos faraós cujo reino se situava, historicamente, como muito anterior à conquista de Alexandre.

A coisa se passou em poucos minutos, em 14 de setembro de 1822, quando Champollion teve em mãos cópias dos baixos-relevos do templo de Abu-Simbel. Um dos cartuchos se apresentava assim:

Neste cartucho, os dois sinais de tecido dobrado já são observados como notando a letra Σ (última letra de Πτολμες); separado do que seria, pois, um duplo sigma, por um sinal problemático — 𝍏 —, pode-se ver o pictograma do sol que, em língua copta, se diz RE; teríamos, portanto, no que concerne à parte direita desse cartucho, "PE,?, ΣΣ". Daí a hipótese, dado que se sabe que o templo de Abu-Simbel foi construído por Ramsés, de que se trataria aí da escrita deste nome. Champollion encontra uma confirmação disso alguns minutos mais tarde, com um outro cartucho que se apresentava assim:

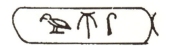

Nesse último cartucho, o íbis deveria figurar pictograficamente o deus Toth e, portanto, escrever, possivelmente, pelo procedimento já situado aqui do rébus de transferência, o significante TOT. Ora, a partir da cronologia estabelecida por Manetho, conhece-se o nome de um faraó na décima oitava dinastia: Tutmés. Teríamos, pois, para este terceiro cartucho, a série: "TOT, ?, Σ"; da conjunção dessas duas conjeturas referentes a esses dois cartuchos, surge alguma coisa que vai imediatamente confirmar ambas, ou seja, o fato de que

é o mesmo hieróglifo 𓇋𓇋 **que escreve o "MO" de** τοτμοζ **no segundo cartucho, e no primeiro o "ME" de** ρεμεοζ. Assim ficava demonstrado que o "uso fonético" dos hieróglifos não datava da invasão grega. Champollion fica, então, em estado de excitação considerável: ao meio-dia, precipita-se para o Instituto onde trabalhava seu irmão Jacques-Joseph; abre bruscamente a porta da biblioteca, lança seus papéis sobre a mesa, proclama, de modo triunfal: "Resolvi a questão" — e cai imediatamente desmaiado. Depois de cinco dias doente, de cama, escreve sua **Carta a M. Dacier relativa ao alfabeto dos hieróglifos fonéticos,** que o destinatário lê na Academia, em 27 de setembro.

A **Carta a M. Dacier,** fato notável, omite as leituras dos nomes de Ramsés e Tutmés, não revelando, portanto, o que a causou. Champollion já tinha inimigos bastantes para lançar-se contra seus amigos, contrariando-os com o que constituía uma evidência. Resolver a questão era ter constatado, em pelo menos um caso (mas este "pelo menos um" era suficiente para subverter a idéia que se tinha do conjunto), o "uso fonético" dos hieróglifos, fora de toda suposta influência do alfabeto grego. A coisa recolocava em questão a oposição entre o "figurativo" e o "fonético", evidente para todos e, com ela, a noção de escrita hieroglífica como escrita direta das idéias. Como esta noção subsumia as escritas chinesas e egípcias, não é de admirar que uma das principais consequências do deciframento de Champollion tenha sido dissociá-las.

A dissociação é efetiva a partir de 1824, data da primeira edição do **Précis du système hiérogliphique.** Procedendo inicialmente a uma cifração dos textos hieroglíficos de que dispõe, com a ajuda da série numérica, Champollion começa o trabalho dessa dissociação. A escrita chinesa, descrita por Remusat, comporta quinhentos caracteres simples, e milhares de caracteres compostos, constituídos pela ligadura de dois ou mais caracteres simples. Champollion não reencontra semelhante proporção na escrita egípcia: ele conta, para um texto dado, 860 sinais, dos quais apenas vinte parecem ligados. A escrita hieroglífica do Egito antigo se distinguiria, pois, da chinesa, por não ser puramente ideográfica. Uma confirmação disso é dada pelo texto da pedra de Roseta, onde Champollion conta 500 palavras gregas para 1419 sinais hieroglíficos conservados: cada um destes últimos não poderia, portanto, corresponder a uma palavra. Além disso, este texto hieroglífico comporta uma proporção de 66% de sinais já transliterados a partir dos nomes próprios da **Carta a M. Dacier;** tal freqüência de aparição é inadmissível no que diz respeito à teoria que queria que, fora dos cartuchos, esses sinais tivessem valor apenas ideogramático. Por não ser mais considerada como "ideogramática", eis portanto a escrita hieroglífica separada da chinesa. Champollion escreve, pois, desde o começo do **Précis**: "O uso fonético dos hieróglifos não é subordinado, mas central; de fato, ele é a alma de todo o sistema de escrita".

Da **Carta** ao **Précis**, a generalização do fonetismo separa escrita hieroglífica e chinesa ainda em outro ponto: a tradução do signo do cartucho fica doravante liberta do modelo chinês, o cartucho pode ser lido como algo além da marca de um uso excepcionalmente fonético dos ideogramas. Ora, a correção dessa tradução primeira é importante, pois permite a extensão do deciframento, tornando possível esta extensão na medida em que outros hieróglifos poderão vir em lugar do cartucho, com essa mesma função de índice de nomes próprios que foi a do cartucho nos primeiros passos do deciframento.

Quais foram esses outros hieróglifos? Bem no começo do **Précis**, Champollion propõe uma transliteração para **Antínoo**, favorito muito celebrado do imperador Adriano. O interesse da coisa não reside na própria transliteração, mas na observação, como tal, deste nome próprio. Com efeito, vai-se tratar — um precedendo o outro segundo os hieróglifos que escrevem **Antínoo** — de dois grupos de hieróglifos que, desta vez, indicam que ali está um nome próprio. O primeiro é o nome mais usual para Osíris: (transliterado hoje como ws-ir); o segundo grupo: , apresenta como particularidade o fato de acompanhar regularmente, nos manuscritos e nas estelas funerárias, o nome próprio do morto diante do qual o nome do deus dos mortos também aparece regularmente. É de se notar que esses dois grupos de hieróglifos, neste caso, são suficientemente traduzidos sem, no entanto, terem sido decifrados. Champollion se apóia neles para localizar nos hieróglifos que eles enquadram a escrita de um nome próprio, e os lê como marcando, com relação ao morto, que se trata realmente, naquilo que circundam, de seu nome de Osíris morto.

Este tipo de tradução, que pode ser parcialmente correta e que todavia manifesta, no que se refere ao texto, uma relação bastante frouxa com este, nada tem de excepcional. Uma pequena anedota, relatada por Lacan num de seus seminários, apresenta uma tradução do mesmo tipo: um dia, quando Lacan mostrava uma carta de apresentação a um rei negro, observou que este último, que não sabia, manifestamente, ler, mas que era obrigado pela consideração de seus súditos a manter uma posição de prestância digna de sua função, segurou-a longamente em suas mãos para, em seguida, mostrar, pela boa acolhida que fez ao estrangeiro, que havia recebido perfeitamente o sentido da carta, mesmo que o texto lhe escapasse por completo.

O deciframento de **Antínoo** prova que pode haver um uso fonético dos hieróglifos sem a marca do cartucho. É o adeus ao modelo chinês. Mas isso não se dá sem que, a cada nova ocorrência a ser decifrada, aquilo que Champollion nomeia como um "signo especial" (diz-se, hoje, um determinativo) seja levado em conta para o deciframento, com essa mesma função de índice do nome próprio que foi, de fato, a do cartucho.

No capítulo V do **Précis**, Champollion decifra os nomes dos deuses que ele localiza graças a seu determinativo: 𝓰 . Propõe, em seguida, uma série de sessenta deciframentos para nomes próprios de indivíduos, igualmente marcadas por um, ou melhor, dois determinativos, um para os homens: 𝓰 outro para as mulheres: 𝓰

O fato de que o deciframento dos hieróglifos não tenha simplesmente partido deste ponto, e sim permanecido nele no que diz respeito à leitura dos nomes próprios, é algo que não deixa de surpreender qualquer um que o estude mais de perto. Isso significa, no entanto, que se possa considerar o deciframento como definitivamente adquirido, com a transliteração dos nomes próprios? Não é evidente que uma frase seja redutível a uma série de nomes próprios, e se admitirmos que o deciframento dos hieróglifos viu-se, em seu princípio e em seus resultados essenciais, limitado à possibilidade de ler as frases dos textos egípcios clássicos, resta dar conta da maneira como se pôde, a partir do estabelecimento de um sistema permitindo sua transliteração, passar da leitura dos nomes próprios à leitura das frases.

Uma primeira resposta suspende a admiração acima designada. Ela consiste na observação de que uma frase pode ser tomada como nome próprio. Erman e Ranke, em sua apresentação da onomástica egípcia, afirmam que, na maioria dos casos, os nomes próprios de indivíduos eram frases[10]; assim, uma criança seria chamada:

— em referência aos deuses: "Amon está satisfeito", "aquele trazido pela barca de Osíris";

— em referência ao faraó reinante: "Que Ptah conserve Meriré tal como em vida"; "Eu vi a sua força"; "Nefer-ke-Ré está na casa de Amon";

— ou ainda, mais prosaicamente, com referência a algum acontecimento familiar: uma criança cujo pai faleceu antes de seu nascimento será nomeada "seu pai vive"; outra, de quem se está particularmente orgulhoso: "eu o desejei", ou ainda, "seja bem-vindo"; outra ainda, cuja mãe morreu no parto: "venha substituí-la", etc...

Semelhantes frases sublinham a importância do determinativo do nome próprio, já que somente ele permite distinguir a frase posta em função de nome próprio de sua gêmea, onde se articulam estritamente os mesmos elementos.

Dando uma tradução desses nomes próprios, Erman e Ranke jogam com essa possibilidade de o nome próprio fazer sentido. Quem já não tentou esse jogo? Entretanto, o nome próprio como tal se caracteriza precisamente por deixar de lado essa possibilidade: do significante do nome próprio, conservam-se apenas os elementos literais. Daí seu estatuto, que Lacan diz de escritura, e seu valor para o deciframento. O que se passou, então, com o deciframento quanto à leitura de outra coisa além dos nomes próprios? Se o

---

[10] A. Erman, H. Ranke, **La civilisation égyptienne**, Payot, Paris, 1976, p. 215 a 220.

"fazer sentido" do nome próprio mostra uma via de passagem possível da leitura do nome próprio para a da frase, encontra-se uma outra via de ligação que, cruzando a primeira, desempenhou papel essencial na extensão do deciframento: trata-se da intervenção, para esta extensão, da língua copta.

Situar essa intervenção se impõe tanto mais quanto se poderia imaginar que, para além de um certo limite, uma vez estabelecido o sistema de transliteração do alfabeto hieroglífico para o alfabeto grego, tratar-se-ia, no deciframento, somente de uma tradução. Para demonstrar a falsidade deste ponto de vista, vou apelar para um material que já foi apresentado aqui mesmo.

Sendo a língua copta um dialeto do egípcio antigo, pode-se, certamente, questionar a legitimidade do emprego do termo "tradução" a seu propósito. Mas essa observação — demasiado geral — não deve nos dispensar do estudo de sua entrada em jogo no deciframento. Em página anterior, relatei a leitura do nome de "Ramsés", onde Champollion identifica o pictograma do sol baseando-se no fato de que, na língua copta, "sol" se diz "Ra": $O \cong PE$. Em conseqüência de que operações se obtém essa identificação? Um círculo não é forçosamente o sol, e pode evocar mil e uma coisas. Champollion admite, portanto, a título simplesmente de conjetura, que se trate aí, realmente, do pictograma do sol. Ele traduz em seguida a palavra "sol" em língua copta e obtém assim a palavra "Rá". Volta então ao hieróglifo O para supor que este escreva, não a palavra "sol", mas o significante "Ra"; em outras palavras, esse retorno considera o hieróglifo sob um ponto de vista inteiramente diferente daquele que operava em primeiro lugar: os especialistas da escrita diriam que o hieróglifo é, então, tomado "fonograficamente", e não mais "pictograficamente". Eis, portanto, a seqüência cuja realização é a conjetura da equivalência entre O e PE:

$$\left(\begin{array}{c}\text{Hieróglifo}\\ O\end{array}\right) \xrightarrow{\text{Pictografia}} \left(\begin{array}{c}\text{significação}\\ \text{"sol"}\end{array}\right) \xrightarrow{\text{tradução}} \left(\begin{array}{c}\text{copta}\\ \text{"Ra"}\end{array}\right) \xrightarrow{\substack{\text{desprendimento}\\ \text{do sentido}}}$$

$$\left(\begin{array}{c}\text{Significante}\\ \text{"Ra"}\end{array}\right) \xrightarrow{\text{escrito por}} \left(\begin{array}{c}\text{Hieróglifo}\\ O\end{array}\right) \xrightarrow{\text{transliterado}} \left(\begin{array}{c}\text{alfabeto grego}\\ \text{"PE"}\end{array}\right)$$

Esta seqüência faz aparecer que, longe de constituir por si só o deciframento, a **tradução, no deciframento, é posta a serviço da transliteração,** fornecendo a esta última seu suporte homofônico, ali mesmo onde falta o nome próprio na sua função, que direi agora ser (desviando um termo cujo uso lingüístico conhecemos) de embreante da homofonia. A língua copta alimenta o deciframento com a homofonia; tal é a razão (ressonante) do apelo que lhe é dirigido pelo deciframento, quando, querendo ler algo além de nomes próprios, ele se vê desprovido de homofonia. É preciso, pois, ali onde se fareja um sentido, não traduzir para transportar o sentido, mas **traduzir para ter**

significante sobre o qual assentar o apoio homofônico da transliteração.

Tendo apresentado isso a partir de um exemplo muito simples, darei agora dois outros exemplos. Talvez se tenha observado, no cartucho de Ramsés, à esquerda de seu nome de Ramsés, uma série de hieróglifos que foram deixados de lado. Champollion nota a aparição muito freqüente nos cartuchos de tais grupos de signos. Aí estão dois exemplos: ▯⚯̤̄ ⊏⊐ e

🚪🐍 . Como foram lidos? Os títulos dos faraós eram conhecidos desde a época ptolomaica. O fato de que fossem chamados então "**César**" ou "**Autocrator**" não passava da retomada de uma tradição antiga que os chamava "**Amado de Ptah**", "**Sempre vivo**", etc. Dispunha-se então de uma lista desses títulos, sabia-se o sentido destes, mas não se era capaz de dizer, para cada um deles, qual o grupo de hieróglifos que lhe correspondia e, com razão ainda mais forte, o valor literal de cada um dos hieróglifos desses grupos.

Seja o primeiro grupo aqui mencionado. Champollion, a partir de seu "alfabeto", translitera ▯ ≅ Π e ⌒ ≅ T. Logo, ele supõe que o conjunto deve escrever "amado de Ptah" e, em conseqüência, que o terceiro hieróglifo deve equivaler a H. A partir daí, o quarto escreveria "amado". Ora, "amar" se diz em copta "mei" ou "mere"; Champollion conclui, pois, sua leitura, admitindo que um ou outro desses dois valores é escrito pelo signo Π . Só restará confirmar a coisa por uma construção, para, a partir dessa construção, obter a certeza de que se pode, legitimamente, começar a constituir, com Π , uma lista, não mais de nomes próprios, mas de verbos.

Quanto ao segundo grupo, sabe-se a seu respeito que ♀ é um ideograma que significa "viver", ou "a vida". Ora, a vida se diz em copta "ônkh"; e essa identificação recebe um começo de confirmação com uma variante de ♀ que se escreve ♀ 〰〇 , onde se reencontra o N de "ônkh" com o hieróglifo 〰 já transliterado N. Este grupo de hieróglifos tomados em seu conjunto se escreve então "sempre vivo", de onde resulta por subtração que o 🚪🐍 deve escrever o advérbio "sempre".

Não é necessário em absoluto, ao que me parece, prosseguir nesta leitura do deciframento de Champollion; sua apresentação aqui é bastante para que se destaque um certo número de ensinamentos simples:

1) Quando a leitura, por ter a ver com a cifra, é obrigada ao deciframento, deixamos escapar sua consistência definindo-a pelo termo "tradução".

2) O deciframento põe em jogo as duas operações: tradução e transliteração.

3) No deciframento, a tradução é **voltada para a homofonia**
— seja por localizá-la ali onde ela está em jogo (tradução do determinativo do nome próprio),

— seja por produzi-la, ali onde falta seu apoio.

4) A homofonia dá sua razão ("réson") à transliteração; essa afirmação tem como contrapartida o fato de que ela só é observável no seu produto, ou seja, o colocar em correspondência, letra a letra, de dois alfabetos, um forjado pelo deciframento ("alfabeto" hieroglífico), outro vindo de outra parte e posto em função de cifrar o primeiro. A partir daí...

5) A equivalência entre cifração e deciframento — a transliteração é o nome dessa equivalência — ou seja, o que este estudo queria demonstrar e...

6) A mostração de que este é um modo de leitura que só advém com o escrito.

Gostaria de sublinhar, para concluir, como foi justamente por não se haver atido aos delineamentos do deciframento aqui articulados que a leitura de Young dos nomes de **Ptolomeu** e **Berenice** — no entanto, globalmente correta — foi imediatamente perdida nas areias movediças de um "hieroglifismo" à moda de Kircher.

Na página 21 da segunda edição de seu **Précis** (1826), Champollion estuda a leitura de Young: "**Usando os mesmos meios, o Dr. Young e eu, como chegamos a resultados diferentes? Por que o sábio inglês parou, simplesmente, depois de sua tentativa de análise dos nomes de Ptolomeu e Berenice, enquanto, com os resultados da minha análise, li uma multidão de outros nomes sem dificuldade?**" De fato, esses "meios", vai-se constatar, não eram "os mesmos", precisamente no seguinte: Champollion se dá, como "única razão" (a expressão é dele), a homofonia; ele sabe, em outras palavras, não ler entre as linhas, ao passo que Young, invocando uma pluralidade de razões, **depois de três tentativas,** torna sua leitura inconsistente.

Essa discussão é fundamental, pois apresenta um caso onde se pode constatar que existem leituras e leituras, que é possível ler corretamente o nome de Ptolomeu ali mesmo onde está efetivamente escrito, sem no entanto tê-lo lido de verdade, isto é, literalmente. Aí está, pois, para essa leitura da leitura de Young, o nome de Ptolomeu escrito em demótico, hieroglífico e, em seguida, sua transliteração nos alfabetos grego e latino:

7	6	5	4	3	2	1	
⟨⟩⟩	/ıı	⟩	Γ	Y	∠	⌐	demótico
1	⊔⊔	⌐	⊘|	⊿⊿	⌒	☐	hieroglífico
Σ	H	M	O	Λ	T	Π	grego
S	E	M	O	L	T	P	latim

A inversão do L e do O corresponde ao respeito à ordem das letras (em certos cartuchos), quando de sua transliteração. Cf. **Lettre à M. Dacier**, prancha 1, cartuchos nº 30 e nº 40.

As duas primeiras letras hieroglíficas de PTLOMES são identificadas por Young e Champollion como respondendo às letras P e T. Isso significa, no entanto, que essas duas leituras sejam da mesma ordem? Responder que não implica dizer em que a identificação do ▢ ao P não tem o mesmo estatuto, em Young e em Champollion. Young considera que ▢ corresponde à letra P, baseando-se na **semelhança** deste caráter hieroglífico com sua letra demótica Z, que Akerblad havia definido como suscetível de escrever P. Champollion, por sua vez, escreve: "Formulei, por minha parte, que o quadrado era a letra P **pela única razão** (o grifo é meu) de que o P do nome hieroglífico de Cleopátra era também expresso por esse mesmo caráter." A razão de Champollion não é de um apelo a uma autoridade, não procura um fundamento na semelhança, mas na combinatória. Ora, a partir da leitura das letras seguintes, essa distância entre as duas leituras vai produzir conseqüências absolutamente notáveis.

Seja, agora, o hieróglifo ℬ . Young chega a considerar que sua presença não é necessária para a escrita hieroglífica de "Ptolomeu"[11]; ele assim argumenta, a partir do que acredita constatar quanto a uma ausência, segundo ele sempre observável, deste mesmo sinal na escrita demótica do nome de "Ptolomeu". Decerto, reportando-se ao quadro acima, o leitor (cuja tarefa facilitei com essa apresentação em quadro) irá objetar que existe, realmente, uma letra numerada em quarto lugar na escrita demótica do nome em questão. Se Young vê uma ausência nesse quarto lugar, é porque ele faz, do que é aqui apresentado em quarto e em terceiro lugar — ou seja, ⌐ e ⟋ — uma só e mesma letra demótica, ali onde Champollion lê duas. A decisão de ver uma ausência de letra no quarto lugar nada tem de extravagante: vamos perceber isso imaginando-nos simplesmente em presença de uma série de traços sobre os quais não se sabe a que letras correspondem, situação em que a letra como elemento discreto não é dada, e sim se deve construir. O que é, então, que leva Young a admitir como uma só e mesma letra os dois traços vizinhos ⌐ e ⟋ ? Para ele, teve força de lei o fato de que, postos juntos, esses dois traços **se assemelham** ao sinal hierático do leão: *14ш* . A semelhança funda nele a identificação, e isso a ponto de fazê-lo admitir que pode haver, na escrita hieroglífica do nome de "Ptolomeu", sinais que estejam a mais.

Contra essa virtude atribuída à semelhança, o livro de Février não cessa, e com razão, de alertar. Uma letra não pode, diante de outra letra, ser considerada como "a mesma", senão a partir do momento em que, à semelhança formal, gestaltista, se associa uma equivalência de função. Esta regra, fundamental para toda abordagem da escrita, é desconhecida por Young, já que ele deduz, ao contrário, a função a partir da semelhança, ali onde semelhança e função são necessárias para deduzir a identificação.

Eis agora o terceiro passo de Young onde o erro vai-se verificar irrecuperável. Tendo abandonado o sinal ℬ , Young é obrigado a dar ao

---

[11] Pular uma letra não é pouco! Com certeza não seria Champollion quem iria se autorizar a tal leviandade! Sabe-se que, na "Proposição de 9 de outubro de 1967 sobre o psicanalista da Escola", (cf. **Scilicet** 1, p. 20 e 21), Lacan define o fato de não se deixar escapar uma letra como a condição para que "o não-sabido se ordene como o quadro do saber".

signo vizinho, o do leão em repouso, um valor dissilábico: OLE. Essa leitura abre caminho a toda sorte de fantasias para as leituras ulteriores, pois ela foge, como observa Champollion, daquilo a que ele chama, nesse sentido, o "princípio alfabético", que nada mais é que o "letra a letra" da transliteração.

É curioso, a partir daí, ver Young obter, para terminar, Πτολεμαιοζ, ou seja, algo que seria uma transcrição satisfatória em hieróglifo do que se imaginaria ser a vocalização desse nome próprio em grego, ali onde Champollion pôde, como escreveu, "obter apenas Πτολμζ; mas, num notável movimento cruzado, esta transcrição perfeita vai-se revelar, em seguida, sem prolongamentos nas leituras ulteriores (Young propõe "Arsinoé" para um cartucho onde um dos hieróglifos se assemelha a uma lentilha, palavra que em copta se diz "arschin", ali onde Champollion, com seu alfabeto, lê o título "Autocrator"), ao passo que a transliteração de Champollion irá provar, só-depois, seu valor de ponto de partida para o deciframento.

O que significa ter lido "Ptolomeu"? Depois de haver discutido a leitura de Young, Champollion dá sua resposta: não é simplesmente ter observado, mesmo que com razão, que tal cartucho escrevia realmente esse nome, mas é **"ter fixado o valor próprio de cada um dos caracteres que o compõem, e de tal maneira que eles fossem aplicáveis em toda parte onde esses mesmos caracteres se apresentassem".**

A publicação do **Précis**... tornava caduca a oposição hieroglífica fonética/hieróglifo puro da **Carta a M. Dacier**: o **Précis**, ao mesmo tempo, mostrava e demonstrava que pode existir figurativo com valor de escrita de língua, que a coisa nada tem de excepcional, em outras palavras, que **a escrita dita figurativa não está, em essência, fora do campo do transliterável.** Isso era subverter a idéia que se fazia até então das diferentes escritas, e não é sem importância avaliar até que ponto o deciframento dos hieróglifos se operou no sentido inverso ao da concepção da escrita figurativa como ideo-grafia. Mais de um século e meio depois, é preciso realmente admitir que foi pouco aproveitada essa lição do deciframento, desse deciframento sobre a qual o matemático J. B. Fourrier, em cuja casa, aos doze anos, Champollion tivera a revelação de sua vocação, deveria dizer, ao tomar conhecimento dele: "Mas isso é geometria!"

Pouco depois de haver encerrado seu **Précis**, Champollion parte para Turim a fim de proceder à ordenação da coleção Drovetti. Em meio a 50 estátuas colossais, 30 múmias, 5 mil estatuetas, chamam sua atenção os pacotes de manuscritos, alguns dos quais chama de — devido ao seu estado de deterioração — "o meu estrume". Qual não foi sua alegria ao encontrar ali toda uma série de textos descrevendo os rituais funerários! Lê-los lhe iria permitir entregar ao mundo sábio nada menos que a religião egípcia. Mas ele logo teve que admitir que esses textos eram cópias de um só e mesmo ritual. Em seu abatimento, no entanto, alguma coisa iria consolá-lo, na qual o leitor vai reconhecer o que é realmente preciso designar como sua seriedade: a saber, o projeto logo feito por ele de enriquecer, com as variantes dadas dessas cópias, seu quadro de homófonos.[12]

---

[12] Champollion, **Lettres de Champollion le jeune**, Bibl. Egypt., 1901, p. 54 e 80.

CAPÍTULO SETE

A "conjetura de Lacan" sobre a origem da escrita

"Por favor, retirem-se de minha presença, fabricantes às dúzias de rébus proibidos, nos quais não percebia antes, de imediato, como percebo agora, o apelo à solução frívola."

Lautréamont, *Poésies, I.*

Muito se comentou a fórmula de Lacan que situa a hipótese do inconsciente, dizendo-o "estruturado como uma linguagem". Todavia, não parece que os que fizeram disso uma **linguagem comum** — uma língua estereotipada — e aqueles que a rejeitam em nome do afeto, tenham-se distanciado muito do efeito de sugestão próprio a toda fórmula. É mau que escape assim aquilo que constitui seu osso, sua ferocidade, aquilo que, nela, resiste à compreensão e à manipulação.

Uma linguagem: a fórmula convida a admitir que existem **linguagens**, e a consideração desse plural (designado, aliás, por Lacan, num comentário da sua fórmula)[1] repercute sobre o enunciado, dando ao **uma** um valor de dêitico. Só que, além de não se encontrar em Lacan uma lista estabelecida de linguagens, também não se sabe, dentre aquelas que se poderia tentar alinhar numa folha de papel, qual é a que seria capaz de ser **esta** linguagem suscetível de responder pela estrutura do inconsciente.

A falta dessa designação é tão acentuada como digo? Existem mesmo, em Lacan, numerosas indicações concernentes a essa linguagem; mas, justamente, essa pluralidade dificulta as coisas: vai-se dizer que se trata da linguagem tal como descrita por um Jackobson? Ou da álgebra lacaniana? Da teoria dos conjuntos? Da linguagem da topologia? Mas que modo da topologia?

---

[1] Lacan, **Le savoir du psychanalyste.** Conferência na Chapelle Sainte-Anne, de 4 de novembro de 1971, inédito.

A riqueza, aqui como alhures, é embaraçosa. Como, então, proceder ao deciframento da fórmula senão por uma escolha submetida ao preconceito do leitor, à sua tendência?

Como a dúvida convida à abstenção, vamos dar a esta sua importância positiva, concluindo que o inconsciente está estruturado como essa linguagem que não é possível, por ora, designar.

Resta, no entanto, o fato de que isso se chama "linguagem".

Quando se interroga o conceito de linguagem em Lacan, logo vem à mente — outra fórmula — que **não existe metalinguagem.** Lacan não apresenta este enunciado como certo, nem mesmo como uma verdade que teria, na realidade, um respondente adequado àquilo que ela afirma: trata-se de uma opinião pré-formada, um **parti pris**, termo que, em ressonância com uma de suas conotações, se contrai em **pari**, aposta.

Esta aposta não é tão estranha quanto pode parecer à primeira vista. Assim, A. Koyré demonstrou que a generalização rigorosa da oposição linguagem-objeto/metalinguagem efetuada pela teoria dos tipos de Russel remete ao próprio paradoxo que ela fora feita para evitar, já que a proposição fundamental dessa teoria, aquela que formula que "toda proposição deve ser do tipo superior a seu objeto", não pode ela mesma pertencer a nenhum tipo, enquanto sua pertinência a um tipo, nessa teoria, faz parte, intrinsecamente, da própria definição da proposição[2]. Interditando os enunciados que incidem sobre todas as proposições, a teoria dos tipos interdita esse próprio enunciado que a funda. A aposta lacaniana encontra, assim, com que escorar sua pertinência, ali mesmo onde se adotou uma aposta contrária. Mesmo assim, essa aposta continua a só ter importância na medida em que se seguem rigorosamente suas conseqüências.

A primeira delas se apresenta sob uma forma negativa: se é aceito que não existe metalinguagem, então o inconsciente não está estruturado como essa linguagem que se define com a oposição entre a metalinguagem e a linguagem-objeto.

Todavia, o enunciado **não existe metalinguagem,** como todo enunciado que diz que **não existe**, é insuficiente. Sua visada é didática, e a inexistência que ele parece escrever (mas da qual ele só faz designar a **possibilidade**, transcrevendo-a apenas) só se pode constituir, em conformidade com a escrita da metáfora em Lacan, a partir do momento em que vem ao lugar daquilo que é dito não ser, algo que está numa relação de vizinhança metonímica com aquilo que não é. Assim, da mesma maneira que, em Wittgenstein, a recusa da teoria dos tipos só toma corpo com a formulação da oposição entre o dizer e o mostrar, em Lacan é a oposição entre a fala e o escrito que vem em lugar do par linguagem-objeto/metalinguagem. Isso não quer dizer que essa oposição seja essencial.

Aqui está, por exemplo (para citar aqui algo que esteja nos antípodas do

---

[2] A. Koyré, **Epiménide le menteur,** Herman éd., Paris, 1947.

caráter "marcado" das fórmulas precedentes), uma observação muito "falada" onde Lacan comenta a obra do matemático René Thom: "**Se meu amigo René Thom chega tão facilmente a encontrar cortes de superfícies matemáticas complicadas, alguma coisa como um desenho, um riscado, enfim, algo que ele chama também de uma ponta, uma escama, um franzido, uma prega, e a fazer disso um uso verdadeiramente cativante, se, em outras palavras, há uma coisa que existe tal que se a possa escrever x que satisfaz a função Φx, sim, se ele faz isso com tamanha facilidade, ainda assim, enquanto isso não houver justificado, de uma maneira exaustiva, aquilo que, apesar de tudo, ele é mesmo forçado a lhes explicar, a saber, a linguagem comum e a gramática para todos, vai permanecer aí uma zona que chamo de zona do discurso e que é aquela sobre a qual o discurso analítico lança uma luz viva**"[3].

O que se escreve em linguagem matemática não é garantido numa metalinguagem e, além do mais, não se poderia explicar sem pôr em jogo esta fala que faz fundo de linguagem comum. Assim, o fato de que "não haja metalinguagem **que possa ser falada**"[4] quer dizer que aquilo que se chama de "metalinguagem" nada mais é que a própria fala.

O escrito, a partir daí, viria a esse mesmo lugar que seria o da linguagem-objeto.

A substituição pela qual a oposição escrito/fala vem ao lugar do par linguagem-objeto/metalinguagem autoriza o caráter não eliminável da fala: existe fala na falta da metalinguagem, ali mesmo onde existe esta falha em dizer a verdade sobre a verdade.

Entretanto, aquilo que se afastaria da lógica, apresentando uma aborda-gem da verdade que não a reduz ao bi-valor Verdadeiro/Falso, aquilo que se prestaria, pois, facilmente, a que se fizesse da fala o objeto de um culto (o caso não é sem precedentes, e na própria psicanálise), recebe em Lacan a dose necessária de contraponto para impedir, se possível, essa derrapagem. Tam-bém a lógica, como ciência, vem apoiar esse contraponto. "Ciência do real" (Lacan), ela mostra que só há acesso a um real pelo pôr em jogo pequenas letras. Tal é o seu viés, desde Aristóteles. E nisso a experiência lógica reencontra a analítica, na medida em que se saiba observar que **a definição restrita da fala** imposta pela experiência analítica (aquilo que, por algum tempo, foi dito com o "isso fala") conduz, certamente, a admitir que não há no ser falante função da fala senão num campo de linguagem, mas, ainda mais precisamente, e mais limitativamente, que **só existe fala no ponto de contemporaneidade da escrita e da linguagem.**

No seminário sobre "A Identificação", Lacan aponta essa contemporaneidade como "a raiz do ato da fala". Essa "contemporaneidade original da escrita à própria linguagem"[5] não vai surpreender o leitor destas páginas onde, por diversas vezes, apresentei a homofonia como um de seus

---

[3] Lacan, "**Le savoir du psychanalyste**", op. cit.

[4] Lacan, **Écrits**, p. 813. Os termos sublinhados o foram por mim.

[5] Lacan, **L'Identification**. Seminário inédito de 17 de janeiro de 1962.

modos mais decisivos. Vamos notar que a aparente ambigüidade do termo "homofonia", que se presta a que o imaginemos como tendo por referente algo da ordem do som, da vocalização, não é diferente daquela que incide sobre o termo "consoante"; contrariamente ao que seu nome sugere (um nome, aliás, tardio, posterior, e em muito, à invenção do alfabeto), essas consoantes soam tão pouco que os gregos — temos o testemunho disso em Platão — as chamavam de αφωνα , ,as mudas![6]

Nesse mesmo seminário, Lacan explica o que ele entende por "estruturação da linguagem", ou seja, aquilo mesmo que esclarece a estrutura do inconsciente; ele define essa estruturação pela operação da "demarcação da primeira conjugação de uma emissão vocal com um signo como tal"[7]. Ora, esta operação não é em absoluto semelhante, mas é identificável e, em Lacan, identificada àquela em jogo na origem da escrita. Também é conveniente revelar qual foi, nesse ponto, a conjetura de Lacan, pois esta é a única via suscetível de esclarecer o que vem a ser a estrutura do inconsciente. Se não hesito em definir aqui esta via como única é porque este veio não cessou de ser retomado na seqüência dos seminários. Assim, doze anos depois de "A Identificação": **É do lado da escrita que se concentra aquilo onde tento interrogar o que vem a ser o inconsciente, quando digo que o inconsciente é algo no real**"[8], ou ainda, nesse mesmo seminário (que, aliás, se intitula por um chiste por homofonia), essa situação do escrito como passagem obrigatória: "**Sem aquilo que faz com que o dizer venha a se escrever, não há meio de eu lhes fazer sentir a dimensão onde subsiste o saber inconsciente**"[9].

De uma maneira bastante pouco habitual para ele, Lacan apresentou essa conjetura como uma "descoberta" que teria feito. Aí está esse texto de Lacan, que será em seguida estudado ponto a ponto e depois interpretado:

"**... a estruturação da linguagem se identifica (se assim podemos dizer) com a demarcação da primeira conjugação de uma emissão vocal com um signo como tal — isto é, com algo que já se refere a uma primeira manipulação do objeto. Nós a chamamos "simplificadora" (esta primeira manipulação) quando se tratou de definir a gênese do traço. O que pode haver de mais destruído, de mais apagado que um objeto, se é do objeto que surge o traço, (se é) algo do objeto que o traço retém, justamente sua unicidade? O apagamento, a destruição absoluta de todas as suas outras emergências, de todos os seus outros prolongamentos, de todos os seus outros apêndices, de tudo o que ele pode ter de ramificado, de palpitante, pois bem, essa relação com o objeto na origem de algo que se chama aqui o signo, na medida em que ele nos interessa na origem do significante, é realmente em torno disso que nos detivemos; e em torno do que não é sem promessas que fizemos, se podemos dizer, uma descoberta, pois creio que esta é uma, essa indicação de**

---

[6] Platão, **Cratyle**; mais tarde, as consoantes, **symphona,** soam "com", portanto, não sozinhas!

[7] Lacan, **L'Identification**. Seminário de 10 de janeiro de 1962.

[8] Lacan, **Les non-dupes errent**. Seminário inédito de 21 de maio de 1974.

[9] **Ibid**. Seminário de 19 de fevereiro de 1974.

que há — digamos, num tempo, um tempo observável, historicamente definido — um momento em que algo já está lá para ser lido, lido com a linguagem quando não existe ainda escrita. É pela inversão dessa relação, dessa relação de leitura do signo, que pode nascer, em seguida, a escrita, na medida em que ela pode servir para conotar a fonematização".[10]

A descoberta parte da leitura do livro de J. G. Février intitulado **Histoire de l'écriture**. Este primeiro dado — o leitor perceberá em pouco tempo — não é exterior à própria conjetura. Existe, nessa leitura, uma maneira de ler que é homóloga àquilo mesmo que a leitura revela. Lembramos que a análise da leitura por Lacan do texto sobre o pequeno Hans fez valer uma homologia semelhante. Em que consiste ela, desta vez?

Depois de ter citado o monumental trabalho de Février, Lacan convida seus ouvintes de então a se reportarem a ele: **"Verão ali mostrar-se com evidência algo cujo dinamismo geral lhes indico, porque não está de maneira alguma isolado e está presente em toda parte"**[11]. Isso significa que este dinamismo está em estado latente no texto de Février. Ora, vai-se tratar, precisamente, da escrita como uma "função latente na própria linguagem". Aparece, assim, que o modo de abordagem em jogo — a observação de uma latência — é da mesma ordem do que está em questão: a escrita como função latente. Não há diferença fundamental entre a operação da escrita, na medida em que ela manifesta a latência da escrita na linguagem e a operação de descoberta desta operação. Isso quer dizer que seria desconhecê-la se a lançássemos à conta de um gênio do autor ou do leitor, pois que, ao contrário, o autor se demonstra, aqui, reduzido, na sua descoberta, àquilo mesmo que ele descobre.

Qual é, pois, esse dinamismo geral da história da escrita? Lacan nota, em primeiro lugar, que o material que iria constituir a escrita já se encontrava ali, presente antes da entrada em obra do escrito. Certamente, não todo o material, mas essa restrição não anula o fato enunciado. Não se sabe muito bem a que poderiam corresponder essas marcas diversas, que não são todas pictográficas, já que na época madaleniana é, ao contrário, seu aspecto geométrico abstrato que surpreende os observadores.[12] Se numerosas, e, freqüentemente, extravagantes interpretações foram formuladas relativamente a essas marcas, vamos nos contentar aqui com a constatação de sua existência, uma existência anterior, portanto, à invenção da escrita; e, ali onde uma escrita se viu estabelecida, vêem-se essas mesmas marcas retomadas na escrita e para a escrita. Daí a questão da origem da escrita ser a dessa própria retomada.

Tal é, pois, o ponto de partida daquilo a que chamo aqui a **conjetura de Lacan**. Existe, no começo da escrita, essa separação (essa separação é a

---

[10] Lacan, **L'Identification**. Seminário de 10 de janeiro de 1962.

[11] **Ibid**. Seminário de 12 de dezembro de 1961.

[12] Vamos consultar neste ponto Maxime Gorce, **Les pré-écritures el l'évolution des civilisations,** Klincksieck éd., Paris, 1974. Sobre a preexistência das marcas, encontra-se uma confirmação recente em C. Chadefaud: **"Egypte pharaonique: de l'expression picturale à l'écriture egyptiénne"**, in **Ecritures,** Ed. Le Sycomore, Paris, 1982, p. 87.

condição de possibilidade do que acaba de ser designado como "retomada") entre o material que vai servir à escrita e a linguagem cuja estrutura, desconhecida, está, no entanto, atuante no blablablá cotidiano; assim, certos termos da linguagem nomeiam os objetos que alguns dos elementos do material figuram pictograficamente. Linguagem, objetos e signos, três pólos de uma espécie de balé.

O "já lá" do material não é pouca coisa: uma coisa é um abutre, outra coisa é o desenho de um abutre; uma coisa é o junco em flor, outra coisa é o desenho do junco em flor 𝄃 ; uma coisa é um pão, outra coisa o ⌂ . Se esses desenhos remetem pictograficamente ao objeto, nem por isso deixam de ser de uma ordem diferente deste. O fato é patente quando se observa que eles obedecem, como desenhos, a convenções ligadas ao desenho, ou àquilo para que o desenho foi produzido. O desenho é, sempre já, necessariamente infiel, figurativamente, ao objeto. Mas o fato de existirem aí duas ordens diferentes é precisamente o que vai permitir a retomada — no sentido da costura — ou, para dizer de outra forma, o colocar em relação.

Esse colocar em relação, o primeiro tempo do balé, começa com o seguinte: o nome do objeto pode ser tomado para designar aquilo que o representa pictograficamente: do desenho de um abutre, pode-se dizer: "isto é um abutre"; do desenho do pão: "isso é um pão". Há um equívoco que torna possível esse colocar em relação. Ele foi sublinhado de modo muito pertinente por Magritte, nesse quadro de 1926, do qual aí está uma reprodução (de preferência à reprodução de uma versão ao mesmo tempo mais tardia e mais complexa, pois se a primeira, como observa Foucault, "só desconcerta por sua simplicidade"[13], será esta simplicidade mesma que vai-se verificar falante).

---

[13] M. Foucault, **Ceci n'est pas une pipe**, B. Roy éd.; Paris, 1973, p. 10.

[14] Texto e desenho das mãos de Magritte. Extraído de **Avec Magritte**, de Louis Scutenaire, Ed. Lebeer Hossmann, Bruxelas, 1977, p. 89. O começo dessa "história em quadrinhos" de Magritte foi publicado em **La révolution surréaliste**, n° 12, de 15 de dezembro de 1929, com o segundo manifesto do surrealismo.

Se admitirmos, como sugere sua vizinhança no espaço do quadro, que o dêitico incide na figura que ele segue imediatamente (na ordem habitual da leitura), então, com efeito, vamos reconhecer a verdade da legenda: o desenho do cachimbo não é um cachimbo. No entanto, quando, ao exibir o desenho de um cachimbo, interrogo qualquer pessoa, perguntando: "O que é isso?", a resposta, "Um cachimbo", não falha. A debilidade da resposta em nada compromete sua verdade: isso é realmente um cachimbo, com efeito, e tanto mais que sua presentificação no simbólico passa pela chicana de uma apresentação imaginária. Ora, **pode-se mostrar que essa passagem não é obrigatória** para um pôr em presença com o objeto do desejo; para fazê-lo vou justapor aqui, ao quadro de Magritte, uma brincadeira que fazem entre si as crianças de dez anos, de uma idade em que se tenta fumar escondido, mas uma idade também em que é necessário proibi-lo:*

X — Você está sozinho no deserto.
Você tem um fuzil e duas balas.
Você quer fumar.
Como é que você faz?

Y — ???

X — É simples!
Você vê passar uma pantera.
Você põe a primeira bala no fuzil.
Você atira e **não acerta nela. (tu la loupes)**
Você apanha a **lente. (loupe)**
Você faz um monte de areia alto e um baixo.
Você não pega o monte alto, mas o **monte baixo. (tas bas, homófono de tabac)**
A pantera torna a passar.
Você põe a outra bala.
Você atira e a mata.
Você a agarra pela cauda.
Você a faz girar em torno de sua cabeça.
Isso faz uma circunferência.
Uma circunferência é igual a 2 π R.
Isso dá **dois pi pantera. (deux pi panthère;** por homofonia, **deux pipes en terre**, dois cachimbos no chão).
Você pega **um cachimbo. (une pipe)**
Você põe nele o **tabaco. (tabac)**
Você pega a lente
e acende o cachimbo.

---

* Quanto ao texto a seguir, Mathieu Hébrard teve a gentileza de escrevê-lo para mim.

A técnica por vezes três reiterada deste dom do objeto ao Outro, desse reconhecimento de uma privação, é a do rébus de transferência, mas percorrido aqui, de certo modo, no sentido inverso:

Objeto	Imagem do objeto	Nome do objeto tomado como significante	Homofonia (objeto metonímico)
A lente		"loupe"	tu la loupes
O tabaco		"tabac"	le tas bas
O cachimbo no chão		"pipe en terre"	deux pi panthère

→ Rébus de transferência

Produção do objeto (simbólico) de uma privação (real) ←

Mas, estudar agora esta técnica (tomo este termo no sentido que lhe é dado por Freud em seu estudo do chiste: a técnica do chiste é a primeira via para dar conta disso) engajaria demasiado cedo e antecipadamente a questão da escrita. Basta, para a apresentação daquilo que é o ponto de partida da conjetura de Lacan, admitir que toda sociedade humana constitui duas séries de coisas: por um lado os objetos que a linguagem nomeia, por outro lado os signos, marcas ou traços que, por mais longe que se remonte, não podem de modo algum ser ditos a partir de um tempo segundo, e dos quais alguns são imagens de objetos.

Com referência à articulação dessas duas séries, tudo se passa como se, fora da invenção da escrita, uma certa ambigüidade fosse inelimiável. Esta ambigüidade, que se duplica no próprio grafismo, é a única suscetível de explicar por que se pôde, por exemplo, acreditar por muito tempo que o ideograma que escreve o verbo **yue** figurava pictoricamente uma boca da qual saía um sopro de voz, para se corrigir, em seguida, como relata um estudo recente de Vandermeersch: na sua grafia arcaica, figura um recipiente visto em corte, o que ele chama de "porta-escrito"[15]. Mas o notável é que, se nos ativermos apenas ao grafismo, será impossível decidir e Vandermeersch, com

---

[15] L. Vandermeersch, "Écriture et langue écrite en Chine", in "**Écritures,** éd. Le Sycomore, Paris, 1982, p. 257-258.

razão, produz todo um conjunto de outros ideogramas para demonstrar a boa fundamentação da identificação de $\left(\dfrac{-}{\cdot}\right)$ como uma vista em corte do porta-escrito; ele apela, em outras palavras, para a escrita chinesa enquanto já constituída. Não existe, com efeito, nenhum meio de proceder de outra forma, pois que, se alguma imagem do objeto faz signo, isso não é em absoluto suficiente para que se possa falar de picto-**grafia**. Uma tal "pictografia" participa do que Eliane Formentelli definiu magistralmente como o "sonho do ideograma"[16], o de uma escrita de signos que se revelaria tanto mais manifestamente universal quanto se manteria por inteiro fora da maldição de Babel. Um tal sonho, que é como que a outra face do "preconceito hieroglifista", se alimenta na mesma fonte da **alfabesteira**; é necessária uma compreensão do escrito decididamente enredada na alfabesteira para que a asserção "isto não é um cachimbo" apareça, no contexto que lhe é dado por Magritte, tão insolente.

Fica assim estabelecido que, por um lado, não é necessário passar pelo desenho de um cachimbo para se lidar com um cachimbo como objeto, no sentido freudiano deste termo, isto é, como um objeto perdido: este objeto, o PIP de "PI Pantera" o constitui. Fica estabelecido, por outro lado, que o desenho de um cachimbo, quando se trata de nomeá-lo, não deixa de suscitar essa impressão de **não-familiar, infamilier**[17], que nasce do caráter **indecidível** de uma tal nomeação, já que, deste desenho, pode-se igualmente dizer "isto é um cachimbo" ou "isto não é um cachimbo".

A conjetura de Lacan requer, então, de saída, uma suspensão, um forçamento desse indecidível; ela supõe que seja posto em jogo o seu "desconhecimento sistemático" (P. Soury). Este desconhecimento é aquele mesmo que Magritte nomeia "um obstinado abuso de linguagem", aquilo mesmo que faz com que se venha a dizer, do desenho de um cachimbo: "isto é um cachimbo". Este tempo, portanto, é aquele onde o que pré-existe à escrita como signos, marcas ou traços chega a ser, com a linguagem, falando propriamente, **lido**.

O fato de que este pôr em relação consiste numa "leitura do signo" quer dizer que existe uma leitura anterior à escrita, que um certo "ler" precede o escrito. Logo, essa leitura se distingue daquela aqui isolada em Lacan e definida como uma "leitura com o escrito". A leitura do signo é não somente anterior, mas prévia ao escrito, sendo por algum tempo constituinte deste. É ela que Magritte toma como alvo, mas sua necessidade de tomá-la por alvo implica o reconhecimento da sua importância, sublinha seu modo de eficiência, ao qual um pintor pode ser sensível, a ponto de querer fazer valer o abuso. Imaginem essa leitura se desenvolvendo como que por si mesma, numa "escrita" que não teria, portanto, rompido com essa leitura, mas ficaria presa à opção de prolongá-la, apenas: teremos, então, com a **idéia** de uma escrita dita

---

[16] E. Formentelli, "Rêver l'idéogramma: Mallarmé, Ségalen, Michaux, Macé", in **Écritures**, op. cit., p. 209 a 233.

[17] Segundo a feliz tradução do **Unheimlich** freudiano proposta por J. Nassif.

"pictográfica", uma das principais figuras do dito abuso.

Assim, a conjetura de Lacan exige a primariedade, no que diz respeito à escrita, de uma certa leitura que força um indecidível. Este indecidível é a condição de possibilidade do abuso mencionado; ele dá igualmente razão ao fato de que a pretensa escrita pictográfica supõe — não se deixou de notá-lo[18] — que o leitor saiba antecipadamente o que há para ler, (para poder ler) o que ela escreveria. Como não ver que essa própria observação vai de encontro à definição da pictografia como uma escrita? O fato de que o leitor já deva saber o que convém ler (e que, por conseguinte, muitos documentos sejam indecifráveis quando não se dispõe desse saber), manifesta, com efeito, que **essa escrita "pictográfica" seria aquela correspondente ao grau zero da cifração;** uma cifra que exige que o leitor saiba o que é suposta cifrar não pode ser considerada, propriamente falando, como uma cifra, um elemento a decifrar. A pictografia aparece, assim, como o nome do sonho de uma escrita fora da cifração; ela se reúne, pois, ao sonho de uma escrita fora da linguagem, elevando, certamente à sua maneira, mas com o mesmo resultado, o caráter da escrita à dignidade do que Michaux chama de um puro "ponto imóvel de evocação"[19].

Vemos aqui como a conjetura permite decidir quanto ao estatuto de certos pretensos modos "de escrita", por distinguir o que corresponde ao escrito do que se imagina em torno deste, e — especialmente entre aqueles que constataram melhor que os outros, já que foram marcados definitivamente por isso — até que ponto a conclusão grega da alfabesteira seria incontornável para os que se encontrassem na sua continuação. Mas vemos, também, como essa conjetura é suscetível de esclarecer nossa maneira de interrogar uma questão clínica como a da dislexia: se, com efeito, devemos distinguir dois modos de leitura, dos quais o primeiro, anterior à escrita, reside no **indecidível**, pode-se conjeturar que lhe corresponda um tipo de dislexia isolável em seus defeitos. Tais "defeitos" teriam por função fazer ressaltar este indecidível **como tal**, ali onde a boa vontade pedagógica tenta confortar seu desconhecimento sob o falacioso pretexto de facilitar à criança o acesso à escrita, baseando-se no que se supõe ser uma conivência quase natural (aquela que Magritte nomeia "abuso") entre a imagem e aquilo que, da linguagem, a lê. Vemos, enfim, como um J. Derrida deixou escapar a questão da escrita, supondo uma "arquiescritura" ali onde se teria podido, no máximo, falar numa "arquileitura" para nomear essa leitura primeira e constituinte, na ocasião, do escrito.

A leitura do signo, que se faz com elementos da linguagem, instaura assim uma relação (vimos que esta era sempre precária, sem jamais ter a

---

[18] Podemos consultar, dentre muitos outros, o artigo de J. Bottéro: **"De l'aide mémoire à l'écriture"**, in **Écritures**, op. cit., p. 23 e 24, principalmente.

[19] Citado por E. Formentelli in **Écritures**, op. cit., p. 213. A análise acima vale para **o princípio** da dita escrita pictográfica. Nos casos em que se fala praticamente de "pictografia", outros modos de escrita são postos em obra conjuntamente, fazendo intervir, de fato, outros princípios. Assim, chega-se a decifrar certos textos "pictográficos": a suspensão do indecidível se deve, então, à intervenção de outros modos de escrita.

possibilidade de se ver estabilizada) entre as marcas, vestígios, figuras, traços, ou tudo o que se quiser acrescentar, sendo o conjunto subsumido aqui sob o termo "signo", e esses elementos linguajeiros que chegam, na leitura, e devido à leitura, a nomear esses signos. Essa leitura do signo já faz virar a relação ao objeto, já que o mesmo nome vale ali para o objeto e para esse traço que o representa — esse traço que, fora mesmo de toda figurabilidade, será, no só-depois dessa leitura, identificável como um signo do objeto. A leitura do signo já faz objeção à idéia de um isomorfismo entre o signo e o objeto.

Em seu seminário intitulado "De um Outro ao outro"[20], quando da sessão **de 14 de maio de 1969, Lacan dizia o seguinte: "Um ser que pode ler sua marca, isso basta para que ele possa se reinscrever em outra parte que não ali onde ele a fez"**. Esta reinscrição "em outra parte" corresponde exatamente àquilo, que em 1962, apresentando sua "descoberta" sobre a origem da escrita, ele nomeava "leitura do signo"; o texto de 1969 se prolonga assim: "**Essa reinscrição, este é o laço que o torna, doravante, dependente de um Outro cuja estrutura não depende dele**". Este prolongamento corresponde, pois, ao segundo tempo do estabelecimento do escrito. Aqui aparece a aridez dessa definição: vamos vê-lo, com efeito, consistir na instauração de um laço de dependência sem interdependência, de um laço deste ser a um Outro, ou ainda de uma relação do Sujeito ao significante, tal que, ao mesmo tempo, a culpa que habita o Sujeito se revele aí sem objeto (já que não se pensa ter culpa senão daquilo sobre o que se tem domínio: existe orgulho na culpa) e, portanto, se dissolva, mas não sem que essa dependência não recíproca, sem contrapartida, apareça ao Sujeito como o que ela é, a saber, persecutória.

Tocamos aí na essencial proximidade da perseguição literal (para dizer a verdade, não existe outra, cf. cap. VIII) e da hipótese do inconsciente. Assim, o que está em jogo nessa apresentação da estrutura do inconsciente a partir da conjetura de Lacan sobre a origem da escrita se revela ser um possível deslocamento, e portanto uma renovação, da relação da psicanálise com a paranóia. Se admitirmos a definição lacaniana da psicanálise como uma "paranóia dirigida", veremos que vale a pena interrogar qual a operação deste segundo tempo onde se irá constituir o escrito.

Este segundo tempo é aquele da "inversão dessa relação", instaurada pela leitura do signo: a conjetura admite que ali onde um elemento linguajeiro veio ligar-se a um signo, nomeando-o com o nome do objeto, é agora este signo que é tomado como escrevendo este elemento da linguagem que o lia.

Como **saber** a efetividade dessa inversão pela qual nasce o escrito, pelo próprio corte que ela realiza? Convém, para responder, franquear o estreito limiar que cinde a apresentação da conjetura daquilo que proponho como sua interpretação obrigatória.

A efetividade da inversão será estabelecida se for possível distinguir aquilo que pode praticamente parecer muito próximo — a saber, o signo na medida em que a linguagem o lê — e aquilo que escreve esse elemento da

---

[20] O título desse seminário deve ser realmente escrito como acima.

linguagem. Esta diferenciação é tanto mais essencial quanto pode ser, com efeito, "o mesmo" traçado que é suscetível de ser encontrado numa e noutra posição. Ora, existe uma única e decisiva maneira de resolver a dificuldade: estaremos certos de que o signo vale como escrita do significante do nome quando nos encontrarmos no caso em que o nome se relaciona, não ao objeto que correspondia inicialmente ao signo (no tempo 1 da leitura do signo), mas a um outro objeto cujo nome é homófono (às vezes apenas em parte) do nome com o qual este signo era lido. Observamos em seguida que, neste caso, que é exatamente o do rébus de transferência, o signo tomou o nome por objeto, tratou este nome como um significante na sua materialidade, isto é, na sua literalidade; trata-se realmente, com este nome, de um significante no sentido lacaniano deste termo, de vez que este nome, no rébus de transferência, é tomado como denotando **um outro objeto**, como suscetível de assim fazer valer uma outra significação além daquela que o código lhe atribui. Com o rébus de transferência, **o escrito dá ao significante seu estatuto de significante, produzindo com o mesmo movimento o objeto como objeto metonímico.** Surge, assim, como um fato de escrita, mas igualmente como um fato constituinte da escrita, a disjunção do signo e do objeto, já que, doravante, todo objeto com nome homófono será suscetível de ser associado ao signo considerado.

Pode-se, aqui, perceber como a conjetura de Lacan sobre a origem da escrita é o eixo de sua elaboração das relações do Sujeito com o significante e com o objeto. Isso, que pode parecer "teórico", não é no entanto abstrato: toca os dados mais concretos da clínica. Se algum analisando articula, por exemplo, uma frase como **"agarrar o peito, isso me diverte"** (em francês, **prende le sein, ça m'amuse**), isso fala de uma relação com o seio (**la mamme**) diferente daquela implicada por essa outra afirmação que no entanto, do ponto de vista semântico, pode ser considerada como equivalente, algo como: **"Não tem graça nenhuma agarrar o peito dessa velhota que está sempre dizendo que está cansada".** A diferença é a seguinte: no caso do jogo de palavras, a homofonia em que se condensam o uso da mama (**m'amuse**) e o que pode suscitar de gozo o divertir-se (**s'amuser**) realiza uma tomada em consideração do significante **como tal**, o que não é efetuado, mesmo à revelia, pela fala queixosa. No primeiro caso, o objeto "peito" não está mais associado ao signo como na leitura do signo, mas, ao contrário, dissociado deste pela intervenção do significante como tal, escrito, localizado no lugar da homofonia. Freud, como se sabe, encontra na descarga de investimento que é o riso o índice do êxito do chiste, a prova de que o jogo com as palavras atinge e modifica as relações com as coisas. Ora, o rébus de transferência, tão importante para cada uma das escritas conhecidas, nada mais é que um jogo de palavras, portanto, uma formação do inconsciente que intervém como tratamento efetivo do **isso** de que se trata no silêncio da pulsão.

Uma série de esquemas vai explicitar a conjetura de Lacan, a partir de sua suposição inicial até seu fechamento no rébus de transferência.

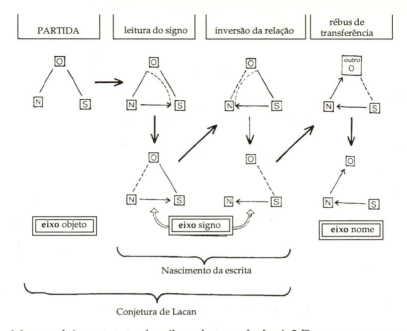

Mas qual é o estatuto do rébus de transferência? Daremos um passo a mais na interpretação da conjetura de Lacan se soubermos ler o rébus de transferência como implicando necessariamente — a título de constituir seu resultado — a operação de uma transliteração. Se, com efeito, o rébus de transferência se apóia (como é o caso, por definição) na homofonia, não se poderia esquecer que esta, pela correspondência que realiza entre elementos linguajeiros de discriminação vizinhos, pelo fato de apresentar-se ela mesma como constituída por uma série de identificações de elementos da cadeia falada quando leva em conta uns depois dos outros, ocupa o lugar de análise alfabética dessa cadeia; e o rébus de transferência não dissocia o signo do objeto ao qual estava primitivamente ligado (para fazê-lo escrever o nome — homófono — de um outro objeto), senão pondo em relação essa escrita do signo e a escrita alfabética presentificada, no rébus de transferência, pela homofonia. Ora, esse pôr em relação é uma transliteração.

Acompanhando a conjetura de Lacan na sua lógica própria, aparece, assim, que a transliteração que escreve o escrito é igualmente aquilo mesmo que o define. **O transliteral é o próprio literal**, sua essencial efetividade (**Wirklichkeit**).

No fim do prefácio à sua gramatologia, Gelb[21] apresenta como uma dificuldade prática, contingente com referência ao seu objeto de estudo, a falta de unidade das convenções para a transcrição das diversas "línguas ou escritas". Gelb, sob o termo "transcrição", evoca duas ordens de problemas, mas sem tomar o cuidado de distingui-las, embora seu último capítulo

---

[21] I.J. Gelb, **Pour une théorie de l'écriture**, Flammarion, 1973, p. VII, 283, 284.

diferencie, inequivocamente, os dois termos, "transcrição" e "transliteração". Revelar esta última como definindo o escrito equivale, então, a designar o que Gelb deplora: considerar um incômodo estado de fato como sendo o que melhor se trata de discutir.

Gelb, com certeza, não é o único a relegar os problemas de transcrição e de transliteração a uma discussão exclusivamente centrada num ponto de vista de maior ou menor comodidade técnica. Como não ver, no entanto, que a transliteração é o nome de uma prática explícita naqueles que estudam as diversas escritas? A coisa aparece, como a palavra **Europa** num mapa da Europa, tão grande que passa despercebida. Como se chega, por exemplo, a não levar em conta, para definir a escrita, um fato tão vultoso quanto o seguinte: as edições sérias dos textos hieroglíficos são feitas em três níveis: o primeiro é o texto hieroglífico em si, extraído aqui e ali, dos sarcófagos — por que não? — ou dos monumentos, com procedimentos do tipo de estamparia; o segundo nível dá, letra a letra, a transliteração do texto hieroglífico, e o terceiro propõe uma tradução. Isso demonstra que os egiptólogos sabem perfeitamente distinguir, diferenciar, isolando-as, essas três operações que são a transcrição, a transliteração e a tradução. Champollion obriga. Como ousar persistir, uma vez reconhecidos tais fatos, em afirmar que o escrito "traduz", em identificar a escrita (como propõe ainda um J. P. Sartre) a uma língua estrangeira?

Extraído de E.A. Wallis Budge, **The egyptian book of the dead,** Dover publications, Nova York, 1ª ed., 1967, p. 98.

Se podemos assim encontrar, no livro de Gelb, certas afirmações que parecem muito próximas do que faz valer a conjetura de Lacan, permanece o fato de que existem aí duas abordagens diferentes da escrita; a conjetura de Lacan exclui a suposição da existência de um estágio dito "semasiográfico" da escrita, de um estágio em que as figuras e as imagens seriam compreendidas por si mesmas sem corresponder a um signo da linguagem falada[22]. O sonho do ideograma, como se vê aqui, não é feito somente pelos poetas, mas é encontrado também entre os teóricos. É de se notar que o suposto estágio semasiográfico da escrita, tentando demarcar um modo do escrito que não teria correspondência com aquilo que faz "signo" na linguagem falada, tenta dar existência a uma escrita que estaria fora da transliteração, uma vez que a operação da transliteração é o que explicita essa correspondência. Não é de admirar, a partir daí, que Gelb reduza a um simples problema técnico o estatuto dessa operação.

Dar, com a transliteração, seu estatuto de escrito ao escrito não tem a importância, unicamente, de fazer uma certa faxina teórica. Pode-se também ler a partir daí, voltando agora a esse ponto, o que vou chamar em Magritte, a fim de sublinhar sua importância para o discurso da lógica, **a teoria dos cachimbos.**

M. Foucault admite, como, com efeito, o impõe a simples leitura do signo, que é "**impossível definir o plano que permitiria dizer que a asserção "isto não é um cachimbo" é verdadeira, falsa, contraditória**"[23]. Trata-se, então, para dar conta do que é realizado por Magritte, de se remeter aquém do quadro para interrogar, ali onde não estão reunidas as condições de uma leitura puramente logicizada, a operação da qual o quadro seria apenas o resultado. Foucault dá este resultado como um caligrama desfeito. O que dizer disso?

Foucault supõe "que um caligrama foi formado e depois decomposto", e dele o quadro seria "a constatação do fracasso e os restos irônicos"[24]. O pôr em jogo essa suposição verifica-se, de fato, muito esclarecedor. Fazendo do quadro o resultado de uma disjunção entre o texto e a imagem, ela revela o texto como imagem (a partir daí reduzida à imagem de "si mesmo"), e esta última como oriunda da mesma pena daquele. Mas, mais ainda, essa suposição é a única capaz de dar conta da negação (isto **não é** ...) que o texto privilegia e que opta por escrever apesar da impossibilidade acima apontada: o **dizer que não**, pois que é disso que se trata, é, no quadro, o resto do **não dizer** próprio ao caligrama. No caligrama, com efeito, o acesso ao dizer é bloqueado pela maneira de apresentar, o **voyeur** detém o leitor. Um caligrama não se decifra sem que se dissolva aquilo que ele figura, com o próprio fato que ele figura; **um caligrama, em outras palavras, como caligrama, não se decifra**; e, reciprocamente, um caligrama não se olha sem que se ponha em jogo, com este olhar, o desconhecimento desse texto que faz sua textura; **um caligrama, em outras**

---

[22] Cf. Gelb, op. cit., p. 15.

[23] M. Foucault, "**Ceci n'est pas une pipe**", op. cit., p. 19.

[24] Ibid., p. 20.

palavras, como caligrama, não se olha. Nem visto nem lido, como um caligrama acederia ao dizer, à fala, na medida em que esta desenvolve seus efeitos no lugar do Outro? Assim, a suposição do caligrama desfeito dá conta, realmente, do não dizer caligramático, formulando um impossível dizer que não.

O caligrama desfeito é a desfeita do caligrama? O quadro de Magritte realiza uma separação completa entre o texto e a imagem, que cairiam, como escreve Foucault, "cada um para o seu lado"? O quadro efetua, como escreve ele ainda[25], "um apagamento do "lugar comum" entre os signos da escrita e as linhas da imagem"? Podemos nos regozijar aqui, decerto, com o gozo que Foucault extrai ao imaginarizar a cena da derrota do mestre-escola que se atrapalha, balbucia, incapaz de dizer a que "isso" se refere, provocando, assim, a zombaria, a balbúrdia dos alunos até o ponto de suspensão constituído, com a queda do quadro de Magritte, pela disseminação das letras do texto e os mil pedaços do agora irreconhecível desenho do cachimbo. Mas, por que introduzir essa cena? Por que conceber o quadro como o de uma sala de aula, e já se viu alguma vez um quadro-negro revestido com a larga moldura mostrada pela última versão de "isto não é um cachimbo?"

Vai-se observar inicialmente que a indeterminação do objeto do "isto" faz simplesmente um retorno à leitura do signo e não se beneficia da análise precedente. Mas, principalmente, é claro que falta acrescentar essa cena, pois o quadro de Magritte mostra, por ser ele mesmo o objeto de uma mostração, que ele não efetua **plenamente**, ao contrário do que afirma Foucault, o apagamento do lugar comum entre signos de escrita e linhas de imagens. Este quadro só existe na medida em que esse apagamento permanece parcial, a partir do laço entre a imagem e o texto no qual ele persiste em apoiar-se, mesmo que seja só para interrogá-lo.

A partir daí se coloca a questão de saber se não seria possível uma derrota mais radical do caligrama, se um modo de escrita não seria suscetível de disjungir mais ainda imagem e texto, realizar mais ainda o apagamento de seu lugar comum.

E já que é preciso ir buscar a verdade desse apagamento na boca das crianças, vou optar, não por aqueles bagunceiros, encantados com o desconcerto do mestre concebido pela travessura de Foucault, mas por esses que, mais discretamente, entre eles, se aplicam (no sentido do guerreiro "aplicado" de Paulhan), já que isso é realmente necessário, a tentar se privar de fumar. Pelo menos eles têm essa vantagem inicial sobre os primeiros: a de colocar sua questão, pondo em jogo, não dois elementos — imagem e letra — mas três, já que além dos dois citados intervém o objeto.

Obtendo, na fala pré-fabricada de seu relato, um cachimbo, **pipe**, com o "dois **pi** pantera", isto é, graças ao apoio homofônico, essas crianças separam o significante "**pipe**" de seu objeto, quebram o laço referencial. Seu chiste

---

[25] Foucault, op. cit., p. 34.

aparece, assim, como sendo do mesmo tipo que aquele em que se baseia o rébus de transferência, onde o mesmo apoio homofônico dissocia, ao mesmo tempo, o significante do objeto e este de seu signo, já que, pelo rébus de transferência, este signo valerá por um outro objeto. A separação da imagem do cachimbo do objeto suposto lhe corresponder seria, assim, mais concluída, se uma escrita resolvesse tomar a imagem estereotipada de um cachimbo como cifra das duas primeiras sílabas da palavra "PIPERADE". Então, por esse laço da imagem com o significante, a imagem do cachimbo não teria mais razão para manter sua semelhança com o objeto, prova de que uma disjunção foi realmente efetuada.

Se é verdade, como foi mostrado acima, que a transliteração explicita o que o rébus de transferência efetua, então ela deverá ser considerada como a operação que desdobra (no sentido de P. Soury) aquilo que o caligrama condensa. Entre os dois, o quadro de Magritte está como que a meio-caminho: não uma escrita, mas uma pintura que é uma questão sobre a escrita.

Soury chama "desdobrar" o fato de produzir uma apresentação de um objeto topológico que isola, melhor que um outro, os pontos de singularidade característicos desse objeto. A fórmula que enuncia que a **transliteração desdobra o que o caligrama condensa** encontra sua confirmação na análise do caligrama proposta por Foucault. O caligrama — escreve ele — tenta apreender as coisas na armadilha de uma "**dupla grafia**": ele alfabetiza o ideograma e reparte numa figura, numa forma pictogramática, a monótona sucessão dos elementos literais suscitados pela escrita alfabética. Vê-se que o "**duplo**" da dupla grafia se opõe ao **trans** do transliteral que, como travessia do texto de uma escrita a uma outra, supõe o desdobramento daquilo que o calligrama duplica. Nesse sentido, **o caligrama é o negativo do transliteral,** oposição que se confirma ao se notar que o caligrama tenta inscrever esse desdobramento numa simultaneidade ali onde a transliteração necessita da sucessão, a única a permitir o "letra a letra" dos elementos transliterados.

Vê-se, pois, como a conjetura de Lacan permite prolongar a interpretação desenvolvida por Foucault do "**isto não é um cachimbo**". O fato de se ter podido, dessa maneira, revelar a oposição entre o caligrama e o transliterado não é pouca coisa, pois daí resulta, se fizermos questão de uma definição do escrito pelo transliteral, que o caligrama, seja ele ou não desfeito, não é da ordem do escrito. Magritte **pinta** — mesmo que com o escrito. Tal é a conclusão, que alguns vão julgar trivial.

Jogar com o escrito não é necessariamente escrever. Poderíamos, a partir daí, interrogar como pôr em jogo uma exigência de beleza (**kallos**), na apresentação do que é enunciado pelo analisando, se constitui como um grave (Lacan diz "último") obstáculo para que cesse de não se escrever o saber textual portado por seus enunciados. Todavia, parece-me desejável explicitar a aposta da conjetura de Lacan na doutrina analítica.

Essa aposta nada mais é que a própria distinção dos três registros, do simbólico, do imaginário e do real. Se isso for exato, o que pretendo imediatamente demonstrar, devemos convir que, a partir de Lacan, a única escolha reside entre negligenciar essa conjetura e, ao mesmo tempo, proibir-se de levar em consideração esses três registros, ou então articular o simbólico, o imaginário e o real a partir do escrito.

Diante de 63 pessoas, das quais 45 eram novos membros da Sociedade Francesa de Psicanálise, em 8 de julho de 1953, Lacan inaugurou a via científica da recém-inaugurada sociedade, introduzindo, pela primeira vez em seu ensinamento, os três registros do simbólico, do imaginário e do real. Institucional e teoricamente, era uma grande estréia.

Introduzir S.I.R. obriga Lacan a mostrar, senão a justificar a distinção como tal desses três registros: trata-se, pois, de produzir os traços suscetíveis de permitir identificar cada um deles. O problema que se coloca, portanto, é um problema que se deve dizer de **discrição**, ou, para dizê-lo de outra forma, de **discernimento**. Ora, todos poderão verificar, reportando-se a esse texto,[26] que a distinção entre o simbólico e o imaginário, o fato de que tal elemento na fala do paciente seja demarcado como oriundo de um ou outro desses registros, não se refere a nada mais que à operação do rébus de transferência. Eis o texto:

"Para abordar de uma certa maneira o assunto de que falo, a saber, o simbolismo, direi que toda uma parte das funções imaginárias na análise não tem outra relação com a realidade das fantasias por elas manifestadas senão aquela mantida — se quiserem — pela sílaba PO com o jarro, de formas de preferência simples (em francês POT, homófono), **que ela designa. Como se vê, facilmente, no fato de que em "polícia" ou em "poltrão", essa sílaba tem, evidentemente, um valor inteiramente outro. Podemos nos servir do "pot" para simbolizar a sílaba PO, inversamente, no termo "polícia", ou poltrão, mas convirá então acrescentar-lhe ao mesmo tempo outros termos igualmente imaginários, que não serão tomados, ali, por outra coisa além de sílabas destinadas a completar a palavra"[26].**

Algumas linhas adiante, Lacan explica: "**Não é minha essa definição de que o sonho é um rébus: é do próprio Freud.**" Assim, não é preciso apelar para o texto de 1962 que explicita, numa conjetura sobre a origem da escrita, o que já está manifesto desde antes do relatório de Roma, e a insistência lacaniana que define o significante no **pot** (pote, a partir daí, ao mesmo tempo e indissociavelmente, "de mostarda" e "vazio") encontra o seu estatuto no fato de que é como **uma sílaba** — isto é, uma entidade que deve seu estatuto apenas ao escrito — que este PO é, em primeiro lugar, mencionado.

Logo, aparece aqui que a transliteração, ao mesmo tempo em que situa o significante como significante, literalizando-o, opera a clivagem dos dois registros, do simbólico e do imaginário: assumindo, com o signo, o significante como significante (fora do sentido), a transliteração vai **localizá-lo**, separando assim aquilo que, no lugar do significante, corresponderia ao imaginário e ao simbólico.

---

[26] Circula, numa edição dita "pirata", com as atas do Congresso de Roma, esse texto do qual o mínimo que se pode dizer é que a religiosidade não falta! Encontraremos a citação acima na página 10 deste fascículo.

Pode-se, igualmente, identificar essa tomada do significante no literal como sendo a via obrigatória do apagamento. Somente o literal pode — segundo a bela expressão de Lacan — "fazer liteira"* da letra e produzir assim a decadência dessas palavras que são o esqueleto da neurose. Mallarmé: **"Profiro a palavra para tornar a mergulhá-la na sua inanidade".** É necessário este "fazer liteira" para que a palavra do Outro, no analisando, aceda à sua inanidade.

O que acontece com o estatuto do inconsciente ao termo desse percurso?

A "conjetura de Lacan" vem esclarecer o que significa que ele esteja estruturado como uma linguagem. Se o que ali faz instância, e inicialmente insistência, é mesmo a letra e não o significante (o que, portanto, permite dar conta de que possa haver, não esquecimento, mas antes apagamento no inconsciente, como testemunha a experiência), estar estruturado como uma linguagem quer dizer que **ele está estruturado como essa linguagem cuja estrutura se revela somente pelo escrito,** em outras palavras, por escrevê-lo, na medida em que a transliteração lhe dá seu estatuto. A transliteração é o nome da operação pela qual o escrito cessa de não se escrever.

O ganho em precisão pode parecer pequeno. No entanto, está em questão nada menos que a própria nomeação do inconsciente — questão escamoteada quando a psicanálise reduz suas ambições a um proselitismo da crença na existência do inconsciente. Será preciso um testemunho desse questionamento do próprio conceito do inconsciente pelo escrito? Vamos encontrá-lo sem dificuldade, notando que foi Lacan mesmo quem, tendo definido o inconsciente como "estruturado como uma linguagem", chegou a renomeá-lo; é verdade que "l'une-bévue", ao menos aparentemente, ainda não pôde perfurar seu lugar; será porque se sabe muito bem que um outro nome convoca uma outra coisa?

Essa nomeação foi tardia em Lacan. Ela é um dos frutos da cifração topológica do ternário real, simbólico, imaginário pelo nó borromeano. Por ter precisado, aqui, o estatuto lacaniano da letra através da transliteração, permitimo-nos situar, senão sua razão, pelo menos o fio pelo qual **l'une-bevue** (que vimos, ao mesmo tempo, como tradução e transliteração de **l'Unbewusste** de Freud) se liga ao inconsciente estruturado como uma linguagem.

Se, com efeito, a responsabilidade da letra pelo significante produz, como acabamos de mostrar, com a inanidade da palavra, a distinção como tal entre o imaginário e o simbólico, a transliteração, que é o nome dessa responsabilidade enquanto efetiva (é o apagamento), é um dos caminhos essenciais pelos quais o imaginário e o simbólico encontram seu estatuto de dimensão (**dit-mension**) do ser falante. Ora, o estabelecimento dos três registros como tais, onde a prática analítica se redefine como nodulação/desnodulação de R.S.I., como a colocação destes em equivalência, que é ao mesmo tempo a operação pela qual essas dimensões acedem à irredutibilidade

---

* No original, **"faire litière"**, que significa, literalmente, sentar em cima, usar algo como liteira, e é usado, figuradamente, no sentido de desprezar alguma coisa, não tratá-la com consideração. (NT)

que é o próprio da dimensão (**dit-mension**), foi uma condição de possibilidade para o que o **l'Unbewusste** passasse a **l'une-bévue**. A transliteração verifica-se, então, ser uma articulação, uma ponte entre a análise tomada como simbolização do inconsciente e a análise como nodulação constituinte das três dimensões do ser falante. Ela torna assim admissível que tenha podido haver em Lacan uma passagem de uma definição da análise para a outra, e que ele tenha chegado a "**introduzir alguma coisa que vai mais longe que o inconsciente**"[27].

Resta o fato de que a diferenciação do real, do simbólico e do imaginário não é redutível unicamente à clivagem dos dois últimos. Além disso, essa diferenciação não poderia ser encarada sem que se interrogasse o estatuto desse significante singular que é, em Lacan, o significante do Nome-do-Pai, já que ele sustenta essa diferenciação, já que é a ele que ela se atém. Logo, ela não pode ser plenamente estudada senão a partir das lições que a psicanálise não cessa de receber da psicose.

Será possível ver como o questionamento do estatuto inconsciente se redobra por um não menos sério recolocar em questão deste significante. É necessário ainda explicitar esse estatuto. Isso não está fora do alcance de uma clínica psicanalítica do escrito, na medida em que o "campo paranóico das psicoses" (Lacan) é esse campo onde, mais que em qualquer outra parte, o impasse sobre a letra se verifica ser um impedimento radical.

Nos seus últimos seminários (topologia borromeana de R.S.I.), Lacan faz confluir o problema do Nome-do-Pai e o do inconsciente, chegando a identificá-los. Um e outro constituem o objeto de uma mesma reelaboração, exigida pela nodulação borromeana de R.S.I.. Esse dimensionamento (**mise en dit-mension**) sugere, assim, que haveria uma outra maneira (aquilo a que a clínica chama "o normal", que não tem nada a ver, aqui, com uma média obtida a partir de uma população de neuróticos) de dispensar o Nome-do-Pai que não aquela de que dá testemunho o psicótico, pagando o seu preço. Em que consiste essa outra maneira? Devemos estudar mais de perto esse testemunho, pelo menos para poder avaliar essa questão como sendo aquela mesma em jogo a cada final de análise.

---

[27] J. Lacan, **L'insu que sait de l'une-bévue s'aile à mourre.** Seminário de 16-11-1976. Cf. também Conferência em Bruxelas de 26-02-1977. Inéditos.

QUARTA PARTE

Função Persecutória da Letra

CAPÍTULO OITO

Da discordância paranóica

Introdução ao
"campo paranóico das psicoses"[1]

Heráclito também culpa Homero por ter dito: "Possa a discórdia desaparecer entre os deuses e os homens!" Pois, então, tudo pereceria.
Heráclito de Éfeso, Fragmento, II

Na tradição psiquiátrica, uma verdade tida como estabelecida opõe as psicoses paranóicas às outras, aquelas que são às vezes reagrupadas sob a qualificação de "discordantes". Sob esse ponto de vista, conjugar os dois termos que formam o sintagma "discordância paranóica" é simplesmente uma heresia.

Com efeito, tanto na escola alemã, quando se constituiu, com Kraepelin, a entidade "Paranóia" como distinta de tudo o que teria a ver com uma evolução demencial, quanto na França onde, com Sérieux e Capgras, ela se separa da psicose alucinatória, uma das principais características da psicose assim demarcada é a concordância por ela manifestada com aquilo que se pode conceber como tendo sido a personalidade anterior do sujeito.

E, uma vez que a tese de Lacan de 1932 avançou o mais que pôde (isto é, até o ponto em que toda questão será suscetível de bascular, como vai provar a continuação) essa ligação da paranóia com a personalidade, é dessa tese que vou tomar duas referências maiores, capazes de validar a afirmação do valor determinante de sua conjugação.

Kraepelin nota "o **acordo** (antes e durante o delírio) do sujeito com a cor pessoal das reações hostis ou acolhedoras com relação ao mundo exterior, a

---

[1] Lacan, Seminário **A Relação de objeto**.

concordância da sua desconfiança com o sentimento experimentado por ele de sua própria insuficiência, e **também aquela** de sua aspiração ambiciosa e apaixonada à fama, à riqueza, e à potência com a sobrestimação desmesurada que ele tem de si mesmo"[2] (os grifos são meus).

Sérieux e Capgras fundam-se na presença ou ausência deste acordo para, no primeiro caso, estabelecer um diagnóstico de psicose paranóica e, no segundo, o de uma psicose alucinatória em seus começos, ou seja, num tempo onde pode haver apenas interpretações delirantes, em outras palavras, nada (exceto, justamente, a ausência desse acordo) que venha permitir que se distinga este quadro daquele do delírio de interpretação da loucura de raciocínio. "O delirante alucinado" — escrevem eles — "experimenta uma mudança que o inquieta e rejeita, inicialmente, os pensamentos que o assaltam; ele tem consciência de seu **desacordo** com sua mentalidade anterior: mostra-se indeciso. Só atinge a certeza, a sistematização, no dia em que a idéia delirante se torna sensação. (...) Nada há de semelhante no delírio de interpretação, cuja origem se perde na distância"[3].

A evidência deste acordo é o que dá seu peso à noção de uma "constituição paranóica": foi esta que fez Génil-Perrin escrever: "Alguém se torna interpretador porque é paranóico"[4], asserção cujo aspecto bizarramente pleonástico mal esconde a acusação de perversão dirigida ao paranóico (teoria da origem perversa da psicose); é ainda ela, esta evidência, que sugere a Dromard a metáfora do talipe: "Assim como um talipe cresce harmoniosamente com relação ao germe do qual já preexistia, assim os erros do interpretador crescem como devem crescer num cérebro que os implica em potencial desde a sua origem"[5].

Confrontada com essa definição da paranóia como **expansão**, a tese de Lacan ao mesmo tempo faz e não faz ruptura. Ela afirma, também , o acordo: entretanto, faz com que esse incida, não mais sobre a constituição, mas sobre o que ela designa pelo termo "personalidade". Ora, desse deslocamento vai nascer a possibilidade da báscula acima evocada, aquela que Lacan constata quando da reedição de seu texto sobre **A psicose paranóica em suas relações com a personalidade,** no momento em que, na sua aula de 16 de dezembro de 1976, enuncia: "Se por tanto tempo resisti à republicação de minha tese, foi simplesmente pelo seguinte: é que a psicose paranóica e a personalidade como tal não têm relações ... pelo simples fato de serem a mesma coisa."

Esta coisa, a tese a designa como consistindo em "relações de compreensão", às quais atribui um valor objetivo. Mas se, como ela afirma, foi necessário promover essa compreensão para situar os fatos de discordância (esta sendo nada mais que os efeitos daquela), a identificação, uns quarenta

---

[2] J. Lacan, **De la psychose paranoiaque dans ses rapports avec la personnalité**, Paris, 1ª ed., Le François, 1932; 2ª ed., Seuil, 1973, p. 39.

[3] Lacan, op. cit., p. 67 e 68.

[4] Genil-Perrin, **Les paranoïaques**, Paris, Maloine, 1927, p. 48.

[5] Genil-Perrin, op. cit., p. 173.

anos mais tarde, entre a paranóia e a personalidade torna hoje admissível o fato de que a discordância, característica principal da esquizofrenia, tira sua definição da personalidade, isto é, da paranóia.

Uma vez destacado este **pedestal paranóico** sobre o qual se edificaram— aliás, de maneira concomitante — tanto a paranóia quanto a esquizofrenia, uma vez revelado este traço que permite assinalar como paranóico o campo das psicoses, torna-se possível interrogar a psicose, não mais a partir da evidência paranóica (aquela da personalidade definida como "a unidade de um desenvolvimento regular e compreensível", ou seja, como aquilo mesmo que, só-depois, Lacan define como paranóico), mas a partir da própria paranóia, isto é, do tipo de discordância por ela presentificado"[6].

Em suma, se não fosse a insistência dessa Vulgata psiquiátrica para a qual o acréscimo recente de alguns termos do vocabulário psicanalítico serve fastidiosamente de tapa-buraco, nada haveria de muito escandaloso em se admitir algo diverso da oposição entre a discordância e o acordo; em admitir, pelo menos a título de uma hipótese para a leitura, que o campo da psicose (e, com ele, o conjunto da clínica) seria melhor demarcado se considerássemos que **nunca se lida com outra coisa que não os diversos modos de desacordo.**

Disso poderia resultar uma vantagem de simplificação: aquela que resultaria da validação, se esta fosse possível, da asserção pela qual se "a neurose é, no seu fundo, histérica"[7], a psicose é essencialmente paranóica — o que não significa que todas as psicoses sejam paranóias.

A psicanálise não é alheia ao fato de que esta pergunta possa, pelo menos, ser formulada.

Não fui eu quem...

Não bastou que os psicanalistas centrassem suas interrogações sobre a articulação da análise e da histeria para que se cortassem os laços que, já desde seu princípio fliessiano e ao longo de toda a sua elaboração doutrinária, se estabeleceram com a paranóia.

Não carece de importância abordar o estudo desses laços a partir do segundo tempo, aquele fundado por um "retorno a Freud" (cf. cap. X). Convém observar, com efeito, que este retorno estabelecia um modo enunciativo onde um dizia o que o outro havia dito, em outras palavras, uma maneira de apresentar a psicanálise a propósito da qual não é mais possível, hoje, deixar de se interrogar se não existe aí uma enigmática proximidade com a abordagem paranóica.

Foi a partir da paranóia que Lacan chegou a interrogar Freud. Diríamos que ele lhe perguntou como dar conta da autopunição como necessária? Ou como dar conta daquilo que podia dar à passagem ao ato essa função resolutiva de que testemunha o caso Aimée? Mas, de preferência a decidir cedo demais

---

[6] J. Lacan, **De la psychose...**, op. cit., p. 39.

[7] J. Lacan, **L'insu que sait de l'une-bévue s'aile à mourre,** seminário de 19 de abril de 1977, inédito.

quanto à própria formulação da questão, parece-me mais adequado julgar o assunto por suas conseqüências.

Em 1932, Lacan encontra na doutrina psicanalítica os elementos mais suscetíveis de lhe permitir dar conta de maneira válida da paranóia de autopunição; a tese toma um apoio decisivo no genetismo de Abraham. Mas ele também espera da prática psicanalítica que esta não se recuse ao tratamento das psicoses, nem que seja ao preço de uma transformação técnica: a psicanálise do inconsciente deveria converter-se numa psicanálise do Eu (**Moi**). Essas indicações, encontradas na tese, poderiam parecer antilacanianas a um olhar apressado: nem por isso devem ser negligenciadas: elas caminham junto, com efeito, com certas considerações que mostram que Lacan, desde aquela época, estava a par dos problemas levantados pela análise das psicoses paranóicas. Assim, por exemplo, quando, para além da antinomia bem observada segundo a qual o psicanalista, inevitavelmente, vira perseguidor, ele descreve essa outra antinomia que é a da própria interpretação: suposta dissolver o delírio, ou, pelo menos, auxiliar sua dissolução, ela só consegue alimentá-lo.

Vamos notar que, com referência a este apelo a uma psicanálise do Eu, a intervenção de 1936 no Congresso de Marienbad deve ser situada, não como rompendo com ele, e sim na sua continuidade. O "estágio do espelho" tem como pano de fundo a problemática da paranóia: a continuação, aliás, e em especial o que se chamará a "estrutura paranóica do Eu"[8], irá explicitar este pano de fundo.

Em suma, o "estágio do espelho" testemunha que, se a paranóia podia ser esclarecida pela doutrina psicanalítica, era preciso modificar esta mesma fonte de esclarecimento. Esse texto responde, pois, à profecia da tese segundo a qual, fora da abordagem deste "problema mais atual da psicanálise" (o do tratamento analítico das psicoses), só poderia haver, para a análise, uma "estagnação dos resultados técnicos em seu alcance atual, (o que) acarretaria rapidamente um enfraquecimento da doutrina"[9].

Uns trinta anos mais tarde, na lição inaugural do seminário de 1964-65, por ocasião de uma discussão das relações entre a psicanálise e a ciência, Lacan chega a fazer referência ao que seria uma **paranóia bem-sucedida.** Ele explica em seguida, além disso, numa frase que se deve citar, pois nela se encontram ligados os termos "eu" e "paranóia": "... não fui quem introduziu a fórmula da paranóia bem-sucedida"[10]. Ora, se quisermos mesmo considerar essa afirmação literalmente, será preciso admitir que o enunciado é inexato: foi realmente Lacan quem introduziu esta fórmula (no mesmo instante em que o nega), já que Freud, que, com efeito, apresentou a possibilidade de um sucesso em contraponto da efetuação paranóica, nem por isso introduziu, como Lacan, alusiva e abusivamente aqui lhe imputa, a **fórmula** de uma paranóia bem-sucedida.

---

[8] J. Lacan, **Écrits**, op. cit., p. 114.

[9] J. Lacan, **De la psychose paranoiaque...**, op. cit., p. 279.

[10] J. Lacan, "La science et la verité", in **Cahiers pour l'analyse**, n° 1/2, Paris, Copedith, 1969, p. 27.

Estudar os laços que unem a psicanálise à paranóia a partir do que chamamos, acima, de um **segundo tempo**, oferece o interesse principal de dar toda a sua chance a esta fórmula.

É necessária, com efeito, uma segunda pessoa, ao menos invocada, para articular um "não fui eu..."; ademais, trata-se de não escamotear aqui sua pertinência, retomando-o, como se pode fazer tão facilmente, com uma resposta que diria: "Foi **ele**, sim", resposta que perderia de vista o que está em jogo nessa história toda, fazendo intervir nela, cedo demais, esta não-pessoa que é, segundo Benveniste, a chamada terceira. Por ora, só se trata de "eu" e de "não-eu".

Já que sua importância não é a de ser conforme a uma realidade, qual é, pois, a verdade deste "não-eu"?

Pode-se responder que ele apresenta a qualidade de estar de acordo com a fórmula da paranóia bem-sucedida que introduz: **idea vera debet cum suo ideato convenire;** essa asserção de Espinosa, que tanto agradava a Lacan, vale plenamente aqui. Com efeito, um enunciado do tipo "fui eu quem..." teria de imediato se desqualificado com referência ao modo de enunciação paranóica, ao passo que o "não fui eu quem..." é precisamente uma das afirmações principais que Lacan, ao mesmo tempo, confirma e ratifica, num Schreber.

Schreber, que havia lido a quinta edição do tratado de Kraepelin, contesta, com efeito, não sem medida, não sem prudência, não sem delicadeza, que o psiquiatra possa reduzir o que lhe é testemunhado pelo paranóico à invenção arbitrária de sua imaginação (a do paranóico); e para demonstrar que as vozes lhe vêm de um Outro que é mesmo real — que ele designa como o sobrenatural — ele dá mostras de um espírito crítico tão preciso e eficaz quanto o de um psiquiatra, a fim de que este último não descarte mais os seus dizeres, levando-os à conta de uma falha de sua capacidade crítica[11].

Este modo de enunciação onde o sujeito não desconhece estar falando de algo que lhe falou, onde se encontra, com referência àquilo que tem a dizer, na necessidade de dever fazer admitir que isso se sustenta por um "não fui eu...", onde algum ser fala ao sujeito que, a partir de então, só pode-se fazer de testemunha, diante de um outro, desta fala, este modo de enunciação é o que Lacan define como "o próprio fundamento da estrutura paranóica"[12].

Em outras palavras, regrando-nos assim sobre a estrutura, podemos admitir que, se existem delírios com tema de grandeza, não existem em contrapartida delírios de grandeza: somente de perseguição.

Nomear este **modo de enunciação paranóico** não obriga a reunir tudo que dele se origina sob a definição diagnóstica de "paranóia". O fato de haver aí um jogo possível, vias diferentes, é mesmo o mínimo implicado pelo termo "paranóia bem-sucedida".

Ao modo de enunciação paranóico se pode aproximar, com um proce-

---

[11] D.P. Schreber, **Mémoires d'un névropathe,** trad. franc. P. Duquenne e N. Seles, Paris, Seuil, 1973, p. 77 e 78, e J. Lacan, **Les psychoses,** Paris, Seuil, Seminário de 11 de janeiro de 1956.

[12] J. Lacan, ibid., seminário de 30 de novembro de 1955.

dimento de tipo "retorno a", tanto uma prática como a do controle (deve haver realmente uma razão para que não se consiga dar a esse "controle" um nome menos persecutório, isto é, mais aceitável para o princípio de tranqüilidade) quanto um dispositivo como o do passe: em ambos os casos, a fala, a do passador, a do controlado, abre seu caminho a partir do "dizem", constituindo-se ela mesma como um "dizem".

O "dizem" responde à sua maneira — que não é uma qualquer — ao "não fui eu quem...". E para empregar aqui os termos elaborados por P. Soury, diremos que a estrutura do modo de enunciação paranóico é melhor "desprendida", melhor "afrouxada" quando a resposta ao "não fui eu quem..." passa por uma réplica na terceira pessoa, por alguma coisa que é, não um "foi você", mas um "foi ele", pois o ele reclama a diferenciação entre aquele a quem se fala e aquele de quem se diz que ele diz.

Quem quer que tenha lidado, por exemplo, com aquilo que a psicanálise, ao se institucionalizar, estabeleceu sob o nome de "controle", sabe que ali se faz a experiência de uma não-localização de quem fala e para quem; um estilo como o de M. Duras torna sensível isso, que a lingüística definiria como uma falha na função dos embreantes. Tudo se passa, num controle, como se essa falha habitasse em caráter permanente a fala do controlado, que só consegue preenchê-la ao preço de trazer sensíveis modificações ao texto do psicanalisando de quem fala. Basta, assim, que o analisando lhe tenha dito "sonhei com você" para que, relatando este sonho em controle (como acontece que se faça), o controlado tenha que escolher: seja repetir pura e simplesmente o "sonhei com você", caso em que a dificuldade consiste no fato de que, como os equivalentes das aspas são difíceis de se produzir na língua falada, a frase evoca inevitavelmente este outro sonho que seria aquele em que o controlado teria sonhado com o controlador, ou então, para evitar este equívoco a que não fica insensível, o controlado, modificando o texto, dirá de seu analisando que ele ou ela "sonhou comigo", o que está longe de ser assegurado, já que nada diz — se nos ativermos apenas ao texto do sonho — que o "você" em questão ("**vous**", no original) não designe, além do analista, toda a sua pequena família ou qualquer outra coisa que se queira imaginar sob algo que, daí por diante, não seria mais um "**vous**" de polidez, mas um plural.

O procedimento do passe foi feito para pôr em jogo, igualmente, este "dizem", e a ponto de dele fazer depender a nomeação, já que o passante nunca se encontrava na presença da instância nomeadora e que, portanto, tudo se ligava aos ditos dos passadores. Nenhuma nomeação se sustenta sem o apoio tomado nos "dizem": esta asserção que o passe punha em ato (fundando-se nela) poderia ter sua validade apoiada a partir do estudo da patologia da nomeação: pode-se apostar que a patologia da paranóia sairia ganhando com isso.

Curiosamente, a prática analítica parece se distinguir desses procedimentos com que ela balizou seus arredores, já que exige a presença do analisando. Mas toda a questão é saber se o analisando está ali de outra maneira que não como passador desse discurso de que ele testemunha em seu sintoma e que é, ele mesmo, afetado pelo "não-eu".

Nomear "inconsciente" este "discurso do Outro", é isso que faz com que esse inconsciente ex-sista? E ex-sistir como? Será que ele irá se manter, no exterior, de outro modo que não como o Deus de Schreber?

Eu é erógeno

Lacan abriu uma de suas vias do modo de enunciação paranóico, produzindo a fórmula de uma "estrutura paranóica do Eu".

Esta fórmula é tomada num texto de 1948. Existem diversas maneiras de dizer o deslocamento da problemática, desde a tese até o que se elabora então, na mesma vertente do "Estágio do espelho" (aliás, retomado e publicado em 1949). Uma maneira divertida poderia consistir em sublinhar a mudança na referência filosófica: a tese, com efeito, é espinosiana, ao passo que a "estrutura paranóica do Eu" se apóia numa das principais figuras da **Fenomenologia do Espírito**. O fato de que o filósofo reconheça, de Espinosa a Hegel, uma mesma inspiração, um mesmo sistematismo, não resolve a questão daquilo que faz signo nessa mudança.

A doutrina de Espinosa se apresenta na tese como "a única concepção"[13] capaz de dar conta da psicose paranóica, não mais como um fenômeno deficitário (cf., aqui mesmo, os caps. I e III), mas como um fato de discordância do que seria o desenvolvimento normal da personalidade. Lacan, depois de a haver posto no exergo, conclui seu trabalho com uma proposição da **Ética** que aparecia inicialmente em latim (p. 11), depois numa tradução em francês (p. 342), que se pode conjecturar que devamos a ele (nada é dito na tese sobre a proveniência dessa tradução). De certo modo, a própria tese não foi mais que o desenvolvimento da discussão que deveria produzir, para terminar, a justificativa dessa tradução. Ora, ela se caracteriza especialmente pela introdução do termo "discordância". Sob uma pena tão bem informada do saber psiquiátrico, isso não poderia de modo algum ser obra do acaso.

A proposição "**Quilibet unius affectus ab affectu alterius tantum discrepat, quantum essentia unius ab essentia alterius differt**" põe em obra, cada um por sua vez, os dois verbos, **discrepare** e **differe,** que as traduções habituais tornam indistintos, fazendo-os equivaler, ambos, ao único verbo "diferir". Assim faz a Pléiade: "Todo sentimento de um indivíduo difere do sentimento de um outro, tanto quanto a essência de um difere da essência do outro" (**Tout sentiment d'un individu diffère du sentiment d'un autre, autant que l'essence de l'un differe de l'essence de l'autre**). A tradução de Lacan leva em conta, por sua vez, essa própria diferença, mesmo que para isso deva pagar o preço da introdução do verbo "mostrar" (**montrer**) que se buscaria em vão no texto latino, mas que é necessário à colocação em primeiro plano da palavra "discordância" (**discordance**), substantivo tornado obrigató-

---

[13] J. Lacan, **De la psychose paranoïque...**, op. cit., p. 337. Sobre o que se segue, consulte-se R. Misrahi: "Spinoza en épigraphe de Lacan", in **Littoral** 3/4, fevereiro de 1982, p. 73-85, ed. Erés.

rio devido ao caráter inusitado, em francês, do verbo "**discorder**" (discordar), (verbo que no entanto teria sido muito útil para manter o equilíbrio, em contrapartida bem mantido na tradução habitual pela reiteração do verbo "**différer**").

Apesar de seus inconvenientes, essa escolha se esclarece pela interpretação que segue imediatamente a tradução proposta. Lacan, com efeito, desloca então aquilo em que se baseia, já que, ali onde Espinosa fala em dois indivíduos, ele põe em paralelo dois estados de um mesmo indivíduo sublinhando a discordância do paranóico do que seria sua personalidade normal.

Essa discordância é, se ousamos dizer assim, a tese da tese, aquilo em que esta se encerra.

Mas se o paralelismo (no sentido espinosiano) é a sua condição de possibilidade, ainda assim só existe discordância paranóica a partir de uma outra suposição, segundo a qual o que seria a personalidade verdadeira, isto é, de acordo com sua essência (o que é, também, o caso da paranóia, cujo desacordo se verifica apenas ao confronto com a personalidade normal), seria cognoscível por outras individualidades, já que capaz de fazer conhecer o conhecimento que tem de si mesma, de fazer com que este conhecimento ache aprovação social. Logo, só existe discordância paranóica, na tese, com base no que se deve postular como **objetividade** do verdadeiro conhecimento. Este postulado não deveria surpreender, numa problemática decididamente espinosiana. Com efeito, se não deixamos de observar que a essência em jogo na citação nada mais é que o desejo, resulta daí que existem tantos desejos individuais quanto essências individuais; e, portanto, **afetos**. Assim, deslocar — como faz Lacan — as discordâncias interindividuais em discordância intraindividual equivale a presentificar, no lugar da individualidade, não um, mas dois desejos tão discordantes quanto aqueles de dois indivíduos, que não têm, em outras palavras, relação de discordância senão na medida em que um conhecimento verdadeiro, o do psiquiatra, pensa em pôr um diante do outro.

Tal é, em Lacan, em 1932, a relação entre a psicose paranóica e a personalidade. Vê-se que essa "relação" as supõe num mesmo plano: ambas se originam da definição espinosiana do **afeto**. Por isso, não haverá obstáculos para a sua identificação posterior.

Todavia, para ficarmos agora no que seguiu, imediatamente, à problemática de 1932, esse lembrete será o bastante para situar sua mudança de configuração, da qual se pode encontrar um sinal na colocação em jogo da fórmula hegeliana do desejo, não mais individualizado, e sim exposto como desejo de desejo. Alexandre Kojève profere suas lições de introdução à leitura de Hegel nos anos 1933-1939; Lacan, Queneau (que irá publicá-los) e muitos outros reconheceram aí um verdadeiro ensinamento.

O espinosismo da tese tinha que excluir a interpretação clássica do delírio a dois como delírio **induzido**; a tese "rejeita", não sem coerência, esta eventualidade[14]. É que uma loucura que fosse contagiosa não poderia existir

---

[14] J. Lacan, **De la psychose paranoïaque...**, op. cit., p. 248 e 341.

num saber que ela teria minado por dentro, nem que fosse simplesmente por figurar ali a título de uma possibilidade. Com efeito, se a loucura é suscetível de passar de um indivíduo para outro, nada vem garantir que o conhecimento objetivo que se possa ter dela não participe, ele próprio, do objeto conhecido, nem seja um conhecimento delirante. Em contrapartida, a loucura **simultânea** não é um perigo para o saber psiquiátrico, pois ela sobrevém, segundo a tese, apenas em indivíduos que ficaram por muito tempo imersos no mesmo banho, embarcados na mesma galera. Quem poderia imaginar que semelhante desventura ligue o psiquiatra a seu louco!

Mas, precisamente, este gênero de certeza cai, a evidência lhe falta, a partir do momento em que o desejo é pensado como se constituindo no lugar do Outro. E a resposta, a partir daí, será **localizar o DOIS** para definir aquilo que será (ou que seria, eis toda a questão) capaz de se destacar de uma outra ordem, e escapar assim à loucura do dois, até mesmo permitir que se contem três.

Em 1946, em seu **Propos sus la causalité psyqhique,** Lacan encontra em Hegel — especialmente na figura da bela alma — a metáfora capaz de operar essa localização, dando a "fórmula mais geral da loucura".

"Neurose narcísica", esta definição freudiana para a psicose (1915), toma aqui toda a sua importância: a bela alma não reconhece seu ser naquilo que ela denuncia como a desordem do mundo, nem tampouco, na lei de seu coração, a imagem desse mesmo mundo, simplesmente invertida. O mecanismo da psicose é então concebido por Lacan como o desconhecimento de uma identificação.

O Eu (**moi**) não tem outra possibilidade constituinte senão enquadrar-se (no sentido da acomodação fotográfica) na imagem do outro (tal era a revelação do texto sobre o estágio do espelho), senão atribuir assim a este outro uma parte importante da sua libido. Mas esta heterogeneidade fundamental do Eu se choca com o Eu, atinge sua suscetibilidade, não convém àquilo que, nele — imposição da libido narcísica — não cessa de pretender o "Eu é Eu", de afirmar, contra tudo e todos, o caráter inalienável dessa propriedade do Eu de ser apenas Eu. Sob este ponto de vista, que é o do próprio narcisismo, a alteridade aparece, **por si mesma**, persecutória; o objeto, por ser outro, já é fonte de insatisfação, apresenta-se imediatamente como o que M. Klein chamava um "mau objeto interno".

O desconhecimento daquilo que o constitui está, assim, necessariamente implicado na postura "alcestuosa" do Eu[15]. Também a fórmula lacaniana de uma "estrutura paranóica do Eu" deve ser lida como, de certa maneira, nada mais fazendo que apontar para um corolário deste desconhecimento. Para o Eu, apresenta um valor persecutório cada elemento que venha suspender este desconhecimento, isto é, que reconduza o Eu a sua origem no outro.

Logo, não existe saída lógica para o Eu paranóico senão na passagem ao ato.

---

[15] Refiram-se ao comentário da Alceste de Molière, nas p. 173-176 dos **Écrits.**

A tese já havia observado o caráter resolutivo da passagem ao ato. Mas em 1946 Lacan corrige a interpretaçãao dessa solução: não é mais o fato de que o sujeito tenha satisfeito a exigência moral de uma autopunição que faz ceder o delírio, mas, pelo viés de uma agressão suicida essencilmente narcísica, por ter obedecido ao voto de que o combate dual perseguidor/perseguido cesse enfim, mesmo que para isso se tenha de pagar o preço mais elevado, o do extermínio dos combatentes.

A passagem ao ato é um extremo: é preciso constatar, dessa mesma maneira, o caráter intolerável para o eu dessa discordância essencial ligada ao fato de que ele não se constitua no ser senão pelo viés de uma alienação[16]. O sentimento de sua própria insuficiência se vê, assim, colar intrinsecamente à pele do Eu. Logo, é em conformidade com a sua estrutura paranóica que todo objeto que lhe venha recordar essa insuficiência, que, portanto, venha situá-lo exatamente pelo que ele é, tenha valor de objeto persecutório.

Se a clínica reserva, aqui, algumas surpresas, estas não são, para dizer a verdade, tão estranhas quanto se poderia pensar inicialmente. Podem, assim, ser persecutórios, objetos muito diversos:

— As queixas de uma mãe judia, abandonada pelo marido, e não cessando de lamentar a sorte que se abate sobre ela: um filho lerá nessas queixas sua própria insuficiência para remediar o que abate esta mãe — insuficiência tanto mais manifesta quanto a querida mãe recusa, da maneira mais clara, qualquer remédio que o filho lhe possa oferecer;

— A angústia de uma irmã histérica, perturbada à noite por terríveis pesadelos e pondo toda a família em polvorosa para ir verificar se algum agressor não está escondido em alguma parte da casa: esta angústia suscita, naquela que compartilha seu quarto, o mesmo sentimento de uma insuficiência aterrorizada;

— Vamos evocar também o caso mais clássico de uma namorada soltando maldosamente, numa conversa, que com tal outro homem, com efeito, era muito melhor: a brincadeira maliciosa desencadeia imediatamente, e para sua grande sideração, mas sem que ela encontre ali, no entanto, o menor esclarecimento, aquilo que a clínica lacaniana qualificou de **momento fecundo** da psicose. Conhece-se, do vivido dessa insuficiência, o efeito de desencadeamento.

Se a clínica deixa aparecer aqui uma prevalência da aposta fálica, isso se deve a que o falo se apresenta como o significante mais suscetível de fazer signo dessa insuficiência. A determinação fálica da ereção narcísica encontra seu lugar de tropeço no próprio significante dessa determinação.

---

[16] J. Lacan, **Écrits**, op. cit., p. 141 e 187.

A guerra fria das demonstrações interpretativas

Essa expressão designa em Lacan o grau mais fraco de uma série que vai até a passagem ao ato, e onde se ordenam as formas da organização do Eu com o objeto, os "estágio(s) da identificação objetivante"[17].

O fato de haver isolado a estrutura paranóica do Eu impõe o dever de dar conta de que se encontram casos, clinicamente, em que algo reduz essa paranóia espontânea (pois existe uma paranóia espontânea do Eu, como também existe, L. Althusser o sublinhou, uma filosofia espontânea do sábio), onde algo intervém com a conseqüência de anular seus efeitos. A identificação objetivante, em outras palavras, nem sempre é acompanhada pela manifestação da função persecutória do objeto.

Mas, se é verdade, além disso, que não há saída lógica para a discordância organizadora da estrutura paranóica do Eu senão na passagem ao ato, se esta é como que a continuação necessária ao desenvolvimento interno daquela, devemos então convir que as outras possibilidades testemunhadas pela clínica só podem provir de uma outra dimensão, de uma intervenção exterior a essa dialética egóica — e que viria interferir com esta a ponto de modificar sua saída.

Nos anos que correspondem aos textos agora interrogados (aqueles de que digo que são o veio aberto pelo "estágio do espelho"), Lacan não produziu a distinção das três dimensões do real, do simbólico e do imaginário. Que nos reportemos à página 109 dos **Écrits**, onde a psicanálise é definida como o fato de "induzir no sujeito uma paranóia dirigida" (este ponto será discutido mais adiante); pode-se ali constatar que a discussão se organiza segundo as categorias do espaço e do tempo da estética transcendental. Para quem não ignora por completo o que sucedeu depois, isso torna obsoleta uma tentativa que visaria dar conta de um termo como **identificação resolutiva,** que no entanto se encontra no centro da questão, já que Lacan nomeia assim um modo de identificação que, longe de alimentar o moinho paranóico, teria como efeito, ao contrário, pará-lo.

A **identificação resolutiva**: este termo oferece o mesmo gênero de ambigüidade do termo **demonstração interpretativa** acima referida. Tomada na "guerra fria das demonstrações interpretativas", a demonstração vira mostração, um "fazer mostra de", um ressaltar onde a operação demonstrativa parece não ter outra importância senão a de exibição, de amostragem, de satisfação narcísica. Mas se essa demonstração é realmente o que pretende ser, a saber, uma demonstração, ela terá por efeito, contra as exigências imediatas da libido narcísica, destruir-se a si mesma, dando a solução daquilo para o que ela havia sido convocada: quando um problema está resolvido, nada mais resta senão passar a outra coisa. Da mesma maneira, a identificação resolutiva é realmente uma identificação e, sob este título, alienante, pondo em jogo essa discordância primordial entre o Eu e o ser, definida por Lacan (a discordância) como "a estrutura fundamental da loucura"[18]; mas, como é resolutiva, essa

---

[17] J. Lacan, **Écrits**, op. cit., p. 110-111.

[18] J. Lacan, **Écrits**, p. 187.

identificação só poderia ser concebida como limitando o desenvolvimento dos efeitos dessa discordância, como introduzindo uma discordância que faça uma solução nova (re-solutiva) para uma discordância anterior (implicada pelo **re** da solução) e, de certo modo, mais tensa.

O conceito de uma identificação resolutiva supõe, portanto, uma sucessão de fases. Assim, a designação da loucura na figura da bela alma aparece como sobredeterminada: não se trata apenas de tal figura do Espírito, cuja problemática seria privilegiada, mas também, e ao mesmo tempo, de **uma** figura, de uma fase extraída de uma sucessão. A loucura consiste na anulação da fase na estase. A identificação resolutiva seria aquilo que liberta o sujeito dessa anulação.

Mais tarde, em Lacan, virão fazer eco a esta abordagem da paranóia os enunciados que a definem como um "enviscamento imaginário", um "congelamento do desejo"[19]. Mas convém notar sobretudo que, se a fórmula da paranóia bem sucedida é realmente de 1º de dezembro de 1965, a descrição daquilo que seria uma paranóia bem-sucedida é bem anterior, já que se trata de nada menos que a própria descrição do estágio do espelho.

O estágio do espelho oferece, com efeito, o paradigma de uma identificação resolutiva, disso através do que se produz "uma metamorfose das relações do indivíduo com seu semelhante"[20]; e, como não há outro meio de anular os efeitos da estrutura paranóica do Eu senão por essa identificação resolutiva, deve-se considerar que a descrição do estágio do espelho dá os elementos mais suscetíveis de fazer valer aquilo que seria uma paranóia bem-sucedida (assim, por exemplo, a redução "jubilatória" da tensão produzida pela identificação resolutiva).

Como precisar aquilo que especificaria a identificação resolutiva, o que faria dela uma identificação alienante, é certo (dessa alienação nenhuma identificação está excetuada), mas de tal maneira que não comprometesse em definitivo o porvir daquilo que nela se constituía?

A primeira das identificações resolutivas, a identificação à imagem no espelho, como indica o texto, não passa de um "caso particular"[21]. A insuficiência, então dita congênita, é ali um momento superado, assumindo a figura dessa prematuração que Lacan define como Discórdia primordial (a maiúscula é dele). O fato de que este caso particular se apóie numa ordem genética com ares "annafreudianos" é também explicitamente assinalado.

A identificação aqui é resolutiva somente por engendrar "a quadratura inesgotável das comprovações (recolements) do Eu"[22]; mas o fato de que isso se possa produzir, atingir a efetividade, não depende unicamente da dialética imaginária. Todavia, se o lugar dessa ligação está designado na tese, ele só será realmente revelado com a introdução de um mecanismo suscetível de vir

---

[19] J. Lacan, R.S.I., seminário inédito de 8 de abril de 1975.

[20] J. Lacan, **Écrits**, op. cit., p. 188.

[21] J. Lacan, Écrits, op. cit., p. 96.

[22] J. Lacan, ibid., p. 97. Não ler **recollement** (recolamento)!

especificar a psicose. Sabemos — mas, para dizer a verdade, sem saber muito o que se sabe ao se saber isso — que vai-se tratar da operação dita da foraclusão (**Verwerfung** freudiana).

Uma paranóia que seria dirigida

A questão daquilo que, intervindo por um outro viés que não o do imaginário, produziria como resolutiva ou geradora de paranóia uma identificação imaginária, essa questão interessa, no mais alto grau, a prática psicanalítica.

Certamente, acontece de se assistir a desencadeamentos de delírios paranóicos em todo começo de análise, quando da revelação da demanda inaugural, ou ainda depois que uma análise, como se diz, teve lugar. Entretanto esses casos, por seu caráter excepcional, não devem favorecer uma discussão que se esgote na exceção. A questão neste ponto diz respeito à psicanálise, seja ela terapêutica, didática ou qualquer outra coisa que se queira. Reciprocamente, não é proibido esperar que o seu tratamento em análise renove o saber da paranóia.

Vai-se observar — sem, no entanto, imaginar que exista aí a menor antinomia — que a mesma abordagem da psicanálise isolou a função estruturante da imagem no espelho e denunciou essa prática da análise onde o analista se quereria um espelho vivo para seu paciente. Em outro lugar, e reciprocamente, glorificou-se tanto mais essa postura de analista-reflexo quanto se ignorou o que estava em jogo no espelho.

Como a análise consegue evitar um enviscamento no desconhecimento auto-suficiente oposto pelo Eu ao **Durcharbeitung**? Em 1948, a resposta de Lacan é a seguinte: **induzindo no sujeito uma paranóia dirigida.** Datar esse texto não fará esquecer que ele foi retomado em 1966 nessa coletânea parcial que foram os **Écrits**.

Se lembrarmos que a tese optava por excluir toda a possibilidade de **indução** da loucura, preferia, com Régis, falar em "loucura simultânea", deveremos então convir que o psicanalista é convocado aqui a fazer bemsucedida essa indução, o que o louco não consegue. Que disso resulte um ressurgimento, até mesmo uma renovação da discussão do caráter comunicável ou não da loucura, este fato vale ser notado, tanto mais quanto não acabamos ainda com a insistência dessa questão. Ainda em 1977, Lacan se perguntava publicamente se a psicanálise não seria "aquilo a que se pode chamar um autismo a dois". É verdade que essa questão que, a meu ver, foi a mesma de cada um dos passes efetuados na École Freudienne, não pudera ser abordada ali.

Não menos surpreendente pode parecer a conjunção dos dois termos, "paranóia" e "dirigida", já que o que o paranóico testemunha em primeiro lugar é o seguinte: querem dirigi-lo, ele próprio é um dirigido. Assim se explica que ele possa, ocasionalmente, ser um dirigente eficaz, de vez que a seleção burocrática dos quadros se funda principalmente no fato de saber se manifestam tolerância suficiente a serem dirigidos. Lacan certamente não escreve que a análise consiste em induzir no sujeito um paranóico dirigido! A fórmula seria ao mesmo tempo pleonástica, paranóica e burocrática. O que pode, então, ser uma paranóia dirigida?

Há uma sutileza incluída nessa fórmula. Ela vai surgir de imediato, se passarmos a fórmula para os termos de Freud. Ela seria dita, então, "neurose narcísica de transferência", ou seja, um não-senso que o ponto de vista freudiano deveria rejeitar, se a ratificasse como tal. Este caráter teratológico não é menor em Lacan, uma vez que introduzir no sujeito uma paranóia — mesmo que dirigida — equivale a fazer prevalecer ali a relação narcísica, quando se trata precisamente, no que diz respeito a esta prevalência, de contorná-la e, desse modo, suspendê-la. Dizer que haveria aqui uma espécie de tratamento homeopático dessa relação não nos deixa a salvo do disparate.

A sutileza consiste em não negligenciar essa prevalência, em deixá-la ocupar na análise um lugar tal que seja possível eliminar seus desenvolvimentos "naturais" (cf. Cap. IX). Isso quer dizer que há um problema de identificação resolutiva e que, ao apontar na análise uma paranóia dirigida, fica-se em posição de não mais poder evitar esse problema. Quando Lacan dá como didática toda análise, ele acentua este inevitável. Com efeito, admitir que o fim da didática não poderia proceder de uma identificação última, de uma identificação ao analista, equivale a levar, tão longe quanto permite a experiência, a própria questão da paranóia, proibindo-se de dar corda à discussão com a noção de uma identificação resolutiva, cuja definição, havemos de convir, permanecia frouxa. **A identificação ao analista não é resolutiva da transferência,** não constitui uma saída para a paranóia dirigida.

O que significaria, se não fosse assim? Seria então preciso admitir que, ali onde havia um psicanalista — oh! milagre partenogenético! — agora há dois. Nessa perspectiva regida pelo dois, só existiriam analistas suplentes, o que também quer dizer que os psicanalistas, contrariamente às aparências, viriam necessariamente de dois em dois. Isso, igualmente, implica que aquele que se dirigisse a um analista estaria lidando com pelo menos dois: aquele que está ali e aquele que estaria ali, verdadeiro analista, quando não mais estivesse ali aquele que está ali. Devemos convir que esse escamoteamento de dificuldades oferece muitas vantagens, não ao neurótico, mas à neurose, certamente.

O privilégio **de princípio** atribuído à didática por Lacan tem como correlato o não esvaziamento (por exemplo, com ajuda da falsa oposição atendente/atendido) deste ponto onde analisando e analista se tornam duplos um do outro — o que se apresenta, inelutavelmente, como dificuldade, quando o analisando passa a psicanalista.

A figura aqui desenhada desses "dois analistas" não é criada unicamente pela ficção teórica. Quando se tratava, com a entrada em operação do passe, de revelar aquilo que se apresentava na falta da identificação resolutiva ao analista, de interrogar a possibilidade de outras saídas para a paranóia dirigida, de trazer, desse modo, uma contribuição, que se poderia esperar decisiva, à questão da paranóia, toda essa montagem se viu derrapar, mas não de uma maneira qualquer, já que essa derrapagem consistiu em interpretar o passe como um suplemento de análise (dizia-se, mesmo, "uma chance suplementar"), como um outro lugar analítico, em suma, implicava-se a existência de um outro analista, remetia-se assim todo o assunto ao interior da análise, isto é, ali mesmo onde ela não podia, por definição, ser tratada. Para essa histerização do passe, era necessário que passasse despercebida, no mesmo impulso, a distinção entre "nomear" e "interpretar": quando se está a dois, não se está bem acima dos problemas de nomeação? "Autismo a dois".

Para compreender o que seria a psicanálise como paranóia dirigida, é preciso tomar por contraste uma psicanálise que paranoizasse o sujeito, Lacan estuda isso principalmente no seminário sobre o Eu. Pode-se notar que este seminário é emparelhado, historicamente, com aquele sobre as psicoses, como foram emparelhados os textos da tese e do estágio do espelho.

Se um psicanalista conduzisse uma cura em conformidade com a doutrina da relação de objeto, então uma tal cura teria por efeito paranoizar o sujeito. Um caso de Fairbairn, longamente comentado[23], ao mesmo tempo exibe e confirma essa constatação. Essa maneira de analisar carrega o Eu com as suas pulsões, primeiro identificando-as para ele (isto é, em seu lugar) e depois jogando-as sobre as suas costas, a pretexto de querer fazer com que ele as admita como suas.

Não é essa ampliação do Eu a designada pela fórmula da paranóia dirigida: se existe uma necessidade para a paranóia induzida, não é a de oferecer ao Eu figuras de identificação novas, mais completas e melhor ajustadas. Antes, trata-se da instalação de um espaço imaginário para que possa "**se desenvolve(r) essa dimensão dos sintomas que os estrutura como ilhotas excluídas, escotomas inertes ou automatismos parasitários na função da pessoa**"[24]. Em suma, não há ilha sem espaço marítimo, escotoma sem campo visual, parasita sem pessoa.

Com essa última e discreta alusão à noção de personalidade e àquilo que contrasta com esta a título de sintoma, que, portanto, como a psicose paranóica da tese, é "patológico" por essa própria discordância, uma ambigüidade se esclarece: que não é mais somente o ser-erogeneidade do Eu que é persecutório, mas o sintoma enquanto tal.

O texto se antecipa, aqui, em relação ao que lhe irá constituir uma continuação tardia. Entre os dois, no seminário sobre o Eu, a distinção entre o grande Outro e o pequeno outro, a articulação, com o esquema L, daquilo que é assim distinguido (a relação imaginária a-a' e o que chega ao Sujeito do inconsciente, ou seja, a linha A-S), mostram a possibilidade de uma mediação da relação imaginária, sugerem que não depende dela própria que assuma toda a sua amplitude essa devastação de que ela é, essencialmente, portadora.

---

[23] J. Lacan, **Le Moi dans la théorie de Freud et dans la technique psychanalitique**, Paris, Ed. du Seuil, 1978, p. 313-316. Ver também ps. 282,283 e 288.

[24] J. Lacan, **Écrits**, op. cit., p. 109.

Aliás, basta que se reporte ao texto que introduz o esquema L para constatar que esta introdução vem logo em seguida a uma discussão deste tipo de prática da psicanálise que pode produzir uma paranóia pós-analítica, até mesmo fornecer a esta paranóia, com a literatura por ela promovida, um delírio **prêt-à-porter**. O esquema L é, pois, introduzido como a escrita dos elementos essenciais suscetíveis de permitir uma outra orientação da prática analítica. O esquema L é um "como não paranoizar o paciente"[25].

Se a loucura era a enfatuação que resultava de uma identificação sem mediação, se a alienação paranóica consistia numa "virada do eu (**je**) especular ao eu (**je**) social"[26], agora não é mais numa nova identificação resolutiva que Lacan busca definir aquilo que constituiria obstáculo à efetuação da estrutura paranóica do Eu (**Moi**) (não estou dizendo aqui que a questão da identificação resolutiva esteja definitivamente resolvida; sabe-se que, no ponto extremo de seu ensinamento, Lacan deu a última figura da identificação ao sintoma). No momento do relatório de Roma, Lacan acentua o fato de que esta identificação, dita sem mediação, não poderia, no entanto, proceder de uma extraterritorialidade à linguagem. Trata-se, pois, de interrogar a relação do sujeito com a linguagem para aí encontrar aquilo que, em certos casos, torna inoperante a mediação da relação imaginária produzida pela linguagem no ser falante.

Schreber recolocado de pé

Freud, diz Lacan, dá do texto do presidente Schreber "uma decifração champollionesca"[27]. Consideramos, aqui, que esta definição não é uma simples maneira de falar, nem mesmo uma analogia. A seqüência do texto explicita isso. Este texto nota que Freud identifica os pássaros do céu schrebiano a jovens mulheres, pois desse modo consegue" recolocar de pé o uso de todos os signos dessa língua" — aquela que o próprio Schreber nomeia a língua fundamental. Uma identificação correta de um significante como tal localizado (isto é, escrito) revela, por menos que se atenha aos seus resultados, apenas, e que se prossiga um mesmo modo da leitura, o conjunto dos enunciados propostos; essa identificação permite, assim, não somente "reconstituir toda a cadeia do texto", mas também a própria língua de que ele é feito. São essas (como vimos no cap. VI) as características principais do deciframento dos hieróglifos por Champollion.

Mas, se foi necessário, assim, que Freud **recolocasse de pé** o texto de Schreber, se foi necessário um deciframento, é que seu sentido não era acessível a uma leitura caracterizada pela imediatez, é que esse texto se

---

[25] J. Lacan, **Le Moi...**, op. cit., p. 282-284.

[26] J. Lacan, Écrits, op. cit., p. 98, 168-170.

[27] J. Lacan, **Les psychoses**, op. cit., p. 19.

diferenciava, apesar das aparências, dos escritos usuais que deixam imaginar essa imediata acessibilidade.

Logo, ler equivale aqui a "decifrar"; ler implica assim que o texto seja tomado como cifra. Tal consideração se apresenta como incontornável no que diz respeito ao texto dado a ler pelo psicótico. É que aquilo que especifica sua maneira de usar a língua (essa maneira sobre a qual a questão se vê agora centrada) surpreende, não por algo que ali estivesse relaxado, até mesmo deficitário, mas pelo contrário, por sua muito particular seriedade, por um regramento daquilo que se produz como fala ou escrito sobre o próprio cristal da língua, em outras palavras, sobre o que, da estrutura da linguagem, só se revela pelo escrito.

O psicótico assenta suas interpretações, fundando-as no escrito. Tal é a razão que os torna ilegíveis, que desencoraja sua leitura, que igualmente exige seu deciframento e dá ao conjunto de suas produções este aspecto de desnudamento, de apresentação a céu aberto das operações do inconsciente, que Lacan notara em sua tese, depois reafirmava no seminário sobre as psicoses: essas interpretações, escritas, o são em demasia.

Este **demasiado escrito** é o que Lacan nomeou "automatismo da função do discurso"[28] que especifica a fala do psicótico, que lhe dá sua liberdade quanto ao sentido. Mas, em contrapartida, este **demasiado escrito** é uma chance para a leitura das interpretações delirantes, pois que a partir daí é viável contar com as operações da escrita, apoiar-se nelas para decifrar essas interpretações.

Aí estão, pois, duas leituras assim orientadas. A primeira interpretação é extraída do grande artigo de Guiraud[29] como sendo o caso mais exemplar deste artigo; a segunda será privilegiada, pois, tendo tido a possibilidade de interrogar aquela que o oferecia ao meu embaraço, o assunto da interpretação delirante viu-se, finalmente, melhor explicado.

Consideremos, então, a interpretação delirante diversas vezes mencionada por Guiraud e extraída da observação de um certo M.: "Uma vez, vendo um enfermeiro que usava um colarinho de **celulóide**, concluiu disso que o jogo de damas que usava lhe foi enviado da Alemanha por Lulu, a filha de seu patrão. Com efeito, pronunciando sempre com o sotaque alsaciano, celulóide (**celluloïd**) representa **c'est Loulou Lloyd** (é Lulu Lloyd), sendo Lloyd a companhia de navegação que transportou a encomenda." Essa interpretação atrai várias observações.

Não é possível, em primeiro lugar, considerar como particularmente significativa aqui a intervenção do sotaque alsaciano: com efeito, a observação dá testemunho do caráter habitual, em M., desse tipo de transformação: assim, Paris, pronunciado à alsaciana, vira Baris, o que quer dizer que nesta cidade o povo baixo ri (**bas rit**), zomba do mundo, e portanto há boas razões para ser

---

[28] J. Lacan, **Les psychoses**, op. cit., p. 182.

[29] P. Guiraud, "Les formes verbales de l'interprétation délirante, **Annales Médico-Psychologiques**, Paris, 1° semestre de 1921.

infeliz ali. Assim se explica o "sempre com o sotaque alsaciano" de Guiraud.

O primeiro acontecimento consistiu, para M., na visão do celulóide. Digo do celulóide, e não do colarinho de celulóide, a fim de precisar o que está em questão, a saber, um certo número de traços que são distintivos desse material e, assim, evocadores de seu nome. O colarinho, ao que parece, não desempenha papel algum na interpretação delirante que se segue; mais precisamente, é no só-depois dessa interpretação que se pode afirmar com certeza que foi celulóide o que foi visto. Alguns traços deram a imagem de celulóide, da mesma maneira que alguns outros traços podem dar a imagem de madeira quando, apresentando uma prancha a alguém e pedindo-lhe que me diga o que estou-lhe mostrando, essa pessoa pode responder muitas coisas: "uma prancha", "um plano", "um retângulo", "um objeto" e, eventualmente, isolam-se, distinguem-se seus traços característicos: "madeira". Vamos considerar então que houve ali, para M., a apresentação da imagem do celulóide. O termo **imagem** se impõe, com efeito, se tomarmos o cuidado de não desconhecer que o objeto celulóidico só é observado como celulóide quando identificado à imagem do celulóide que M. tinha na cabeça. Em lugar do colarinho do enfermeiro, M. se vê lidando com o pictograma do celulóide.

Isso significa que se trataria ali de uma escrita pictogramática? Certamente que não, se entendermos por isso uma escrita que seria a figuração imajada de uma série de objetos. Na interpretação delirante, o pictograma do celulóide é tomado como escrevendo um significante da língua, remete à palavra "celulóide" (até aí não se exclui que esta seja classificada como pictográfica), mas só para dar, em seguida, um prolongamento a essa remetência. O fato decisivo é este prolongamento (cf. cap. VII).

Em que consistiu ele? M. lê a imagem do celulóide, não como remetendo ao objeto que seria o em-si do celulóide, mas como escrevendo "é Lulu Lloyd"; ele assume então, na sua leitura, um apoio decisivo na homofonia. A imagem do celulóide escreve o significante "é Lulu Lloyd"; a operação desta leitura é a do rébus de transferência.

Que estatuto dar, nessa leitura, à imagem do celulóide (ou, se preferirmos aqui, ao objeto tomado como apresentando-se a si mesmo, como imagem de si mesmo)? É porque a leitura de M., no fundo perfeitamente banal no campo da escrita, põe em jogo um rébus de transferência que se pode situá-la como um fato de escrita. Já tendo mostrado em que o rébus de transferência era identificável a uma transliteração (cf. cap. III), vou recordar a coisa, aqui, em poucas palavras: como a homofonia implica uma escrita alfabética, a figura do celulóide escreve, na interpretação de M., o que se escreve de outra maneira, a saber, "é Lulu Lloyd"; essa operação constitui, pois, o relacionamento de duas escritas, uma figurativa e outra alfabética. A escrita figurativa, aqui, e ao contrário do que se imagina ser a história da escrita, escreve aquilo que se dá, com a homofonia, numa escrita alfabética. Essa escrita do escrito verifica-se, portanto, ser uma transliteração, o que, em troca, permite assegurar que a interpretação dita delirante é um fato de escrita.

Até aqui tratou-se de seguir as indicações de M. sem se ater, como resolveu fazer Guiraud, a uma interpretação, não verbal, mas verbosa, que consiste em receber o "é Lulu Lloyd" como indício de um "recalcamento progressivo do senso crítico pelo estado afetivo patológico"[30]. Aliás, M. já havia esbarrado com este gênero de "tradução" obstinadamente surda. Ele sabia mesmo, na ocasião, tomar a pena para esclarecer a Academia de Medicina e orientar a atenção desta para fatos que só assumiam consistência por meio da cifra: "**Por que existem pessoas que vêm ao mundo em data fixa e por que elas enlouquecem em data fixa? ... Para os doutores que vêem nisso apenas cifras que nada têm a ver com a medicina, tenho ensinamentos mais precisos à sua disposição**"[31]. Mas é possível, agora, dar um passo a mais, apresentar uma conjetura capaz de dar conta da razão pela qual M. teve de ler "é Lulu Lloyd" nessa imagem do celulóide que lhe caiu sob os olhos. O que foi que criou a necessidade dessa leitura? E em que ela produziu, em M., uma redução da tensão, em outras palavras, em que ela o satisfez?

Guiraud explica que aquilo a que chama uma "tendência interpretativa" (ou seja, a produção mais ou menos sustentada de interpretação delirantes) "é localizada exclusivamente no tema delirante"[32]. O fato de citar o caso de M., imediatamente depois dessa observação clínica, torna tanto mais estranho que não tenha tentado ligar o tema delirante apresentado por M. com a interpretação "é Lulu Lloyd". Isso justifica que tentemos produzir essa ligação.

O tema persecutório do delírio de M. é simples: acusam-no de assassinato. Os perseguidores, portanto, têm a figura da polícia, mas também a da noiva dele e, mais tarde, a de seu médico. Guiraud escreve: "Se M. considera seu médico como um camponês é porque compreendeu que este se associava a seus perseguidores"[33]. A imagem é, mais precisamente, a de um **camponês endomingado**, isto é, de um ser pouco à vontade (os camponeses que me desculpem!), usando de maneira desajeitada uma roupa bonita demais e por demais desusada, demasiado embaraçado por seu aspecto para ser realmente perigoso. Para M., a figura do camponês endomingado vem-se opor, superpondo-se, àquela de seus perseguidoes, trazendo uma resposta tranqüilizadora à idéia de que esse Dr. Archambault faria parte do grupo de seus perseguidores.

Entretanto, é preciso fazer uma ressalva, e importante. É que a identificação do Dr. Archambault ao camponês, se tem realmente esse sentido que eu diria contra-persecutório (isto é, persecutório, pois este "contra", como todos sabem, é um "encostado a", como em "contra a parede") não ganha sua consistência daquilo que acabo de evocar aqui como significação referente à figura do camponês endomingado. A identificação do Dr. Archambault cómo perseguidor **não é semântica**: ela tem seu motivo num fato de escrita, isto é, de leitura do significante, de uma leitura específica, já que esta não se precipita

---

[30] P. Guiraud, op. cit., p. 412.

[31] Ibid., p. 408.

[32] Ibid., p. 409.

[33] P. Guiraud, op. cit., p. 406 e 409.

na compreensão, e sim localiza como tal o significante, leva-o em conta como significante, isto é, isolado de seu valor no código. O Dr. Archambault — Guiraud observa — é um perseguidor devido ao fato de se chamar Archambault, sendo a última sílaba deste nome homófona (sempre a Alsácia) ao significante Bauer, que quer dizer camponês: trata-se, pois, de um camponês que, por parecer bem vestido, só poderia ser um camponês endomingado e portanto pouco perigoso ... a menos que a polícia tenha, precisamente, escolhido esse disfarce de camponês endomingado para sua investigação de M.

Assim se vê reconstituída a cadeia de operações que, para concluir, identifica o Dr. Archambault como perseguidor. Existe aí um jogo do tipo pergunta/resposta, onde o perseguidor se constitui sob o modo de não sê-lo, onde, à pergunta "é alguém do grupo dos meus perseguidores?", a resposta "Claro que não! Não passa de um camponês endomingado, a prova é que...", por apoiar-se numa identificação simbólica (na literalidade homofônica), e produzir-se assim como afirmativa, aparece como tanto mais fundada quanto se vê, finalmente, denegada. Ora, esse jogo de pergunta/resposta, em que consiste a própria perseguição, é igualmente observável na interpretação delirante "é Lulu Lloyd".

Deve-se notar aqui que a palavra "celulóide", no começo deste século, era um termo recentemente introduzido na língua francesa. Isso significa que tal palavra se apresenta inicialmente, àqueles que serão levados a encontrá-la e depois a admiti-la em seu léxico, por sua face significante. Sabe-se que durante um tempo essas palavras candidatas ao dicionário (ou admitidas por este há pouco) permanecem, para uma parte dos locutores, palavras estranhas, semelhantes àquilo que se obtém com as palavras usuais quando são repetidas várias vezes, até causarem um efeito surpreendente. Levanto, pois, a hipótese de que, se o termo "celulóide" era de fato conhecido por M., não devia no entanto ser para ele um termo usado habitualmente, constituído como um elemento do código: apresentava-se, também, para ele, como parcialmente enigmático, como suscetível de tomar a seu encargo, a título de significante e devido à sua relativa liberdade, sua disponibilidade, um outro significante.

Logo, aí está a reconstrução, só-depois, das diferentes operações postas em jogo pela produção da interpretação delirante.

M. identifica alguns traços que extrai do colarinho de um enfermeiro como marca do celulóide. Este nome se vê, assim, convocado ele próprio. Mas esse nome tomado como significante evoca um outro significante. Qual teria sido este? A resposta, aqui, só poderia ser uma conjetura. E ficamos reduzidos a nos referir ao delírio, como Guiraud nos convida a fazer, para apresentar algumas proposições. Assim, a palavra "celulóide", tomada como significante, poderia sugerir a palavra "cela" (**cellule**), já que era numa cela que M. iria acabar se seu perseguidor policial o apanhasse. Mas também poderia ser o termo "celulose", que evocaria aquela noiva farmacêutica que M. incluía entre seus perseguidores. Na verdade, podemos dispensar-nos de querer validar tal ou tal conjetura. O importante é que "celulóide" tenha evocado um outro significante em estreita relação com os perseguidores; esse outro significante tem, com efeito, seu lugar, todo constituído entre o pictograma do celulóide e "é Lulu Lloyd", assim como houve lugar para "Bauer" entre o nome de Archambault e o camponês endomingado. Podemos estar certos da intervenção deste significante, a julgar pelo que lhe responde, a saber, a transliteração do pictrograma do celulóide em "é Lulu Lloyd" — transliteração que, por seu caráter rigorosamente escrito, vinha assegurar a M. que nada mais havia para ser lido, no pictograma do celulóide, além do que ele **efetivamente** lia, a saber, "é Lulu Lloyd". "É Lulu Lloyd" equivale estritamente ao camponês endomingado e apresenta, portanto, a mesma importância persecutória. "É Lulu Lloyd" veste o significante que assinalaria para M. a intervenção de seus perseguidores, da mesma maneira que o verdadeiro responsável pelo assassinato de que o acusavam (um empregado de sua noiva) soube, para cometer seu delito, vestir-se com um terno cinza que lhe pertencia.

Logo, supõe-se que houve, para M., com a imagem do celulóide, um significante que se impunha e que isso foi para ele uma maneira de se contrapor a esta imposição, ler o pictograma "é Lulu Lloyd"; **a leitura deveria ser tanto mais literal quanto seu objetivo era afastar aquilo que se impunha apagando sua causa material.** A operação da interpretação delirante é, assim, capaz de se condensar numa fórmula: está lido (**c'est lu**) o celulóide! A prova: é Lulu Lloyd. Logo, eis essa interpretação recolocada de pé, isto é, apresentada à maneira de B. Lapointe.

O fato de que M. tenha instalado o jogo com uma resposta encontra uma confirmação numa nota de Guiraud: "Advertem-no por sinais, ele transmite seu pensamento por uma espécie de telégrafo sem fio e recebe a resposta sob forma de intuição"[34]. Schreber também responde por meio de uma homofonia para anular o efeito envenenador das mensagens pré-fabricadas que lhe são transmitidas pelos pássaros falantes[35].

Assim, a interpretação delirante se confirma como um fato de escrita, mas a intuição delirante, que dela difere de modo sensível, também vai-se verificar como tal.

Oh, diga! (Oh dis-le!)

O voto que formulo assim, pela semelhança homofônica com Odile (o objeto persecutório privilegiado por essa jovem mulher), esse voto, jamais satisfeito, acabara por levá-la a me consultar. Para me perguntar o quê? O sentido, enfim, o sentido daquilo que se apresentava a ela com — tal era a expressão que empregava — "a impressão de dizer". Isso dava, com muita freqüência, a impressão de dizer... mas o quê? Eis o que ela me perguntava.

O que dá a impressão de dizer não diz, ao menos não plenamente: se isso dissesse, não daria essa impressão. Não há aqui palavra plena, como que

---

[34] P. Guiraud, op. cit., p. 405.

[35] D. P. Schreber, op. cit., p. 175.

transparente a si mesma, cuja enunciação efetuaria por inteiro o que, com ela, se queria dizer e que o teria provocado. Entretanto, essa fala que dá a impressão de dizer é bem plena daquilo que ela não diz. Ela só dá a impressão de dizer porque diz que não diz e, portanto, também, dá a impressão de não dizer. O que dá impressão de dizer exige um deciframento: sabendo-se que isso dá a impressão de dizer, já se sabe disso. Assim, já se franqueou essa primeira etapa do deciframento (que apresenta, às vezes, dificuldades consideráveis) que consiste em estabelecer que o texto que se tem nas mãos é realmente um texto cifrado. O fato de que estava lidando com algo da ordem da cifra, disso a jovem sabia.

Com base em nossas entrevistas, creio poder formular que isso se deu como que em resposta ao enigma aberto pelo "isso dá a impressão de dizer" — mas também como estabelecimento do próprio enigma — quando as palavras, em dado momento, começaram, maciçamente, a "ressoar". Ela encontra, como o poeta F. Ponge, alguma razão nessa ressonância. Mas só um pouco, pois que lhe foi necessário, para além da exuberância dos jogos de palavras, vir-me consultar. Aqui está uma breve lista dessas ressonâncias verbais:

— Na caixa de uma loja ela paga algumas compras com **uma nota e uma moeda de 500 francos** (chamaram-se assim, durante algum tempo, as atuais moedas de 5 francos). Ela percebe, ao fazer isso, que uma pessoa a seu lado observa a cena com curiosidade. Põe-se então a ler **un billet et une pièce de 500 F: bi** quer dizer **dois; illiet** quer dizer que ela **y est** (aí está); sobre **cinq** (cinco) ela não sabe se é **sein** ou **saint** (seio e santo, respectivamente); **cent** (cem) é **sans** (sem) e **francs** (francos) é **franco**, de franqueza.

— À porta, Odile encerra uma visita a sua casa dizendo-lhe "**Salut**" (saudações). Ela pergunta então: Por que foi que ela me disse esta palavra?" E lê, então: "**ça elle eut**" (isso ela teve).

— Ao fim de uma sessão, quando lhe digo "**Allez**" (vá), ela lê **Ah, elle est** (ah, ela é) como uma observação que eu teria feito a propósito da pessoa de quem ela acabava de me falar. E, a partir daí, me interroga: por que, então, eu lhe teria dito que ela é? Em outra ocasião, decifra meu "excelente" como um "oh, como isso é lento!".

— No café da manhã,(**petit déjeuner**) encontra-se só na cozinha com um irmão. Este a abordara dizendo: "**Bonjour mon petit**" (bom-dia, minha pequena). Nesse momento, ela acha que ele dá a impressão de estar perturbado (gêné). Por quê? É um lapso que vem, neste relato, dar a resposta: ela diz **degéné**, e compreendo que devolve ao remetente a denominação de "**petit**", pensando sobre este irmão: **le petit était gêné** (o pequeno estava perturbado).

— De outra vez, quando se ocupa da mesa de refeições da família, uma irmã lhe diz: "Jogue fora as migalhas". Ela sai, então, furiosa da sala de jantar. Leu em **miettes** (migalhas), algo que a remetia homofonicamente ao seu próprio nome e interpretou, assim, essa frase como manifestando, por parte da irmã, um voto de seu afastamento.

Multiplicar ainda mais as ocorrências só teria o interesse de melhor mostrar o caráter pululante dessas interpretações. Quanto à forma destas, são do tipo "é Lulu Lloyd": também constituem resposta e fornecem, assim, um apaziguamento (relativo) que se torna efetivo quando, pela leitura que é a interpretação delirante (porque existe aí um fato de leitura, isto é, de escrita daquilo que é lido), o significante lido é disjunto desse efeito que seu surgimento no Outro provocava no Sujeito, um efeito que é a perseguição, produzida pela própria leitura que visa anulá-la.

A intuição delirante deve ser diferenciada da interpretação assim qualificada, na medida em que ela não se parece basear da mesma forma no equívoco significante: por isso mesmo, ela será particularmente instrutiva para a presente discussão. Logo, vale a pena entrar, com toda a precisão de que formos capazes, nos desfiladeiros textuais que testemunham de tais fatos.

Um dia em que sua irmã Odile tinha vindo caridosamente partilhar sua refeição, uma refeição que, sem este gesto, teria sido marcada por uma solidão demasiado dolorosa (já que celibato e dor eram uma evidência para todos naquela família), dois acontecimentos foram observados pela jovem. Ela leva um pedaço de carne à boca e, simultaneamente, ouve-se um barulho de água vindo do apartamento de cima. A questão, a partir daí, se formula em silêncio: como é possível que ela tenha levado o garfo à boca precisamente naquele momento? O que significa esta (muito bem nomeada) co-incidência?

A questão não é tão estranha quanto pode parecer inicialmente. Todos participam mais ou menos, para dizer a verdade, deste gênero de questionamento sem o qual a nossa própria ciência histórica teria grandes dificuldades. O que leva alguém a acender, em tal instante determinado, um cigarro? Por que haver escolhido, precisamente hoje, ir ao cabeleireiro? Ou cortar as unhas? Ou dedicar-se a algum empreendimento que, do ponto de vista da realidade, poderia ter ocorrido ontem ou esperado até amanhã? Os acontecimentos significantes não advêm num tempo neutro, neutralizado como linearidade de momentos todos equivalentes. E sabemos que, se a psicanálise atribui muita importância a essas questões supostamente pouco importantes, ela já colheu uma quantidade suficiente de casos para poder persistir nessa abordagem.

Um dia em que alguém evocava, diante de mim, o estado de saúde de uma mãe idosa e, para dizer tudo, moribunda, um estado de putrefação corporal sobre o qual seria dizer pouco qualificá-lo de "nada atraente", comecei, bem no meio da sórdida evocação do caráter eminentemente solidá-rio do que é vida e do que é podridão, a ...espirrar. Por que, então, ter espirrado naquele momento? A resposta veio do analisando que, ao ouvir o espirro, logo replicou: "Sim, eu sei, isso dá um calafrio". A interpretação daquilo que ele me dizia ou, mais exatamente ainda, do que ele fazia dizendo-me o que me dizia, ele testemunhava ter sabido ler em meu espirro. Ele havia, assim, sem hesitação, recebido esse espirro como uma cifra, a cifra daquilo que eu escutava. Avaliamos muito mal a amplitude da incidência da cifra nas múltiplas pequenas e grandes decisões a que todos somos convocados. Escolher uma roupa para vestir num dia pode dar lugar a um acontecimento que só é situável, só-depois, como um fato de escrita: freqüentemente a análise do sonho que, naquela noite, precedeu essa escolha, vai dar seu elemento determinante. Vestir outra pessoa pode também valer como escrita: aliás, é realmente por se tratar, então, de uma operação de cifração que haverá nesse sentido, num dado momento e quase que inevitavelmente, um conflito entre mãe e filho: nada, com efeito, que permita supor que um e outro devam-se satisfazer com a mesma cifra.

Assim, somos forçados a admitir a seriedade da questão de saber por que houve, naquele dia, simultaneidade entre "levar um pedaço de carne à boca"e "barulho de água no andar de cima". E a multiplicação, nessa jovem, de tais "intuições", aparece como a marca de uma seriedade particularmente sustentada. De onde vem essa seriedade? A que se liga? Aí está, precisamente, o fato notável que ela tem o cuidado de explicitar. Com efeito, ela afirma que **não lhe ocorreria realmente, A ELA, formular semelhante questão;** a simultaneidade de dois traços distintos só sobrevém como enigma insondável (e insondável por isso mesmo) porque **ela sabe que esta irmã Odile está perfeitamente ciente do sentido disso.** Como é que ela sabe, não aquilo que Odile sabe (já que é isso que ela pergunta, e a razão pela qual me informa todos os elementos do caso), mas o fato de que Odile saiba? Interrogada quanto a esse ponto, responde que se essa irmã não lhe forneceu, certamente, o sentido em questão, em compensação, naquele momento, **limpou a garganta,** fez um "hum hum" que manifestava intencionalmente à irmã que ela (Odile) havia recebido a simultaneidade dos dois traços como significante, e mais ainda, que ela captava o sentido daquilo.

Se a intuição delirante se apresenta aqui como um pouco complexa, esta apresentação oferece, todavia, a vantagem de isolá-la, tanto quanto possível.

Está claro, em primeiro lugar, que não se trata de uma analogia, e sim do próprio estatuto da coisa, quando defino como um fato de escrita a intuição delirante. Não existe nenhum meio, com efeito, de situar a função do "hum hum" senão como um determinativo, ou seja, algo que se origina especificamente do campo da escrita (e que Freud, aliás, havia considerado como tal). O "hum hum" não tem valor em si mesmo, mas com relação àquilo a que diz respeito, àquilo sobre o qual incide, no caso, a simultaneidade de dois traços como significativa: o "hum hum" designa essa simultaneidade como significativa.

O caráter exemplar deste caso está ligado à observação, que ele torna possível, dessa intervenção do determinativo. Freqüentemente, no seu dia-a-dia, esta pessoa é submetida a este tipo de interrogação. Assim, andando pela rua, vai observar que um transeunte que cruza seu caminho coça a ponta do nariz no exato momento em que um carro, acelerando, faz um barulho característico: por que, pergunta-se ela, ele se coçou neste momento? Ao visitar, de carro, um parque zoológico, surgirá ainda para ela a questão de saber por que o motorista, ao lado de quem está sentada, estendeu-lhe um par de óculos escuros justo no momento em que passavam perto de uma árvore onde alguns macacos levavam seus filhotes às costas. Mas essas perguntas, todas apoiadas na simultaneidade, nela encontrando a confirmação de que há realmente um sentido em jogo nos fatos por ela conjugados, essas perguntas que supõem que uma razão está atuando, surdamente, naquilo que advém com simultaneidade, essas perguntas implicavam em mim outra pergunta — sobre a qual, nada, aliás, me autoriza a pensar que seja de uma essência diferente. Na superabundância de ocorrências possíveis que podem, a cada instante, ser tomadas como co-incidentes na simultaneidade, o que faz com que algumas dessas ocorrências sejam isoladas, observadas, relacionadas a ponto de fazer de sua simultaneidade, para ela, um enigma? A isso responde a limpeza da garganta tomada como determinativo. Isso quer dizer que faço a conjetura da intervenção de um determinativo semelhante ali mesmo onde não consigo, no diálogo com ela, localizá-lo (a leitura "**bi y est — saint ou sein — sans-franc**" — "bi aí está — santo ou seio — sem franco" — é também convocada por um determinativo, a saber, o olhar daquela pessoa a seu lado, sobre quem ela observa que lança um olhar para esta nota e esta moeda que ela acaba de depositar no balcão, olhar a partir do qual ela sabe que a pessoa em questão lê este pagamento, o que a obriga a fazer, por sua vez, a sua própria leitura).

A função do determinativo é indicar ao leitor o que ele deve ler, mais precisamente ainda, em que **sentido** deve decifrar tal elemento em si mesmo equívoco. O determinativo intervém para suspender o equívoco significante em que consiste a homofonia, e que se redobra numa homografia quando se põe em jogo, na escrita, a operação do rébus de transferência. Na escrita chinesa a chave tem a mesma função. Se procurarmos aquilo que, na língua falada, corresponderia ao mais próximo do determinativo, iremos encontrá-lo nesses pedacinhos de diálogo graças aos quais um chinês que não sabe escrever suspende, para seu ouvinte, o equívoco portado por uma sílaba que ele acaba de empregar. Ali onde alguém que saiba escrever vai traçar o ideograma correspondente (este ideograma que compreende, além da "fonética", a "chave"), aí está um exemplo de diálogo que supre, assim, esses traçados efêmeros, sem papel nem caneta, já que bastam o dedo e a palma da mão: "Se ele falou em **chē** — "veículo" — e o ouvinte manifesta sua hesitação entre diversos homônimos, perguntando: "Que **chē**?", responderá: "**huǒhē de chē**", ou seja, o "**chē**" de "**huǒchē**", "trem" (palavra composta por **huǒ**, "fogo", e **chē**, "veículo")"[36].

O determinativo tem, pois, o estatuto de um elemento que, na escrita, responde mas também freia, estanca o desenvolvimento daquilo que provoca, na linguagem, entre aqueles que a freqüentam, o que C. Beaulieux designa como "o horror do equívoco"[37]. O estatuto muito particular do determinativo é imediatamente observado quando se olha a maneira como atua o determinativo na tradução de um escrito que dele faz uso. Traduzi-lo seria um erro, o de considerá-lo como constituindo o texto, quando só faz parte dele **como** (mas

---

[36] V. Alleton, **L'écriture chinoise**, PUF, coleção "Que sais-je?", Paris, 1ª edição, 1970, 2ª ed., revista e corrigida, 1976, p. 17.

[37] C. Beaulieux, **Histoire de l'ortographe française**, H. Champion, Paris, 1967, p. XIII.

este **só como** é essencial) um índice orientando o leitor desse texto em direção a uma significação: o determinativo não se traduz, mas orienta a tradução.

Ora, este estatuto, ao mesmo tempo interno e externo à mensagem, esta função de índice para a determinação de seu sentido, este jogo de uma réplica com referência a uma simultaneidde problemática (já que a homofonia é o nome da simultaneidade quando esta intervém na própria massa da linguagem), isso mesmo que constitui, portanto, o determinativo, se encontra no "hum hum".

Como o olhar para a nota e a moeda de 500 F, o "hum hum" como determinativo não é, em si mesmo, equívoco. Não há dúvida sobre o fato de que Odile sabe, mesmo que ela não diga o que sabe; limpando a garganta, ela indica que sabe; designa, portanto, como fazendo sentido, a simultaneidade das duas ocorrências; logo, não restaria mais que saber aquilo que esta irmã já sabe. E este sentido tomado como enigmático faz com que se sinta, ainda mais, o que tem de persecutório a presença do significante no Outro. Pois a perseguição está ali, sutil mas eficiente: **sabe-se o que isso dizia**. Eis o que indica o determinativo. Mas perderíamos a questão de vista se não levássemos sua análise um pouco mais adiante.

Se o "hum hum" e outros significantes que têm essa função determinativa são realmente identificáveis como tais, resta observar que em cada uma das ocorrências eles operam, com referência ao uso estabelecido pelos determinativos, uma espécie de passagem ao limite. Este ponto extremo pode ser constatado desde que minha incapacidade como depositário de grande número de relatos semelhantes de intuições delirantes orientou minha leitura a partir de uma lista predeterminada (ou que eu mesmo faria) de tais determinativos. Diferentemente do que se passa com os determinativos da escrita faraônica ou com as chaves da escrita chinesa, não posso aqui, em abolutо, dizer alguma coisa quanto ao número de determinativos em jogo; não posso, **a fortiori**, nem listá-los nem dizer de que maneira eles delimitam regiões na significação. Certamente, não seria impossível considerar uma certa quantidade do que ela me disse, definir assim um **corpus** e estabelecer a partir daí a lista dos determinativos que se revelariam como tais nesse **corpus**. Mas haveria aí um forçamento, e esta abordagem com ares científicos passaria completamente ao largo do que está em questão, já que se trata sempre, a cada vez, para o determinativo em jogo, de **definir uma só e sempre a mesma coisa**, a saber, a simultaneidade de duas ocorrências como significante em si mesma.

Os determinativos são aqui equivalentes, não apenas como determinativos, mas também para o domínio que assinalam. Este domínio é sempre o mesmo: não se trata de um domínio, falando propriamente, pois este não é **um** campo de significação, mas a significação tomada como campo que, a cada vez, se vê designada. Um sentido se aloja na simultaneidade de duas ocorrências, eis o que diz o determinativo; e pouco importa, assim, qual é o determinativo então empregado, já que ele nunca determina senão o fato mesmo deste sentido, deste sentido como fato. Isso equivale a dizer que o determinativo não é, ele próprio, tomado num código, e sim que ele não tem, falando propriamente, vizinhança de outros determinativos, já que cada um dos outros é "ele mesmo", não tendo, pois, nenhum pedaço do território a disputar com ele. Esta equivalência completa (ao mesmo tempo, de função e de ocorrência) faz, assim, de cada determinativo, um significante liberto de seu significado, liberto, portanto, do código; nesse ponto, cada ocorrência determinativa se verifica significante, no sentido, não lingüístico, mas psicana-lítico do termo "significante".

Resulta desta análise, e daquela da interpretação delirante, que, quando se qualifica como "delirante" uma interpretação ou uma intuição, quer-se dizer, desse modo, que está em jogo, para o Sujeito, uma literalidade que, na maioria dos casos, se prefere esquivar, a qual se crê ser preferível rodear.

— A interpretação delirante é uma leitura apoiada na homofonia; isso é porque ela deve ser tanto mais claramente literal — mais precisamente, transliteral — quanto se trata de nela fundar a certeza de que nada mais há naquilo que surge como significante no lugar do Outro do que aquilo que é lido. Essa literalidade revela, assim, que **só há perseguição pela letra** e que alguns (ditos psicóticos) são obrigados a produzir permanentemente, à falta de demonstração, o seu asseguramento.

— Na intuição delirante, trata-se igualmente de uma leitura, de um mesmo jogo de pergunta/resposta, da elaboração de um escrito a partir de uma leitura, mas **existe suplência do suporte homofônico pela intervenção de um determinativo** que vem designar (em lugar da homofonia que realiza essa indexação "por si mesma") uma simultaneidade literal como persecutória, de vez que significante... de não se sabe quem, a não ser, quanto ao que é sabido, que se o sabe, e que aí está a perseguição.

A excelência da simultaneidade como fato de linguagem é a homofonia. Daí seu caráter privilegiado como referência às diversas "**effaçons**" (de **façons**, maneiras, e **effacer**, apagar) do equívoco significante. "**L'homme au faux nid**" ("o homem do falso ninho", homófono a "l'homophonie", a homofonia), como escreve B. Lapointe (este falso ninho é, para o dito "homem", a própria linguagem: quanto mais ele se autoriza à sua fala, mais isso soa falso), dá seu apoio ao modo mais inevitável do chiste, constitui em grande parte a sobredeterminação a que se liga o sintoma neurótico, serve de suporte ao estabelecimento de todas as escritas ditas ideográficas. Isso quer dizer que sua intervenção no campo da psicose não o especifica em nada.

Freud não negligenciava, muito pelo contrário, a importância das relações de simultaneidade: "**ele** (o sonho) **restitui um encadeamento lógico sob a forma da simultaneidade; procede, assim, um pouco como o pintor que reúne num quadro da Escola de Atenas, ou do Parnaso, todos os filósofos que nunca se encontraram juntos, num pórtico ou no alto de uma montanha. (...) A cada vez que ele aproxima dois elementos, garante um laço particularmen-te íntimo entre os elementos que lhes correspondem nos pensamentos do sonho**". O leitor vai observar que a intuição delirante nada diz de diferente, quanto ao caráter significativo da aproximação de dois elementos, daquilo que Freud diz aqui. Mas a continuação dessa citação, onde Freud apela para o jogo de **dois modos de escrita**, um alfabético e outro silábico, não é menos suscetível de confirmar o laço que une a simultaneidade ao escrito: Isso ocorre como em nosso sistema de escrita, **AB significa que as duas letras devem ser pronunciadas como uma única sílaba, A e B separadas por um espaço em branco são reconhecidas, o A como a última letra de uma palavra, o B como a primeira letra de uma outra palavra**"[38].

Este laço da simultaneidade com a escrita tendo sido assim apontado, apesar disso ainda ficaremos surpresos de ver Freud insistir na coisa até que esta lhe revele o próprio fato da associação (**die Tatsache des Assoziation**).

Sabe-se, com efeito, que em seu esquema do aparelho psíquico do capítulo VII da "Interpretação dos Sonhos", Freud dá a simultaneidade como a lei do primeiro sistema de registro dos traços mnésicos, aquele que está mais próximo da percepção e, portanto, o último a ser atravessado antes que o sonho venha-se realizar na sua forma alucinatória.

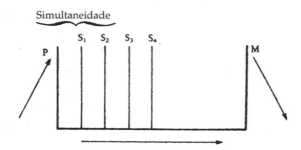

Os traços perceptivos se inscrevem inicialmente em S_1, sendo aí ordenados segundo o princípio da simultaneidade. "É a **isso mesmo**", escreve Freud, "**que chamamos o fato da associação**". Freud não explicita as outras modalidades da inscrição, as definições de cada um dos sistemas de registro S_2, S_3... Mas, dando essa própria diversidade, depois de haver excluído o sentido como razão da simultaneidade (já que a simultaneidade, em S_1, é a razão da associação), ele delimita o lugar de uma operação que não poderia ser, nem uma simples transcrição das percepções que agem sobre o sistema P, nem uma tradução do que seria seu conteúdo, mas "outra coisa, ainda"[39] que não me parece possível situar de outra maneira senão como transliteração.

Vamos encontrar igualmente essa operação perfeitamente descrita no comentário lacaniano do uso da simultaneidade homofônica relatada pelo presidente Schreber.

---

[38] S. Freud, **Die Traumdeutung**, G.W. II/III, Fischer ed., p. 319.
[39] S. Freud, **Die Traumdeutung**, G.W. II/III, p. 554.

O painel da homofonia

Schreber testemunha, também, uma produção homofônica que faz réplica; e nisso sua experiência recorta a de M. e a de muitos outros.

No conflito de Schreber com os pássaros milagrosos, a homofonia é uma arma decisiva, que chega a permitir que se ponha um fim, ainda que provisório, à perseguição. Os pássaros milagrosos são uma nova apresentação, em certo momento do delírio, dos restos dos "vestíbulos do céu", isto é, de almas de pessoas que acederam à beatitude. Na tensão permanente que existe entre os nervos divinos e os de Schreber, os pássaros milagrosos, que são pássaros falantes, portam mensagens pré-fabricadas que Schreber considera como "veneno de cadáver", pois visam matá-lo ou executar o aniquilamento de sua razão. Eis o que escreve Schreber sobre sua maneira de evitar o pior, quando esses pássaros se dirigem a ele, sobre sua maneira de apagar a mensagem envenenada:

"Os pássaros milagrosos não compreendem o **sentido** das palavras que pronunciam; em compensação, parece que são dotados de uma sensibilidade natural para a **homofonia**. Com efeito, quando percebem — enquanto estão ocupados em recitar suas frases decoradas —, **seja** nas vibrações de meus próprios nervos (meus pensamentos), **seja** nas frases pronunciadas em minha proximidade imediata, palavras que contêm um **som** idêntico ou vizinho dos sons das palavras que eles têm a recitar (a descarregar), isso cria neles, ao que parece, uma sobrecarga própria a aturdi-los complementamente; mediante o que, vêm, por assim dizer, cair na cilada da homofonia (**donner dans le panneau**, ao pé da letra, cair contra o painel); o estupor faz com que esqueçam as frases que ainda têm que recitar e ei-los de súbito devolvidos à expressão de um sentimento autêntico"[40].

O signo do "sentimento autêntico" é o traço onde Schreber reconhece a "evidência"[41] de que os pássaros milagrosos são antigos nervos humanos. Sua humanidade aparece quando, depois de recitar suas frases degradadas, eles dizem da parte que puderam tomar de volúpia da alma encontrada por eles no corpo de Schreber. Manifestam, então, esse "sentimento autêntico", pelas palavras "Sujeitinho desgraçado", ou ainda: "Ah, desgraçado, de certo modo", palavras que, como o "hum hum" acima estudado, intervêm como determinativos. Esses determinativos incidem aqui igualmente sobre a significação enquanto tal, mas de modo indireto, já que são o signo de que os pássaros falantes caíram, realmente, na cilada da homofonia, isto é, de algo que, distinguindo o significante como tal, tomando-o como objeto, separa-o da significação, e, portanto, designa esta última como vazio. Não existe sentimento autêntico, e sim determinativos que asseguram que a homofonia não é sem efeito no Outro.

Schreber, nas suas relações com os pássaros milagrosos, tenta, pois,

---

[40] D.P. Schreber, op. cit., p. 175. Os termos grifados o foram pelo próprio Schreber.

[41] Ibid., p. 174.

jogando de qualquer maneira na interlocução palavras homófonas àquelas recitadas, estancar a recitação — a descarga de palavras venenosas — atraindo para si — o lado "humano" — aquilo que, nos pássaros, persistiria para além da morte como ainda humano. Mas o quê? Como determinativos desta humanidade, Schreber escolhe palavras capazes de serem signos do que é comportado de gozo pela dimensão como tal da cifração. Não é preciso procurar noutra parte o privilégio da homofonia.

Ao aniquilamento nele produzido pela recitação das frases pré-fabricadas, Schreber replica pela homofonia: aos mensageiros dos deuses, ele estende o painel, arma a cilada homofônica como a mais suscetível de recordar-lhes sua antiga humanidade, até que a este lugar do Outro, do qual os pássaros são embaixadores, advenha o determinativo dessa humanidade.

Schreber não exagera a importância da homofonia: basta olhar mais de perto a história das escritas, das ortografias ou ainda das pontuações para admitir que ele não faz mais que avaliá-la. Isso significa que podemos sem receio nos deixar guiar por seu testemunho, fazer, com Schreber, o que Lacan, num jogo de palavras homofônico muito bem-vindo, chamava de "**auteur-stop**" (num trocadilho com **auto-stop**, viajar de carona). Aí está como Schreber situa a homofonia:

"Já disse que não é necessário que a homofonia seja absoluta: basta — já que os pássaros não compreendem o sentido das palavras — que eles consigam discernir uma analogia nos sons: pouco importa que se diga, por exemplo:

"**Santiago**" ou "**Cartago**"
"**Chinesentum**" ou "**Jesum-Christum**"
"**Abendrot**" ou "**Atemnot**"
"**Ariman**" ou "**Ackermann**"
"**Briefbeschwerer**" ou "**Herr Prüfer schwört**", etc."[42]

Schreber recorta aqui o lugar do "**lape-près**". Como se diz que uma conta está certa, com a aproximação de uma unidade, mais ou menos (**à l'unité près**), pode-se dizer da homofonia que ela está no **lape-près**. O **lape-près** é o nome da sua diferença da assonância.

Em seu estudo da homofonia schreberiana, no fim de seu seminário de 9 de maio de 1956, Lacan comenta essa demarcação. A coisa se impõe, com efeito, pois, se é claro que o combate a que Schreber se vê obrigado se dá num terreno onde não entra em conta o sentido (o que é atestado por ele), resta explicitar em que consiste a arma homofônica. Lacan, aqui, segue os passos de Schreber, indicando como se segue a dimensão da homofonia: "É no plano de uma equivalência fonemática, significante, puramente significante, já que bem se vê que não chegaremos, nessa lista, a dar uma coordenação satisfatória entre a necessidade de ar e o crepúsculo (a lista é aquela das homofonias acima:

---

[42] D.P. Schreber, op. cit., p. 176.

"necessidade de ar" e "crepúsculo" **traduzem**, respectivamente, **"Atemnot"** e **"Abendrot"**. Logo, Lacan afasta aqui a hipótese segundo a qual a tradução, como operação, forneceria a chave da questão). Pode-se sempre encontrá-la, naturalmente. Mas é absolutamente claro que não é disso que se trata no fenômeno elementar que, mais uma vez aqui, Schreber, com toda a sua perspicácia, nos ressalta, na relação de **Jesum-Christum** com **Chinesenthum;** (nesse relato, Schreber) mostra a vocês, novamente, até que ponto o que se procura é algo da ordem do significante, isto é, da coordenação fonemática: a palavra latina **Jesum-Christum**, pode-se sentir, é realmente tomada aí apenas na medida em que, em alemão, a terminação **tum** tem uma sonoridade particular: é por isso que o termo latino pode vir aí como um equivalente de **Chinesenthum.**"*

Um modo da coordenação que se prestaria à tradução, não é disso que se trata no fenômeno elementar. Este ponto, claramente sublinhado por Lacan, é realmente decisivo: excluindo que essa leitura se possa fundar no sentido, **Lacan dá aos termos em jogo no fenômeno elementar um estatuto que faz deles equivalentes de nomes próprios.** Para dizer a verdade, isso está em Schreber, mas é importante que Lacan, em vez de ficar dizendo minúcias sobre este ponto, discutindo-o, limitando seu alcance, ratificando-o, pura e simplesmente, o confirma.

Em que consiste, então, o outro tipo de coordenação, aquela qualificada de "fonemática" e de "puramente significante"? Não seria preciso mais, aqui, que referir-se a Jackobson para encontrar as definições já agora clássicas? Optamos, em vez disso, por consultar as explicitações que estão no próprio texto desse seminário: "O importante é que isso não é qualquer coisa como assonância: **o que é importante não é a assonância, é a correspondência termo a termo de elementos de discriminação muito próximos,** que não têm estritamente importância, para um poliglota como Schreber, no interior do sistema lingüístico alemão, [senão] pela sucessão, numa mesma palavra, de um N, de um D, de um E[43]."

---

* A transcrição que proponho aqui deste trecho de seminário difere, notavelmente daquela de J.A. Miller (cf. **Les psychoses,** Seuil, p. 262). A transcrição publicada mascara suas próprias dificuldades, dando a impressão de não as haver encontrado em absoluto. O meio escolhido para isso é dos mais simples: omitem-se as frases que criam problema. Resulta disso uma importante redução do texto aqui discutido: todas as proposições a partir de: "... bem se vê..." até "... fenômeno elementar..." passam ao incinerador. Perde-se muito aí. Em particular, perde-se a oportunidade de poder observar que o termo "coordenação" aparece em duas ocorrências e que, assim, **Lacan opõe aqui dois tipos de coordenação.** Igualmente desaparece o "fenômeno elementar", que sabemos até que ponto é decisivo em Lacan. Esta última omissão obscurece ainda mais a frase seguinte, onde não se sabe o que é implicado pelo "o que se procura", pois nada indica mais, a partir daí, que esta procura seja o próprio fenômeno elementar. Nessa frase, o verbo "tomar" ("tomada") foi omitido, o que dá à equivalência em questão um aspecto estático, fazendo dela alguma coisa que teria sempre estado ali, e esvazia, assim, o valor de réplica do recurso homofônico, nada menos, portanto, que essa relação com o Outro que é o que está em jogo no fenômeno elementar.

[43] Não se sabe a que correspondem esses N, D. E, já que a estenógrafa não soube anotar o exemplo então discutido por Lacan. Lê-se, com efeito, logo antes da citação acima: "Não é uma coisa qualquer que é equivalente de... é... não é uma coisa qualquer como assonância". Quem, então, ouvinte naquele momento, poderia preencher as lacunas? A proposição grifada o foi por mim.

Certamente, não é por acaso que se apresenta uma seqüência de letras no momento em que Lacan visa dar seu estatuto a essa equivalência: nessa correspondência termo a termo que Schreber estabelece com o recurso à homofonia, Lacan observa uma colocação em equivalência de elementos, como tais, **escritos**.

Isso quer dizer que a correspondência assim definida só é situável como transliteração. Alguns seminários antes, Lacan havia dissociado (8 de fevereiro de 1956) aquilo de que o discurso é constituído e aquilo que se origina do som: "O que vocês ouvem num discurso é outra coisa além daquilo que é registrado acusticamente". A resposta homofônica de Schreber aos pássaros falantes, quando ela provoca o retorno da humanidade destes, revela, assim, que eles observaram os elementos discretos que eram os de sua própria mensagem, elementos literais, no sentido de Lacan, já que a letra se define então nele como a própria discreção significante. A letra como "estrutura essencialmente localizada do significante" é datada de 9 de maio de 1957, ou seja, um ano, dia a dia, depois do seminário aqui discutido.

Logo, passaremos a distinguir, com Lacan, a **assonância** que é, no imaginário, a maneira pela qual se concebe a homofonia quando a escrita se pensa ser transcritiva, e a **homofonia** que é, no simbólico, o nome da operação de transliteração quando esta assume a voz. O **lape-près** designa essa oposição como irredutível.

Uma confirmação: no escrito que retoma esse seminário sobre as psicoses, Lacan sublinha essa consubstancialidade da literalidade e da homofonia, abordando esta última como "a dimensão em que a letra se manifesta no inconsciente"[44]. Este texto, que dá como "sincrônica" essa homofonia (o que foi, aqui mesmo, designado como simultaneidade), supõe, pois, a possibilidade de uma correspondência sincrônica de elementos. Que se acrescente a isso o "termo a termo" do que se vê assim co-ordenado e teremos o conjunto necessário e suficiente de elementos constituintes da transliteração.

Vamos lembrar aqui que foi pelo estabelecimento de uma tal correspondência de elementos de discriminação vizinhos (elementos literais das escritas hieroglíficas e gregas), graças ao apoio homofônico que lhe assegurava a não tradução do nome próprio como tal, que foi aplicando assim uma regra para a transliteração de uma para outra das duas escritas que Champollion pôde chegar a ler os hieróglifos de maneira diferente daquela de um Kircher.

Assim, Schreber (mas os outros casos aqui estudados convidam a dar ao seu testemunho o estatuto de um **ab uno disce omnes**), na sua relação com a recitação dos pássaros falantes, procede, estendendo-lhes o painel homofônico, à mesma operação de Champollion, que utiliza o mesmo expediente. Um e outro só se diferenciam nessa operação por um detalhe pequeno, porém realmente decisivo: Schreber realiza, em "centenas e milhares"[45] de exemplos,

---

[44] J. Lacan, **Écrits**, op. cit., p. 569.

[45] D.P. Schreber, op. cit., p. 176, nota nº 90.

uma transliteração que deve, a cada vez, ser bem sucedida, para evitar que ele seja aniquilado, ao passo que Champollion é destituído subjetivamente por este mesmo êxito: no instante mesmo em que ele o enuncia pela primeira vez a um outro, cai, se desvanece. Está em causa, então, não a sua razão e sim o seu destino.

Este resultado quase não deveria surpreender, já que só faz tomar ao pé da letra a afirmação principal do seminário sobre as psicoses onde Lacan identifica a leitura de Schreber por Freud a uma "decifração champollionesca". Se, como diz ainda, Freud consegue assim "recolocar de pé o uso de todos os signos dessa língua"[46], é que a cifra em que esta consistia era fruto dessecado da própria operação que iria produzir deu deciframento.

Existiria, nessa observação tornada possível pela distinção, aqui, de três operações que são a transcrição, a tradução e a transliteração, um interesse outro, além do metodológico? Existiria, a partir daí, um ganho para a abordagem da questão da psicose? Responde tanto mais afirmativamente quanto este ganho já foi indicado, mas apenas de passagem, tratando-se agora somente de reformulá-lo e dele tirar as implicações mais imediatas.

O significante na psicose se revela equivaler a um nome próprio. Eis o que quer dizer, não que ele permita uma tradução, mas que se presta a uma transliteração que define sua literalidade e o faz intervir, desse modo, como persecutório.

Assim, este "automatismo da função do discurso"[47] que Lacan admite como característico do fato psicótico parece consistir num pulular de equivalentes de nomes próprios que o psicótico encontra, tanto no colarinho de um enfermeiro ("celulóide" transliterado em "é Lulu Lloyd"), quanto em tal significante proferido na sua direção ("**Salut**" transliterado em "**Ça elle eut**"), evocado pela situação ("o pequeno estava perturbado"), ou ainda alucinado (as milhares de transliterações schreberianas).

Esta equivalência sendo um fato adquirido, daí vai resultar um certo número de conseqüências: em particular, será viável, a partir daí, abordar a difícil questão da foraclusão. Mas convém, antes, dar lugar a um estudo do nome próprio tomado como cifra. Com efeito, se os traços do celulóide no colarinho do enfermeiro ou o alucinado **Chinesenthum** valem o mesmo que os cartuchos de Ptolomeu e Cleópatra, que definição do nome próprio se vê convocada quando, na psicose, o significante é definido como seu equivalente?

A cor do significante

Tanto quanto sei, não existe nenhuma definição do nome próprio que se tenha apoiado na sua notável especificidade no deciframento. Não é que esta especificidade não tenha sido observada de maneira explícita: respondendo a

---

[46] J. Lacan, **Les psychoses**, op. cit., p. 18.

[47] J. Lacan, **Les psychoses**, op. cit., p. 182.

numerosas necessidades de uma informação que hoje tem âmbito mundial, de uma informação que deve atravessar a diversidade das nações, mas também das culturas e escritas, alguns lingüistas ocupam-se em estabelecer convenções para a transliteração dos nomes próprios: por sua vez, os serviços da cifra sabem-se apoiar no fato de que os nomes próprios cifram-se, mas não se traduzem; mas tal é o efeito obscurantista da divisão dos campos do saber que, entre esses dois domínios e sua abordagem lógica, abre-se a armadilha por onde escorrega, como sendo sem importância, o fato de que o nome próprio se translitera.

O nome próprio só se translitera porque depende do escrito. O leitor pode-se remeter, se assim o desejar, à discussão do debate entre Russel e Gardiner, onde se vê Lacan, em seu seminário sobre a identificação, abrir caminho entre dois obstáculos colocados de modo a fazer fracassar a questão do nome próprio. Suas duas vezes "não" (elas não são equivalentes) alcançam a tese do caráter estritamente **escrito** do nome próprio. Foi ao querer precisar a importância desta definição lacaniana que me surgiu, não simplesmente a falta de uma definição do nome próprio como cifra, mas, mais ainda, o fato de que essa carência notada verificava-se ser o produto de uma exclusão precisamente localizada. O nome próprio como cifra era assinalável como aquilo que sua abordagem na lógica deveria excluir para se constituir.

Não se exclui que esta exclusão de princípio tenha sido uma das razões que conduziram Lacan a apelar para uma outra lógica, uma lógica da fantasia, uma topo-lógica que inicialmente assumiu a figura de uma lógica que se escreveria com as superfícies topológicas clássicas, e depois se focalizou, não como lógica modal, e sim nodal, como nodologia.

A exclusão assinalada se apresentava, pois, como uma verdadeira encruzilhada. Isso significa que se trata, inicialmente, de fazê-la valer como fato ali onde ela é operante, nos pais fundadores do que se chamou, só-depois, o logicismo.

Frege, em seu artigo "**Sens et dénotation**", escreve o seguinte: "... por "signos" e "nomes", entendo toda maneira de designar que desempenha o papel de um nome próprio: aquilo cuja denotação é um objeto determinado..."; e logo depois, neste mesmo parágrafo: "A designação de um objeto singular pode consistir em diversas palavras ou outros signos. Com o fim de ser breve, vamos chamar nome próprio a toda designação deste tipo"[48]. Aqui temos agora, da pena de Russel: "O próprio nome não passa de um meio de indicar a coisa e não intervém no que vocês afirmam, de sorte que, se uma coisa tem dois nomes, vocês fazem exatamente a mesma asserção qualquer que seja aquele de que se servem"[49]. Com essas citações, pode-se, imediatamente, sentir o problema: basta imaginar Russel encontrando Schreber e tentando fazê-lo admitir que o nome não intervém naquilo que é afirmado. A certeza do segundo se opõe, estritamente, à asserção do primeiro.

---

[48] G. Frege, **Écrits logiques et philosophiques**, Seuil, Paris, 1971, p. 103 e 104.

[49] B. Russell citado por F. Recanati, in **La transparence et l'énonciation**, Seuil, Paris, 1979, p. 36.

Manifesta-se, em primeiro lugar, que **a extensão dada ao nome próprio** (Frege chama de "nome próprio" tanto uma palavra, um signo, uma combinação de signos, uma expressão, uma proposição afirmativa: esta extensão é o avesso do "ser breve" que apregoa) **é solidária do gesto que funda a sua definição na referência,** na denotação, ou ainda na relação de objeto, no sentido em que se diria que o nome próprio "relata" o objeto. A referência dá a esta abordagem do nome próprio seu fundamento, que se verifica no fato de ser ela a base do princípio de substitutividade. Todos os nomes próprios que têm como referência um mesmo objeto são, desse modo, equivalentes e, portanto, substituíveis uns pelos outros, **salva veritate.**

Ora, levando-se em conta o nome próprio como suscetível de começar um deciframento, parece que essa perspectiva só pode advir num campo que difere, fundamentalmente, daquele que rege o princípio de substitutividade. Do ponto de vista da cifra, não há equivalência entre:

CLEÓPATRA

e

A EGÍPCIA ENAMORADA DE CAIO JÚLIO CÉSAR
E DEPOIS DE MARCO ANTÔNIO

Foi decisiva, para o deciframento, esta série de elementos de discriminação muito próximos que compõe o nome de "Cleópatra", elementos estes que não deveriam ser quaisquer, já que o começo do deciframento só foi possível na medida em que alguns dentre eles foram encontrados, tais e quais, no lugar certo, no nome de "Ptolomeu"; um outro nome para "Cleópatra" poderia muito bem ter tido o mesmo referente, mas não comportar nenhum dos elementos do nome de "Ptolomeu"; este outro nome, para Champollion, não teria sido de qualquer utilidade. Em oposição a Russell, Champollion, como Schreber, parte do princípio de que o nome intervém naquilo que é afirmado.

A oposição aqui isolada pode ser resumida numa fórmula: a logística define o nome próprio como uma **transcrição do objeto** (a substitutividade é a equivalência de duas ou mais transcrições quando a denotação é a mesma), Champollion a define como um **transliteração obrigatória.** Schreber, igualmente, faz réplica a "**Chinesenthum**" sem qualquer preocupação com uma referência comum.

Mas se a distinção entre a transcrição e a transliteração permite dizer em que essas duas abordagens diferem, ainda é preciso dizer como cada uma delas se situa com relação à tradução. Este é o mínimo exigido pela diferenciação dessas três operações.

Excetuando o caso da tradução do determinativo, isto é, curiosamente, daquilo que não se traduz (não descuido deste ponto, que será longamente tratado na continuação imediata da atual discussão), é notável que Champollion tenha podido construir seu "alfabeto" sem se apoiar na tradução. Se **kleo-patra** pode-se traduzir por "celebridade da descendência", não foi por este viés que este nome desempenhou um papel no deciframento; e quando este último, bastante adiantado, soube remeter-se às hipóteses de tradutor, foi para capturar o significante equivalente na língua copta e assim unir-se à homofonia; quando o nome próprio não estava mais ali, este apoio homofônico o assegurava. Isso corresponde, aliás, a um tempo segundo do deciframento, a um tempo que não é mais de trilhamento, e sim de confirmação.

Se definirmos, em contrapartida, o nome próprio como transcrição, somos obrigados a apelar, **ipso facto**, para um sentido. Isso se lê perfeitamente em Frege; é tanto mais decisivo consultá-lo aqui quanto vamos vê-lo nessa discussão estabelecer ele próprio aquilo que nomeia **três níveis, que são exatamente correlativos das três operações:** transcrição, tradução e transliteração. Logo, encontra-se em Frege uma confirmação da importância de se considerá-las como um tríptico. Portanto, propomo-nos estabelecer como a logística e uma leitura do deciframento captam de maneira diferente esses três níveis ou operações: um quadro, apesar de um certo peso, senão de simplificações a que ele procede, fará, no entanto, valer essas diferentes captações:

NÍVEIS	OPERAÇÃO	CIFRAÇÃO LÓGICA	LEITURA DO DECIFRAMENTO
Referência	Transcrição	SIM	NÃO
Sentido	Tradução	SIM	NÃO
Cor	Transliteração	NÃO	SIM

Para explicitar a articulação entre sentido e denotação Frege constrói o seguinte esquema:

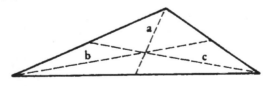

Ele nomeia cada uma das três retas que unem cada um dos vértices do triângulo ao meio do lado oposto: **a, b, c**. Podemos, a partir daí, denotar seu ponto de intersecção (existe uma demonstração matemática de sua unicidade) de diferentes maneiras, dizendo, por exemplo: "intersecção de **a** e **b**", ou ainda: "interseção de **a** e **c**". Essas expressões são, para Frege, nomes próprios do objeto. Elas denotam, realmente, o mesmo objeto, mas não têm o mesmo sentido. Na medida em que denotam o mesmo objeto, seu valor de verdade é idêntico, e elas são, portanto, substituíveis umas pelas outras num cálculo: mas o que torna o cálculo possível, o que permite uma progressão do pensamento é esta diferença quanto ao sentido que por si só é suscetível de explicar que a substituição não se reduz a um simples marcar passo.

Frege situa o sentido assim definido como aquilo que a tradução de um enunciado é suscetível de veicular. A partir daí, é absolutamente notável que aquilo que é assim mantido isola, no vazio, alguma coisa que, em contrapartida, é deixada de lado pela tradução, mas a que Frege não hesita em atribuir o estatuto de um "nível". Neste saco que se assemelha ao que constitui resto da tradução, ele acrescenta às "representações associadas" (subjetivas, singulares, intransmissíveis a não ser que se siga uma "via que nos levaria demasiado longe"[50]), aquilo que chama de cor e luz das palavras, expressões ou proposições. A rejeição desse nível funda a ideografia de Frege. Mas esta fundação, que encontra sua legitimidade na fecundidade de suas conseqüências, torna-se o ponto de enxerto de uma asserção — esta, realmente abusiva — quando Frege enuncia que, no que diz respeito a essas representações associadas, "uma comparação rigorosa não é possível", ou ainda que "esta cor e esta luz nada têm de objetivo". Dada a importância dessa discussão, reproduzo aqui os dois parágrafos de "**Sens et dénotation**" que me parecem os mais suscetíveis de condensar, num mínimo de lugar, o conjunto desses dados: distinção de níveis, lugar da tradução, gesto de exclusão desse suplemento da afirmação do caráter não objetivo daquilo que é rejeitado:

"Com essas observações, pode-se ver que as palavras, expressões e proposições completas podem ser comparadas em três níveis. Ou bem diferem quanto às representações associadas, ou bem diferem quanto ao sentido, mas não quanto à denotação, ou ainda diferem também pela denotação. Sobre o primeiro nível, deve-se observar que o laço entre as representações e as palavras sendo incerto, um notará uma diferença onde outro não a verá. A diferença entre uma tradução e o texto original deve ser limitada a este primeiro grau. Também se poderão tolerar as diferenças ligadas à cor e à luminosidade que a poesia e a eloqüência se esforçam por dar ao sentido. Esta cor e esta luz nada têm de objetivo, e cada ouvinte ou leitor deve recriá-las a convite do poeta ou do orador. A arte seria impossível sem alguma afinidade entre as representações humanas, embora seja impossível saber em que medida exata se responde às intenções do poeta.

Na continuação, não se tratará mais de representações, nem de intuições. Fizemos alusão a estas com o único objetivo de evitar que a representação despertada no espírito do ouvinte por uma palavra seja confundida com seu sentido ou sua denotação"[50].

Frege, portanto, identifica aqui o lógico, tal como ele o define, com o transmissível, o objetivável, aquilo que é suscetível de ser julgado em comum, em suma, o racional, e rejeita (não sem uma certa hesitação, é verdade) como irracional, como originado da intuição, tudo aquilo que não está estritamente em conformidade com o demarcado pelo jogo do sentido e da denotação, que é a ideografia. Não falta mesmo a esta rejeição o temor do retorno inopinado

---

[50] Frege, op. cit., p. 107.

daquilo que se deve manter excluído: "Os lógicos desconfiam da ambigüidade das expressões na medida em que ela é fonte de erros lógicos. A meu ver, é igualmente oportuno desconfiar dos pseudo-nomes próprios que são desprovidos de denotação"[51].

O campo aberto por Freud se caracteriza por não se submeter à alternativa de Frege: com efeito, trata-se do próprio campo das "representações associadas", mas ao qual se subtraiu a suposição segundo a qual o que ali atuaria estaria fora da racionalidade. Condensando, aqui, o que Frege justapõe como constituindo este nível, vou chamar **cor significante** a essas representações associadas, para indicar que é realmente por sua cor que o significante representa o sujeito para um outro significante, que esta cor é aquilo mesmo que se põe, por um instante, a brilhar quando, no só-depois, aparece que a operação significante adveio fora do código e portanto implicou um outro modo da referência que não a denotação fregeana. Sabe-se que Lacan apontou, no objeto **a**, a única referência em causa no discurso do analisando.

Se existe aqui, realmente, uma clivagem, esta não se poderia referir de modo algum à separação entre a racionalidade e seu contrário, mas, no interior do domínio do racional, aos diferentes paradigmas da racionalidade.

Num artigo ao mesmo tempo recente e interessante[52], C. Ginzburg se apóia no parentesco, revelado pelo próprio Freud[53], entre a técnica analítica e o método de atribuição das pinturas fundado em certos traços (Zügen) menores habitualmente negligenciados (este método foi inventado pelo médico e crítico de arte Morelli), para introduzir o que ele designa como um "paradigma do indício". Este paradigma permitiria agrupar, numa mesma família, que representaria um certo modo da racionalidade, Freud, Morelli, mas também muitos outros, dentre os quais Arthur Conan Doyle não é o menos conhecido. A leitura, para eles, é inevitavelmente deciframento: mas o deciframento consiste, ali onde a lógica dominante iria malograr, em fazer valer uma racionalidade suscetível de interrogar, numa curiosa inversão das coisas, a própria ciência.

O que tornou possível tal deciframento, bem como a réplica schreberiana, ou a leitura "é Lulu Lloyd", foi precisamente a cor do significante; melhor ainda: o significante como cor. Foi isso que permitiu a Lacan dizer que o analisando é poeta, e que obriga o psicanalista a não assimilar como equivalentes uma "dor no crânio" (**mal de crâne**) e uma "dor de cabeça", já que a primeira pode-se verificar, por exemplo, escrever nada menos que a dificuldade em que se encontra o sujeito, que designa assim, ele próprio, o seu sintoma, em

---

[51] Frege, op. cit., p. 117.

[52] C. Ginzburg, "Signes, traces, pistes", in **Le débat,** revista mensal, Gallimard, n° 6, novembro de 1980.

[53] "Creio ser seu método (o de Morelli) um parente muito próximo da técnica médica da psicanálise. Esta também costuma adivinhar, por traços desdenhados ou não observados, pelos restos rejeitados da observação, as coisas secretas ou escondidas". S. Freud, **Essais de psychanalyse appliquée,** trad. franc. de M. Bonaparte, Gallimard, 1978, p. 24.

continuar por mais tempo a se vangloriar (**crâner**). Tomando como parâmetro o paradigma do indício, optar pela notação "cefaléia" já é um exagero, já é um deslizamento, já é um erro grosseiro.

Assim, somente a cor significante parece suscetível de fazer valer o que está em jogo quando se trata do nome próprio como tal. O nome próprio não se define nem pela denotação (transcrição) nem pelo sentido (tradução). Esta última assertiva permanece verdadeira, mesmo quando se considera negativamente, como faz Gardiner, esta relação entre o nome próprio e o sentido. Dizer que o nome próprio é uma marca do objeto que se caracteriza por não se preocupar com seu sentido é ainda defini-lo com referência ao sentido.

Quando o nome próprio é tomado como nome próprio, manifesta-se então que respeitamos sua cor. Mas este respeito nada mais é que o fato de tomar o significante como objeto, nada mais é, por conseguinte, que essa maneira pela qual Lacan revela a constituição do escrito (cf. cap. VII). Esta "**effaçons**" não é, pois, específica do nome próprio, mas o nome próprio a exemplifica: em lugar do nome próprio, é inevitável este laço da estrutura da linguagem com o escrito. O caráter impronunciável do nome próprio não é, ao contrário do que muitos imaginam, uma exclusividade do Deus de Abraão, de Isaac e de Jacó. O nome próprio nunca é assoante, mas presta-se à entrada em jogo da homofonia (no lugar da referência, à falta da referência), a partir da qual se lê sua cor na transliteração da sua letra.

O impronunciável do nome próprio é capaz de ferir os sentimentos de qualquer um que, no cotidiano, faça uso vocalizado dele. Entretanto, um pequeno passo lateral basta para tornar menos surpreendente este impronunciável: que se evoque a **Morella** de Poe, que morre ao ser chamada por seu nome, ou ainda, talvez mais próxima por sua contemporaneidade, vamos citar esta seqüência que M. Duras soube elevar ao nível de um sintagma, dando-lhe, com seu estilo, todas as suas ressonâncias: "seu nome de". Quem não concordaria em admitir, por menos que se tenha sido tocado pelos textos de Duras, que, se dizemos "seu nome de Veneza", existe aí algo que está mais perto da verdade do nome do que se dizemos "Anna Maria Guardi"? Mais estranho, mas igualmente preciso, este relato da teologia egípcia que vê o deus Ra, envelhecendo, resolver-se a pedir ajuda a Ísis (que era "mais astuta que milhões de deuses e que milhões de espíritos") a fim de recuperar o poder de governar o mundo; Ísis, então, não cessa de provocá-lo para que lhe revele seu verdadeiro nome, aquele no qual seu poder se fundava, pois ela deseja nada menos que apropriar-se deste poder. Eis o final deste texto:

> Então Ísis diz a Ra: "Diz-me teu nome, pai divino, pois aquele sobre cujo nome se pronuncia uma conjuração permanece vivo!" — "Sou aquele que fez o céu e a terra, fez as montanhas e criou o que está acima. Sou aquele que fez a água ... que fez o touro para a vaca ... Sou aquele que fez o céu e os mistérios dos dois horizontes, que pôs alma nos deuses. Sou aquele que abre os olhos: assim se produz a luz, aquele que fecha os olhos: assim se produz a escuridão; sob as ordens de quem o fluxo do

Nilo se espalha, cujo nome (no entanto) não é conhecido pelos deuses. Sou aquele que fez as horas: assim nasceram os dias. Sou aquele que abriu as festas do ano, que criou o rio. Sou aquele que criou o fogo vivo ... sou KHEPRE pela manhã, RA ao meio-dia, ATOUM à noite." O veneno não foi expelido. O grande deus não estava curado. Então Ísis diz a Ra: "Teu nome não está entre aqueles que me deste! Diz este nome para mim e então o veneno irá sair: aquele cujo nome é pronunciado, viverá!" Mas o veneno ardia com força. Era mais violento que a chama e o fogo.[54]

Impronunciável, intranscritível mas também intraduzível como tal, o nome próprio, com a transliteração, desprende sua literalidade. A transliteração do nome próprio toma a fonia à palavra (**prend la phonie au mot**, anagrama de **homofonia**), a alguma coisa que só assume sua consistência pelo escrito. Este "falso ninho" (**faux nid**, homofônico de **phonie**) (B. Lapointe) nomeia o campo da linguagem na medida em que só mostra sua estrutura pelo escrito, único capaz de revelar o escrito latente de que ele é constituído.

Existem diversos modos de abordagem deste campo e, portanto, diferentes definições da letra, mas não sem relação, cada uma delas — muito pelo contrário —, com as diversas maneiras pelas quais se situa a homofonia. Será uma confirmação das análises precedentes ver o discurso logístico, com o fim de assentar uma definição markoviana da letra (a letra como idêntica a si mesma, já que tomada "unicamente como um todo"[55]), uma definição muito diferente daquela implicada pelo trabalho de um Champollion (a letra como "trans", como letra de letra, como "estrutura essencialmente localizada" de um significante não idêntico a si), vê-lo, pois, apresentar, como seu horrível pesadelo, a homofonia. Russell exclui aquilo mesmo sobre o qual Champollion se apoiou. A argumentação dessa exclusão passa pela presentificação dos dois enunciados seguintes:

1) — Sócrates é imortal (uma preocupação com a verdade me obriga a modificar ligeiramente o predicado da célebre asserção).
2) — Sócrates tem oito letras.

Em 2) não é possível substituir, como em 1), o nome de Sócrates pela expressão co-designativa "o mestre de Platão", ou ainda, para retomar aqui o "aquele que", que na luta entre Ísis e Rá, não cessava de não nomear Rá: "Aquele que, filósofo, disse sobre sua mulher que esta era a prova da sua paciência". Segundo Russell, a confusão tem a ver com o fato de que em 2) a palavra "Sócrates" não é o nome do objeto que denota em 1), mas antes o nome de seu nome. Não existe, decerto, razão alguma para que não se possa tomar um nome próprio como um objeto qualquer que seria denotado por um enunciado. Tal é o caso em 2): "Sócrates tem oito letras" quer dizer que o nome do objeto

---

[54] Cf. Erman e Ranke, **La civilisation égyptienne**, Payot, Paris, p. 337-340.

[55] A. Markov, **"Le concept d'algorithme"**, in **Ornicar?** n° 16, p. 32 a 36.

tomado ele mesmo como objeto tem oito letras, e não o objeto denotado em 1). Para Russell, também, existe exatamente tanta diferença entre o nome de Sócrates e o nome deste nome quanto entre o nome de Sócrates e o de Aristóteles. Ou, mais exatamente, se não nos contentarmos com o enunciado de princípio, devemos dizer que **haveria** tanta diferença num quanto noutro caso, se não viesse sugerir o contrário... o quê? A homofonia, justamente. É ela que introduz o equívoco que leva a imaginar que se trata do mesmo nome próprio em 1) e em 2). Será preciso, pois, anular, reduzir a zero o jogo da homofonia, distinguindo na escrita esses dois nomes próprios e não deixando de escrever que eles não denotam o mesmo objeto. Para fazer isso, Russell, depois de Frege, usa aspas. "Poder-se-ão surpreender", — escreve Frege — "talvez, com o emprego freqüente das aspas. Elas servem para distinguir o caso onde falo do próprio signo do caso onde falo da sua denotação"[56].

A foraclusão localizada

Na escrita lógica, as aspas são uma marca **determinativa** que indica que o próprio signo vale como objeto denotado. Trata-se realmente de um determinativo que, como na escrita chinesa ou hieroglífica, tem a seu encargo a suspensão de um equívoco significante.

Lembramos que a intervenção do determinativo permitiu aqui distinguir interpretação e intuição delirante: nesta última, o determinativo vinha designar uma simultaneidade significante como significante, enquanto que para a primeira a homofonia mesma determina a cifra que a constitui. Está manifesto agora, portanto, que **as aspas da escrita lógica são idênticas aos determinativos da intuição delirante.** Como aqueles, estas designam uma simultaneidade como significante, que, num caso (o da intuição delirante), é dada como a se considerar, e, no outro (escrita lógica), como a se excluir. Assim, a operação fregeana de instalação de aspas é identificável àquela aqui presentificada com o "hum hum", no qual o leitor vai-me perdoar agora por tê-lo obrigado a se deter por tanto tempo.

Além disso, quando se observa mais de perto o deciframento de Champollion, encontramo-nos diante **desta mesma colocação em jogo de uma simultaneidade significante e de um determinativo:** o cartucho permitiu identificar os nomes próprios como nomes próprios, localizá-los — e estes últimos, como escritos, forneceram o apoio homofônico que iria proporcionar as regras da transliteração dos caracteres hieroglíficos em caracteres gregos.

Melhor que um longo desenvolvimento, um quadro será suscetível de manifestar como se destaca, da convergência das discussões precedentes, uma operação de duplo alcance, como cada uma das operações analisadas põe em jogo, à sua maneira, um equívoco significante com a questão da sua suspensão.

Este jogo de um determinativo acoplado a uma simultaneidade

---

[56] Citado por C. Imbert, "**Écrits logiques et philosophiques**", op. cit., p. 19.

significante, a partir daí assinalado, vai-se revelar capaz de esclarecer a operação da foraclusão. Vamos notar inicialmente que duas razões vêm em apoio dessa conjetura. Definindo o caráter "champollionesco" da leitura freudiana de Schreber, Lacan sugere que o que "recoloca de pé" o texto de Schreber não deixa de se relacionar com a operação da foraclusão de que este texto testemunha, já que constitui o seu sedimento. A segunda razão não é menos importante: já tendo notado que o significante na psicose pulula como que **ocupando o lugar de nome próprio,** pode-se conceber a existência de um laço entre este pulular e essa operação local da foraclusão que incide, precisamente, sobre um nome. Para dizer a verdade, é impossível dar conta do que quer que seja deste "campo paranóico das psicoses" quando se admite que a foraclusão do Nome-do-Pai constitui a operação decisiva, sem estabelecer como, a partir desta foraclusão, advém esse pulular.

Não é um significante qualquer que Lacan indica como foracluído na psicose, é o significante dito do "Nome-do-Pai". Na medida em que não é qualquer, este significante está necessariamente localizado. Esta localização será melhor sublinhada tomando-se o problema **a contrario**.

Podemos imaginar — aliás, não nos privamos disso — que a linguagem está longe de dar todas as satisfações quanto às questões que se podem apresentar. Se, por exemplo, sou uma menina e me encontro num tempo em que tenho que simbolizar meu sexo, vou esbarrar no fato de que a linguagem não me dá nenhum equivalente deste significante sobre o qual o menino pode-se fundar para simbolizar o dele. Eu estaria, então, lidando, não simplesmente com uma ausência no imaginário, mas com um furo no simbólico que é a razão daquilo que Freud descobre como dissimetria incontornável entre o Édipo masculino e o feminino. Ora, a experiência atesta que tal furo no simbólico não produz necessariamente uma psicose. Se, da mesma maneira, mas não pelas mesmas razões, alguém resolve expor ao significante a questão de sua existência singular, algo que seria formulado como um "Por que eu estou aqui?", ou ainda "Por que vou desaparecer?", este alguém também vai encontrar um furo, já que o significante não pode responder a um sujeito, sobre o que quer que seja que este lhe pergunte, senão considerando-o como já morto, isto é, imortalizando-o.[57]

O significante do Nome-do-Pai apresenta, pois, a seguinte especificidade: se não for tomado numa primeira simbolização, se fizer furo no simbólico, segue-se, para o Sujeito, essa "cascata de remanejamentos do significante"[58], onde se realiza uma transformação radical da relação do Sujeito com a linguagem, cujo resultado foi interpretado aqui como um pupular de equivalentes de nomes próprios.

Assim, o significante do Nome-do-Pai se apresenta como particularizado. Mas a metáfora lacaniana da cascata implica além disso sua localização; segundo o dicionário **Robert**, o termo "**cascade**" (cascata) designa tanto uma

---

[57] Lacan, **Les psychoses**, seminário de 21 de março de 1956.

[58] Lacan, **Écrits**, op. cit., p. 577.

QUADRO 01

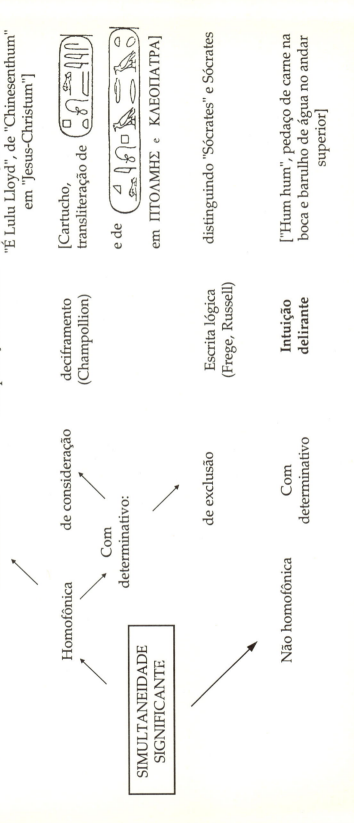

QUADRO 2

	Determinativo	Função da homofonia	Denotação	Operação	Significante
Interpretação delirante	A própria homofonia	Apoio	objeto metonímico	Transliteração (evitamento da perseguição)	Ocupando lugar de nome próprio
Intuição delirante	SIM (hum hum)	A simultaneidade como suplência	objeto metonímico	Sua ausência torna persecutória a falta da significação	Quase, nome próprio (fora do sentido)
Logística	SIM (Aspas)	excluída	delirante (objeto "real")	Transliteração (foraclusão do sujeito)	Literalizado como nome próprio
Deciframento	SIM (cartucho)	apoio	objeto metonímico	Transliteração (**fading** do sujeito)	Literalizado como nome próprio

queda d'água quanto uma sucessão de quedas d'água; mas, se a sucessão supõe um primeiro deslanchamento, o singular convoca igualmente a interrogação deste ponto de ruptura a partir do qual o curso das coisas cessa de ser aquilo que era.

No sentido da letra como "estrutura essencialmente localizada do significante", o significante do Nome-do-Pai é, pois, devido à sua localização, um significante como tal, escrito. Estamos também fundamentados a fazer valer a pertinência da metáfora da cascata por contraste com essa outra metáfora que, em Lacan, aborda, tanto quanto pode uma metáfora, o laço que une a linguagem ao escrito: o rio está sempre ali, ativo no seu curso, mas em lugar da queda brutal e descontrolada, é o delicado atrito que tem contra ele a roda do moinho d'água. Aqui está este texto extraído do seminário de 24 de janeiro de 1962:

"A relação da letra com a linguagem não é algo que se deva considerar numa linha evolutiva. Não se parte de uma origem espessa, sensível, para daí destacar uma forma abstrata. Não há nada que se pareça a nada que possa ser concebido como paralelo ao processo dito do conceito, mesmo somente da generalização. Tem-se uma série de alternâncias onde o significante volta a bater na água, se posso dizer, do fluxo, com as pás de seu moinho, e sua roda volta a subir cada vez que alguma coisa brilha, para tornar a cair, enriquecer-se, complicar-se, sem que jamais possamos em momento algum compreender o que domina do ponto de partida concreto ou do equívoco."

Deste jogo do ponto de partida concreto e do equívoco (que, aliás, não é menos concreto), Lacan, logo antes do texto citado, produziu dois exemplos.

O ponto de partida concreto é o signo: as pegadas de Sexta-feira, ou ainda o caráter chinês, Kĕ, 可 , mas tomado de saída como transcrevendo, esquematicamente, a relação de choque da coluna de ar contra a língua e o palato na oclusiva gutural, tomado, pois, como tão figurativo quanto o traçado da marca do pé. Na terminologia aqui proposta, isso corresponde à operação da transcrição.

Segundo tempo deste jogo: o apagamento da pegada realizado pelo que se chama "vocalização", ou ainda "fonetização", mas que seria, mais exatamente, identificado como uma **homofonia potencial** (já que o texto faz referência, explicitamente, à escrita fonética). Este tempo é aquele em que o traçado do passo é lido como "passo", e assim apagado como pictograma do passo, impressão de uma pegada. O pictograma Kĕ sofre uma vicissitude semelhante, mas que só pode ser reconstruída a partir do terceiro tempo.

Essa contagem 1-3-2 é, aliás, igualmente verdadeira no caso do "passo" (**pas**). O terceiro tempo é aquele do traço que vem rodear o traço apagado, que confirma, assim, definitivamente, este apagamento, tomando este traço apagado como escrevendo este homófono do primeiro "**pas**", que é, na língua francesa, o "**pas**" da negação. Logo, é no só-depois desse terceiro tempo que o apagamento, constitutivo do segundo, pode ser considerado como uma homofonia. Já identificamos como transliteração essa operação do rébus de transferência onde o traço do "passo" (**pas**) vem escrever um "pas" de negação/ apagamento do traço. Também para o caráter **Ké**, convém estudar este jogo do ponto de partida concreto (no signo) e do equívoco (homofônico), a partir do terceiro tempo.

Nesse terceiro tempo, o signo 大 dà, que se traduz por "grande", veio, como o contorno do traço do passo apagado, acrescentar-se ao **Ké**, para dar 奇 . . Todavia o conjunto assim forjado não escreve, de modo algum, "grande poder", como se espera, às vezes, quando se supõe que, fora da escrita dita "fonética", é a semântica que preside aos destinos do escrito. Este conjunto escreve a palavra "ímpar", no sentido de "falta", "**gaffe**". O laço entre, por um lado, e 大 , e por outro lado, 奇 . , não é regido pelo sentido. De que ele é então feito? Lacan observa aqui que este último caráter composto se pronuncia **yī**; este **yī** é, assim, escrito por este caráter composto, apoiando-se no fato de que ele foi, numa certa época da língua de que o **I-Ching** é testemunha, próximo, foneticamente, do **Ké**. Logo, existe, também aqui, um tempo dois que é o do apagamento homofônico.

Mas o interesse da referência à língua e à escrita chinesa se liga ao fato de que esta vem mostrar a metáfora da roda do moinho, pois podem-se nela designar empilhamentos de rébus de transferência como este que acaba de ser detalhado. O significante não apenas vem, mas "**revém**", "torna a bater na água do fluxo pelas pás de seu moinho", e, dessa reiteração, a escrita chinesa, mais que qualquer outra, é suscetível de dar conta, já que é a partir dela própria que esta se constitui.

O ponto de equívoco é, nessa vez seguinte, o **yī**. Lacan nota que, se lhe acrescentarmos 木 **mu**, que é o determinativo de tudo o que é de madeira, escreve-se a palavra "cadeira", que é homófona de "ímpar". Este determinativo vem, pois, no mesmo lugar adjacente e com a mesma função determinativa que foi a do 大 do começo. Certamente, essa contagem é artificial: já estamos, de fato, neste empilhamento, assim como "isso continua dessa maneira, isso não tem motivos para parar". E Lacan segue essa seqüência (extraída dentre numerosas outras seqüências possíveis): "Se puserem aqui, no lugar do signo da árvore, 木 , o signo do cavalo, 马 **ma**, isso quer dizer "montar", e assim suspende, de outra maneira, o equívoco homofônico. Em suma, a metáfora do moinho é a de um empilhamento de rébus de transferência.

Aqui está, pois, uma figuração deste jogo da roda do moinho e do fluxo do rio onde situo a série dos rébus de transferência, utilizando, como foi feito anteriormente, a transliteração **pinyin*** para notar, com a máxima precisão possível atualmente, o que está em jogo. O fato de que seja necessário passar por essa transliteração demonstra que se trata, realmente, de uma transliteração em cada entrada em jogo do rébus de transferência.

---

* **Pinyin**, Sistema de transcrição alfabética e fonética dos ideogramas chineses (NT).

Ké é uma parte do verbo "poder", que também se escreve keyi 可以 ou kěneng 可能. O pequeno quadrado no interior do caráter **Ké** é o ideograma da boca; apesar de sua ancoragem no figurativo, o caráter Ké já é, ele próprio, um caráter composto.

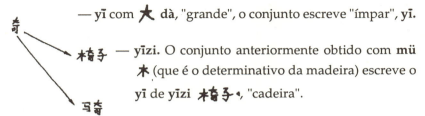

— yī com 大 dà, "grande", o conjunto escreve "ímpar", yī.

— yīzi. O conjunto anteriormente obtido com **mü** 木 (que é o determinativo da madeira) escreve o yī de yīzi 椅子, "cadeira".

— yī. O mesmo conjunto anteriormente obtido escreve o yī, do verbo "montar", quando se lhe acrescenta o determinativo do cavalo, 马 ¡ ma

"Não seria possível" — enuncia Lacan neste mesmo texto — "haver aí articulação do significante sem esses três tempos". Os três tempos mencionados são constituintes do rébus de transferência.

A partir daí, a identificação desta operação como transliteração mostra que **não existe diferença essencial entre o que é constitutivo da escrita e a interpretação delirante, tal como foi aqui explicitada.** Moinho ou cascata dependem, um e outro, da mesma lei que ordena a queda d'água. Ou ainda, para retomar aqui a resposta dada por Lacan à estúpida interrogação de uma sumidade da Escola: sim, o significante na psicose representa, como em qualquer outro lugar, o Sujeito para um outro significante.

A relação do sujeito com o significante na psicose é indicada com o equívoco do termo "cascata"; o "cascateiro"* era inicialmente aquele que cometia um desvio de conduta, que tinha uma conduta desordenada e, depois, qualquer um que, na sua conduta, demonstrasse um domínio excepcional; do mesmo modo, essa relação do sujeito com o significante na psicose, se aparece como sendo realmente um desvio, é um desvio que, longe de encarnar um outro modo, longe de diferir substancialmente daquilo diante do qual ele se demarca, ao contrário exemplifica, depura, faz a caricatura da relação do sujeito com o significante. O fato de optarmos, como Lacan, tardiamente, o fez, por falar aqui em "congelamento" (seminário de 8 de abril de 1975), é importante sobretudo porque este termo apela para a persistência daquilo que não sofre mais que de avatares **intencionais**.

---

* **Cascadeur**, literalmente "cascateiro", mas, que, ao contrário da acepção pejorativa que tem em português, designa em francês o acrobata, o dublê que desempenha as cenas perigosas dos filmes, ou ainda, por extensão, aquele que se destaca em esportes arriscados, como as corridas automobilísticas (NT).

A cascata como série de rebotes implica numa separação primeira. A foraclusão do Nome-do-Pai é este afastamento localizado por seu valor de **começo** dos remanejamentos ulteriores. Chegaremos mais longe com esta metáfora interrogando em que consiste o acidente do terreno?

Vamos responder, começando por observar **o caráter composto do significante do Nome-do-Pai.** Ele comporta, com efeito, duas partes, que as análises precedentes nos conduzem a distinguir: uma tem o estatuto de um determinativo, outra teria o valor do nome de uma função (o que Lacan designava como a "função paterna"), se o determinativo não viesse, precisamente, elevar este nome de uma função à dignidade de um nome próprio. O significante do Nome-do-Pai assume sua especificidade apenas por essa composição, e **sua foraclusão toma o caminho de uma dissociação desses dois componentes.**

Assim, é possível dar conta do fato de que, na psicose, o significante se apresenta como ocupando o lugar de nome próprio; tudo se passa, com efeito, como se o determinativo do significante do Nome-do-Pai liberado, destacado, disjunto e assim dispensado de dever marcar o significante com a função paterna (empregamos aqui "marcar" no sentido do jogo de fubebol, onde, quando um jogador marca um outro, acompanha-o em todos os seus deslocamentos), nada mais poderia fazer senão transportar essa marca, cada vez que no lugar do Outro o significante se apresentasse como tal, isto é, com seu efeito persecutório. Tal seria a tentativa, no psicótico, de uma suplência da fixação mínima do significante ao significado, quando falta a essa fixação o significante do Nome-do-Pai **como tal**, isto é, marcado como tal por seu determinativo.

No lugar do Nome-do-Pai, a dissociação do determinativo deste nome e da função paterna que ele determina como tal é a própria discordância paranóica. Desse modo, ganha consistência um modo de assertiva que se dedica a assegurar a solidez daquilo que se enuncia na literalidade significante, isto é, somente ali onde isso seria possível... se o fosse... quando se encontrasse foracluído o significante do Nome-do-Pai.

O caráter bífido, composto, deste significante é legível no texto lacaniano: ele está escrito ali, com efeito, com duas maiúsculas, a primeira no nome do "Nome", depois um hífen, depois "do" e, depois de um outro hífen, um nova maiúscula que incide no nome de "Pai". A primeira maiúscula situaria o Nome-do-Pai como um nome próprio em conformidade com as convenções ortográficas do francês de hoje; a segunda, em contrapartida, não é de modo algum justificada por essas convenções, a não ser como um traço de eminência atribuída ao que está em questão. Esta última interpretação é confirmada pela leitura de Schreber por Lacan, que designa no nome **de** Pai o significante foracluído. Mas esta eminência da função paterna é, no significante do Nome-do-Pai, retomada como nome próprio: os dois hífens, lidos da direita para a esquerda, unem a majestade do Pai à do Nome.

Assim, este significante do Nome-do-Pai condensa, na sua composição, os dois valores suportados, em francês, pelo verbo "nomear". "Nomear" é tanto "nomear para um cargo" quanto "dar um nome", tanto "nomear" quanto "denominar"[59]. E não podemos aqui deixar de notar que o procedimento dito do passe, pondo em jogo uma nomeação, dando a este equívoco do "nomear" o estatuto de um dizer, fazendo disso algo de efetivo, não poderia deixar de atingir este significante do Nome-do-Pai que é, falando propriamente, este equívoco.

Contrariamente ao que se imaginou, o horizonte de uma nomeação possível foi o obstáculo, intransponível, impedindo que o conjunto da questão a que o passe dava consistência virasse histeria.

Sobre a nomeação

A relação entre "nomeação" e Nome-do-Pai não é analógica. Não somente a bifididade do Nome-do-Pai leva em conta o equívoco implicado em toda nomeação, mas um pouco mais tarde, em Lacan, com a reelaboração da questão da psicose na cifração de uma topologia nodal, lida-se com a identificação do Nome-do-Pai e da nomeação. O Nome-do-Pai é o pai do Nome[60]. Assim, no seminário intitulado R.S.I., em 15 de abril de 1975: "A nomeação é a única coisa de que podemos estar certos de que faça furo".

Isso significa que o nome não basta, por si só, para fazer furo?

Não vou abordar aqui o estudo da cifração topológica dessa questão. Nos últimos seminários, as coisas estão dispersas, até mesmo pulverizadas, o que obriga o leitor a realmente construir a tese de Lacan: mais que nunca, esta é inacessível à imediatez. Ora, ninguém, até hoje, produziu esta construção e estes últimos seminários permanecem, assim, em instância.

Entretanto, as coisas foram retomadas aqui mesmo, suficientemente, desde o princípio, para que se possa enquadrar o que está em jogo nessa continuação. A questão é nada menos que a de saber se, do significante do Nome-do-Pai, é possível prescindir[61].

Por ter identificado o inconsciente freudiano como terceira pessoa,

---

[59] Cf. Jean Allouch, "**La passe ratée du vice-consul**" in **Lettres de L'École**, boletim interno da École Freudienne de Paris, março de 1978. Este texto foi parcialmente retomado em **Ornicar?** 12/13.

[60] J. Lacan, R.S.I., seminário inédito de 11/3/1975: "... reduzo o Nome-do-Pai à sua função radical que é a de dar um nome...". Este seminário estuda o que seria a identificação do Nome-do-Pai e do nó borromeano, supondo isoladas as três consistências e colocando o Nome-do-Pai como quarta corda, vindo nodular borromeanamente as três outras. Esta quarta corda é a cifração lacaniana do pai em Freud. A partir daí a identificação acima citada depende do problema topológico da redução deste nó a quatro a um nó de três aros de barbante (cf. cap. X).

[61] Cf. Lacan, **Le sinthome**, seminário inédito de 13 de abril de 1976: "O fato de que este pequeno furo por si só (trata-se do "verdadeiro furo" demarcado pelo nó borromeano a três como inscrevendo o enunciado de que não há Outro do Outro) possa dar uma ajuda, é justamente nisso que a hipótese do inconsciente se sustenta. A hipótese do inconsciente, Freud o frisa, é algo que só se sustenta se se supõe o Nome-do-Pai. Supor o Nome-do-Pai, decerto, isso é Deus. É nisso que a psicanálise, por dar certo, prova que o Nome-do-Pai também pode ser dispensado. Pode-se também dispensá-lo sob a condição de se servir dele."

como um "ele" que seria a figura, não delirante mas delirada, onde se focalizaria, tanto quanto possível, a tentativa de uma domesticação da perseguição significante[62], Lacan produziu esta formidável conjetura de um inconsciente não freudiano, de um inconsciente lacaniano[63] onde a perseguição se verificaria ser sustentada sem o cabide de uma figura do perseguidor. Nesse ponto, o que poderia ter sido uma clínica do passe poderia ter renovado a clínica, analítica, da psicose, aquela onde a psicose não deixa inalterada a doutrina analítica. Este ponto é, com efeito, aquele dito da "destituição subjetiva", isto é, de algo que só poderia ser situável **para além** da despersonalização.

Haveria um progresso se prescindíssemos da hipótese freudiana, uma maneira de simplificá-la. Mas se a dissolução da E.F.P. faz parte, como se pode convir, do ensinamento de Lacan, não indica ela, a **minima**, o quanto foi prematura essa conjetura? Lacan, em 11 de fevereiro de 1975: "**Nosso imaginário, nosso simbólico e nosso real talvez ainda estejam, para cada um de nós, num estado de dissociação suficiente para que somente o Nome-do-Pai faça nó borromeano, faça com que tudo isso se mantenha junto.**"

Se o trilhamento topológico não progride sem uma certa retomada do espinosismo dos primeiros passos[64], é a um retorno a Freud que Lacan, finalmente, se resolve. Mas "retorno" tem agora a conotação de "recaída". Se a causa é, decididamente, freudiana, isso não quer dizer que tenha sido entendida.

Em 20 de novembro de 1963, em pleno período crítico para a psicanálise na França, quando está em jogo nada menos que a continuação de seu ensinamento, Lacan interrompe seu seminário ("Este seminário é o último que farei") intitulado **Os nomes do pai**. Pode-se ler, neste seminário, o seguinte: **O Outro é o lugar onde isso fala. Daí a questão: quem, para além daquele que fala no lugar do Outro e que é o sujeito, quem está aí, cuja voz toma o sujeito a cada vez que fala? É claro que se Freud, no centro de sua doutrina, coloca o mito do pai, é em razão da inevitabilidade desta questão. Não é menos claro que, se toda a teoria e a práxis da análise nos aparecem hoje em pane, é por não se ter ousado, sobre esta questão, ir mais longe que Freud.**

Essa junção, que o mito do pai bloqueia em Freud, é aquilo mesmo que vem ser perfurado pelo que a doutrina analítica aceita acolher do campo

---

[62] J. Lacan, **L'insu que sait de l'une bévue s'aile à mourre**, 15-2-1977. "Ele ou ela, esta é a terceira pessoa, é o Outro tal como o defino, é o inconsciente".

[63] J. Lacan, conferência inédita de 26-2-1977 em Bruxelas.

[64] J. Lacan, **L'insu...**, op. cit., 19-4-1977: "Em suma, é preciso ainda assim levantar a questão de saber se a psicanálise — peço-lhes perdão, peço perdão ao menos aos psicanalistas — não é o que se pode chamar de um **autismo a dois**. Existe, ainda assim, uma coisa que permite forçar este autismo, é justamente o fato de que a língua é um assunto comum e é justamente aqui onde estou, isto é, capaz de me fazer entender por todos aqui, é aí que reside a garantia (...) de que a psicanálise não cai, irredutivelmente, no que chamei há pouco de "autismo a dois". "Além de sua veia espinosista, vai-se notar a surda ironia de uma asserção dirigida a um público que não cessava, quanto a essa asserção, de invalidá-la.

paranóico das psicoses. Será que se trata, como alguns parecem hoje invocar, de uma ressurgência do culto de uma primitiva deusa mãe? Lacan trilhou uma outra via, designando o escrito como único suscetível de tornar efetiva essa colocação à prova.

O fato de que exista pai (**père**) no **per**seguidor demarca o que está em jogo em cada análise como a possível redução de seu nome ao significante qualquer. A interpretação só parece delirante por depender do escrito: quando está escrito "não se pode mais ser capaz de dizer por quem isso foi pensado. Isso é realmente, em tudo o que está escrito, aquilo com que vocês têm de lidar"[65].

---

[65] J. Lacan, **Ou pire**, seminário inédito de 8-3-1972.

QUINTA PARTE

A letra em instância

A clínica psicanalítica — que é, antes de mais nada, a de cada psicanálise efetiva — introduziria, como possível, uma outra maneira de dispensar o Nome-do-Pai além daquela de que o psicótico testemunha?

Tal é a interrogação onde desemboca este percurso clínico que, desde os primeiríssimos passos do trilhamento de Freud (cocainomania, histeria) e com o estudo do sonho, da fobia, do fetichismo, permitiu que se isolasse um modo de leitura (definido pelo tríptico transcrição/tradução/transliteração) a partir do qual o campo paranóico das psicoses iria oferecer, posta a nu, a função persecutória da letra.

Em Lacan, a cifração dessa questão — que vamos considerar, não sem razão, como sendo a da normalidade — é topológica. Mas o fato de considerá-la como tal não deixa de exigir que se saiba a que responde essa cifração. Na melhor das hipóteses, a leitura da topologia do borromeano ainda está em seus primeiros passos.

Existiria outra acolhida possível da função persecutória da letra para um sujeito? Como uma psicanálise iria abri-la a esta acolhida?

O que acontece, em outras palavras, ao fim do percurso da letra em instância na transferência? E a discursividade — que é o nome lacaniano da letra em instância quando esta faz liame social —, será ela o solo adequado para o "letra por letra" onde a função persecutória da letra não levaria à psicose como seu destino assegurado?

CAPÍTULO NOVE

O "engaste" da transferência

I — Do acting-out como transferência
(inibição, passagem ao ato e análise)

Numa conferência-debate de novembro de 1975, na Universidade de Yale, Lacan enunciava, a propósito de Freud: "Foi enquanto ele escutava as histéricas que leu a existência de um inconsciente". Esta afirmação implica, decerto, que o inconsciente assim nomeado se destaca do escrito, que suas formações (sonho, lapso, ato falho) "demonstram sua estrutura decifrável"[1]. Mas ela diz mais que isso, rejeitando a possibilidade de uma **writing-cure**; ela indica que **há o que ler naquilo que se ouve.*** "... o que se lê" — escreve Lacan em seu posfácio redigido para a publicação do seminário XI — "é disso que falo, já que aquilo que digo está votado ao inconsciente, ou seja, àquilo que se lê antes de mais nada".

A língua francesa dispõe de uma expressão que requer a diferenciação entre ler e ouvir, entender: "Entendo-me bem com..."; a expressão deve ser tomada literalmente: com x, eu me entendo (com **me**, ou seja, a mim mesmo) bem. Isso indica que o mesmo não se dá com a maioria de meus parceiros. Com estes, eu me entendo, me ouço, certamente, falar — no sentido em que meu ouvido percebe as palavras que digo, mas, no entanto, "não me entendo com eles" num outro sentido do termo "entender"; com eles — e por uma razão que ignoro, mas essa própria ignorância não me impede de constatar o fato — acontece que não leio o que lhes digo.

A possibilidade de ler ali onde isso se ouve é tão fundamental que basta não levá-la em conta para tornar, **ipso facto,** a prática psicanalítica opaca. Se uma análise consiste em passar à coisa do Outro, esta báscula só é concebível admitindo-se que ela encontra na leitura (no sentido precisado, aqui, de deciframento) a sua alavanca. "**Um ser que pode ler sua marca**" — ou seja, o que Lacan chama "**parlêtre**", ser falante, este ser que, por falar, pode ler aquilo

---

[1] Lacan, introdução à edição alemã de um primeiro volume dos **Écrits. Scilicet,** V, p. 11.

* No original, **entendre,** verbo que se traduz igualmente por ouvir e entender (NT).

que faz marca, e inicialmente na sua fala — **"isso basta para que ele possa se reinscrever em outra parte que não ali de onde a levou. Essa reinscrição, aí está o laço que o faz, a partir daí, dependente de um Outro cuja estrutura não depende dele"**[2].

Para a leitura daquilo que deixa marca, a fala é artifício obrigatório. Assim se pode entender a fórmula anteriormente formulada (p.75): "não existe acesso direto ao escrito" significa que, sem este artifício, o escrito permanece ilegível e não é de fato, simplesmente, lido (verdade válida que inclui, e alcança, o discurso matemático).

Trabalhar com isso diferencia a posição do analista daquela de Champollion. O fato de ser necessário, mais que esquivar-se, atravessar esta diferença, indica que não vamos tomar este caminho evitando a problemática psicanalítica do deciframento; trata-se, muito antes, de acentuar o que quer dizer "ler".

Além disso, na análise, a dificuldade da leitura não é redutível a este artifício da fala: ela se duplica, com efeito, por aquilo que também está indicado na expressão citada, justamente com o termo "com": eu me entendo bem **com** ... (você, ele, e até mesmo: isso). Ora, aqui advém algo que realmente se pode qualificar de inaudito (isto é: não se ouve/entende nada aí): basta que eu vivencie que, com x, "eu me entendo bem", para que logo, a este x, eu comece a amá-lo. Notar que um tal advento do amor está em conformidade com seu fundamento no narcisismo não é suficiente. Ainda é preciso articular a relação deste "com x" com aquilo que se lê no que se ouve/entende — quando e apenas quando — eu estou com...

Este capítulo, portanto, visa dar a razão desta relação — que a doutrina psicanalítica nomeou "transferência" —, propondo para ela uma cifração que tenha valor de deciframento.

É possível revelar a maneira como a questão da transferência surgiu em Freud, correlativa à instalação do próprio dispositivo psicanalítico. Entretanto, se nesse primeiro tempo a transferência é descoberta na sua equivalência ao **acting-out** (o termo **agieren**, que devemos, pois, diferenciar de sua tradução por "**acting-out**", é o nome freudiano dessa equivalência), como ignorar que esta só foi observada posteriormente, no retorno a Freud sustentado por Lacan? Logo, será necessário aqui começar pelo que veio depois, e já que a montagem da dita equivalência passa, em Lacan, por uma diferenciação marcada entre o **acting-out** e a passagem ao ato, é esta última oposição conceitual que vou apresentar em primeiro lugar.

Acting-out e passagem ao ato têm a ver com uma borda: esta borda, o franqueamento, o passar adiante (ultrapassar) constituído por eles, vem consolidá-la. Mas em silêncio: nada a ver com o ruidoso não-franqueamento instaurado pelo sintoma fóbico, nem mesmo com este movimento do prisioneiro, resposta a uma prova lógica onde a certeza objetiva apresentada vai ocupar

---

[2] Lacan, **L'envers de la psychanalyse**. Seminário de 14 de maio de 1969.

o lugar de caução para a saída[3]. O franqueamento silencioso do **acting-out** ou da passagem ao ato carece singularmente de pré-caução. Isso, certamente, não garante que ele não tenha conseqüências, na maioria das vezes incômodas.

A esse respeito (quanto a esta falta de respeito), a lição de Hamlet se verifica exemplar. Neste instante decisivo em que, franqueando as luzes da rampa, este se engaja no que se deverá chamar "a cena paterna", ele diz qual silêncio é concomitante ao franqueamento: "**It will not speak, then I will follow it.**" Não existe qualquer retardamento nessa decisão, imediatamente atuada, de ir-se reunir, à parte, a seu pai espectral. Entretanto os companheiros, Horácio e Marcelo, fazem barreira com suas espadas e seus corpos. Para além deste limite, o espectro já se distancia, chamando Hamlet; o tempo urge: o espectro só pode subsistir fora da luz que logo será trazida pelo raiar do dia. Obscuridade, ausência de testemunhas: trata-se de fazer de seu filho um conjurado. Nem o conselho, nem a força da amizade conseguem fazer barreira. Passando adiante, Hamlet sacrifica, sem se interrogar, seu bem-estar e sua vida ao que ele crê ser seu destino. Não percebe então, que este destino, é o próprio gesto com que afasta seus companheiros que o faz advir.

"**It will not speak, then I will follow it**", a frase, certamente, se endereça a seus companheiros: "Diante de vocês ele nada dirá, e é por isso que irei, apesar de vocês, afastar-me com ele". Todavia, Hamlet, não diz: "Vou segui-lo a fim de ouvi-lo me falar", e sim "Ele não vai falar...". Sua frase já atravessou a distância que o separa do lugar onde o espectro o chama: é a este que se dirige, resposta antecipada àquilo que, como demanda, ainda não foi formulado. "Você não vai falar e é por isso mesmo que vou segui-lo: constate que estas não são palavras vãs de minha parte, já que, a este primeiro apelo que me dirige, afasto qualquer cuidado de prudência para pôr-me a seu serviço daqui por diante".

O que vem a ser este não-dito inaugural da tragédia? Lacan, ao final do longo estudo que consagrou a Hamlet, observa que não é evidente, afinal, que o rei não tivesse alguma participação naquilo que pretende ter sofrido, pelo fato da lubricidade e astúcia de seu irmão. Será evocada a figura de um rei incapaz de governar? Quais são, então, os seus defeitos, faltas e pecados, que fizeram desta vítima alguém condenado pelo céu "a errar à noite e jejuar de dia na prisão das chamas"? O importante é que Hamlet não se formula a pergunta, nem tampouco a dirige ao espectro. Também não interroga a ligação entre o que fundaria essa condenação e o fim trágico de seu pai. Basta, no entanto, imaginar, por um instante, que ele tenha estado em posição de poder abordar essas questões para conceber que sua resposta ao espectro se veria **ipso facto** modificada: é a errância noturna desta figura fantasmagórica que ele teria interrogado, sua intenção de falar sem testemunhas é que não mais lhe teria parecido evidente por si mesma. Ele teria, então, podido ouvir, daquele lugar de onde o amor do pai iria arrancá-lo, o que fora deixado de lado por este

---

[3] Alusão ao sofisma desenvolvido por Lacan em "O Tempo Lógico e a asserção da certeza antecipada", cf. **Écrits**, p. 197 a 213.

próprio arrancar, situar-se com relação às palavras paternas de modo tal que estas o conduzissem a fazer outra coisa que não, simplesmente, engoli-las.

Logo, aqui está Hamlet elevado à cena paterna. Ao apelo do espectro, interessado pela execução de sua vingança, mas sem que sua demanda seja suspeitada, responde nele a tentativa de restaurar a figura de um pai ideal, isto é, divinizado, ali onde este pai — ainda que só por se ter mostrado mortal — lhe apresentava essa figura como aquilo mesmo cujo luto ele tinha que fazer.

Uma vez selada a cumplicidade entre o pai e o filho, a imagem do espectro desaparece da cena: produz-se, então, algo como um recobrimento: a cena olhada pelos espectadores se torna cena paterna: doravante, tudo vai-se passar sob o olhar do espectro que, na sala, tomou o lugar — o olhar — do espectador. Só existe tragédia para ele, este olhar espectral, inquisidor, à espera da consumação de sua vingança; e a continuação, para o espectador, só vai parecer "trágica" na medida em que ele adote, à sua revelia, o ponto de vista do espectro.

Logo, se o franqueamento pelo qual Hamlet acede a esta cena agora "paternizada" pode ser assinalado como "transferência paterna", esta transferência se especifica por ser sem análise, em outras palavras, segundo a fórmula lacaniana, como **acting-out**. O "sem análise" está ligado ao fato de que, à aceitação por Hamlet da ação que o pai lhe designa, só responde, no lugar do Outro, este olhar interessado na realização desta ação.

O fato de que este olhar se tenha apoderado, na sala, do olhar do espectador, tal é o jogo de Shakespeare, no sentido de "jogo de cena" do homem de teatro. O espectador está preso, agora, entre sala e cena. Pode-se encontrar a indicação disso, notando até que ponto se interrogou o que poderia estar na origem do impedimento em que se vê Hamlet de executar a sentença paterna. A pregnância, a insistência desta questão, coextensiva à cena trágica, pertence ao interesse que se lhe atribui. Logo, não se trata de escolher entre as múltiplas respostas (inclusive psicanalíticas), aquela que poderia ser a correta, e sim de perceber, antes de mais nada, que é a própria questão que produz o impedimento. Ela é sua própria resposta, na medida em que **ela é a questão formulada pelo espectro**, tornada, sem que o saiba, a do espect(ro)ador. **A inibição se verifica aqui ser correlativa do acting-out.**

A inibição é aquilo que, no **acting-out**, recusa o **acting-out**, que designa, para além da impotência que representa, seu ponto de impossibilidade. Não posso vingar meu pai, pois se efetuasse esta vingança a fim de sustentar a idealidade de sua figura, permaneceria o fato de que isso seria pôr essa vingança numa dependência quanto à minha própria aceitação de lhe oferecer meu braço; logo, este pai não seria ele próprio vingado e iria, assim, revelar-se a meus olhos como não tendo dado conta de seus próprios assuntos, ou seja, como tendo falhado, ao menos neste ponto (mas ao-menos-um é o bastante para este tipo de falha), no que diz respeito à idealidade do pai, que se verifica ser, ao mesmo tempo, aquilo pelo qual aceito consagrar-me à sua demanda e aquilo, no entanto, pelo que não sou capaz de executá-la. **O acting-out é ato necessariamente inibido.**

A inibição é o sintoma do acting-out. Eis, portanto, Hamlet impedido, o que significa (Lacan o observou): **impedicare**, estar preso na armadilha. Será necessário um novo franqueamento, a instalação de uma outra cena, da cena sobre a cena, para que a cilada, no combate com Laertes, apareça como tal. Hamlet não sabe que a espada de seu adversário está envenenada, e só vai sabê-lo depois de ter sido mortalmente atingido por ela. Ora, é só então que ele poderá matar Claudius o incestuoso, o fratricida, o usurpador: a suspensão da inibição é correlativa deste outro franqueamento. Morto Hamlet, a armadilha não funciona mais. **A passagem ao ato efetua o que o acting-out inibe.** Mas se foi necessária essa transformação estrutural da passagem ao ato para que Hamlet atingisse o ponto onde o amor sacrifica o bem-estar do amante à satisfação da demanda do amado, para que Hamlet dê ao espectro a vida de Claudius, para que lhe dê, em outras palavras, aquilo que não tem, é porque este amor só se poderia tornar efetivo ao preço da redução do amante a esse olhar fundador do **acting-out** ao qual, na passagem ao ato, ele satisfaz, mas ao preço de sua própria vida, valendo este preço, então, como uma última maneira, quando nenhuma outra foi possível, de, ao mesmo tempo, interrogar o pai e lhe dizer não.

Esta articulação entre o **acting-out** e a passagem ao ato não se encontra em Freud. Ela foi introduzida por Lacan e depois, curiosamente, foi objeto de contra-sensos repetidos. O termo **acting-out**, por sua vez, deve-se a Strachey, que assim traduziu o **agieren** freudiano: esta tradução obteve um sucesso considerável, a ponto de chegar a designar todo comportamento dito "delin-qüente". Dado este abuso, não será inconveniente interrogar os textos de Freud, a fim de destacar o que foi que o obrigou, a partir de sua experiência da psicanálise, a revelar este bizarro avatar do ato que é o **acting-out**.

O artigo "Recordar, repetir, rememorar" de 1914 é, nesse sentido, o texto principal. Vamos notar de saída, não sem certa surpresa, que ele se encerra com uma referência à ab-reação ("**Abreagieren**"), visada da antiga técnica hipnóti-ca, sobre a qual Freud escreve, no começo do artigo, que ela deve "ser sempre novamente recordada". Assim fica claro, desde o início, que a escolha do termo "**agieren**" em lugar de **die Tat**, que se poderia esperar sob a pena de um leitor de Goethe, é feita para evocar o **abreagieren** dos tempos "felizes" da hipnose. Isso permite formular, só-depois, que, com a ab-reação como visada do tratamento do primeiro tipo, o que se pedia à histérica encontra seu estatuto no **acting-out**. Daí esta definição inicial: **o** acting-out **é o que surge como problemática do ato quando o médico renuncia à sua demanda de ab-reação.** O **acting-out** é, pois, correlativo do estabelecimento como tal da posição do psicanalista: não que não haja **acting-out** fora da análise, mas constata-se que foi necessária a psicanálise para nomeá-lo. É possível indicar com detalhes essa correlação.

Freud distingue três tempos na instalação do dispositivo que dá sua posição ao analista. O primeiro, aquele dos **Estudos sobre a Histeria**, consistiu em utilizar a hipnose, não como Bernheim, para sugerir ao doente abandonar seu sintoma, mas para descobrir as lembranças que o provocaram, e produzir a descarga emotiva das tensões concomitantes. Segunda observação a respeito da ambição terapêutica: o médico reduz ainda mais suas exigências por não mais reclamar a ab-reação, mas simplesmente os fatos que provocaram a neurose. A importância deste segundo passo está ligada ao fato de que a ab-reação é tanto mais radicalmente afastada quanto algo vem ao seu lugar, o que Freud nomeia "dispêndio de trabalho", aquilo mesmo que o paciente é convidado a produzir de acordo com a regra fundamental, dispêndio de palavras de sua livre associação, fora de qualquer supervisão crítica[4]. Em lugar da ab-reação, portanto, um "dispender" que é também um des-pensar. Uma vez enunciada a regra fundamental, nada mais restava ao médico senão levar mais adiante o movimento de retirada da sua demanda; este é o terceiro tempo, caracterizado pelo fato de que o médico não mais reclama de seu paciente que este lhe diga os acontecimentos que provocaram a neurose. Isso quer dizer que, com essa retirada levada o mais longe possível, a análise teria terminado com a hipnose?

A resposta de Freud é surpreendente. Se a ruptura com a hipnose parece agora consumada, como mostra o emprego, que vem sob sua pena, do termo "nova técnica", permanece o fato de que esta última conserva da antiga algo que não é negligenciável, já que é nada menos que seu alvo (**Ziel**), sua visada. A hipnose era a estrada real da rememoração; o analista renuncia à hipnose, mas conserva a visada da rememoração. Se não é paradoxal, é no mínimo estranho ver alguém se privar do martelo para pregar um prego! Vamos julgar a coisa com suas conseqüências.

Freud testemunha, então, que dois casos se apresentam. Alguns de seus pacientes se comportam como aqueles com os quais se empregava a técnica hipnótica: eles rememoram de uma maneira muito satisfatória, a ponto de Freud não hesitar em dizer que, apesar de não mais praticá-la, o psicanalista encarna sempre para eles a figura do hipnotizador! Mas chega um tempo em que a rememoração fracassa. Eles se juntam, então, ao segundo grupo de pacientes que não rememoram o esquecido ou o recalcado, mas o reproduzem como "**agierem**" — o que Strachey traduz por: "**but acts it out**". O **agieren** é aquilo que, do campo do fazer (die Tat), **se vê determinado pelo fracasso da rememoração.** A fórmula vale para a transferência (os exemplos dados por Freud testemunham isso) e também para o **acting-out**. O **agieren** assim situado é o que faz a equivalência entre um e outro.

Logo, o que é que constitui a dificuldade do rememorar? Freud, na primeira edição desse artigo, aborda esta questão em pequenos caracteres, maneira de assinalar que é levado, aqui, a introduzir algo de absolutamente novo[5]. Este trilhamento é marcado por uma dupla constatação.

Primeira proposição: esquece-se muito menos do que se acredita esque-

---

[4] **"Durch den Arbeitaufwand"**, escreve Freud. Pode-se ler aí a primeira inscrição do **"durcharbeiten"** que Freud introduz nesse texto e sobre o qual diz que ele faz a diferença entre o tratamento analítico e o tratamento por sugestão.

[5] Pode-se objetar evocando o "Projeto". Mas quem havia lido o "Projeto" em 1914?

cer. Os fatos são quase sempre conhecidos pelo sujeito, mas antes que este os rememore encontram-se como que bloqueados, mudos, isolados tanto daquilo que os produziu quanto de suas conseqüências; eles não fazem acontecimento. Logo, são excluídos, não tanto da memória, mas da existência do sujeito. É difícil não entender aqui o rememorar como leitura; não se trata de lembrar-se do que haveria escapado, mas de ler o que está ali e, no entanto, não ex-siste, por não ser lido. Freud assinala a nota de decepção que aguarda o paciente quando este se engaja nesse trabalho de leitura. Mas decepção quanto a quê? Quanto à sua expectativa de encontrar na análise uma reminiscência que, falando propriamente — "**eigentlich**" —, seja uma reminiscência. Somente a histérica, escreve Freud, humoristicamente, ficará satisfeita neste plano — traço de humor, com efeito, já que o esquecimento com que ela diz lidar ganhou dele o nome de recalque, ou seja, o próprio contrário do esquecimento.

Segunda constatação: acontece, na análise, que seja rememorado o que não foi sabido e, portanto, não pôde ser esquecido. Esta é a lição do obsessivo, a propósito da qual Freud declara que tanto faz, para o trabalho da rememoração, que os atos internos (**der Akt**) tenham sido por algum tempo conscientes ou que nunca o tenham sido.

Ainda mais estranha é uma terceira ordem de fenômenos a se lançar à conta do rememorar. Trata-se de certos eventos da primeira infância cuja ocorrência é estabelecida na análise com uma completa certeza, mesmo quando o sujeito, depois da análise, persiste em não se lembrar deles. A existência da neurose, todavia, é suficiente para admitir a efetividade desses acontecimentos.

Vê-se que a maneira como Freud aborda a questão do rememorar evoca o tipo de argumentação cujo paradigma ele deu com o exemplo do caldeirão furado. Quatro proposições são aqui desenvolvidas:

1ª — Nada é esquecido daquilo que foi experimentado.

2ª — Rememora-se o que nunca foi esquecido.

3ª — Rememora-se da mesma maneira o que foi esquecido e o que não foi.

4ª — Rememora-se o que fica esquecido mesmo depois de se o ter rememorado.

Será realmente preciso concluir: o "rememorar" freudiano não tem, estatutariamente, nenhuma relação com o esquecimento.

Isso significa que a dificuldade — mas também a novidade — do trilhamento de Freud está ligada ao fato de que o conceito de rememoração difere daquele da reminiscência.

Vamos encontrar uma confirmação disso se nos reportarmos por um instante ao texto do Mênon. O episódio dito do torpedo (ναρχη) designa a operação da reminiscência como **agieren**, afirmando que ela só acede à efetividade passando por este entorpecimento (ναρχη: é o mesmo termo) que constitui a transferência — sem análise — para Sócrates. **A reminiscência é uma narcomnese.** A recusa da colocação em jogo imediata do narcótico em lugar da demanda do médico tem, pois, como efeito, separar reminiscência e rememoração. A operação dessa recusa, no entanto, não deixa de ter um resto, já que o "rememorar" freudiano, por não mais se confundir com a reminiscência, tem a ver agora com aquilo que a sustentava e que escapava, assim, necessariamente, a suas malhas. Aí se esclarece o fato de que a técnica hipnótica não poderia de modo algum formular a questão do **agieren** (tanto transferência como **acting-out**): era o **acting-out** que a sustentava.

Uma vez evacuado o obstáculo constituído pela demanda do médico, **o agieren é aquilo que, da hipnose, faz retorno no rememorar.** Não é um resultado de menor importância o fato de que ele possa, agora, ser nomeado: entretanto, esta nomeação não resolve a questão, muito pelo contrário, como toda nomeação que se preze, ela a expõe. E o obstáculo ainda está presente.

O médico tentará intervir a fim de convidar o paciente a prosseguir no caminho do rememorar, até mesmo, enfim, interpretar o **agieren**? Ele terá então a impressão, como escreve Freud em "Análise terminável e interminável", "não de ter trabalhado com argila, mas de haver escrito na água". Surge, pois, de saída, que ele não tem, praticamente, escolha: é necessário que admita que o "deixar se repetir" sob o modo do **agieren** ocupa, na análise, o lugar do "deixar rememorar" do tratamento hipnótico[6].

O "deixar se repetir" atemoriza o médico. Lemos, divertidos, os conselhos dados aos jovens analistas por praticantes supostamente experimentados: O mais importante — ensinam eles — é não deixar se desenvolver a transferência negativa! Ao menor sinal de transferência negativa, interpretem, em outras palavras (pois tal é a concepção posta em jogo, aqui, da interpretação), façam saber ao seu paciente que, de fato, não são vocês que são visados, e sim... seu papai, sua mamãe, até mesmo sua prima irmã: se não procederem assim, será a catástrofe, em outras palavras (pois tal é a concepção posta em jogo, aqui, da catástrofe), vocês não terão mais o controle da situação. Observa-se que tais conselhos reintroduzem a demanda do médico; e isso a que se chama "interpretação da transferência" não passa, então, de se formular ao paciente uma demanda de não se engajar demasiadamente no caminho da transferência. Desse modo, fica-se proibido de observar a inibição correlativa ao **agieren,** já que esta inibição é tanto mais manifesta quanto o sujeito se precipita ainda mais nesse modo do repetir. Mas fica-se privado de outros meios de intervenção sobre aquilo pelo qual se é consultado, pois a neurose, por sua vez, não hesita em levar as coisas muito mais adiante. Assim, graças aos bons cuidados de alguns "maiores", vê-se, por vezes, o psicanalista só interditar a si mesmo.

O lema desta interdição pode ser formulado assim: **eu não sou aquele que você pensa.** Esta recusa da transferência compromete tudo aquilo que, do lugar do Outro, pode fazer retorno ao analisando. Como me entender bem doravante com quem desconhece que só posso me entender bem com ele? "**Eu não conto com você (compter sur,** no sentido de apoiar-se em), **mas conto com você (compter avec,** no sentido de levar em conta)", diz uma jovem mulher a seu amigo.[7] Não existe aí nenhuma ilusão, antes uma crença, ou seja, o

---

[6] S. Freud, G.W., vol. X, **"Erinnern, Wiederholen und Durcharbeiten",** p. 131.

[7] Em **Sauve qui peut la vie...,** de J.L. Godard.

movimento pelo qual nos dirigimos a algo enquanto suscetível de nos falar. Esta definição lacaniana da crença permite formular os efeitos de sua denúncia. O analista que se furta às conseqüências de seu ato, na medida em que exige dele aceitar ser o suporte da transferência, desiste, ao mesmo tempo, no plano da fala, já que é ali, precisamente, que uma fala com função de leitura é esperada.

II — *Ninguém pode ser morto in absentia*
(Nul ne peut être tu es...)

Somos assim levados a situar, não a transferência, mas a relação da transferência com a análise.

Para isso, vou retomar aqui um procedimento efetuado aqui mesmo, pela primeira vez, no capítulo três, onde se desenvolveu, a propósito do sonho, uma seqüência (incidente da véspera — sonho — interpretação do sonho pelo chiste), cuja consideração era necessária à revelação da leitura efetuada pelo sonho. Mais uma vez, uma seqüência deverá ser apresentada para o estudo da relação transferência/análise, ou seja, algo que se pode assim nomear, com Lacan, um "percurso subjetivo".

Tal percurso é observável, às vezes, no próprio lugar do sonho. É por isso que vou-me apoiar, inicialmente, no sonho chamado da "injeção de Irma", para demonstrá-lo, em primeiro lugar.

É surpreendente que a interpretação proposta por Lacan para este sonho inaugural mantenha a contradição que um leitor suspicaz seria levado a querer levantar. A análise não tem nada a ver com uma "filosofia da suspeita", ainda que por isso ela fique privada da felicidade de ver tornados amigos Marx, Freud e Nietzsche. A contradição, no ponto de partida da dita suspeita, está ligada ao fato de que, por um lado, Freud afirma que o sonho realiza o desejo de não ser responsável pela doença persistente de Irma, desejo manifestamente pré-consciente, mas esse estatuto pré-consciente não o impede, por outro lado, de tirar da análise deste sonho a certeza de sua teoria do sonho como realização de um desejo inconsciente. Os espertinhos (como são os desconfiados) concluem daí que Freud não nos disse tudo — aliás, ele não esconde isso — e vêem-se, assim, remetidos ao indefinido das pesquisas psicobiográficas. Ao fazer isso, negam que Freud dê este sonho e sua interpretação como prova da sua teoria. A única leitura rigorosa, portanto, é aquela que, não pressupondo que o discurso teórico de Freud seja da ordem de uma metalinguagem, admite que o caráter probatório desse sonho **seja** sua interpretação.

Ora, este sonho se caracteriza por comportar dois momentos separados por um instante de pressa — "Corro a chamar o doutor M." — que intervém logo depois que o confronto dual com Irma atingiu o insuportável ponto de angústia — mas justamente, no caso, este foi suportado, já que não houve despertar — para inaugurar em seguida uma outra fase onde não mais se trata de confronto imaginário, onde, com o apelo ao congresso de sábios, "a intromistura dos sujeitos" (Lacan) ordena-se em torno da fórmula alucinada da trimetilamina. Logo, se Freud está fundamentado para admitir que este sonho realizava uma efetiva dissolução de sua culpa, isso só pode ser entendido e assumir sua verdadeira importância referido a esta ordem de franqueamento (inversa àquela pela qual Hamlet acede à cena paterna), graças a que ele pôde, retroativamente, render-se ao fato da ilusão mantida até ali de ter, ele mesmo, algo a ver com um assunto onde só se tratava de seu assujeitamento ao significante ternário da fórmula da trimetilamina. Lichtenberg: "**O fato de que se sonhe tanto com coisas tolas não me surpreende, o que me surpreende é que se acredite ser aquele que faz e pensa todas essas coisas**"[8].

Foi preciso, então, que o confronto narcísico, num primeiro tempo, atingisse esse ponto de angústia onde Freud, horrorizado, observa as placas de carne esbranquiçada no fundo da garganta de Irma para que, em seguida, e somente em seguida, se revele a fórmula da trimetilamina; ora, uma seqüência semelhante se reencontra na experiência da transferência. Pode-se, com efeito, constatar que é uma vez franqueado o tempo em que o **agieren** se manifesta com um máximo de acuidade, franqueamento este que só é efetivo sob a condição de que o **agieren** encontre, por parte do psicanalista, um signo de confirmação, que num segundo tempo pode ser publicada uma fala que até então permanecera no estatuto, neuroticamente estimável, do inédito. Nomeio o primeiro tempo dessa seqüência **o engaste da transferência***. Este é o tempo da equivalência, no **agieren,** entre a transferência e o **acting-out** ou ainda, para dizê-lo de outra maneira, uma retomada dessa necessidade muitas vezes formulada por Freud com a afirmação: "ninguém pode ser morto (**tué,** que se pode escrever igualmente **tu es,** tu és) in **absentia aut in effigie**".

Nomear aqui o **engaste da transferência** designa que há uma intenção operante; mas é também, mais adiante, indicar que esta intenção só tem importância a partir de seus efeitos no lugar do Outro e que, portanto, suas conseqüências (aquilo a que se chama "análise da transferência, onde se separam transferência e **acting-out**) estão na dependência daquilo que volta ao sujeito a partir deste lugar do Outro. Digo que se espera, aqui, um signo de confirmação do **agieren**, que é aí a condição para que seja franqueada no sentido inverso a rampa do **agieren** com a revelação — que assinala este franqueamento — do significante que não cessava, no **agieren**, de não se escrever sob o modo do rememorar freudiano.

Deste percurso subjetivo, vou propor agora uma cifração que seja capaz de escrever seus diferentes tempos, ou seja, principalmente, da condição de possibilidade, pelo lado do psicanalista, da operação de disjunção da transferência e do **acting-out**.

Tendo introduzido, há pouco, o termo intenção, vou partir de seu oposto, que é o puro acaso, para propor em seguida uma transliteração do

---

[8] Lichtenberg, **Aphorismes,** p. 181.

* No original, **le monter en épingle du transfert,** que tem a dupla conotação de pôr a transferência em relevo, mas também engastá-la, como uma pedra preciosa num alfinete de gravata. (NT)

esquema L na linguagem do que os **Écrits** chamam de "cadeia L", fazendo a aposta de que a colocação em correspondência de uma estrutura sincronicamente regulada e de uma série sintaticamente ordenada se irá verificar suscetível de produzir uma escrita daquilo que implica, pelo lado do psicanalista, o engaste da transferência.

O fato de haver aqui, além do mais, uma explicitação exemplar do laço que une a letra à transliteração irá merecer, chegado o momento, ser ressaltado.

A cadeia L é um dispositivo de registro de jogadas feitas estritamente ao acaso. Se a sintaxe é definida como o conjunto de regras que fixam as condições de registro dos termos, permanece o fato de que esta sintaxe não intervém na determinação das jogadas. Essas jogadas, que se podem imaginar como sendo de cara ou coroa, são inicialmente transcritas, segundo o caso, como + ou —. Nesse nível, nenhum efeito sintático é observável. A seqüência de + e de —, tal qual, não permite dizer o que quer que seja sobre o que está em jogo na notação. Tal não é o caso, em contrapartida, se reagruparmos por três cada um dos termos da série que, a partir do terceiro, se conclui a cada jogada. Esta **segunda** escrita se apresenta como um novo alfabeto cujos termos, se recobrem o conjunto de possibilidades de sucesso, não são, no entanto, definidos sem uma arbitrariedade. Vamos escolhê-los em número de três, e escrever:

    a simetria da constância, ou seja: +++ e ---   : (1)
    a dissimetria, ou seja: +--, -++, --+ e ++-   : (2)
    a simetria da alternância, ou seja: +-+ e -+-   : (3)

Ora, aparecem agora, com esta nova sintaxe, as impossibilidades de sucessão: o seguinte a um (3) não será em caso algum um (1), o sucessor de um (1) jamais será (3). Reproduzo aqui a rede de possibilidades e impossibilidades de sucesso apresentadas nos **Écrits**, à página 48:[9]

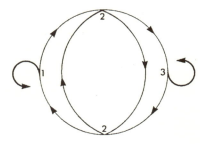

---

[9] A isso vai-se retorquir, interrogando: isso não equivale a ordenar ao acaso? Não. Seja o caso da exclusão do (1) a partir do (3): se considerarmos o (3) que se conclui depois de uma série +—+, o acaso dará em seguida, ou +, e teremos então um (2), ou —, e teremos então um (3), o que escreve a série —+—. Nota-se aqui que também se teria podido partir desta série para a mesma demonstração.

Não é necessário levar mais adiante a cifração para admitir agora que **não existe lei** — logo, impossibilidade observável — **de sucessão a não ser com a transliteração daquilo que é inicialmente transcrito.** A escrita da lei exige a transliteração numa outra escrita **cujos termos são precisamente definidos por uma convenção que é, ela própria, a regra da transliteração.** Essa solidariedade da criação, com a transliteração, dos símbolos como tais e da escrita da lei é um argumento, a meu ver, decisivo, justificando a pertinência da distinção aqui introduzida entre a transcrição e a transliteração.

Essa primeira transliteração tem, no entanto, o inconveniente de introduzir uma disparidade na probabilidade de aparecimento de três símbolos postos em jogo, já que a probabilidade atribuível ao (2) é igual à do (1), mais a do (3). Ora, o efeitò sintático será tanto mais puramente manifesto quanto, a cada um dos termos, estiver ligada a mesma probabilidade de aparecimento. Para satisfazer essa exigência suplementar, vai-se introduzir uma nova sintaxe estabelecida por uma segunda transliteração. Vai-se notar, então:

α — a conjunção de uma simetria e de uma simetria, ou seja: (1)-(1), (3)-(3), (3)-(1) e (1)-(3).

β — a conjunção de uma simetria e de uma dissimetria, ou seja: (1)-(2) e (3)-(2).

γ — a conjunção de uma dissimetria e de uma dissimetria, ou seja: (2)-(2).

δ — a conjunção de uma dissimetria e de uma simetria, ou seja: (2)-(1) e (2)-(3).

A nova sintaxe está completamente definida, já que ela permite transliterar **às cegas** uma série qualquer de (1) (2) (3), levando em conta nessa série um primeiro e um terceiro termos, o termo seguinte atuando como terceiro para uma marca seguinte. Vai-se escrever, por exemplo:

```
+  +  -  -  -  -  -  +  -  -  +  -  +  +  +  .........................
(2)  (2) (1)  (1)  (1)  (2)  (3)  (2)  (2)  (3)  (3)  (2)  (1)  .........................
     δ   δ   α   β   α   γ   β   δ   δ   β   α   .........................
```

Esta segunda transliteração, como a precedente e pelas mesmas razões, permite escrever uma lei das exclusões que é dada nos **Écrits** sob a forma de um "repartitivo". Aí está outra apresentação:

α δ ⟶ permitem ⟶ α β γ δ   e excluem ⟶ γ δ
γ β ⟶ permitem ⟶   e excluem ⟶ α β

| 1º tempo | 2º tempo | 3º tempo |

O interesse dessa apresentação num repartitivo se liga ao fato de que isso permite ler que a ligação assim estabelecida não é reversível (colocando-se α ou δ em posição de terceiro tempo, não se pode concluir pela presença de α ou β no primeiro tempo — consideração que vale igualmente para os termos da linha de baixo), mas retroativa (se α ou β estão em posição terceira, pode-se concluir pela apresentação de α ou β no primeiro tempo).

Logo, se quisermos avaliar numa seqüência tão reduzida quanto possível a importância das exclusões devidas simplesmente ao fato sintático, será necessário, de modo a fazer operar a lei das exclusões tanto no sentido da série quanto no sentido retroativo, levar em conta **pelo menos quatro** tempos. Esta cifra "quatro" indica que já nos dirigimos para um "parentesco"[10] entre cadeia L e esquema L.

Como se ordenam, nos quatro tempos, as exclusões? Dado um qualquer dos quatro termos no tempo um, qualquer um dentre eles pode aparecer no tempo quatro. Existem, portanto, dezesseis possibilidades, sendo fácil definir, para cada uma delas, os termos excluídos nos tempos dois e três. Sejam, por exemplo, α e γ respectivamente nos tempos um e quatro: α em um exclui γ e δ em três; além disso, ligação retroativa, γ em quatro exclui α e δ em dois. Existe, pois, um termo — δ — excluído ao mesmo tempo em dois e três, ao passo que α é excluído em dois e γ em três.

Considerando as dezesseis possibilidades do ponto de vista dos termos excluídos, pode-se verificar que elas se agrupam em quatro vezes quatro pares, cada um desses grupos de quatro pares de termos extremos dando as mesmas exclusões nos tempos dois e três. Assim, no exemplo dado acima, nada mudaria quanto às exclusões se substituíssemos, no tempo um, α por δ, ou ainda, no tempo quatro, γ por δ. Isso surge ao se consultar, simplesmente, o repartitivo. Podem-se, assim, reagrupar as exclusões em quatro vezes quatro pares de termos extremos:

extr.	excl.	extr.	excl.	extr.	excl.	extr.	excl.
α γ		α β		γ α		β γ	
α δ	δ	δ β	γ	β α	β	β δ	α
δ γ	α γ	δ α	β δ	γ β	γ α	γ δ	δ β
δ δ		α α		β β		γ γ	
extr.	excl.	extr.	excl.	extr.	excl.	extr.	excl.
Quadro I		Quadro III		Quadro II		Quadro IV	
Ω		O		Ω		O	

extr.= termos extremos.
excl.= termos excluídos.

---

[10] **Écrits**, p. 54.

É possível comparar esses quadros com os quadros O e Ω apresentados por Lacan na página 50 dos **Écrits**. Para facilitar esta comparação, reproduzo aqui mesmo esses dois quadros:

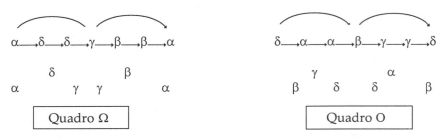

Surgem, desta comparação, uma constatação e uma questão. Observa-se, inicialmente, que os quadros O e Ω inscrevem o conjunto das quatro figuras possíveis da exclusão. Mas Lacan, por um lado, reagrupa essas quatro figuras em dois quadros e, por outro lado, **escolhe**, na sua apresentação, dentre as quatro possibilidades a cada vez oferecidas para designar o primeiro e o quarto termos de cada figura, não uma possibilidade qualquer, mas, muito precisamente, e das quatro vezes, **aquela que corresponde a um redobramento dos termos excluídos no segundo e terceiro tempos.** Este redobramento é direto no nível do quadro Ω e cruzado no quadro O. Por que razão esta escolha tão particular?

A resposta tem a ver com a própria questão, ou seja, com o termo "redobramento" que ela formula. Esta apresentação, em outras palavras, ao mesmo tempo assinala e sublinha uma questão formulada na cadeia: o que responderá ela se, numa seqüência mínima de quatro tempos, lhe for pedido que faça de modo a realizar a dita seqüência de maneira que haja redobramento dos termos extremos e médios? Os quadros escrevem a resposta que, sem ser ambígua ou evasiva, é, no entanto, "sim" e "não". "Sim": tal redobramento se pode escrever quando o par de termos a redobrar figura nos dois grupos metonimicamente representados pelo quadro O (quadros III e IV da apresentação completa), já que, neste caso, é a exclusão que está cruzada; e "não" quando se trata do quadro Ω (quadros I e II), onde a exclusão é direta. **Os quadros O e Ω têm, pois, um valor discriminativo quanto à possibilidade ou impossibilidade do redobramento.** Assim, por exemplo, αααα (OIII) ou γγγγ (OIV) são permitidos, enquanto ββββ (ΩII) e δδδδ (ΩI) são impossíveis.

Logo, à probabilidade igual de aparição de cada um dos quatro termos da cadeia, responde, unicamente devido ao fato da escolha de uma sintaxe para a transliteração, uma disparidade, um destino diferente reservado aos αγ e aos βδ. Pode-se constatar isso afirmando que os α e os γ podem, cada um separadamente, constituir de maneira indefinida o conjunto da cadeia, enquanto a sucessão dos βδ é mais complexa: depois de dois β, que se podem seguir imediatamente, é excluído que venha um terceiro β, a não ser que um δ venha abrir esta possibilidade.

Exigir o redobramento dos termos extremos e médios equivale a demandar à cadeia que realize uma primeira aproximação com o esquema L. Trata-se de escrever, nos quatro tempos encadeados, os pareamentos dados com os quatro termos do esquema: o redobramento inscreve os pares S-m e a-A. No entanto este parentesco permanece incompleto, pois deixa de fora, no lugar da cadeia, o par imaginário a-a'. Para escrever este pareamento, seria preciso que uma mesma letra viesse, na cadeia, em posição dois e três. É possível pedir-lhe que satisfaça esta exigência suplementar?

Já vimos que somente os oito pares de extremos dados no quadro O autorizariam o redobramento: se quisermos agora escrever termos médios idênticos, esses oito pares se reduzem a dois: $\alpha\alpha$ e $\gamma\gamma$. Apenas $\alpha\alpha\alpha\alpha$ e $\gamma\gamma\gamma\gamma$ permanecem possíveis. A razão para isso é dada no quadro abaixo, que é a resposta da cadeia quando se lhe pergunta como ela se comporta quando os tempos dois e três são ocupados por uma mesma letra. A bateria de letras sendo limitada a quatro, só existem, então, quatro possibilidades:

Tempo UM	Tempo DOIS	Tempo TRÊS	Tempo QUATRO	Resultados
Termos excluí-dos pelo tempo três	Escrita do par imaginário a — a'		Termos excluídos pelo tempo dois	
β γ β γ α δ α δ	α β γ δ	α β γ δ	γ δ β α α β γ δ	$\alpha\alpha\alpha\alpha$ Impossível $\gamma\gamma\gamma\gamma$ Impossível

A resposta da cadeia apresenta um aspecto extremamente claro, tal que não se vê, aqui, o que se poderia ganhar com a transliteração, desta maneira, do esquema L em cadeia L. Portanto, nada mais resta senão reconsiderar os dados expostos no início desta tentativa para ver se um resultado mais produtivo pode ser obtido, modificando, até mesmo extraindo uma das exigências. Sabe-se agora que, ao se querer transliterar os quatro termos do esquema em quatro lugares dados pelos quatro tempos escolhidos como o mínimo, obtêm-se ou quatro α, ou quatro γ, e que essas séries prolongam a discussão, sem resolvê-la. Não vamos, portanto, continuar nos atendo a quatro tempos, em outras palavras, manter a exigência do redobramento, e sim fazê-la operar, desta vez não mais a partir dos $\alpha\gamma$ que eram os únicos possíveis (quadro O) quando se limitava ao mínimo de quatro, mas com os $\beta\delta$. Com efeito, o fracasso da primeira tentativa não foi totalmente inútil, por haver separado esses dois pares de letras, ensinando que eles se comportavam de modo diferente com relação ao redobramento.

O passo a ser franqueado agora corresponde à retomada da cadeia L por Lacan em 1966, por ocasião da publicação dos **Écrits**. Este suplemento intitulado

225

"Parênteses de parênteses" — um nome do redobramento — quase não foi lido até hoje. Inclui-se nessa constatação o filósofo que apresentou uma crítica ao "Seminário sobre a carta roubada", sem levar em conta a elaboração da cadeia L, com referência à qual o "seminário" é, no entanto, dito nos **Écrits** como não tendo mais valor que o de seu simples "refinamento"[11]. É verdade que, sustentando a tese segundo a qual a letra é infinitamente fragmentável, teria sido delicado produzir uma demonstração disso a propósito dos $\alpha\beta\gamma\delta$. Não deixa de ser coerente se a interpretação que segue o conto de Poe reduz sua importância à de um jogo "de identificação rival e dúplice de irmãos"[12]. Desse modo, encontra sua confirmação o argumento do seminário, que indica que não existe saída possível para o impasse imaginário senão levando em conta a função da letra em instância, na medida em que é ela que ordena a posição dos sujeitos na repetição.

De fato, a objeção concernente ao estatuto da letra não era nova. Ela tivera seu precedente no decorrer do seminário de 20 de março de 1957, quando acabava de ser publicado, na revista **La psychanalyse** (n° 2), o texto sobre "A Carta roubada". Por ter tomado conhecimento dele naquela ocasião, um dos participantes objetou a Lacan que essa demonstração da ligação essencial entre a memória e a lei sintática estava contaminada, senão tornada inoperante, por um vício de saída que consistia na definição inicial não unívoca dos termos postos em jogo. Assim, a elaboração da cadeia em 1966 aparecia como o prolongamento da resposta dada naquele 20 de março de 1957, resposta que se pode estudar mais de perto.

Ela admite, em primeiro lugar, o caráter fundado da observação que dá apoio à objeção. Basta, com efeito, escrever com a ajuda de um grafo[13] o conjunto de possibilidades de sucessão — este grafo é o que a teoria dos autômatos designa como "formulação gráfica das instruções" — para que apareça a necessidade de escrever em dois lugares diferentes cada uma das letras. Assim, o β, ao qual a sucessão de jogadas acede, seja depois de um δ, seja depois de um α, não tem o mesmo valor sintático deste outro β que só pode ser precedido por um β ou um γ, e seguido por γ ou δ, apesar de ambos conjugarem, segundo a definição inicial, uma simetria e uma dissimetria. Logo, esta definição não é sem equívoco, e a observação se prolonga, logicamente, na proposição de suspender este equívoco, distinguindo, por um signo especial, dois tipos de β: assim se escreveria β e β'. Certamente, seria preciso generalizar esta operação para cada uma das outras letras que também aparecem por duas vezes no grafo das instruções. Mas, então, ninguém garante que a letra marcada pelo apóstrofo teria o mesmo valor distintivo quando se marca desse modo α, β, γ ou δ, que se estaria livre deste equívoco que se quer expulsar em definitivo. Daí a pretender pôr em jogo, não mais quatro letras, e sim oito, não

---

[11] **Écrits**, p. 42.

[12] J. Derrida, **La carte postale**, Ed. Flammarion, 1980, p. 521 e 523, onde o conto é identificado como "uma guerra duplamente confraternal".

[13] Esse grafo é dado em nota nos **Écrits**, à página 57.

há mais que um passo, sobre o qual se pode perguntar, no entanto, se ele daria realmente esta univocidade de cada uma das letras que pretende assegurar.

Esta discussão é fundamental, pois incide sobre aquilo que advém, quanto ao estatuto da letra, com a transliteração. Ora, a sintaxe dos α, β, γ, e δ é obtida, depois de uma primeira transcrição da série ao acaso, com duas transliterações; dado que uma só basta, a discussão irá ganhar em simplicidade uma vez retomada no nível da primeira sintaxe produzida por uma transliteração, em outras palavras, a dos (1) (2) (3).

O grafo de instruções que lhe corresponde (p. 219) permite ver que existem dois tipos de (2), da mesma maneira que havia dois tipos de β: o (2), que vou designar como sendo o de cima, que só pode aparecer na cadeia depois de um (1) ou um (2) "de baixo", e só pode ter por sucessor um (2) "de baixo" ou um (3), e o (2) "de baixo" que só vem na cadeia depois de um (2) "de cima" ou um (3), e só é seguido por um (2) "de cima" ou um (1). Por que, então, não usar as duas marcas diferentes para suspender o equívoco deste (2)? A questão é tanto mais legítima na medida em que esses dois (2) têm, cada um deles, correspondentes definidos, e portanto caracterizáveis, na série dos + —. O leitor vai verificar que ao (2) "de cima" respondem as duas únicas dissimetrias, escritas ++— ou — — +, não sendo as duas outras dissimetrias, ou seja, + — — ou — ++ transliteráveis somente com o (2) "de baixo". Este se caracteriza, portanto, pelo fato de que o termo redobrado (seja +, seja —) está, na série de três, em segunda e terceira posições, ao passo que está em primeira e segunda posições quando se trata do (2) "de cima". Escrever as quatro dissimetrias simplesmente como (2) equivale, pois, a não levar em consideração essa diferença.

Convém observar que o caráter equívoco da letra não está ligado especialmente ao (2) e que, nesse sentido, o grafo é enganador: existem também, se examinarmos de perto, dois tipos de (1) e dois tipos de (3). Indicar isso por um exemplo será o bastante: se uma série de (2) se segue a um (1) que se escreve +++ e é seguida por um (3), este (3) só poderá ser aquele correspondente à série + — +, quando o número de (2) incluídos entre (1) e (3) for igual a 1 5 9 13 17... etc., ao passo que para a outra série de números ímpares (3 7 11 15 19... etc.), este (3) deverá necessariamente se escrever — + —. Esta regra se inverte se partirmos de um (1), escrito — — —.

A caça ao equívoco literal conduz, assim, a reconsiderar as definições iniciais, a propor um novo alfabeto composto, não mais por três, mas por oito letras: duas letras para o (1), duas para o (3) e quatro letras para o (2). Isso se escreveria assim:

$$
\begin{array}{l}
a: +++ \\
b: ---
\end{array} \Big\} \ (1)
$$

$$
\begin{array}{l}
c: +-+ \\
d: -+-
\end{array} \Big\} \ (3)
$$

$$
\begin{array}{l}
e: +-- \\
f: -++ \\
g: --+ \\
h: ++-
\end{array} \Bigg\} \ (2)
$$

Teríamos com isso, no entanto, barrado a equivocidade? O grafo de instruções que escreve as sucessões possíveis de a b c...h apresenta realmente, desta vez, uma letra diferente para cada uma das cruzes. Aqui está este grafo:

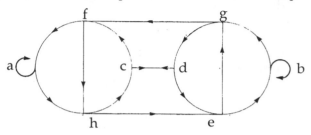

A homologia com o grafo dos α β γ δ é decerto surpreendente, mas ali tinha-se por duas vezes a mesma letra; desta vez, temos duas letras diferentes. A equivocidade da letra, todavia, permanece atuante, e isso pelo simples fato de que existe aqui, novamente, uma lei de sucessão.

Com efeito: a uma letra dada **podem** suceder duas letras (no caso das letras a e b, uma dessas duas letras é **a própria** letra). Além disso, a regra da transliteração aqui adotada exige o recobrimento: se toda letra se compõe a partir de três lugares, será preciso que os + e — que ocupam os dois últimos lugares de uma letra sejam "os mesmos" que aqueles que virão ocupar os dois primeiros lugares da letra seguinte. Basta numerar esses lugares para se dar conta de que eles atuam como "segundo" e "terceiro" para a letra que precede, ao passo que valerão como "primeiro" e "segundo" para a letra que segue. Essa simples mudança de lugar faz, com o mesmo, o diferente. Surge, assim, que **a equivocidade que se quis evacuar da definição das letras permanece apegada aos lugares.**

Como na numeração dita "de posição", onde o valor numérico não está ligado somente à cifra, mas depende igualmente de seu lugar (1 em 123 não tem o mesmo valor que 1 em 12), vê-se aqui, com a transliteração, a letra nãomais ser definida em si mesma. Ela só se compõe com "ela mesma" extraindo de um certo lugar, em lugar da outra letra (e para outorgar-lhe, "nela mesma", um outro lugar), uma parte da outra letra com a qual "ela mesma" se constitui. A transliteração é o nome daquilo que Lacan designa como "a composição consigo mesmo do símbolo primordial"[14]. É preciso ao menos uma "primeira"[15] grafia para que a grafia produza, por si mesma, uma orto-grafia que só se liga, assim, ao fato da composição consigo mesmo do símbolo.

Isso se confirma por uma contraprova. Basta suprimir o recobrimento onde se lê a equivocidade literal para que logo não haja mais nenhuma lei de sucessões. A reescrita de uma cadeia qualquer de + — com o alfabeto a b c...h produz então uma simples reduplicação da série dos + —, tão casual quanto

---

[14] Lacan, Écrits, p. 48.
[15] Idem.

ela, e é impossível destacar uma lei de sucessões. Tal tradução tampouco permite observar o efeito da composição consigo mesmo do símbolo, pois ela o exclui, por definição, de sua operação. Em contrapartida, desde a mais simples transliteração possível, aquela que exige que o recobrimento incida ao menos sobre um signo (+ ou —), aquela, pois, que se estabelece com um alfabeto composto por quatro pareamentos possíveis, de + — (A = ++; B = — —; C = + —; D = — +), uma lei de sucessões aparece:

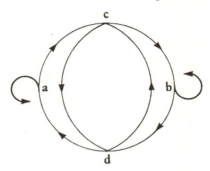

Assim, com a transliteração, o equívoco literal se mostra estar no fundamento da lei. A transliteração — o "trans" da iteração literal — é o nome desta operação fundada no fato — que ao mesmo tempo ela torna manifesto — de que a letra nunca é "ela mesma" senão por equívoco, onde este "ela mesma" só é articulável numa relação a uma outra letra.

Isso, a meu ver, dá toda sua importância à resposta dada por Lacan à objeção formulada. Tendo admitido que havia, com efeito, no grafo de instruções relativas aos αβγδ, um equívoco sobre cada uma dessas letras, Lacan, longe de tirar daí a conclusão de que convinha, por conseguinte, depurar as letras, multiplicando o número destas, aproveitou, ao contrário, essa objeção, para formular a observação seguinte: é este equívoco mesmo que dá seu fundamento à lei. Toda grafia engendra, com o equívoco literal, uma ortografia: esta só tem ancoragem na própria grafia, e em particular, não tem nenhuma ancoragem real — o que é demonstrado pela cadeia, reduzindo este real a um puro acaso.

Essa polêmica se teria podido contentar em tomar argumentos na transliteração simples que se acaba de apresentar. Em 1966, Lacan optou por prolongar a elaboração de uma cifração mais complexa, na medida em que se trata de transliterar, com essa sintaxe de αβγδ, o esquema L.

O esquema L escreve a interposição da relação imaginária na relação do sujeito com o Outro. A interposição é tensão, pois somente se sustenta como interposição com aquilo em que ela se interpõe. O esquema L escreve o ser falante como estirado. Isso quer dizer que, em certos breves tempos de abertura, pode-se pôr em cheque a interposição: o sintoma, o ato falho, o lapso, mas também o chiste cruzam a relação imaginária e, por essa travessia, alcançam o sujeito como significantes de um Outro lugar. Essas formações do inconsciente se escrevem no esquema L com os pontilhados que, para além da linha a—a', prolongam a linha A—S; o pontilhado ali cifra o aspecto pontual, local, evanescente das manifestações, em S, dessas formações. Isso resulta que a ligação direta A—S não pode servir de suporte para sua elaboração. É necessário, pois, um outro circuito — que Freud chamou de "transferência", mas onde atua, então, a ligação a—a' como interposição. Com esses dois circuitos, haverá outra escolha senão cair de Caribdes em Cila? Ali, onde o inconsciente insistc na pulsação de uma abertura, isso não é articulável, pois está articulado, e ali, onde isso seria articulável, intervém a interposição.

Têm-se aí as coordenadas do mal-entendido próprio às conversações ditas "correntes", na medida em que alimentam a compreensão. Dirigindo ao outro uma fala que não sei o que diz, é na medida em que encontro, nessa direção, um outro Eu, que imagino que sou Eu mesmo quem está na origem desta fala sobre a qual persisto, assim, em nada querer saber. Tal é a situação habitual que visa produzir uma projeção (no sentido da geometria descritiva) do par S—A sobre o par a—a'. O sintoma é obstáculo a um tal rebatimento. Sublinhando (vamos rememorar aqui o que foi dito sobre a afetação do sintoma fóbico) a linha A—S, ele se opõe ao rebatimento, torna patente a distinção dos quatro termos do esquema L. Ele só faz manifestar melhor a sua dificuldade.

Em que consiste seu tratamento com um psicanalista? A análise exige que se deixe fora do circuito o Eu do analista. Isso se pode escrever no esquema L: em A vem a, a linha S—a vem assim recobrir, redobrando-a, a linha A—S, e a da relação imaginária se superpõe à da transferência. Aqui está, pois, este **esquema L na análise,** que escreve a condição necessária para que advenha análise na análise.

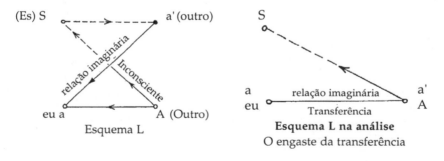

Esquema L

Esquema L na análise
O engaste da transferência

Numa conferência de 22 de junho de 1955, intitulada "Psicanálise e Cibernética", Lacan observava que a porta cibernética, fechando, não o cerco, mas o circuito, tornava, com seu fechamento, possível a passagem: isso passa quando está fechado. Da mesma maneira, a experiência analítica deixa aparecer que o tempo da transferência como colocação em ato, mas também fechamento do inconsciente (tempo em que, devido à ligação transferencial (m — A), a relação m — a é destacada, engastada), permite que passe sobre a linha A—S essa corrente que direi, aqui, metáfora de um processo de simbolização.

A condição de uma tal seqüência reside no fato de que a venha efetivamente em A, que seja posto na dependência de A diante do qual passa a ter, a partir de então, apenas uma função de duplicação.

Todavia, essa escrita do engaste com o esquema L apresenta o inconveniente de tornar indistinta a seqüência temporal (a série de "jogadas") cuja tomada em consideração é a única coisa que pode dar ao engaste sua importância. Este esquema apresenta esta seqüência sincronicamente, não a escrevendo como seqüência. Assim, será possível tansliterar o esquema L em cadeia L, a fim de pôr à prova a possibilidade de uma escrita da dependência real da simbolização à sua condição imaginária.

Do malogro de uma primeira tentativa de transliteração a partir dos quatro tempos do quadro O, concluiu-se que era necessário passar por mais de quatro tempos e apoiar-se, ao mesmo tempo, não mais no redobramento dos α γ, e sim no dos β δ.

Em conformidade com o que já foi notado sobre as condições de aparição de β δ na cadeia, será necessário, então, escrever o redobramento, notando uma primeira sucessão dos β sem interposição de δ, para chegar a uma situação em que esta sucessão seja capaz de se apresentar novamente na cadeia. Para a escrita deste percurso, escolheu-se inscrever, em cada encruzilhada, o trajeto mais longo.

A cadeia L, assim definida, é a seguinte:

$$1 : \beta\ \alpha\ \gamma\ \beta\ \gamma\ \gamma\ \gamma\ \delta\ \gamma\ \alpha\ \gamma\ \alpha\ \gamma\ \beta\ \gamma\ \gamma\ \gamma\ \delta\ \gamma\ \alpha\ \delta\ \alpha\ \alpha\ \alpha\ \alpha\ \beta\ \alpha\ \gamma\ \alpha\ \gamma\ \alpha\ \delta\ \alpha\ \alpha\ \alpha$$

É possível tornar ainda mais manifestas as condições ligadas ao redobramento dos βδ, traduzindo isso com os parênteses e colchetes (que chamamos igualmente "chaves") da escrita matemática. Da mesma maneira que na matemática, o colchete — o que Lacan designa como "parênteses de parênteses" — se caracteriza, uma vez aberto, por só se poder fechar depois do fechamento do último parêntese interior; assim também, na cadeia, o colchete aberto pela sucessão de dois β não poderá em caso algum tornar a se fechar enquanto se apresentar uma série alternada de βδ (a que respondem a abertura e o fechamento dos parênteses interiores), mas poderá fazê-lo, em contrapartida, se se apresentar uma sucessão de dois δ sem interposição de β. A cadeia assim traduzida é esta:

$$2 : (\ \alpha\ \gamma\ (\ \gamma\ \gamma\ \gamma\ )\ \gamma\ \alpha\ \gamma\ \alpha\ \gamma\ (\ \gamma\ \gamma\ \gamma\ )\ \gamma\ \alpha\ )\ \alpha\ \alpha\ \alpha\ \alpha\ (\ \alpha\ \gamma\ \alpha\ \gamma\ \alpha\ )\ \alpha\ \alpha\ \alpha$$

Esta re-escrita faz surgir, com o redobramento dos βδ, uma série — aliás, correlativa desse próprio redobramento — de lugares diferenciados:

$$[M(N)\ O\ (N)\ M]\ P\ (Q)\ P$$

M nomeia o interior da duplicação, N, o interior dos parênteses incluídos nos colchetes, O, aquilo que, nos colchetes, está fora dos parênteses, P, o que é exterior ao mesmo tempo aos parênteses e aos colchetes, e Q, o interior dos parênteses fora dos colchetes.

Assim fica facilitada a observação da correspondência em que consiste a transliteração do esquema L em cadeia L. Eis esta correspondência sob a forma de um quadro:

dentro dos colchetes	M: N: O:	alternância dos $\alpha\gamma$ série de γ alternância dos $\gamma\alpha$	S: Es: a a':	o sujeito dividido o Isso freudiano a relação imaginária
fora dos colchetes	P: Q:	série dos α alternância dos $\alpha\gamma$	A:	o campo do simbolizável O "eu" (**moi**) psicológico

Agora é viável apoiar-se nessa transliteração do esquema L para escrever o engaste da transferência, mas principalmente para pôr à prova, desta nova escrita, a condição de possibilidade da passagem ao simbólico, da inscrição no lugar do Outro, dos significantes em jogo no **agieren** do engaste. Vimos que essa condição residia, com o esquema L, no recobrimento de a e de A. Que dizer disso, uma vez re-escrito esse esquema sob forma de cadeia?

A questão é a do franqueamento que relaciona S e A; esse franqueamento é, pois, franqueamento dos colchetes, e não dos parênteses interiores ou exteriores aos colchetes. Este fechamento dos colchetes exige três condições: 1) — que eles tenham sido abertos; 2) — que tenha havido fechamento do último parêntese interno e 3) — que o sinal de parênteses que sucede imediatamente esse fechamento não seja um sinal de abertura de um novo parêntese interno.

A primeira condição é o fato inaugural da transferência: passa no **agieren** aquilo que, como duplicação, está apenso à divisão do sujeito pelo significante. A segunda, fechamento do circuito pulsional, se origina do automatismo: o sinal de parênteses, vindo depois da abertura de um parêntese interior, necessariamente irá fechá-la — assim quer o funcionamento da cadeia. Em contrapartida, existe alternativa para o que vai ocorrer com o sinal que segue logo depois, o qual, conforme o caso, ou abrirá novo parêntese interior (passando por γ), ou fechará os colchetes.

Essa alternativa corresponde ao caráter efetivo ou não daquilo a que se chama habitualmente "análise da transferência". O termo não é muito feliz, se sugere que a transferência encontraria sua resolução sendo considerada como objeto de um discurso. O interesse da sintaxe da cadeia L é permitir encarar as coisas de outra maneira.

De que depende, nessa sintaxe, o franqueamento dos colchetes?

A questão recai em saber o que se atua em O e M — ou melhor seria dizer "o que será atuado", pois só-depois é que se irá saber, se houve abertura de novo parêntese, que se tratava de O, ao passo que o fechamento dos colchetes permite concluir que se tratava de M. Ora, em O, e igualmente em M, encontra-se a escrita da relação imaginária: a alternância de γα, que escreve essa relação depois do parêntese interno de γ, se conclui ou com a abertura de novos parênteses internos, se o número de γα for ímpar (caso O), ou com o fechamento dos colchetes, se este número for par.

A transliteração do esquema L em cadeia L verifica-se, assim, oferecer a escrita da condição necessária para que o significante em jogo no engaste da transferência se inscreva no lugar do Outro.

Esta condição depende do psicanalista, com que (não digo "quem"), possivelmente, o analisando se entende bem. Este "com" inicial escrito pelo recobrimento de a e de A é aqui retomado numa seqüência: enquanto a pulsação de α permanecer referida α γ (em outras palavras, enquanto o número de αγ for ímpar), só poderá haver aí abertura de novos parênteses interiores, e o engaste só vai aparecer na sua função de obstáculo submetido à satisfação pulsional à qual ele irá remeter (esses são os parênteses interiores); o sintoma ficará, então, como significante de uma trama a se situar numa outra cena, diferente do **Es**. É na medida em que, perturbado pelo sintoma, o sujeito se dirige a um parceiro que pode autorizar-se a deixar vazio o lugar de γ e confirmar assim o que se vê engastado em α, que será tornado possível, em δ, o franqueamento dos colchetes e, para além desta saída, a inscrição no lugar do Outro, ou seja, em α, do traço significante que, por insistir no engaste, chega a ex-sistir como significante no Outro, isto é, chega, quanto a este Outro, a barrá-lo, por nele fazer furo.

CAPÍTULO DEZ

A Discursividade

Sobre os três pontinhos do "retorno a ..."

A escrita lacaniana dos quatro discursos foi tomada aqui, em primeiro lugar, de uma forma um tanto quanto "ingênua", como suscetível de oferecer uma cifração para a leitura do trilhamento freudiano da clínica psicanalítica (cf. cap. I e II). Mas quando vem ao primeiro plano a questão da transferência, da letra em instância na transferência, não é mais possível ater-se a esta escrita como a um dado. Tal postura não vale, com efeito, senão ao preço de deixar de lado, senão em suspenso ou encoberta, a revelação, como tal, da transferência em Freud. A transferência encontra, com efeito, no discurso, uma de suas saídas possíveis, até mesmo a sua saída? Mesmo que admitamos esta solução, não poderemos considerar **a priori** como certo que ela não eternize, em cada psicanalista, uma tranferência para com Freud que deixa sua letra em instância. Assim como há, em Kierkegaard, um **cavaleiro da fé**, a finalidade da didática se reduziria a transformar o analisando passado a analista em cavaleiro da discursividade analítica?

É inevitável a questão de saber se a discursividade não é o nome da letra em instância, quando ela faz liame social. Viria ela — obrigada pela **père-version** — constituir um curto-circuito quanto ao que se pode esperar de uma efetuação da transferência? O presente capítulo irá mostrar que, por sua vez, Lacan não se ateve a uma versão discursiva de sua ligação com Freud. Existe uma distância — produtiva — entre uma definição da psicanálise como discurso e sua abordagem como "um delírio do qual se espera que porte uma ciência" (Lacan, seminário de 11/1/1977).

Lacan não foi freudiano **desde sempre**, mesmo que o tenha, depois, permanecido **para sempre**. Logo, houve um dia em que, tal como aqueles **conquistadores** do reino de Espanha que, chegados a novos portos, queimavam seus navios para cortar toda possibilidade de retorno, ele franqueou o passo de um engajamento definitivo no freudismo. Este "sem retorno possível" é, pois, tanto mais estabelecido quanto se inaugura **em seu lugar** um outro retorno: em 7 de novembro de 1955 Lacan instaura o movimento de seu retorno a Freud.

O presente estudo irá mostrar como este retorno foi objeto de três versões sucessivas: mítica, discursiva e topológica. Ele vai destacar como a conferência de Michel Foucault intitulada "O que é um autor?", de 22 de fevereiro de 1969, ligando o movimento de um "retorno a ..." à discursividade, apresentou uma espécie de interpretação do retorno a Freud, fazendo-o bascular de um primeiro apoio tomado no mito a uma outra elaboração, aquela dada pela doutrina dos quatro discursos. Esta segunda versão está relacionada à confirmação por Foucault do caráter freudiano do retorno a Freud (será preciso inicialmente dizer em que a coisa não é evidente por si só). Entretanto esta segunda versão não poderia ser situada (especialmente no que diz respeito às suas aporias e aos seus limites) senão no só-depois daquilo que surge, na obra de Lacan, como uma terceira versão "topológica" de seu retorno a Freud. Não vamos, então, prolongar por mais tempo aqui o impasse quanto à apresentação desta terceira versão, a única a poder permitir dar seu justo lugar à construção da discursividade que se produziu a partir de Foucault.

Freudiano?

Pouco tempo depois da publicação do **Vocabulário de Psicanálise** (1967), atribuía-se a um antigo aluno de Lacan — que era, todavia, professor —, quando interrogado sobre sua relação com este e sobre o lugar de Lacan no movimento analítico, a seguinte resposta: "Lacan? Representa 5% do Vocabulário".

Não se trata, absolutamente, de um chiste: a frase nem é mesmo, falando propriamente, "espirituosa", antes se diria boboca. No entanto, ela efetivamente circulou como um chiste. É que se fazia nela significar o que se pretendia fosse um ponto de desembocadura de uma transferência para com Lacan e que, num assunto "semelhante" (pois que o imaginamos como tal!), mais de um estava implicado.

O fato de ter havido transmissão da resposta obriga a reconhecer que esta foi construída sobre um ponto de verdade. Qual? Observe-se, em primeiro lugar, que o **Vocabulário** se deve, como a réplica, a antigos alunos de Lacan: essa similaridade de posição é um elemento importante no que diz respeito à réplica. Além disso, quinze anos passados, todos vão admitir — segundo elemento — que esses 5% não ajudaram em nada, nem à leitura de Lacan, nem à de Freud, e menos ainda à da relação entre eles. Daí essa nulidade no útil, esse aspecto sem pé nem cabeça, tornar tanto mais estranhos esses 5%. Vai-se suspender esse estranhamento observando que é a própria réplica que o estabelece (no sentido em que o enuncia), que fornece a sua verdade. O conhecimento paranóico desses 5% (cf. a supracitada similaridade) acerta em cheio, virtude que partilha com o chiste, quando sugere que o **Vocabulário de psicanálise** teria sido produzido com o único fim de **localizar** Lacan, com esta marca suplementar (que assinala o caráter não efetuado da transferência com Lacan) de dar a entender o pouco que este constituiria, depreciar este suplemento. Por não responder a nada de útil, esses 5% seriam causa do empreendimento, seu objeto **a**.

Essa tentativa de localizar Lacan seria, assim, a verdade do **Vocabulário**, aquela que daria conta do fato de, ao menos para certo público, ela ter sido divulgada. Mas, tanto quanto por sua visada, essa localização vale por sua forma de proceder. Ela procede da instalação de um semblante: existiria um "vocabulário da psicanálise" onde, com exceção de Freud que se beneficia (mas Deus sabe por quê!) da primazia às vezes concedida às origens, seriam recebidos alguns autores que cometeram uma descoberta, a qual a admissão de um termo novo no **Vocabulário**[1] viria homologar. Concebe-se que este **semblante** necessite de um júri, como na Academia Francesa, para admitir ou recusar tal ou tal desses termos. Portanto, os próprios autores vestiram o fardão dos membros da Academia. Mas, por que, aqui, falar em semblante? Isso vai-se revelar, simplesmente, ao se desenvolverem as implicações deste procedimento.

O próprio termo "vocabulário" sugere que se admita que os elementos da doutrina mantêm, entre eles, uma relação semelhante àquela que liga as palavras de uma língua; isso quer dizer, em particular, que **jamais UM acréscimo virá subverter a estrutura**, que esta é independente, em ampla escala, daqueles, e que todo acréscimo tem um caráter eminentemente facultativo. A admissão da palavra "transistor" (em lugar de "resistência de transferência", sua tradução) no vocabulário oficial do francês não altera a estrutura da língua francesa. É isso que testemunha Freud quando se vê introduzido (seja por sua mão, seja sob outra pena) um termo novo na doutrina?

Com efeito, se a equação que iguala Lacan a 5% de acréscimo a Freud não se sustenta, é de se notar que este modo aditivo já vale para o próprio Freud: que percentagem a pulsão de morte acresce ao "primeiro Freud"? Esta questão está na linha direta de um empreendimento como o do **Vocabulário da psicanálise,** já que trata Freud, Lacan e outros da mesma maneira: avaliando (ao menos em princípio) cada termo para decidir excluí-lo ou adotá-lo.

Esse enviscamento da leitura de Freud numa problemática do **incorporar/rejeitar** permite identificá-la como não-freudiana, no sentido em que não é este o modo de leitura que Freud indica como suscetível de produzir uma interpretação. Em Freud, ler é decifrar, o que dá um estatuto diferente a cada um dos termos, já que basta que um único dentre eles escape ao deciframento para que este, possivelmente até em seus próprios princípios, seja recolocado em questão (cf. p. 129-31). Uma leitura do deciframento é uma leitura sem outra escolha senão a de se proibir de escolher. O que seria um deciframento se começássemos por nos arrogar o direito de extrair, do texto a ser lido, alguns fragmentos escolhidos?

Surge, pois, que não basta haver extraído alguns termos em Freud, ter tomado Freud como objeto de uma leitura, para poder chamar de "freudiana"

---

[1] Há uma flutuação quanto ao nome dos componentes desse vocabulário. Conceitos ou noções? A introdução não esclarece. Como não ver, aliás, que a enorme prevalência aqui dada a Freud é um efeito, uma continuação, e, portanto, um reconhecimento implícito do retorno a Freud de Lacan?

a elaboração daí resultante. **De l'interprétation** (Sobre a interpretação) é, nesse sentido, um caso igualmente exemplar[2]. Entendendo bem o termo — inclusive quanto ao que ali se indica de um **não há escolha** — diremos que é da **castração** que procede uma leitura freudiana. Em vez disso, encontra-se — terrível e talvez mortal doença da psicanálise contemporânea — o que vou chamar, com Kierkegaard, de **falso sério**, do qual o **Vocabulário da psicanálise** não passa de uma figura entre outras. O falso sério é uma das maneiras mais práticas de discorrer (no caso, sobre Freud, até mesmo em termos freudianos), mantendo ao mesmo tempo este discurso fora do alcance do menor arranhão, questionamento ou modificação que lhe pudesse advir de seu objeto (aqui, de Freud, que já recebeu uma boa dose de "falso sério").

O falso sério, com certeza, faz seus estragos em outros lugares além das extensões do campo freudiano, e vou escolher, para indicar em que ele consiste e como dele se serve a inteligência, uma desventura ocorrida, não há muito tempo, com o filósofo marxista Lucien Sève. Viajando este pela Inglaterra, um jornalista local, com toda uma série de questões, perguntou-lhe: "Como o senhor explica que existam tantas obras sobre Marx e, em contrapartida, tão poucas sobre Spencer?" Sacrificando-se à lei de um gênero que quer que haja resposta para tudo, L. Sève lançou-se numa longa explicação cujo teor, no caso, não tem importância alguma, pois só vale o fato de ela ter vindo no lugar da gargalhada que teria sido a resposta se, menos sobrecarregado pela falsa seriedade, ele se lembrasse da existência, naquele país, de uma rede de grandes lojas de departamentos conhecida pelo nome de "Marks and Spencer", e que a pergunta do jornalista, que nela se originava, era uma brincadeira fundada num trocadilho.

Vai-se notar que, se a leitura de Freud proposta pelo **Vocabulário da psicanálise** é não-freudiana, isso de modo algum faz objeção ao empreendimento; com efeito, esse vocabulário não se quer freudiano, mas "da psicanálise", o que é notavelmente diferente. A psicanálise, longe de ter aqui, como em Lacan, "consistência de textos de Freud"[3], é considerada como foi feito com a psiquiatria ou a filosofia (o **Lalande**, aliás, é explicitamente tomado como modelo), isto é, como uma disciplina válida além de toda a produção do autor. É por isso que este trabalho é realmente uma interpretação de Freud, o que não impede que se reconheça, nesta promoção da psicanálise como isolada — ainda que apenas em princípio — da doutrina freudiana, uma das figuras clássicas da recusa francesa do trilhamento freudiano.

"Não-freudiano", tomado como objeção, só é um argumento válido ali onde se quer ser freudiano. **Reivindicar Freud tem como corolário colocar-se na dependência deste.** Pode-se, assim (e aliás disso não se privam) retorquir a Lacan: "E o afeto? O que faz o senhor com o afeto?", contando com o fato de que Lacan (que, aliás, também não se privava dele) é obrigado a responder. E sua resposta pode levá-lo a remanejar sua interpretação freudiana de Freud.

---

[2] P. Ricoeur, **De l'intépretation**, Seuil ed., Paris, 1965.

[3] Lacan, "Proposição de 9 de outubro de 1967 sobre o psicanalista da escola."

Mas se, dirigindo-me aqui aos autores de um **Vocabulário da psicanálise,** solicito-lhes que se pronunciem sobre o **Umschrift** ou o **Gedankenübertragung**[4] em Freud, responderão tranqüilamente que, dado o pequeno número de vezes que esses termos são mencionados na literatura analítica, não julgaram necessário... mas, se porventura... nesse caso... em suma, isso não os interessa nem um pouco.

Assim, o caso do **Vocabulário da psicanálise** se verifica exemplar na medida em que presentifica, e talvez ali onde não se esperava, uma maneira não freudiana de tratar Freud. Basta, pois, estabelecer o fato de que essas diversas maneiras não são todas freudianas. Todavia, resta notar que o enunciado pelo qual **não todas as formas de se tratar Freud são freudianas,** uma vez que não nos afastemos dele afirmando, por exemplo, sua trivialidade, conduz a expor a questão de saber o que qualifica como freudiana tal ou tal abordagem de Freud.

Em que o **completar Freud,** de que um E. Fromm se tornou o porta-voz, ou o **extrair de Freud** a que se consagraram Laplanche e Pontalis se recusam a serem definidos como empreendimento freudiano, quando, apesar de tudo — sob uma forma certamente cega, certamente quase muda, certamente não crítica —, foi como inscrito na linha direta do freudismo que se recebeu (e se homologou de fato, senão de direito) a palavra de ordem de um **retorno a Freud?**

Pode-se intuir que tal questão ponha em jogo diferenças homólogas àquelas relatadas por Lacan[5] quando este sublinhava que na psicanálise não se trata tanto de falar **da fala** quanto de falar na **linha da fala.** Do mesmo modo, ser freudiano não consistiria apenas em falar de Freud, mas falar no trilhamento de Freud. No entanto, tem-se o sentimento de que esta oposição é de manejo muito delicado, que esta referência à fala não basta para permitir desenvolver a questão. De fato, sua elaboração, historicamente, tomou outros caminhos.

Isso não quer dizer que ela tenha sido abordada de frente; mas, depois da dissolução do que se chamou a Escola Freudiana de Paris, que também se costuma escutar designada por "a escola de Lacan" (todo o problema do presente estudo reside aí, nessa dupla denominação), parece que ela não mais pôde ser evitável por muito tempo. O que significa "freudiano" quando se formula (ou **se** se formula, o que dá no mesmo, já que "formular" uma questão não é resolvê-la, nem mesmo validar a maneira pela qual ela é formulada) que é pela via de Lacan que este termo vale como nomenclatura?

Não deixa de ter conseqüências o não se deter por um tempo suficiente nesta lógica particular segundo a qual "freudiano" vale por Lacan. Eis dois

---

[4] Felizmente revelado há pouco: cf. W. Granoff, J.M. Rey, **L'occulte, objet de la pensée freudienne,** PUF, Paris, 1983. Ali se leva o mais longe possível uma leitura de Freud apoiada em questões criadas por suas traduções. Este método de leitura não é freudiano no sentido em que não foi tentando traduzir seus sonhos que Freud os leu. No entanto, isso não quer dizer que ela seja infrutífera. Todavia, a anulação final do que se mostrou no início deixa, curiosamente, esses frutos, nessa condição.

[5] Lacan, **Les formations de l'inconscient,** seminário inédito de 13/11/57.

casos de trabalhos recentes que se ressentem de não haver estudado, no próprio Lacan, as diversas elaborações dessa questão. Certamente eles não permitem resolvê-la (já que são casos negativos e, segundo o adágio freudiano, **"dass negative Fälle nichts beweisen"**)[6], mas testemunham a urgente necessidade de sua abordagem.

Freud e o desejo do analista é um livro cotado, pelo menos no sentido em que se beneficia do **imprimatur** da oficina que (segundo seu próprio termo) "massmediatiza" Lacan. Mas, para além dessa pré-caução, é preciso um certo caradurismo para ousar escrever, numa tese, e dedicada a Lacan, uma frase como a seguinte, encontrada desde a introdução, e que nada mais é que uma vassourada dada na obra de Lacan sobre Freud: "A problemática do desejo do analista, no entanto, não deve sua legitimidade à operação lacaniana e aos cortes que Lacan efetuou no texto freudiano". O tom peremptório, unido aos galardões universitários, irão deixar o leitor cego quanto à importância de semelhante asserção? Ela nega, **a priori**, todo o valor de **efetuação do freudismo** ao retorno a Freud por Lacan. Levar a sério este retorno equivale dizer, ao oposto, que Lacan é freudiano na medida em que a problemática do desejo do analista, introduzida por ele na psicanálise freudiana, obtém sua legitimidade de sua operação em Freud (de seu retorno a Freud) e, portanto, dos cortes por ele efetuados sobre o texto de Freud. Além disso, indo ele próprio um pouco mais longe, Lacan não recua em situar seu retorno a Freud como uma **legitimação de Freud** (voltarei a este seminário de 8 de janeiro de 1969 que diz isso de modo explícito), e recebe de Foucault — pela ligação revelada por Foucault entre "retorno a..." e instauração de uma discursividade — uma confirmação de sua legitimação de Freud.

A partir daí, é divertido constatar que uma tese que volta as costas a isso se perde, de imediato, em areias movediças. Com efeito, como única justificativa do que declara, o autor afirma que se pode considerar como equivalente ao desejo do analista aquilo que ele vai pinçar em Freud com as rubricas" a sugestão, os ideais do analista, a idéia do fim da análise (como se, em Freud, o fim da análise fosse uma idéia!), a ética de Freud". É o mesmo que dizer que tudo está em tudo e vice-versa. Vê-se que, à falta de uma sondagem correta da ligação Freud/Lacan, a diarréia* não se faz esperar, o que talvez tenha o valor de signo do caráter especialmente bem temperado dessa ligação.

Michel de Certeau não esquiva o problema de sua implantação; atrela-se a ele.[7] Mas, sem levar tempo suficiente no desenvolvimento do que foi o retorno a Freud por Lacan, dá de imediato, de modo prematuro, **um sentido** a este retorno, intepretando-o como um "retorno de Freud'. Esta fórmula deixa

---

[6] S. Freud. Comunicação preliminar traduzida para o francês por W. Granoff e J.M. Rey in **L'occulte, objet de la pensée freudienne,** PUF, Paris, 1983, p. 40, e p. 212 para o seu comentário feito pelos tradutores.

* Jogo de palavras entre **forage** (sondagem) e **foirage** (diarréia). (NT)

[7] Michel de Certeau, **"Lacan: une éthique de la parole",** Le débat, nº 22, Gallimard ed., novembro de 1982.

ver o que designa, se imaginarmos uma cena e um personagem que, depois de haver "estado em cena", pode sair dela e voltar novamente: assim, Zorro, cuja publicidade, hoje em dia fora de moda, apregoava seu "retorno" às telas do cinema ou, em negativo, Björn Borg, que se particularizou por não poder realizar seu retorno. Nessa visão do "retorno de Freud", Lacan é tomado como uma reencarnação de Freud. Esta pode ser interpretada de duas maneiras diferentes, ambas presentes na obra de Michel de Certeau. Ela pode valer, magicamente, como um retorno de Freud num outro corpo, "Lacan" não passando, então, de um nome de Freud; ou então, numa perspectiva mais hegeliana da história, Lacan é acolhido como realizando Freud, assim como o cristianismo "realizaria" o judaísmo. Aqueles a quem a psicanálise diz respeito estariam, então, em posição semelhante à dos cristãos (sabe-se que os primeiros dentre estes aguardavam um retorno imediato do Messias), para os quais uma primeira vinda do enviado do Pai bastava para dar corpo à esperança de seu retorno. De fato, o artigo de Michel de Certeau se encerra numa tal expectativa e apresenta, assim, a virtude inestimável de tornar público o que alguns analistas dizem em voz baixa[8]. Todavia, será entre estes dois pólos possíveis, de uma reencarnação mágica ou de uma "segunda vinda do Messias", que se situa o retorno a Freud de Lacan?

Um dos dados essenciais à questão por ele exposta é o fato de que um certo número de pessoas o admitiram como freudiano. Muitos deles mais tarde afastaram-se deste reconhecimento. Faz-se aqui uma outra "escolha", a de **dar razão** a este reconhecimento. Mas como este foi mudo quanto a seu próprio ato (os desvios não o foram menos), como permaneceu quase não questionado (a não ser à maneira selvagem dos ditos desvios), dar-lhe razão vai exigir produzir sua razão. Ele próprio dá razão ao "retorno a Freud" e admite, assim, que a via deste retorno é aquela onde se elabora "a razão segundo Freud" (Lacan); dessa maneira, ele situa este retorno como um ponto de charneira entre aquilo que o reconhece e aquilo que ele reconhece. Logo, deve-se interrogar este retorno para se chegar talvez a revelar a razão deste reconhecimento que homologava, **de facto**, sua pertinência ao trilhamento de Freud.

A partir do momento em que se proferiu a "palavra de ordem" de um "retorno a...", abre-se uma problemática específica. Primeiro elemento: é por um salto que ela se engaja. É assim que se verá como Lacan, desde sua tese até 1955, foi, inicialmente, não freudiano, mas lacaniano (vou justificar isso, logo em seguida). **Se "lacaniano" tem uma importância semelhante a "freudiano", isso só pode ser no tempo anterior ao engajamento de Lacan no freudismo.** Para além desse engajamento, e por causa dele, esses dois temos cessam de ser suscetíveis de confronto.

"Freudiano", Lacan ao mesmo tempo renuncia e cessa de ter uma doutrina **pessoal**. Este último termo assume, aqui, o valor de notar como a

---

[8] Isso que é uma psicanálise, especialmente o fim de uma psicanálise didática com este tipo de psicanalista que, decerto, não se toma por um analista, que não corre este risco, já que faz questão de que o analista seja... um outro, isso é algo que uma clínica do passe talvez tivesse podido deixar.

paranóia dá sua marca à pessoa, fazendo-a valer como um produto, o de uma operação de "personação" (Lacan), revelada, em perfuração, pela despersonalização. É de se espantar que uma tese sobre "**A psicose paranóica nas suas relações com a personalidade**" se apresente como uma doutrina pessoal? Isso era mesmo o mínimo que se poderia esperar, se é verdade que esta tese foi realmente portadora de uma trama e que, portanto, sua enunciação está na linha de seus enunciados.

Devotando-se a um retorno a Freud, um retorno que transforma em "freudiano" quem a ele se consagra, Lacan efetua um salto, muda de registro enunciativo: **não se trata mais para ele, doravante, de sustentar seu próprio dizer, e sim de dizer** (nisso consiste, doravante, seu próprio dizer) **o que foi o dizer de Freud.** A problemática instalada a partir de então vai surgir, simplesmente ao pronominalizarmos esta proposição. A frase LACAN NÃO DIZ MAIS O QUE LACAN DIZ, MAS O QUE FREUD DIZ, vai-se transformar nesta outra, mais enigmática: LACAN NÃO DIZ MAIS O QUE ELE DIZ, MAS DIZ O QUE ELE DIZ.

Em lugar do que Freud chamou "**dritte Person**", o recobrimento **possível** desses dois "ele" condensa toda a problemática do retorno a... Que se suponha a efetividade de um tal recobrimento, de uma absorção, como implicava sua interpretação na teoria da reencarnação, e a frase se reduz ainda a um ELE NÃO DIZ MAIS O QUE ELE DIZ, MAS DIZ O QUE ELE DIZ.

Aqui se engolfa toda possibilidade de dizer, pois que ao mesmo tempo "ele diz" e "ele não diz"... "o que ele diz". Este fora-do-dizer (**horsdire**), em certos textos literários, parece-me assinalado. Tal seria, por exemplo, a importância de um **diz-se** em Duras. Nos mais cativantes dos seus textos, não se sabe mais, em dado momento, localizar quem fala; a questão se coloca para o leitor, deixando-o por um instante sem possibilidde de responder, mas ele pode - por exemplo, relendo o texto — acabar sabendo. Esta breve falência do juízo de atribuição designa então, tanto melhor, o fora-do-dizer, sua indecente efetividade, quanto esta designação se faz discreta, tão discreta quanto um instante de desvanecimento. O mesmo acontece com o "que importa quem fala?" de Beckett, colocado por Foucault na abertura de sua conferência de 1969; ele evoca e opera, à sua maneira, uma suspensão do dizer, já que se pode lê-lo tanto como uma questão que replicaria (retomando o que acaba de ser dito) a alguém que teria declarado que é importante saber quem fala (mas, justamente, se isso importa, é porque não é evidente por si), ou, ao contrário, como o apagamento de um tal voto, a forma interrogativa não passando mais, aqui, a partir de então, de um modo da afirmação.

Designando, assim, este salto pelo qual Lacan se produz como freudiano, fica-se mais próximo, não do inconsciente, mas da razão do inconsciente como hipótese (de seu lugar na doutrina), mais próximo daquilo que permitiria dar conta de que Lacan, um dia, pôde atribuir-se o inconsciente. Com efeito, a hipótese do inconsciente bordeja o fora-do-dizer, interditando a colocação em equivalência do "ele diz o que ele diz" com o "ele não diz o que ele diz", interdição (inter-dicção, é o caso aqui de se dizer) que se produz com a hipótese de que o sujeito diz "algo além do que diz". O retorno a Freud, pelo laço que instaura entre Lacan e Freud, expõe, pois, ao dizer, uma questão mais fundamental que aquela que lhe advém da hipótese do inconsciente. Esta diferença de nível é análoga àquela em jogo quando, diante de uma criança com anorexia, a boa intenção nutridora propõe, com estúpida malícia: "Você quer cenouras ou batatas?" — evidentemente, isso supõe o problema resolvido.

O retorno a Freud se deixa, pois, apreender nessa questão, doravante inevitável, de saber **quando alguém está nessa posição de dizer aquilo que um outro disse... quem é que diz? É este alguém ou é o outro?**

Num capítulo anterior, nomeei **enunciação paranóica** o modo de enunciação, não despersonalizado, mas despersonalizante, que consiste em oferecer seu próprio dizer ao testemunho daquilo que um outro disse — frase que, ao escrever, não posso escrever, já que "seu próprio" e "outro" são justamente aquilo que este modo de enunciação questiona no seu estatuto.[9] A enunciação paranóica não era já apontada na definição restrita da fala, produzida na psicanálise com o "isso fala" (**"ça parle"**)? A última palavra de Lacan sobre a fala consistiu em um acentuar do "**ça parle**" na qualificação da fala como "fala imposta".

A volta anterior* propriamente lacaniana

Se não foi desde sempre que Lacan foi freudiano, como situar suas obras anteriores ao seu engajamento no freudismo? A resposta é simples: Lacan começou sendo lacaniano. Vai-se notar que esta resposta dá suas primeiras obras como as únicas propriamente qualificáveis de "lacanianas", já que tudo o que se seguiu à instauração do retorno a Freud nunca cessou de se referir a este.

Houve, em um certo tempo, uma doutrina lacaniana. É a da tese de 1932, que se apresenta como uma doutrina pessoal, como a doutrina de um autor, e um autor que, num certo campo, reivindica sua originalidade, pretende contribuir com alguma coisa: não somente a definição de uma nova entidade nosográfica (a paranóia de autopunição), mas, com ela, uma nova concepção da paranóia e, portanto, da doença mental, e por conseguinte da relação que com ela mantém o psiquiatra, e por extensão, da psiquiatria. Sabemos que os surrealistas reconheceram isso imediatamente[10]. Mas a própria tese nada mais diz, só põe as cartas na mesa. Podemos ler, por exemplo, uma frase como a seguinte: "Existe, no entanto, um ponto da teoria psicanalítica que nos parece particularmente importante para **nossa doutrina** (o grifo é meu) e que a esta se integra imediatamente". Lê-se ainda, no estudo do caso das irmãs Papin:[11]

---

[9] Cf. Cap. VIII, p. 171 a 175.

* No original, **l'avant-tour**, volta anterior, que faz homofonia com **avant-tout**, antes de tudo, e **l'aventure**, a aventura, em correlação com **le retour**, o retorno. (NT)

[10] Cf. o artigo de Crevel que dá conta da tese em **Le surréalisme au service de la révolution** n° 5.

[11] Encontra-se em Seuil, anexa à tese, cf. p. 396: a citação anterior está na p. 323.

"Para dizer a verdade, embora tenhamos feito essas aproximações teóricas (com Freud), a observação prolongada... levou-nos a considerar a estrutura das paranóias e dos delírios vizinhos como inteiramente dominada por este tipo de complexo fraterno." Lacan não pode aqui considerar essas "aproximações" de Freud (ele lida com Freud como uma potência com outra potência) senão por ser ele quem acaba de produzir uma nova concepção da paranóia (cf. "nossa doutrina"), que não é, nem aquela, constitucionalista, de Génil-Perrin, nem aquela que, a partir de Clérambault, daria conta do delírio paranóico como uma tentativa racional de explicar os fenômenos elementares.

Qual é, nessa época lacaniana, a ligação de Lacan a Freud? Em que medida Freud importa, então, a Lacan? É notável que a primeira questão exposta a Freud seja a da autopunição. Freud é consultado como alguém suscetível de fornecer elementos de resposta: "... quando mais não fosse por nos contentarmos com o cabide da autopunição" — escreveria Lacan uns 33 anos mais tarde — "... desembocávamos em Freud".[12] Mas é ainda mais notável (ao menos em confronto com a opinião hoje divulgada, que quer que Lacan tenha levado em conta, principalmente, o Freud da primeira tópica) que o que interessa Lacan em Freud é sua segunda tópica. Entretanto, como esta depende da teoria do narcisismo e a doutrina lacaniana desenvolve, sobre a função da imagem, um certo número de teses específicas, o apoio tomado em Freud não chegará a impedir a formulação de sérias objeções à doutrina freudiana.

"O nascisismo" — lê-se na tese — "se apresenta na economia da doutrina analítica como uma **terra incógnita**"[13]. Afirmação importante, pois aponta para uma **falta em Freud**, o que, depois do engajamento de Lacan em seu "retorno a Freud', irá permitir situar este retorno a Freud como um retorno àquilo que falta em Freud. Freud não soube observar a função da imagem na constituição do Eu. Vê-se aqui que a invenção do estágio do espelho, sua comunicação em Marienbad em 1936, está na linha direta da observação de uma falta em Freud. Mas já a tese libera o Eu, separando em seu conceito o que se origina do narcisismo (e que lhe está intrinsecamente ligado, o "estágio do espelho" vai confirmá-lo) e o que concerne a função de percepção/consciência (que não é mais possível associar ao Eu).

Essas considerações teóricas tiveram, é claro, sua importância quanto à maneira como se interpreta a paranóia. E a crítica lacaniana de Freud encontra aí seu prolongamento, com a observação de que a impulsão agressiva da passagem ao ato não é esclarecida pela invocação, a seu propósito, na doutrina analítica, de uma pulsão homossexual (por sua inversão em agressividade), mas que é a função da imagem **como tal** que dá conta do amor homossexual e de sua transformação, e não o inverso. Esta ligação da agressividade com o narcisismo jamais foi desmentida em Lacan, mas, ao contrário, ainda mais consolidada quando ele separou a pulsão agressiva da pulsão de morte; a agressividade narcísica confirma então sua ancoragem no imaginário, enquan-

---

[12] Lacan, **Écrits**, p. 66.
[13] Lacan, Tese, p. 322.

to a pulsão de morte, por meio dessa disjunção, é suscetível de ser entendida como constitutiva do simbólico. Lacan, aliás, quase não insistiu — é o menos que se pode dizer — na interpretação da paranóia pela homossexualidade; isso tem a ver com a revelação da dimensão do imaginário.

Na tese, vê-se a doutrina lacaniana tratar a doutrina analítica como um conjunto de enunciados onde há o que tomar e o que deixar de lado (vejam só!); mas, mais ainda, há um verdadeiro desafio lançado à psicanálise: se esta pretende abordar a paranóia (e fora dessa abordagem, diz ele, está votada à esclerose), será necessário que aceite transformar-se ela própria, deslocar seu centramento no inconsciente em proveito de uma melhor consideração do Eu. Lacan dá aqui uma lição à psicanálise, antes de atribuir-se a tarefa de responder ao desafio por ele lançado, introduzindo na psicanálise, quatro anos mais tarde, o "estágio do espelho". Assim, à p. 280 da tese: "... o problema terapêutico das psicoses nos parece tornar mais necessária uma **psicanálise do eu** (sublinhado por ele) do que uma psicanálise do inconsciente". Os primeiros delineamentos do que viria a ser uma das três dimensões do ser falante, a saber, o imaginário, Lacan não os deve a Freud: é isso mesmo que diferencia sua doutrina da paranóia daquela produzida pela psicanálise, muito antes de ser o que ele tentará introduzir em Freud.

Navios queimados

"Só que existe um fato novo, o primeiro fato novo desde que o oráculo funciona, isto é, desde sempre: é um dos meus escritos, que se chama A Coisa freudiana, onde indiquei isso que ninguém jamais havia dito. Apenas, como está escrito, naturalmente vocês não o escutaram.
Lacan, 17 de fevereiro de 1971.

O fato de Lacan ter começado por defender sua própria bandeira impõe a questão de saber quando ele cessou de ser lacaniano. Proponho a data de 7 de novembro de 1955 como sendo a do dia em que ele queimou seus navios. Naquele dia, ele esteve em Viena para falar da **Coisa freudiana**, título da conferência onde anunciava pela primeira vez e como uma "palavra de ordem"[14] o seu "retorno a Freud".

Essa proposição não implica dizer que antes desta data Freud, para Lacan, não contava. Mas, uma coisa é afirmar, como ele o fazia em 1936[15], que "Freud está à frente de todos os outros na realidade psicológica", ou ainda, como faz em, 1950, que a importância da "revolução freudiana" é confirmada pelo uso que se faz em psicologia da noção de culpa, ou mesmo, como reconhece o relatório dito "de Roma" em 1953, que a psicanálise como

---

[14] **Écrits**, p. 402.

[15] **Écrits**, p. 88.

disciplina só deve seu valor científico aos conceitos de Freud e por isso é possível retornar à história destes na obra de Freud para melhor criticá-los e estabelecer seus equivalentes na linguagem da moderna antropologia[16]; outra coisa é fazer-se "o anunciador" (essa mesma palavra, tomada num outro vocabulário que não o a ciência, frisa bem isso) de um "retorno a Freud".

Esta análise nos obriga, pois, a admitir que, no sentido do "retorno a Freud", Lacan não era "freudiano" por ocasião do relatório de Roma. É lamentável que issc possa chocar aqueles que só querem reconhecer em Lacan esse freudismo. Que se reportem, então, ao próprio texto "Função e campo da fala e da linguagem em psicanálise": já existe ali um espaço entre este "em psicanálise" e a "coisa freudiana". No relatório de Roma, o retorno a Freud é dado somente como um desvio — mesmo que obrigatório, continua a ser um desvio —, como um meio para devolver sua cientificidade à psicanálise. É realmente por haver uma defasagem decisiva entre esta ligação a Freud e aquela instaurada pela palavra de ordem crua de um "retorno a Freud" que Lacan poderá mais tarde dar à psicanálise um outro estatuto além do científico, e reconhecê-la inicialmente, com Foucault, como um discurso.

O ponto de virada é este 7 de novembro de 1955: nesse dia, "freudiano" assume um valor específico, uma importância que jamais fora sua até então. Para quem pudesse achar essa data "tardia", observo que em 1953 Lacan está longe de sonhar em fundar uma "Escola freudiana": ele cria, com outros, uma "Sociedade Francesa de Psicanálise", algo, portanto, que não comporta em seu título nenhuma referência a Freud. Será preciso esperar muito tempo, exatamente até 1964, para que o regime da "Sociedade" ceda lugar ao de uma "Escola", no mesmo tempo em que (não sem uma ligeira hesitação) "freudiano" aparece no título, em lugar da referência nacional, e a "psicanálise é expulsa pela localização, em Paris, daquele freudismo. Essas últimas substituições são tanto mais legitimamente merecedoras de destaque quanto um formidável "acaso" (!) deixa intocada a sigla, como que para marcar, com essa estabilidade acrofônica, que os lugares permanecem realmente "os mesmos".

1953: Sociedade	Francesa	de Psicanálise
1964: Escola	Francesa	de Psicanálise, **logo corrigida para**:
Escola	Freudiana	de Paris.

Roma, Viena e mais tarde Paris, o passo dado entre "Função e campo ..." e "A Coisa freudiana" é também assinalado na geografia. Em 1964, a Escola vai-se reivindicar "freudiana", localizando-se em Paris, renunciando assim, por um mesmo movimento, a apresentar a psicanálise como "naturalmente", ou "evidentemente" inscrita na ciência, e a continuar a lidar com Freud com as pinças do francesismo: este é o verdadeiro objetivo do pichonismo. O ano 1964 abre, assim, o lugar onde viria se alojar a discursividade. Mas esse movimento

---

[16] Extraia-se a exigência dessa colocação em equivalência e teremos a ideologia subjacente ao empreendimento do **Vocabulário da Psicanálise**.

tem seu verdadeiro ponto de partida em 1955, com "A Coisa freudiana" e a distância por ela instituída entre Viena e Roma.

Roma — e o que sucedeu depois o demonstrou, repetindo sua operação — é o lugar onde vem-se proclamar o domínio, francamente adquirido, sobre um poder. Em Roma, estamos "no relatório". Isso quer dizer que o importante, então, não é tanto o conteúdo quanto o reconhecimento publicamente atribuído pela instituição ao mais valente de seus guerreiros. É na qualidade de conquistador que Freud tem dificuldades com Roma. A presença de Lacan em Viena, na terra de Freud, tem um valor completamente diferente. Por menos que nos detenhamos neste ponto, vamos admitir que era inconcebível que fosse de outro lugar, que não da terra de Freud, que partisse a palavra de ordem de um retorno a Freud: era lógico estar ali de corpo presente para dizer que fazia falta estar ali e que portanto só podia tratar-se de para ali retornar.

Logo, Viena foi um acontecimento. Ali Lacan se metamorfoseia em "freudiano" (trata-se de explicar o que isso significa), enunciando "a coisa freudiana" como sendo aquilo que só se poderia constituir no movimento de um retorno a Freud. Fazendo-se o seu anunciador, Lacan, nesse dia, em Viena, entra na cena deste retorno.

O que tornou possível, e naquele momento, este engajamento de Lacan no freudismo, **neste** freudismo? A questão não pode deixar de ser formulada, mesmo que seja preciso esperar o final deste estudo para respondê-la; Freud não se desculpava por ter que proceder como os maus historiadores que, durante suas reconstituições, predizem com facilidade um futuro que já conhecem? Respondo então agora, comprometendo-me a fundamentar mais adiante essa afirmação, que é por ter no bolso, desde 8 de julho de 1953[17], o tríptico do simbólico, do imaginário e do real, porque dispõe, não somente de cada uma dessas categorias, mas dessas categorias na medida em que são três, que Lacan pode engajar-se na operação de um retorno a Freud, pode, portanto, "ele mesmo" ali queimar seus navios. A partir daí o problema teórico que não cessará de trabalhar este retorno, que este retorno não cessará de trabalhar, vai ser o da articulação de Freud com S.I.R.. A coisa só será encarada de frente com a última versão desse retorno; mas, já a partir de sua tese e da maneira como Lacan introduziu uma outra definição do Eu no freudismo, pode-se pensar que uma das soluções possíveis, talvez a mais imediatamente ao alcance do retorno a Freud, consista em experimentar R.S.I., como aquilo que falta a Freud.

---

[17] Na primeira reunião "científica" da SFP, Lacan fez uma conferência sobre a qual talvez se deva admitir que sua importância é o que bloqueia a sua publicação.

Retorno I — Diana, Acteão
e o não-reconhecimento dos cães

"O Outro como tal permanece na doutrina, na teoria de Freud, um problema, que se exprimiu no seguinte: o que quer a mulher? — sendo a mulher, no caso, o equivalente da Verdade".
Encore, Seminário 20, 15 de maio de 1973.

Kierkegaard vai a Berlim para experimentar, efetuando-a, se a repetição é possível; Lacan vai a Viena para iniciar, anunciando-o, o retorno a Freud. Mas a analogia pode ser levada um pouco mais longe (dando, talvez, assim, esses dois deslocamentos como originados de um só e mesmo gesto): o texto de **La répétition (A Repetição)** é uma carta de amor dirigida a Régine, aquela que ainda não é "a noiva eterna"; ele visa obter "a retomada" (como também se traduz) de relações com Régine; também "A Coisa freudiana" é dirigida a uma mulher; ela é dedicada "a Sylvia". Ora, com esta demarcação de um certo lugar (como veremos, trata-se de uma posição-chave) dado a uma mulher (sustentada por ela?) em "A Coisa freudiana", é a primeira versão do retorno a Freud que se vê, de saída, situada.

"A Coisa freudiana" é **o único** texto dos **Écrits** dedicado a uma mulher e, tanto quanto sei, só existe um outro texto de Lacan assim oferecido a uma mulher, mas oferecido de uma maneira talvez menos surpreendente, pois esta é habitual quando se trata do texto de uma de defesa de tese.

Michel de Certeau nota que a tese é dedica a Marc-François Lacan, "irmão em religião", e vê ali uma confirmação de sua interpretação do "retorno a Freud" como realização cristã do judaísmo de Freud. Mas, ao fazer isso, esquece de ler a outra dedicatória, essa homenagem, talvez mais secreta, mais pudica, em todo caso, e que se deixa, todavia, facilmente decifrar, já que sua cifração consiste apenas na sua tradução grega. A tese é, pois, oferecida a Marc-François Lacan, **mas também** a M.T. — B., "**aquela** — diz o texto grego — "**sem cuja presença junto a mim eu não me teria tornado o que me tornei".**

Tornado o quê? (com efeito, o "o que" proíbe interrogar: quem?). Não tanto "Jacques-Marie Lacan", signatário dessa tese, senão "lacaniano", no sentido em que Marc-François Lacan presentifica esta referência comum, fraterna e religiosa. No nível da tese de 1932, Lacan é "lacaniano" no sentido de Marc-François, Mas as coisas não ficam por aí, e essencialmente devido a uma mulher[18]. Isso é o que surge, seja como for, no só-depois, quando em 1955 a coisa, doravante "freudiana", é recolocada nas mãos de uma mulher. Da coisa

---

[18] Que se recorde aqui a Sra. Jung e sua intervenção eficaz para que se opere, entre Jung e Freud, a ruptura pela qual o primeiro cessa de ser freudiano para tornar-se junguiano. Uma mesma intervenção, dois efeitos contrários: por onde se vê que, se o que um homem pode fazer de melhor é fazer-se tapeado (**dupe**) por uma mulher, no entanto não pode sê-lo por qualquer uma.

lacaniana à freudiana, temos então, do ponto de vista de uma revelação de configurações enunciativas, os dois triângulos seguintes:

A psicose paranóica
(revelação de sua raiz no **complexo fraterno**)

A Coisa freudiana

Lacan (Marc-François)

Freud

Lacan (Jacques) — M.T.B.

Lacan — Sylvia

Vamos ver como, em "A Coisa freudiana", a primeira instalação do retorno a Freud é homóloga ao que acabamos de indicar sobre sua enunciação. Aqui, mais uma vez, Lacan se verifica satisfazer ao princípio de Espinosa: **idea vera debet com suo ideato convenire.**

Existem em "A Coisa freudiana" dois mitos com os quais se vê ao mesmo tempo construído, pensado e sustentado como proposição, o retorno a Freud. O primeiro deles, militar, é o mito do herói traído: houve um ato heróico, o de Freud elaborando sua obra, e depois uma delegação dessa obra a outros, àqueles que vou chamar por uma palavra que se encontra no texto, a saber, "a guarda" (aquela que morre antes de se render, pelo menos é o que dizem), e depois a traição da guarda, que ao mesmo tempo trai a si mesma como guarda, e enfim sua fuga para longe do centro de operações, que é (desse modo, o aspecto de história em quadrinhos do mito se volta para o trágico, tocando o real) **ao mesmo tempo ali onde se mantém Freud e ali onde faz seus estragos a perseguição política do nazismo conquistador.** Tal é o espetáculo visto de Paris, de uma horda escapando de Viena num trem "que não deveria mais parar senão nos confins de nosso mundo"[19], e que faz com que Lacan, depois de ter visto desaparecer a oeste, no horizonte, a guarda em debandada, se volte para Freud como que lhe perguntando o que este poderia ter dito ou feito para que as coisas terminassem assim.

Tal é a primeira elaboração, no mito, do retorno a Freud, aquela que faz equivaler "retorno a Freud" e "reversão do freudismo", já que o freudismo nada mais é, então, que aquilo que foge de Freud. Lacan explica que este retorno não é um retorno do recalcado[20], mas uma tomada de posição antitética.

Trata-se realmente de **um mito,** o do herói traído. Não apenas porque aí se encontra o conjunto dos elementos que compõe este mito, mas também,

---

[19] Écrits, p. 402.
[20] Idem, p. 403.

e principalmente, pelo fato de que eles são postos em lugar de mito, o que se revela ao observarmos, simplesmente, que em lugar nenhum desse texto Lacan põe em questão tal ou tal desses elementos, como, por exemplo, o gesto com que Freud confia sua obra a uma guarda, questionamento este que se poderia esperar de uma análise política da situação da psicanálise em 1938.

É porque vê, de Paris, o que acontece então entre Freud e sua guarda que Lacan se encontra, por um instante, em posição de tomar o assunto em suas mãos (sua continuação irá depender do retorno a Freud), posição que é a de uma mulher no triângulo precedente, e que será a de uma mulher no seguinte:

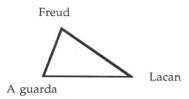

Mas, a partir do momento em que se engaja no retorno a Freud, Lacan vem re-ocupar o lugar da guarda; agora, é o retorno a Freud que tem a guarda de Freud. Também é possível propor um outro mito para apoiar, não mais, desta vez, o início do retorno a Freud, e sim aquilo que irá sustentá-lo ao menos por algum tempo: o lugar deixado vago devido à passagem de Lacan para a guarda será ocupado, novamente, por uma mulher.

O mito que, de 1955 a 1969 (data da elaboração dos quatro discursos), sustentou o retorno a Freud é dado em "A Coisa freudiana". É o de Acteão, transformado em cervo e devorado por seus cães por não se haver afastado da visão da nudez de Diana. Este segundo mito, "mais grave", dirá Lacan, é inicialmente uma interpretação do primeiro: a fuga da guarda é ali retomada como a dos cães, que se teriam recusado a devorar Acteão mesmo depois que seu encontro com Diana o transformara em cervo. Esses cães não são tolos (**dupes**), preservam Acteão. Assim, opõem-se à caça, assim manifestam que não reconhecem esta caça pelo que ela é, uma caça à Verdade, onde os caçadores estão prontos a pagar o preço que a Dama exige. Mas, pode-se mesmo falar aqui de um "preço" quando, ao receber a morte da deusa que não poderia se deixar ver nua (isto é, sem seu arco), esta própria morte vale como um dom, o dom (de amor) dessa nudez que ela não tem e que no entanto um mortal conseguiu-lhe furtar?

O que resulta deste recuo dos cães? Nada além de uma dispersão onde cada um deles, à falta de haver feito de Acteão sua presa e de, portanto, poder apresentar-se com ele diante da deusa, torna-se a "presa dos cães dos seus pensamentos"[21]. Que se releia essa página 412 dos **Écrits** para ali entender, hoje,

---

[21] A opção por devorar a si mesmo, em vez de cessar de agradar ao Outro, se tornou patente na experiência de uma psicanálise, especialmente, nos casos de psicose. Mas é de regra, para todos, que o questionar-se é mais fácil, contrariamente ao que se diz, do que questionar o Outro, isto é, a escola de sua própria falta.

enfim, o extremismo de que Lacan dá provas nessa instalação do retorno a Freud. Pois, se devorar a si mesmo é o que resulta do recuo (logo, o pior), a alternativa constituída pelo retorno a Freud tem por horizonte algo como uma destruição coletiva (aquela que não se produziu quando da primeira caçada), numa comunhão "quase mística" onde Freud/Acteão, agora devorado por seus cães, ofereceria essa própria devoração à Diana infernal para dela receber, com a morte de todos, uma confirmação de que, como a Verdade, ela foi realmente "tocada".

Só uma visão limitada da loucura pode se escandalizar com esse extremismo (ou, deste escândalo, fazer semblante); pois como contrabalançar o extremo da loucura senão por um engajamento igualmente extremado?

Retornar a Freud é retomar com ele esta caça à Verdade; seu fim só pode consistir no gesto que se remete a ela, oferecendo-lhe aquilo que ela recusou, já que a posição desarmada em que é surpreendida no banho é aquela mesma que vem ocupar diante dela quem pretende se fazer sua presa. Neste ponto limite, as categorias, as diferenciações mesmas falham: o caçador se torna presa e a presa se torna sombra, e o caçador falha, assim, mas à boa maneira, na sua caça à Verdade.

Aqui está, pois, esta morte transfigurada, sublime, de saída anunciada, colocada inicialmente no horizonte do retorno a Freud. Mesmo que ela apele, lateralmente, para a formidável energia do masoquismo (ainda que esta seja, talvez, uma maneira de tratá-lo), não é demais usar os encantos do alexandrino para convidar novos cães a tal empreendimento. Aí estão, portanto, apresentados como tais, os quatro alexandrinos que se encontram ao fim da conferência proferida em Viena:

> *Actéon trop culpable à courre la déesse,*
> *proie où se prend, veneur, l'ombre que tu deviens,*
> *laisse la meute aller sans que ton pas se presse,*
> *Diane à ce qu'ils vaudront reconnaîtra les chiens...*

> (Acteão, por demais culpado, caça a deusa,
> presa onde se prende, caçador, a sombra em que te convertes,
> deixa que a matilha corra sem apressar teu passo,
> Diana, pelo que valem, reconhecerá os cães...)

De acordo com o caráter anunciador da conferência, o texto de "A Coisa freudiana" termina com três pontos de suspensão. Será assim, nesses três pontinhos, que irá bascular essa versão do retorno a Freud quando o retorno passar ao discurso.

Retorno II — A discursividade

Houve muita gente — e cada vez mais — que se interessou pelo "retorno a Freud" de Lacan, a ponto de nele chegar mesmo a se engajar, e freqüentemente o levar à frente de um ponto de vista pessoal. Tratava-se, com certeza, na maioria, do que Lacan chamava de "casos de verdade". Mas isso não impedia que uma certa opacidade se mantivesse em cada um desses engajamentos: a concordância dada ao "retorno a Freud" era ao mesmo tempo efetiva, confusa, e finalmente silenciosa, a não ser pelo reconhecimento de que ali estava em jogo uma verdade, com toda a certeza a do próprio freudismo, em outras palavras, a verdade de uma certa relação com a verdade. Talvez se deva ver este silêncio como a necessária contrapartida da efetiva participação dos cães na caça, o signo de um engajamento demasiado poderoso? O fato é que a intervenção de Michel Foucault veio de um outro lugar, e que, **de 1955 a 1982, Lacan jamais recebeu a menor interpretação de seu "retorno a Freud", exceto em fevereiro de 1969 e devido a Foucault.**

Com sua conferência intitulada "O que é um autor?", Michel Foucault procedeu a um estabelecimento do "retorno a..." como fato de discurso; ele confirma, assim, a Lacan, o caráter freudiano de seu retorno a Freud (uma tal confirmação é uma componente fundamental da interpretação analítica) **situando** (o próprio acréscimo é constitutivo de tal interpretação) **Freud como instaurador de um discurso.** Foi porque Freud teria sido o instaurador de uma discursividade que um "retorno a Freud" adveio. Eis o que Lacan escuta, naquele dia, de Foucault. Produziu-se por isso a construção lacaniana dos quatro discursos:

Em primeiro lugar, eis os dados cronológicos:

22 de fevereiro de 1969: Conferência **"O que é um autor?"** (A "Arqueologia do saber" está no prelo)

18 de junho de 1969: Lacan é expulso da École Normale Supérieure onde se sustentava aquilo que iria aparecer só-depois como o último seminário fundado na topologia das superfícies: **D'un Autre à l'autre** (De um Outro ao outro).

26 de novembro de 1969: Primeira sessão de **O Avesso da psicanálise**, primeira lição na Faculdade de Direito, primeira menção do "discurso" no sentido da doutrina dos quatro discursos.

A partir deste 26 de novembro de 1969, o termo "discurso", em Lacan, não é mais simplesmente uma palavra do vocabulário corrente (como no "discurso de Roma"), mas o nome de uma noção (como no "discurso do mestre"). Esta diferença é tanto melhor marcada na medida em que se inscreve numa tipologia dos discursos.

Lacan, no entanto, não se vai ater, a partir daí, a um uso estrito do termo "discurso"; ao falar tanto em "discurso capitalista" quanto em "discurso da ciência", ele será obrigado a indicar com precisão o que está em jogo na sua doutrina dos quatro discursos, distinguindo-os como "discursos radicais". Existe aí uma dificuldade taxinômica que se verá ter importância na passagem a uma terceira versão do retorno a Freud.

A construção de quatro discursos radicais é essencialmente o produto de uma escrita: existem **quatro** discursos porque esta escrita procede de um "alfabeto" de quatro letras, quatro letras que jamais podem ocupar mais que quatro espaços, e mantendo-se a seqüência dessas quatro letras como uma série ordenada, bem como a disposição desses quatro lugares, não existem mais que quatro "frases" possíveis.[22]

Como fato de escrita, os quatro discursos confirmam o valor novo dado ao "discurso": doravante disjunto da fala, ele assume no escrito o estatuto de um "discurso sem fala", enquanto na sua acepção usual o discurso permanece ligado à fala, mesmo que esta fala já não o seja inteiramente, por se dever apresentar como uma fala ritualizada.

Esta construção se deixa precisar melhor como a conjunção de duas séries escritas e mantidas separadamente até a data de 26 de novembro de 1969. A primeira série, a mais antiga, é a transcrição da definição lacaniana do Sujeito como "aquilo que é representado por um significante para um outro significante", o que dá:

$$\not S \longrightarrow S_1 \longrightarrow S_2$$

A outra série, muito mais recente (vista a partir deste 26 de novembro de 1969), foi construída no prolongamento imediato do gesto da administração da École Normale Supérieure expulsando (vejam só!) o seminário de suas instalações. No dia de sua última apresentação na rua d'Ulm, Lacan define esse acontecimento como uma tentativa para liquidá-lo — da mesma ordem daquela de 1953. Para compreender a lição que ele vai tirar dessa ocorrência, é preciso, em primeiro lugar, lembrar que foi nas instalações de E.N.S. que Lacan, vendo-se com os olhos que o viam, os dos "príncipes da universidade" (como ele os chamava), deveria creditar seu dizer como algo da ordem de um ensinamento.[23] Mas o fato de que este ensinamento não seja universitário, se isso se deve à E.N.S., desta vez é devido à sua administração, já que isso era o que lhe dizia o diretor administrativo no momento mesmo em que o expulsava.[24] A partir daí Lacan concluiu que deveria haver, realmente, diver-

---

[22] Alguns tentaram imediatamente modificar a ordem das letras (tentativa logo contrariada por Lacan), mas, curiosamente, não veio à mente de ninguém mudar a relações entre os lugares (o que no entanto seria facilmente pensável, já que eram nomeados).

[23] "Foi ali que se percebeu que aquilo que eu dizia era um ensinamento". Lacan, seminário de 26 de novembro de 1969.

[24] Envolvido na borrasca do acontecimento, Lacan chega a dizer que seu ensinamento é "anti-universitário". É esse gênero de deslizamento que irá ser interditado pela instalação de seus quatro discursos. Mas se isso o interdita, não o impede, como o após-Lacan infelizmente demonstrou.

sos tipos de ensinamento, um "universitário" e pelo menos um outro que não o seria.

Existe aí uma consideração notável, no nível da doutrina, de um acontecimento que seria errôneo considerar como puramente institucional. Lacan, excluído de um dos lugares elevados da universidade, propõe imediatamente uma escrita da posição universitária. Esta escrita vai fazê-la ombrear com as posições do mestre e da histérica, cada uma delas respondendo a uma das três realizações possíveis da série

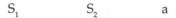

quando se a insere nos três lugares marcados como abaixo:

A conjunção dessas duas séries de escritos, uma antiga e outra muito recente, dá a série de quatro letras que vão escrever os quatro discursos:

$$\frac{\$ \quad S_1 \quad S_2}{\$ \quad S_1 \quad S_2 \quad a}$$

$$\$ \quad S_1 \quad S_2 \quad a$$

Mas o fato de que a doutrina dos quatro discursos seja o resultado de uma operação de escrita não dá conta do fato de que aquilo que se nomeia como "posição do mestre", "posição histérica" ou "posição universitária" seja dito "discurso", no momento mesmo em que, da rua d'Ulm à praça do Panthéon, de **D'un Autre à l'autre** ao **Avesso da Psicanálise,** isso se re-escreve.

Por que a tomada em consideração da posição universitária (que a exclusão do seminário tornava especialmente urgente) se realizou como discurso? Poder-se-á dizer que, propondo-se a distinguir quatro discursos alguns meses depois da "Arqueologia do saber" (que se dá como uma descrição desses tipos particulares de regularidades que Foucault chama de "discursos") Lacan sofreu a **influência** de Foucault? Mas justamente ao introduzir, entre palavras e coisas, este estágio do discurso, Foucault foracluiu esse tipo de "explicação" de que se nutria a "história das idéias". É muito mais — como vamos mostrar — à conferência de 22 de fevereiro de 1969[25], na medida em que trouxe como que uma interpretação do retorno a Freud, que se deve ligar a adoção da discursividade.

Um dos elementos que permite afirmar se uma intervenção teve alcance interpretativo é seu efeito de corte; esta intervenção, lida só-depois, terá

---

[25] **Em Littoral** n° 9, junho de 1983.

atuado como corte. Ora, este foi realmente o caso, parece-me, dessa conferência.

Vamos considerar, para demonstrá-lo, a série de seminários. **De um Outro ao outro** deixa-se apreender aí como o último a tomar um apoio decisivo na topologia clássica das superfícies (cuja classificação foi adquirida no Século XIX); o passo que ele efetua, com relação a **O Ato analítico**, (que o precede) é a articulação, graças ao plano projetivo, do "grande A em forma de pequeno a". Ora, nos seminários seguintes, não se tratará mais desses objetos topológicos, não haverá mais esses "em forma de"; estes seminários serão quase exclusivamente centrados na escrita dos quatro discursos (diferente, a seu modo, da escrita topológica) e suas recaídas "semânticas". Isso vai permanecer verdadeiro até a introdução de uma nova topologia e, com ela, de uma nova e terceira versão do retorno a Freud.

Logo, existe realmente um corte notável, em novembro de 1969, na sondagem de Lacan. Este corte, aliás, é sensível em seus ouvintes: assim como a escrita topológica os deixava perplexos, reservados, senão aborrecidos, até mesmo incomodados por não acompanhá-lo, pelo menos sem voz (que ecos teve **De um Outro ao outro?** Nenhum), assim a doutrina dos quatro discursos provocou de imediato numerosas obras de discípulos (o que não quer dizer que todas fossem felizes).

Talvez se admita que exista realmente uma ruptura na série dos seminários, recusando ao mesmo tempo que Foucault possa ter algo a ver com isso. A discursividade teria estado "no ar" na França, nos anos 70, e Lacan, tanto quanto Foucault, se teria deixado capturar por ela. Para dizer a verdade, a seguinte explicação, como a que se apóia na influência, não tem o menor interesse. Mas como é vantajoso deixar as coisas tão precisas quanto possível, vou dá-la aqui, inicialmente de um ponto de vista semântico, depois numa abordagem literal.

SEMÂNTICA: Este ponto apela para uma recordação (rápida, já que o texto é acessível) dos pontos desenvolvidos pela conferência "O que é um autor?". Foucault, e este é o seu primeiro passo, faz do autor uma função. Mas, uma vez enunciada, a defasagem indivíduo/função só se pode prolongar com a observação de que esta função - autor não intervém sempre da mesma maneira. Há um certo tipo de autores (Foucault os chama "instauradores de uma discursividade") que produziram **mais** que uma obra pessoal: a possibilidade e a regra de formação de outros enunciados. Estes podem, em seu conteúdo, diferir notavelmente dos textos fundadores, o que não impede que estes textos fundadores os tenham tornado possíveis e que, portanto, eles pertençam àquilo mesmo (que se chama, por essa razão, de "discurso") que os primeiros textos fundaram. Apoiando-se nessa discursividade, a conferência distingue, de maneira notavelmente esclarecedora, as posturas enunciativas, os tipos de produção, os estatutos respectivos de três modos principais do autor: o literário, o científico e o fundador de uma discursividade.

É a propósito deste último que Foucault desenvolve uma análise que dá o "retorno a..." como intrinsecamente ligado a toda formação discursiva. Tal é o ponto decisivo, o ponto onde Lacan vai aceitar o desafio. Ouvinte da conferência, este é o ponto cuja pertinência ele observa de saída. Mas o que só aparece no só-depois da construção da doutrina dos quatro discursos, no acontecimento, dessa construção, nessa construção como acontecimento, é o ponto delicado onde a análise semântica de Foucault inova e que Lacan receberá como uma solicitação a apoiar-se na discursisivade. Este ponto é o seguinte: Foucault dá o "retorno a..." como sendo um "retorno de...", já que o fundador de uma discursividade, a quem o retorno ... retorna, é também aquele que, como fundador de uma discursividade, produziu este retorno como algo que não deixaria de advir.

Assim, pela primeira vez desde 1955, este "retorno a Freud" era dado como um "retorno de Freud", isto é, como freudiano. Não é necessário evocar aqui uma reencarnação de Freud, um Freud que retornaria; mas este retorno é realmente "de Freud", no sentido em que, como instaurador de uma discursividade, Freud havia esboçado seu lugar, e, falando propriamente, **convocou-o** a esse lugar (demarcado com referência ao freudismo) para ser esta operação que não pode deixar de se produzir na ordem da discursividade.

Concebe-se que Lacan tenha "inflamado", que a coisa não tenha caído em ouvidos surdos, e que se tenha seguido toda uma retomada lacaniana do que foi introduzido por Foucault. Certamente esta construção de Lacan tem suas exigências próprias, retoma **por sua conta** e, portanto, **à sua maneira,** a questão da discursividade; e não é possível supor que se trate, em Lacan e em Foucault, da "mesma" discursividade. Afirmo mais simplesmente, mais precisamente também, o acontecimento de uma interpretação cujos efeitos se prolongam no detalhe de certas formulações lacanianas posteriores. Tudo se passa num certo nível (aquele onde Lacan aponta a pertinência da análise de Foucault) como se ele realizasse o programa proposto naquele dia por Foucault. Aqui estão, dispostos em quadro, os diferentes pontos que se podem isolar como sendo aqueles que, na análise da discursividade tal como Foucault a produz, serviram de apoio à doutrina dos quatro discursos:

1) — **Texto**: "... voltamos ao próprio texto..."
"... o privilégio dado à letra de Freud ..." (Écrits, p. 364)

2) — **Campo**: "Eles abriram espaço para algo além deles, e que no entanto pertence àquilo que fundaram."
"... o campo experimentado por Freud ultrapassava os caminhos que ele se encarregou de nos preparar..." (**Écrits**, p. 404).

3) — **Enunciação**: "... Mal se escutava o ruído de uma indiferença: "que importa quem fala"."
"O sujeito do discurso não se sabe como sujeito que sustenta o discurso; o fato de que ele não saiba o que diz... ainda passa, sempre se supriu isso. Mas o que diz Freud é que ele não sabe quem o diz." (10/2/1970).

4) — **Relações sociais**: "... a maneira pela qual eles (os discursos) se articulam em relações sociais...".
"... **esta noção de discurso deve ser tomada como liame social...**" (19/12/1972).

5) — **Lugar do sujeito**: "Como, segundo que condições e sob que formas, algo como um sujeito pode aparecer na ordem do discurso? Que lugar pode ele ocupar em cada tipo de discurso?"
Uma das características dos quatro "discursos radicais" isolados por Lacan é o lugar que ali mantém o sujeito, um lugar em cada caso diferente e diferentemente nomeado.

6) — **Tipologia**: "Semelhante análise, se fosse desenvolvida, talvez permitisse introduzir uma tipologia dos discursos".
Distinguindo, a partir de 26 de novembro de 1969, os discursos do Mestre, Histérico, Universitário e Analítico, Lacan produz uma tipologia constituída por esses quatro discursos radicais.

7) **Instauração**: "Falo de Marx ou de Freud como instauradores da discursividade..."
O reconhecimento de Freud como instaurador de discursividade é o que o "retorno a Freud" admitia sem saber. Escrever a fórmula de um "discurso psicanalítico" vem, num certo dia (26 de novembro de 1969) explicitar esse reconhecimento: então, esse discurso cessa de não se inscrever.

8) — **Retorno a...**: "Um movimento que tem sua especificidade própria e que caracteriza justamente os instauradores da discursividade."
"Retorno a Freud" — a palavra de ordem é proferida em Viena em 7 de novembro de 1955, ao mesmo tempo em que é reconhecida "a coisa freudiana". Corte: Lacan cessa de ser lacaniano, selando seu laço com Freud no "retorno a Freud".

9) — **Suspensão**: "... à diferença da fundação de uma ciência, a instauração discursiva não faz parte de suas transformações ulteriores, ela permanece necessariamente retirada ou em suspensão. A conseqüência é que se define a validade teórica de uma proposição com referência à obra desses instauradores".
"Freud me regarde" (Freud me olha/Freud me concerne) (Lacan, 8/1/1969), **podendo ser entendido no duplo sentido de "ocupo-me dele" e "ele me vigia".**

10) — **Esquecimento**: "... é preciso, primeiramente, que tenha havido esquecimento, não esquecimento acidental, não um recobrimento por uma incompreensão qualquer, mas esquecimento essencial e constitutivo".
"Freud obteve o que quis: uma conservação puramente formal de sua mensagem... isso tornava inevitável o recalcamento que se produziu da

verdade de que eles (seus conceitos) **eram o veículo." (Écrits,** p. 458).

11) — **Falta:** "... volta-se a um certo vazio que o esquecimento esquivou ou mascarou...".
Que haja uma falta na teoria analítica, isso é o que me parece ver surgir a cada instante". (16/1/1957).

LITERAL: Definir com maior exatidão — em outras palavras, na sua literalidade — o que foi a interpretação do retorno a Freud então produzida por Foucault permitirá esclarecer o que é "Freud" na expressão "retorno a Freud". Com efeito, coloca-se a questão (já que Freud, aqui, é tomado **ao mesmo tempo** como autor de uma obra e como instaurador de um discurso) de saber como intervém o "retorno a Freud" com referência a essa dupla determinação. Foucault, desde o anúncio de sua conferência, interrogava: "O que pode significar "o retorno a..." como momento decisivo na transformação de um campo de discurso?" Esta é a própria questão do retorno a Freud, particularmente do que opera **sobre Freud** a partir do momento onde se sabe que ele é **de Freud** no sentido acima indicado.

Aqui está a leitura por Lacan dessa frase do anúncio; não apenas ele isola e, portanto, distingue esta frase, como também a diz, como vou mostrar, de uma certa maneira: ele sublinha o lugar de "Freud" em "retorno a Freud" como um lugar possivelmente vazio (são os três pontinhos) e situa dali o que quer dizer que "Freud" é posto neste lugar:

No pequeno anúncio que ele havia feito de seu projeto de questionamento, "O que é um autor?", a função do "retorno a" — ele pôs três pontos em seguida — se encontrava ao final; e devo dizer que — simplesmente por este fato — considerei-me como ali sendo convocado.

(Portanto, a transcrição, a pontuação, são minhas. A frase é extraída do seminário que seguiu imediatamente a conferência.)

"Convocado"! Lacan não diz que teve vontade de ir escutar Foucault, ou que se impusera o dever de fazê-lo. Este "convocado" não é do registro da estética, no sentido em que Kierkegaard o ancora na categoria do interessante; tampouco é do registro de uma obrigação moral que o Sujeito impõe a si mesmo; o "convocado" situa no Outro a decisão do encontro, indicando ao mesmo tempo que não existe nenhum meio (a não ser caindo no pior) de furtar-se a isso. Não se diz em francês que alguém **se rend*** (mãos para baixo!) a uma convocação?

Neste mesmo seminário "De um Outro ao outro", encontra-se, pouco antes, uma réplica de Lacan que se refere à sua ligação com Freud, mas, principalmente, que confirma que é realmente possível, como faço aqui, desenvolver, tanto quanto se puder, as ressonâncias desse "convocado". O assunto — pois este é um assunto — merece intitular-se "**Freud lata de sardinhas**". Parte de uma publicação, que um conhecido lingüista havia

---

* Rende-se, que tem também o sentido de dirigir-se, comparecer a algum lugar. (NT)

consagrado a "alguns textos extraídos do estilo de J. Lacan"[26] "Que se saboreie" — pode-se ler neste texto — "a majestade tranqüilamente britânica com que Lacan diz: Freud e eu (p. 868)". Nenhuma competência "científica" é capaz de justificar esta "majestade tranqüilamente britânica", mas um pouco de competência deveria ter proibido ao autor a invenção deste "Freud e eu", que se procuraria em vão na página indicada dos **Écrits**. Embora esse artigo tenha tido sua parcela de responsabilidade na exclusão da E.N.S. (motivada pela necessidade de dar lugar a um ensinamento da lingüística), é pela resposta dada por Lacan que ele é importante. Cara-de-pau por cara-de-pau, intimidação por intimidação, Lacan (desconhecendo que o "Freud e eu" era, no caso, uma invenção do professor) responde inicialmente destacando seu trabalho sobre Freud: "Por que, para este autor que confessa não ter a mínima idéia do que Freud trouxe, existiria algo de escandaloso, **da parte de alguém que passou sua vida se ocupando disso** (grifo meu), em dizer "Freud e eu"?" Mas, para além deste argumento, ao mesmo tempo legítimo e falacioso (ele supõe que o trabalho dá direitos!), Lacan produz nessa ocasião a última interpretação de sua ligação com Freud antes da introdução da discursividade.

Esta interpretação se pode pendurar no cabide de uma historieta já utilizada quando se tratava de mostrar como a pulsão escopofílica pode ser afetada pela castração[27]. Segundo essa historieta, Petit-Louis e Lacan estão num barco, fazendo uma pescaria. Uma lata de sardinhas que flutuava próxima à embarcação, ocasionou, por parte de Petit-Louis, a seguinte observação espirituosa: "Esta lata, você pode vê-la porque está olhado para ela (**tu la regardes**). Pois bem, ela não precisa vê-lo para olhar para você (**te regarder**, com o duplo sentido já indicado do verbo **regarder**)!" Em seu "**Freud me regarde**", que respondeu ao lingüista, Lacan identifica, pois, Freud, a essa lata de sardinhas, que não precisava vê-lo para olhá-lo/concerni-lo. Este "**Freud me regarde**" é sobredeterminado, pois tanto diz "Freud pousa seu olhar sobre mim" quanto "é o meu assunto". Mas essa desconstrução em dois enunciados não deve deixar escapar o próprio fato da sobredeterminação que, como tal, tem valor significante: a sobredeterminação indica que este assunto, talvez, só seja meu porque estou lidando com este olhar no Outro, essa mancha (**tache**) cuja insistência como olhar não me deixa outra escolha senão entregar-me à tarefa (**tâche**) de dela me ocupar: fazendo-o ex-sistir, é a sua própria insistência que será aliviada. Assim, "toda uma vida" se vê "convocada".

O que, no Outro, pode causar tal impacto? Vamos responder voltando ao texto que diz essa convocação: "Simplesmente por este fato, considerei-me como ali sendo convocado". Mas que fato? Existe aí uma dificuldade de leitura e, portanto, um interessante problema de transcrição do seminário. Pode-se, com efeito, de acordo com o que Lacan parece ter querido dizer, admitir inicialmente que este fato consiste em que Foucault pôs a função do "retorno

---

[26] G. Mounin, "**Quelques extraits du style de J. Lacan**", N.R.F., nº 193, 1/1/1969.

[27] Esta castração advém quando o sujeito reconhece a impossibilidade, para ele, de comandar o ponto no Outro de onde aquilo que ele dá a ver se olha.

a" no fim de seu anúncio; mas devemos também considerar que Lacan **profere** o texto do anúncio (que é um texto escrito, um texto que ele tem sob seus olhos), e que se vê, pois, obrigado, para verbalizar este escrito, a precisar que Foucault pôs "três pontinhos depois" de "retorno a"; ora, um outro fato vem ser dito quando dessa obrigação: não mais, simplesmente, que Foucault tenha posto "retorno a" ao fim de seu anúncio, mas que tenha posto esses três pontinhos logo depois do "retorno a". Não é pouca coisa, já que esses três pontinhos estão no lugar de "Freud" na expressão "retorno a Freud". Como é de uso na pontuação francesa, os três pontinhos, em Lacan, são a marca de um lugar vazio[28]. A partir daí, opto pela segunda leitura da frase, afirmando que são esses três pontinhos, tomados como marcadores de um lugar vazio, que constituem "este simples fato" na origem do "convocado".

Mas, aí esta a prova de que são realmente esses três pontinhos, postos nesse lugar, com este valor, que tiveram alcance de interpretação. Remetendo-nos à frase de Lacan, veremos que ele situa ali **como função** o "retorno a ...", sugerindo mesmo que fora Foucault quem, em seu anúncio, havia escrito "a função do retorno a". Ora, **não é nada disso**. Em lugar algum do anúncio, nem tampouco na conferência, Foucault falou na **função** do "retorno a..."; Foucault introduz "a função autor", escreve "retorno a...", mas jamais fala na função do retorno a, que se verifica, pois, ser uma criação de Lacan, um acréscimo que ele passa, sub-repticiamente, a Foucault. O que dizer disso? Funcionalizando o "retorno a...", Lacan confirma a importância, aqui reconhecida, desses três pontinhos, já que uma função é algo que dá lugar a uma variável, e que, por conseguinte, este lugar marcado por três pontinhos está tanto mais assentado como lugar virtualmente vazio na medida em que ele é o lugar mesmo onde vem-se inscrever uma variável. Com efeito, se existe, como diz Lacan nesse dia, uma função "retorno a...", pode-se também escrever o seguinte:

$$\text{RETORNO A ...}$$

ou o seguinte: $\qquad\qquad f \qquad (x)$

Logo, responde-se à questão de saber o que era "Freud" na expressão "retorno a Freud". Se este retorno é uma função, então Freud é aquilo que a lógica das funções predicativas chama de um **argumento**, um termo definido e suscetível de vir ocupar o lugar de uma variável numa função lógica. **Freud é o argumento do retorno a Freud**. Mas, ao mesmo tempo, nos damos conta do "convocado", pois se os três pontinhos tiveram esse efeito, surge agora que foi porque **não se tratava, para Lacan, de pôr, no lugar desse argumento, uma variável.**

Isso significa, também, que na expressão "retorno a Freud", "Freud" é tomado como não sendo qualquer. Mas, se ele não se reduz a isso no momento

---

[28] O título do seminário "... **ou pire**" (ou pior) comporta esses três pontinhos: comentando-o, quando de sua primeira sessão (8/12/1971), Lacan explica que eles servem para "marcar um lugar vazio". Um lugar vazio não é, no entanto, um lugar não marcado. A clínica da fobia disso é testemunha.

do retorno, será na medida em que seu nome, "Freud", não é redutível ao significante qualquer[29]? Esta última pergunta é homóloga à formulada por Foucault no anúncio de sua conferência: "O que pode significar o "retorno a..." como momento decisivo da transformação de um campo de discurso?" Nessa formulação, Foucault se revela de grande prudência, já que se contenta em dar lugar aqui, sem dizê-la como tal, à eventualidade de que essa "transformação", que ele, todavia, qualifica de "decisiva", nada mais seja que uma destruição da discursividade. Se o "retorno a..." é uma operação efetiva, o que resulta disso para a discursividade? Esta destruição será uma passagem num outro discurso, ou uma saída — mas, onde? — da discursividade?

Aporias e limites da discursividade

Pode-se conceber que é (em particular) porque a discursividade desenvolve **em si mesma** um certo número de aporias — senão de paradoxos — que se constrói uma terceira versão (não mais discursiva, e sim topológica) do retorno a Freud. Uma das aporias, talvez a mais interessante, concerne o tratamento infligido a "Freud", quando este se vê tomado, pelo retorno a Freud, como argumento de uma função cuja necessidade ele próprio havia instaurado.

O "retorno a..." revela o ato instaurador de uma discursividade como um ato complexo: se ele não pode "em sua própria essência" (Foucault) não ser esquecido, é por ser constituinte desse esquecimento, tanto quanto do retorno que o irá suspender. **O esquecimento de "Freud" é tão freudiano como o retorno a Freud.** Além disso, o caráter redutível desse esquecimento exige que se admita que o ato instaurador tenha igualmente instalado os elementos para a observação do esquecimento. O ato instaurador, com um só e mesmo movimento, ao mesmo tempo,

— cria uma obra,

— funda um discurso,

— deixa-se (presta-se a?) ser esquecido como ato,

— fornece os elementos que permitem a observação desse esquecimento,

— torna possível a sua suspensão.

Ora, se a fundação de um discurso cria a possibilidade de que outros enunciados além daqueles do fundador venham-se inscrever em "seu" discurso, se ela tem uma função de reunião, os três últimos pontos acima mencionados distinguem, num movimento oposto, seus próprios textos. O "retorno a...", ao religar-se ao ato, ao suspender o primeiro esquecimento, é também aquilo pelo qual o fundador de um discurso não é mais tomado **apenas** como autor de seus próprios textos, ou melhor, **não seria mais** tomado senão como tal, com exceção, ... justamente ... da própria operação de retorno. O fundador de um discurso só é reconhecido em seu ato ali onde ele é considerado como o autor de seus próprios textos. É neste ponto que o "retorno a Freud" equivale ao "retorno ao texto de Freud"; este é também o ponto onde o fundador de um

---

[29] Lacan: "Proposição de 9 de outubro de 1967 sobre o psicanalista da escola".

discurso demonstra depender do "retorno a", já que este "retorno a" é a única coisa que o faz existir como aquilo que ele foi **além de** autor de uma obra: o fundador de um discurso. Freud depende de Lacan de uma maneira incomparavelmente mais estreita que Duras do M.L.F., ou Gide de Delay. Isso porque o discurso analítico, instaurado por Freud, é também "de Lacan", mas ele não é da mesma maneira, nem pelas mesmas razões, ao mesmo tempo "de Freud" e "de Lacan".

O retorno a Freud, lendo Freud, cliva Freud em duas figuras: a do fundador de uma discursividade que, no limite, só é testemunhada pela própria existência deste retorno, e a de um autor cuja leitura, unicamente, pode permitir reconhecer em que ele foi desse gênero de autor que produziu mais que uma obra, um discurso. Um esquema irá reunir a maioria dos elementos dessa problemática:

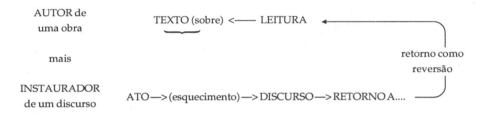

De uma maneira talvez mais incontornável aqui que em qualquer outra parte, o autor aparece, na dependência em que está do que o lê (o retorno), como um "autor mediato", como uma "função autor", como produzido pela leitura. Pode-se avaliar que poder formidável se reconhece aqui ser o da leitura? Ele é igual, exatamente, à energia posta em obra no esquecimento essencial, que excluía toda possibilidade de uma leitura imediata.

Por que foi necessário este esquecimento? Por que a leitura, o reconhecimento do ato instaurador não foi possível de saída? Esta última questão une-se a esta outra, da qual não passa de contrapartida: que acontece com um discurso quando se torna efetivo o reconhecimento daquilo que foi o seu ato de instauração? Ora, a essas duas questões, não se encontra, nem em Foucault, nem em Lacan, qualquer resposta que esteja na linha direta dessa problemática da discursividade. A razão disso talvez seja a de que as respostas não estão ao alcance da discursividade, que elas exigem ser tomadas por um outro viés.

Pelo menos, é disso que testemunha a própria existência, em Lacan, de uma terceira versão de seu retorno a Freud; essa nova abordagem, topológica, torna articulável uma resposta a essas questões — é verdade que **ao preço** de sua reformulação.

Mas vejo uma outra razão para a existência de uma terceira versão do retorno a Freud, uma razão que não se liga à problemática geral da discursividade, e sim à sua instalação propriamente lacaniana: isso quer dizer que ela é interna à **escrita** dos quatro discursos.

Esta escrita, como qualquer escrita que se preze, pode escrever certas coisas e não outras, e obriga, portanto, num certo momento, a optar por um outro modo do escrito. Por ser banal, este fato não é necessariamente negligenciável. Distinguindo o lugar dito **do agente** e o **da produção**, a escrita dos quatro discursos não pode mostrar como, na operação de uma psicanalise, o psicanalista pode-se ver **produzido**, como objeto, nesse lugar **do agente**. Em contrapartida, a figura topológica do plano projetivo permite, esta sim, já que é possível inscrever nela um certo corte (aquilo que Lacan chama de "oito interior"), escrever esta separação entre pequeno **a** e grande A, escrever o **a** como agente-produto e ao mesmo tempo a operação que, vindo barrar A, transforma-o num "campo esvaziado de gozo". Ora, a doutrina dos quatro discursos tendo sido introduzida a fim de soletrar quatro maneiras pelas quais "o saber é o gozo do Outro", é lamentável que a escrita desses quatro discursos seja grosseiramente incapaz de dar conta da operação de esvaziamento do gozo no Outro (cf. o seminário de 26 de novembro de 1969).

A escrita dos quatro discursos é uma escrita de estados, não daquilo que os produz ou que os transforma: ela não consegue capturar tais transformações, senão interpretando-os como mudanças discursivas. Mas seria preciso que a distinção dos quatro discursos radicais recobrisse a totalidade do campo da experiência para se poder supor que não haja nenhuma outra mudança senão aquelas dadas por tais passagens regradas de um discurso a outro. Vimos que, pelo menos para Lacan, tal forçamento da experiência nunca foi contemplado.

Retorno III — Se o que falta a Freud...

Pode-se datar de 14 de janeiro de 1975, segunda sessão do seminário intitulado R.S.I., a invenção da cifração nodológica do retorno a Freud. Existiria um verdadeiro encerramento, com esta terceira e última versão, do próprio engajamento neste retorno que, como notamos, é imediatamente posterior à revelação desse tríptico? Terá sido necessário levar 30 anos para unir o 8 de julho de 1953 (data da conferência científica que apresentava S.I.R. pela primeira vez) ao 7 de novembro de 1955 (conferência em Viena, engajamento num retorno à "coisa freudiana")? Trinta anos para ser encarado, de frente, o problema da articulação de Freud com R.S.I.? Este tipo de coisas, como se sabe, avança lentamente. Será esta, como dizia Pierre Soury, "a boa lentidão" da efetuação do retorno a Freud?

Esta sessão de 14 de janeiro de 1975 é especialmente importante: pela primeira vez, Lacan introduz como tal, no que pode haver de especificado, o nó borromeano de quatro aros de barbante[30].

---

[30] Vamos consultar nesses pontos as obras de P. Soury (in **Littoral**, n⁰ˢ 5 e 6, e também seu opúsculo vendido pela École de la Cause), além de M. Viltard, **"Une présentation de la coupure: le noeud borroméen généralisé"**, in **Littoral** n° 1, maio de 1981, Ed. Erès.

Ora, nesta mesma sessão, encontramos também:
— uma grade para uma leitura historicizada do conjunto da obra de Lacan. Esta grade recorta[31] a pontuação que introduzo aqui, mantendo o fio do "retorno a Freud": Lacan observa que inicialmente acentuou o imaginário (é o Lacan lacaniano da tese, do estágio do espelho e do conjunto de trabalhos que antecedem "A Coisa freudiana"), depois o simbólico (é o Lacan freudiano, engajado na operação de um retorno a Freud inicialmente sustentado por um mito, depois pensado, devido a Foucault, como acontecimento de discurso), e enfim o real, que, embora nomeado desde 1953, só encontra seu estatuto com o nó borromeano e, por conseguinte, essencialmente, neste dia em que, introduzindo o nó a quatro, torna-se viável abordar a questão do borromeano generalizado, logo, a questão do próprio borromeanismo: com efeito, o borromeano generalizado é este notável nó a três que pode ser obtido por uma **colocação em continuidade** de uma certa apresentação do nó a quatro. A esta terceira acentuação corresponde, pois,

— uma nova versão do retorno a Freud, agora cifrado com essa apresentação do nó a quatro.

Assim, no mesmo dia em que introduz este nó, Lacan dá um novo balizamento de seu próprio trabalho e uma nova versão de seu retorno a Freud.

Anteriormente a essa data de 14 de janeiro de 1975, Lacan pôs em correspondência a escrita do nó borromeano com a série dos números inteiros naturais, sugerindo desse modo que um certo nó borromeano poderia escrever o quatro. Essa numeração escrita certamente não é muito cômoda para realizar as operações da aritmética elementar, mas, como numeração escrita, oferece o seguinte de notável: ela começa no três. Com essa apresentação do nó borromeano, o **cinco** será escrito como abaixo:

Vê-se que se pode considerar escrever qualquer inteiro natural a partir de três e, portanto, dentre eles, o número quatro. Mas o nó a quatro, introduzido por Lacan a 14 de janeiro de 1975, é tomado por um outro viés: não, simplesmente, uma outra apresentação, mas uma consideração de uma **especificidade** do quatro borromeano, atingida, talvez, graças a esta outra apresentação.

---

[31] Segundo este recorte, a prevalência do imaginário valeria de 1932 a 1955, a do simbólico de 1955 a 1975 e a do real a partir de 1975.

Aqui está ela. É tanto mais justificado atribuir-lhe de imediato as diversas identificações de consistências a que Lacan procedeu quanto foi ele mesmo que logo interpretou assim seu laço com Freud:

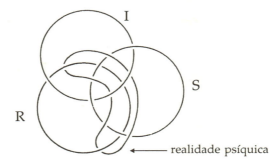

A leitura do retorno a Freud com este nó a quatro repousa num certo número de decisões que se deixam explicitar como se segue:

1) Existem, em Freud, elementos suscetíveis de receber o imaginário, o simbólico e o real: são como pontos favoráveis a uma inserção, mais particularmente a essas inserções.

2) Existe, em Freud, a exigência de uma efetuação de uma nodulação borromeana.

3) Mas esta nodulação, devido à não-revelação das três consistências, responde a certas exigências específicas: nomeadamente, à designação, por Freud, de uma "realidade psíquica" que não teria, assim, outra função além de ser esta quarta consistência vindo assegurar a nodulação borromeana.

Quais são, em Freud, os elementos suscetíveis de aceitar esse enxerto do real, do simbólico e do imaginário? O que, em Freud, viria confirmar que esses três nomes que se lhe "escorregariam sob os pés" (Lacan), longe de virem como corpos estranhos à doutrina freudiana, iriam, pelo contrário, revelá-la para si mesma? Como não se trata, neste estudo, de expor a Freud essas questões, vou-me contentar em mencionar como Lacan então respondeu a elas.

— O **simbólico**, à primeira vista, apresenta-se como aquilo que oferece menor dificuldade: ele corresponde ao que Lacan sublinhou mais abertamente em Freud: as formações do inconsciente, a partir das quais o freudismo se vê recentrado pela função da fala e o campo da linguagem.

— Para demarcar em Freud o que seria o respondente do **imaginário**, Lacan volta a suas primeiras considerações sobre Freud. Cerca de cinqüenta anos depois, esta retomada é tanto mais notável quanto se apresenta como uma reinterpretação dos primeiros julgamentos. Lacan, como recordei, achava então insuficiente a teoria analítica do narcisismo; depois, o "Estágio do espelho" prolongava positivamente essa observação, ancorando o narcisismo na imagem, recusando, assim, ao Eu da segunda tópica, qualquer função perceptiva. Agora, Lacan, situado de outra maneira na sua relação a Freud, reverte esta primeira argumentação: o fato de que Freud atribua ao Eu um papel na percepção vale como um reconhecimento, por Freud, do imaginário, reconhecimento de certa forma "por tabela": já que a percepção é o que vem tapar o furo do imaginário, se Freud liga essa tampa ao Eu, admite implicitamente que o Eu encontre seu estatuto do imaginário.[32]

— Para a articulação do que responderia, em Freud, à categoria do **real**, é necessário remontar ao seminário precedente, R.S.I.; Lacan ali designa um nome do real em Freud: o oculto[33]. Hoje, enfim, ousa-se começar a abordar a questão do oculto em Freud.

Se admitirmos a validade dessas correspondências (cada uma delas mereceria ser discutida), segue-se que se torna pensável a operação a que Lacan se entrega aqui, de "escorregar sob os pés" de Freud R.S.I.

Freud não distinguiu R.S.I.: portanto, tampouco pensou em nodulá-los. É neste sentido que, "**contrariamente a um número prodigioso de pessoas, de Platão a Tolstoi, Freud não era lacaniano**". Esta afirmação é importante, pois (excetuando-se o caso em que se conseguisse reduzi-la), ela se apresenta como um escolho, um obstáculo a toda tentativa de interpretar o retorno a Freud como um retorno de Freud, no sentido da reencarnação. Se Lacan é uma reencarnação de Freud, então o que é "de Lacan" é também "de Freud", e Freud é necessariamente lacaniano.

Mas por não haver pensado em nodular R.S.I., nem por isso Freud escapa à nodulação. Esta nodulação, com efeito, não pode deixar de se produzir já que está situada em nível de princípio. Existe solidariedade, em Lacan, entre este princípio de uma nodulação borromeana das três dimensões habitadas pelo ser falante, e essas próprias três dimensões que, se são realmente o que se diz, a saber, dimensões, não poderiam ser distintas, umas das outras, pelo sentido; é preciso, pois, homogeneizá-las para lhes conferir seu estatuto de dimensões, para pôr à prova a questão de saber se elas se sustentam juntas, como "três dimensões", independentemente do que cada uma delas possa receber de sentido ao ser nomeada de tal ou tal maneira. Isto é o que está em jogo no borromeano: se existe **um** nó borromeano de três elos de barbante, então a invenção de R.S.I. vai-se confirmar como aquela de três dimensões suscetíveis de assumir o lugar, até então solidamente guardado, das coordenadas cartesianas.

Este ponto em que Freud, como todos[34], está submetido à nodulação é também o ponto-furo onde tanto "freudiano" como "lacaniano" se vêem como que reduzidos em seu alcance qualificador: este ponto não se pode converter em índice de nenhum nome próprio; estes últimos são excluídos radicalmente,

---

[32] Lacan, seminário de 17/12/1974.

[33] Lacan, seminário de 11/12/1973.

[34] Como Joyce. Cf. Lacan, **Le sinthome**, em particular a 11 de maio de 1976.

tanto mais que seu lugar é ocupado pelo "borromeano", que é nome da questão da dimensão.

Em contrapartida, os nomes próprios têm sua função designativa justificada quando se trata da "realidade psíquica" em Freud (esta quarta corda que ele faz passar entre as outras — R.S.I. — simplesmente empilhadas, a fim de constituir, apesar de tudo, a nodulação), consistência a "ser referida à função dita do pai", ou quando se trata da sua redução, em Lacan, com a passagem do nó de quatro ao nó de três.

Foi chegado a este ponto de elaboração de sua ligação a Freud que Lacan, de 13 de janeiro a 11 de fevereiro de 1975, franqueou o passo enunciando, durante esta última sessão, que há, em Freud, "elisão da minha redução ao imaginário, ao simbólico e ao real, como nodulados todos os três". Lemos, realmente: ELISÃO.

Uma elisão é uma falta, como tal demarcada; por exemplo, existe em **"l'elision"** uma elisão, aquela de um pequeno **a** cuja elisão é tanto mais assegurada quanto vem, em seu lugar, o apóstrofo que a impede de re-aparecer nesse lugar e assinala a sua elisão. Aliás, a retórica, classificando a elisão como um metaplasma por supressão, sublinha ela própria esta falta como demarcada.

Assim, pois, Lacan não se contenta aqui em produzir, como fazia um mês antes, uma implicação: ele não diz simplesmente que, se escorregarmos sob Freud R.S.I. e o considerarmos submetido à nodulação, então sua "realidade psíquica" deverá ser tomada como esta quarta corda que vem nodular as três outras. Agora Lacan vai muito mais longe, já que, falando de uma elisão em Freud, designa uma falta em Freud, mas também uma falta "de Freud' no sentido em que é Freud quem a produz, em que é o texto de Freud o portador desta elisão, que a designa como o apóstrofo designa a elisão do "a" em **"l'élision"** (em lugar de **"la élision"**).

A "realidade psíquica" é este apóstrofo que elide (e não elude), mas também que designa a elisão (**l'élision**), em Freud, da redução possível da **"père-version"**. Com sua cifração numa escritura nodal, o retorno a Freud prova ser, para terminar, um retorno ao que falta em Freud: falta a Freud a falta da versão do pai.

Re-furo (retrou) a Freud?

— Houve uma doutrina lacaniana anterior à operação do retorno a Freud.

| ... retorno a Freud. |

— Houve, em Viena, o anúncio de um retorno a Freud, tendo, ao seu final, três pontinhos.

| retorno a Freud... |

— Houve, também, esta re-elaboração do retorno a Freud a partir de sua instalação por Foucault como fato de discurso.

| retorno a... Freud |

— Houve, enfim, provocado pela instabilidade desses três pontinhos, este deslocamento do r.

| refuro (re...trou) a Freud? |

Em Caracas, numa de suas últimas intervenções públicas, Lacan dizia: "Venho aqui antes de lançar minha **Causa freudiana**. Vocês vêem que insisto nesse adjetivo. Cabe a vocês serem lacanianos, se quiserem. Quanto a mim, sou frediano."

A partir do presente estudo das três sucessivas elaborações do retorno a Freud, como responder a esta solicitação — se é que isso é uma solicitação? Observo, inicialmente, que nenhum dos reagrupamentos que reivindicam Lacan se apresenta (em junho de 1983) como uma "escola lacaniana de psicanálise". Com razão, já que o retorno a Freud tornou definitivamente caduco todo apoio tomado em Lacan como qualificador. Resta Freud. Mas, como nos abstemos de precisar o que quer dizer "freudiano" **com Lacan**, esta referência a Freud está hoje **retirada** com referência à problemática do retorno a Freud.

Mantendo-nos no reconhecimento do caráter freudiano do retorno a Freud, insistindo neste freudismo, como responder? Se estivesse provado que R.S.I. é aquilo que falta a Freud, então o retorno a Freud teria operado uma sondagem efetiva em Freud. E não se vê por que não se poderia, a partir daí, nomear convenientemente uma instituição para a psicanálise, ou seja: escola borromeana de psicanálise. A psicanálise iria, então, reinscrever-se mais claramente na ciência (o problema da nodulação borromeana é matemático, e é "matematicamente" que Lacan pretende tratá-lo; era de maneira privilegiada com o matemático Pierre Soury que ele trabalhava esse tratamento), e a existência de uma "terceira" versão do retorno a Freud manifestaria que a transformação decisiva de uma discursividade, realizada pela colocação em obra de um "retorno a...", é uma destruição da discursividade, uma saída da ciência da discursividade (não a instauração de um outro discurso ou a passagem a um outro discurso).

Tal passo está no ponto extremo do retorno a Freud; ele supõe a solução de um certo número de problemas, hoje apenas abordados. Aí estão, sem preocupação de exaustividade, alguns desses problemas:

— Uma leitura de Freud confirmará R.S.I. como falta em Freud? Que instalação, que reorganização dos conceitos de Freud resulta da demarcação dessa falta?

— Qual é o estatuto matemático da topologia lacaniana? Mas também, e reciprocamente: em que esta topologia vem questionar (como testemunhava o trabalho de P. Soury) aquilo que seria o primado do algebrismo em matemática? O tríptico R.S.I. encontra no nó borromeano generalizado (de onde se engendra um campo que não é mais o de uma geometria da serra) o matema suscetível de produzir esses três registros como três dimensões?

— Que modificações são trazidas à prática analítica com a revelação dessas três dimensões? Sua nodulação em cada análise tem a mesma trama real da sondagem lacaniana de Freud: uma redução da versão do pai edipiano?

Conclusão

Estatuto psicanalítico do sexual

"Enunciei, pondo-o no presente, que não existe relação
sexual. Este é o fundamento da psicanálise".
Lacan, seminário de 11/4/1978.

— Acaso existe, para um sujeito, um modo não psicótico, porém dessubjetivante, de acolhida da letra que possa tolerar o que esta veicula de perseguição? A questão se coloca, tanto mais aguda quanto melhor se a avalia, devido a não haver desligamento de significante senão pelo viés de sua assunção pela letra. O transliteral é aquilo que situa e nomeia a operação dessa assunção, essa virada do "litoral" em "literal"[1], pela qual a letra que ele instaura encontra seu lugar no Outro, desarrimando do significante o gozo que lhe era atinente. De que ordem é a dessubjetivação que se segue? E será preciso aqui, como o que surpreende Lacan, lamentar que Freud não tenha introduzido como insistência o "ele"?[2]

— A manutenção em sua opacidade do pelo menos um significante — aquele dito do Nome-do-Pai — é necessária para que se sustente um outro modo de ligação do sujeito com o Outro? Mas, se a neurose implica a metáfora paterna a ponto, às vezes, de estabelecê-la para se constituir (fobia), será que ela o faria sem interrogar a função? Diferenciar a transcrição, a tradução e a transliteração nos fez dar um passo na formulação da resposta a essa questão, oferecendo este resultado (cf. p. 222) de uma demarcação da bifididade do significante do Nome-do-Pai: ele conjuga um determinativo e um nome de função, mas de uma função elevada, por este determinativo, à dignidade de um nome próprio. Isso — repetido a partir do "campo paranóico das psicoses" — não deixa de ter

---

[1] Lacan, "Lituraterre", in **Littérature**, outubro de 1971, Larousse ed.

[2] Lacan, seminário inédito de 19/4/1977. "O fato de que a análise só fale do Eu e do Isso, e nunca do Ele, é mesmo muito espantoso. "Ele", no entanto, é um termo que se imporia, e se Freud desdenha levá-lo em conta é realmente — deve-se dizê-lo — porque ele é egocêntrico, e mesmo superegocêntrico!" Cf. J. Allouch, **"Unne femme a du le taire"**, in **Littoral**, nº 11/12, fevereiro de 1984.

conseqüências na análise do neurótico. Efetiva, esta análise conduz à disjunção desses dois componentes com este efeito de reduzir a função paterna a uma **"père-version"**?

— Mas a efetuação da transferência não deixa de esbarrar na letra em instância. A que se deve o caráter às vezes insuperado desse "em instância"? Que gozo se satisfaz com isso?

Esta última questão conflui com aquela do estatuto do sexual em psicanálise. Para concluir provisoriamente este percurso clínico, vamos mostrar como o sexual fica aí assinalado como uma falha do escrito, exceção que confirma a clínica analítica como uma clínica do escrito.

"Não existe relação sexual". Este enunciado é uma das fórmulas decisivas produzidas pela retomada lacaniana do trilhamento de Freud. Vê-la assim escrita como uma frase corretamente formada da língua francesa, isso basta para que ela faça seu furo, consiga chegar a seu leitor, de modo que este observe o que nela está em questão? Vamos mostrar que tal não é o caso, que ela permanece, apesar da aparente transparência de seu sentido, inacessível de forma imediata.

O próprio termo "relação" — Lacan explicitou diversas vezes — designa algo que só se mantém pelo escrito. Se houvesse uma relação sexual, um conector (lógico ou topológico) ligaria um conjunto "homem" e um conjunto "mulher". A ideologia do marxismo, por exemplo, sugere a existência de uma tal relação, proclamando a mulher como **igual** ao homem; mas não sem que o operário objete a isso, chamando sua mulher de "patroa", isto é, reintroduzindo no casal proletário a causa da mais-valia. Um Otto Weininger[3], por sua vez, dá um passo adiante quanto ao semblante do sexual: diferenciando a oposição homem/mulher da oposição masculino/feminino, ele chega a escrever a relação sexual, não como igualdade, mas como complementariedade; um indivíduo 3/4 homem e 1/4 mulher encontraria assim seu "melhor complemento" neste outro caracterizado por 1/4 homem e 3/4 mulher! No que concerne uma tal derrapagem, que encontra no anti-semitismo sua saída obrigatória, o enunciado de que não há relação sexual (como o de Freud que, embora desagradando a numerosos de seus "partidários", insistia na essência masculina da libido) põe, de certa maneira, um mínimo de ordem.

A experiência psicanalítica interdita a redução do sexual numa tal "lei" (Weininger). Sua compilação do sexual está condensada no próprio enunciado que nota que, entre homem e mulher, não se faz relação. Mas essa transcrição de uma falta, de uma falha, permanece semantizada; ela traduz bem uma das principais revelações que se deve à análise, sem todavia ser capaz de escrever este "não há" como impossibilidade; não escrito (isto é, não transliterado por um escrito, ou ainda, não lido por essa maneira de ler que este livro tentou situar), ele conserva, até prova em contrário, o estatuto de um fato, certamente decisivo, mas, no entanto, contingente.

---

[3] Otto Weininger, **Sexe et caractère**, ed. Age d'homme, Lausanne, 1975. Será preciso mencionar o enorme sucesso desta obra que, como observa R. Jaccard em seu prefácio, já estava em sua quarta edição um ano depois de publicada (1904)?

Acaso se responderia que os lençóis das choupanaas são amassados, às vezes, por algo além de sonos agitados? Isso não constituiria objeção, já que, mesmo que se aceite **a priori** uma redução do sexual ao genital sobre a qual se funda a objeção, permanece o fato de que, tomando-se a coisa pelo lado bom, o de seus avatares (o poder não poder, sob suas duas formas, de impotência ou de frigidez), estes se verificam participar, preferencialmente, da imaginarização de uma relação sexual, mais que o coito, este último regulado do princípio ao fim, e até em seus mínimos detalhes, pelo significante. O fato de que não haja relação sexual nota inicialmente que no ato sexual cada um dos parceiros nunca lida senão com o objeto de sua fantasia, na medida em que uma suficiente simbolização deste objeto — significantes em jogo na gramática desta fantasia — permite que esta última intervenha na sua função, que é a de tornar o desejo apto para o prazer.

Como se vê, o enunciado "não existe relação sexual" não poderia de modo algum ser concebido como uma verdade primeira. Primeira, esta verdade tampouco o é no que diz respeito à sua formulação em Lacan. Um breve percurso de sua emergência terá utilidade, a fim de introduzir seu deciframento e precisar, desse modo, o estatuto do sexual em psicanálise.

Esta emergência ocorreu em três tempos.

Tempo um: O ato sexual é um ato[4]. O ato não é ação, menos ainda o movimento: a psicanálise o torna manifesto, distinto, nesse ponto, de toda sexologia, com a observação de que o ato sexual é irredutível a uma ginástica. A ação só tem valor de ato na medida em que o sujeito se vê aí depender do significante, mas **de uma certa maneira**. Com a distinção entre o **acting-out** e a passagem ao ato, (cf. cap. IX) foram estudadas duas outras dessas maneiras. Vai-se dizer, com Lacan, que existe ato quando a ação em jogo está submetida à instância da letra, de tal maneira que o significante, que ela assume, ali opera por essa razão, e **ele próprio**, como corte. O ato inaugura, e nisso ele nunca é sem inscrição. Quanto ao que se repete, ele se caracteriza por ter um efeito resolutivo; mas isso ao preço de que o sujeito se preste a suportar suas conseqüências, mesmo quando as ignora no campo de sua efetuação. O ato é, assim, sem retorno. Essas indicações, demasiado breves, concernentes ao ato, são produzidas aqui apenas para recordar que problemática dá seu alcance a um fato que, tanto quanto eu saiba, não foi observado; a saber, que **o próprio tempo em que Lacan introduz na doutrina analítica esta noção do ato é também aquele onde ele define, com este termo, o sexual.**

O acesso a uma relação genital tem estatuto de ato, porque só é possível num sujeito que se encontre nessa dependência do significante que a psicanálise nomeou "castração".

Tempo dois: Não existe ato sexual[5]. Acompanhando de perto, na seqüência dos seminários, a definição do sexual como ato, esta não é, no entanto, a antítese — no sentido da dialética hegeliana — da primeira asserção.

---

[4] Lacan, seminário de 22 de fevereiro de 1967, inédito.

[5] Lacan, seminário inédito de 12 de abril de 1967.

É, antes, um fato exterior, suplementar e, em suma, não necessário que, levado em conta na problemática do ato sexual, vai introduzir a negação que diferencia esse segundo enunciado. Esta intervenção é a do psicanalítico, agora designado, ele também, como ato. **No tempo mesmo em que introduz pela primeira vez o termo "ato analítico", Lacan produz seu corolário com a afirmação de que não existe ato sexual.** Em vez de "procurar" formular o que "isso" quer dizer, vamos seguir o fio dessa consecução.

Tempo três: Não há relação sexual[6]. O termo "relação" substitui agora o ato. Esta substituição é de ordem metonímica, já que a inscrição que acompanhava o ato agora está sendo levada em conta com o termo "relação". O acento se desloca, assim, de uma inscrição notarial para uma escrita lógica: não existe conector que possa ligar o que seria um signo "homem" e um signo "mulher".

Esta metonímia não deixa de ter conseqüências, particularmente sobre a leitura do que é proposto na língua francesa com o sintagma "ato sexual". Nem sempre há ato — e é nisso que o ato se vê requisitado, tal é, aí, a verdade da afirmação do tempo um, lida só-depois no tempo três — que possa fundar o sexual como relação; é também a partir deste tempo três que se pode sustentar como uma verdade, como um semi-dizer, que não há ato sexual. As afirmações dos tempos um e dois não são contraditas nem anuladas, menos ainda superadas ou "suspensas" (**Aufhebung**) no tempo três: elas são situadas. O ato sexual é mesmo um ato, mas um ato convocado à falta da relação, um ato cuja importância seria a de fundar essa relação, mas que não o conseguiria, senão ocupando o lugar desta. Tampouco existe ato sexual ali mesmo onde não há relação sexual.

Vê-se que esta abordagem do sexual, no tempo três, com a substituição do "ato" pela "relação", dá ênfase ao escrito e **assim o separa do ato**; e o deslocamento de uma escrita tomada como registro, como transcrição numa escrita matemática, não deixa de trazer consigo uma transformação da problemática do ato: o ato não é a ação de que um sujeito seria o agente, mas o que se produz de dessubjetivação quando vem a se escrever uma relação. Estamos próximos, aqui, da maneira pela qual Michel Foucault situa aquilo que seria "o autor" (uma função, cf. cap. IX), mais que da problemátia gideana do ato à qual, geralmente, este trilhamento de Lacan foi reduzido.

É necessário o ato, pois o sexual não cessa, ... por não se escrever.* Sublinhamos aqui a vírgula, duplicando-a com os três pontos de suspensão, pois é ela que determina o sentido da frase. Ela dá seu alcance à definição lacaniana da impossibilidade: aquilo que, por não se escrever, não cessa, tal é o modo da relação sexual.

Formulando que não há relação sexual, Lacan retoma de uma maneira tão estrita quanto possível (mas não mais, não demasiado) aquilo que já chamara a sua atenção, com o provérbio árabe que dá como não deixando traços o homem na mulher, não mais que o passo da gazela sobre a rocha.

---

[6] Lacan, seminário inédito de 4 de junho de 1969.

* Trata-se do mesmo caso da nota já inserida no capítulo I. (NT)

Como, com este não traçado, se obteria o "**pas-de-trace**" que é o significante literalizado quando o traço dos passos (**trace de pas**) vira — é a incidência da letra — **pas-de-trace** (cf. p. 199-201)? É necessário o traço à escrita, isto é, àquilo que efetua o seu apagamento.

Assim, a impossibilidade simplesmente designada pela transcrição de que não há relação sexual permanece precária (cf. p. 220). E quando mesmo a experiência analítica pareceria, em cada caso, confirmar este **dizer que não há**, sua invocação continuaria insuficiente para fundar a impossibilidade que ela garante. Que se evoque, por um instante, o teorema da incompletude de Gödel, como figura exemplar de uma impossibilidade tendo acedido à sua certeza. A demonstração, assegurada por um jogo regrado por letras minúsculas, está fundada no escrito. Só uma demonstração deste tipo daria o pedacinho de real indicado, mas de longe, de muito longe, pelo enunciado que desmente que o sexual faça relação. Como saber que não se trata, com um tal enunciado, de uma sugestão da histérica que o psicanalista, sem saber, engoliria? Que se recorde de Freud obrigado a desprender-se da teoria traumática da histeria, que era uma teoria produzida pela histeria. Não há outra saída para decidir este tipo de debate, senão passando pela colocação em obra do escrito.

Mas nessa problemática uma dificuldade, até então não observada, não deixará de se manifestar, até mesmo de aparecer como um paradoxo à primeira vista. Se, com efeito, o escrito deve vir validar a conjectura da não-relação sexual, isso deverá, necessariamente, ocorrer de tal maneira que a relação sexual não seja sempre escrita. Se não existe escrito que dê o sexual como relação, como, de um escrito, obter sua impossibilidade?

À falta de uma possível demonstração direta da inexistência da relação sexual (ela implicaria a escrita daquilo mesmo que demonstra que não se escreve), concebe-se que seja necessário, para esta demonstração, um passo lateral. Este poderia consistir na escrita daquilo que constitui obstáculo, até mesmo tamponamento. Existe um escrito que, deste obstáculo, seja uma metáfora pertinente? Tal é uma das apostas da introdução, no ensinamento de Lacan, da nodulação borromeana do real, do imaginário e do simbólico e, com ela, da questão de uma possível escrita do borromeanismo.

Em que esta escrita seria suscetível de notar corretamente, de transliterar como irredutível aquilo que faz obstáculo à relação sexual? É legítimo, dada a maneira pela qual se tentou situar o escrito, não pretender precisar ainda mais qual é o obstáculo em jogo, já que é apenas como escrito que ele nos poderia ser fornecido, e no tempo mesmo em que se escreveria a impossibilidade da relação sexual.

Não nos engajaremos mais nesta questão que, ela própria, convoca muitas outras: em que a topologia lacaniana é uma escrita? Será possível identificar "escrita" e "planificação"? Não existe um só nó borromeano (estatuto "gerador" do borromeano generalizado)? Como situar a irredutibilidade do ternário R.S.I.? ... etc. Cada uma dessas questões reclama numerosas pesquisas particulares e os próprios textos não estão, até hoje (setembro de 1984), estabelecidos de maneira crítica.

Entretanto, mesmo se deixarmos, por algum tempo, as respostas em suspenso, permanece o simples fato de que reconhecer a pertinência dessas questões, de admitir que elas, efetivamente, se colocam, já não é sem efeitos sobre a maneira como o psicanalista aborda sua prática e elabora a clínica por ela exigida. Existe aí, com efeito, uma visada científica, um **horizonte de cientificidade** sem o qual não teria havido, pura e simplesmente, a psicanálise.

À falta de ter sabido observar a função do escrito na análise, tratou-se, com uma certa grosseria, Freud como "cientista", desconhecendo assim o que o seu trilhamento devia — e necessariamente — a este horizonte. De forma semelhante, ficou-se enrijecido na postura hegeliana da bela alma, quando Lacan, cortando radicalmente, mais uma vez, o lacanismo estabelecido, declarava por ocasião de um de seus últimos seminários que era "matematicamente"[7] que ele pretendia resolver o problema do borromeano. É verdade que ele precisou fazer, em ambos os casos, um pequeno esforço para rever a idéia que se tem da razão na ciência, para afinar-se conforme o diapasão de um Fourier, que soube imediatamente identificar o deciframento dos hieróglifos como originados da geometria. Sabe-se que em 1983 ainda existem pessoas que escrevem livros para dizer que o trabalho de Champollion, como alguns afirmavam na sua época, não passa de fruto de sua fértil imaginação?

A análise não tem escolha. Afastar-se deste horizonte de cientificidade nunca significa uma neutralidade, e é, por si mesma, uma tentativa de resposta à não-relação sexual, dedicando-se a mantê-la como um fato contingente. O amor, o amor de transferência, é essa tentativa pronta a pagar o elevado preço de análises indefinidas. Se o amado (o **erômenos**) é amado em função desses signos que marcam para o amante (**erastès**) seu exílio da relação sexual, então o amor, por querer lhe servir de paliativo, é aquilo que vem sustentar que não está radicalmente excluído que a relação sexual cesse de não se inscrever[8]. É assim que o amor cortês dispensa perfeitamente a relação sexual (a análise confirma, repetindo-a, a experiência dos trovadores), ao passo que as relações sexuais intervêm sempre naquilo a que se chama um casal, com o efeito de dar um tom menor às devastações que ali faz eclodir a doença do amor.

> *O ar que ela tem ao sorrir*
> *não se pode expressar nem reter na memória,*
> *tão novo e resplandescente é este milagre.*
> *Dante*

---

[7] Lacan, seminário de 20/2/1979.

[8] Lacan, **Encore,** seminário 20, Ed. Seuil, p. 131 e 132.

Não se pode desprezar o encanto de Beatriz. Quebrar um encanto permanece, no entanto, como se disse[9], o que está em questão em cada análise. E como esse "desencanto" dá a medida de seus efeitos sobre os investimentos libidinais do sujeito, não está excluído que a escrita da não-relação tenha conseqüências sobre nossa própria erótica.

O letra a letra é o que se encontra (O Édipo o atesta) de mais distanciado de toda ontologia: esta tomaria o ser como supremo ao dizê-lo amado.

---

[9] Leclaire, **Rompre les charmes**, Inter-Edictions, Paris, 1981.

OBRAS PUBLICADAS

- Psicanálise e Tempo
  Erik Porge
- Psicanálise e Análise do Discurso
  Nina Leite
- A Clínica do Escrito
  Jean Allouch
- Mal-Estar na Procriação
  Marie-Magdeleine Chatel
- Marguerite ou "A Aimée" de Lacan
  Jean Allouch
- Revista Internacional nº 1
  A Clínica Lacaniana
- A Criança na Clínica Psicanalítica
  Angela Vorcaro
- A Feminilidade Velada
  Philippe Julien
- O Discurso Melancólico
  Marie-Claude Lambotte
- A Etificação da Psicanálise
  Jean Allouch
- Roubo de Idéias?
  Erik Porge
- Os Nomes do Pai em Jacques Lacan
  Erik Porge
- Revista Internacional nº 2
  A Histeria
- Anorexia Mental, Ascese, Mística
  Éric Bidaud
- Hitler – A Tirania e a Psicanálise
  Jean-Gérard Bursztein
- Littoral
  A Criança e o Psicanalista
- O Amor ao Avesso
  Gérard Pommier
- Paixões do Ser
  Sandra Dias
- A Ficção do Si Mesmo
  Ana Maria Medeiros da Costa
- As Construções do Universal
  Monique David-Ménard
- Littoral
  Luto de Criança
- Trata-se uma Criança – Tomos I e II
  Congresso Internacional de Psicanálise
  e suas Conexões – Vários
- O Adolescente e o Psicanalista
  Jean-Jacques Rassial
- — Alô, Lacan?
  — É claro que não.
  Jean Allouch

- A Crise de Adolescência
  Octave Mannoni e outros
- O Adolescente na Psicanálise
  Raymond Cahn
- A Morte e o Imaginário na Adolescência
  Silvia Tubert
- Invocações
  Alain Didier-Weill
- Um Percurso em Psicanálise com Lacan
  Taciana de Melo Mafra
- A Fantasia da Eleição Divina
  Sergio Becker
- Lacan e o Espelho Sofiânico de Boehme
  Dany-Robert Dufour
- O Adolescente e a Modernidade
  Tomos I, II e III
  Congresso Internacional de Psicanálise
  e suas Conexões – Vários
- A Hora do Chá na Casa dos Pendlebury
  Alain Didier-Weill
- W. R. Bion – Novas Leituras
  Arnaldo Chuster
- Crianças na Psicanálise
  Angela Vorcaro
- O Sorriso da Gioconda
  Catherine Mathelin
- As Psicoses
  Philippe Julien
- O Olhar e a Voz
  Paul-Laurent Assoun
- Um Jeito de Poeta
  Luís Mauro Caetano da Rosa
- Estética da Melancolia
  Marie-Claude Lambotte
- O Desejo do Psicanalista
  Diana S. Rabinovich
- Os Mistérios da Trindade
  Dany-Robert Dufour
- A Equação do Sonhos
  Gisèle Chaboudez
- Abandonarás teu Pai e tua Mãe
  Philippe Julien
- A Estrutura na Obra Lacaniana
  Taciana de Melo Mafra
- Elissa Rhaís
  Paul Tabet
- Ciúmes
  Denise Lachaud

- Trilhamentos do Feminino
  Jerzuí Tomaz
- Gostar de Mulheres
  Autores diversos
- Os Errantes da Carne
  Jean-Pierre Winter
- As Intervenções do Analista
  Isidoro Vegh
- Adolescência e Psicose
  Edson Saggese
- O Sujeito em Estado Limite
  Jean-Jacques Rassial
- O que Acontece no Ato Analítico?
  Roberto Harari
- A Clínica da Identificação
  Clara Cruglak
- A Escritura Psicótica
  Marcelo Muniz Freire
- Os Discursos e a Cura
  Isidoro Vegh
- Procuro o Homem da Minha Vida
  Daniela Di Segni
- A Criança Adotiva
  Nazir Hamad
- Littoral
  O Pai
- O Transexualismo
  Henry Frignet
- Psicose, Perversão, Neurose
  Philippe Julien
- Como se Chama James Joyce?
  Roberto Harari
- A Psicanálise: dos Princípios Ético-estéticos à Clinica
  W.R. Bion – Novas Leituras
- O Significante, a Letra e o Objeto
  Charles Melman
- O Complexo de Jocasta
  Marie-Christine Laznik
- O Homem sem Gravidade
  Charles Melman
- O Desejo da Escrita em Ítalo Calvino
  Rita de Cássia Maia e Silva Costa
- O Dia em que Lacan me Adotou
  Gérard Haddad
- Mulheres de 50
  Daniela Di Segni e Hilda V. Levy
- A Transferência
  Taciana de Melo Mafra
- Clínica da Pulsão
  Diana S. Rabinovich
- Os Discursos na Psicanálise
  Aurélio Souza

O
LIVRO
das
PORTAS

GARETH BROWN
TRADUÇÃO **LUIZA MARCONDES**

Copyright © 2024, Gareth Brown
Tradução para Língua Portuguesa © 2025, Luiza Marcondes
Todos os direitos reservados à Astral Cultural e protegidos pela Lei 9.610,
de 19.2.1998. É proibida a reprodução total ou parcial sem a expressa anuência da editora.

Editora
Natália Ortega

Editora de arte
Tâmizi Ribeiro

Coordenação editorial
Brendha Rodrigues

Produção editorial
Manu Lima e Thais Taldivo

Preparação de texto
César Carvalho

Revisão de texto
Beatriz Araújo e Fernanda Costa

Design da capa
Beci Kelly/TW (imagem de fundo © Getty)

Foto autor
© S P Lee

Dados Internacionais de Catalogação na Publicação (CIP)
Angélica Ilacqua CRB-8/7057

B897L

Brown, Gareth
    O livro das portas / Gareth Brown ; tradução de Luiza Marcondes.
    — São Paulo, SP : Astral Cultural, 2025.
    384 p.

    ISBN 978-65-5566-584-0
    Título original: The book of doors

    1. Ficção inglesa 2. Suspense I. Título II. Marcondes, Luiza

24-5227   CDD Ir823

Índice para catálogo sistemático:
1. Ficção inglesa

BAURU	SÃO PAULO
Rua Joaquim Anacleto	Rua Augusta, 101
Bueno 1-42	Sala 1812, 18º andar
Jardim Contorno	Consolação
CEP: 17047-281	CEP: 01305-000
Telefone: (14) 3879-3877	Telefone: (11) 3048-2900

E-mail: contato@astralcultural.com.br

Dedicado à minha esposa, May, por todas as memórias construídas e todas as aventuras que ainda estão por vir. (NMINOO! VWDDR!)

Parte Um:

PORTAS

A MORTE SILENCIOSA
DO SR. WEBBER

Na Livraria Kellner, no Upper East Side, em Nova York, poucos minutos antes de sua morte, John Webber estava lendo *O conde de Monte Cristo*. Ele se sentava à mesa de sempre, no meio da loja, com seu sobretudo dobrado com cuidado sobre o encosto da cadeira e o romance na mesa à sua frente. Ele parou por um momento para tomar um pequeno gole de seu café, fechando o livro e marcando a página com um marcador de couro macio.

— Como tem passado, sr. Webber? — Cassie perguntou ao atravessar a loja, uma pilha de livros debaixo do braço. Já era o fim do dia, e o sr. Webber era o único cliente.

— Ah, velho, cansado e caindo aos pedaços — ele respondeu, da mesma forma que sempre fazia quando Cassie perguntava. — Mas, tirando isso, não tenho do que reclamar.

O sr. Webber era um rosto habitual na livraria e um dos clientes com quem Cassie sempre fazia um esforço para conversar. Ele era um cavalheiro, de voz suave, e sempre vestido com asseio, com roupas que pareciam ser caras. Sua idade aparecia nas rugas das mãos e do pescoço, mas não na pele lisa do rosto, nem na cabeleira farta e branca. Ele era solitário, Cassie sabia, mas levava o fato com leveza, nunca impondo a própria solidão aos outros.

— Estou lendo *O conde de Monte Cristo* — ele confidenciou, indicando o livro com a cabeça. O marcador de páginas projetava-se na direção de Cassie como a língua de uma cobra. — Já li este livro antes, mas, conforme vou envelhecendo, reler meus favoritos me reconforta. É como passar um tempo com velhos amigos. — Ele soltou uma risada autodepreciativa, indicando a Cassie que sabia estar sendo bobo. — Você já leu?

— Sim — Cassie respondeu, ajeitando a pilha de livros sob o braço. — Li quando tinha dez anos, acho. — Ela se recordava de dias longos e chuvosos em certo fim de semana de outono, quando *O conde de Monte Cristo*, bem como tantos outros livros, a levara em uma viagem.

— Eu não me lembro de ter dez anos — o sr. Webber murmurou, sorrindo. — Acho que nasci já na meia-idade, usando terno. O que você achou quando leu?

— É um clássico, claro — Cassie disse. — Mas aquele pedaço no meio, toda a parte em Roma... achei comprido demais. Sempre queria chegar logo no lance da vingança, no fim.

O sr. Webber assentiu.

— O livro, sem dúvida, a faz esperar pela recompensa.

— Uhum — Cassie concordou.

O momento se expandiu, o silêncio preenchido pelo jazz suave que vinha dos alto-falantes na parede.

— Já esteve em Roma? — o sr. Webber perguntou, esfregando as mãos, como se estivessem geladas. Cassie sabia que o homem fora um pianista e compositor antes de se aposentar, e seus dedos tinham aquela aparência longa e delicada que se podia imaginar dançando com facilidade pelas teclas.

— Já fui a Roma, sim — Cassie respondeu. — Mas não me lembro de muita coisa de lá.

Ela havia estado em Roma há alguns anos, quando viajou pela Europa, e se lembrava bem da ocasião, mas queria deixar que o sr. Webber falasse. Ele era um homem cheio de narrativas de uma vida bem vivida, um homem com mais histórias do que pessoas para quem as contar.

— Eu amei Roma — ele disse, relaxando o corpo na cadeira. — De todos os lugares para onde viajei, e já viajei muito, Roma foi um de meus preferidos. Andando por lá, só se pode imaginar como ela era quinhentos anos atrás.

— Hmm — Cassie murmurou, observando a mente do sr. Webber divagar para as próprias lembranças. Ele parecia feliz nelas.

— Fiquei hospedado em um hotelzinho próximo da Fontana di Trevi, sabe? — ele comentou acometido de repente por uma lembrança. — E me traziam café na cama todas as manhãs, quisesse eu ou não. Às sete em ponto. Uma batida rápida na porta, e a senhora que gerenciava o lugar entrava marchando, descia o café na mesa de cabeceira e saía pisando forte. Na minha primeira manhã, estava eu pelado, no meio do quarto, ainda cogitando me vestir, e lá veio ela a toda, café em mãos. Ela me deu uma olhada dos pés à cabeça, totalmente indiferente ao que enxergou, e saiu do quarto. — Ele riu da lembrança. — Ela me viu em minha... *completude*.

— Ai, meu Deus — Cassie disse, rindo com ele.

O sr. Webber a examinou enquanto ela ria, chegando a uma conclusão.

— Eu já te contei isso, não contei?

— Não — ela mentiu. — Acho que não.

— Você é tolerante demais comigo, Cassie. Eu me tornei um daqueles velhos que entedia os jovens com as próprias histórias.

— Uma história boa continua sendo boa na segunda vez.

Ele sacudiu a cabeça, aborrecido consigo mesmo.

— Você ainda costuma viajar, sr. Webber? — Cassie perguntou, afastando-o da chateação.

— Ah, não vou a lugar algum hoje em dia — ele respondeu. — Estou velho e fraco demais. Duvido que sobreviveria a um voo longo. — Ele juntou as mãos em cima da barriga e encarou a mesa, perdido naquele pensamento.

— Meio mórbido pensar assim.

— Realista — corrigiu, sorrindo. Então, a encarou com seriedade. — É importante ser realista. A vida é como um trem, um trem que fica cada vez mais rápido, e, quanto mais cedo nos dermos conta disso, melhor. Eu estou indo a toda velocidade para a parada final, estou ciente disso. Contudo, vivi minha vida e não tenho reclamações. Mas jovens feito você, Cassie... precisam ir lá fora ver o mundo enquanto podem. Há muito a se ver além dessas quatro paredes. Não deixe que o mundo te escape.

— Eu já vi bastante coisa, sr. Webber, não se preocupe com isso — Cassie disse, desconfortável em estar se tornando o assunto da conversa. Ela indicou com a cabeça os livros debaixo do próprio braço. — Vou levar isto aqui para os fundos, antes que meu braço caia.

Ela passou pelo balcão da cafeteria, que já estava fechada, e foi até a caverna desprovida de janelas nos fundos, com caixas e armários dos funcionários. Deixou cair os livros na mesa abarrotada para que a sra. K lidasse com eles no dia seguinte, quando abrisse a loja.

— Cassie, eu não tive a intenção de dizer a você como viver sua vida — o sr. Webber falou quando ela reapareceu, a expressão séria em seu rosto. — Espero não ter te insultado.

— Me insultado? — Cassie perguntou, honestamente intrigada. — Não seja bobo. Eu não me importei nem um pouco.

— Bem, na verdade, o que quero dizer é... não deixe a sra. Kellner saber que eu estava sugerindo a você que abandonasse a livraria e ela, por favor.

— Ela nunca mais deixaria você entrar aqui — Cassie afirmou, sorrindo. — Mas não se preocupe. Não vou dizer nada. E também não pretendo ir a lugar algum.

Enquanto recolhia as xícaras e os pratos das mesas, Cassie correu os olhos pela loja, o lugar onde havia trabalhado desde que chegara a Nova York, seis anos atrás. Era tudo o que uma livraria deveria ser, com estantes e mesas cheias de livros, música suave sempre tocando ao fundo e lâmpadas pendendo de fios no teto alto, criando focos de iluminação e de escuridão aconchegante. Havia cadeiras confortáveis nos cantos e entre as prateleiras, além de quadros desproporcionais nas paredes. A pintura delas não era refeita há uma década, e as prateleiras provavelmente haviam sido compradas nos anos 1960, mas esses aspectos faziam a livraria parecer antiga na medida certa, em vez de decrépita. Era um lugar confortável, do tipo que parece familiar desde a primeira vez em que se põe os pés nele.

Ela indicou a xícara de café do sr. Webber com a cabeça.

— Quer um último refil antes de fecharmos?

— Já bebi mais do que o suficiente — ele respondeu, balançando a cabeça. — Vou ficar subindo e descendo feito um elevador a noite inteira para urinar.

Cassie fez uma careta, meio divertida e meio enojada.

— Ofereço a você um vislumbre da vida de um idoso — sr. Webber disse, sem remorsos. — É um prazer constante. Bem, me dê uns minutos para reunir forças e deixarei você em paz.

— Não precisa ter pressa — ela garantiu. — É bom ter uma companhia no fim do dia.

— Sim — o sr. Webber concordou, baixando os olhos até a mesa, a mão pousada na capa de seu livro. — Sim, é mesmo. — Ele ergueu o rosto e sorriu, um pouco tímido. Cassie deu um tapinha em seu ombro ao passar ao seu lado. Na frente da loja, a vitrine ampla despejava luz suave na noite lá fora, uma lareira no cômodo escuro que era a cidade. Acomodada em sua banqueta, ela viu que começava a nevar, flocos traçando espirais como partículas de poeira através da bruma de luz.

— Que lindo — ela murmurou, feliz.

Cassie observou a neve por um tempo, que logo ficou mais pesada, os prédios do outro lado da rua tornando-se um jogo de cruzadinhas de janelas iluminadas e escuras. Pedestres puxavam os capuzes para cima e baixavam as cabeças diante do clima agressivo, e os clientes no pequeno restaurante japonês que ficava de frente para a Livraria Kellner espiavam o tempo, *hashi* nas mãos e preocupação nos rostos.

— O melhor lugar para se aproveitar uma noite de tempestade é em um quartinho aquecido, com um livro no colo — Cassie disse para si mesma. Ela sorriu com tristeza, porque alguém de quem sentia falta tinha dito a ela essas palavras.

Ela olhou de relance para o relógio na parede e viu que já era hora de fechar as portas. À sua mesa, o sr. Webber estava sentado com a cabeça pendendo de maneira estranha para o lado, como alguém que pensou ter ouvido chamarem seu nome. Cassie franziu a testa, uma comichão de inquietude surgindo bem lá no fundo.

— Sr. Webber? — ela o chamou, erguendo-se da banqueta.

Cassie atravessou a loja às pressas, o jazz calmo de fundo chocando-se com seu desconforto repentino. Quando colocou a mão no ombro do sr. Webber, ele não reagiu. Sua expressão estava fixa, os olhos inertes, os lábios levemente entreabertos.

— Sr. Webber? — Ela tentou mais uma vez, mesmo sabendo que era em vão.

Cassie conhecia a morte. Da primeira vez em que a viu, muitos anos atrás, a morte tinha roubado dela o homem que a criou, a única família que tivera na vida. Agora, vinha novamente e, dessa vez, havia levado um homem gentil, que Cassie mal conhecia, enquanto ela estava distraída com a neve.

— Ah, sr. Webber — ela disse, a tristeza crescendo dentro de si.

Os paramédicos chegaram primeiro, alvoroçando-se ruidosamente para dentro da loja e sacudindo neve das roupas e dos cabelos. Estavam enérgicos, como se houvesse alguma chance de o sr. Webber ser salvo, mas, no instante em que o viram, toda a urgência se esvaiu.

— Ele se foi — um deles informou a Cassie, e os três ficaram parados em um silêncio constrangedor, como desconhecidos em uma festa. O sr. Webber observava nada ao meio-fundo, os olhos vidrados.

Então, chegou a polícia, um homem jovem e outro mais velho, ambos fazendo perguntas enquanto os paramédicos erguiam o sr. Webber da cadeira e o prendiam na maca.

— Ele vem nos fins de tarde, duas ou três vezes por semana — Cassie explicou a eles. — Pouco antes de o balcão da cafeteria encerrar. Ele pede uma bebida e, então, fica sentado ali lendo, até eu fechar a loja.

O policial jovem parecia entediado, parado com as mãos nos quadris e observando os paramédicos trabalharem.

— Provavelmente não tem ninguém — ele observou.

— Ele gosta de livros — Cassie acrescentou, e o policial olhou para ela. — Às vezes, conversamos sobre livros que já lemos, livros que ele está lendo. Ele gosta dos clássicos. — Ela percebeu que estava tagarelando, as palavras saindo sem parar de seus lábios. Para se conter, cruzou os braços. Alguma coisa na polícia a deixava inibida, terrivelmente alerta a todos os próprios gestos.

— Certo — o policial disse, observando-a com indiferença profissional.

— Acho que ele gostava de conversar com você, senhorita — o policial mais velho afirmou, e Cassie pensou que ele estava tentando ser gentil. Ele esmiuçava o conteúdo da carteira do sr. Webber, procurando um endereço ou o nome de um parente próximo. Parecia estranhamente obsceno para Cassie, como vasculhar a gaveta de roupas íntimas de alguém.

— Nada como uma mocinha bonita para dar um propósito a um velhote — o policial mais jovem comentou, um sorriso malicioso repuxando o canto de sua boca. O mais velho sacudiu a cabeça, desaprovando, sem erguer os olhos da carteira do sr. Webber.

— Não era isso — Cassie falou rispidamente, as palavras bruscas de irritação. — Ele era só um homem gentil. Não transforme a situação em algo que não era.

O policial jovem assentiu, algo próximo de um pedido de desculpas, mas não fez esforço algum para disfarçar a olhada capciosa que lançou ao colega em seguida. Então, foi até a porta para segurá-la enquanto os paramédicos passavam.

— Aqui está — o policial mais velho disse, puxando a carteira de motorista do sr. Webber. — Apartamento 4, 300, rua 94 Leste. Um bom bairro. — Ele devolveu o documento à carteira e a fechou. — Entraremos em contato se precisarmos de mais informações — ele informou a Cassie. — Mas nos ligue se lembrar de algo. — Ele entregou um cartão de visitas do Departamento Policial de Nova York, no qual constava um número de telefone.

— Que tipo de coisa?

O policial deu de ombros, um gesto vago.

— Qualquer coisa de que a gente precise saber.

Cassie assentiu, como se tivesse sido uma boa resposta, embora não fosse o caso.

— E a família dele?

— Nós vamos lidar com isso — o policial mais velho respondeu.

— Se é que ele tem alguma — o mais novo acrescentou, esperando ao lado da porta. Ele queria ir embora, Cassie percebia; a situação era entediante para ele, e ela o odiou por isso. O sr. Webber merecia mais do que aquilo. Qualquer pessoa merecia mais do que aquilo.

— Vai ficar bem, senhorita? — o policial mais velho indagou. Tudo naquele homem parecia cansado, mas ele ainda estava fazendo seu trabalho, e melhor do que o parceiro mais novo.

— Vou — Cassie disse, franzindo a testa, irritada. — É claro.

Por um instante, ele a observou.

— Ei... Às vezes, as pessoas morrem, simples assim — ele disse, dando seu melhor para dizer algo que servisse de consolo. — É como as coisas são.

Cassie assentiu. Ela sabia disso. Às vezes, as pessoas morrem, simples assim.

Cassie ficou parada na frente da loja e os observou indo embora; primeiro a ambulância, depois a viatura. Seu reflexo era um fantasma na janela: a moça alta e desajeitada com roupas de brechó — um velho suéter de lã de gola redonda e jeans azuis tão gastos que estavam quase rasgando nos joelhos.

— Adeus, sr. Webber — ela murmurou, erguendo as mangas do suéter até os cotovelos, distraída.

Ela disse a si mesma para que não ficasse triste — o sr. Webber estava velho, e tinha morrido de forma rápida e pacífica, ao que parecia, em um lugar que o deixava feliz —, mas a tristeza era persistente, uma nota grave constante e retumbante ao fundo de sua mente.

Ela pegou o telefone e ligou para a casa da sra. Kellner.

— Morto? — a sra. Kellner perguntou quando Cassie contou a ela o que tinha acontecido. A palavra era a bala de um revólver, um estrondo breve e cortante.

Cassie esperou e ouviu um suspiro, longo e cansado.

— Coitado do sr. Webber — a sra. Kellner disse, e Cassie praticamente pôde ouvi-la balançando a cabeça. — Mas há jeitos piores de se partir. Tenho certeza de que o sr. Webber concordaria. Como você está, Cassie?

A questão surpreendeu Cassie, assim como sempre acontecia quando alguém a perguntava aquilo.

— Ah, estou bem — ela mentiu, dispensando a preocupação. — Só estou chocada, acho.

— Hmm, bom. Acontece com todos nós, e o sr. Webber viveu bastante. É triste, mas não é motivo para se deprimir, ouviu?

— Sim, senhora — Cassie disse, desfrutando dos conselhos da sra. Kellner, gentis, mas oferecidos com firmeza.

— Trate de fechar tudo e ir para casa. Está uma nevasca lá fora, e eu não quero que você fique com hipotermia. É uma ordem, não um pedido.

Cassie desejou boa noite à sra. Kellner e se pôs a organizar as coisas, perguntando-se quanto os Kellner eram próximos do sr. Webber. Eles pareciam saber quem era a maioria das pessoas que vinha à loja com frequência. Não que o sr. Kellner soubesse de muita coisa ultimamente, já que a demência roubou suas memórias há alguns anos. Os pensamentos de Cassie vagaram, tentando se lembrar da última vez em que o sr. Kellner estivera na loja. Fazia anos, ela tinha certeza. Hoje em dia, a sra. Kellner mal falava do marido.

Ao varrer o chão em torno das mesas do café, em torno da cadeira do sr. Webber, ela viu que o exemplar dele de *O conde de Monte Cristo* ainda estava sobre a mesa, ao lado da xícara de café meio bebida. Ver o livro a atingiu como um soco no estômago, como se o sr. Webber tivesse sido levado sem seu bem mais precioso. Então, ela viu outro livro ao lado, um livro menor, com uma capa de couro marrom, desbotada e rachada, como tinta envelhecida em uma porta. Cassie não tinha reparado nesse livro antes — nem quando o sr. Webber chegou, nem durante toda a atividade com os paramédicos e a polícia. Teria simplesmente o deixado passar?

Ela apoiou a vassoura no ombro e ergueu o livro. Parecia estranhamente leve, como se mais intangível do que deveria ser. A lombada de couro estalou de maneira satisfatória quando o abriu. As páginas eram grossas e ásperas, cobertas de texto escrito com tinta escura, mas em um idioma e em uma caligrafia que Cassie não reconhecia. À medida que folheava o livro, ela viu que havia imagens e escritos também, alguns espalhados em torno do texto, outros preenchendo páginas inteiras. Parecia um diário, um lugar em que alguém tinha revivido pensamentos ao longo de muitos anos, mas de maneira caótica. O texto não corria em uma direção única: ia de cima para baixo, atravessando e ondulando-se em torno de imagens.

Na primeira página do livro, Cassie viu algumas linhas escritas na mesma caligrafia do texto que estava em todas as outras páginas, mas em inglês:

Este é o Livro das Portas.
Segure-o, e qualquer porta será todas as portas.

Embaixo dessas linhas, havia outra mensagem, escrita em caligrafia muito diferente. Cassie teve um sobressalto quando percebeu que era uma mensagem para ela:

Cassie, este livro é para você, um presente para agradecer por sua gentileza. Que você desfrute dos lugares aonde ele te levará e dos amigos que encontrará. John Webber

Cassie franziu o cenho, surpresa e comovida com o presente. Ela folheou as páginas mais uma vez, detendo-se ao chegar aproximadamente a um terço do livro, em que uma única folha havia sido dedicada ao rascunho de uma porta. A passagem estava composta em tinta preta comum, a porta escancarada, mas, através de sua abertura, Cassie via o que parecia ser um quarto escuro, com uma janela na parede oposta. Além daquela janela, estava a luz intensa do sol e um céu azul brilhante, as muitas cores de plantas primaveris florescendo em meio à grama de um verde forte. Tudo era desenhado em preto, exceto pela vista da janela: essa parte estava totalmente colorida e radiante.

Cassie fechou o livro, acariciando o couro rachado.

Ela teria sido tão gentil assim com o sr. Webber? Será que o homem tinha a intenção de dar o livro a ela naquela noite? Talvez ele tivesse o tirado do bolso enquanto ela estava distraída com a neve, logo antes de morrer?

Ela debateu consigo mesma sobre o que fazer por um momento, se perguntando se deveria ligar para a polícia e falar do livro, dos dois livros. Conseguia imaginar perfeitamente o policial mais novo revirando os olhos: *O caderno de algum doido que ele queria dar a você...?*

— Idiota — murmurou para si mesma.

O sr. Webber queria que ela ficasse com o livro. Ela o levaria consigo, como uma recordação do homem gentil que muitas vezes tinha feito companhia a ela no fim do expediente. Também levaria o exemplar dele de *O conde de Monte Cristo*, garantiria que o livro encontrasse um bom lar.

Quando saiu da loja, pouco tempo depois, envolta em seu velho sobretudo cinza, o cachecol bordô e o gorro, o vento afiado a atacava com golpes cortantes, mas Cassie não reparou, distraída demais com o conteúdo do estranho caderno. Tendo dado apenas alguns passos, ela parou sob a luz de um poste e tirou-o do bolso, completamente alheia ao vulto observando-a das sombras de uma porta do outro lado da rua.

Cassie folheou as páginas mais uma vez: mais texto, linhas desenhadas aparentemente ao acaso, como se as páginas pudessem ser retiradas do livro e reposicionadas em outra ordem, revelando uma criação visual grandiosa e secreta. Exatamente no centro do caderno, uma centena ou mais de portas haviam sido desenhadas em fileiras organizadas, atravessando as duas páginas, cada uma levemente diferente em formato, tamanho ou características, tão variadas quanto as portas em uma rua qualquer. Era esquisito, mas bonito, enigmático e convidativo, e Cassie queria se debruçar sobre as páginas e sonhar com quem quer que tivesse passado tantas horas escrevendo no livro. Parecia a ela um tesouro, um mistério para ocupar sua mente.

Tirando flocos de neve das páginas, ela guardou o livro de volta em seu bolso e se pôs a caminhar pelas ruas nevadas e silenciosas, na direção do metrô a três quarteirões, sua mente viva com imagens e palavras estranhas escritas em tinta preta.

O vulto na porta não a seguiu.

O JOGO DO PREFERIDO

Quando Cassie chegou em casa, pegou o exemplar do sr. Webber de *O conde de Monte Cristo* e encontrou um espaço para ele entre as brochuras na estante ao pé de sua cama.

Aquela estante era um mapa de sua vida: os livros que havia devorado quando criança; livros comprados ou arranjados durante suas viagens pela Europa; livros lidos e estimados desde que tinha se mudado para Nova York. Seu próprio exemplar surrado de *O conde de Monte Cristo* estava ali, uma velha brochura que originalmente pertencera a seu avô. Cassie se lembrava de ler aquele exemplar na oficina dele, na época em que moravam em Myrtle Creek, afundada em um pufe no cantinho enquanto ele trabalhava, o cheiro de madeira e óleo no ar, a chuva forte golpeando o chão do lado de fora. Ela tirou o livro da estante e folheou as páginas, sentindo o fantasma de um cheiro que fez seu coração apertar com as memórias e lembranças conjuradas, a felicidade e o conforto daqueles dias de sua infância.

Cassie deslizou o livro de volta para o lugar e despiu-se do velho suéter, atirando-o na pilha de roupas sujas. Ao flagrar o próprio reflexo no espelho atrás da porta, encarou a si mesma com desinteresse. Sempre se sentia levemente desapontada quando se enxergava em reflexos ou fotografias. Aos próprios olhos, era alta e magra demais. Achava os quadris muito estreitos e o peito muito reto, e seus olhos eram grandes e alertas, como os de um cervo assustado. Ela nunca usava maquiagem, porque nunca tinha parado para aprender de verdade a respeito, e seu cabelo loiro estava sempre voando para todos os lados, independentemente de quanto o escovasse.

— Chegou, é? — Izzy indagou da sala de estar.

— Cheguei — Cassie respondeu. Ela abriu a porta do quarto, empurrando o próprio reflexo para fora de seu campo de visão, e atravessou o apartamento até encontrar Izzy, de pernas cruzadas no sofá, já pronta para dormir, com uma camiseta larga e calças de pijama.

— Como foi o negócio do trabalho? — Cassie perguntou. — Deve ter ido bem, já que você está em casa e de pijama.

Izzy revirou os olhos, cansada.

— Passamos em alguns lugares. Uns caras tentaram cantar a gente no último bar. Um grandão tentou jogar um charme pra cima de mim. Ele era péssimo. Só músculos e monocelha. Sugeriu que a gente fosse junto na Times Square, ver as luzes.

— Uau.

— Né? — Izzy concordou. — Quem é que quer ir na Times Square? As únicas pessoas que ligam para aquele lugar são turistas e terroristas.

Cassie sorriu, desfrutando do som da voz de sua amiga e da distração de sua tristeza duradoura. O caminho para casa, em um vagão vazio do metrô e cruzando ruas lotadas de neve, havia parecido longo e solitário.

— Foi isso que eu disse pra ele — Izzy continuou, enquanto Cassie se juntava a ela no sofá. — Que ninguém liga pra Times Square, exceto turistas e terroristas. E ele ficou todo ofendido, como se eu tivesse falado alguma coisa horrível. — Ela fez uma careta, forçando um tom de voz mais grave: — "É de muito mau gosto falar isso, terroristas matam pessoas, sabia?"

— Que precioso — Cassie disse, sorrindo.

— Meio que acabou com o clima, aí decidimos parar por ali. Dei sorte, aliás. — Ela indicou a janela com a cabeça, por onde se via a neve ainda caindo.

Izzy trabalhava no departamento de joias da Bloomingdale's e, mais ou menos a cada duas semanas, saía para beber com os colegas depois do expediente. O mundo dela era cheio de produtos caros, pessoas ricas e turistas boquiabertos. Era um mundo que Cassie não entendia e com o qual não se importava, mas Izzy amava o trabalho. Em dado momento da vida, ela havia almejado ser atriz. Tinha se mudado da Flórida para Nova York na adolescência, com sonhos de cantar e atuar na Broadway. Quando as duas se conheceram, Izzy trabalhava na Livraria Kellner ao mesmo tempo que fazia audições e se apresentava em teatros minúsculos. Depois de alguns anos constantemente chegando a lugar nenhum, ela desistiu do sonho.

— Consegue imaginar alguma coisa pior? — dissera a Cassie certa noite, quando saíram para beber no bar do terraço do Library Hotel. — Ter trinta e poucos anos e ficar vendo um punhado de mulheres jovens e lindas nas mesmas audições que você, te olhando exatamente do jeito que eu olho para mulheres mais velhas agora? Tem um suprimento infinito de mulheres bonitas no mundo, Cassie. Vai sempre ter uma mais nova a caminho. E eu não sou uma atriz boa o suficiente para minha aparência não importar.

Cassie e Izzy trabalharam juntas na Livraria Kellner por mais de um ano e se tornaram amigas quase imediatamente. Eram pessoas muito diferentes, com interesses diferentes, mas, de algum jeito, sempre se deram bem. Foi uma amizade fácil e natural, do tipo que surge do nada e muda uma vida. Quando Cassie começou a procurar um apartamento para alugar, Izzy sugeriu que tentassem encontrar um lugar juntas, para economizar nos gastos. Desde então, elas dividiam um apartamento de dois quartos no terceiro andar de um prédio sem elevador em Baixa Manhattan.

O prédio ficava na beirada do bairro de Little Italy, em cima de uma loja de cheesecakes e de uma lavanderia. Era frio no inverno e quente no verão, e, por conta das subdivisões feitas pelo proprietário, nenhum dos quartos era do formato ou tamanho certos e nenhum dos móveis se encaixava muito bem onde deveria.

Mas funcionava para elas, que continuaram morando juntas mesmo depois de Izzy ter deixado a livraria para trabalhar na Bloomingdale's. Izzy costumava trabalhar durante o dia, enquanto Cassie preferia os últimos turnos e os fins de semana. Como resultado, as duas acabavam não se encontrando por dias a fio, mas isso as impedia de incomodar uma a outra e evitava que o esquema de moradia estragasse a amizade. A cada três ou quatro dias, seus caminhos se cruzavam e Izzy fazia um resumo rápido de todos os acontecimentos em sua vida, enquanto Cassie escutava. Então, quando o fluxo de consciência de Izzy secava, ela olhava para Cassie com uma expressão maternal no rosto e perguntava: "E você, como está, Cassie? O que tem acontecido no seu mundo?".

Izzy estava olhando para ela agora com aquela mesma expressão no rosto, o cabelo preso em uma desordem de cachos. Ela era linda, maçãs do rosto marcadas e olhos grandes e castanhos. Era o tipo de mulher que lojas de departamento amam ter atrás dos balcões, o tipo de mulher que poderia ter se tornado uma estrela de cinema se a deixassem atuar. Comparada a ela, Cassie se sentia sem sal, mas Izzy nunca havia feito nada para fomentar aquele sentimento, o que dizia tudo sobre o tipo de pessoa que sua amiga era.

— O que tem acontecido no meu mundo? — Cassie antecipou-se.

— O que tem acontecido no seu mundo?

— Nada — Cassie respondeu. — Nada de mais.

— Deixa disso — Izzy disse, descruzando as pernas e se erguendo em um pulo para ir até o balcão da cozinha. — Vou buscar para você uma caneca de vinho bem elegante, e você vai me contar do seu nada e nada de mais.

Izzy acendeu a arandela atrás da porta, lançando uma luz suave nas paredes.

— O sr. Webber morreu hoje — Cassie contou. Ela baixou os olhos, percebendo que continuava segurando nas mãos o livro que ele havia lhe dado. Tinha planejado guardá-lo na estante do quarto.

— Meu Deus, que horror — Izzy disse. — Quem é o sr. Webber?

— Só um senhorzinho — Cassie explicou. — Ele aparece na loja de vez em quando. Pega um café e fica lendo.

— Deus do céu, que frio, que tempo é esse? — Izzy murmurou, fechando a porta do corredor ao voltar ao sofá e entregando em seguida a caneca para Cassie. Elas não bebiam vinho em taças, não ali no apartamento.

— Acho que ele só era solitário. E gostava da livraria.

— E o que aconteceu? — Izzy quis saber, servindo o vinho. — Ele tropeçou e caiu, ou algo assim? Meu tio Michael morreu assim. Caiu, quebrou o quadril e não conseguia levantar. Morreu no chão da sala. — Ela estremeceu.

— Não, não foi nada disso. — Cassie pegou a caneca de vinho, mesmo não tendo interesse em bebê-la. — Ele simplesmente morreu. Sentado lá. Como se tivesse chegado a hora dele.

Izzy assentiu, mas pareceu desapontada.

— Foi o que os policiais disseram, pelo menos — Cassie refletiu. — Às vezes, as pessoas morrem, simples assim.

Izzy se acomodou com mais conforto no sofá, cruzando as pernas sob o corpo. Cassie deu um golinho no vinho, e um silêncio tranquilo tomou conta do cômodo por alguns momentos.

— Olha só a neve — Izzy murmurou, admirando a janela. Os prédios do outro lado da rua estavam quase escondidos pela tempestade. O vento parecia ter cessado, mas os flocos estavam maiores e mais difusos agora, caindo do céu devagar, mas continuamente.

— É muito lindo.

— O que é isso? — Izzy apontou para o caderno no colo de Cassie, e a amiga o estendeu a ela, explicando a questão do presente.

— Couro — Izzy disse. Ela abriu o livro e folheou as páginas. — Caramba. Parece que alguém vomitou uma sopa de letrinhas. Será que vale alguma coisa?

— Provavelmente não — Cassie disse. O fato de o primeiro pensamento de Izzy ter sido o valor monetário do caderno a incomodou. Não era aquele o propósito. — De qualquer forma, foi um presente.

— Acho que o sr. Webber estava a fim de você, Cassie — Izzy provocou, dando um sorriso malicioso ao devolver o livro.

— Para com isso — Cassie protestou. — Não tem nada a ver. Ele era um homem gentil. E fez uma coisa gentil.

Izzy bebericou o vinho, os olhos levemente vidrados.

— Certo. Nada de se afundar na tristeza. Vamos lá. Vamos pensar em coisas mais alegres.

— Tipo o quê? — Cassie perguntou, colocando a própria caneca na mesa. — Não vou conseguir beber isso, senão vou cair no sono.

— Fraca — Izzy murmurou. — Me conta... fale do seu dia preferido.

— Quê? — Cassie sorriu, mas se lembrava do Jogo do Preferido. Elas brincavam disso o tempo todo na loja, quando as coisas estavam calmas e não havia nada a ser feito. Uma pedia que a outra falasse de alguma coisa preferida: a comida preferida, o feriado preferido, o encontro ruim preferido. Ajudava a matar o tempo.

— Me conta do seu dia preferido — Izzy repetiu. — Qual foi o melhor dia de todos pra você?

Cassie pensou na pergunta, contemplando a janela para o mundo nevado, abraçando o livro do sr. Webber no colo.

— Vou te contar qual *não foi* o meu dia preferido — Izzy começou, interrompendo os pensamentos de Cassie. — Aquele dia no ônibus.

— Ai, meu Deus. — Cassie gemeu e sorriu, lembrando-se da viagem que ela e Izzy fizeram para a Flórida, muitos anos atrás, para visitar um primo de Izzy. As duas tinham passado quase vinte e quatro horas juntas em um ônibus para Miami, alternando momentos de pavor e gargalhadas diante dos perrengues que enfrentaram. — Você se lembra do cheiro daquele cara, que parecia que estava indo ao banheiro do ônibus sem levantar da poltrona?

— Ai, nem me lembra. — Izzy cobriu a boca como se quisesse vomitar.

Cassie direcionou sua mente para dias melhores. Lembrou-se de dias em que era muito mais jovem, dias na casa em que tinha crescido, apenas na companhia do avô ou de um livro, mas não queria falar sobre esses dias. Eram memórias preciosas demais. Em vez disso, pensou nas viagens que tinha feito antes de se mudar para Nova York, depois que o avô morreu. Havia viajado para a Europa sozinha, em parte para viver seu luto, em parte para resolver o que queria fazer de sua vida. Tinha feito um mochilão, indo de cidade em cidade, durante um ano, quase sempre sozinha, mas, às vezes, fazendo amigos: um bonitão alemão em Paris, um jovem casal japonês em Londres. Houve um casal de lésbicas holandesas de meia-idade que ela conheceu em Roma e com quem viajou por algumas semanas, porque elas, aparentemente, pensavam que Cassie era inocente e precisava ser protegida.

Cassie tinha prometido manter contato com essas pessoas, mas isso nunca aconteceu. Elas eram figurantes em sua vida. Apesar de tê-las perdido, aquelas pessoas e os dias quentes e ensolarados cruzando a Europa estavam entre suas memórias mais felizes.

— Eu me lembro de quando estive em Veneza — Cassie falou.

— Uuh, Veneza — Izzy disse. — Maneiro. — Izzy nunca tinha saído do país, mas costumava falar muito de voltar para a Itália, de onde sua família era, com o tom de voz com que as pessoas falam de sonhos que sabem que nunca vão se concretizar.

— Eu estava hospedada num albergue — Cassie começou a contar. — E tinha um quarto só para mim. Não tinha mais ninguém quando cheguei. Um casal de meia-idade cuidava do lugar, eles tinham filhos bem novos. Eram muito gentis. Não consigo lembrar o nome deles... — ela pensou por um momento, buscando em suas memórias, mas não encontrou nada — ... mas eles me trataram como uma filha.

Izzy deixou a cabeça cair para um lado, apoiando-a no encosto do sofá enquanto ouvia.

— A rua onde eu estava... — Cassie continuou — ... era estreita, de paralelepípedos, com vários prédios amarelos e laranja, portas de madeira enormes e janelinhas com persianas. Se eu voltasse lá, provavelmente nunca encontraria o lugar de novo. Bem, tinha uma padaria atravessando a rua, e eu dormia com as janelas abertas, porque estava fazendo muito calor.

— Hmm, calor é bom — Izzy disse, sonolenta.

— E, de manhã, eu acordava com o cheiro de pão e doces assando. — A lembrança fez Cassie suspirar. — É simplesmente o melhor cheiro do mundo. E dava para ouvir os moradores de lá, conversando e rindo quando se encontravam. A cafeteria no fim da rua colocava as mesas e as cadeiras do lado de fora, fazendo um barulhão, mesmo ainda sendo bem cedo, e todos os moradores paravam pra pegar um cappuccino no caminho do trabalho, ou para onde estivessem indo.

— Quero ir para a Itália.

— Todos os dias, eu pulava da cama e descia as escadas correndo — Cassie prosseguiu. — O albergue tinha uma porta enorme de madeira velha. Você abria a porta, e a padaria estava ali, na sua frente, geralmente já com uma fila de gente esperando.

— Eu amo pão — Izzy murmurou. — Não posso comer. Vai direto pros meus quadris. Mas eu amo.

Cassie a ignorou, presa por alguns momentos na rede da própria memória.

— Vou guardar isto — ela disse, indicando o livro em suas mãos. — E também vou fazer um café, ou algo do tipo, senão vou acabar dormindo antes de você.

— Eu não tô com sono — Izzy retruca, obviamente sonolenta. — É mentira.

Cassie sorriu e se levantou do sofá.

Estava se lembrando de Veneza novamente, pensando nos cafés que tomou na cafeteria da esquina, nos pães crocantes que comeu nas manhãs, e, ao erguer a mão para a porta do corredor, sentiu-se estremecer, um momento de estranheza, no qual o mundo pareceu tensionar e relaxar em torno dela.

E, então, abriu a porta e se viu olhando para aquela ruazinha de paralelepípedos em Veneza, a rua da qual se lembrava das férias, silenciosa, escura, cintilando sob a chuva.

VENEZA

Cassie estava atordoada, perguntando-se que tipo de brincadeira seus olhos estavam fazendo. Então, sua boca se abriu, incrédula. Havia um mundo onde o corredor de seu apartamento deveria estar. Havia ar frio, umidade e o cheiro de um lugar diferente, levemente orvalhado. Havia escuridão, mas de um tipo mais próximo da luz do que o breu nevado de Nova York.

À sua frente, na padaria que havia visitado durante aqueles dias em Veneza, uma luz se acendeu, perfurando a garoa da noite. Ela observou um homem se movendo do lado de dentro, uma silhueta difusa além da janela repleta de marcas de chuva, e se deu conta de que não estava olhando para uma imagem: aquilo estava em movimento, era real!

— Meu Deus — Cassie disse, atônita.

— Está indo pra lá ou pra cá, meu bem? — Izzy perguntou, em um mundo que ainda fazia sentido. — Fecha a porta. Tem uma corrente de vento entrando bem onde não deveria.

— Izzy — Cassie murmurou, a voz muito distante. — Vem cá.

Em Veneza, na padaria que não deveria estar ali, o homem atrás do vidro estava despindo um casaco escuro, passando por uma porta nos fundos do estabelecimento para pendurá-lo em algum lugar.

— Vem cá, Izzy — Cassie repetiu, a voz esganiçada e sufocada.

— O que foi? — Izzy perguntou. — Ai, cacete. Tem ratos em casa de novo?

Cassie não respondeu. Fechou os olhos com força, contou até três e, então, os reabriu. A rua continuava ali. A chuva, os paralelepípedos, o homem na padaria. Cassie via agora que o céu acima dela não estava totalmente escuro — o dia se aproximava —, e uma voz distante em seu inconsciente disse: *É claro, a Itália está seis horas à frente de Nova York. Já está amanhecendo.*

Então, Izzy ficou ali ao lado dela. Cassie virou-se e observou os olhos da amiga se arregalarem conforme processava a mesma impossibilidade com a qual Cassie ainda estava se debatendo.

— Eu tô tendo um derrame? — Izzy indagou. — Cassie, eu tô drogada?

— É impossível — Cassie disse lentamente, sem responder à pergunta da amiga. — É incrível.

— Que porra é essa? — Izzy perguntou, em um arquejo de incompreensão.

— É Veneza! — Cassie exclamou. — É o lugar sobre o qual eu estava te contando agorinha.

— O que ela tá fazendo no meu apartamento? — Izzy quis saber, marginando a histeria. — Preciso fazer xixi! Cadê o banheiro?

Cassie soltou a maçaneta da porta e estendeu o braço. Izzy a agarrou.

— O que você tá fazendo?

— O que foi? — Cassie devolveu a pergunta.

Izzy a soltou, e as duas acompanharam com os olhos Cassie se esticar pelo limiar da porta. Ela sentiu uma brisa lhe fazer cócegas, os leves beijos de gotas de chuva. Balançou os dedos e virou a palma da mão para cima. Dando risadinhas de incredulidade e alegria, ela puxou o braço de volta para a sala. As duas o inspecionaram com cuidado.

— Chuva — Cassie disse, examinando as gotículas em sua pele. — Eu senti a brisa — comentou, sorrindo, tornando a olhar pela porta.

Era inacreditável. Outro lugar, uma cidade em outro país, do outro lado do oceano, estava logo ali, depois da passagem da porta. A mente de Cassie analisou bem devagar aquele fato, como alguém saboreando sua refeição preferida.

— O que você tá dizendo? — Izzy perguntou.

— Estou dizendo que minha mão estava em Veneza — Cassie explicou. — Meu corpo estava em Nova York, mas minha mão estava em Veneza?

Izzy estava atônita.

— Como é possível? — Cassie indagou a si mesma em um sussurro.

Elas observaram em silêncio o que havia além da porta. Era impossível desviar os olhos. Do outro lado da rua, agora uma segunda pessoa estava dentro da padaria, silhuetas indistintas do outro lado da janela molhada, como rabiscos de carvão.

— O que vamos fazer? — Izzy perguntou, e era a primeira vez na vida, Cassie pensou, que ouvia a amiga soar incerta. Ela era sempre muito confiante, algo que sempre demonstrou de forma muito óbvia.

— Eu quero ir até lá — Cassie murmurou.

— Lá? Lá onde?

— Veneza — Cassie respondeu, indicando o lugar à frente das duas com um gesto. Como poderia não querer? Era outro lugar, muito distante, um lugar que ela amava, e estava *bem ali*, bem na frente delas.

26

— A gente não pode ir para Veneza! — Izzy ofegou. — Eu tô de pijama e meias. E você... Não sei o que tá usando, mas também tá sem sapatos.

— Eu preciso ver se é mesmo real — Cassie disse, mal escutando os protestos da amiga. Parecia real aos olhos. Ao tato, também. — Coloca a mão, Izzy.

Izzy analisou o mundo depois da porta com cautela.

— Por favor — Cassie implorou. — Só quero ter certeza de que não sou só eu, que não estou alucinando.

Izzy fez o sinal da cruz, algo que Cassie só a tinha visto fazer em uma única ocasião, quando um pedestre fora atingido por um carro na rua, muitos anos atrás. Seus dedos cruzaram o limiar da porta, e Izzy estreitou os olhos, como se esperasse sentir alguma dor. Então, sua mão estava na rua que não deveria estar ali, e Cassie cobriu a boca com a mão, ansiosa. Ela queria que fosse verdade, aquele milagre, aquela impossibilidade. Queria acreditar que coisas assim podiam acontecer.

Izzy riu, incrédula.

— Tá frio — ela disse. — Eu tô sentindo o ar.

— É — Cassie concordou com alegria, encantada por Izzy também sentir aquilo, por ser real. — E a chuva?

— Sim, a chuva também. — Ela balançou os dedos, exatamente como Cassie fizera, e então puxou a mão para dentro do apartamento para examiná-la, sacudindo a cabeça.

Cassie queria cruzar a porta. Queria ir até Veneza. O que ela via não a assustava, não havia nada a temer ali, apenas a admirar e deleitar.

— Não — Izzy disse, como se lesse a mente de Cassie. — E se você não conseguir voltar? E se ficar presa em Veneza, na chuva, de meias, e não conseguir voltar?

Cassie hesitou, a cautela de Izzy como uma âncora em sua alegria, a refreando.

— Vou tirar uma foto! — Izzy avisou. Ela procurou no bolso dos pijamas e puxou o celular para registrar a porta aberta e a rua além dela. Então, afastou-se e tirou mais algumas fotos, mostrando Cassie também em frente à abertura. — Sorria!

Cassie sorriu, distraída. Ela queria passar pela porta. Era tudo que queria.

— Espera. Vou fazer um vídeo — Izzy avisou. — Dá um tchauzinho, faz alguma coisa. Vai.

Cassie ergueu a mão livre e apontou para a passagem.

— Parece Veneza — ela disse. — Onde nosso corredor deveria estar. — Então, deixou escapar uma risada um pouco maníaca. — Que loucura!

— Coloca a mão lá de novo — Izzy instruiu.

Cassie apoiou seu peso no batente da porta, cruzando-a com a mão, então deu um passo adiante e colocou a cabeça para fora.

— Cassie! — Izzy exclamou.

Cassie sentiu Izzy a agarrar e puxar de volta.

— É mesmo real — Cassie disse. — Não acredito.

— Já deu, tá me assustando agora.

Antes que Cassie pudesse responder, Izzy apanhou a maçaneta e fechou a porta, que vibrou no batente, e as duas mulheres encararam a madeira em silêncio. Então, Izzy virou o rosto e encontrou os olhos de Cassie, uma pergunta no ar. Cassie assentiu, e Izzy tornou a abrir a porta, revelando o corredor do apartamento delas, o espaço estreito e desajeitado com as portas que davam para o banheiro e os quartos, e os casacos e sapatos ao lado da entrada. O fôlego de Cassie escapou em uma explosão, alívio e decepção percorrendo seu corpo em ondas sucessivas.

Izzy imediatamente foi olhar o celular. Cassie se aproximou, encostando a cabeça na da amiga e, juntas, elas examinaram as fotos que Izzy tinha tirado, a gravação de Cassie ao lado da porta e inclinando o corpo para dentro — ou seria para fora? — antes de um guincho de Izzy soar e o vídeo ser interrompido.

— Como é possível? — Izzy questionou.

Cassie, parada ao lado da porta, levou as mãos aos quadris, só percebendo então que ainda estava segurando o livro do sr. Webber, que estivera o apertando nas mãos durante toda a descoberta miraculosa de Veneza no corredor. Ela ergueu o livro, o polegar correndo pela capa de couro marrom. Deu-se conta de que ele estava quente agora em sua mão e mais pesado do que quando o tinha erguido pela primeira vez na livraria.

— É o livro. — Ela examinou o item mais uma vez. Ele não parecia mais pesado, mas, sim, mais *sólido*, como se, de alguma forma, houvesse mais substância agora entre suas capas.

— Quê? — Izzy resmungou.

— É o livro — Cassie repetiu. Depois de um momento, ela se sentou, ergueu a caneca com o vinho que não havia bebido e a entornou em um só gole.

— Que papo é esse de "é o livro"?

— "O Livro das Portas" — Cassie disse, virando as páginas até chegar ao início do livro e lendo o que estava escrito ali, em cima do ponto onde o sr. Webber havia deixado o próprio recado. — "Qualquer porta será todas as portas." Eu estava pensando naquela rua, na porta do lugar onde fiquei — Cassie explicou. — Estava segurando o livro e pensando nisso, e então senti... — Ela estremeceu.

— Sentiu o quê? — Izzy perguntou.

— Senti algo estranho. Daí, abri a porta, e Veneza estava lá. A Veneza em que eu estava pensando. — Cassie sentiu espanto surgir dentro de si, como o melhor e mais belo pôr do sol. *Seria possível?*

Izzy a encarou, assimilando a resposta. Então, falou:

— Está doida? Acha que um livro fez aquilo?

Cassie deu de ombros, a expressão em seu rosto convidando outras explicações.

— Sei que você ama livros, Cass, mas… livros mágicos que te transportam pelo mundo?

— O Livro das Portas — Cassie disse, saboreando o som do nome. Ela abriu o livro e o folheou, o dedo parando em uma página aleatória. Era a página que tinha visto mais cedo, o rascunho da porta aberta dando para o quarto escuro e a janela mostrando flores e luz do sol. Dessa vez, no entanto, não havia janela alguma. Dessa vez, através da passagem rabiscada, ela viu uma rua e paralelepípedos, a janela de uma padaria. Era a rua que havia acabado de ver, e Cassie deixou o queixo cair de incredulidade. Folheou as páginas novamente, tentando encontrar a imagem que tinha visto antes, mas não estava lá.

— O livro mudou — ela murmurou para si mesma, empolgada com essa revelação, empolgada com mais uma impossibilidade. Era como se o livro estivesse vivo e, de alguma forma, falando com ela. — Olha — ela disse a Izzy, estendendo o livro e sentindo a histeria aumentar dentro de si. — Olha para este desenho! Era uma imagem diferente antes! Agora, parece aquela rua!

Izzy pegou o livro e o examinou.

— É aquela rua, não é? — Cassie perguntou, precisando que Izzy confirmasse o que estava vendo.

— É possível que seja — a amiga respondeu, com cautela, como se não quisesse admitir algo claramente impossível.

— Ah, fala sério — Cassie resmungou, pegando o livro de volta e tornando a olhar para ele. — É aquela rua, sem dúvida. Mas era um desenho diferente. Ele mudou.

Cassie ficou confusa por um instante, seu corpo todo trêmulo.

— Será que é magia?

— Um livro mágico? — Izzy indagou, cética e erguendo a sobrancelha.

— Por que não? — Cassie perguntou. — Você viu o que acabou de acontecer.

— Se tem tanta certeza de que foi o livro, faz de novo. — Izzy fechou a porta do corredor e apontou para ela. — Vai, faz outra coisa aparecer.

Cassie refletiu, percebendo que queria fazer exatamente isso.

Ela *queria* abrir a porta e encontrar outro lugar.

Ela *queria* usar aquele livro estranho e maravilhoso.

Estava enfeitiçada pelo livro, que oferecia algo assombroso em um mundo em que tão pouco assombro existia.

— É melhor pegarmos nossos casacos — Cassie disse. — E é melhor você ir fazer xixi primeiro.

A TOUR NOTURNA MÁGICA
POR MANHATTAN

—Para onde você quer ir? — Cassie perguntou, parada em frente à porta, o estômago dando cambalhotas. Izzy havia ido ao banheiro e trocado de roupas, e as duas tinham colocado os casacos e calçado os sapatos. Cassie segurava o Livro das Portas.

Izzy deu de ombros.

— Para a Itália, não — ela disse. — Algum lugar de onde a gente possa andar pra casa, se ficarmos presas.

— Certo — Cassie concordou. Ela pensou na livraria, porque era seu lugar favorito, um lugar confortável, mas Izzy deu uma sugestão melhor.

— Já sei — ela falou. — O terraço do Library Hotel. Lembra?

Cassie se lembrava. O Library Hotel era o lugar preferido das duas para tomar uns drinques depois do trabalho, antes de Izzy sair da Kellner. Elas continuavam indo até lá às vezes, mas não com tanta frequência como na época em que trabalhavam juntas. Era um lugar que Izzy amava, porque podiam sentar na área externa, cercadas pelos arranha-céus do centro de Manhattan, bebendo drinques caros e observando jovens ricos socializarem. Cassie amava a vista, a oportunidade de contemplar todas as janelas de Manhattan.

— Sim — Cassie concordou. — Boa ideia.

— Escolhe um lugar também! — Izzy sugeriu. — Vamos pra onde eu escolhi, depois pro seu lugar!

Cassie sorriu, gostando da ideia.

— Tipo uma *tour* noturna mágica por Manhattan?

— Adorei! — Izzy exclamou, os olhos brilhando.

— Ok — Cassie falou, encarando novamente a porta do corredor. — O bar no Library Hotel.

Ela esperou um momento, pensando no bar do hotel, na porta que dava para o terraço, segurando com firmeza o Livro das Portas na mão. Assentiu com firmeza, estendeu o braço, abriu a porta e viu apenas o corredor do apartamento.

— Merda.

— O que houve? — Izzy perguntou. — O que deu errado?

— Eu sei lá!

— Bom, o que você fez da outra vez? Só faz de novo. Mas não pra Veneza.

Cassie fitou os olhos de Izzy.

— Deveria ser mais fácil — Izzy disse. — É só a alguns quilômetros daqui! Veneza fica do outro lado do oceano!

— Quer tentar? — Cassie sugeriu, oferecendo o Livro das Portas a ela.

— Nananinanão — Izzy negou, dando um passo para trás.

Cassie suspirou e voltou a atenção para a porta. Tornou a fechá-la e tentou acalmar a respiração. Por que seu coração estava tão acelerado? Tentou se lembrar do que tinha feito na última vez.

Ela estava pensando em Veneza. Na rua, na padaria. A porta. Ela estava se lembrando... Não, não apenas lembrando, estava *visualizando* aquela porta em Veneza. E, então, tinha sentido algo esquisito...

Cassie fechou os olhos e pensou na porta do terraço do hotel, uma porta de vidro, fria ao toque, encardida do lado de fora. Visualizou-se estendendo a mão para tocar na maçaneta.

Então, ela sentiu mais uma vez, aquela pressão efervescente e esquisita por todo seu corpo, e uma parte distante de sua mente exclamou: *você conseguiu!*

— Olha! — Izzy arfou.

Cassie abriu os olhos e os baixou. O livro parecia mais uma vez pesado em sua mão, mas agora ela via que outra coisa estava acontecendo. Havia um brilho, ou uma aura, em torno do objeto, como uma sombra, intangível, mas esplendidamente colorida, como um arco-íris. Ela mexeu a mão de um lado para o outro, e a aura arco-íris seguiu os movimentos do livro, nadando languidamente no ar.

— Tá brilhando! — Izzy disse.

Cassie voltou os olhos para a porta. Alcançou a maçaneta e puxou.

E a porta não se mexeu.

— Hã? — ela resmungou, surpresa.

— O quê? — Izzy perguntou. — O que foi agora?

— A porta não se mexe.

Cassie olhou para o livro. Ele continuava brilhando com aquela aura estranha, multicolorida. Ainda parecia pesado e sólido em sua mão. Algo estava acontecendo.

Ela olhou novamente para a porta e deu dois ou três puxões.

— É como se não desse para abrir — ela murmurou.

Depois de um momento, Izzy disse:

— A porta do bar abre para fora, não é?

Cassie se deu conta imediatamente de que ela tinha razão. A porta — a porta normal, do corredor — abriria na direção delas, assim como a porta em Veneza. Mas, se estivessem no bar do Library Hotel e saindo para o terraço, ela abriria na direção contrária.

— Não pode ser — Cassie murmurou, pasma. A porta do apartamento delas, de alguma forma, tinha sido mudada, e agora se movia de maneira que normalmente seria impossível. Cassie empurrou, e a porta do corredor se abriu, ar frio correndo como um cachorro empolgado na direção delas.

Baixando os olhos, ela viu a aura em torno do livro se dissipar, carregada pela brisa, e o objeto voltou a ficar mais leve em sua mão.

Cassie encontrou o olhar de Izzy.

— Vamos lá! — Izzy disse, e as duas saíram aos tropeços para o terraço do Library Hotel, rindo feito crianças.

A noite estava repleta de neve, o céu além do terraço branco e serpeante, as luzes da cidade desfocadas, indistintas. Os prédios altos pareciam gigantes que as observavam em silêncio, encobertos pela tempestade.

Izzy conduziu Cassie até uma bancada no extremo oposto do terraço e abriu um guarda-chuva sobre a mesa para protegê-las da neve. Havia um homem ali também, sentado do outro lado do terraço e bebendo sozinho, mas, se não fosse por ele, seriam apenas as duas em meio à neve.

— Será que a gente consegue pedir uma bebida? — Izzy indagou, olhando através da janela para o bar do lado de dentro. Um pianista estava lá, sentado do outro lado do vidro, e o som de sua música flutuava para a noite e rodopiava no céu junto da neve.

— Isso é inacreditável — Cassie comentou, sacudindo a cabeça, maravilhada. Como podiam ter atravessado a cidade? Ela baixou os olhos para o livro que segurava na mão, o simples caderno marrom, e se deu conta de que o amava. O livro tinha entrado em sua vida e estava tecendo milagres.

— Tô congelando, mas nem ligo! — Izzy disse, soltando o riso em meio à tempestade. — A gente tá no Library Hotel!

— Eu sei! — Cassie exclamou. — Vem cá!

Ela puxou Izzy para de baixo da proteção do guarda-chuva e a levou para a neve, apoiando-se na balaustrada na beirada do terraço para observar o cânion que era a Avenida Madison. O mundo lá embaixo era ártico, a neve se acumulava rapidamente, todos os postes de luz e faróis dos carros embaçados pela tempestade. Um ou outro pedestre corajoso marchava em meio à ventania, cabeças baixas e capuzes erguidos. Atrás de Cassie e Izzy, no bar, o pianista finalizou uma peça lenta e começou outra, mais rápida, um tipo de arranjo em estilo jazz de um clássico de alguma banda famosa que Cassie reconheceu vagamente.

— Pega minha mão — Izzy pediu, sorrindo.

— O quê? — Cassie perguntou, olhando para a amiga que semicerrava os olhos para protegê-los da neve.

— Dança comigo, Cassie!

— Você tá bêbada!

— Eu tô!

Izzy puxou Cassie para perto, e, por um minuto, elas dançaram ao som da música vindo do bar, somente as duas, a neve e as notas do piano fazendo piruetas no céu noturno gelado.

— Isso é uma loucura — Cassie comentou quando desabaram nas cadeiras sob o guarda-chuva, tirando neve do rosto.

— Eu ainda acho que tô sonhando — Izzy disse. — A gente acabou de dançar no céu?

— Uma maluca me agarrou e me fez dançar um foxtrote — Cassie relatou.

Izzy sorriu e ficou observando a neve, balançando a cabeça. Às costas delas, o pianista terminou a música e tornou a assumir um ritmo mais lento, algo mais adequado para o horário tardio em um bar de Nova York.

— O que seria possível fazer com essa habilidade? — Izzy perguntou, alguns momentos depois. — Podendo ir a qualquer lugar que quiser?

Cassie refletiu.

— Nunca mais precisar pegar o metrô pro trabalho? — Izzy sugeriu. — Só andar do seu quarto pra livraria.

Cassie sorriu ao imaginar.

— Eu gosto bastante do trajeto para o trabalho, às vezes. Mas não quando está frio.

— Esse frio é horrível — Izzy concordou. Ela olhou por cima do ombro, para o interior do bar. — Tô com vontade mesmo de pegar um drinque.

A mente de Cassie estava brincando com as possibilidades.

— Nunca mais precisar usar um banheiro público.

— Ai, meu Deus, sim! — Izzy exclamou. — Seria incrível, né? Não precisar mais fazer xixi aéreo.

— Posso só usar o banheiro em casa — Cassie falou. — Na hora em que eu quiser.

— Mas e se você fizer isso e eu estiver lá? — Izzy perguntou. — E se você entrar e eu estiver fazendo xixi?

— Me poupe, né?! Você sempre usa o banheiro com a porta aberta. Eu já vi tudo.

— Foi uma sorte esse livro ter ido parar com você, sabia? — Izzy disse, arrastando-se para mais perto de Cassie no banco, procurando calor humano. — Digo, em vez de com outra pessoa, alguém menos bondoso. Imagina o que daria pra fazer com isso, se não fosse uma pessoa boa.

Cassie ficou em silêncio, não querendo direcionar sua mente para esse tipo de pensamento. Queria brincar com as possibilidades e desfrutar da emoção, não chafurdar em preocupações.

— Imagina um tarado que consegue entrar e sair do quarto de qualquer mulher — Izzy disse. — Em qualquer lugar do mundo.

— Pois é.

— Você poderia ir pra outro país, cometer crimes e voltar pra cá, ninguém saberia quem foi. E, mesmo que desconfiassem, você teria o álibi perfeito de estar em outro país.

Cassie balançou a cabeça, sem dizer nada.

— Ou um ladrão — Izzy continuou. — Entrando e saindo de qualquer cofre, sem precisar arrombar nada. Não precisaria nem entrar no banco. Você poderia abrir a porta do cofre e botar a mão lá. Ou qualquer joalheria. Nada estaria seguro.

— Tá bom — Cassie disse, franzindo o cenho. — Que tal a gente parar de listar tudo de horrível que daria pra fazer? Isto é incrível, Izzy. É, tipo... a melhor coisa do mundo. Um livro mágico, que pode me levar para onde eu quiser! Não estraga as coisas!

Izzy ergueu as mãos, sinalizando um pedido de desculpas.

Elas ficaram em silêncio por um momento, mas Cassie ficou impaciente para usar o livro de novo. Queria ver aonde mais poderiam chegar.

— Vamos para outro lugar?

— Vamos — Izzy disse. — Algum lugar mais quentinho.

Elas voltaram até a porta que dava para o bar, e Cassie viu que o homem que bebia sozinho continuava ali. Ele olhou de relance para as duas, os olhos escuros indo de Cassie para Izzy, e, em seguida, desviou-os para os prédios nos arredores. Então, Cassie usou o livro de novo, assim como tinha feito no apartamento; ele ficou mais pesado, cores do arco-íris irromperam em torno

35

de sua mão e tudo pareceu ainda mais fácil do que da última vez. Elas passaram pela porta do bar, mas chegaram a outro lugar.

Viajaram para a Biblioteca Pública de Nova York, para a sala de leitura onde Cassie havia passado muitas horas felizes, agora escura e silenciosa, a tempestade castigando as janelas compridas. Andaram na ponta dos pés na escuridão, como fantasmas risonhos, Cassie apavorada com a possibilidade de haver um alarme ligado ou de algum segurança as achar. Então, usaram uma porta na lateral da sala de leitura para viajar para a livraria Strand Book Store, logo ao sul da Union Square, outro dos refúgios preferidos de Cassie. A cada porta pela qual passavam, ela tinha certeza de que a realidade retornaria e roubaria dela este conto de fadas, mas, a cada vez, via que estava enganada. O mundo, subitamente, era maravilhoso e repleto de possibilidades.

— Tô com fome — Izzy disse, ambas em pé na Strand.

— Ben? — Cassie sugeriu, referindo-se a uma lanchonete vinte e quatro horas que ficava a alguns quarteirões do apartamento delas. As duas eram clientes assíduas; era o lugar onde tinham esperado mais de duas horas para encontrar o agente de locação no dia em que se mudaram para o apartamento, e o lugar onde agora costumavam ir buscar comida para viagem.

— Ben — Izzy concordou.

Cassie abriu uma porta nos fundos da livraria, e elas entraram na Lancho-nete do Ben, atravessando um quilômetro e meio pela cidade. Sentaram-se nos fundos do estabelecimento, e Izzy comeu panquecas com bacon e tomou uma Coca-Cola, enquanto Cassie bebericou um café, tentando conter a empolgação.

— Olha isso — Izzy reclamou com tristeza. — Sou um nojo. É meia-noite, e eu tô fazendo isso com meu corpo.

— Não tem nada de errado com seu corpo, você sabe bem disso.

— Mas talvez comece a ter se eu não parar de comer assim. Já viu minhas tias? Elas são todas imensas. Tá nos meus genes, Cass.

— Por que está comendo então?

Izzy deu de ombros.

— Porque tô bêbada e com a boca entediada. — Ela atirou o garfo no prato, empurrando-o para longe de si. — O que você vai fazer com o livro?

— Como assim? — Cassie perguntou.

Izzy franziu a testa.

— Bem, não dá pra ficar com ele e continuar usando assim, né?

Cassie não entendia.

— Por que não? — ela perguntou. — Eu ganhei o livro. Ele me pertence.

— Você não sabe nada a respeito dele, Cass. Pode ser perigoso.

36

Cassie suspirou, odiando o alerta, odiando o fato de compreendê-lo. Ela pensou por alguns instantes enquanto Izzy terminava de beber a Coca.

— Eu poderia tentar descobrir mais — Cassie cedeu. — Sobre o livro, sobre o sr. Webber.

— Como é que você vai fazer isso? — Izzy perguntou. — Ele morreu, lembra?

— Vou perguntar para a sra. Kellner. Talvez ela o conhecesse. Ele frequentava bastante a livraria.

Izzy concordou, assentindo.

— Até você descobrir mais, acho que não deveria brincar com o livro. Você não sabe o que pode estar acontecendo.

— Nós ficamos brincando com ele a noite toda — Cassie pontuou.

— Pois é — Izzy disse, a expressão séria. — Ainda assim... eu não faria isso.

— Vamos para casa? — Cassie perguntou, fugindo do assunto. — Estou cansada.

Quando voltaram para o apartamento, atravessando de braços dados as ruas cobertas de neve, as duas se deitaram juntas na cama de Cassie, ambas incapazes de dormir, mas tentando se aquecer. Elas falaram do Livro das Portas, da magia maluca e fantástica, do que tudo aquilo poderia significar. Cassie se deu conta de que estava feliz, deitada com sua melhor amiga no quarto escuro, falando de coisas inacreditáveis; a noite estava fria, mas seu coração estava quente.

Em algum momento, Izzy se levantou para ir para a própria cama e Cassie ficou sozinha. Ela tirou o Livro das Portas debaixo do travesseiro e o segurou nas mãos, percorrendo a capa com o polegar. Folheou as páginas mais uma vez, maravilhada pelo texto denso, pelas imagens desenhadas com primor. Tentou identificar os idiomas, mas grande parte da escrita nem sequer parecia usar símbolos reconhecíveis para ela. Cassie folheou as páginas até o início do livro, a mensagem do sr. Webber, e sentiu o próprio queixo cair mais uma vez ao ver que as palavras haviam sumido. A primeira página agora continha apenas as linhas descrevendo o livro. Não havia sinal algum do recado do sr. Webber, nenhum resquício de tinta, nenhuma marca no papel.

Cassie não conseguia acreditar. Era outro pequeno milagre, um pedacinho de magia, mas ela percebeu que o desaparecimento das palavras do sr. Webber era um pouco doloroso. Remoeu a questão por um instante, mas sentiu a mente voltar-se para aquilo de que o livro era capaz de fazer, para o presente que o sr. Webber tinha lhe dado. A ela, e a mais ninguém.

— É de verdade — Cassie insistiu, em um sussurro.

Mas ela precisava provar aquilo para si mesma mais uma vez. Apesar dos receios de Izzy, Cassie sabia que queria usá-lo de novo. Quem seria capaz de rejeitar a magia? Quem recusaria?

Ela se levantou da cama e, na ponta dos pés, foi até a porta do quarto.

Pensou nas férias que havia tirado na Europa anos atrás, os melhores meses de sua vida, sabendo que o livro poderia lhe oferecer aquele tipo de felicidade mais uma vez.

Cassie fechou os olhos e tentou se lembrar de outra porta de suas viagens. Pensou no albergue onde tinha se hospedado em Londres. Lembrou-se daquela porta, a madeira escura, as duas janelas altas e estreitas, como ela rangia sempre que era aberta. Sentiu o livro ficar mais pesado em sua mão e, quando abriu os olhos, viu mais uma vez aquela mesma aura, como se o objeto existisse em uma nuvem arco-íris.

— Que lindo — Cassie murmurou, a luz refletindo em seu rosto.

Ela estendeu o braço, segurando o Livro das Portas com a outra mão, e, quando abriu a porta de seu quarto, ouviu um rangido que ela nunca produzia e sentiu um sorriso de deleite se abrir em seu rosto, a aura arco-íris já se dissipando.

Cassie deu uma olhada pela abertura da porta e viu aquela rua em Londres de que se lembrava tão bem, uma manhã cinza, chuva, carros estacionados ao longo da sarjeta. Estava observando aquela cidade longínqua, que ficava do outro lado do oceano, do conforto de seu quarto.

— Uau. — Ela soltou uma risadinha. Não se lembrava da última vez que algo tinha a deixado tão eufórica, mas era como se sentia agora.

Cassie fechou a porta, sacudindo a cabeça, não porque se arrependia do que estava fazendo, mas, sim, porque não conseguia acreditar na situação.

Voltou para a cama, segurando o livro entre as mãos e contemplando-o como se fosse o rosto de uma pessoa amada.

Ela era capaz de fazer magia.

Podia retornar para qualquer porta pela qual já tinha passado, em qualquer lugar do mundo.

DRUMMOND FOX NA NEVE

Drummond Fox estava parado, com seus fantasmas, em meio à neve. Parado à beira do Parque Washington Square, ele pensava no dia, uma década atrás, em que seu mundo havia mudado.

Ele não sabia por que tinha ido até aquele lugar. Era uma decisão idiota, na verdade, chegava até a ser perigosa, mas havia sentido a necessidade de voltar até ali para se lembrar dos amigos que perdera.

Drummond baixou o rosto, protegendo-se do clima, e andou para o norte, na direção da fonte, uma mistura caótica de lembranças e emoções daquele dia já tão distante em sua mente. Risadas, abraços e longas caminhadas. E, então, gritos e luzes, sangue e escuridão. Poucos momentos de loucura em Manhattan haviam demarcado a aurora de uma época mais perigosa. O início de sua vida errante. A criação da Casa das Sombras. Tudo isso havia nascido daquele momento, dez anos atrás.

Alcançando o arco de mármore do parque, ele foi para debaixo do monumento, buscando abrigo. Estava com frio, seu casaco velho oferecendo pouca proteção contra o clima, mas ainda não queria ir embora. Permaneceu ali por um tempo, imóvel, deixando que o vento gelasse seu corpo, observando o parque. Depois de alguns momentos, percebeu que não estava sozinho.

Uma silhueta se formava além da fonte, e Drummond sentiu o ritmo de seu coração acelerar. A silhueta ficou cada vez maior, mais próxima, e um homem surgiu da neve e entrou no espaço sob o arco ao seu lado.

— Sr. Fox — doutor Hugo Barbary disse. O homem sorria, mas, para Drummond, parecia a expressão satisfeita de um predador ao encurralar sua presa. — Que sorte encontrá-lo justamente aqui. Não sei se devo ficar surpreso ou desapontado por ter se prestado a voltar a este lugar.

Os dois estavam a menos de um metro de distância, perto o bastante para Barbary estender a mão e tocar Drummond, se quisesse. Drummond tentou não deixar transparecer o próprio medo.

— Hugo — ele cumprimentou, a voz neutra. Enfaticamente, desviou o olhar para a tempestade mais uma vez, recusando-se a se intimidar, mas deslizou as mãos para os bolsos, para estar pronto.

Barbary era um homem grande e roliço, de cabeça avantajada e careca, olhos escuros por trás da armação grossa dos óculos. Ele vestia um terno completo por baixo de um longo sobretudo, o colete estirado sobre a barriga, e usava um chapéu fedora grande, que protegia seu rosto da neve. Estava carregando uma maleta antiquada, como um médico fazendo consultas domiciliares.

— As pessoas têm procurado por você nesses últimos dez anos — Barbary informou. — Muito tempo e esforço foram empregados na tentativa de localizá-lo.

Drummond não disse nada.

— Que sorte a minha ser o primeiro a vê-lo de novo. — Barbary era da África do Sul e, apesar de seu sotaque ter suavizado ao longo dos muitos anos percorrendo o mundo todo, continuava presente em suas vogais singulares e encurtadas.

— Me deixa enojado — Drummond começou, e Barbary inclinou a cabeça, interessado — que um homem como você esteja vivo, quando pessoas muito melhores morreram aqui a troco de nada.

— Ui, essa doeu — Barbary disse, sorrindo. — Não levarei para o lado pessoal. Mas o que aconteceu há dez anos não teve relação alguma comigo. Eu nem estava aqui. Se bem me lembro, estava na Tailândia, caçando a porcaria de um livro que, no fim das contas, não existia. Já foi à Tailândia? Quente pra caramba. Detestei o lugar. Tudo que comem é cheio de capim-santo. Tudo tem gosto de remédio e sabão.

— O que você quer? — Drummond perguntou, cansado do homem, cansado de sua falsa cordialidade.

Barbary cantarolou ponderadamente, como alguém analisando um menu.

— Quero seus livros. Estou só tentando decidir se preciso ou não matar você primeiro.

Drummond assentiu para ele mesmo.

— Sempre os livros, não é?

Barbary deu de ombros.

— O que mais seria?

Drummond não disse nada, observando a tempestade. Era uma cortina entre os dois homens e o resto do mundo. Naquele momento, cercado pela neve, a segurança de outras pessoas e lugares mais iluminados parecia muito distante.

— O que você tem, Bibliotecário? — Barbary perguntou, dando um passo na direção de Drummond, seus olhos finalmente revelando a ânsia de sua alma. — O que andou carregando para se manter em segurança durante todos esses anos?

— Não sou mais o Bibliotecário — Drummond respondeu. — Não há mais biblioteca. Ela se foi.

Reconhecer tal verdade o machucava, mas a dor não transpareceu em seu rosto.

— Foi o que ouvi dizer — Barbary disse, coçando a bochecha, indolente. — Ela se foi, mas não foi esquecida, não é? Muitas pessoas estão procurando pela Biblioteca Fox.

— Muitas? — Drummond indagou, cético. — Não achei que ainda restassem muitas pessoas. Achei que *ela* teria se assegurado disso.

— Ah, a situação não está tão ruim assim — Barbary contou. Retirou o chapéu e correu a mão pela cabeça nua. — Eu continuo aqui. Assim como outros. Menos do que antes, é verdade. Ela anda abatendo as pessoas, uma por uma, e tomando seus livros. Mas é como Darwin postulou, não é? Sobrevive aquele que melhor se adapta. Com certeza ela vai me encontrar mais cedo ou mais tarde, mas não me importo. Veremos se ela é boa mesmo.

— Sua vez vai chegar — Drummond alertou. — Ninguém está seguro. Eu sei. Eu já a vi.

Barbary observou Drummond por um instante, como se ponderasse sobre como ele parecia solene.

— Alguns estão seguros — ele contrapôs. — Aqueles que carregam os livros certos. Os livros mais poderosos.

— Seria você, Hugo? — Drummond perguntou. — Tem andado com algum livro poderoso ultimamente?

— Foi tolice sua vir para Nova York — Barbary constatou, ignorando a questão. — Devia saber que era arriscado.

— Fiquei com vontade de comer cachorro-quente — Drummond murmurou.

Barbary soltou uma risada seca, o som ecoando no arco acima dos dois.

— Estou cansado — Drummond disse. — Podemos pular para a parte em que você tenta me matar, ou em que me deixa em paz, por favor? Não me importo com qual delas será, mas prefiro que seja logo.

— Por que simplesmente não me entrega seus livros? — Barbary sugeriu. — Poupe um pouco do meu esforço. Eu deixo você viver. Não vou nem contar a ninguém que o vi.

— Com quantos livros você está agora, Hugo? — Drummond quis saber.

Drummond estava levando três, dois em um bolso, um no outro. Ele os tinha agarrado assim que deslizara as mãos para dentro dos bolsos, momentos atrás, assegurando-se de que continuavam ali. O Livro das Sombras estava sozinho em seu bolso direito, aberto e com a lombada dobrada para trás. Drummond tinha se acostumado, ao longo dos anos, a carregar o livro dessa maneira. Assim, estaria sempre pronto para arrancar um canto de uma página e desaparecer em meio às Sombras. Em sua mente, ouviu as palavras do Livro das Sombras, como se fossem um amuleto da sorte: *as páginas são feitas de sombras. Segure uma página e torne-se também uma sombra.*

— O número de livros não é o que importa, certo? — Barbary respondeu. — É o que se faz com eles.

— O Livro da Dor? — Drummond perguntou. — Sempre foi o seu preferido, não é?

— Não vai querer me ver usando o Livro da Dor, Drummond — Barbary garantiu. Sua voz era quase empática, como se estivesse preocupado com o bem-estar de Drummond. — Sou muito bom usando ele. E gosto.

Os homens sustentaram os olhares um do outro, Drummond mantendo-se firme apesar do medo que tensionava todos os seus músculos. Então, Barbary sorriu.

— Ei-lo aqui — ele disse. — Eis o Bibliotecário. O homem de determinação inabalável. Exatamente como quando fugiu e deixou que os amigos morressem.

Foi a vez de Drummond desviar o olhar, contemplando a neve que rodopiava.

— Fico pensando nas gentilezas que a Mulher me concederia se eu contasse a ela onde você está.

Drummond voltou a encontrar os olhos de Barbary, medindo a ameaça.

— Deixa pra lá. — Barbary arrastou a voz. — Acho que vou só matar você e ficar eu mesmo com seus livros.

Ele avançou de súbito, um braço disparando como um pistão, mas, quando alcançou seu alvo, Drummond tinha se movido.

— Vai precisar me pegar primeiro — Drummond desafiou, a um passo de distância. Dentro do bolso, ele arrancou um canto de uma página do Livro das Sombras e o apertou na mão. Quase de imediato, sentiu o fragmento do papel ficar pesado em sua palma e, à medida que o peso aumentou, desapareceu em meio à neve, tornando-se parte da sombra, intangível e invisível.

Hugo estreitou os olhos para a tempestade, a boca tornando-se uma linha rígida de irritação.

— Sei que está aqui — ele disse, a voz alta. — Já deu as caras. Vou encontrar você, Bibliotecário. Garanto a você.

Drummond não disse nada, recusando-se a se mexer enquanto Barbary aguardava, enquanto o frio roía seus ossos. A paciência do homem maior acabou primeiro e, resmungando, ele deu as costas depois de alguns minutos. A tempestade engoliu sua imensa silhueta quase imediatamente.

Drummond esperou um pouco mais, apenas para garantir que Hugo realmente tinha ido embora, e então se dirigiu à saída ao norte do parque, mantendo-se escondido nas Sombras até ter alcançado a rua novamente. Uma vez ali, abriu a mão para revelar o pedacinho de papel escuro, sua aura multicolorida. Conforme o papel se tornou mais leve, conforme a aura enfraqueceu até sumir, o fragmento foi erguido pelo vento e levado, flutuando, em meio à brisa. Drummond emergiu das Sombras, voltando a ser substancial.

Lutando contra a tempestade, ele atravessou a Quinta Avenida na direção de Midtown, deixando pegadas na neve às suas costas.

Naquela noite, Drummond se hospedou no Library Hotel em Midtown, sabendo que era arriscado estar em um local tão espalhafatoso, mas não se importando. Havia ido ao Parque Washington Square para se lembrar, e agora tudo que queria era beber, dormir e esquecer.

Ele pagou por um quarto, ignorando os olhos atormentados do homem abatido de cabelo escuro no espelho do banheiro enquanto lavava o rosto, e se arrastou até o bar do terraço. Pediu um uísque e procurou um ponto para se sentar, mas o lugar estava cheio do tipo de gente que o fazia se sentir deslocado — pessoas que eram ou fingiam ser ricas, pessoas com excesso de confiança e de indiferença negligente em relação ao próprio patrimônio —, então Drummond dirigiu-se até o terraço. Sentou-se em um canto, sob um guarda-chuva, e bebeu devagar. Um céu aberto se estendia acima dele, imensas paredes de janelas o cercavam, os prédios de Midtown formando uma cerca de concreto. A neve continuava pesada, flocos enormes e suaves deixando o mundo branco e nebuloso.

Drummond bebeu seu uísque e ergueu o copo, um brinde silencioso aos amigos que tinha perdido há pouco mais de uma década. À Lily e às refeições que ela preparava sempre que vinha visitá-lo, vinda de Hong Kong. À Yasmin e sua paciência com a carência de conhecimento histórico dele, com as perguntas idiotas com que sempre a incomodava. E a Wagner e seus telefonemas costumeiros da Europa, só para saber como Drummond andava, garantindo que ele falasse com outro ser humano pelo menos uma vez por semana. Drummond não tinha deixado de sentir saudades de seus amigos e carregava suas lembranças consigo, como fantasmas, companhias constantes em todas as suas perambulações ao longo dos anos.

Estava ficando velho, cansado, e não sabia dizer por quanto tempo conseguiria continuar a perambular, mas também não sabia como parar, e não havia lugar algum onde precisasse estar. Nos últimos dez anos, estivera em movimento, usando os livros em sua posse para se proteger: o Livro das Sombras para passar despercebido; o Livro da Memória para fazer com que pessoas o esquecessem quando necessário; e o Livro da Sorte para trazer bons êxitos. Os livros o tinham ajudado por dez anos, e Drummond havia existido sem perturbações, exceto pelos próprios pensamentos. Ele não se importava com a solidão — estivera sozinho na maior parte de sua vida —, mas a necessidade de estar constantemente fugindo tinha se tornado cansativa. Mais do que qualquer outra coisa, ele sentia falta de sua casa.

Mas, agora, Hugo Barbary o tinha visto, e Drummond se perguntou como teria sido possível, uma vez que carregava consigo o Livro da Sorte. Parecia ter sido exatamente o oposto de um acontecimento de sorte. Mas Drummond sabia que não se tratava de uma trajetória direta: ao longo dos anos, tinha aprendido que a sorte era, na verdade, uma estrada curva, com desvios e saídas ocultas. Talvez a sorte de ter sido avistado por Barbary ainda não fosse óbvia para ele.

Dando mais um gole no uísque, Drummond percebeu que sua mente estava agradavelmente dispersa. Ele voltou ao bar para pedir outra bebida, retornando em seguida para seu canto no terraço.

Pensou, então, em Barbary, um dos piores homens que havia conhecido em sua vida, um monstro disfarçado de cavalheiro. Perguntou-se se, talvez, deveria ter deixado que Hugo o pegasse. Teria sido poético, de certa forma, morrer dez anos depois do massacre, no mesmo lugar. Poderia ter sido um alívio, na verdade, uma libertação dos fardos de sua vida, do medo da Mulher.

O som repentino de risadas perfurou a estática da tempestade, desviando a atenção de Drummond de seus pensamentos. Duas mulheres passaram aos tropeços pela porta do bar, entrando no terraço, ambas apertando os olhos e erguendo as mãos para se proteger da neve. Deram uma olhada na direção dele e se viraram para encontrar outro lugar no outro extremo do terraço, longe de Drummond.

O homem desviou os olhos, mas, de repente, seu coração estava acelerado, como se um pesadelo tivesse acabado de acordá-lo no meio da noite.

Havia visto algo, luzes de fogos de artifício irrompendo na escuridão.

44

Era impossível, ele disse a si mesmo. Naquela noite, justamente naquela noite, e naquele lugar.

Mas estava de posse do Livro da Sorte, e coisas do tipo aconteciam aos afortunados.

Ele esperou, sabendo que precisava ter certeza antes de fazer qualquer coisa. Observou, atento, as mulheres dançando ebriamente sob a neve, voltando a seus assentos e conversando entre si por alguns minutos. Então, elas se levantaram novamente e foram em direção à porta do bar.

Ele observou, estudando-as, memorizando-as. Uma mulher alta e loira, uma mais baixa, de cabelo escuro. Drummond fez contato visual com ambas, uma de cada vez, e voltou a desviar os olhos, como se não estivesse interessado nelas.

Quando passaram pela porta do bar, ele viu a reveladora luz multicolorida refletida em seus rostos por um momento, cores que conhecia muito bem. E, quando esticou o pescoço para checar, não viu as mulheres aparecerem do outro lado do vidro.

— Merda — ele murmurou, sabendo, então, que elas estavam em posse de dos Livros, algo que parecia impossível. — O Livro das Portas — Drummond sussurrou.

Um livro que sua família e outros caçadores de livros procuravam há mais de um século. Um livro que muitos duvidavam que sequer existisse. Quanta sorte, que o livro tivesse simplesmente aparecido em seu caminho.

Ele precisava encontrar as duas mulheres.

O perigo que elas corriam era imenso, de dimensões que não tinham como compreender.

A ILUSÃO NO DESERTO

Em uma casa suntuosa entre o oceano e o deserto, Hjaelmer Lund, parado em frente à janela, encarava a escuridão do lado de fora. Agora que a noite caíra não havia nada a ser visto, mas quando haviam chegado ao local, não havia nada a ser visto, na manhã anterior as janelas que iam do chão ao teto mostravam uma vista arrebatadora do Oceano Pacífico. Porém, naquele momento, tudo que Lund podia enxergar era o próprio reflexo no vidro.

A casa era um complexo imponente e moderno de um único andar, com cômodos grandes e corredores amplos, muito arenito e mármore, e o ar minimalista de um hotel caríssimo. Estava localizada em uma colina na região norte de Antofagasta, no fim de uma estrada particular que saía da Rota 1, entre o Oceano Pacífico e o Deserto do Atacama. A casa fora construída de forma a dar as costas para a cidade, com uma vista que passava a impressão de que se estava sozinho no mundo.

— Sente-se, Lund — Azaki murmurou às costas dele, sentado no sofá no centro do cômodo. — Ninguém quer entrar num lugar e ver você parado aí de pé.

Lund era um gigante em todos os aspectos, 2,03 metros de altura, tão alto que era impossível não o enxergar, e intimidador mesmo intenção. Ele compreendeu o que Azaki queria dizer e se afastou da janela para sentar-se no sofá.

— Lá vem elas — Azaki disse, alisando a própria gravata. — Deixe que eu cuido da conversa.

Lund ergueu a sobrancelha, como se dissesse: *quando é que não deixo?*

As portas do corredor se abriram, e a senhorita Pacheo apareceu em sua cadeira de rodas, Elena atrás dela, empurrando a cadeira ao entrar na sala. A velha mulher, frágil e enrugada, mas com olhos cheios de vida, iluminou-se ao ver Azaki. A senhorita Pacheo tinha esclerose múltipla e praticamente não falava inglês. Elena, além de assistente, era sua tradutora. Tendo parado a cadeira da velha mulher, Elena posicionou-se na outra extremidade do sofá e começou a traduzir conforme a senhorita Pacheo falava.

— Sr. Ko, sr. Jones — ela disse, usando os nomes falsos que Azaki oferecera. — A senhorita Pacheo está ansiosa para ouvir os relatos de sua busca.

Azaki ofereceu uma reverência educada, encarnando o acadêmico japonês que estava fingindo ser. Azaki tinha ascendência japonesa, mas havia nascido na Califórnia. Era um homem baixo e elegante, de aparência sempre bem cuidada, cabelo muito preto e um rosto bonito e simétrico.

— Diga à senhorita Pacheo, por gentileza, que estamos muitíssimo gratos pela hospitalidade e pelo acesso à biblioteca particular de sua família.

Elena traduzia conforme Azaki falava. Lund olhou de relance para a senhorita Pacheo e a viu ficar mais atenta conforme a mensagem era transmitida.

— Diga à senhorita Pacheo, por gentileza — Azaki continuou —, que lamentamos muito não ter encontrado livros de interesse acadêmico ou significado histórico particular.

Eles haviam passado dois dias vasculhando meticulosamente a biblioteca dos Pacheo, buscando livros especiais, mas não tinham encontrado nada. Lund deu mais uma olhada para a senhorita Pacheo e viu o rosto dela entristecer-se, decepcionado.

— Lamento muito pelo incômodo que causamos — Azaki disse. — Sei que a senhorita Pacheo estava muito entusiasmada com a possibilidade de a biblioteca de sua família ser de algum interesse.

Azaki tinha ouvido falar da biblioteca Pacheo há um ou dois meses, durante uma semana em Santiago na qual tinha saído para beber com um acadêmico residente no país. Havia pesquisado a história da família, descobrindo a existência de uma biblioteca que se originara de livros trazidos da Espanha há um século ou mais, mas sido incrementada ao longo dos anos pela família Pacheo, conforme enriqueciam graças a suas empresas de transporte. Ele enviou uma carta à família, alegando serem acadêmicos viajando pela América do Sul em busca de livros historicamente importantes. Foi o suficiente para que conseguissem ser recebidos na casa e, depois disso, o charme de Azaki havia conquistado a mulher o bastante para que ela concedesse a eles acesso à biblioteca.

— Ela está à beira da morte — Azaki tinha explicado a Lund enquanto dirigiam até a casa no primeiro dia, embora Lund não tivesse perguntado nada. — Não tem filhos e nunca se casou. Quer deixar um legado. Então estou oferecendo a ela essa possibilidade.

Agora, a senhorita Pacheo aceitava as notícias com um aceno lento de cabeça. Depois de um momento de silêncio, ela falou mais algumas palavras a Elena.

47

— A senhorita Pacheo agradece a atenção de vocês — Elena declarou. — Ela está desapontada. Mas valoriza os esforços que fizeram.

Azaki assentiu. Lund via que ele queria ir embora. Não havia nenhum livro especial ali. Apenas tristeza e uma vida chegando ao fim.

— Obrigado — Azaki disse, assentindo mais uma vez.

Então, a sala ficou em silêncio, os olhos da senhorita Pacheo fixos no chão, Azaki parado educadamente com as mãos cruzadas à frente do corpo, como um criado aguardando ordens. Elena observava a senhorita Pacheo, e Lund a observava.

— Ah, senhorita Pacheo — Elena lamentou, subitamente se pondo de pé.

A velha mulher estava chorando, um choro silencioso e dignificado, lágrimas individuais escorrendo pelas linhas de seu rosto.

— Mais uma vez, eu lamento muito — Azaki insistiu.

Elena sorriu com educação, mas Lund via que, naquele momento, o homem era uma irritação para ela.

A senhorita Pacheo sorriu em meio às lágrimas e disse algumas palavras que não precisavam ser traduzidas.

— Não é preciso pedir desculpas — Azaki a tranquilizou, baixando os olhos um pouco.

Enquanto Elena dava atenção à velha mulher, ele desviou o olhar delibe-radamente, observando a sala de estar ao seu redor. Só tinham passado alguns minutos no cômodo no dia anterior, antes de serem conduzidos à biblioteca, na ala leste da casa. Lund viu Azaki franzir o cenho diante de uma série de fotografias grandes na parede dos fundos, imagens em preto e branco de um prédio que Lund não reconheceu. Quase parecia uma construção de algum filme de fantasia, com janelas arqueadas e torres.

— É a Sagrada Família — Azaki observou, apontando. — Em Barcelona.

Elena ergueu o olhar.

— Correto — ela disse.

Azaki foi até a parede e analisou as fotografias.

— Tantas fotos do mesmo lugar.

Elena estendeu um lenço para a senhorita Pacheo, e a velha mulher secou as próprias bochechas fracamente, observando Azaki.

Elena ofereceu um sorriso triste.

— A senhorita Pacheo sempre quis viajar para a Espanha — ela explicou. — Voltar para o lugar de onde sua família veio. O pai dela sempre falava da Sagrada Família, e ela desejava muito poder vê-la. Infelizmente, sua doença e idade significam que agora não é possível.

Azaki observou as fotografias em silêncio por um ou dois instantes.

— Eu já a vi — ele disse, por fim. — Estive em Barcelona. E vi a Sagrada Família.

Elena sorriu com educação, praticamente dizendo em voz alta: *que* ótimo *para você, agora, pode ir embora, por favor?*

Azaki olhou por um momento para a senhorita Pacheo, sentada em sua cadeira de rodas. Lund conseguia vê-lo lutando com uma decisão, sua gentileza discutindo com seus medos.

— Elena, eu me sinto mal por ter desapontado a senhorita Pacheo. Sei que ela está muito doente. Se for possível compensar sua decepção, eu gostaria de lhe oferecer um presente.

As sobrancelhas de Elena se ergueram, surpresas.

— Eu gostaria de dar à senhorita Pacheo a oportunidade de visitar a Sagrada Família.

Eles deixaram a casa em grupo, a senhorita Pacheo à frente, empurrada por Elena, Azaki e Lund atrás, seguindo um caminho de lajotas, distanciando-se do imóvel e seguindo na direção da paisagem estéril e arenosa ao longo da costa. O Oceano Pacífico rugia na escuridão à esquerda, o ar pesado com sal e maresia.

— Aqui está bom — Azaki disse.

Uma planície vasta de areia marrom alaranjada se estendia à frente até se tornar escuridão, e a única fonte de luz vinha dos refletores que cercavam a casa, não muito longe de onde estavam. Azaki abaixou a cabeça por um momento, uma mão deslizando para dentro de seu bolso para segurar o Livro da Ilusão. Ele fechou os olhos, e Lund sabia que estava imaginando o que queria conjurar, pintando com sua mente. Sabia que, se Azaki tivesse tirado o livro de seu bolso, uma dança de luzes teria iluminado a noite, o Livro da Ilusão cercado por uma bruma de cores suaves enquanto Azaki trabalhava. A senhorita Pacheo e Elena o observavam, intrigadas, mas Lund desviou o olhar para a planície deserta, o som do oceano em seus ouvidos.

Depois de um momento, houve uma movimentação, um redemoinho de poeira e areia na escuridão. Então, os movimentos ficaram mais distintos, o redemoinho se tornou sólido, sua solidez se espalhou. O que era nada se tornou algo, e uma enorme construção emergiu de repente da escuridão, torres com aspecto de balaústres estendendo-se nas alturas acima deles. O prédio imenso pareceu estar acelerando na direção do grupo e, então, deteve-se de súbito com um tremor, pouco além do alcance de suas mãos.

A senhorita Pacheo soltou um gritinho e cobriu o rosto com as mãos. Elena deu um pulo para trás, fugindo da ilusão da enorme construção. Azaki manteve os olhos fechados, e, enquanto permanecia assim, a superfície da catedral tornou-se mais detalhada, como se um escultor estivesse cinzelando, livrando-se da área indesejada do material de uma obra-prima.

— A Sagrada Família — ele anunciou.

Elena estava boquiaberta e deu alguns passos para a lateral, confirmando que a construção era tridimensional, que não era simplesmente uma projeção.

Azaki suava um pouco, Lund pôde ver, como se sustentar aquela ilusão lhe custasse muito.

— Um pouco de luz, talvez? — ele sugeriu.

Um momento depois, laços de cor preencheram o ar acima da conjuração, como a aurora boreal, mas de muitos tons diferentes, ondulando e misturando-se. Eram as mesmas cores que Lund via saindo do livro sempre que Azaki o usava.

Elena disse algo em um idioma que Lund não compreendia e, então, olhou para a velha mulher. A senhorita Pacheo estava se colocando em pé, os olhos alertas e brilhando, as luzes no céu pintando cores em seu rosto. Ela estendeu a mão para Elena, balançando-a com urgência, e a assistente apressou-se até ela, dando apoio à ossatura enfraquecida da idosa.

Juntas, elas entraram, hesitantes, pela porta da igreja.

Azaki manteve a mão no bolso enquanto as duas exploravam a ilusão que ele sustentava.

Lund ficou parado ao lado, observando e aguardando.

Pouco tempo depois, no trajeto de volta para Antofagasta, Azaki estava encarando a escuridão do lado de fora pela janela do banco do carona.

— Foi idiota ter feito aquilo? — ele perguntou, embora soubesse que Lund não responderia. — É que estou exausto de frustrar as pessoas. Dar esperanças e sonhos a elas. Não seria tão ruim se tivéssemos encontrado alguma coisa. Pelo menos teria valido a pena.

Lund não achava que Azaki tinha sido idiota, mas não disse nada nesse sentido. Simplesmente continuou dirigindo. Era esse seu trabalho. Dirigir, proteger, esperar para ver o que acontecia e, então, fazer o que lhe era pedido. Era sua vida com Azaki: viajar o mundo, ficar hospedado em belos hotéis e descobrir o que Azaki queria fazer em seguida. Era assim há quase nove meses, desde que Lund tinha salvado Azaki de um grupo de bêbados em um bar em

São Francisco. Estivera trabalhando como segurança e barman esporádico, a mais recente na série de ocupações que tinha arranjado no decorrer dos últimos quinze anos enquanto viajava, traçando um arco longo e lento pelo sul dos Estados Unidos. Já tinha trabalhado como operário, escavador de piscinas, jardineiro, segurança muitas vezes, guarda-costas em uma ocasião, e barman mais vezes do que conseguia contar. Eram funções simples e monótonas, trabalhos fáceis para alguém de seu tamanho, físico e conduta. Em toda sua vida adulta, desde que deixara a cidadezinha no nordeste do Canadá onde cresceu, ele permanecia em um só lugar apenas até ficar entediado e inquieto e, então, seguia em frente. Nunca quis muito mais do que comida e uma cama, e estava feliz com sua existência descomplicada.

E, então, em um bar em São Francisco, um Azaki embriagado havia ganhado uma partida de pôquer, limpando as carteiras de três homens cujos planos não envolviam ficar de bolsos vazios, especialmente pelas mãos de um "japinha bêbado". Lund havia observado a interação esquentar, indo de gracejos amigáveis para desagrado, até chegar a violência franca e, então, interveio exatamente quando Azaki estava prestes a ser esmurrado. Lund confrontou os homens, que não gostaram nada e, portanto, acabaram eles mesmos esmurrados. Quando tinha acabado com o grupo, Azaki perguntou se ele queria um trabalho.

— Acabei de perder meu guarda-costas — ele contou. Então, soltou uma risada alta. — Ótimo momento para arranjar uma briga num bar, né? Vou te pagar bem. Só precisa viajar comigo e me proteger.

Lund havia acompanhado o homem, em parte porque já estava entediado em São Francisco, mas principalmente porque, enquanto observava o jogo de cartas, tinha visto Azaki olhar para as próprias cartas e alterá-las para uma mão melhor, de copas para espadas, de números para figuras. Aquilo havia deixado Lund pasmo, fazendo-o se interessar pelo homem.

Os dois estavam viajando juntos há quase dois meses, subindo a costa oeste a partir de São Francisco, cruzando depois até Chicago e partindo novamente para o sul, seguindo o rio Mississipi. Azaki era fácil de se ter por perto. Não exigia muito e só falava de vez em quando. Depois de um tempo, começou a contar a Lund sobre a própria vida. Era um nipo-estadunidense de terceira geração e uma decepção para sua família.

— Queriam que eu fosse hétero, casado e médico ou engenheiro. Que clichê, né? O que conseguiram, no fim das contas, foi um artista gay e solteiro. Eu queria fazer algo de criativo da minha vida, que nem meu bisavô.

O bisavô de Azaki fora um ilusionista famoso em meados do século XX, que se apresentava com cartas de baralho. Azaki havia pesquisado tudo a respeito dele durante a juventude, além de estudar ilusionismo, bem como arte e música, enquanto fingia estar cursando medicina na faculdade. Foi pesquisando a respeito de livros raros sobre ilusionismo que se deparou com o Livro da Ilusão. Lund sabia disso porque Azaki tinha finalmente revelado a verdade sobre o livro em uma longa noite de bebedeira em Memphis. Azaki falava mais verdades quando estava bêbado.

— Eis aqui — ele contara a Lund, mostrando o pequeno livro preto. Era coberto de belos padrões dourados, como os versos de cartas de um baralho de luxo. — Eis aqui tudo que eu sou — afirmara, a voz sonolenta. — É um livro mágico, meu amigo Hjaelmer Lund. E existem muitos livros mágicos por aí. Eu sei. Já os vi. Tive amigos que os tinham, assim como eu.

Azaki parecera triste por um momento, e então seu rosto se iluminou. Entregando o livro a Lund, pediu que o examinasse. Lund havia folheado as páginas, visto que estavam repletas de linhas escritas, rascunhos de pessoas, lugares e objetos.

— Desenhos — Lund havia dito.

E Azaki tinha assentido.

— São as ilusões que o livro cria. Quando faço uma coisa aparecer, encontro um desenho dela no livro. Deixe-me mostrar a você o que consigo fazer! — ele dissera. — Tudo que preciso fazer é segurar o livro e imaginar o que quero ver. Posso te fazer enxergar o que eu quiser.

Sob o olhar de Lund, Azaki tinha segurado o livro com força. Então, luzes apareceram, uma névoa de cores vivas dançando e serpenteando em torno das beiradas do objeto. Lund sentira o queixo cair, o primeiro momento em sua vida no qual vivenciou deslumbramento genuíno.

— Olha — Azaki tinha dito, indicando o prato vazio de Lund, que agora estava novamente repleto de comida.

Lund havia esticado a mão para encostar na comida. Ao toque, parecia real. Assim como aos seus olhos.

— Consigo sentir o cheiro.

— É tudo ilusão — Azaki explicara, e Lund viu que ele estava sorrindo, orgulhoso.

Então, Azaki, visivelmente relaxado, colocou o livro na mesa; a bruma de luzes desapareceu, como se alguém tivesse desligado um interruptor, e o prato de Lund voltou a estar vazio.

— E olha só pra isso — Azaki dissera, abrindo o livro. Ele folheou até encontrar o que estava procurando. Então, o virou e mostrou para Lund: um rascunho do prato de comida que ele havia acabado de ver, tocar e cheirar.

— Incrível pra caralho, né?

Lund simplesmente assentira, porque era exatamente isso: incrível pra caralho.

Ele não sabia por que Azaki havia compartilhado seu segredo, mas presumiu que o homem tinha decidido que Lund era simplório, de certa forma. Não era algo fora do comum. As pessoas viam o tamanho de Lund e, se passavam um tempo em sua companhia, notavam que ele não falava muito, e logo presumiam que era burro. Ser subestimado não era um problema para Lund, e, mesmo que gostasse de Azaki e de sua companhia descomplicada, não estava em seus planos corrigir a ideia de que era um pouco lento.

Quando voltaram ao hotel na extremidade do porto em Antofagasta, Azaki disse que beberia algo no bar, sozinho. Lund entendeu o recado e seguiu direto para a suíte na cobertura. Pegando uma cerveja no frigobar, ficou parado em frente à janela por um tempo. Era possível ver o porto dali, e ele gostava da vista. Gostava de ver o movimento, as pessoas trabalhando.

Lund bebeu devagar sua cerveja e pensou em Azaki. Por baixo de tudo aquilo, ele era um homem afável, gentil. Lund não via aquilo como uma falha: era o maior motivo pelo qual Lund estava viajando com ele por tanto tempo.

Azaki voltou à suíte mais cedo do que Lund esperava, pouco mais de uma hora depois. Pegou também uma cerveja no frigobar e se juntou a Lund nos sofás.

— Acho que vamos voltar para os Estados Unidos — comentou. — Sinto que devemos ir a Nova York.

Lund olhou para ele. Azaki tinha um olhar distante no rosto. Ele ficava daquele jeito, às vezes, quando estava triste, ou bebendo, ou triste e bebendo.

— Tá bem — Lund respondeu. Não era um problema para ele. Só havia visitado Nova York uma vez, quando era muito mais jovem. Gostaria de retornar.

Depois de algumas cervejas, com ambos jogados nos sofás em cantos opostos do quarto, Lund disse:

— Faz aquele negócio.

Azaki suspirou teatralmente, mas Lund sabia que ele gostava de exibir suas habilidades.

— Tá bem — ele disse. Sacou o Livro da Ilusão e o segurou, fechando os olhos brevemente. O livro brilhou em muitas cores, e tons similares iluminaram todo o cômodo, uma cachoeira de faíscas arco-íris chovendo do teto sobre os dois. Lund deixou-se relaxar no sofá e desfrutou da ilusão, sentindo seu corpo se acomodar e encontrar o sono.

— Aproveite — Azaki disse. — Amanhã, uma nova aventura começa.

Lund ergueu sua garrafa em resposta e voltou os olhos para as luzes.

Ele não imaginava que encontrariam coisa alguma no dia seguinte. Não tinham encontrado nada nos nove meses em que estava viajando com Azaki, mas estava feliz em acompanhá-lo no percurso, feliz em aprender tudo sobre o mundo oculto de livros mágicos.

O APARTAMENTO DO SR. WEBBER
E AS INVESTIGAÇÕES DE IZZY

Na manhã seguinte, depois de uma noite de pouco sono e muita empolgação, Cassie saiu em busca de respostas, e levou consigo o Livro das Portas.

Sua primeira parada foi o prédio do sr. Webber na rua 94 Leste, uma construção de quatro andares de tijolos vermelhos com uma escada de incêndio preta cruzando a fachada em zigue-zague, coberta de uma camada grossa de neve. A entrada do prédio estava trancada: ao tentar abri-la, a porta chacoalhou com firmeza, sem sair do lugar. Cassie, depois de pensar por um momento, procurou o Livro das Portas no bolso, imaginando-se abrindo a porta e adentrando o saguão além dela, mas, quando puxou a maçaneta, a porta permaneceu teimosamente fechada.

— O quê? — ela perguntou a ninguém em particular, a palavra saindo como uma espiral de hálito no ar.

Cassie olhou ao seu redor, assegurando-se de que continuava sozinha na rua, e tirou o livro do bolso. Tentou mais uma vez, conferindo se o Livro das Portas estava cercado por sua névoa de luz multicolorida enquanto puxava a maçaneta, mas, ainda assim, a porta do prédio do sr. Webber não cedeu.

— Por que não funciona?

Ela ficou imóvel por um instante, pensando no enigma. As jornadas que havia feito na noite anterior tinham todas começado a partir de portas que estavam destrancadas: a porta em seu apartamento, a porta no terraço do hotel. A única diferença em que conseguia pensar era que a porta do prédio do sr. Webber estava trancada. Se não era capaz de passar por ela *sem* usar o Livro das Portas, por que conseguiria usando o livro?

— Não funciona pra destrancar portas trancadas — ela disse para si mesma. O Livro das Portas era capaz de transformar uma entrada em outra, mas somente se a primeira porta já estivesse aberta. — Hm... — Cassie murmurou quando a conclusão se instalou e solidificou. Parecia fazer sentido. Só conseguiria passar por uma porta trancada ao viajar a partir de uma porta destrancada. Era preciso testar aquela hipótese.

Cassie caminhou de volta até a Segunda Avenida, correndo os olhos de um lado da rua até o outro, assobiando alegremente. Encontrou uma unidade do Citibank, o prédio que ele ocupava repleto de andaimes que ofereciam uma cobertura sobre a entrada. A agência bancária em si era uma simples sala quadrada, com cinco caixas eletrônicos e nenhum funcionário.

— Perfeito — Cassie murmurou.

Ela alcançou a porta, a mão dentro do bolso, segurando o Livro das Portas. Lembrou-se da porta do prédio do sr. Webber que tinha acabado de tentar abrir, a sensação dela em sua mão. Lembrou-se do metal frio, do som de seu chacoalhar, presa na tranca. Lembrou-se — e *sentiu* — tudo isso conforme tomava consciência do livro mudando em seu bolso, tornando-se mais sólido. Cassie olhou de relance para baixo, espiando o interior do bolso, vendo luzes brilhantes como fogos de artifício em uma caverna, e sorriu para si mesma ao abrir a porta do Citibank e entrar, não no banco, mas no saguão do prédio do sr. Webber, um quarteirão ao sul e virando a esquina. O mundo, de repente, ficou silencioso, o cheiro de calor e de madeira em seu nariz.

— Legal — ela sussurrou quando a porta bateu às suas costas, selando a Segunda Avenida do lado de fora. Seu corpo se encheu de alívio, e Cassie percebeu que estivera preocupada com a porta trancada na rua, preocupada que a magia deixasse de funcionar.

Puxando o Livro das Portas de seu bolso, ela folheou as páginas até achar aquele desenho do portal. Onde antes houvera um prado florido e, depois, uma rua em Veneza, a imagem mostrava agora o saguão em que Cassie se encontrava. Ela se pegou encarando o desenho e, então, ergueu os olhos para compará-lo com seus arredores.

— Incrível — murmurou, sorrindo.

Ela subiu as escadas até o último andar. A porta do apartamento do sr. Webber, a única porta do último andar do prédio, estava trancada. Apressou-se a bater na madeira, e o som quicou pelas paredes e pelo piso de azulejos como uma bolinha de borracha. Ela esperou, mas não havia ninguém lá.

Cassie pensou em como entrar no apartamento do sr. Webber. Agora que tinha visto a porta, que tinha *sentido* a porta que queria abrir, só precisava de outra porta destrancada para atravessá-la.

Ela entendeu o que precisava fazer. Deu mais uma boa olhada na porta, estendendo os braços e segurando a maçaneta com firmeza, assim como tinha feito com a porta da rua. Então, tornou a descer as escadas, saiu para a rua, virou a esquina e voltou até o Citibank, levemente irritada por precisar reconstituir os próprios passos, mas encantada com a sensação de estar fazendo travessuras e mágica em suas aventuras secretas.

Alguns minutos depois, ela abriu a porta do Citibank pela segunda vez e entrou em um corredor escuro, por trás da porta trancada do sr. Webber. Incapaz de se conter, olhou novamente o desenho no livro e viu que ele havia mudado mais uma vez, mostrando o interior melancólico do mesmo apartamento.

— É magia — Cassie constatou, balançando a cabeça devagar. Era tão empolgante quanto a primeira vez em que tinha usado o livro, no dia anterior. Talvez ainda mais porque, agora, estava testando as capacidades dele; estava explorando o impossível. Estava construindo uma relação com o livro.

Ela cruzou o corredor e chegou a uma área de estar em planta aberta, com duas janelas amplas que davam para a rua. Raios de luz da manhã estendiam-se pelo espaço, tênues e acinzentados. As paredes estavam forradas com estantes de livros, todas cheias e organizadas com capricho. Uma poltrona estilo *wingback* ficava ao lado da janela, um apoio de pés à frente e um sofá de dois lugares no meio do cômodo, de frente para uma televisão pequena e quadrada em um móvel de madeira. A área da cozinha ficava à direita. O lugar todo cheirava a madeira, couro, livros e café.

Cassie correu os olhos pelas estantes. Viu Dickens e Dumas, Hardy e Hemingway, peças de teatro, teoria literária e partituras musicais. Havia livros modernos também, fantasia, ficção científica e terror, brochuras em cores vivas preenchendo um conjunto de prateleiras. Mas não havia nada como o Livro das Portas, nenhum outro caderno mágico.

Ela encontrou um segundo corredor curto na outra extremidade da sala de estar, três portas ao longo de sua extensão. Ignorando o banheiro, verificou o quarto lúgubre do lado direito do corredor. Havia uma cama de solteiro contra a parede e um armário antigo em um canto. Uma janela pequena mostrava um pátio nos fundos do prédio. Dentro do armário, Cassie encontrou roupas, mas que pareciam pertencer a uma mulher mais jovem, não a um senhor de idade. Ela se perguntou se o sr. Webber tivera uma namorada em algum momento. Ou alguém da família, talvez. Havia livros ali, organizados em uma fileira impecável ao longo do peitoril da janela. Brochuras, clássicos e livros modernos, uma mistura eclética. Cassie assentiu enquanto corria um dedo pelas lombadas, apreciando o bom gosto de quem quer que houvesse reunido aquela coleção.

O quarto principal no fim do corredor era um cômodo muito maior, com uma cama de casal grande na parede oposta, uma janela única, de tamanho parecido com as duas da sala de estar, e um armário embutido à esquerda, repleto de roupas e sapatos enfileirados com cuidado no piso. Eram as roupas do sr. Webber. Ela reconheceu cachecóis e paletós, o cheiro tênue dos produtos de higiene que ele usava. A tristeza recaiu sobre ela mais uma vez, pela perda daquele homem que mal havia conhecido, mas Cassie afastou o sentimento.

Fechando a porta do armário, ela foi até a janela, observando um furgão de entregas bamboleante descer a rua nevada e perguntando-se o que estava fazendo. Não havia nada de significativo no apartamento.

Por que tinha vindo até ali?

O que esperara conseguir? Ou havia sido apenas um pretexto para brincar com o Livro das Portas?

Cassie voltou até a sala de estar, o espaço confortável, repleto de livros e de luz do dia. Era um lugar alegre, com um clima sereno, Cassie concluiu, um lugar onde o sr. Webber com certeza havia sido feliz.

— Por que você me deu o livro, sr. Webber? — ela perguntou para o cômodo. — E onde você o conseguiu? Qual é o segredo dele?

Ela esperou, mas não havia ninguém ali para responder.

— Como você está, querida? — a sra. Kellner perguntou quando Cassie chegou ao trabalho. Havia caminhado do prédio do sr. Webber em meio ao clima frio da hora do almoço, escorregando e deslizando de vez em quando na neve congelada, onde as calçadas não tinham sido limpas, e sentia o rosto seco, queimado pelo vento.

— Bem.

A sra. Kellner assentiu, em aprovação.

— Que bom, querida.

A sra. Kellner chamava todos de "querido" ou "querida", fossem jovens ou velhos. Ela, por sua vez, era uma mulher de idade indeterminada e, aos olhos de Cassie, não havia envelhecido nada nos seis anos em que se conheciam. Era baixinha, robusta e sempre bem-arrumada, e o tipo de mulher que encarava uma crise como se mal chegasse a ser o pior acontecimento de sua vida na última meia hora.

Cassie tinha sido cliente da livraria antes de ser funcionária. Em seus primeiros meses na cidade, depois de voltar da Europa e enquanto ainda estava dormindo em albergues, havia passeado pelas livrarias de Nova York. A Livraria Kellner foi sua favorita: era fácil chegar lá, distante dos turistas e das pessoas ocupadas de Midtown, ampla o bastante para conter uma boa seleção de livros, e não grande a ponto de tornar-se impessoal e fria. Cassie acabou passando boa parte de suas semanas lá, tornando-se conhecida dos funcionários e até mesmo reorganizando livros quando os encontrava no lugar errado nas prateleiras. Depois de meses nessa situação, a sra. Kellner havia chamado Cassie no canto e lhe oferecido um emprego.

— Você passa tanto tempo aqui quanto os funcionários, pode muito bem ser paga por isso.

A verdade, como Cassie tinha descoberto algumas semanas depois por meio de Izzy, era que o sr. Kellner havia sido diagnosticado com Alzheimer e já mostrava sinais de uma deterioração rápida.

— Não vai demorar pra ele não conseguir mais fazer nada aqui na livraria — Izzy dissera enquanto as duas organizavam juntas o lugar, no fim de um expediente. — E a sra. Kellner não vai conseguir fazer tanto quanto agora, porque vai estar ocupada tomando conta dele. Então ela precisa de mais ajuda. E você tem cara de gente honesta.

— Todo grande mentiroso tem — Cassie havia brincado.

De fato, a presença do sr. Kellner na livraria foi diminuindo aos poucos. Ele era um homem tão alto e esguio como a esposa era baixa e parruda, com cabelo desgrenhado e um jeito bondoso, mas Cassie mal tinha começado a conhecê-lo na época em que ele parou de aparecer na loja. Nos últimos anos, a sra. Kellner quase não mencionava o marido, e Cassie nunca se sentia confortável para perguntar como ele estava.

— Vá pegar um café — a sra. Kellner a instruiu agora. — Parece cansada. — Era o tipo habitual de gentileza dela, oferecida como uma bronca amena.

Cassie guardou suas coisas nos fundos — seu casaco e a bolsa, o Livro das Portas dentro dela — e fez uma parada no balcão da cafeteria. A livraria não estava cheia no momento, alguns estudantes com seus notebooks nas mesas da cafeteria, um ou outro cliente habitual percorrendo as prateleiras, então Cassie conversou com Dionne por alguns minutos enquanto seu café esfriava, descrevendo o que tinha acontecido na noite anterior, tão imparcialmente quanto pôde.

— Coitado do sr. Webber — Dionne disse, sacudindo a cabeça e estalando a língua.

— Você o atendeu ontem, certo? — Cassie perguntou. — Antes de encerrar o expediente?

— Isso mesmo — Dionne confirmou, apoiando-se no balcão.

— Você reparou...? — Cassie hesitou, incerta do motivo.

— Reparei no quê?

— Se ele estava carregando um livro marrom? Tipo um caderninho?

Dionne riu.

— Meu bem, no fim do meu turno, vai ser sorte se eu reparar se estou atendendo um homem, uma mulher ou um alienígena. Eu anoto o pedido e entrego o café. Não reparo em quais livros o cliente está carregando.

— Certo — Cassie disse.

— Algum problema, meu bem?

— Estou cansada, só isso — Cassie respondeu, erguendo o café. — Precisando disto aqui.

Ela voltou até o balcão da frente da livraria e se acomodou na banqueta.

— Sra. Kellner? — ela perguntou, tentando soar descontraída.

— Sim, querida?

— Você conhecia o sr. Webber?

— Como assim, o conhecia? Eu o conhecia. Ele frequentava minha loja e comprava livros. É isso que está perguntando?

Os diálogos com a sra. Kellner se desenrolavam muitas vezes dessa forma. Ela precisava expressar que seu interlocutor era idiota antes de responder à pergunta. Não era maldade, era simplesmente a forma dela de falar.

— Não, quis dizer... Você sabia algo a respeito dele?

— Sei que ele era velho e que não comia direito. Um homem daquela idade e magro daquele jeito, se caísse, quebraria no meio. Não era certo.

— Ele sempre esteve vindo aqui? — Cassie perguntou.

— Gramática terrível da sua parte, minha querida, "sempre esteve vindo aqui"?

Cassie lançou um olhar à mulher, um olhar que não teria ousado usar em sua presença há poucos anos. A sra. Kellner suspirou e desviou os olhos para contemplar a livraria.

— O sr. Webber era um bom cliente — ela disse, e Cassie sabia que era um elogio imenso. — Sempre frequentou a livraria. Eu me lembro de quando ele não era tão magro assim. Quando ele trabalhava. Era um homem bonitão, alto e forte. — A senhora sorriu consigo mesma. — Ele sempre estava sozinho — ela continuou, voltando a olhar para o computador. — Não me lembro de tê-lo visto entrar aqui junto de outra pessoa. Eu me perguntava se ele era gay, na verdade, mas não se fala de coisas assim com clientes, certo? Mas ele era um bom cliente. O tipo de cliente que anda em falta para nós. — Ela ficou em silêncio por um momento, perdida nos próprios pensamentos, e, por fim, acrescentou: — Eu me lembro de uma mulher em certa ocasião... Ele levou uma garota pra casa uma vez, jovem demais para ele. Acho que ela morava na rua, ou coisa do tipo. Talvez ele estivesse tentando ajudar.

Cassie esperou por mais.

— Ou talvez tenha sido outra pessoa — a sra. Kellner disse, sacudindo a cabeça. — Estou trabalhando aqui há tanto tempo que confundo as coisas.

Ela voltou ao trabalho. Cassie tentou trabalhar também, mas notou seus pensamentos se voltando o tempo todo para o Livro das Portas, para suas muitas páginas misteriosas. Ela queria se sentar em algum lugar com o livro, debruçar-se sobre todos os detalhes dele.

Izzy apareceu na livraria no fim da tarde, fazendo barulho ao passar pela porta e espalhando neve pelo chão. Seu cabelo estava úmido por conta do ar frio, e as bochechas estavam tão vermelhas que a cena era quase cômica.

— Izzy, minha querida — a sra. Kellner a cumprimentou, abraçando-a ao lado do balcão, sob o olhar de Cassie. — Está parecendo uma boneca, com essas bochechas cor-de-rosa.

— Tô parecendo congelada, isso, sim! — Izzy resmungou.

A sra. Kellner se afastou, segurando os braços de Izzy e correndo os olhos por ela como se fosse uma neta que não via há anos.

— Quando vai parar de vender aquelas quinquilharias caras, hein? Volte pra cá e venda algo que torna o mundo melhor.

— Foi mal, sra. K, mas as pessoas das quinquilharias caras pagam melhor. Se quiser equiparar o meu salário lá, volto na mesma hora.

— Ah, dinheiro. Os jovens só se importam com dinheiro. A vida não é só isso, querida. — A sra. Kellner ergueu uma pilha de livros e afastou-se na direção dos fundos da loja.

— É fácil falar isso quando se mora em um apartamento multimilionário no Upper East Side! — Izzy murmurou para Cassie, apoiando o corpo no balcão.

— Ela sente sua falta, só isso — Cassie disse. — O que está fazendo aqui? Achei que ia trabalhar hoje.

— Acabei agorinha — ela respondeu. — Sabe que horas são? Deixa pra lá. Preciso falar com você.

— Sobre o quê?

— Sobre... — ela olhou ao redor e baixou a voz —... o livro teletransportador.

Cassie quase sorriu.

— Aqui, não — ela advertiu. Uma mulher se aproximava do balcão, empurrando uma criança em um carrinho. A garotinha segurava um enorme livro ilustrado à sua frente, como se fosse um volante. — Me dá dez minutos, e eu adianto meu intervalo. Podemos dar uma volta e conversar.

61

Elas caminharam de braços dados, abraçando-se à procura de calor e estabilidade. A bolsa de Cassie estava pendurada no ombro, o Livro das Portas dentro dela. A rua estava agitada, pessoas, barulhos e fumaça dos veículos, todas as pessoas embrulhadas em muitas camadas para se aquecerem, os hálitos serpenteando no ar. O sol parecia ter sido engolido por nuvens cinzentas e pesadas, que ameaçavam fazer cair ainda mais neve. As duas andaram em silêncio por alguns instantes, e Cassie se pegou pensando nas muitas outras vezes em que ela e Izzy tinham caminhado de braços dados assim: indo e voltando do trabalho, nos dias do início da amizade, para jantares com amigos, em noitadas, com Izzy de olho em companhias românticas e Cassie desesperada para voltar para casa e encontrar qualquer que fosse o livro que estava devorando no momento. Era a história delas, e, para Cassie, quase parecia que sempre haviam se conhecido, como se fossem irmãs.

— Do que você queria falar? — ela perguntou.

Izzy balançou a cabeça, o olhar fixo à frente, observando o cânion urbano.

— Não consegui dormir ontem à noite — ela contou. — Quer dizer, devo ter dormido, quando voltei pro meu quarto. Algumas horas, talvez.

— Sei.

— Mas foi tipo aquele sono de quando você precisa acordar cedo pra ir em algum compromisso. Fiquei acordando o tempo todo, e... — Izzy sacudiu a cabeça — ... não conseguia parar de assistir ao vídeo que fizemos, sabe? Aquele do...

— Sei — Cassie disse mais uma vez. Elas esperaram que o semáforo abrisse ao lado de uma faixa de pedestres e atravessaram a rua junto da multidão, dois grupos de pedestres juntando-se, como exércitos inimigos em uma batalha, antes de se separarem novamente e seguirem em direções opostas.

— Quando cheguei ao trabalho, não conseguia tirar aquilo da cabeça, então fiquei pesquisando no Google o dia inteiro.

— Dia cheio na Bloomingdale's, é? — Cassie provocou. — O que você ficou pesquisando no Google?

Izzy revirou os olhos.

— A previsão do tempo em Minnesota! O que acha, Cassie? Seu livro teletransportador. Fiquei pesquisando sobre ele.

Cassie mordeu o lábio, desconfortável com a ideia de Izzy ter feito qualquer coisa relacionada ao livro sem conversar com ela primeiro.

— O que descobriu?

— Nada — Izzy respondeu. — Fiquei fuçando na internet por horas, como um aluno de doutorado. Olhei em todos os sites e todos os fóruns. Cada vlog, blog e Deus sabe mais o quê. E não encontrei nada. Nenhuma referência a livros de teletransporte, nem ao Livro das Portas, nem coisa parecida. Nada.

— Hm — Cassie resmungou, surpresa com o próprio desapontamento. — O que você veio fazer aqui então se não encontrou nada?

Izzy lançou a ela um olhar de soslaio incrédulo.

— Você não entende? — ela perguntou. — A internet não sabe nada do seu livro.

— É, já disse isso.

— Cassie — Izzy chamou, falando como se ela fosse lenta. — O Google sabe de tudo. De *tudo*. Eu aposto que encontraria lá até quanto você calça e a declaração do imposto de renda da sra. K. E esse livro… não é uma coisa normal, certo? É o tipo de coisa de que as pessoas iriam *querer* saber. Então, como é que não tem nada lá?

Cassie pensou na pergunta. Algo pesado se instalou em seu estômago, uma sensação da qual não gostou. Ela a rechaçou, a ignorou.

— Ah, Iz, deixa disso. Está preocupada por não ter encontrado nada. Se *tivesse* encontrado algo, teria ficado preocupada do mesmo jeito.

— O que parece é que tem alguém vigiando, deletando qualquer referência a essas coisas — Izzy continuou, a voz baixa e apressada. — Não gosto nada disso.

— Você tá pensando demais — Cassie disse, soltando uma risada forçada.

— E você tá pensando de menos! — Izzy retrucou com rispidez, e Cassie voltou o olhar para ela, surpresa, percebendo pela primeira vez a seriedade da amiga. — Eu sei que você vive nessa sua fantasia em tempo integral, como se nada importasse e nada pudesse te machucar, mas isso aqui tá me assustando! Você precisa ir à polícia, dar um jeito de investigarem o sr. Webber…

Cassie fez uma expressão de culpa que Izzy compreendeu na mesma hora.

— Cassie — ela disse, a voz decepcionada.

— Talvez eu tenha visitado o apartamento dele hoje cedo.

— Cassie, alguém podia ter te visto! E como é que você entr… Ah. — Izzy interrompeu a própria frase, e Cassie assentiu, confirmando. — Não sei se você deveria ficar usando o livro assim. Não até descobrir mais a respeito dele. Pode ser perigoso.

— Eu não encontrei nada — Cassie contou, desviando o rosto e estreitando os olhos ao sentir o vento. — Era só o apartamento de um senhor. Não fiquei vasculhando as gavetas dele ou coisa assim, mas simplesmente não parecia ter nada lá.

Izzy estava sacudindo a cabeça, olhando para os pés enquanto caminhavam, claramente descontente.

— Vamos lá, é melhor eu voltar — Cassie disse.

As duas alcançaram o fim de um quarteirão e começaram o trajeto de volta. Quando se viraram, algo atraiu a atenção de Cassie: uma silhueta, um rosto familiar. Do outro lado da rua, um homem as observava — um homem de cabelo escuro com rosto magro, vestindo um terno preto —, e Cassie percebeu que já o tinha visto antes. Era o homem da noite anterior, o homem que estava sentado no terraço do Library Hotel. Ela sustentou seu olhar ao caminhar, virando a cabeça para mantê-lo em seu campo de visão.

— O que foi? — Izzy perguntou.

— Nada — Cassie mentiu, sorrindo para ela. — Nada.

Quando voltou a olhar para trás, o homem já não estava mais visível em meio ao movimento.

— Demoramos mais tempo do que eu imaginei — Cassie comentou, apreensiva de repente, mas incerta do motivo. — Vou usar o Livro para voltar.

Izzy franziu o rosto, infeliz.

— Cassie...

— Por favor, Izzy, só confia em mim.

Algo em seu tom de voz deteve os protestos da amiga. Elas viraram na rua seguinte e encontraram uma mercearia grande. Momentos depois, entraram novamente na Livraria Kellner, longe da Segunda Avenida, longe do homem que as estivera observando.

AMANTES DE LIVROS

Em Nova Orleans, em sua casa no bairro French Quarter, Lottie Moore, a mulher mais conhecida como a Livreira, recebeu uma mensagem que aguardava há tempos, oferecendo informações a respeito do Livro das Portas.

Ela leu o e-mail com atenção, sentindo o coração acelerar, e o releu em seguida para garantir que guardaria os detalhes na mente. Levantou-se de sua mesa e foi até a sacada. Apoiando-se no gradil de metal sob a sombra do cipreste que ficava em frente à casa, ela encarou a extensão da rua Orleans até o pináculo da Catedral de São Luís ao longe. Era um dia quente para a época do ano, mas não úmido em demasia. A brisa a agradava, e ela deixou que a sensação a tomasse enquanto pensava na situação. Então, pegou seu celular para ligar para o caçador de livros, Azaki. Havia tido bastante tempo para pensar a quem pediria ajuda, e Azaki fora sua decisão final.

— Madame Livreira — Azaki cumprimentou quando atendeu à ligação.

— Obrigada por me atender — Lottie disse. Sabia que Azaki não gostava muito dela. A única ocasião em que tiveram contato havia sido anos atrás, quando Azaki vendera a ela um livro. Uma atitude motivada por necessidade, para sobreviver, e não porque a ideia de um livro especial vendido no mercado geral o agradasse.

— O que você quer?

— Preciso da sua ajuda — ela disse. — Onde você está?

Azaki não respondeu de imediato.

— Digamos que na América do Sul.

— Compreendo sua cautela, mas esta conversa é estritamente confidencial.

— América do Sul — Azaki repetiu. Ele era um homem cauteloso. Lottie não o culpava.

— Serei honesta, sr. Azaki. Preciso de alguém digno de confiança, alguém cuidadoso.

— Para quê?

— Tenho informações a respeito de um livro especial que apareceu em Nova York.

— Prossiga — Azaki solicitou, a voz abafada brevemente pelo som de trânsito e barulhos da rua.

— Não tenho a liberdade de revelar como sei o que estou prestes a lhe contar, mas acredito que o Livro das Portas emergiu.

— O Livro das Portas — Azaki repetiu. — Tem certeza?

— Tenho.

Azaki ficou em silêncio por um momento.

— Interessante.

— Preciso de alguém de confiança para obtê-lo.

— Para lhe trazer o livro, para você vender? — Azaki perguntou.

— É claro — Lottie disse. — Imagine só os lucros. Mesmo descontando minha taxa, você teria o bastante para fugir e se esconder pelo resto de sua vida. É isso que quer, não é?

Azaki não respondeu. Ele estava assustado e passando por dificuldades. Era nisso que a Livreira estava apostando.

— Se esse livro cair nas mãos erradas...

Ela sabia a que ele se referia. A *quem* ele se referia. Mas não falou nada.

— Me conte o que você sabe — ele pediu, por fim.

Lottie relatou os detalhes.

— Estou pedindo sua ajuda, então vou pagar seu voo para Nova York, se me disser de qual aeroporto deseja partir.

— Não é preciso — Azaki falou. — Consigo bancar as passagens.

— Passagens?

— Eu e meu guarda-costas — ele explicou. — Estou com um cara novo. Um grandão. Bem talentoso com as mãos. Mais alguém sabe dessa história?

— Provavelmente — Lottie disse. — Mas, mesmo que não saibam ainda, em breve saberão. Vai ser um frenesi.

— Vai — Azaki concordou.

— Quero que faça mais uma coisa para mim — Lottie acrescentou. — Algo um pouco mais incomum. E é por isso que estou pedindo a você. Uma das mulheres que está com o livro, o nome dela é Isabella Cattaneo.

— O que tem ela?

— Se ela estiver sozinha quando a encontrar, quero que a traga até mim.

— O quê?

— Quero que a traga até mim.

— Por quê?

— Preciso protegê-la.

— Protegê-la do quê?

— Isso não é da sua conta. Você aceita? Recuperar o livro e trazer a mulher até mim?

Azaki pensou em silêncio por um instante, e tudo que Lottie ouviu foi o vento e o trânsito.

— Deixe-me chegar em Nova York primeiro — ele disse, por fim. — Entro em contato quando estiver lá.

Ele desligou.

Lottie guardou o celular e voltou a se apoiar no gradil. Não estava preocupada com o Livro das Portas; sabia que ele chegaria até ela, de uma forma ou de outra, e ela faria sua venda final e sairia daquele ramo de uma vez por todas. Azaki era, na verdade, apenas uma garantia naquela questão. O verdadeiro motivo de precisar do caçador era assegurar-se de que a mulher chegaria até ela. Aquele era o ponto principal. Porque Lottie tinha feito uma promessa, e sempre cumpria suas promessas.

Drummond Fox, outrora o Bibliotecário, mas agora um andarilho, acordou naquela manhã pensando nas mulheres que tinha visto na noite anterior. Sentia urgência de encontrá-las, de salvá-las do destino que poderia recair sobre elas, qualquer que ele fosse. Depois de tomar um banho e se vestir, pegou seus três livros da mesa de cabeceira: o Livro da Sorte, com sua capa e páginas douradas, o Livro das Sombras e o Livro da Memória. Demorou-se uma vez mais no Livro da Memória, abrindo a capa e observando o texto escrito com cuidado na primeira página, assim como fizera milhares de vezes no decorrer dos anos.

Este é o Livro da Memória.
Compartilhe-o para compartilhar uma memória,
Conceda-o para conceder memória,
Tome-o para tomar uma memória.

Drummond já tinha pensado muitas vezes em apagar suas memórias, esquecer tudo a respeito dos livros especiais, da Mulher e da Biblioteca Fox, e simplesmente começar uma nova vida. Era uma ideia tentadora, mas ele sempre havia resistido. Resistiu mais uma vez agora, porque tinha um objetivo. Precisava encontrar as mulheres e o Livro das Portas.

Ele deslizou o Livro da Memória para dentro do bolso, junto dos outros dois. Eles formavam uma protuberância sutil contra seu quadril, mas Drummond não se incomodava com isso. Era como sabia que eles estavam sempre ali: normalmente, eram tão leves e intangíveis que era fácil esquecer que estava com eles. Ele saiu na manhã fria, o vento queimando seu rosto, e caminhou pela cidade coberta de neve sem uma direção definida, percorrendo as longas avenidas nas sombras entre prédios altos, passando por ruas amplas e estreitas. Comprou um cachorro-quente de um vendedor de rua, engolindo-o com a ajuda de uma Coca-Cola, e então caminhou um pouco mais, confiando em sua sorte.

Era hora do almoço quando as viu. Estava parado em um cruzamento no Upper East Side, esperando o semáforo, quando localizou as duas mulheres no lado oposto. A de cabelo loiro o viu, olhando-o de soslaio do outro lado da rua e encontrou seus olhos com uma expressão séria. Ambos sustentaram o olhar um do outro por alguns instantes, mas, quando Drummond conseguiu atravessar a rua, escorregando no asfalto nevado, tropeçando e caindo, as mulheres já estavam no fim do quarteirão. Quando alcançou aquela esquina, poucos momentos depois, já não havia sinal delas. O único lugar aonde poderiam ter ido era uma mercearia, a primeira porta ao longo da rua. Drummond entrou no estabelecimento, mas, exceto pela velha mulher atrás do balcão, estava vazio.

Ele voltou para a rua e ficou parado, a respiração pesada, olhando ao seu redor, assegurando-se de que não havia deixado nada passar. Não havia nada além de entradas de prédios residenciais, nenhum lugar para onde as mulheres poderiam ter ido, a não ser que morassem naquela rua em particular.

Mas Drummond não achava que era esse o caso. Achava que havia outra explicação e sentiu-se ainda mais certo do que na noite anterior.

Era o Livro das Portas, mesmo que parecesse inacreditável.

O doutor Hugo Barbary manteve-se a um quarteirão de distância de Drummond Fox durante toda a perambulação matutina do homem. Hugo havia sido um caçador antes de se tornar caçador de livros, e fora fácil para ele, na noite anterior, seguir os rastros de Drummond na neve, da Washington Square até o Library Hotel. Barbary havia reservado um quarto para si no mesmo lugar, e um suborno de bom tamanho para o *concierge* assegurou que ele fosse notificado sempre que Drummond deixasse o prédio. Barbary o tinha seguido durante toda a manhã, perguntando-se o que o homem tramava.

Barbary sabia que Drummond Fox carregava livros consigo. Ninguém sobrevivia por dez anos sem ser encontrado, não sem alguma ajuda. Especialmente considerando o tipo de gente que estava procurando por ele.

Barbary, por sua vez, tinha apenas dois livros, mais do que o suficiente para preencher sua vida com os prazeres e as riquezas que apreciava. E eram livros poderosos, com certeza, o bastante para tê-lo mantido em paz até o momento. Mas algum dia, mais cedo ou mais tarde, as pessoas viriam atrás dele, ele sabia: Okoro, aquele maldito da Nigéria, ou alguém da mesma estirpe. Até mesmo a própria Mulher. Era uma corrida armamentista para ver quem reuniria mais livros e mais poder. Hugo tinha confiança em suas habilidades: sabia que suscitava medo nos outros. Mas também sabia que seria prudente ter mais livros em sua posse, se possível. Livros como os que o Bibliotecário havia usado para evitar por uma década ser descoberto. Tais livros, certamente, seriam muito úteis.

Barbary observou, do outro lado da rua, Drummond Fox parado em uma esquina, a expressão levemente perplexa, como se tivesse acabado de perder algo importante.

Então, o homem tornou a caminhar, dirigindo-se ao sul a partir de Upper East Side, em direção a Midtown.

Hugo não se incomodou. Gostava de caminhar: o ajudava a ficar em forma.

Aproximadamente no mesmo horário em Londres, onde já era o início da noite em vez de meio do dia, Marion Grace esperava pela irmã em um restaurante italiano agitado em Covent Garden. Marion não a via há mais de cinco anos — nos últimos tempos, raramente via quem quer que fosse —, mas havia recebido um e-mail pedindo que se encontrassem urgentemente. Então, Marion deixara seu apartamento nas Docas e fora até Covent Garden. A jornada a tinha deixado nervosa e desconfortável, tendo relaxado um pouco apenas ao chegar ao restaurante e ser conduzida a uma mesa em um canto nos fundos.

— Quando a reserva foi feita — o garçom explicou —, foi solicitada uma mesa em uma área tranquila. Espero que esta esteja de acordo com o pedido.

Marion sorriu, agradecendo, grata por sua irmã ter sido atenciosa o bastante para pensar em seus medos. Tinha se acomodado para esperar. O garçom trouxe pão em uma cesta e uma bebida em seguida, e Marion então distraiu-se com seu celular por um momento, perguntando-se se haveria alguma mensagem da irmã, e, quando ergueu os olhos de novo, a Mulher estava ali, observando-a do outro lado da mesa, com seus olhos muito escuros e seu belo rosto.

Marion arfou. A Mulher a encarou, inexpressiva.

Marion virou o rosto para o restaurante, como se estivesse procurando ajuda, mas ninguém mais ali saberia quem era a Mulher. Ninguém teria visto nada além de uma mulher bonita usando um vestido florido de alcinha.

— Você — Marion disse, a voz trêmula.

A Mulher a encarou, sem dizer nada.

Marion engoliu em seco, a garganta parecendo muito pequena.

— Eu vim encontrar minha irmã — Marion informou.

A Mulher sustentou seu olhar, então, lentamente, balançou a cabeça.

— Você — Marion disse. — Minha irmã, ela...?

— Sua irmã se foi — a Mulher declarou com simplicidade. Sua voz era baixa, as palavras quase sussurradas. Marion desviou os olhos, consternada.

Ela pensou em correr, mas como seria possível? Era uma velha mulher que havia passado cinco anos se escondendo. E como saber quais livros a Mulher tinha consigo?

— O que você quer? — Marion indagou, titubeante. — O que quer de mim?

A Mulher atraiu a atenção de um garçom que passava por lá. Ele curvou-se para escutar, e ela disse algo próximo ao ouvido do homem, que concordou com a cabeça e se afastou, às pressas.

— Eu não sei de nada — Marion disse. — Por favor. Estou vivendo como uma ermitã há cinco anos. Não falo com ninguém.

A Mulher estava examinando a cesta de pão enquanto Marion falava. Pegou um brioche e o cheirou.

— O que você fez com a minha irmã? — Marion perguntou, embora, na verdade, não quisesse saber.

A Mulher encontrou o olhar de Marion e, devagar, rasgou o brioche na metade. Os cantos de sua boca se ergueram em um sorriso.

— Meu livro não está comigo — Marion avisou, e a Mulher ergueu os olhos até seu rosto, colocando um pedaço do pão na boca. O garçom reapareceu trazendo uma taça de champanhe e a pousou na mesa. A Mulher mastigou o pão, observando Marion em silêncio.

— Não está comigo — Marion insistiu. — Eu não queria. Não queria que você viesse atrás de mim por causa dele.

A Mulher deu um gole no champanhe e fez uma expressão desapontada, analisando a bebida através do vidro e estalando os lábios, como se o gosto não fosse o que ela esperava.

— Você não ia querer o livro, mesmo que estivesse comigo — Marion continuou. — O que você faria com o Livro da Alegria? — A boca de Marion contorceu-se para baixo, seu ódio finalmente ultrapassando o medo. — A alegria é a última coisa com a qual você se importa.

A Mulher comeu um pouco mais de pão.

Marion a observou, esperando.

Esperando alguma coisa.

Esperando pelo pavor.

— Eu o mandei para Drummond — ela informou, por fim. — Fiz isso há mais de dez anos, pela segurança dele, entendeu? É isso que você fez com este mundo. Você me fez esconder o Livro da Alegria, porque isso era melhor do que ele cair em suas mãos.

Marion ficou surpresa com as lágrimas em seus olhos. Não sabia se eram lágrimas de medo, por sua irmã, ou pelo mundo que esta mulher havia criado.

— É isso que você fez — ela repetiu, enxugando os olhos com a mão. — Não tem vergonha?

— Onde fica a Biblioteca Fox? — a Mulher perguntou então, o som de sua voz tão baixo que Marion precisou se aproximar para ouvir.

— Eu não sei onde fica a Biblioteca Fox — Marion disse, de repente em pânico. — Por que eu saberia? Nunca quis saber! Ninguém quer saber, porque você vai atrás daqueles que sabem, não é?

A Mulher estava olhando para o brioche, mas suas sobrancelhas se ergueram, como se perguntassem: "É mesmo? É isso que andam dizendo por aí?".

— Apenas Drummond Fox sabe — Marion alegou. — Se quiser a Biblioteca Fox, você precisa encontrá-lo primeiro. Não sei por que está perguntando para mim!

A Mulher não disse nada. Era uma mulher tão linda, Marion pensou, tamanha escuridão envolta em uma embalagem tão bela.

— Você nunca vai encontrar Drummond Fox — Marion afirmou, sentindo o medo deslizar de seus ombros, como um casaco despido. Ela ia morrer, sabia disso, e era incrível como o pensamento lhe parecia libertador. Sorriu consigo mesma, e a Mulher deixou cair o restante do pão na mesa. — Em todos esses anos, você não o encontrou, e não vai encontrar agora, não é?

A Mulher a observou, sua expressão bela e vazia.

— Ah, é a melhor notícia que recebi nos últimos anos — Marion disse, unindo as mãos em um momento de deleite. — Ah, sim! Se não o encontrar, nunca vai encontrar a Biblioteca Fox, não é?

Marion chegou a rir, e, com a liberação da tensão, o ar ao seu redor pareceu relaxar levemente.

Ela olhou para a Mulher e viu como ela era vazia, como lhe faltava qualquer tipo de substância humana. Era como um retrato, Marion pensou, lindo, mas sem vida.

Então, a Mulher estendeu a mão e tocou o braço de Marion, sua boca contorcida em um sorriso de desdém, súbito e feroz. Um instante depois, Marion sentiu dor, imensa e imediata, como se uma mão enorme houvesse agarrado seu coração e o apertasse.

Ela arquejou e caiu sobre a mesa com um baque, os talheres e copos retinindo. Morreu em instantes, os olhos assistindo ao próprio reflexo distorcido no jarro de água de metal, o rosto de uma velha mulher gritando.

A Mulher dirigiu-se para o sul ao sair de Covent Garden e chegou à barragem ao longo do Tâmisa, afagando a própria fúria silenciosa e odiando o mundo ao seu redor, frenético e movimentado.

Estava furiosa por todo seu esforço ter sido em vão. O Livro da Alegria estava fora de seu alcance. Havia aguentado um voo transatlântico e agora precisaria aguentar mais um para voltar para casa.

A Mulher andou até a Ponte de Westminster, o Palácio iluminado e brilhando como ouro na escuridão do anoitecer. A ponte fervilhava de pessoas agitadas, de idas e vindas da humanidade. As pessoas conversavam ao caminhar, sorrindo, empurrando-se para passar. Ela se movia, impassível, em meio a isso tudo, como um tubarão deslizando em meio aos cardumes.

Queria causar dor, queria trazer sofrimento. Aquela sempre era sua vontade, mas tal vontade era particularmente genuína naquele dia, dada sua decepção. Não era o bastante ter matado a velha mulher no restaurante. Havia sido uma necessidade instantânea e insatisfatória. A Mulher sentia a urgência de se acalmar com um sofrimento mais tangível, fazer o mundo cantar em agonia para ela.

O dia escureceu conforme a noite se aproximou, conforme a Mulher cruzou a ponte e as pessoas pelas quais passava olhavam ao redor no escuro, como se cientes, de alguma forma, do que andava em seu meio, como se inquietas, de repente, mas incapazes de identificar o motivo.

A Mulher viu, então, uma jovem mãe vindo em sua direção, de mãos dadas com uma garota de talvez oito ou nove anos. A menina saltitava ao caminhar, vestindo um agasalho creme bonito e meia-calça branca. Estava usando um protetor de ouvidos na cabeça, e suas bochechas estavam avermelhadas pela brisa fria que emanava do Tâmisa. A garota sorria quando os olhos assimilaram as Casas do Parlamento, a torre do relógio perfurando o céu. Ela era alegre, saudável e viva, e a mãe parecia tão feliz, tão satisfeita consigo mesma, tão presunçosa com aquilo que havia trazido ao mundo. A Mulher odiou cada parte da cena.

Deixando-se movimentar na direção do par que se aproximava, ela retirou o Livro do Desespero de sua bolsa e o apertou contra o peito, como uma mulher a caminho da igreja, agarrando a Bíblia. Sentiu o poder do livro, o desespero, borbulhando no ar ao seu redor. A escuridão vazou das extremidades do livro conforme ela o trazia à vida, mas ninguém olhou em sua direção.

Quando a criança passou ao seu lado, a Mulher baixou a mão para deixar que um dedo resvalasse naquela bochecha macia e rosada. O desespero irrompeu dela como água de um frasco, jorrando para dentro da criança no breve momento de contato. A Mulher sentiu-se extasiada, a agonia a percorrendo e adentrando o outro corpo, enérgico e juvenil.

Imediatamente, ouviu-se um grito de angústia e, sem interromper sua caminhada, a Mulher olhou de relance para trás e viu a mãe se agachar, preocupada, segurando a filha com as duas mãos, o receio tornando seu cenho franzido.

A criança chorava conforme o vazio a preenchia, e a Mulher pensou que os olhos dela pareciam mais escuros agora, escuros como o céu noturno atrás do Palácio de Westminster.

O rosto da garota estava contorcido e vermelho, lágrimas deslizando por suas bochechas enquanto ela gritava com o pavor repentino que sentia, enquanto cantava a canção da Mulher. Ela virou o rosto na direção da Mulher, como se soubesse a origem da própria agonia. Observou-a em meio às lágrimas, enquanto a mãe a abraçava e afligia-se, enquanto outros transeuntes olhavam de relance para as duas e desviavam delas.

E a Mulher devolveu o olhar e sorriu para a garota. *Sim, criança*, aquele sorriso dizia. *Fui eu. Meu presente para você.*

A criança jamais voltaria a sorrir, a Mulher sabia. Jamais conheceria a felicidade ou a alegria. Talvez nem sequer chegasse à idade adulta, destruída pelo sofrimento que a Mulher havia transmitido a ela.

E aquilo a satisfez. Também tinha sido uma garota, inocente e feliz, antes de a mudança ter vindo até ela. Por que qualquer garota deveria ser feliz e sorridente, quando, em vez disso, poderia cantar sua dor para o mundo, cantar para a Mulher?

Ela seguiu seu caminho, os gritos desesperados da criança erguendo-se às suas costas até o céu, uma canção encantadora e pavorosa.

UMA NOITE DE VIAGENS

Era noite, e Cassie estava sozinha na livraria. Estava sentada no balcão, o Livro das Portas no colo, virando devagar as páginas e correndo os olhos pelos rabiscos e pelas imagens. A maior parte do conteúdo não fazia sentido para ela, mas seus olhos se demoravam nos desenhos e rascunhos. Portas, abertas e fechadas, e corredores. Havia rostos, também, homens e mulheres, crianças e adultos, e Cassie se perguntava quem eram aquelas pessoas. Teriam sido donas do livro antes dela? Seu rosto se juntaria aos deles nas páginas algum dia? O que teria acontecido com eles?

Pela primeira vez, Cassie se perguntou se Izzy poderia ter razão quanto a haver um risco em usar o livro. Mas, em resposta a isso, sua mente se voltou para a noite anterior, para sua última conversa com o sr. Webber. Ele a tinha aconselhado a sair dali e ir ver o mundo, e contado histórias de suas viagens.

Sem dúvida, a razão daquela conversa fora seu plano de dar a ela o Livro das Portas. Certo?

Sem dúvida, era uma mensagem, certo?

Cassie colocou o livro de lado e começou a organizar as coisas para fechar a loja. Conforme tirava xícaras e pratos das mesas da cafeteria, ela se lembrou de um jantar com seu avô, muitos anos atrás, os dois sentados à mesa comendo ensopado, quando o avô admitiu para ela seus sonhos de viajar.

— Só de ir de carro pra cidade vizinha, já fico todo empolgado — ele contara, servindo o ensopado com uma concha no prato dela. — Aquela estrada, se estendendo até qualquer lugar, e eu podia simplesmente continuar dirigindo. Imagine só, pegar um avião para um país completamente diferente. Estar lá em cima, no céu, com o mundo inteiro passando embaixo de você.

Seu avô nunca pôde viajar. A vida dele havia se resumido em trabalho, contas, responsabilidades e criar Cassie, e ela tinha certeza de que era algo que ele sempre planejou fazer, naquele ponto ao meio-fundo chamado de "algum dia", mas esse dia nunca chegou para ele.

Por essas razões, mas, principalmente, porque era o que queria, Cassie sabia que não pararia de usar o livro. Não daria as costas para a mágica e a impossibilidade.

Naquela noite, depois de trancar a loja, Cassie usou a porta nos fundos para se transportar para a Europa, para lugares que tinha visitado oito anos atrás. Primeiro, viajou mais uma vez para Veneza, até a rua que tinha visto do apartamento na noite anterior. Ela cruzou a porta e pisou nos paralelepípedos. Era uma noite fria e seca, e Cassie girou no mesmo lugar por um instante, maravilhando-se com a visão da rua, os olhos brilhando. Agachou-se e colocou uma mão no chão aos seus pés, simplesmente para ter certeza de que era de verdade. A porta pela qual tinha acabado de passar continuava entreaberta, e ela via o interior da Livraria Kellner ali, uma cena impossível, que fez seu coração acelerar de emoção.

— É real — ela constatou. — É tudo real.

Ela fechou a porta, observando Nova York pela fresta que se estreitava, como alguém tentando flagrar a luz de uma geladeira se apagando. Então, parada ali, não fez nada além de inspirar o ar de Veneza. O dia ainda não tinha amanhecido, e as ruas estavam escuras e silenciosas. Cassie sentiu lágrimas se acumularem em seus olhos: lágrimas de alegria, lágrimas de deslumbramento.

Ela virou à direita e caminhou por alguns instantes, os passos ecoando ao seu redor. Chegou ao fim da rua, onde ela encontrava um trecho estreito de um canal que formava um zigue-zague em torno de algumas esquinas de formato estranho e, depois, passava por baixo de uma ponte para pedestres, desaparecendo, por fim, através de uma fenda entre dois prédios altos. A água no canal era perfeitamente imóvel, como se fosse vidro preto. Do outro lado do canal ficava uma pequena praça — um *campo*, Cassie se lembrou — com uma fonte de pedra antiga no centro. No período diurno, os restaurantes em torno daquela praça arrumavam mesas e cadeiras do lado de fora, e, no meio do dia, o sol estaria diretamente acima delas, e o mundo ficaria quente e iluminado. Cassie tinha passado muitas horas felizes naquele *campo*, bebendo vinho barato e lendo. Agora, a praça estava vazia, os prédios ao redor silenciosos como enlutados reunidos em torno de um túmulo.

Cassie se afastou do canal e voltou pelo mesmo caminho, enxugando dos olhos as lágrimas de felicidade. Passou pela padaria, sabendo que logo os padeiros estariam lá, sovando massa e acendendo os fornos, e pela pequena cafeteria na esquina, depois virou à esquerda, em uma via entre dois prédios.

Era como caminhar por uma falha geológica, o céu uma fenda em zigue-zague muito acima dela. Da primeira vez que esteve em Veneza, Cassie tinha amado simplesmente sair perambulando, explorar as vias secretas e as surpresas às quais elas levavam: canais inesperados interrompendo seu progresso e forçando-a a dar meia-volta, uma pracinha minúscula cercada por prédios de tijolos vermelhos caindo aos pedaços, janelas com persianas fechadas para deter o sol do meio do dia, e velhas mulheres italianas, com roupas escuras e pesadas, falando alto e gesticulando entre si nas portas. Assim era a cidade durante o dia, como Cassie se lembrava dela, mas o lugar onde andava agora era diferente. As vias eram quase sinistras, claustrofóbicas, e ela começou a atormentar-se imaginando estranhos aparecendo no fim da travessia, bloqueando sua saída.

Cassie afastou esses pensamentos da imaginação irrequieta ao emergir em uma praça comprida e ampla. A maioria dos prédios que ladeavam as extremidades do espaço estava silenciosa, mas havia uma ou outra luz ligada, vida noturna atrás de persianas. Os prédios eram lindos aos seus olhos, surrados com seus tijolos encaroçados e estuque rachado em amarelo e laranja, mas evocando uma época e um lugar diferentes, história, contos, todas as pessoas que já tinham vivido e que continuavam a viver naquela cidade incrível.

Cassie vagueou pelas vias e *piazzas*, seguindo para o sul e o leste até chegar ao Grande Canal e à Ponte de Rialto. As lojas turísticas na ponte estavam fechadas e silenciosas, mas havia algumas outras pessoas no lugar, apesar do horário, jovens turistas embriagados na beirada da ponte, dando risadinhas e sussurrando; um homem com uma câmera em um tripé apoiado no ombro, procurando o melhor ângulo para capturar o nascer do sol; e dois jovens asiáticos sentados em malas de viagem grandes, com expressões tristes, como se tivessem chegado cedo demais ou tarde demais para alguma coisa. Ela encontrou um lugar entre os fundos das lojas turísticas e a beirada da ponte e admirou o largo canal. Fazia frio longe da proteção dos prédios, um vento gelado movendo-se com as águas do canal e tocando-a com leveza. Mas Cassie não se importava: parada por alguns instantes, ela absorveu a visão de Veneza à noite. A água do Grande Canal se mexia lentamente, gentil, e Cassie ouvia o som tênue de barcos próximos esbarrando uns contra os outros em seu sono atracado. O céu estava límpido, salpicado de estrelas, e uma lua crescente lançava ondulações de leite na água escura.

Ela queria ficar ali para sempre, sozinha, desfrutando da linda cidade adormecida. Mas o frio começou a deixá-la arrepiada, e o estrondo dos dois asiáticos rolando suas malas ao se afastarem a retirou do devaneio. Ela continuou em frente pelas ruas, seguindo o diálogo cansado dos homens à sua frente, até se ver em um canto da Praça de São Marcos, a *campanile* vermelho-alaranjada diretamente à sua frente, como um lápis quadrado colocado em pé. Ela viu os dois homens ao longe, do outro lado da praça, arrastando as malas em frente.

Cassie virou à esquerda para caminhar pela frente da Basílica de São Marcos, na área que o prédio ocupava na extremidade leste da praça, com seu aglomerado de domos em forma de cabeças de alho e pontas de crucifixos perfurando o céu, o dourado ornamentado nos mosaicos acima dos portais cintilando sob a luz da lua. Alcançou novamente a beirada do Grande Canal, pouco depois da basílica, e viu uma frota de gôndolas amarradas em fileiras, aguardando pela manhã, pelos turistas e pelo movimento. Ela parou e rodopiou no lugar, estendendo as mãos ao lado do corpo e rindo ao atirar a cabeça para trás, contemplando as estrelas que giravam acima dela.

— Estou em Veneza! — Cassie gritou, sem se importar que o som de sua voz ressoasse na noite, galopando pela praça como um cavalo. — Estou em Veneza — repetiu, mais baixo.

Ela enxugou os olhos, sentindo lágrimas neles mais uma vez, e tornou a cruzar a praça. Lembrou-se de como o lugar ficava lotado durante o dia, as hordas de turistas regurgitadas por cruzeiros, os garçons e pombos agitando-se por todos os lados. Ficou feliz de estar ali sozinha, no silêncio, mas já se sentia impaciente para viajar de novo, provar um prazer diferente.

Entrando em uma travessa do outro lado da *piazza,* Cassie caminhou por alguns minutos até encontrar o que procurava: um pequeno hotel em uma pracinha tortuosa, a luz acesa acima da porta da recepção. Ela puxou o Livro das Portas e o segurou com uma mão, deixando que a luz suave e multicolorida inundasse seu rosto, lembrando-se de outra porta, em outra cidade milenar, e abriu a porta do hotel para revelar uma rua lateral em Praga.

Cassie pisou nos paralelepípedos, pedras mais rugosas e redondas do que em Veneza, e virou-se para a porta do albergue onde havia se hospedado anos atrás.

As ruas de Veneza agora moravam dentro daquele estabelecimento, ao que parecia; a ideia a fez soltar uma risadinha ao fechar a porta.

Ela caminhou até a Praça da Cidade Velha de Praga, onde prédios antigos e elegantes encaravam-se ao redor de uma vastidão de paralelepípedos, uma plateia em torno de uma pista de dança pela qual Cassie avançou saltitando, a alegria inundando seu coração. Um bando de pombos, alarmados com seus passos de dança, dispersaram-se para o céu, asas velozes batendo assustadas.

Cassie atravessou a Cidade Velha, passando por ruas tão estreitas e tortuosas como aquelas em Veneza, mas os prédios eram mais baixos e menos amontoados: era possível ver mais do céu, e as paredes nunca estavam tão próximas como na outra cidade. Ela passou por cafeterias escuras e lojas de chocolate que havia visitado anos atrás e emergiu na Ponte Carlos, acima do amplo rio Moldava. Assim como em Veneza, fazia mais frio perto da água. A brisa que emanava do rio era forte, fazendo Cassie estremecer dentro de seu casaco mais uma vez, mas ela ignorou os tremores, apoiando-se na parede entre os velhos lampiões e as estátuas de ferro. O Castelo de Praga repousava no topo da encosta, baixo e extenso, iluminado por refletores na escuridão, e outra ponte perpassava o rio à frente de Cassie. Mais além, a colina verde erguia-se no ponto em que o rio fazia uma curva e desaparecia. O céu estava mais nublado do que em Veneza, as estrelas encobertas.

Cassie voltou os olhos para o caminho por onde tinha vindo, na direção da torre gótica no fim da ponte. Ainda parecia um rosto para Cassie, a arcada e as janelas formando a imagem de um homem enraivecido, o telhado alto lembrando um chapéu em sua cabeça. O pensamento a fez sorrir, e ela bateu os pés no chão para aquecê-los.

O sol surgiria por cima da torre, ela sabia. Tinha ido àquele lugar ao amanhecer quando esteve na cidade há anos, acordando cedo com um grupo de outros três turistas estadunidenses. Cassie sorriu consigo mesma, lembrando-se daquela manhã, de como tinham vagueado sonolentos pelas ruas silenciosas, envoltos em cachecóis e casacos para se protegerem do frio, soltando névoa embranquecida no ar ao respirar. Tinham se reunido na metade da ponte, conversando e esperando até que o sol salpicasse sua luz brilhante pelo mundo. Tinha sido uma cena fantástica, uma imagem gravada nas memórias de Cassie.

Tinham esperado até o sol nascer por completo no céu azul vivo antes de irem tomar café, comer doces e conversar. Havia sido uma amizade fácil e casual com os outros turistas, uma amizade que não exigia nada da parte dela, e Cassie sabia que tinha sido feliz naquela época, feliz e livre como nunca antes ou depois.

— Até agora — ela disse para si mesma, erguendo os olhos dos paralelepípedos e encarando a direção sul, ao longo do rio. Com o Livro das Portas, Cassie era livre. Era capaz de ir aonde quisesse, quando quisesse, como se tivesse o próprio tapete mágico dos contos de fadas. Ninguém mais tinha uma vida assim.

Cassie continuou a andar, chegando até o lado oposto do rio e saindo da Ponte Carlos para a rua calcetada que subia a ladeira até o Castelo de Praga. Os prédios eram pintados em tons pastel, cor-de-rosa e branco, e ricamente decorados, como bolos de casamento. Mais acima na encosta, a rua se alargava e passava a estar ladeada com carros, e então se abria em uma praça ampla, as torres de uma catedral no extremo oposto. Um ônibus passou zumbindo por ela, um ou outro rosto cansado olhando Cassie de dentro dele, e então mais alguns carros, e ela viu mais pessoas cruzando a praça, embrulhadas em roupas para se protegerem do frio e descendo a encosta na direção da Cidade Velha. A cidade começava a ganhar vida.

Cassie olhou o relógio. Em Nova York, eram pouco mais de onze da noite, mas, em Praga, já passava das cinco da manhã. Estava andando há mais de duas horas. Sentindo um ronco em algum ponto da barriga, ela se deu conta de que estava faminta. Cassie sorriu, então, lembrando-se do café da manhã que mais tinha amado durante sua estadia na Europa. Mas ele ficava em outro lugar, em outra cidade, em outro país.

Ela encontrou outro hotel em outra rua lateral e, segurando o Livro das Portas e salpicando luz colorida na manhã escura, abriu a porta e saiu do hotel barato onde se hospedara durante aquelas semanas em Paris, perto da estação de trem *Gare du Nord*.

O mundo, de repente, estava mais molhado, mais frio e mais agitado. Uma névoa ou garoa pairava no ar como uma cortina fina, fazendo tudo parecer borrado e indistinto. Ainda estava escuro, mas algumas cafeterias e hotéis estavam abertos, placas de neon zumbindo e radiantes em meio à garoa cinzenta. Ônibus passavam devagar, seus interiores iluminados, carros com painéis brilhando e rostos fantasmagóricos ao volante. Cassie andou para o norte, reconstituindo caminhos que havia percorrido anos atrás, e seguiu na direção de uma cafeteria que ficava de frente para a entrada principal da *Gare du Nord*. Amava ir até lá para comer croissants quentinhos, beber café puro e observar todos os parisienses indo e vindo, especialmente no horário de pico.

Quando chegou à cafeteria, Cassie sentou-se a uma das mesas na área externa, sob o toldo. Pediu um café e um croissant a um garçom velhinho — um homem que assobiava sozinho sempre que se mexia, ao que parecia — e, então, deixou-se relaxar na cadeira, desfrutando da dor nas pernas e do ar frio nas bochechas. As ruas ficaram mais cheias e mais barulhentas conforme ela bebeu o café e comeu o croissant, e outras pessoas se juntaram a ela nas mesas na frente da cafeteria, enchendo o ar com fumaça de cigarros, conversas e os ganidos de um cãozinho no colo de uma mulher.

Cassie amava tudo aquilo. Amava ver outra parte, uma parte comum do mundo seguindo em frente, os sons, os cheiros. Ela percebeu, nesse momento, enquanto recolhia as últimas migalhas de croissant de seu prato, que amava as *histórias* que estava vendo: as diversas vidas que se desenrolavam à sua frente. A cada dia, a cada lugar que ia, estava esbarrando em outras vidas, milhões de outras pessoas no centro de suas histórias, e Cassie amava poder tocar todas elas.

Enquanto se demorava com seu café, ela retirou o Livro das Portas do bolso e folheou as páginas novamente, os olhos pousando em escritos que não tinha notado antes, fragmentos de texto ilegível. Parecia que, a cada vez que abria o livro, encontrava uma página que ainda não tinha visto. Ou talvez, pensou, o livro estivesse mudando constantemente, sempre diferente de alguma forma, exatamente como os lugares que visitava.

Quando terminou, pagou pelo café da manhã com seu cartão de crédito e saiu debaixo do toldo, voltando para o chuvisco refrescante da manhã. A luz do dia estava mais próxima, ela notou ao refazer o caminho até o hotel, um tipo lúgubre e frio de claridade que não afugentava as sombras por completo. Cassie levou empurrões e esbarrões enquanto abria caminho em meio ao fluxo de pedestres, mas estava mais feliz e satisfeita do que havia se sentido há muitos anos. Alcançou a porta do hotel, o Livro das Portas em seu bolso, e abriu a porta de seu quarto em Nova York, cruzando um oceano e diversos fusos horários. Às suas costas, na rua de Paris, um jovem casal olhou de relance para ela, talvez pegando um vislumbre da luz arco-íris vindo do bolso de Cassie, talvez vendo algo além da porta que não fazia sentido, mas ela fechou a porta antes que pudessem reagir, antes que pudessem ter certeza do que tinham visto. Minutos depois, estava caindo em sua cama, exausta e eufórica, e dormiu com o Livro das Portas apertado contra o peito, como se fosse o bicho de pelúcia de uma criança.

Quando arrastou seu corpo cansado para o trabalho na tarde seguinte, a sra. Kellner deu uma olhada nela e perguntou:

— Está ficando gripada? Está parecendo um zumbi.

Cassie sorriu, sonolenta.

— Estou bem — ela disse. — Fiquei acordada até tarde com um livro, só isso.

POSSIBILIDADES E RESSALVAS

Quando Cassie saiu do trabalho e chegou em casa, depois de sua noite de viagens para Veneza, Praga e Paris, estava pronta para viajar mais um pouco, para retornar aos lugares que havia visitado oito anos atrás. Despindo o casaco, ela foi até a cozinha, planejando fazer um sanduíche para se abastecer para as jornadas. Ao chegar à geladeira, os olhos pousaram em um cartão-postal preso na porta dela, o tipo de item que está em um mesmo lugar há tanto tempo que se torna invisível. O cartão-postal tinha sido enviado pelos pais de Izzy, há muitos anos, de uma viagem que haviam feito para o Egito, e mostrava uma imagem de uma igreja no fim de um pátio, uma porta aberta em primeiro plano. Cassie analisou a imagem por alguns momentos, a mão apoiada no puxador da geladeira, a mente silenciosa.

Então, uma constatação de possibilidades acionou fogos de artifício em seu estômago. A mente de Cassie questionou: *será que você conseguiria...?*

Nunca havia ido ao Egito. Nunca tinha passado pela porta na imagem do cartão-postal. Mas perguntou-se se conseguiria. Perguntou-se por que havia presumido que o Livro das Portas só conseguiria levá-la a portas por onde já havia passado, ou por portas que podia tocar na vida real.

— "Qualquer porta será todas as portas" — Cassie murmurou.

Esquecendo-se completamente do sanduíche, puxou o cartão-postal da geladeira. Em silêncio, foi até seu quarto e fechou a porta. O Livro das Portas continuava em seu bolso. Ela o tirou de lá e o segurou com uma mão, o cartão--postal com a outra, seus olhos na imagem e naquela entrada localizada em um local distante.

— Vamos lá — murmurou, fechando os olhos e tentando visualizar, tentando *sentir* a porta no Cairo.

Pouco tempo e várias tentativas fracassadas depois, Cassie abriu uma porta e encontrou escuridão e ar morno, um pátio com palmeiras. À sua esquerda, no fim do pátio, as torres gêmeas da Igreja Suspensa do Cairo ostentavam crucifixos idênticos apontando para o céu. À distância, ouvia os sons da cidade, sons diferentes daqueles em Nova York. Ao cruzar a porta sob o céu de Cairo, olhou para trás, do outro lado da porta velha de madeira, e viu seu pequeno quarto, a luz suave de seu abajur, sua cama, a janela com a persiana fechada.

— Ah... uau — ela disse, maravilhada e suspirando.

O Livro das Portas era muito, muito melhor do que tinha parecido, mesmo comparado à noite anterior. O mundo inteiro estava disponível, cada cidade e cada rua: qualquer lugar onde houvesse uma porta era um lugar onde ela poderia estar em instantes.

Cassie continuava segurando o cartão-postal. Ela baixou os olhos para ele, voltou-os para seus arredores e riu, incrédula.

Era extraordinário, e seu coração palpitava de empolgação enquanto tentava aceitar aquela verdade, enquanto lutava para entender o motivo de o sr. Webber ter lhe dado aquele presente. O que tinha feito para merecer aquele milagre?

Cassie afastou as perguntas, recusando-se a se sentir melancólica.

— Você está no Cairo! — ela se repreendeu.

Estava em um continente onde nunca havia pisado. Ergueu os olhos para a igreja, sua beleza simples e silenciosa, meramente apreciando a experiência de um lugar novo.

Naquela noite, Cassie passou horas encontrando fotos de portas ao redor do mundo, de lugares onde nunca havia estado, e viajando até elas, experimentando e descobrindo o que era possível. Visitou cidades pela América do Norte que eram novidade para ela, abriu as portas de um observatório nas alturas em Tóquio, de uma biblioteca em Pequim e de um hotel no Rio de Janeiro, onde atravessou o saguão de entrada e passou por outra porta, voltando para seu quarto. Estava testando o Livro das Portas, verificando do que ele era capaz, quais eram os limites desse milagre. E não encontrou limite algum.

Ela podia ir a *qualquer lugar*.

Izzy estava à sua espera quando Cassie chegou tarde em casa do trabalho na noite seguinte.

— Como você está? — ela perguntou, observando Cassie do sofá.

— Tudo certo — Cassie disse, tranquila, tirando seu casaco e o atirando no canto do sofá. Colocando a bolsa na bancada da cozinha, ela sacou o sanduíche e as frutas que tinha comprado a caminho de casa. Planejava fazer um lanchinho antes de viajar.

— Você parece cansada — Izzy comentou, erguendo-se do sofá. — Como se não estivesse dormindo bem.

Cassie balançou a cabeça. Ela deu uma mordida na maçã e descartou a bolsa no canto do sofá, ao lado do casaco.

— Deve ser porque ando comendo muita fruta.

Izzy deu um sorriso educado.

— O que foi? — Cassie perguntou, a voz mais desafiadora do que havia pretendido.

Izzy suspirou e desviou os olhos por um instante.

— Pode me dizer — Cassie falou, com mais gentileza. — Tá tudo bem.

— Senta aqui.

Elas se sentaram, encarando-se de cantos opostos do sofá. Izzy demorou alguns momentos, como se tentasse escolher as palavras que queria usar.

— Continua usando aquele livro, não é? — ela acusou.

Cassie não respondeu, nem confirmando nem negando a acusação.

— Não é seguro — Izzy disse.

— Não dá pra ter certeza disso — Cassie contestou.

— Você não sabe o que é, nem de onde veio, nem o que ele tá fazendo! — Izzy falou, as palavras transbordando. — Você só tá enxergando as aventuras que ele te permite. Mas você não sabe o preço!

— Que preço?

— Coisas desse tipo sempre têm um preço!

— Não existem coisas desse tipo! — Cassie gritou, frustrada de repente. — Não existe nada assim, Izzy. É de mágica que a gente tá falando!

— Ele me dá medo — Izzy admitiu, a voz baixa. — E o fato de você não ter medo também me assusta.

Cassie ficou pensando nas palavras da amiga por um instante, tentando analisá-las de todos os ângulos, tentando ver se estava sendo irracional. Não gostava do fato de Izzy estar infeliz, mas não conseguia conceber abrir mão do Livro das Portas. Ele era tudo que sua vida nunca havia sido: um jogo de impossibilidades, de emoção, mistério e fascínio. Não compreendia por que Izzy não conseguia enxergar isso tudo.

Dando outra mordida na maçã, pensou em como fazer a amiga enxergar, como fazê-la entender.

— Posso te mostrar uma coisa? — ela perguntou.

Izzy semicerrou os olhos, como se pressentisse que havia alguma armadilha.

— Essa coisa vai exigir que eu passe por uma porta pra algum lugar?

Cassie colocou a maçã meio comida na mesa de centro, limpou a mão nos jeans e a estendeu na direção de Izzy.

— Só vem comigo? Só uma vez? — ela pediu. — Por favor.

Izzy sustentou o olhar dela por um tempo, então cedeu.

— Tá. Mas não vou segurar sua mão grudenta de maçã.

Cassie levou Izzy por uma porta, chegando a uma sala ampla e circular, com janelas que iam do chão ao teto em todo o entorno. Havia pessoas dando voltas no lugar e um leve burburinho, mas o espaço não estava lotado.

— Onde estamos? — Izzy perguntou, assimilando o rosto das outras pessoas no local.

— Vem — Cassie chamou, fazendo um gesto para que ela se apressasse.

Elas foram na direção da parede de janelas, e a vista se abriu à frente, uma vastidão infinita de prédios e ruas em todas as direções, abaixo de um céu azul enevoado. À distância, no horizonte, uma silhueta enorme agigantava-se, perfeitamente simétrica e triangular, coroada com um toque de branco.

— Caramba! — Izzy exclamou, ao assimilar a vista. — Onde a gente tá?

— Tóquio — Cassie respondeu, os olhos fixos nas ruas que se espalhavam abaixo delas. — Aqui é o observatório do complexo da prefeitura de Tóquio, para ser exata. E aquilo... — Ela apontou para a silhueta no horizonte, batendo no vidro com o dedo indicador. — Aquilo é o Monte Fuji. Já viu alguma montanha com mais cara de montanha?

Izzy sorriu.

— Eu achava que Nova York era a melhor cidade do mundo... mas isso aqui... — Ela sacudiu a cabeça, devagar. — Isso é tipo Nova York multiplicado por dez.

— Pois é — Cassie concordou.

Izzy desfrutou da vista em silêncio por um instante.

— Mas você poderia comprar uma passagem de avião e vir até aqui, Cassie — ela disse, olhando para a amiga. — Tóquio está aqui, com ou sem o livro.

— A questão não é necessariamente Tóquio — Cassie retorquiu, deixando seus olhos se demorarem no Monte Fuji.

— Não entendo — Izzy reclamou. — Qual é a questão então?

Elas esperaram em silêncio por alguns momentos enquanto um casal japonês de idosos passava lentamente por elas. Então, Cassie respondeu:

— Lembra como meu avô morreu?

— Claro — Izzy respondeu. — Câncer de pulmão.

84

Cassie assentiu.

— Mas nada mais, certo? É só isso que eu digo. "Câncer de pulmão." E as pessoas assentem, fazem de conta que entendem, e seguimos em frente. Eu nunca digo mais do que isso porque é muito difícil, e tenho medo de que, se deixar algo escapar, nunca mais vou conseguir parar, e isso vai se tornar tudo que eu sou, só um pesar infinito, e...

Ela tirou os olhos da vista e viu a expressão de preocupação no rosto de Izzy. As palavras secaram em sua boca. Izzy pousou a mão em seu braço.

— Meu avô me criou — Cassie explicou. — Depois que minha mãe me deixou com ele por ser viciada. Depois, ela teve uma overdose e morreu. E ele perdeu a esposa, minha avó, quando eu era bem pequena.

— Jesus.

— Não, não tinha problema. Eu nunca conheci minha mãe, nem minha avó. Tive uma infância feliz. Meu vô foi o melhor pai do mundo pra mim. O melhor pai e mãe. Éramos só ele e eu. Foi dele que veio meu amor por livros. Ele lia para mim quando eu era pequena, depois eu comecei a ler sozinha. Ele era carpinteiro e tinha uma oficina ao lado da casa. Tinha um pufe enorme no canto, e eu me sentava lá depois da escola, ou nos fins de semana, quando ele estava trabalhando, e só ficava lendo. A gente não tinha muito dinheiro, mas vivíamos bem.

Izzy balançou a cabeça, a testa franzida levemente, como se não entendesse o propósito do fluxo de lembranças.

— Ele descobriu o câncer quando eu tinha dezoito anos — Cassie continuou. — Apareceu do nada, essas coisas que simplesmente acontecem. Quando os sintomas começaram, já era tarde demais. Eu fiquei com ele naqueles meses quando ele morreu, Izzy. Uma pessoa com câncer... não morre de uma hora pra outra. É uma morte longa, lenta, que dura semanas, meses, e nesse processo tudo que a pessoa é acaba sendo arrancado dela. É... desumano.

— Não tinha nada que pudesse ser feito? — Izzy perguntou.

Cassie deu um sorriso triste.

— Nosso plano de saúde não era muito bom. Ele investiu todo o dinheiro que tinha na casa. E, naquela altura em que ele estava muito doente mesmo, ele não queria tirar nada da casa para pagar os remédios. Disse que era para mim. Disse que sabia que estava morrendo e que nada mudaria esse fato. Eu perguntei a uma das médicas, certa vez, se ele poderia ter sido salvo se tivéssemos o plano de saúde certo. Ela disse que achava que não, mas não sei se acredito.

Cassie sentiu os olhos se encherem de lágrimas ao deixar que as lembranças ruins entrassem, os pensamentos que geralmente deixava trancados. Ela desviou o olhar da vista e caminhou ao longo da janela, observando o lugar, os outros turistas, seus olhos arregalados e empolgados, os funcionários cuidando de suas vidas. Izzy andou ao seu lado.

— No fim, ele sentia muita dor — Cassie contou. — Dias e mais dias de agonia no quarto. No escuro, suando, tossindo sangue.

Cassie estremeceu, tentando afastar as más lembranças, como um cachorro se sacudindo para se livrar da água.

— Você entende que ele nunca conseguiu fazer nada na vida? — ela perguntou, olhando para Izzy. — Ele criou a filha, ela morreu. Depois, a esposa dele morreu. Aí, ele precisou me criar. E, durante esse tempo todo, ele simplesmente não parou de trabalhar para poder me dar uma infância feliz. Ele sempre quis viajar, mas acho que nunca nem foi para outro estado, pelo menos não na época em que moramos juntos. E o que ele ganhou? Uma morte horrível e dolorosa antes dos sessenta anos. — Cassie sacudiu a cabeça. — Não é certo.

— Não é — Izzy concordou.

— Este mundo é horrível, cruel, e eu o odeio... mas os livros sempre foram um lugar pra onde eu pude fugir. Quando era criança e quando meu vô estava morrendo. Eu prefiro os livros do que o mundo real.

— Eu entendo — Izzy disse. — A vida é uma droga.

— E agora eu tenho isto — Cassie declarou, erguendo o Livro das Portas de seu bolso, o segurando à sua frente. — Não sei por que ganhei este livro, mas ganhei. E o sr. Webber era um homem gentil. Um homem que amava livros. Então eu me recuso a acreditar que o livro tenha algo de ruim. Preciso acreditar que o ganhei para poder viver a vida que meu avô nunca pôde viver. Eu posso fazer isso por ele.

Izzy refletiu.

— Eu entendo — repetiu.

As duas ficaram paradas ao lado da janela, olhando na direção do sol.

— Podemos ir para casa, por favor?

— Podemos — Cassie concordou. — Digo, a gente pode voltar sempre que quiser, com o livro.

— É — Izzy disse, um pouco desanimada.

— Estou com fome. Vamos passar no Ben?

— Vamos.

Elas usaram a porta do banheiro feminino na extremidade do observatório e foram para a Lanchonete do Ben, de volta em Nova York. Caminharam pela loja, cumprimentando com um aceno de cabeça os rostos conhecidos atrás do balcão, e se sentaram a uma mesa nos fundos. Já passava da meia-noite, e o estabelecimento estava quase vazio, só tinha outro cliente no lugar, mas Cassie já estava sentada quando se deu conta de que era o homem que havia visto antes, no terraço do hotel, depois na rua, quando ela e Izzy estavam andando juntas há alguns dias. Ela teve um sobressalto, e o homem ergueu os olhos e a viu, constatação percorrendo seu rosto. Ele se pôs de pé rapidamente, como se tivesse algo importante a dizer, e foi até a mesa delas.

— Você está me seguindo — Cassie acusou, ciente de Izzy erguendo a cabeça de súbito, olhando primeiro para ela, depois para o homem.

— Não — o homem disse. — Não estou seguindo você, e não sabia que viria aqui. Foi apenas sorte. Mas estou feliz por você estar aqui. Meu nome é Drummond Fox, e você está correndo imenso perigo.

UM ESTRANHO
NA LANCHONETE DO BEN

– **D**esculpe, quem é você? — Izzy perguntou, e Cassie pôde ver que sua amiga se colocou na defensiva, imediatamente a protegendo. O homem puxou uma cadeira e a moveu para sentar à cabeceira da mesa delas. — Ah, pode sentar, fique à vontade — Izzy ralhou.

— Com licença — o homem falou.

Antes que Izzy pudesse responder, um dos funcionários da lanchonete se aproximou, um jovem que ergueu o queixo na direção deles, abrindo espaço para os pedidos.

— Café, por favor — Cassie pediu. — E me vê um cookie de gotas de chocolate também.

Izzy olhou de relance para Cassie, meio surpresa, talvez, por ela não estar estranhando o homem sentado à mesa delas.

— Uma Coca — ela disse. — E um queijo-quente. Com picles.

O funcionário se afastou.

— Você tem até o momento que a comida chegar para nos dizer quem é e por que está me seguindo — Cassie afirmou.

— Eu já falei, não estou seguindo você.

Ele parecia cansado, Cassie pensou. Seus olhos eram círculos escuros ocupando um rosto magro. Estava com o mesmo terno preto e a camisa branca com que ela o tinha visto antes, as roupas de um banqueiro ou um advogado, mas havia um quê de desleixo e desalinho nele, como se tivesse sido demitido e não tivesse se dado ao trabalho de trocar de roupa desde então. Era mais velho do que elas, na faixa dos quarenta, talvez, com cabelo castanho curto que começava a ficar grisalho nas pontas. Seu corpo era tão magro quanto o rosto, mas havia nele uma sensação de fisicalidade, como se fosse um homem que passava mais tempo andando do que sentado em um carro ou detrás de uma mesa. Ao analisá-lo, Cassie decidiu que não era um homem de beleza óbvia — seu rosto era só ângulos e arestas —, mas havia alguma coisa interessante naqueles olhos escuros, algo que a fazia querer continuar os observando.

— Não acho que compreenda o perigo que está correndo — ele prosseguiu, seu tom de voz quase pesaroso. Cassie e Izzy se entreolharam.

— Perigo? — Cassie indagou, afastando-se um pouco do homem.

— Não por minha causa — ele rebateu, erguendo a mão para tranquilizá-la. — Há outras pessoas.

— Por que a gente estaria em perigo? — Izzy exigiu saber.

O homem suspirou. Parecia muito cansado.

— Por causa do livro — ele respondeu.

O atendente retornou e colocou as bebidas de Izzy e Cassie na mesa.

— Acho que vocês não têm uísque no cardápio, certo? — Drummond perguntou. O atendente balançou a cabeça.

— Imaginei — Drummond murmurou consigo mesmo.

— Que livro? — Cassie perguntou quando o funcionário voltou para o balcão.

Drummond assentiu, um gesto de aprovação.

— Está correta em ser cautelosa — ele disse. — Mas eu sei que está com um livro, um livro muito especial, que te permite fazer coisas fora do comum.

Cassie sustentou o olhar dele por tanto tempo quanto possível, mas, então, olhou de relance para Izzy, e o homem interpretou aquilo como uma afirmação, respondendo com um aceno de cabeça. Em seguida, lançou um olhar nervoso para a porta da rua.

— Você é irlandês, por acaso? — Izzy quis saber.

Isso fez o homem sorrir, o que tornou seu rosto bonito, como se todos os seus encantos ficassem escondidos até ele estar feliz.

— Não, não sou irlandês. Ouçam, eu sinto muito por isso, mas precisamos falar sério. — Ele olhou para as duas mulheres. — Eu posso ajudar vocês, posso proteger vocês, mas precisam confiar em mim.

— Que tipo de nome é Dru Monte? — Izzy indagou.

Cassie via que a amiga estava enrolando, tentando evitar se comprometer com qualquer coisa. Ela observou o homem assimilar a pergunta. Não tinha medo dele, percebeu, daquele homem com roupas amarrotadas, com olhos escuros, que era bonito quando sorria. Estava incerta a respeito dele, mas não com medo.

— Drummond — o homem corrigiu. — Não "Dru Mon"... é Drummond. Não sou irlandês, sou escocês. É um nome escocês.

— Drummond — Izzy pronunciou, experimentando o nome na boca.

— Já que estamos nos apresentando...?

Cassie e Izzy se entreolharam de novo, debatendo silenciosamente se deveriam responder.

— Sou Cassie.

— Muito prazer em conhecer você, Cassie — Drummond disse, assentindo com leveza.

— Sou Isabella, ou Izzy, abreviando — Izzy se apresentou, mas de má vontade, oferecendo seu nome apenas porque Cassie tinha feito o mesmo.

— Izzy — Drummond disse. — É um prazer. Vamos lá: eu vi o livro que está com vocês. Vi vocês com ele no terraço do Library Hotel, vestidas como se não devessem estar ali. Vi vocês o usando, vi a luz colorida. E, então, vi vocês na rua há alguns dias, e as duas simplesmente evaporaram. Acho que sei o que vocês têm em mãos.

— Certo — Cassie falou, cautelosa.

— Como sabe disso tudo? — Izzy perguntou.

— Tenho certa experiência com livros desse tipo. — Ele lançou mais um olhar para a rua, os olhos indo de um lado para o outro rapidamente, como se estivesse procurando alguma coisa.

— Livros? — Cassie repetiu ao notar o plural, o coração perdendo o ritmo.

— Sim, livros — Drummond confirmou, olhando para ela. Ele sorriu mais uma vez, calor genuíno nos olhos. — Não achou que o seu era o único, achou?

— Eu não pensei a respeito — Cassie confessou. Izzy estava sacudindo a cabeça.

— Existem livros. E existem pessoas que querem os livros, e que farão tudo o que puderem para colocar as mãos neles.

— Eu te falei — Izzy murmurou para Cassie. — Te falei que não era seguro.

— Esta lanchonete é muito agradável… — Drummond disse, gesticulando para os assentos ao redor — … mas precisamos conversar em outro lugar. Algum lugar onde vocês não possam ser encontradas. Só por um tempo, até eu contar o que precisam saber. Não é seguro aqui.

Elas encararam o homem em silêncio, nenhuma das duas se movendo. Cassie encarou os olhos escuros dele e viu um apelo neles, mas não conseguiu responder.

— Vocês não confiam em mim — ele concluiu.

— Por que será? — Izzy disse.

— Acabamos de conhecer você — Cassie explicou melhor.

Drummond refletiu por um instante.

— Eu compreendo — ele disse, então. — Como falei, é bom que tenham cautela. Mas preciso que confiem em mim, para o seu próprio bem. Como uma demonstração de boa-fé, deixem-me mostrar a vocês: eu também tenho um livro. — Ele retirou do bolso um livro pequeno, mais ou menos do tamanho de um caderno, mais ou menos do tamanho do Livro das Portas, mas a capa e as beiradas das páginas eram douradas, como se fosse folheado a ouro. — Este é o meu livro — Drummond apresentou, segurando o volume com cuidado. — É o Livro da Sorte. Se eu estiver com ele, sempre vou ter sorte. É por isso que te encontrei, porque foi uma sorte para nós dois.

Cassie e Izzy encararam o livro. Era bonito, ainda mais do que o Livro das Portas. Cassie queria fazer perguntas. Queria pegar o Livro da Sorte e abri-lo para ver o que estava escrito lá, quais imagens estavam desenhadas. Queria saber o que ele podia fazer, e de onde tinha vindo, se também emitia uma aura de cores fantásticas no ar. E queria saber mais sobre aquele misterioso homem com sotaque escocês e olhos escuros. Mas, antes que ela pudesse fazer ou dizer qualquer coisa, a porta da rua se abriu, do outro lado do estabelecimento, e os três olharam na direção dela e viram um homem entrar. Era um homem alto e careca, usando óculos redondos e com uma bolsa de couro na mão. Estava usando um terno completo por baixo de uma longa capa de chuva.

— Merda — Drummond murmurou, guardando o Livro da Sorte no bolso.

— Vou ficar com isso — o homem careca declarou, a voz retumbando do peito conforme bamboleava na direção do grupo.

Drummond se pôs de pé lentamente, empurrando a cadeira para trás e se aproximando alguns passos do recém-chegado.

— Você tem me seguido, Hugo.

— É claro — o homem disse. Ele colocou a bolsa no chão a seus pés e deslizou a mão para o bolso do sobretudo. — Eu avisei que faria isso. E, agora, quero seus livros.

— Quem é esse? — Izzy perguntou, e o homem voltou os olhos para ela.

— Doutor Hugo Barbary — ele respondeu, dando um aceno leve de cabeça. — Encantado em conhecê-la. Quem são suas amigas, Drummond?

— Ninguém — Drummond murmurou. — Eu me perdi e estava perguntando o caminho. Não sou dessa região, certo?

O homem sorriu, desfrutando da resposta.

— Entregue-me o livro que acabou de colocar no bolso, e quaisquer outros que tenha, e eu não as mato.

Cassie sentiu um tremendo frio na barriga, e Izzy arfou e olhou para ela, chocada.

O atendente apareceu atrás de Barbary, trazendo a comida de Izzy.

— Oi, parceiro, dá licença — ele disse, tentando passar.

— Cai fora — Barbary rebateu, sem virar o rosto.

— Ei... — o funcionário vociferou, protestando. Antes que pudesse terminar a frase, Barbary ergueu o braço repentinamente, como se tivesse acabado de tocar sem querer em algo quente, e o homem foi jogado para trás, como se tivesse sido atingido por um caminhão, caindo no chão com um estrondo e fazendo com que o pedido de Izzy deslizasse até um canto. Enquanto o atendente caía, Barbary retirou a mão que estava no bolso, e Cassie viu que ele segurava um livro. Quando movia a mão, um rastro de roxos e vermelhos a seguia pelo ar.

— Olha! — Izzy disse. — Ele tá fazendo aquele negócio!

Houve uma reação atrás do balcão diante da comoção, os outros funcionários correndo para ajudar o colega, mas, antes que chegassem muito longe, o doutor Barbary sacudiu a mão livre novamente, uma careta de irritação em seu rosto, e os dois homens foram lançados para cima e se esborracharam contra o teto. Ao caírem no chão, levaram consigo telhas e poeira. O doutor Barbary voltou para a frente do estabelecimento, as cores do arco-íris seguindo o livro em sua mão, como uma fita pairando no ar, e trancou a porta, despreocupado. Pegou a placa que dizia "aberto" e a virou para o lado que dizia "fechado", e Cassie e Izzy levantaram-se em um pulo. Havia pessoas na rua, passando em ambas as direções, mas ninguém prestava atenção ao que acontecia dentro da Lanchonete do Ben.

— Se o seu livro é o que eu acho que é — Drummond disse, virando a cabeça para falar com Cassie por cima do ombro —, agora é o momento de usá-lo. Por favor. Sua vida está em perigo.

Os olhos dele imploravam que ela agisse. Cassie hesitou, o coração martelando no peito, o olhar correndo até o homem careca, que voltava na direção deles. Ele meneou a mão para o lado, cortando o ar, e uma das mesas saiu voando e se despedaçou ao atingir a parede, as cores do arco-íris que rodeavam a outra mão pulsando raivosamente.

— Me entrega os livros, porra! — ele gritou, seu rosto um nó de fúria, sua voz fazendo Cassie se encolher.

Ele deslizou a mão novamente, e todas as mesas e cadeiras remanescentes escorregaram subitamente e colidiram contra a parede do lado direito, como móveis em um navio cruzando mares turbulentos.

— Não há para onde fugir — Barbary declarou. Ele mexeu o punho, e o atendente que havia trazido a comida de Izzy foi erguido quase um metro no ar e atirado no chão novamente, com um gemido. Barbary chutou a cabeça dele distraidamente, nem sequer olhando para baixo quando seu pé fez contato, um barulho molhado de esmagamento fazendo-se ouvir.

— Jesus! — Izzy berrou.

— Hora de ir — Drummond anunciou. — Por favor!

— Aonde você vai, Drummond? — Barbary perguntou.

Cassie procurou Izzy com a mão trêmula.

— Vem — ela encorajou a amiga. Dando as mãos, as duas dispararam na direção dos banheiros nos fundos do estabelecimento.

— É só me dar os livros e eu te deixarei em paz — Barbary disse. — Provavelmente.

— Ele matou o cara? — Izzy arfou, horrorizada. — Ele matou aquele menino?

Cassie não respondeu. Deslizou a mão livre para dentro do bolso e agarrou o Livro das Portas. Concentrando-se em um destino, um lugar distante dali, experimentou a sensação familiar nos braços e na boca do estômago, o jeito com que o Livro das Portas parecia mudar em sua mão e, abrindo a porta do banheiro, viu uma rua noturna, sentiu ar fresco no rosto.

— Vem — ela repetiu, puxando Izzy pela porta.

Drummond correu para se juntar às duas, seu corpo esguio movendo-se com velocidade surpreendente, os pés batendo no chão de azulejos, o rosto contorcido.

— Fecha a porta! — Izzy ordenou, ambas vendo Drummond correr em sua direção, o homem careca mais distante na padaria.

— Esperem! — Drummond implorou.

Cassie hesitou, incerta do que fazer, mas o homem parecia aterrorizado, os olhos arregalados e brancos. Ela não podia deixá-lo para trás.

— Fecha antes que ele chegue, Cassie! — Izzy disse, mais uma vez.

Drummond pulou pela porta e desabou na calçada à frente delas. Cassie bateu a porta no mesmo instante que uma expressão de surpresa cruzou o rosto do careca na padaria, quando ele percebeu, talvez, que não estavam apenas fugindo para se esconder no banheiro.

Drummond se pôs de pé devagar e limpou as roupas. Então, exalou pesadamente, o alívio tomando conta dele, os braços levemente trêmulos. Ele baixou os olhos para as duas, franzindo a testa, os olhos fixos no próprio corpo.

— Achei que você ia me deixar lá — ele confessou para Cassie. — Obrigado.

— Certo — Cassie disse, depois de um momento.

— Agora acredita que estão em perigo? — Drummond perguntou.

— Sim — Cassie admitiu. De repente, seu corpo inteiro estava tremendo, o choque a percorrendo por inteiro, e ela sentiu que queria cair de joelhos no chão, ou vomitar, ou as duas coisas ao mesmo tempo. — Sim, nós estamos em perigo.

A MULHER

A Mulher tornou a pousar em Atlanta, depois de um voo noturno de Londres, oito horas presa em um tubo lotado. Ela saiu do avião e apressou-se para cruzar o aeroporto, cada interação a enervando mais e mais, e entrou no carro que havia estacionado alguns dias atrás, antes da viagem.

Era um trajeto curto até sua casa, duas horas para o norte, cruzando a Geórgia a partir de Atlanta, seguindo para as Montanhas Blue Ridge. Dirigir não a incomodava: ela gostava, na verdade, dentro dos limites de que gostava de qualquer coisa, porque era algo que podia fazer sem precisar lidar com nenhuma outra pessoa. Era assim que ela preferia as coisas. Nas raras ocasiões em que não tinha escolha a não ser estar próxima de outros — como em viagens internacionais —, a Mulher era capaz de fingir um comportamento superficialmente normal para lidar com qualquer tipo de contato humano que não pudesse evitar. Mas era algo exaustivo, tolerável apenas quando absolutamente necessário.

A viagem para Londres havia sido decepcionante, e a irritava que tivesse precisado suportar todo o incômodo da jornada para ir e voltar com tão poucos benefícios. O único lado bom era que agora mais um caçador de livros estava morto. E ela sabia agora que aquela mulher, Marion, havia tido em sua posse o Livro da Alegria em algum momento. Que, neste momento, estava na Biblioteca Fox. Mais um livro especial trancado, fora de seu alcance.

A Mulher não sabia o que teria feito caso tivesse sido capaz de obter o Livro da Alegria. Ela teria o adicionado à sua coleção, sem dúvida, porque desejava *todos* os livros. Mas não tinha muita certeza se a alegria lhe teria sido muito útil. A não ser que o livro pudesse ser usado para *remover* alegria, além de concedê-la. Isso poderia ser interessante.

Ela contemplou as possibilidades enquanto dirigia.

Sua casa ficava nas profundezas da floresta no norte do estado, na extremidade do Vale de Arkaquah. A casa era um chalé amplo de madeira, construído no fim da década de 1990. Tinha três quartos no andar de cima e uma grande cozinha, um salão e uma área de serviço no térreo, além de uma varanda contornando a casa, onde seus pais costumavam ficar sentados nas noites amenas. Tanto a mãe como o pai da Mulher estavam mortos agora, enterrados em outro ponto dos vinte acres de terra anexos à propriedade. Ela não sofria pela perda deles. Mal pensava nos dois.

Grande parte da casa estava agora negligenciada, dilapidada e caindo aos pedaços, e, do lado de fora, parecia quase abandonada. A estrada que saía da rodovia principal estava coberta de vegetação e descuidada, mas a Mulher não se importava com isso, porque significava que sua casa era um local quase secreto, escondido.

Ela estacionou, desligou o carro e saiu, encontrando o ar úmido e denso do fim da manhã. Subindo os degraus até o chalé, destrancou a porta e entrou. A Mulher mantinha um quarto para si mesma, o menor deles, que sempre tinha pertencido a ela. Era um cômodo construído dentro do telhado, com paredes inclinadas e claraboias; austero e limpo a ponto de um observador qualquer talvez descrevê-lo como vazio. Quando criança, seu quarto continha muito mais coisas, fragmentos da vida de uma garotinha. Mas a Mulher já não era aquela garota. Aquela garota tinha se perdido, e grande parte de seus pertences fora descartada há muitos anos.

Ela abriu as janelas para deixar entrar os sussurros das árvores. De noite, a área em torno do chalé parecia um breu, e, na infância, a escuridão a aterrorizava. Ela se recusava a sair da casa depois do anoitecer, principalmente sozinha, odiando o vazio vasto e inumano do campo. Sempre tinha desejado morar em algum lugar mais iluminado e mais vivo, algum lugar com mais pessoas e mais risadas. Agora, as coisas não poderiam ser mais diferentes. A Mulher gostava de estar sozinha e saboreava a escuridão e a solidão da noite na floresta. Odiava a irritação incômoda que outras pessoas traziam, o barulho, a movimentação, o cheiro.

A Mulher despiu as roupas que havia vestido na viagem. Ela gostava de roupas e de como ficavam em seu corpo. Gostava de se arrumar e experimentar vários visuais, como se seu corpo fosse um brinquedo para diverti-la, como se não pertencesse a ela. De certa forma, ela sabia, essa era a verdade. O corpo pertencia a Rachel Belrose, e a Mulher já não era mais ela, em sua essência.

Ela tomou um banho, lavando o cheiro de outras pessoas, e vestiu uma camisola simples. Tirou quatro livros da bolsa: o Livro da Velocidade, o Livro da Névoa, o Livro da Destruição e o Livro do Desespero. Eram seus preferidos, os que ela usava com mais frequência, pelo menos porque, em parte, eram fáceis de usar. Não exigiam nada dela além de estarem em sua posse. Outros livros exigiam que se fizesse coisas específicas, ou que fossem entregues a pessoas nas quais se quer usá-los. A Mulher preferia ficar livre de tais restrições e via que, em geral, seus livros preferidos eram tudo de que precisava.

Ela voltou em silêncio para o andar de baixo e, dali, desceu para o porão. Lá ficavam as entranhas da casa, a caldeira e as tubulações, lenha velha e ferramentas. Em uma parede, continuava pendurado o estojo de caça de seu pai, as armas e munição ainda dentro dele. O pai sempre havia gostado de caçar, mas não naqueles últimos dias de sua vida, quando a Mulher o caçou com seu próprio revólver. A Mulher tinha gostado de usar a arma nele, assim como em outras pessoas, nos anos que se seguiram. Fora um brinquedo divertido, até ela colocar as mãos nos livros.

O porão era escavado no subterrâneo, com chão de concreto derramado. Era iluminado por uma lâmpada nua pendurada em um cabo. A Mulher puxou a corda para ligá-la, e a lâmpada balançou com delicadeza, a luz correndo de um lado para o outro no chão. Em um canto do quarto, um velho colchão estava apoiado na parede. A Mulher havia usado aquele colchão em ocasiões anteriores, quando tinha mantido pessoas lá embaixo, fazendo experimentos com elas. Nos últimos anos, havia experimentado diferentes maneiras de usar o Livro do Desespero. Este livro sempre a intrigara: tinha prazer na ideia de usar o desespero como arma, era algo com significado especial, de certa maneira. Relembrou de ter usado o livro na criança em Londres e estremeceu por dentro. Aquilo tinha sido de imensa satisfação. Tinha dado à garota tanta dor, tanto sofrimento perene.

Do outro lado do porão, cimentado no piso, havia um velho cofre de ferro. Tinha pertencido à mãe dela, quando era viva. A mãe da Mulher havia sido veterinária e guardava certos medicamentos no cofre. A Mulher nunca tinha entendido o motivo, e já não se importava. Os medicamentos haviam sido descartados há muito tempo, e o cofre agora continha apenas os pertences dela: os livros que havia coletado ao longo dos anos de caça.

Ela abriu o cofre e colocou três de seus livros ao lado de seus três irmãos, seis dos sete que possuía no total. Ela ficou com o Livro do Desespero, porque uma ideia tinha ocorrido a ela no voo de volta de Londres, uma coisa que pensou que poderia tentar com o livro. Ela planejava trabalhar naquilo nos próximos dias.

A Mulher fechou o cofre e voltou para seu quarto, onde dormiu por muitas horas, o Livro do Desespero na cama ao lado dela. Ela dormiu o sono sem sonhos dos mortos.

No dia após seu retorno de Londres, a Mulher começou a pesquisar outros livros para caçar. Era o que ela fazia. Existia e procurava livros. Tinha dentro de si um apetite insaciável pelos livros, um buraco que só podia ser preenchido adquirindo mais deles. Às vezes, quando precisava, ela comia e dormia, apesar de comer, em particular, ser uma tarefa entediante para ela.

A Mulher começou sua pesquisa vasculhando os vários fóruns de mensagens secretos, conhecidos apenas por caçadores e colecionadores de livros. Os livros estavam se tornando mais raros, ela sabia, e isso tornava a caçada mais prazerosa para ela. Quanto menos livros houvesse no mundo, mais livros ela possuía.

Às vezes, nas raras ocasiões em que parava para refletir verdadeiramente sobre o que estava fazendo e quem era, ela se perguntava o que faria quando conseguisse todos os livros. O ímpeto, a necessidade obstinada de encontrar e colecionar livros era tudo que ela era. Mas, uma vez que tivesse todos, o que faria com eles?

Ela não gostava de pensar nesse tipo de pergunta, porque era nesses momentos que se sentia mais vulnerável, que sentia a presença da criança que havia sido, observando-a das profundezas. Aquela criança se desesperava diante da Mulher; gritava e berrava diante de tudo que havia sido feito. Como uma prisioneira em uma cela sem janelas, a criança golpeava, socava e empurrava as paredes, e somente naqueles momentos de silêncio, em que a Mulher fazia perguntas a si mesma, ela conseguia ouvi-la.

Era melhor não pensar, ela sabia. Era melhor focar sua tarefa.

Havia mais livros no mundo, mais proprietários para localizar e destruir. E havia a Biblioteca Fox.

Ela tinha visto o Bibliotecário em uma ocasião, muitos anos atrás. Mas ela era mais jovem na época, distraída com seu prazer de matar e usar os livros, e o Bibliotecário se fora, desaparecendo antes que ela pudesse pegá-lo. Havia sido uma noite proveitosa, seus esforços recompensados com três livros, mas ela ainda se sentia desapontada sempre que pensava em como ele tinha escapado dela. Uma oportunidade tão boa, perdida. Em todo lugar aonde ia, a cada caçador de livros que encontrava, interrogava e torturava desde aquela noite, a Mulher tinha feito as mesmas perguntas: *onde está Drummond Fox? Onde está a Biblioteca Fox?*

Ele seria o prêmio, ela sabia. Ele seria a chave para a Biblioteca Fox, onde quer que estivesse.

97

— Drummond Fox.

Ela raramente falava em voz alta, quase nunca. Falar era uma função da interação com outros humanos, algo no qual ela não tinha interesse. Mas falou o nome do homem, como uma promessa para si mesma.

— Drummond. Fox.

Naquela noite, depois de terminar sua pesquisa e fazer alguns experimentos com o Livro do Desespero, ela retirou o Livro da Destruição do cofre no subsolo e saiu para caminhar em meio à floresta na escuridão, guiando-se por meio da memória e do luar. Encontrou o lugar onde tinha enterrado seu pai depois de matá-lo. Ela tinha dezesseis anos na época, poucos anos depois do momento em que havia deixado de ser Rachel Belrose para tornar-se o que era agora. Sua mãe havia vivido sete meses depois de seu pai ser morto, apenas porque a Mulher tinha feito experimentos com a questão de quanto tempo uma pessoa é capaz de sobreviver. O que a mãe tinha conseguido suportar a impressionara. Perder dedos das mãos e dos pés, seus membros, seus olhos. Infligir dor à mãe havia sido maravilhoso para a Mulher, ainda mais do que a seu pai. Ela amava a sensação do sofrimento alheio. Isso a fazia sentir-se viva. Foi quando torturou sua mãe que a Mulher passou a reconhecer que era este seu propósito na vida: trazer dor ao mundo, fazer com que outros seres vivos sofressem.

As últimas palavras de sua mãe, antes de a Mulher retirar sua língua e os lábios, foram: "O que foi que fizemos para você se tornar assim?". Era uma pergunta nascida de exaustão e derrota, uma pergunta que não buscava uma resposta, de fato, e a Mulher não havia concedido nenhuma. Seus pais não tinham feito nada para que ela se tornasse como era. Exceto, talvez, tê-la levado para passar as férias em Nova York, terem levado a filha, por acaso, para o lugar errado no momento errado, para ser *transformada*.

A Mulher — ou talvez algum resquício residual da garota, daqueles primeiros anos — havia enterrado a mãe ao lado do pai, pensando que os dois poderiam fazer companhia um ao outro no além-vida.

Os outros dezessete corpos espalhados pela floresta não haviam sido abençoados com uma companhia. Estavam sozinhos em suas eternidades miseráveis. Mas a Mulher se lembrava deles. Lembrava-se de como cada um deles tinha sofrido, o som de sua dor. Pensava neles com frequência. Assim como nas outras pessoas que faria sofrer no futuro, na dor que provocaria.

Em meio à escuridão do ar livre, ao lado do túmulo dos pais, a Mulher parou em silêncio e sentiu a brisa roçar sua pele. Ouviu o farfalhar das folhas.

Em outra época do ano, a floresta estaria viva com o zumbido de insetos, mas era inverno, e a vida estava escondida, hibernando. Parecia à Mulher que ela estava sozinha, mas ela sabia que ainda existia vida ao redor. Nem tudo dormia.

A Mulher fechou os olhos e segurou com força o Livro da Destruição, estendendo seus sentimentos para o mundo, em um círculo amplo. Sua mente era como dedos rastejantes, buscando os insetos e as pragas, os pássaros nas árvores, com suas penas enfunadas para se manterem aquecidos. Ela sustentou tudo isso na mente, e, em suas mãos, o Livro da Destruição brilhou em meio à escuridão, iluminando seu rosto de baixo.

Então, a Mulher sorriu com escárnio, uma explosão repentina de fúria, de urgência, e o Livro da Destruição pulsou, uma erupção raivosa de luz com a Mulher no centro, estendendo-se, cada vez mais ampla, como ondulações em um lago, e todas as coisas vivas que foram tocadas por ela morreram de repente. Os insetos no matagal rasteiro, as aranhas tecendo suas teias. Todos estacaram, destruídos instantaneamente pela Mulher e pelo livro.

Não houve gritos, nenhum berro de agonia, mas a Mulher *sentiu* toda a dor, a ausência repentina de vida, o instante de pavor em cada um dos seres vivos quando souberam que já não existiam.

Conforme a luz se dissipou em meio ao breu e o Livro da Destruição voltou à inércia, a Mulher cantarolou consigo mesma, contente, como uma convidada em um jantar satisfeita após uma refeição excelente, e abriu os olhos para a escuridão.

Havia usado o Livro da Destruição da mesma maneira em outra ocasião, durante o outono, quando a floresta estava mais movimentada. Havia sido uma experiência ainda mais prazerosa: ela tinha ouvido os mamíferos gritarem e ganirem, guinchando de agonia ao estremecerem e morrerem. Mas havia menos mamíferos agora, no inverno gelado.

Às vezes, a Mulher pensava em usar o livro em alguma cidade, um lugar onde houvesse mais do que apenas insetos e animais. Ela se perguntava como seriam os gritos, mas se perguntava se seria tudo súbito demais, rápido demais. Pensava em jeitos de fazer com que as pessoas soubessem o que estava por vir, para poder sentir o pavor delas quando a vissem em seu meio.

Eram nessas coisas que ela pensava quando não estava procurando livros: como fazer o mundo cantar sua dor para ela.

A Mulher deu meia-volta e retornou para casa em meio à escuridão morta e silenciosa, acariciando o livro que carregava, como se fosse um bicho de estimação.

E, ao seu redor, nada se mexia.

Parte Dois:

MEMÓRIAS

A CASA DAS SOMBRAS

Em uma casa perdida no tempo, uma casa que não estava em lugar algum, a Biblioteca Fox aguardava ser descoberta.

Ela já estivera às margens de um lago nas Terras Altas, no noroeste da Escócia, um chalé vitoriano que primeiro havia sido uma casa, depois um hotel, antes de ser comprada por Sir Edmund Fox no início do século XX.

— Preciso de um lugar para guardar meus livros — ele havia dito ao corretor.

— É uma casa bem grande — o homem respondera, os dois de costas para o lago, admirando a construção.

— Assim como minha coleção de livros.

A casa era um lugar peculiar, mas não deixava de ter seu charme. Era uma construção cheia de escadarias estreitas e arestas inesperadas, janelas altas que deixavam entrar a luz e permitiam vistas de pores do sol magníficos. Tinha tetos altos, assoalhos irregulares e lareiras enormes, escancaradas feito a boca de um dragão. E, depois de Sir Edmund ter se mudado para lá, passou a ter livros.

Quando a vida do homem estava chegando ao fim, os livros orlavam cada cômodo de sua casa, deixando espaço apenas para janelas, portas e outros itens menos importantes, como interruptores e móveis. Os livros dominavam cada parte, em estantes altas ao longo das paredes, prateleiras acima das portas, em mesas de canto ao lado de poltronas confortáveis. Mas não eram livros normais que haviam empolgado Edmund Fox durante a maior parte de sua vida. Seu interesse era outro: o ramo de livros especiais.

Nascido no fim do século XIX e criado em meio à classe alta da sociedade britânica, Edmund Fox ansiava por escapar daquilo que enxergava como uma existência entediante. Havia começado a vida adulta com a ideia de se tornar um explorador. No decorrer de suas aventuras no sul da Europa e norte da África, no início do século XX, ele se deparou com histórias de um livro especial, capaz de transportar o leitor para qualquer lugar que desejasse. Alguns alegavam que o livro era uma relíquia vinda do Antigo Egito, enquanto outros afirmavam que era um produto de bruxaria e magia do mal. Fox, que detestava tudo que era moderno e científico, e amava qualquer coisa que insinuava sabedorias ocultas e antigas, pôs-se a ir atrás de tal item com energia considerável. Por toda a extensão da Europa e da América do Norte, ele seguiu pistas e ignorou vários relatos que não levaram a lugar algum, despejando dinheiro da família em qualquer rumor e história louca com que se deparava. Encontrou pessoas que alegavam ter visto o livro, pessoas que alegavam tê-lo utilizado, e a maioria delas estava mentindo. Mas algumas, não. Algumas forneceram informações suficientes para sugerir, ou aludir, a uma verdade escondida por trás dos mitos e mistérios.

Aos quarenta e poucos anos, Fox investiu o patrimônio significativo de sua família na criação de uma organização secreta, dedicada a encontrar tal item incrível: a Biblioteca Fox. Convencido da existência do livro, Edmund Fox, fazendo um palpite certeiro, concluiu que deveria haver outros livros similares e itens mágicos, outras maravilhas escondidas do mundo racional.

— Uma pessoa não olha para um cachorro e presume que seja o único animal que existe — ele declarou na noite da primeira reunião organizada pelo pequeno grupo de membros de sua biblioteca. — Ela conclui que também existem outros animais pelo mundo, alguns que se pode encontrar com facilidade, outros que jamais serão encontrados. Com esses livros, também é assim. Se sabemos que um deles existe, então outros também devem existir, e nós nos comprometemos a encontrá-los. A Biblioteca Fox existirá por toda a minha vida, e além dela, para preservar tais maravilhas para toda a humanidade!

O grupo de amigos e colaboradores de Fox — muitos dos quais pensavam que ele era maluco, mas gostavam das bebidas e da boa companhia — deram vivas e bateram na mesa, e a Biblioteca Fox, daí em diante, pôs-se a ir atrás de livros mágicos durante toda a vida de Edmund Fox.

A Biblioteca Fox — não como coleção de livros, mas como organização — poderia ter murchado e desaparecido pouco depois da morte de seu fundador e benfeitor, não fosse por uma evolução surpreendente: a Biblioteca realmente encontrou o que buscava. Não o livro lendário que capturou a atenção de Edmund Fox no início, mas outro livro, com poderes tão desconcertantes e incríveis quanto.

Em meados da década de 1920, poucos meses antes de Edmund Fox finalmente sucumbir à falência hepática que suas bebedeiras prolíficas haviam garantido, um dos investigadores mais tenazes da Biblioteca descobriu a existência de um livro especial. Bem como todos os outros livros semelhantes, era um caderno fino, do tamanho ideal para caber em um bolso interno e inócuo o bastante para passar despercebido e ignorado. A capa de couro tinha tons de cinza-escuro e preto, discerníveis apenas sob a iluminação correta, e as beiradas das páginas eram pintadas de maneira similar, como se tivessem recebido jatos de tinta preta. Quando chegou ao conhecimento do investigador de Fox, o livro estivera na posse de um ex-soldado britânico, que havia ganhado a vida como ladrão de joias na Europa continental. O soldado-ladrão admitiu ter encontrado o livro anos atrás na biblioteca abandonada de um casarão, em algum ponto da área rural da Inglaterra. O homem carregou o livro consigo por anos e, durante esse tempo, nunca havia sido pego enquanto conduzia seus negócios criminosos, não havia sido descoberto nem uma vez, mesmo nas mais audaciosas invasões.

— Eu não acreditei a princípio — ele disse ao investigador de Fox, depois de alguns drinques em um restaurante da França, com vista para o Golfo da Biscaia. O homem era velho agora e havia há muito desistido do crime. — Olhe só, veja o que diz aqui.

Abrindo o livro, o homem havia mostrado ao investigador a primeira página. Algumas linhas de texto estavam ali, e o investigador as leu enquanto o homem falava.

— Diz que este é o Livro das Sombras — ele falou. — Diz que, se eu rasgar uma página e segurar na mão aquele pedacinho da página, eu entro nas Sombras, e ninguém consegue me ver!

O investigador assentiu.

— O que mais tem no livro? — ele quis saber.

O homem deu de ombros e folheou algumas páginas, mostrando rabiscos densos e manchas de tinta em muitas delas. Por um momento, o investigador achou ter visto o texto se movendo ou tremeluzindo.

— Só um monte de bobagem — o homem respondeu, interrompendo os pensamentos do investigador. — O que importa não é o que está nas páginas. É o que o livro faz! Veja bem, quando arranco um pedaço de uma página e o seguro na mão, o livro começa a brilhar!

— Brilhar? — o investigador perguntou, desconfiado.

— Feito fogos de artifício! — o homem confirmou. — Parece uma nuvenzinha de cores. E, enquanto eu ficar com a página rasgada na mão, ninguém me vê! Até eu soltá-la, então eu volto. E quer saber mais? Quando volto, não tem nenhuma página rasgada no livro. É como se ele se regenerasse por conta própria!

O investigador de Fox não sabia se acreditava no homem, mas pagou pelo livro usando os recursos da Biblioteca Fox, recompensando-o com uma fortuna para esbanjar nos últimos anos que lhe restavam. Ao retornar para a Biblioteca, o investigador fez um teste com o livro, junto de outros membros da equipe. Eles examinaram as páginas de texto e imagens que pareciam entrar e sair de foco, flutuando, e que apareciam e desapareciam. Estudaram as propriedades do livro, observando que ele era muito mais leve do que deveria. E fizeram experimentos rasgando pedaços das páginas, tentando forçar o livro a realmente realizar o que seu dono anterior havia alegado ser possível. Levou alguns dias, com pessoas diferentes tentando repetidamente, até que um dos funcionários simplesmente desapareceu e, em seguida, tornou a aparecer, sua mão aberta e um pedaço de papel desaparecendo no ar.

— Isso foi estranho! — o homem exclamou.

Os outros presentes na sala também acharam estranho, mas a empolgação logo se sobrepôs a qualquer tipo de choque, e o livro tornou-se o Item 001 no catálogo da Biblioteca Fox.

Era o início de tudo. O Livro das Sombras era a validação da obsessão de Edmund Fox, a legitimação do propósito da Biblioteca Fox. Edmund foi para o túmulo sabendo que havia refutado seus céticos, transmitindo em testamento a totalidade de sua considerável fortuna para a Biblioteca, cujo gerenciamento e administração passaram para sua sobrinha e seu sobrinho por parte de sua irmã mais nova.

Ao longo das décadas do século XX, a Biblioteca Fox continuou realizando seus trabalhos, buscando e investigando livros especiais, usando a mansão de Edmund Fox em sua propriedade escocesa como base. No decorrer dos anos, foi construída uma coleção expressiva, dezessete livros no total, e o Livro das Sombras havia sido um aliado naquele processo, uma ferramenta a ser aplicada por um ou dois dos investigadores que eram *capazes* de usá-lo, sempre que fosse necessário. Todos os livros compartilhavam características similares ao Livro das Sombras: tamanho próximo, textos densos em idiomas ilegíveis e rascunhos e rabiscos enigmáticos, bem como o mesmo peso inexplicável. Alguns dos livros continham observações no início, descrevendo o que eram e o que podiam fazer, mas não era assim com todos, e o propósito e as habilidades de vários deles permaneceram desconhecidos, talvez aguardando que o leitor certo desbloqueasse seus mistérios. Foi percebido pela Biblioteca que o conteúdo de muitos dos livros parecia mudar e evoluir, como se estivessem vivos de alguma forma, reagindo às circunstâncias, em busca da pessoa certa para recompensar com suas riquezas.

Durante os dias mais sombrios da Segunda Guerra Mundial, a Biblioteca Fox, como organização, caiu em obscuridade propositalmente, decidindo que seria melhor que suas atividades e posses fossem mantidas em segredo, mas a biblioteca de livros especiais permaneceu escondida na mansão de Fox.

No início do século XXI, Drummond Fox, o único descendente do sobrinho de Edmund Fox, era o Bibliotecário, a pessoa responsável por zelar pela coleção de livros especiais e continuar a busca por mais deles. A vida pacata na Biblioteca Fox, na costa oeste da Escócia, lhe agradava. Ele amava livros, especiais ou comuns, e era capaz de passar semanas a fio sozinho, lendo, estudando ou tentando compreender tudo que os livros especiais podiam fazer.

Ocasionalmente, ele se aventurava, fazia amizade com outras pessoas, de outras partes do mundo, cada uma das quais tinha seus livros especiais. Eram pessoas que compartilhavam não apenas dos interesses de Drummond, como também de seu ponto de vista de que livros especiais deveriam ser mantidos em segurança, longe daqueles que poderiam usá-los com os objetivos errados. Eram itens de museu, para serem estudados e compreendidos, mas usados raramente, ou mesmo nunca.

Contudo, o mundo se tornou um lugar muito mais perigoso. Sem aviso, uma ameaça surgiu, e, quando os amigos de Drummond foram massacrados no Parque Washington Square e seus livros, tomados, ele soube que já não era seguro que a Biblioteca Fox existisse.

Drummond viajou de volta para a Escócia, o Livro das Sombras como aliado no voo, e escondeu-se na Biblioteca Fox, sabendo que o horror poderia segui-lo até lá. Então, usou o livro de maneira inédita: fez com que a casa inteira na qual a Biblioteca era mantida deslizasse para fora da realidade e para dentro das Sombras, um lugar impossível de se alcançar. Ela tornou-se uma casa em lugar nenhum, uma casa esperando para ser visitada, uma biblioteca de livros esperando para ser aberta e lida.

A casa ainda existia, com todos seus livros e móveis, suas janelas e suas portas, mas era impossível chegar até ela agora, uma vez nas Sombras.

A não ser, é claro, que alguém fosse capaz de abrir uma das portas internas a partir de um lugar completamente diferente.

Como alguém que tivesse o Livro das Portas.

CAFÉ EM LYON

O grupo estava na rua, recobrando o fôlego e olhando ao redor. Estavam à beira de um rio largo, árvores altas pendendo sobre a água, como dançarinas enfileiradas. Os galhos estavam nus, mas folhas caídas se juntavam ao longo da extremidade do meio-fio, em amontoados laranja e marrom. Estava escuro, mas o amanhecer se aproximava, o céu noturno iluminando-se à distância, e Cassie conseguia distinguir edifícios estreitos ladeando a margem oposta do rio, tingidos de laranja, amarelo e creme.

Drummond arqueou-se para trás para esticar a coluna, como se tivesse distendido algum músculo ao se jogar pela porta, e perguntou:

— Onde estamos?

— Lyon — Cassie disse, uma parte de sua mente que não estava travada de choque conjurando as palavras que sua boca produzia. — Eu estive aqui anos atrás.

— Sempre gostei da França — Drummond comentou, falando mais consigo mesmo, como se estivesse perdido em lembranças de épocas mais felizes. Então, ele olhou para Cassie, depois para Izzy. — Os doces aqui são ótimos. Vamos, precisamos encontrar comida. Precisamos nos alimentar.

— Ainda está cedo — Cassie observou. — Talvez a gente não encontre nada aberto.

— Vamos tentar — Drummond insistiu.

Izzy corria os olhos entre os dois.

— Aquele homem estava jogando as pessoas pelos ares! — ela exclamou. — Como ele fez aquilo?

Um ciclista passou velozmente por eles, criando uma cortina de ar atrás de si e olhando de soslaio para os estadunidenses escandalosos, a testa franzida.

— Vamos — Drummond encorajou. Ele se afastou sem esperar uma resposta, e Izzy voltou seu olhar para Cassie.

— Cassie, isso é loucura! Aquele homem...

Cassie assentiu, tentando acalmar Izzy, mas juntar palavras em uma frase estava sendo muito custoso. Em vez disso, ela foi atrás de Drummond. Izzy revirou os olhos, descontente, mas a seguiu.

Os três caminharam ao longo do rio em silêncio por alguns minutos, passando por focos amarelos lançados pelos postes de luz e sentindo o corte afiado da brisa de inverno atravessar seus ossos. Sinais da cidade acordando apareciam, algumas outras pessoas se movimentando nas ruas, faróis de carros passando ao lado, mas o grupo precisou andar por um tempo até encontrar um lugar para arranjar uma bebida. Era uma cafeteria pequena, ainda iniciando o expediente, uma porta de luz cálida e uma mulher manobrando mesas e cadeiras até seus lugares na calçada, uma dança desajeitada envolvendo pernas em demasia e música composta de tinidos e rangidos.

— Vai servir — Drummond decidiu. Eles se aproximaram, e Drummond indicou uma das mesas enquanto a mulher retornava para o interior da cafeteria. Ela deu um aceno de cabeça amável.

Drummond puxou duas cadeiras e fez um gesto para Cassie e Izzy, como um garçom, então sentou-se do lado oposto da mesa e voltou os olhos para o rio, o nariz erguido, como um cão farejando o ar. Cassie se deu conta de que estava tremendo, adrenalina e choque percorrendo seu corpo. Ela olhou para as mãos, desejando que parassem.

A mulher reapareceu e os cumprimentou com um *"bonjour!"* cantarolado, como uma campainha.

— Café? — Drummond perguntou, e Cassie e Izzy concordaram.

— Três cafés? — a mulher quis saber, alternando para o idioma deles com a facilidade de alguém acostumado a turistas.

— Imagino que não teriam uísque? — Drummond tentou, estreitando os olhos.

A mulher lançou um sorrisinho torto a ele e deu uma olhada enfática no próprio relógio de pulso.

— *Non, monsieur.*

— Croissants? — Drummond tentou novamente. — Precisamos comer.

— *Oui.* — A mulher assentiu e desapareceu para dentro da cafeteria com um sorriso no rosto, como se tivesse achado Drummond engraçado.

Cassie observou toda a interação como se estivesse acontecendo em algum ponto muito longe dela, com outra pessoa. O mundo parecia muito distante, e sua mente parecia paralisada, reproduzindo imagens para ela — o homem careca chutando a cabeça do funcionário, atirando mobília no ar magicamente —, fazendo seu estômago se retrair com cada lembrança.

Izzy estendeu a mão e segurou o braço de Cassie, talvez percebendo o que a amiga estava sentindo. Elas olharam uma para a outra, ambas buscando consolo depois da experiência aterrorizante que tinham acabado de enfrentar.

— Quem era aquele homem? — Cassie perguntou a Drummond. Sua voz parecia normal, não revelando o choque que vibrava em seus braços e suas pernas.

— Hugo Barbary — Drummond respondeu. — É um homem terrível. Sinto muito por terem passado por aquilo. — Ele suspirou, exalando remorso no ar. — Gostaria muito que ele não tivesse aparecido lá.

Cassie assentiu, aceitando o pedido de desculpas, e percebeu seu olhar parando nos olhos escuros de Drummond. A quietude deles a acalmou.

— Mas quem é ele? — Izzy insistiu. — Como ele consegue fazer aquele tipo de coisa sem mais nem menos?

Drummond desviou os olhos para a margem oposta do rio, encarando a distância.

— Ele é um caçador de livros.

— Caçador de livros? — Cassie perguntou. — O que é isso?

Os olhos de Drummond se estreitaram.

— É bem autoexplicativo, não? Ele caça livros.

— Ele chutou a cabeça daquele menino — Izzy falou. — Foi horrível. Ele não precisava ter feito aquilo!

A imagem surgiu de novo como um flash na mente de Cassie enquanto Izzy falava, e ela estremeceu e fechou os olhos, tentando repelir a lembrança. Será que aquele garoto tinha morrido por causa dela? Será que ainda estaria vivo, se Cassie tivesse levado Izzy para comer em outro lugar? A culpa era um amargor subindo no fundo de sua garganta. Ela tentou engolir em seco.

— Não — Drummond concordou. — Mas é esse o tipo de homem que é. — Ele sacudiu a cabeça. — Aquele pobre garoto é apenas mais uma vítima de Hugo Barbary.

Os três ficaram sentados em silêncio, cada um recordando o que havia acabado de acontecer.

Então, Drummond olhou para Cassie e perguntou:

— Há quanto tempo está com o livro? Porque abriu a porta até aqui rápido. Com facilidade.

Cassie balançou a cabeça devagar. Ela não queria responder perguntas. Não queria simplesmente conversar como se fossem pessoas normais, como se coisas terríveis não tivessem acabado de acontecer.

A dona da cafeteria reapareceu com uma bandeja de bebidas em uma das mãos.

110

— *Bon*, três cafés — ela disse, pousando as xícaras na mesa. — E três croissants.

— Eu entendo — Drummond disse a Cassie quando a mulher voltou para dentro do estabelecimento. Cassie o encarou, cheia de ceticismo, mas suas dúvidas se dissolveram quando ele a olhou. Ele ofereceu um aceno com a cabeça. — É horrível, eu sei. Não estou tentando fingir indiferença. — Ele empurrou um dos croissants na direção dela, outro para Izzy. — Vocês duas precisam comer.

Cassie baixou os olhos para o croissant, incerta. Sua boca estava cheia de culpa e medo. Não achava que seria capaz de comer.

— Vai ajudar — Drummond insistiu, a voz baixa. — Confie em mim, eu sei. Nesse momento, você está em choque. Seu corpo está cheio de adrenalina. Precisa de energia. Vai te ajudar a se recuperar.

Izzy já estava comendo: era uma mulher que jamais precisava de incentivo quando o assunto era comida. Drummond fez o mesmo, observando Cassie enquanto mastigava, farelos cobrindo sua boca. Finalmente, Cassie cedeu, erguendo o croissant para dar uma mordida. Estava bom: quente, amanteigado e folhado.

— Gostoso — Izzy murmurou.

— Não é? — Drummond concordou, claramente comprazendo-se com a satisfação de Izzy. — Amo croissants da França.

Os três comeram em um silêncio confortável por alguns instantes, sentados na área de luz que crescia na calçada em frente à cafeteria. Drummond bebeu um pouco do café e recostou-se na cadeira, fechando os olhos brevemente.

— Sinto muito por ter conhecido vocês nessas circunstâncias — ele disse. — Não é o que eu teria desejado que acontecesse. Mas talvez tenha sido bom.

— Bom? — Cassie perguntou, arqueando a sobrancelha. — Não acho que tenha nada de bom no que acabou de acontecer.

— Não, não foi o que quis dizer — Drummond se corrigiu, abrindo os olhos. Ele sacudiu a cabeça, como se irritado consigo mesmo por não estar se comunicando bem. — Quis dizer que é bom vocês terem visto como a situação é perigosa. Agora sabem que precisam levar essa ameaça a sério.

— Não consegui comer meu queijo-quente — Izzy resmungou, como se não estivesse ouvindo. — Antes daquele homem aparecer.

Cassie ficou recolhendo os farelos de croissant, percebendo que realmente se sentia um pouco melhor. Seu coração parecia ter parado de acelerar, e sua boca não estava mais cheia do amargor da culpa.

— Foi tão violento — ela disse. — Por que ele precisa agir daquele jeito?

111

— Por que qualquer um no mundo precisaria agir daquele jeito? — Izzy perguntou, desviando os olhos para a vista ao redor deles.

Todos ficaram em silêncio por um momento, e Cassie aproveitou a brecha para respirar e olhar para os arredores. O céu lentamente estava se tornando um azul mais profundo à distância, conforme a noite se tornava dia. Em todo o entorno, conseguiam ouvir os barulhos da cidade acordando: furgões de entregas, pessoas conversando e o ruído de xícaras e pires vindo de dentro da cafeteria. Ela pensou no quanto tudo era absurdo. Dez minutos antes, estava fugindo daquela violência e, agora, desfrutava de um café e um croissant, a um oceano de distância. *É isto que o Livro das Portas deveria ser*, ela pensou, *viagens, maravilhas e satisfação, não homens violentos atirando mesas por aí.*

— Quero ajudar vocês duas — Drummond garantiu. — Mas sei que é muito para digerir. Tudo que acabou de acontecer. O que preciso fazer para que confiem em mim? Para que me deixem ajudar?

Cassie refletiu. Fazia uma manhã fria, mas ela estava usando seu velho sobretudo e o cachecol de lã, e sentia-se aquecida e confortável na cadeira, com o café em seu estômago e o gosto do croissant nos lábios. Perguntou a si mesma como podia se sentir tão confortável assim, tão pouco tempo depois do que tinha acabado de vivenciar, mas não encontrou respostas.

— Precisa responder umas perguntas — Cassie respondeu.

— Quais perguntas? — Drummond indagou. — O que quer saber?

— Os livros — Cassie pediu. — Nos fale dos livros. O que eles são?

— São livros — Drummond disse, dando levemente de ombros. Ele tomou um gole do café e inspirou, os dentes apertados. — Não sabemos o que são nem de onde vieram. Mas há um século, talvez, são de conhecimento das pessoas. Havia mitos e mistérios a princípio, histórias de pessoas capazes de coisas anormais e incríveis, mas, em algum momento, perceberam que eram os livros. Um livro primeiro, depois outro. E então, no decorrer dos últimos cem anos, as pessoas começaram a entender que esses livros existiam e que podiam fazer coisas.

— Mas o que eles *são*? — Izzy pressionou. — E não diga "são livros".

— Eles são... — Drummond pensou por um instante, tentando encontrar as palavras certas, os olhos erguendo-se para o céu — ... são magia — ele concluiu, e sorriu, como se estivesse encabulado, os olhos brilhando, e, naquele momento, Cassie o achou bonito. — Sei como soa, dizendo assim.

— Magia — Cassie repetiu.

— Não gosto dessa palavra — Drummond falou. — Ela me faz pensar em espetáculos de circo de má qualidade. Mas não existe um jeito melhor de descrever. Cada livro concede a quem quer que o detenha uma habilidade, um poder. Podem chamar como quiserem.

— Quantos livros existem? — Cassie perguntou.

Drummond deu de ombros.

— Como saber? Alguns foram encontrados, mas provavelmente existem outros por aí. Ouve-se rumores e histórias de outros livros. Algumas dessas histórias acabam provando-se delírios completos, algumas têm base na verdade. Como o Livro das Portas. É um dos livros dos quais sempre se falou, mas, até agora, ninguém conseguiu provar, de fato, que ele existia.

Cassie assentiu, assimilando as palavras e bastante ciente do peso do Livro das Portas em seu bolso.

— Onde você o conseguiu? — Drummond quis saber.

— Oi, quem tá fazendo as perguntas aqui somos nós — Izzy replicou.

— Conte-me dos caçadores de livros e daquele homem na lanchonete — Cassie disse, ignorando a questão.

— O que posso dizer? — Drummond indagou-se. — Os livros são itens extraordinários, em todos os sentidos da palavra. As pessoas que sabem de sua existência pagam muito dinheiro por eles. Os livros trocam de mãos por fortunas. Ou por meio de carnificina. Algumas pessoas, o tipo errado de pessoa, os desejam pelo tipo errado de motivo.

— Você disse "pessoas que sabem da existência dos livros"...? — Izzy perguntou. — Então são poucas pessoas que sabem que eles existem? Como eles não são mais conhecidos? Isso é loucura. Magia é real, e ninguém sabe?

— Você respondeu à sua pergunta — Drummond observou. — É *mesmo* uma loucura. É magia. Os que sabem da existência dela querem que fique em segredo. É poder. Eles suprimem todo o conhecimento para manter o poder para si mesmos.

Izzy lançou a Cassie um olhar deliberado.

— Eu te disse — ela falou. — É por isso que não apareceu no Google. Tá tudo sendo censurado.

— O que pesquisou no Google? — Drummond perguntou.

— Pesquisei o livro — Izzy disse. — O Livro das Portas. E adivinha? Não tinha nenhum resultado. Nenhumzinho.

Drummond apertou os lábios por um momento, ponderando.

— O que foi? — Cassie perguntou, vendo preocupação na expressão dele.

O homem hesitou ao responder, e Cassie pensou naquele instante que ele estava tentando protegê-las. Era alguém debatendo se deveria ou não revelar uma verdade preocupante.

— O quê? — ela pressionou.

— Significa que as pessoas vão ficar sabendo — Drummond explicou. — Vão passar a procurar por vocês agora. A essa altura, terão rastreado suas pesquisas. Eles suprimem qualquer conhecimento a respeito dos livros. Mas ficam atentos a quaisquer sinais de que alguém sabe. Quando você pesquisou "Livro das Portas", acendeu alertas por todo o mundo.

Cassie olhou de relance para Izzy e viu o choque surgir em seu rosto.

— Eles podem me rastrear a partir de pesquisas na internet?

Drummond assentiu.

— Sim. Sinto muito. Eles têm meios de encontrar vocês. As forças de segurança são capazes de te localizar, então, com certeza, essas pessoas também. São pessoas motivadas e endinheiradas.

Izzy olhou para Cassie.

— Sinto muito, Cass. É minha culpa. É tudo minha culpa.

Cassie estendeu a mão e tocou o braço de Izzy.

— Não se preocupe.

— Quem são "essas pessoas"? — Izzy perguntou. — "Essas pessoas" que você disse?

— Vários grupos — Drummond respondeu. — Caçadores e colecionadores de livros. Governos.

— Tem governos que sabem disso? — Izzy indagou.

— Alguns. — Drummond confirmou com a cabeça. — Algumas pessoas em alguns governos. Mas, em grande parte, são indivíduos particulares.

— Que tipo de pessoas? — Cassie perguntou. — Eu vou querer saber disso?

— Terroristas. Guerrilheiros. Colecionadores de arte. Alguns são terríveis, outros, benignos. Esses livros são como armas e poder: sempre acabam nas mãos das pessoas erradas. E eles vão querer seu livro, Cassie. É um item de valor inacreditável, um livro que as pessoas estão tentando encontrar há mais de um século. Imagine o que poderia ser feito com o Livro das Portas. — Ele baixou os olhos para o prato, os últimos farelos de croissant, como se desejando que houvesse mais um ali. — Sempre há alguém feliz em usar um livro pelos motivos errados.

— Como aquele homem na lanchonete? — Izzy lembrou.

Drummond assentiu.

— Ele não estava procurando vocês. Não foi até lá porque pesquisou na internet. Eu sinto muito. É minha culpa ele ter aparecido. Ele estava me seguindo.

— Como ele estava fazendo aqueles negócios? — Izzy tornou a perguntar. — Atirando os corpos no ar?

— Ele tem um livro — Drummond explicou. — Mais do que um, provavelmente, mas, com certeza, tem o Livro do Controle. É o que ele estava segurando.
O livro permite que controle objetos, os movimente, os atire. E Hugo Barbary
é, infelizmente, muito bom usando livros.

— Como assim, "bom usando livros"? — Izzy questionou. — Tipo, tem
gente que não é boa?

Drummond assentiu.

— A princípio, qualquer um pode usar os livros, mas para algumas pessoas
é mais difícil. Algumas conseguem usar certos livros com muita facilidade, mas
têm problemas com outros. Alguns, talvez como Hugo Barbary, simplesmente
são naturalmente bons com os livros e capazes de usar a maioria deles quase
que de imediato.

— Por que isso acontece? — Cassie perguntou.

Drummond deu de ombros.

— Como saber? Por que algumas pessoas têm o ouvido absoluto? Por
que algumas sabem desenhar e outras não? Qualquer um pode tentar tocar
um instrumento musical, mas nem todos podem ser concertistas. É como os
humanos são, nada além disso, certo? Mas a questão é que, agora que Hugo
sabe que você está com o Livro das Portas, é praticamente certo que ele virá
atrás de você. E, onde quer que ele vá, outros seguirão. A vida de vocês está
em perigo.

Cassie assentiu devagar, a responsabilidade e as implicações caindo sobre
ela, como um cobertor pesado em um dia quente, algo do qual ela queria fugir,
arrastar-se para longe.

— Mas quem é você? — Izzy perguntou. — Está nos contando dessa gente
toda, mas não sabemos quem você é.

Drummond assentiu.

— Sim, eu sei. Minha história é longa, e nós não temos tempo para que
eu a conte agora. Preciso que confiem em mim. Eu não sou como o homem
que vocês viram.

— Que respostinha mais vaga e insatisfatória... — Izzy acusou, jogando
o corpo para trás e cruzando os braços.

Drummond fez que sim com a cabeça, como se concordasse, mas não
ofereceu nada além. Em vez disso, seus olhos voltaram-se para Cassie, e ele
perguntou:

— Posso vê-lo? Seu livro?

Cassie não disse nada, incerta de como reagir, incerta dos riscos.

— Não vou roubá-lo — Drummond garantiu. — Prometo.

Izzy soltou uma risada cética.

Cassie encontrou os olhos de Drummond e sustentou seu olhar, tentando julgá-lo, julgar suas intenções. Então, levou a mão ao bolso e tirou o livro, Izzy a observando. Ela o colocou na mesa e o empurrou na direção dele.

— Tinha um recado nele quando o ganhei — Cassie contou enquanto Drummond examinava o livro. — Uma mensagem da pessoa que deu o livro para mim.

Drummond assentiu, olhando para o livro com o cenho franzido.

— Coisas que se escreve não duram no livro. Desaparecem depois de um tempo. Exceto pelo que já estava escrito no próprio livro.

— Por quê?

— Como saber? — Drummond disse outra vez, seus olhos estreitando-se, perplexos, ao observar o Livro das Portas. — Alguém deu isso a você?

Cassie fez que sim.

— Quem?

— Um homem. Eu trabalho em uma livraria. Ele me deu de presente.

— Que homem?

— Não importa. Ele morreu.

Os olhos de Drummond foram novamente até ela, fazendo uma pergunta que Cassie não respondeu. Ele voltou sua atenção para o livro, explorando-o em silêncio por alguns momentos, sacudindo a cabeça levemente para si mesmo, como se estivesse vendo algo em que não podia acreditar ou compreender.

Então, ele fechou o livro e o empurrou de volta na mesa na direção de Cassie. Mas seus olhos não se afastaram dele. Permaneceram fixos no livro até ele desaparecer no bolso de Cassie.

— Então, o que fazemos agora? — Izzy perguntou. — Se um pessoal perigoso vai perseguir a gente, podemos voltar pra casa? Eu tenho um emprego. Tenho contas para pagar, não posso morar na França pelo resto da vida.

Drummond pensou em silêncio por um instante, os dedos tamborilando no tampo da mesa.

— Eu posso ajudar vocês — ele declarou, por fim. — Posso consertar as coisas, se confiarem em mim. Posso fazer tudo isso desaparecer. Mas, em troca, preciso da ajuda de vocês. Preciso que me deixem fazer uma coisa.

— O quê? — Cassie perguntou.

— Eu preciso destruir o Livro das Portas — ele disse.

O LIVRO DAS MEMÓRIAS

—O quê? — Cassie perguntou.

— Podemos vender o livro pra você. Quanto pagaria por ele? — Izzy ofereceu, e Cassie lançou a ela um olhar afiado.

— Você não vai destruir meu livro — Cassie insistiu. — E eu também não vou vendê-lo.

Drummond assentiu para si mesmo.

— Não esperava que fosse concordar sem mais nem menos. É um pedido chocante, eu entendo completamente. O livro é precioso para você.

— Foi um presente — Cassie explicou. — De um amigo.

— Eu entendo — Drummond repetiu. — Todos os livros são preciosos. Eu sei disso, acredite em mim. Principalmente esses livros. Mas você não compreende por completo como este livro é perigoso. Não quero dizer apenas para você e Izzy, mas, sim, para todas as pessoas.

— Como você o destruiria? — Izzy quis saber, ignorando Cassie.

— Eu o queimaria — Drummond explicou. — Os livros queimam com muita facilidade. Provavelmente porque são velhos.

— Você não vai destruir ele — Cassie declarou, a voz baixa. Ela sentia seu corpo voltar a tremer, como se os efeitos benéficos do croissant estivessem passando.

Drummond sustentou o olhar dela por um momento, como se tentasse estimar a força de seus sentimentos.

— Existem outros livros — ele disse. — Talvez exista outra coisa que eu possa fazer por você, algo pelo qual eu poderia trocá-lo.

— Poderia tornar os nossos sonhos realidade, sr. Fox? — Izzy indagou, como piada. — Poderia fazer de mim rica e famosa? Ou me transformar em uma estrela do cinema?

— Quer ser uma estrela do cinema? — Drummond perguntou, como se estivesse considerando a possibilidade.

— Quê? — Izzy retrucou, chocada. — Tá falando sério?

— Cabe a Cassie dizer — ele falou. — Qual seria seu sonho, Cassie?

A resposta foi imediata para Cassie, não exigindo nenhuma reflexão.

— Queria conversar de novo com meu avô — ela confessou.

Drummond inclinou a cabeça, sem entender.

— Ele morreu — ela contou. — há muitos anos. Mas acho que você não consegue ressuscitar os mortos, consegue?

— Eu queria ser feliz — Izzy disse. — Sei que é infantil. Se me perguntasse cinco anos atrás, eu teria dito que queria ser uma estrela de cinema. Mas, agora, acho que quero só ser feliz. Com alguém que eu ame, filhos, morando em algum lugar legal. Deus do céu, olha isso, eu tô virando um tédio.

— Os jovens têm os sonhos mais impetuosos — Drummond murmurou, mais para si mesmo. — Irrestritos pela vida e pela realidade.

Cassie e Izzy compartilharam um olhar rápido. Um casal jovem apareceu, então, arrastando cadeiras e sentando-se à mesa ao lado deles, e Cassie e Izzy trocaram sorrisos educados com os dois, enquanto a mulher da cafeteria aparecia e oferecia seu cumprimento de *"bonjour!"* cantarolado.

— Escuta, deixa pra lá os nossos sonhos — Cassie disse. — O que a gente faz a respeito daquele homem da lanchonete? Precisa nos ajudar primeiro com isso, depois, talvez, a gente possa falar do motivo desse livro ser tão perigoso assim.

Drummond concordou.

— Tudo bem então — ele disse. — Antes, precisamos voltar para Nova York. Tem umas coisas que tenho que fazer para ajudar vocês duas, mas precisamos estar lá. Já podemos ir?

Cassie assentiu.

— Tá bem — ela concordou.

— Vou pagar isto aqui — Drummond avisou, indicando os cafés com um gesto. Ele se pôs de pé e entrou na pequena cafeteria.

— O que você acha? — Cassie perguntou quando percebeu que as duas estavam a sós.

Izzy ergueu os ombros.

— Não sei, Cass. Só quero que a vida volte ao normal. Aquele homem no Ben me assustou.

— Pois é — Cassie murmurou. Seu cérebro a forçou a enxergar o homem careca chutando o atendente mais uma vez, e, de novo, seu estômago se retraiu. — Você confia nele? — Cassie quis saber, balançando a cabeça para o lado, na direção de Drummond dentro da cafeteria.

118

— Não *des*confio dele — Izzy disse. — Ele parece gentil. E não tentou nada de suspeito até agora. Mas sabe de uma coisa, Cassie? Ele é só um. Aquele cara, doutor Barbary, é outro. Vão ter mais. Esse livro que você tá carregando, as pessoas vão fazer coisas horríveis pra colocar as mãos nele. Eu te falei, nada de bom vai vir disso.

Cassie assentiu.

— Mesmo que tenha sido você que contou pro mundo inteiro a respeito dele, quando pesquisou no Google?

Ela se arrependeu imediatamente, as palavras saindo de sua boca sem pensar. Izzy olhou para ela como se tivesse levado um tapa. Cassie estendeu a mão para se desculpar, mas Izzy virou as costas no mesmo momento que Drummond saiu da cafeteria, e o momento se perdeu.

Os três encontraram uma passagem ao descer um beco calcetado, uma porta destrancada que parecia conduzir a uma via estreita, e Cassie usou o Livro das Portas para passar por ela e chegar ao próprio quarto em Nova York no meio da noite. Eles se remexeram no espaço reduzido até terem todos passado pela porta de Lyon, e então Cassie a fechou e o apartamento, de repente, ficou em silêncio. Cassie reabriu a porta, agora normal, e os levou até a sala de estar. Parecia estranho estar de volta ali, na casa segura e confortável delas, depois do que tinham visto na última hora.

— E agora? — Cassie perguntou, ligando a luz da cozinha. — Qual é o plano?

Drummond balançou a cabeça, apalpando seu casaco, como se procurasse alguma coisa.

— Precisamos fazer duas coisas — ele declarou, puxando um livro de dentro do casaco. — Antes de mais nada, preciso mostrar a vocês o segundo livro que tenho. Depois, quero mostrar do que exatamente o Livro das Portas é capaz.

— Que segundo livro? — Cassie indagou.

— Segure isto, por favor — ele pediu, passando o livro para Izzy. Ela o pegou com as duas mão e olhou para ele, os olhos baixos como alguém nervoso lendo um roteiro. A capa do livro era um cinza-claro, como uma nuvem de chuva.

— Meu segundo livro — ele começou para Cassie — é o Livro da Memória.

— O que ele faz? — Cassie quis saber.

— Ele pode fazer uma variedade de coisas — Drummond explicou. — Pode te ajudar a se esquecer de coisas, ou se lembrar.

— Tipo quando perdemos algo e estamos tentando encontrar? — Cassie sugeriu.

Drummond sorriu.

— Um pouquinho mais do que isso. Eu o usei uma vez com uma pessoa que sofria de demência — ele contou. — Eu a trouxe de volta para a família dela, só por algumas horas.

— Uau.

Drummond assentiu.

— Foi uma das melhores coisas que já fiz na vida. Por um tempo, eles ficaram tão felizes... — Ele pareceu divagar por um instante, como se desfrutando daquela lembrança feliz. Izzy tinha razão, Cassie pensou que Drummond Fox parecia um homem gentil. — Foi incrível — ele continuou, o sorriso se desfazendo um pouco —, até que precisei pegar o livro de volta, até que ela entendeu o que ia acontecer. Aquilo foi... dilacerante. Nunca mais tentei ajudar alguém dessa maneira.

Cassie ponderou. Pensou no sr. Kellner sendo capaz de saber quem era novamente e, depois, sabendo que retornaria à demência.

— Que horrível — ela murmurou.

Drummond assentiu, concordando.

— Sim, foi horrível. Mas, ao longo dos anos, o livro foi mais usado para ajudar as pessoas a esquecerem.

— Por que alguém ia querer esquecer? — Cassie perguntou.

Drummond deu de ombros.

— Pense bem. Não tem algum trauma terrível, algo horroroso que aconteceu com você, do qual preferiria se esquecer completamente?

Cassie era capaz de pensar em coisas do tipo, mas não tinha certeza se queria esquecê-las. Eram parte de quem ela era.

— Ou então você pode fazer com que as pessoas se esqueçam daquilo que você quer que se esqueçam — Drummond acrescentou. — Em termos táticos, muito útil para assuntos como crimes e espionagem. Para pessoas que querem ter casos amorosos e, depois, fazer seus parceiros se esquecerem delas. Para tudo, do mundano ao nocivo.

Cassie balançou a cabeça.

— Mas como isso vai ajudar a gente com o doutor Barbary?

Então, Drummond suspirou.

— Não vai — ele admitiu. — Mas vai ajudar Izzy.

Ele olhou para Izzy, e Cassie seguiu seu olhar. Izzy continuou a encarar o livro em suas mãos, e Cassie via agora que seu rosto estava iluminado pelas cores que emanavam do objeto, uma dança rodopiante de vermelhos e azuis profundos.

— Eu me sinto estranha — Izzy comentou.

— Sim — Drummond disse suavemente. — É assim mesmo.

— O que está fazendo com ela? — Cassie exigiu, alarmada. Ela se aproximou de Izzy e colocou a mão no braço da amiga.

Izzy ergueu a cabeça, com o que pareceu um esforço considerável, e pousou os olhos em Drummond.

— O que está acontecendo? — ela perguntou.

— Você vai ficar bem — Drummond garantiu, a voz gentil. Izzy o observava como se aprisionada no olhar do homem. — Eu prometo que nada de mal vai lhe acontecer. O que estou fazendo... é para te proteger. Você está segurando o Livro da Memória. Eu o dei a você para te ajudar a esquecer.

— Esquecer o quê? — Cassie exigiu, os pensamentos acelerados. O pânico avolumava-se dentro dela como uma onda.

— A melhor coisa que pode acontecer a Izzy no momento é que ela esqueça tudo sobre o Livro das Portas.

Cassie baixou os olhos para o livro que Izzy segurava com força, as cores que ele produzia ondulando e serpenteando ao seu redor como fumaça.

— Tá pesado — Izzy murmurou. — O livro tá pesado e quente. — Ela virou o rosto para Cassie, a voz parecendo a de uma criança. — Tem algo estranho acontecendo comigo.

— Você está bem, Izzy — Drummond disse. — É para o seu bem.

— O que está acontecendo? — Izzy suplicou.

— Quando soltar o livro — Drummond explicou —, vai se esquecer do Livro das Portas, de tudo que aconteceu nos últimos dias. O Livro das Portas estará obscurecido e escondido em sua mente.

— Não pode fazer isso — Cassie protestou, empurrando o ombro de Drummond bruscamente. — Você não tem esse direito! Pare!

— Está feito — Drummond disse. — Sinto muito, mas preciso proteger Izzy.

— Eu não quero esquecer! — Izzy implorou para Cassie. — Não gosto dele mudando as minhas memórias!

— Está feito — Drummond repetiu. — Pessoas como o doutor Barbary vão continuar a aparecer. Pessoas piores do que ele até. O único jeito de te proteger é você não saber nada.

— Mas ele nos viu juntas — Cassie ganiu, sem compreender por que Drummond não enxergava como Izzy era importante para ela. — Ele sabe que Izzy sabe.

— Sim — Drummond disse. — Mas ele também me viu junto de você, e tem muito mais interesse em mim. É por mim que ele vai procurar, não Izzy.

E, se acontecer de encontrá-la, não vai ser difícil enxergar que ela não pode lhe contar nada. Ele vai entender o que eu fiz.

Izzy estava à beira das lágrimas agora, mas tentando não chorar, agarrando o livro com tanta força que os nós de seus dedos estavam brancos.

— E o que acontece se eu não soltar? — ela perguntou.

— Você vai soltar — Drummond afirmou, falando com a certeza de um homem que já teve discussões semelhantes no passado. — Você precisa. Uma hora ou outra. Não pode viver sua vida segurando um livro. E o livro vai se tornar cada vez mais pesado, e cada vez mais quente, conforme toma mais e mais das suas memórias. Você não vai conseguir segurar para sempre. É melhor simplesmente deixar que aconteça.

Cassie estava observando Izzy, odiando a mágoa na expressão dela, sua mente, por sua vez, acelerada ao tentar imaginar como conseguiria dar conta de um mundo novo e perigoso sem a amiga.

— Não pode fazer isso — ela suplicou para Drummond, sua voz um gemido. — Por favor, Drummond.

Havia lágrimas em seus olhos, ela percebeu, e odiava parecer fraca na frente daquele homem, mas se viu incapaz de segurar o choro.

— Não chore, Cass — Izzy disse, embora lágrimas estivessem se acumulando nos olhos dela também. — Se você começar a chorar, eu vou acabar chorando também...

Drummond franziu o cenho para Cassie, uma expressão de surpresa e remorso, como se não estivesse esperando tal reação.

— Mas é para protegê-la — ele reafirmou, como se não compreendesse por que Cassie estava tão contrariada. — É para mantê-la em segurança, Cassie.

Mas e eu?, Cassie quis gritar. Mas ela sabia como aquilo pareceria egoísta. Puxou Izzy para perto de si.

— O que vai acontecer quando ela soltar? — perguntou.

— Nada. — Drummond continuou, olhando para Izzy: — Você vai dormir e acordar amanhã como sempre, como se fosse um dia qualquer. Depois, vai sentir o impulso de sair da cidade por um tempo, talvez visitar sua família.

Os ombros de Izzy estavam subindo e descendo, e ela lutava com a inevitabilidade do que tinha acontecido a ela, do que estava por vir.

— Eu não gosto da minha família — ela balbuciou, entre soluços.

— Sinto muito por ter te culpado pelo negócio do Google — Cassie disse à amiga, lágrimas correndo por suas bochechas.

— Qual é o sentido de me dizer isso agora? — Izzy lamentou. — Vou me esquecer disso tudo.

— É por isso que estou te dizendo — Cassie falou. — Porque você vai esquecer de tudo, mas quero que você saiba antes disso: eu não te culpo. Eu não estava falando sério.

Izzy assentiu, distraída, como se aceitasse o que Cassie dizia, mas que aquele não era um problema tão grande, se considerasse a situação como um todo.

— Dá pra desfazer isso? — Izzy perguntou a Drummond. — Eu posso me lembrar de novo, depois que esquecer?

Drummond deu de ombros.

— Não sei dizer, Izzy. Mas você iria querer saber de novo disso tudo? Não seria melhor não se lembrar? Por que desejaria se lembrar de algo que te colocaria em tamanho risco?

— Eu vou te ajudar — Cassie prometeu a Izzy, embora não fizesse ideia se era ou não algo possível. — Vou te ajudar a lembrar, eu prometo. Quando for seguro.

Elas encontraram o olhar uma da outra, e Drummond estendeu a mão para pegar o livro.

— Deixem-me ajudar — ele disse.

— Não! — Cassie esbravejou, furiosa, colocando-se à frente de Izzy de forma protetora.

A expressão no rosto de Drummond se desfez.

— É impossível impedir, Cassie — ele argumentou. — Sinto muito. — O homem a empurrou gentilmente para o lado e tocou o livro. — Você vai ficar bem, Izzy, eu prometo.

Izzy voltou os olhos para Drummond.

— Eu te odeio.

— Justo — Drummond disse, a voz baixa. — Pagarei este preço, se for para te manter a salvo.

Então, o livro escapou das mãos de Izzy, e Drummond se afastou. Ela encarou Cassie por um momento, uma expressão ao mesmo tempo vazia e confusa no rosto, como alguém com demência, e, então, simplesmente dobrou os joelhos, caindo desajeitadamente no chão, entre a extremidade do sofá e a porta do corredor.

— Está feito — Drummond informou, baixando os olhos para Izzy.

Cassie deu dois passos na direção dele e o estapeou com força no rosto.

— Você não tinha o direito de fazer isso! — ela gritou, as lágrimas correndo livremente pelo rosto.

Drummond esfregou o rosto no ponto em que recebera o tapa, uma expressão de dor. Ele ficou parado no lugar, em silêncio, encarando o chão, como um homem que havia invadido um momento particular e preferia estar em qualquer outro lugar.

— Você não tinha o direito — Cassie repetiu, mais baixo. Ela olhou para o rosto adormecido de Izzy e sentiu um aperto agoniante no coração. — Me ajude a levá-la — ela ordenou a Drummond.

Os dois carregaram Izzy até a cama, e Drummond saiu do quarto enquanto Cassie trocava as roupas da amiga, a vestindo com pijamas, e a cobria com os lençóis. Izzy parecia tranquila, imperturbada pelo acontecido.

Drummond estava esperando na cozinha, andando de um lado para o outro, quando Cassie apareceu.

— Eu odiei fazer aquilo — ele confessou a ela, antes que a garota pudesse dizer qualquer coisa. — Odiei enganar vocês duas daquela maneira. Mas, às vezes, preciso fazer coisas de que não gosto para proteger os outros. Às vezes, tenho que fazer coisas que me aterrorizam para proteger as pessoas. Esta é a vida que eu preciso levar.

Ele parecia bravo: bravo consigo mesmo pelo que tinha feito, bravo com Cassie pela falta de compreensão. Ele andou de um lado para o outro por mais alguns momentos, inquieto. Cassie o observou, não o perdoando, mas descobrindo que o calor da própria raiva estava se dissipando.

— Ela vai ficar segura? — perguntou.

— Sim.

— Por que eu deveria confiar em você?

— Eu não sei — Drummond admitiu com um suspiro exasperado. — A melhor maneira de mantê-la em segurança é que nós dois e os livros que carregamos estejam em outro lugar.

Cassie fez que sim com a cabeça em resposta.

— Preciso descansar. Estou exausta.

Drummond a observou por um instante, claramente pensando em alguma coisa.

— O quê? — ela perguntou.

— Sei que não confia em mim. Mas tenho um lugar para onde podemos ir, se você nos levar. Um lugar que vai mostrar a você por que isso tudo é tão importante. E, talvez, eu possa lhe contar minha história.

— Que lugar?

— Minha biblioteca — ele disse. — Se eu te mostrar uma fotografia da porta, você consegue nos levar até lá?

A BIBLIOTECA FOX,
NAS SOMBRAS

Tudo era cinza e intangível, e Cassie pensou estar flutuando.

Tinha levado um tempo para que conseguisse abrir a porta. Achou que estava cansada ou estressada, mas Drummond havia dito a ela que seria difícil, que devia continuar tentando.

— Está dentro das Sombras — ele dissera.

Ela havia tentado mais, segurando o Livro das Portas em uma mão, Drummond erguendo o próprio celular e mostrando a ela uma foto de uma sala enorme, uma porta de madeira no canto. Então, ela havia sentido: tinha agarrado algo com a própria mente, algo frágil, que ameaçava se dissipar se puxasse com muita força. Cassie havia esperado um momento e, então, gentilmente, puxou, e a porta de seu quarto se abriu, mostrando um cômodo monocromático além dela, como se estivessem assistindo a um filme em uma televisão em preto e branco.

— Vamos entrar nas Sombras agora — Drummond avisou. — Não conseguiremos falar, mas não se assuste. Muito em breve, tudo estará bem.

Ele passou por ela e entrou no cômodo, e Cassie o seguiu, hesitando apenas por um instante.

Era silencioso e cinzento, e, quando andava, parecia que estava nadando. Ela fechou a porta, observando o próprio braço, que deixava ondulações nas Sombras conforme se movia, então se virou para ver algo que parecia a silhueta de Drummond aguardando.

A silhueta se virou, e Cassie a seguiu, perguntando-se se seria assim estar morto, estar assombrando um local dos vivos.

Eles saíram de um espaço amplo e adentraram um menor, flutuando. Havia uma sugestão de altura às costas deles, de luz, mas a silhueta de Drummond moveu-se na direção oposta, aproximando-se de uma escuridão mais profunda. Então, uma linha iluminada apareceu, branca e crescente, e Cassie viu a forma que era Drummond ali, em pé. Além dele, ela entendeu, era o *lado de fora*, mas ainda dentro das Sombras, e Drummond havia aberto a porta da frente do local.

A silhueta que era o homem comprimiu-se, e Cassie viu que ele estava se curvando, pegando algo do chão. Então, ele se endireitou e fez um gesto, como se jogasse fora um pedaço de lixo, e, um instante depois, cor e substância se espalharam pelo mundo, como líquido se derramando sobre uma mesa. A luz afugentou as Sombras, e Cassie sentiu uma brisa no rosto, o cheiro de ar fresco. De repente, Drummond estava ali, parado sob um portal grandioso em forma de arco, com um pano de fundo de árvores verdes às suas costas, as folhas e os galhos balançando-se com a brisa.

— Bem-vinda à Biblioteca Fox — ele disse, dando as costas para ela e saindo para a luz do dia.

Cassie seguiu Drummond, seus pés triturando cascalhos na estrada que saía da casa. Ela deu alguns passos e se virou para olhar a fachada, parada ao lado de Drummond, que erguia os olhos para sua biblioteca, as mãos nos bolsos e uma expressão indecifrável no rosto.

A Biblioteca era uma enorme casa de campo, construída em arenito vermelho, com telhas cinza-escuro e ferragens e calhas pintadas de vermelho-sangue. A porta pela qual haviam acabado de passar era uma arcada na base de uma torre alta posicionada em um canto da casa, com janelas no alto que faziam Cassie se lembrar de um farol. Em cada um dos lados da torre, as paredes se estendiam até extremidades distantes, amplas janelas salientes no térreo revelando vislumbres de estantes de livros e painéis em madeira e, no andar de cima, mansardas transformavam o perfil do telhado em um amontoado de picos e vales.

Atrás da casa, subindo a lateral de uma montanha marrom, pinheiros em tons de verde brilhavam ao longe no vento fresco da manhã. No alto, o céu estava cinzento, mas iluminado, e nuvens baixas se moviam por ele continuamente, velejando no mar de vento. Tudo ali parecia estar em movimento. Tudo, exceto a Biblioteca, que estava firmemente inerte, como uma pedra arraigada no cerne do planeta, permanente e imóvel. Mas havia algo de acolhedor no lugar, Cassie pensou, algo relacionado às proporções e ao tamanho, e à fachada de arenito vermelho.

— É linda — ela disse.

— Sim — Drummond falou, sorrindo em um misto de felicidade e tristeza. — É mesmo.

Cassie olhou ao redor. À sua direita, além do fosso de cascalho, uma pista de asfalto lisa serpenteava por gramados bem-cuidados antes de desaparecer em meio às árvores. A fileira de árvores se estendia diretamente atrás de onde os dois estavam e até certa distância na direção oposta, criando uma cortina em torno da Biblioteca e de seus jardins. De um ponto distante do gramado, Cassie viu que estavam sendo observados, um cervo em meio às sombras, perfeitamente imóvel e os encarando.

— Um cervo — ela murmurou.

Drummond olhou de relance para a mulher, depois para o ponto que ela encarava.

— É — ele falou. — Tem muitos nesses vales. Isso aqui costumava ser uma área de caça.

Cassie continuou observando o cervo. O animal mexeu as orelhas, virou-se e disparou para além da vista, voltando para o meio das árvores.

— Estamos a mais ou menos dez quilômetros da via principal — Drummond disse, embora ela não tivesse perguntado. — Tudo de lá até aqui pertence à Biblioteca Fox. O vale inteiro, as montanhas. É uma estrada particular, então ninguém passa por ela.

— Você é dono de uma montanha? — Cassie perguntou, estreitando os olhos.

Ele sorriu, e Cassie gostava daquela expressão no rosto dele.

— De várias, na verdade. Não é tão incomum assim.

Cassie ergueu as sobrancelhas, discordando.

— Mas onde estamos, afinal?

— Noroeste da Escócia — Drummond disse. — As Terras Altas.

Cassie assentiu e inspirou profundamente, sentindo o ar limpo e gelado encher seus pulmões. Em algum lugar acima deles, um pássaro soltou um pio agudo, despedaçando o silêncio.

— Estamos, o quê, cinco horas à frente de Nova York? — Cassie perguntou. — Como é que está de dia aqui? Deveria ser noite, não?

— O tempo funciona de um jeito diferente nas Sombras — Drummond explicou. — É um pouco mais tarde do que isso. Demoramos um pouco para sair das Sombras. — Ele deu uma olhada ao redor, farejando o ar. — Começo da manhã. Venha, vamos entrar e fugir do frio. Quero dar uma olhada no lugar, depois vou te levar até a Biblioteca.

Ela seguiu Drummond pela casa por alguns minutos, observando-o abrir portas e atravessar cômodos, tocando móveis com afeto, assentindo sozinho, satisfeito, como se estivesse feliz que tudo estivesse onde deveria estar. Havia uma sala de jantar e uma sala de estar, um cômodo com uma mesa de bilhar oculta sob uma capa pesada e cinzenta e, de um lado da casa, uma cozinha antiga, com um fogão grande e uma coleção de panelas e frigideiras dependuradas em uma prateleira suspensa. Exceto pela cozinha, estantes e prateleiras de livros estavam por todos os lados. Todos os cômodos eram grandes, com tetos altos e revestimento de madeira escura nas paredes. Raios diagonais de luz perpassavam a penumbra através de janelas compridas, revelando partículas de poeira que dançavam e giravam conforme Drummond e Cassie movimentavam o ar. Os quartos eram repletos de silêncio e lembranças, o cheiro doce de livros antigos e o pungente de lareiras muito utilizadas, esperando para rugirem uma vez mais. Era um lugar de madeira e papel, de pedra e vidro: não havia nada digital, nenhuma televisão de tela plana ou led. Era quase como se a casa tivesse nascido em outra época e existido intocada pela modernidade desde então.

De certa maneira, a casa de Drummond fazia com que Cassie se lembrasse da Livraria Kellner. Assim como a loja, ela era repleta de livros — nenhuma prateleira vazia, nenhum livro sozinho, buscando companhia —, mas ia além disso. A casa era cheia de cantos aconchegantes e lugares silenciosos, assoalhos que estalavam agradavelmente e correntes de ar fortes vindo de brechas escondidas. A iluminação era suave, e as cores brandas e cálidas, interrompidas apenas pelo verde-escuro bruxuleante das árvores do lado de fora, quando vistas de relance pelas janelas pelas quais passavam. Era um lugar que acolhia aqueles que buscavam conforto e silêncio, que procuravam um espaço para refletir. Havia um ar de formalidade ali, mas não de rigidez, como um avô vestido com elegância mas contando uma piada suja.

Conforme passeava pelo térreo com Drummond, ambos andando em silêncio, Cassie concluiu, sem delongas, que amava a Biblioteca. Era um lugar onde ela queria estar, um lugar em que poderia facilmente se ver morando, se fosse possível. Ao retornarem para o corredor, parados na base de uma escadaria imponente, Drummond disse:

— Senti falta deste lugar.

— Consigo entender o motivo — Cassie respondeu.

Encarando-os, no patamar intermediário da escadaria, uma janela alta de vitrais derramava luz no corredor. Fazia o espaço parecer ventilado e aberto, apesar de toda a madeira escura e as estantes pesadas de livros amontoadas ao redor.

— Venha — Drummond disse. — Vou te mostrar a biblioteca.

Ele começou a subir as escadas, e Cassie o seguiu.

— O que foi aquilo com as Sombras? — Cassie perguntou, os dois subindo os degraus. — Quando chegamos, quando parecia que estávamos debaixo da água e tudo estava cinza.

— A Biblioteca estava nas Sombras — Drummond disse. — Eu a escondi.

— Por quê? Como?

— Chegaremos ao motivo, eu prometo, porque você precisa saber. Quanto ao "como"... Eu usei o Livro das Sombras. — Ele retirou um livro de um dos bolsos e o passou para ela ao chegarem ao primeiro patamar, e, em seguida, retomaram a escalada para alcançar o andar de cima. O livro era cinza-escuro, e, quando Cassie o abriu, viu um texto na primeira página.

— As páginas são feitas de sombras. — Ela leu. — Segure uma página e torne-se sombras também.

Cassie folheou as páginas e viu borrões de cinza, como tinta, e palavras e imagens que pareciam mover-se e mudar, desaparecendo parcialmente, reaparecendo depois. Ela o observou por um tempo, conforme subia as escadas, admirada com aquele livro que parecia vivo.

— Como ele funciona? — ela perguntou, devolvendo o objeto a Drummond.

— Você rasga uma página e segura o pedaço de papel na mão. Enquanto estiver segurando o fragmento, você permanece nas Sombras. Quando escondi a Biblioteca, eu arranquei uma página inteira e a deixei do lado de dentro da porta da frente. Então, a casa foi para as Sombras. Ninguém seria capaz de chegar até ela. Não sem o Livro das Portas.

Cassie pensou nas palavras.

— Você não conseguia entrar nela com o Livro das Sombras?

— Não — Drummond disse. — Não conseguia voltar para cá. Não até agora. — Ele suspirou e pareceu melancólico por um momento, ao olhar para os arredores. — Faz dez anos.

— Dez anos? — Cassie estava chocada. — Você não vem para cá há dez anos? Drummond assentiu, confirmando.

— Foi o preço que precisei pagar para manter os livros em segurança.

Cassie olhou para ele sob uma nova perspectiva. O que ele havia feito com Izzy a tinha feito odiá-lo, ao menos por alguns instantes, mas ela via agora que ele também havia pagado um preço. Ter ficado longe de sua casa, especialmente uma casa tão especial como aquele lugar... Ela não conseguia nem imaginar. Perguntou-se quanto a vida dele fora difícil desde então.

No topo da escadaria, eles chegaram a um patamar comprido, com um carpete grosso no chão e várias portas de madeira pesadas ao redor. As paredes

129

entre cada passagem estavam cobertas no que, para Cassie, parecia ser um papel de parede luxuoso, uma padronagem de flores roxas em traços finos em um fundo creme pálido. Um segundo e menor conjunto de escadas conduzia a um andar mais alto, fazendo uma curva até sumir de vista.

— Aqui — Drummond disse. Ele atravessou o patamar e abriu a porta diretamente oposta ao topo da escadaria, revelando um cômodo amplo e iluminado na frente da casa. Uma janela saliente alta mostrava as árvores e as montanhas além. Aquele lado da casa ficava a oeste, do lado oposto da estrada e, mesmo parada à porta do corredor, Cassie conseguia enxergar um grande corpo de água, liso e azul-acinzentado.

— O que é aquilo? — ela perguntou.

— O quê? — Drummond indagou. — Ah. É o lago Ailda.

O lago estava cercado de montanhas por todos os lados, marrons e verdes e descobertas acima das árvores, e uma linha reta e suave de névoa flutuava no ar frio da manhã, na metade da encosta. Cassie não achava que tinha visto nenhuma outra paisagem tão bonita.

As paredes do cômodo estavam cobertas do chão ao teto com estantes de livros, e os móveis estavam organizados em um tapete retangular amplo no centro do piso; poltronas, mesas de canto e uma mesa de centro, todas elas também com livros empilhados. Uma lareira grande de ferro era uma boca escancarada na extremidade da sala e, ao lado dela, outra mesa de canto estava repleta de garrafas de uísque e copos.

— Esta é minha biblioteca — Drummond disse, sua voz baixa enquanto corria os olhos pelo lugar.

Ele estendeu a mão para as prateleiras ao lado da porta e as tocou levemente, um gesto afetuoso. Então, foi até a mesa ao lado da lareira e serviu uísque para si mesmo. Entornou a dose de uma só vez e suspirou com satisfação.

— O uísque continua bom. Graças a Deus. Eu talvez teria chorado.

Cassie estava andando lentamente pelo comprimento da estante na parede oposta, lendo as lombadas, puxando um livro aqui e ali com um dedo curioso. Os livros eram velhos, ela via, antiguidades, provavelmente, o tipo de livro com texto miúdo e denso, e um cheiro doce e agradável quando se abria um deles.

Ela chegou até a janela enorme e ficou parada ali, admirando a vista.

— É lindo — ela falou, e se virou para encarar a sala. — E isto... — ela fez um gesto com a mão. — Este lugar é... É ideal. É perfeito. É tudo que uma biblioteca particular deveria ser.

Drummond ponderou as palavras por um momento. Então, assentiu.

— É meu lar — ele admitiu. Então, sorriu, mas era uma expressão triste, e Cassie pensou que talvez houvesse lágrimas nos olhos do homem. — Eu passava o tempo todo aqui. E aí meus amigos... Eles vinham para cá, e nós nos sentávamos e desfrutávamos dos livros. Ou bebíamos e conversávamos, até tarde da noite. Havia música e comida, acendíamos a lareira. Risadas, muitas risadas. Encontros na Biblioteca Fox... sempre foram os meus momentos preferidos.

Ele sacudiu a cabeça, como se todas essas memórias fossem loucuras, impossíveis, e enxugou os olhos com a mão.

— Parece um lugar feliz — Cassie refletiu, os olhos vagando pelas estantes na outra parede. — Para mim, pelo menos. Seguro e feliz.

Drummond concordou com a cabeça, tomando as palavras de Cassie como um elogio, e serviu-se de mais uma dose.

— Tem outros livros especiais aqui? — Cassie perguntou, inspecionando as prateleiras próximas.

— Estão aqui — Drummond disse. — Não nesta sala. — Ele foi até ela e a entregou um copo com uma dose de uísque. — Beba.

— Não gosto muito de uísque — Cassie admitiu, examinando o interior do vidro, incerta.

— Eu amo — Drummond afirmou. — Minhas três coisas preferidas no mundo: uísque, bolos e doces, e livros.

Cassie soltou uma risada súbita, sem conseguir se conter.

— Bolos e doces?

Ele fez que sim, com seriedade.

— Não tenho vergonha disso. Tem algo melhor do que um bom livro e uma fatia de bolo?

— É verdade, eu acho — Cassie concordou, ainda encarando o uísque.

— Você não precisa gostar — Drummond disse. — Mas beba. Vai te fazer bem, assim como os croissants em Lyon.

Ela pensou por um momento, e então tomou um gole do líquido âmbar. Ele desceu a toda por sua garganta e a fez tossir.

— Parece fogo — ela gaguejou, devolvendo o copo.

— Eu sei — Drummond falou, sorrindo como se tivesse sido um elogio. Ele colocou o copo no parapeito da janela, e, por um momento, os dois ficaram em um silêncio esquisito.

— Eu realmente sinto muito pela Izzy — ele falou, os olhos escuros observando Cassie.

Ela assentiu.

— Certo.

— Quer ver os outros livros especiais? — ele perguntou então, e pareceu estar empolgado, como se fosse um garoto querendo exibir seu mais novo brinquedo.

Ela assentiu.

— Quero.

— Certo.

Drummond foi até a estante na parede ao lado da janela e tateou a lateral do móvel. Ela ouviu um clique, e então a estante girou em uma dobradiça escondida, abrindo-se e revelando uma pequena passagem e degraus de pedra fazendo uma curva dentro de uma torre.

Drummond gesticulou e sorriu, movendo as sobrancelhas.

— Onde mais eu guardaria livros especiais, se não em uma sala secreta no topo de uma torre escondida?

No topo dos degraus, uma pequena porta de madeira dava para uma sala circular com janelas em duas paredes, mostrando o leste e o oeste da casa, na direção da estrada e na do lago. Era o topo da torre que Cassie havia visto do lado de fora, ela percebeu.

Uma única mesa grande ficava no centro do cômodo sobre um tapete quadrado, com uma cadeira sob cada um dos quatro lados. A mesa estava repleta de papéis e canetas. Nas paredes circulares do lugar, Cassie viu uma variedade de itens: mapas com alfinetes, fotografias que mostravam Drummond e outras pessoas de aparência feliz em torno de mesas de jantar, ou sentadas na biblioteca no andar de baixo.

Havia uma pintura a óleo da casa em uma moldura ornamentada, uma série de três molduras menores enfileiradas, exibindo flores prensadas. Acima deles, um conjunto de lâmpadas pendia dos caibros em cabos de comprimentos variados. Na mesma medida que o restante da casa havia lhe parecido limpo e organizado, aquela sala secreta parecia abarrotada, ou *relaxada*. O espaço parecia ter sido mais habitado do que até mesmo a biblioteca aos pés da escadaria escondida.

Cassie absorveu a coisa toda, mas sua atenção foi capturada por pequenos armários de madeira, posicionados aleatoriamente pelas paredes da torre, entre as fotografias, as janelas e os mapas. Cada um dos armários tinha um numeral romano gravado em estêncil à frente, em dourado desbotado. Havia vinte deles ao todo, e a disposição e numeração fizeram Cassie pensar em um tipo esquisito de calendário do Advento[*].

— Esta é a biblioteca secreta — Drummond disse, esticando os braços ao caminhar em torno da mesa.

— Aqueles são os livros? — Cassie perguntou, apontando para os armários.

Drummond assentiu. Ele se apoiou no parapeito de uma das janelas. Cassie viu um par de binóculos ali. Drummond os ergueu e observou o mundo, na direção do caminho asfaltado que descia entre as árvores. Ela se perguntou pelo que ele estaria procurando.

— Você tem vinte deles? — ela quis saber, os olhos passando de um armário para o outro.

— Não — Drummond respondeu. — Alguns estão vazios.

Colocando a mão no bolso, ele retirou um molho de chaves. Identificou uma chave e foi até o armário mais próximo na parede: número dezessete. Ele destrancou o armário e abriu a porta. Cassie viu uma pequena prateleira, onde estava um aparador feito de latão fino. Um único livro estava apoiado nele. Drummond o pegou e o levou até a mesa no centro da sala. Ele pousou o livro e, em seguida, foi até outro armário do outro lado da sala: número doze. Ele repetiu o processo de abrir a porta, retirar o livro e o colocar na mesa. Os dois livros eram do mesmo tamanho e formato que o Livro das Portas. Ele ergueu os olhos para Cassie, um convite.

Ela se aproximou e olhou para os livros.

— O que é isso? — perguntou.

— Exemplos — Drummond respondeu. — Dois dos livros da Biblioteca Fox.

Cassie ergueu o primeiro livro. Era leve e intangível, quase sem peso, exatamente como o Livro das Portas. A capa era um mosaico de cores vivas, como um chão coberto de pétalas de flores ou de confete.

— O que ele faz?

— Este é o Livro da Alegria — Drummond falou, voltando até a janela. Ele cruzou os braços e se apoiou na parede. — Permite que se experimente alegria genuína. Retira todas as dúvidas, infelicidades e dores de sua mente.

— Uau — Cassie se maravilhou. Ela folheou as páginas brevemente e viu textos e rascunhos em uma revoada de cores.

---

[*] Calendário do Advento é uma tradição natalina de origem alemã que envolve algum tipo de instrumento para auxiliar em uma contagem regressiva, do primeiro dia de dezembro até o dia 25. (N.T.)

— Uma amiga o enviou para mim de Londres — Drummond contou, olhando o livro nas mãos de Cassie. — Para mantê-lo em segurança.

Cassie assentiu e devolveu o Livro da Alegria para a mesa.

— E este aqui? — ela perguntou, erguendo o segundo livro. A capa era colorida de vermelho e laranja vivos, em tons raivosos.

— O Livro da Chama — Drummond disse, e deu de ombros. — É bem óbvio o que ele faz.

Cassie folheou o livro, vendo textos e desenhos parecidos com o que continha o Livro das Portas, mas desta vez o conteúdo estava rabiscado em tinta de um vermelho profundo, e, de certa maneira, as páginas pareciam quase douradas. Como madeira, talvez.

— Quantos livros você tem? — Cassie perguntou. — Se não são vinte, quantos são?

— Dezessete — Drummond respondeu.

— Dezessete? — Cassie arfou, as sobrancelhas erguendo-se de surpresa.

— A Biblioteca Fox é a maior coleção de livros especiais do mundo inteiro — Drummond explicou. — A maior de que tenho conhecimento, ao menos.

— O que os outros fazem? — Cassie indagou, os olhos saltando pelos outros armários numerados. Ela estava empolgada, pensando em todas as maravilhas que seriam possíveis.

Drummond ergueu os ombros.

— Várias coisas diferentes. Alguns deles, eu não sei. Nunca revelaram seus segredos. Sabemos que são livros especiais, porque têm todas as características: o peso, o texto... Mas estão, talvez, apenas esperando pela pessoa certa para revelarem o que são. Mas os outros... Bem, fazem bastante coisa. Mas a questão não é essa.

— Qual é a questão? — ela reagiu.

— A questão é que eu preciso protegê-los. É por isso que estou mostrando-os a você. Imagine o que poderia acontecer se eles caíssem nas mãos erradas. Existe muito poder aqui. E eles são muito importantes. Não suporto a ideia de que alguém poderia simplesmente levá-los e usá-los como ferramentas, como armas. — Ele fez uma careta, como se tivesse comido algo horrível.

Cassie olhou para o livro em sua mão e o colocou de volta na mesa, ao lado do irmão.

— Eles são muito importantes, Cassie — Drummond afirmou, a voz agora mais gentil. — Meus amigos, outras pessoas como eu... nós amávamos o mistério deles, o que podiam nos contar do mundo e da criação. Da história.

— História?

— Alguns desses livros existem há séculos, Cassie. Uma parte dos meus amigos tinha certeza de que a existência dos livros explicava alguns dos mistérios da história humana. O motivo de algumas sociedades terem prosperado enquanto outras, com vantagens semelhantes, não. Por que o Egito era tão avançado nos primórdios da história da humanidade? Por que a China foi responsável por tantas invenções importantes? Por que Gengis Khan conquistou tanto do planeta? Esse tipo de coisa. Até mesmo figuras religiosas e milagres. Uma vez que se sabe da existência dos livros especiais, é impossível não a entrelaçar com os grandes eventos da história humana.

Cassie assentiu, compreendendo. Ela não sabia muita coisa de história, mas conseguia ver sentido no que Drummond dizia.

Drummond aproximou-se novamente da mesa e pegou os dois livros. Ele os devolveu, um de cada vez, aos respectivos armários e voltou a trancar as portas.

— É por isso que eles são tão importantes. Eles são parte da história do mundo. Precisam ser estudados e protegidos. Não usados por idiotas, delinquentes e psicopatas.

Ele deslizou o molho de chaves para dentro do bolso.

— Eu tenho a responsabilidade de protegê-los, Cassie. Não escolhi esta vida, mas levo essa responsabilidade a sério. É por isso que coloquei esta casa nas Sombras. Porque havia uma ameaça. É por isso que preciso destruir o Livro das Portas, para mantê-los a salvo.

Cassie sentiu um choque nas entranhas com as palavras.

— Que ameaça?

Drummond balançou a cabeça.

— Agora não — ele falou. — Você está exausta. E, se não estiver, eu estou. E não venho para casa há uma década. Quero tirar um tempo para descansar.

Cassie não disse nada. Estava ouvindo, mas, mais do que isso, estava pensando nos outros livros trancados nos armários a seu redor. Perguntava-se todas as coisas milagrosas que poderiam fazer.

— Vamos — Drummond chamou. — Há quartos de hóspede aqui. As camas estarão arrumadas. Você pode dormir por algumas horas.

Ele a conduziu ao descerem as escadas novamente e entrarem na biblioteca, fechando a porta da estante secreta atrás de si e lacrando a torre.

— É seguro dormir? — Cassie perguntou. — Você disse que escondeu este lugar nas Sombras...

Ele fez um gesto com a mão.

— Por algumas horas, sim. O perigo está muito longe. Vai ser bom estar aqui de novo, só por um tempinho.

Ela assentiu. Apesar da empolgação da sala secreta na torre e dos livros especiais, apesar de quanto achava a casa de Drummond confortável e convidativa, de quanto queria aproveitar a experiência de estar ali, o homem tinha razão: ela estava exausta. Dando meia-volta, ela contemplou o dia pela enorme janela saliente. As nuvens se abriram naquele instante, e a luz do sol as perfurou, banhando brevemente a encosta com luminosidade. E, então, a luz tornou a sumir.

— Então eu durmo. O que acontece depois? — Cassie perguntou. Parte dela não queria saber. Parte dela queria subir na cama e se esconder debaixo dos cobertores.

— Eu já te disse — Drummond falou, seguindo na direção da porta do corredor. — Quero destruir o Livro das Portas. Mas sei que você não quer fazer isso. Mesmo assim, preciso manter você e o livro em segurança. Então vou ficar ao seu lado. Amanhã, vou lhe mostrar por que ele precisa ser destruído e espero que, depois disso, você concorde comigo.

Cassie fez uma carreta que expressava tudo que ela sentia a respeito.

— Sei que não confia em mim — ele continuou. — Sei que o que fiz com Izzy não ajuda.

— Não ajuda mesmo — Cassie concordou.

— Então farei duas coisas. Em primeiro lugar, vou lhe mostrar do que o Livro das Portas é capaz para que você entenda verdadeiramente o motivo de ele ser tão perigoso. Depois, vou lhe contar sobre a ameaça que enfrentamos. Vou lhe contar por que precisei esconder este lugar nas Sombras. Mas, por ora, vamos encontrar uma cama para você.

Ele abriu a porta que dava para o corredor e fez um gesto para que Cassie o acompanhasse. Ela ficou para trás, triste por estar deixando o conforto da biblioteca.

— Como assim, vai me mostrar do que o Livro das Portas é capaz? — Cassie perguntou às costas do homem. — Eu acabei de te levar do meu apartamento em Nova York para sua casa na Escócia. Sei usar o livro.

Drummond abriu a porta que saía do saguão no topo das escadas, olhou para o interior do quarto por um momento e tornou a fechá-la.

— Aqui, não — ele murmurou. Então, para Cassie: — Você mal começou a entender do que ele é capaz.

— Como? — ela exigiu saber. — Como é que mal comecei a entender?

Drummond foi até a próxima porta no corredor e a abriu.

— Este serve — ele disse, entrando no cômodo.

Cassie o seguiu, entrando em um amplo quarto quadrado. Uma janela retangular mostrava uma vista para a mesma paisagem, de um ângulo diferente.

136

As colinas pareciam mais próximas daquele ponto, ou talvez fossem outras. Havia uma cama de dossel enorme na parede oposta à porta, arrumada com lençóis de linho em um tom vivo de azul, da cor de um céu de verão. Mais uma vez, as paredes estavam repletas de estantes de livros, e havia uma poltrona ao pé da cama, uma mesa de canto ao lado dela e uma banqueta à frente. Uma lareira pequena estava embutida na parede ao lado da poltrona, uma pilha organizada de lenha no interior. Cassie conseguia imaginar uma noite de inverno acolhedora no quarto, o fogo estalando, vento e chuva batendo na janela, uma pilha de livros e algo quente para beber na mesinha de canto.

— O banheiro é ali. — Drummond indicou a porta ao lado da cama.

— É lindo — ela disse, encarando-o. — Mas como é que eu mal comecei a entender do que o livro é capaz?

Drummond sacudiu a cabeça.

— Durma um pouco primeiro. Eu explico quando você acordar.

— Não — ela teimou, ficando irritada. — Diga. Eu quero saber.

Ele hesitou por um momento, mas viu que Cassie não dormiria até que ele respondesse.

— Você tem um supercomputador — ele disse. — E está usando-o para jogar Tetris.

— Como assim?

— "Qualquer porta será todas as portas." É isso que diz no início do livro.

— É, eu sei — Cassie respondeu.

— Não — Drummond rebateu, sacudindo a cabeça devagar. — Acho que não sabe. Portas não existem apenas na atualidade, não é? Portas existem por todo o decorrer do tempo, por toda a história da humanidade.

Cassie pensou naquilo por um momento, então, quando compreendeu, sua mente era um turbilhão de pensamentos, como alguém se deparando inesperadamente com um cânion imenso na terra.

— As pessoas não querem seu livro apenas para poder viajar pelo mundo — Drummond continuou, a mente de Cassie acelerada. — Qualquer um com dinheiro pode subir num jatinho particular e chegar a qualquer outro lugar em doze horas. Você disse que seu sonho era conversar de novo com seu avô. Eu não posso trazê-lo de volta dos mortos, mas você não precisa que eu faça isso. O Livro das Portas é tudo de que você precisa.

Cassie apenas piscou, tremendo.

— Você pode abrir uma porta para o passado, Cassie — Drummond concluiu. — É por isso que as pessoas vão querer seu livro. Porque, com ele, você pode viajar no tempo.

O LIVRO NO ARMÁRIO NÚMERO SEIS E DISCUSSÕES NA BIBLIOTECA FOX

Asós na cozinha, Drummond Fox encontrou um pouco de sorvete no freezer. Ele o deixou no balcão para que descongelasse um pouco e preparou uma xícara de chá. Fazia dez anos desde a última vez que estivera na Biblioteca Fox, em sua casa, e, nessa ocasião, estivera fugindo, em pânico, tendo presenciado o massacre de seus amigos.

Drummond se sentou à bancada, sob um foco de luz lançado pela lâmpada pendente, e abriu o sorvete. Metade já havia sido comida, é claro: sorvete nunca havia durado muito tempo em sua casa. Mas restava o bastante para animá-lo. Ele se lançou ao ataque e escavou uma colher cheia, deixando que o doce derretesse em sua boca.

— Sorvete de Sombra — ele murmurou consigo mesmo, um pequeno sorriso no rosto. O sorvete não tinha gosto de sombras, mas sim de um dia de verão, frutinhas e açúcar, tão novo como no último dia em que tinha sido comido. As coisas não estragavam ou deterioravam-se, nem ficavam empoeiradas nas Sombras.

Drummond continuou a comer, sem pensar em nada, apenas saboreando o gosto, o estímulo de açúcar em seu organismo. Comer sempre havia sido um de seus prazeres, e algo que o ajudara a persistir no decorrer da última década, a qual havia passado em constante movimento. Nos piores momentos, ele fazia uma parada em um restaurante ou uma lanchonete, cercava-se dos sons alegres de outras pessoas, levando suas vidas simples, e comia sem pressa. Aqueles momentos haviam sido seu alívio, ilhas de paz em meio a um mar tempestuoso.

Ele tomou o sorvete devagar, saboreando-o, e devolveu o pote ao freezer depois. Então, pegou sua xícara, desligou a luz e levou a bebida consigo ao seguir para o andar de cima, atravessando a biblioteca e subindo a escadaria escondida, até chegar à torre. Ele deixou a xícara na mesa e se pôs em frente à janela por um momento, encarando a vista familiar. Era bom estar em casa, ter retornado para o lugar que o fazia se sentir seguro e confortável, depois de dez anos, muito embora, na verdade, a situação não fosse segura e ele estivesse tendo dificuldades para se sentir confortável.

Drummond foi até um dos pequenos armários encostados na parede — número seis — e o abriu. Tendo retirado o livro guardado ali, ele o levou até a mesa, depositando-o ao lado da xícara. Pousou a mão sobre a capa, afagando-a gentilmente, e então a abriu. As páginas estavam repletas de texto e rascunhos densos, como sempre haviam sido, mas a primeira de todas estava em branco. O livro, obviamente, era especial: era por isso que a Biblioteca o guardava, e ele havia feito parte da coleção por um bom tempo. Ninguém, no entanto, fora capaz de lê-lo ou compreender o que ele podia fazer. As instruções na primeira página nunca haviam aparecido para nenhum membro da Biblioteca Fox.

Drummond puxou outro livro, um volume encadernado em couro que estava no canto da mesa. Era o registro da coleção de livros especiais da Biblioteca. Ele folheou até a menção que buscava e confirmou o momento exato em que o livro do armário seis havia sido incorporado à Biblioteca Fox.

— Três de abril — ele leu. — Mil novecentos e trinta e três. Identificado no Egito, em escavações em Assuã.

Ele assentiu. Sua memória estava correta. O livro estava com a Biblioteca Fox há quase um século, trancado em segurança no armário de número seis. O item nunca havia deixado a Biblioteca — do contrário, haveria uma menção no registro —, e, efetivamente, o fato de a primeira página continuar em branco significava que ninguém em toda a história da Biblioteca fora capaz de lê-lo.

Drummond sacudiu a cabeça, perplexo diante do mistério.

Porque o livro pousado à sua frente era familiar. Era idêntico ao que Cassie havia mostrado para ele em Lyon, o livro que ela carregava consigo.

Era, Drummond tinha certeza, o Livro das Portas.

Drummond bebeu seu chá e estalou os lábios. O gosto do chá sempre melhorava depois de algo doce. Ao fundo, ele ouvia os sons da casa, os rangidos de madeira antiga, o vento assobiando ao passar por frestas e, em algum ponto abaixo dele, Cassie provavelmente estava acordada, assimilando o que ele havia contado há pouco: o Livro das Portas poderia permitir que ela viajasse no tempo.

— Viagem no tempo — Drummond disse para si mesmo, afagando o livro novamente.

A explicação tinha que ser essa. Se o Livro das Portas podia viajar no tempo, era possível que duas versões do mesmo livro estivessem juntas no mesmo lugar e no mesmo momento.

139

O fato de o livro de Cassie exibir o texto na primeira página dizia a Drummond que ele devia ser uma versão mais adiantada em sua própria linha do tempo. A versão do livro na mesa à sua frente era mais jovem.

Ele estreitou os olhos, tentando desatar o nó da linha de raciocínio.

Aquilo significava que, em algum momento do futuro, de alguma forma, o Livro das Portas seria levado da Biblioteca Fox e acabaria nas mãos de Cassie no passado, na cidade de Nova York.

Mas como?

E quando?

E por quê?

Drummond não sabia, mas aquilo o preocupava.

Ele havia planejado pegar o Livro das Portas de Cassie. Depois de Barbary ter aparecido, Drummond pensou em levar Cassie e Izzy a algum lugar seguro e, em seguida, tomar o livro delas. Tinha quase feito isso, quando Cassie deixou que olhasse o livro em Lyon. Mas, naquele momento, havia reconhecido o objeto como um dos que deveriam estar na Biblioteca Fox. Tinha devolvido o livro a Cassie porque queria que ela o levasse até a Biblioteca, para que pudesse checar.

— E porque, assim, você poderia voltar para casa — ele disse, reconhecendo a própria motivação oculta.

E aqui estava ele: a Biblioteca estava segura, assim como a deixara, e o livro que ele tinha certeza ser o Livro das Portas permanecia no armário, intocado. Drummond não sabia se o fato era tranquilizador ou preocupante.

Ele se pôs de pé e devolveu o livro ao armário número seis.

Precisava ficar junto de Cassie até descobrir a resposta, ele decidiu. Precisava saber como ela havia conseguido o livro.

Ficou surpreso ao ver que a ideia de permanecer ao lado dela não era desagradável, muito pelo contrário: na verdade, era algo que o animava um pouco.

— Por quê? — ele perguntou à sala silenciosa.

Superficialmente, a resposta era simples: porque havia gostado do tempo passado com Cassie e Izzy. Depois da lanchonete, depois de Hugo Barbary, aqueles poucos minutos tomando café e comendo croissants em Lyon o deixaram feliz. Tinha falado muito mais do que esperava, respondido às perguntas delas provavelmente muito mais francamente do que deveria.

— Porque você está se sentindo sozinho — ele admitiu para si mesmo.

Sentia falta de seus amigos. Sentia falta de falar dos livros. Estava cansado de ficar sozinho.

Ele assentiu, aceitando aquela verdade. Então, pousou o livro novamente na mesa e bebeu o chá.

Drummond tinha medo da Mulher. Ainda tinha pesadelos com aquela noite em Nova York, dez anos atrás, quando seus amigos haviam sido mortos. Só de pensar no que ela poderia fazer se colocasse as mãos no Livro das Portas e o usasse para acessar a Biblioteca Fox, o que ela faria com todos os livros, o aterrorizava. Mas ele não podia abandonar Cassie, deixar que ela enfrentasse sozinha os perigos para os quais não estava preparada. E precisava descobrir como ela tinha conseguido aquele livro.

— Maracutaias com viagem no tempo — ele disse, sorrindo sozinho. Afinal, aquela frase tinha sido usada antes na Biblioteca Fox.

Drummond ficou parado em frente à janela, lembrando-se de uma noite com seus amigos na biblioteca, de conversas sobre viagens no tempo.

— Então, temos quatro categorias — Wagner disse, ao lado da velha lousa, parecendo um professor, giz em mãos. Drummond assistia sentado em sua poltrona, segurando um copo de uísque. Lily estava apoiada na janela, a noite escura às suas costas, os olhos fechados, cochilando levemente depois do jantar, e Yasmin estava de frente para Drummond, as bochechas avermelhadas pelo calor do fogo. Estava mordiscando um pedacinho de biscoito amanteigado. Lá fora, a noite era toda vento e chuva, gotas vindo da escuridão batendo na janela e, na sala, o ar estava morno e o fogo estalava. Era um lugar confortável para se estar.

— Quatro categorias — Drummond afirmou. — Vamos repassar mais uma vez.

Wagner fez que sim com a cabeça.

— Livros que afetam a realidade externa do mundo físico — ele começou, apontando a lousa com o giz. — Livros que causam impacto no estado interno dos humanos: Livro da Alegria, Livro do Desespero, Livro da Dor, Livro da Memória.

— Sim — Yasmin disse. — Emoções e sentimentos.

Wagner hesitou, refletindo.

— Emoções e sentimentos. — Ele então anotou as palavras no fim da lista, como se fossem uma alternativa potencial para o título da categoria. — Então, temos o que estamos chamando livremente de livros dos superpoderes. Livros que podem conceder poderes sobre-humanos àqueles que os manejam.

— Lily está dormindo? — Drummond perguntou, espiando-a do outro lado do cômodo. Wagner virou-se para olhar brevemente para a amiga.

— Ja — ele concluiu. — Muita comida farta. Muita coisa para digerir.

— Eu ouvi isso — Lily murmurou, sonolenta, sem abrir os olhos.

— O Livro da Velocidade — Yasmin disse, limpando farelos de biscoito dos lábios. — Livro dos Rostos. Livro das Sombras.

— *O Livro do Controle* — Drummond acrescentou.

— *O livro de Hugo Barbary* — Lily falou da janela, o nome parecendo um xingamento em sua boca.

— *Aquele monstro* — Yasmin concordou.

— *E, então, a quarta categoria* — Wagner continuou. — *Livros que parecem exercer algum tipo de efeito nas leis do universo.*

Drummond se pôs de pé e se espreguiçou, dando alguns passos na direção da lousa.

— *O Livro da Luz* — ele disse. — *O Livro da Sorte.*

— *O Livro da Luz poderia ser um superpoder* — Yasmin opinou.

Wagner balançou a cabeça de um lado para o outro, deliberando sobre a questão.

— *Há muitos livros que poderiam se encaixar em mais de uma categoria. Mas eu sou um físico. A luz é uma propriedade fundamental do universo, então quero colocar este aqui, ja?* — *Ele sorriu para Yasmin.* — *Mas nós estamos inventando tudo isso. Toda essa categorização pode ser apenas um exercício fútil.*

— *Vá em frente* — Drummond encorajou. Ele não tinha ideia se havia alguma serventia categorizar os livros daquela maneira, mas estava gostando. — *Quais outros livros brincam com as leis do universo?*

Eles pensaram na pergunta por alguns instantes, o silêncio preenchido pelo estalar do fogo e das gotas da chuva batendo nas janelas.

— *Nós não conhecemos todos os livros* — Lily disse, abrindo os olhos. Ela se afastou da janela com um resmungo e serpenteou pela sala para se sentar na cadeira ao lado de Yasmin. — *Ainda existem outros a serem encontrados por aí. Talvez encontremos um Livro da Gravidade ou um Livro do Tempo.*

— *O Livro das Portas* — Drummond lembrou, e tanto Yasmin como Lily sorriram para ele. Era a história que fora o início de tudo para a Biblioteca Fox, o mítico Livro das Portas.

— *Se realmente houver um Livro das Portas que permite viajar no tempo* — Wagner concordou. — *Se fosse possível abrir qualquer porta, isso significaria qualquer porta, em qualquer lugar.*

— *Tem uma palavra ótima...* — Yasmin disse, tentando se lembrar. — *Ah... sim... Maracutaias com viagem no tempo.*

Drummond sorriu para ela. "Maracutaias" parecia engraçado em sua pronúncia carregada de sotaque.

— *Se ele existisse* — Lily pontuou.

Drummond sabia que Lily era cética quanto à existência de um Livro das Portas. "*É coisa de conto de fadas*", ela havia lhe dito, certa vez, na primeira visita que Drummond a fez em Hong Kong, muitos anos atrás. Ele havia ido até lá com uma vaga intenção de talvez encontrar o Livro das Portas. "Isso parece algo que alguém inventou."

— Se fosse possível viajar no tempo — Yasmin ponderou —, imaginem o que se poderia fazer. Mudar a história, alterar eventos mundiais. Talvez seja melhor que um livro assim continue escondido.

— Nein — Wagner disse, erguendo sua caneca de café da mesa. Wagner não bebia álcool, por motivos que Drummond nunca havia descoberto. Sua existência parecia ser baseada apenas em café e água. — Não acredito nisso.

— Não acredita em quê? — Drummond perguntou.

— Que se possa mudar a história com viagens no tempo. Sou um físico. Entendo as leis do universo. Não acredito que viajar no tempo funcionaria dessa maneira. Ainda há causa e efeito para serem levados em consideração.

— Ah, agora você precisa contar para nós como funcionaria, querido Wagner — Lily disse. — Venha, guarde a lousa e fale de viagens no tempo.

Wagner colocou o giz no suporte ao lado da lousa e voltou para seu assento.

— É claro, tudo isso são conjecturas, ninguém vai ter certeza até que realmente se viaje no tempo, mas, para mim, o tempo é fixo. O passado não pode ser alterado.

— Por quê? — Drummond indagou.

— Veja bem — Wagner disse, cruzando as pernas, o cotovelo apoiado no braço da cadeira e sua mão no ar, saltando conforme ele falava, como se reforçando suas palavras. — Existem duas ideias quando o assunto é viajar no tempo. Existe o modelo aberto de viagem no tempo e o modelo fechado, ja? No modelo aberto, pode-se viajar para o passado e alterar eventos, de forma que o presente, por consequência, seja também alterado. É o que se vê nas histórias de ficção científica. Você volta, faz alguma coisa, a história muda.

Yasmin assentiu.

— Mas você não acredita que isso aconteceria.

— Nein — Wagner disse. — Porque o passado é o passado: são eventos que já aconteceram. Se você voltar e fizer algum impacto no passado, ele vai contribuir para o presente que você já vivencia. Este é o modelo fechado. Não é possível mudar eventos daquilo que já aconteceu. Se você voltar e fizer algo no passado, então aquilo já aconteceu no passado, e é parte da história. É parte do que fez o seu presente ser o presente que é, o presente do qual você partiu quando foi para o passado.

— Estou me esforçando muito para entender isso — Lily murmurou, sonolenta. — Mas tenho comida farta demais para digerir e um suprimento limitado de energia.

143

— Então você está dizendo que não se pode alterar eventos — Drummond concluiu. — Mesmo que tivéssemos um Livro do Tempo, ou o Livro das Portas, se tentássemos mudar algo no passado, nada mudaria no presente?

— Correto — Wagner disse. — Porque o "algo" já aconteceu. As coisas que você fez no passado já aconteceram, antes de o você do presente retornar para fazê-las.

Os três ponderaram a respeito da ideia em silêncio enquanto Wagner bebia seu café tranquilamente.

Drummond sentia sua mente se engalfinhando com as ideias que Wagner estava descrevendo. Em seus melhores momentos, ele já se sentia três passos atrás do amigo, mas agora estava correndo e lutando para alcançar um homem que passeava com toda a calma.

— Mas é apenas uma teoria — Wagner disse, erguendo os ombros cordialmente. — Não saberemos até descobrirmos se a viagem no tempo sequer é possível.

Os olhos de Lily haviam tornado-se vidrados, e Yasmin estava encarando o prato de biscoitos, como quem se pergunta se comer mais um seria uma má ideia ou não. Drummond se viu ainda tentando decifrar as palavras de Wagner.

— Você já pensou em fazer uma ciência com os livros, Wagner? — Lily quis saber.

— Fazer uma ciência com eles? — Wagner perguntou, achando graça.

Lily abanou a mão.

— Levá-los a um laboratório, examinar o que acontece quando eles são usados, essas coisas.

Wagner contemplou a pergunta.

— Nunca pensei nisso — ele admitiu. — Talvez eu devesse, como você diz, fazer uma ciência com os livros. — Ele olhou para Drummond. — Talvez, se eu pudesse emprestar um ou dois livros da Biblioteca, poderíamos fazer alguns experimentos.

Drummond assentiu. Era uma ideia interessante, e, até onde ele sabia, ninguém havia conduzido experimentos a respeito do que os livros eram ou como funcionavam.

— Alguém teve alguma notícia dos Popov? — Yasmin indagou, já passando para o próximo assunto.

— Popov? — Lily perguntou, os olhos novamente focados, de repente. — A família Popov do Livro do Desespero, em São Petersburgo?

Yasmin assentiu.

— Um contato me contou que eles tinham desaparecido. Ninguém viu ou teve notícias deles nos últimos meses.

— Espero que não seja verdade — Drummond disse. — O Livro do Desespero poderia ser muito perigoso nas mãos erradas.

144

— Ja — Wagner concordou, assentindo ao erguer a caneca de café.

— Foi por isso que achei melhor perguntar — Yasmin comentou.

Lily estava sacudindo a cabeça.

— Nós realmente devíamos tentar comprar todos esses livros e mantê-los seguros em algum lugar. Tem noites em que fico deitada acordada, me aterrorizando com o que poderia acontecer se as pessoas erradas arranjassem mais deles.

— Como Hugo Barbary — Yasmin refletiu.

— Eu ouvi uma história, na verdade, de alguém na América do Norte — Drummond contou. — A história de uma mulher tentando reunir todos os livros.

No presente, na Biblioteca Fox, onde Cassie dormia em outro ponto da casa, Drummond continuava em frente à janela de sua torre, a xícara de chá na mão e a tristeza o sufocando ao relembrar aqueles dias com seus amigos. Desejou que eles tivessem sido mais cautelosos, mais atentos aos rumores e às histórias que estavam ouvindo. Haviam sido ingênuos, dispostos demais a acreditar que o pior não aconteceria.

E agora seus amigos estavam mortos, e ele estava sozinho. E precisava decidir o que fazer a seguir.

Ele bebeu o chá e encarou a noite lá fora, buscando uma resposta.

MATT'S BURGERS & TRADIÇÃO (2012)

Várias horas depois de Drummond ter revelado para Cassie o que o Livro das Portas era capaz de fazer, e mais de uma década antes, Cassie e Drummond entraram no Matt's Burgers & Tradição em Myrtle Creek, Oregon. Drummond havia devolvido a Biblioteca Fox às Sombras, falhando ao tentar esconder sua tristeza óbvia por deixar sua casa mais uma vez, e então os dois passaram novamente pela porta pela qual haviam chegado no dia anterior, e Cassie os levou para o passado. Para *seu* passado.

Ficaram parados na entrada da lanchonete por um momento, Cassie lembrando-se de um lugar que havia conhecido no decorrer da infância, e então um dos funcionários os cumprimentou e os conduziu até uma mesa ao lado da janela.

— Onde estamos? — Drummond perguntou, olhando para as árvores verde-escuras e o céu cinzento e pesado do lado de fora.

— Oregon — Cassie disse. Sua voz parecia estar muito distante. Estava aflita com a realidade, ela percebeu, aflita com o que havia ido fazer ali. — Uma cidade chamada Myrtle Creek. Eu cresci aqui. A gente vinha a essa lanchonete o tempo todo.

O interior do restaurante era projetado para evocar uma década de 1950 idealizada, que provavelmente nunca havia existido. Havia muito neon, material cromado e assentos de vinil vermelho, além de um piso quadriculado, como um tabuleiro de damas. As fotografias nas paredes eram repletas de rostos jovens e otimistas, em churrascos ou fogueiras em acampamentos.

— Isso é sério? — Drummond indagou. — Diga que é irônico, por favor.

— As pessoas não vêm aqui pela decoração — Cassie retrucou. — A comida é boa pra caramba.

As televisões atrás do balcão mostravam a emissora esportiva e canais de notícias, eventos que eram atuais para os clientes, mas história para Cassie. Ela assistiu, hipnotizada por alguns momentos, a um Barack Obama mais jovem se dirigindo a uma sala, uma multidão de rostos reunida em fileiras atrás dele, e então puxou um cardápio do suporte na beirada da mesa.

— Café? — a funcionária perguntou, indo até eles de uma mesa próxima. Era uma mulher de meia-idade que parecia cansada, dando todos os sinais de que queria um pedido, não conversinhas. Cassie lembrava-se vagamente dela. — Café? — a mulher repetiu, e Cassie percebeu que a estava encarando.

— Sim — ela concordou. — Café. Drummond?

— Vocês teriam algum uísque? — ele perguntou, e a funcionária respondeu com um olhar exausto. — Chá? — Ele tentou.

— Café, chá — a mulher disse, e se afastou.

— Chá preto, com leite — Drummond pediu, e a funcionária olhou de relance para trás, sem desacelerar. — Água fervente, por favor, não só morna.

Não havia muitas outras pessoas ao redor deles, mas Cassie sabia que a lanchonete logo estaria lotada com a multidão do horário do almoço. Com pessoas como seu avô.

Ela voltou os olhos para o mundo do lado de fora. A rua que passava pelo estabelecimento era tão familiar a ela. Tinha passado por ela milhares de vezes no decorrer de sua infância. Alguns quilômetros ao leste, ficava a casa onde Cassie havia crescido. Conforme encarava e se lembrava, perdida em pensamentos, os primeiros pingos de chuva salpicavam a janela, gordos e redondos. Choveria durante toda a tarde, Cassie sabia. Ela se lembrava daquele dia.

O som de louça quebrando trouxe sua atenção de volta para a lanchonete, alguém derrubando uma xícara, e então Cassie voltou a olhar para o lado oposto da mesa, para Drummond, que estava encarando o cardápio com uma careta.

— O que há com a sua cara?

Drummond fez um gesto indicando o cardápio.

— Tenho viajado por este país há dez anos, e estou exausto da comida aqui — ele disse. — Seria possível, de alguma maneira, encontrar algo para comer que não seja simplesmente carne entre dois pedaços de pão? Lanches... cachorros-quentes... minihambúrgueres... sanduíches? A França é muito boa em fazer comida. Queria ter passado a última década na França.

Ele olhou pela janela, perdido em pensamentos.

Cassie o observou por um momento, incerta se estava irritada ou achando graça nas palavras dele, então perguntou:

— O que vai acontecer se eu falar com ele? — Era uma das perguntas que estava rondando sua mente por toda a tarde e pelo início da noite na Escócia, enquanto ficara acordada no quarto suntuoso de Drummond, pensando no que ele havia revelado. — Vou mudar a história? Ou... não sei, algo de ruim vai acontecer?

— Falamos sobre isso uma vez, meus amigos e eu — Drummond comentou. — Na Biblioteca. Lembro-me de uma discussão sobre viagens no tempo. — Ele sacudiu a cabeça. — A verdade é que não faço ideia. Estudei literatura na faculdade, não física avançada, e, para minha decepção, os poetas metafísicos não têm muito a dizer sobre viagens no tempo.

Ele sorriu, e Cassie se viu retribuindo o sorriso, apesar de seu nervosismo. O fato de ele estar feliz a animava, ela percebeu.

— Mas meu amigo Wagner era físico — Drummond continuou. — E ele tinha certeza de que viagens no tempo não podem alterar a história. Se fizermos alguma coisa aqui, agora, vamos criar o futuro que conhecemos, o futuro em que existimos. Nossa realidade não vai mudar. Porque o que fizemos já aconteceu.

Cassie franziu a testa.

— Então... se eu falar com meu vô aqui, agora, sempre vai ter acontecido dessa maneira? Eu sempre estive aqui, nesse momento, falando com ele?

Drummond assentiu.

— Acho que sim. Acho que era o que Wagner pensava.

— Você acredita nisso? — Cassie perguntou.

Drummond deu de ombros vagamente.

— Não sei nem se cheguei a entender essa teoria, que dirá acreditar nela. Mas Wagner era um homem muito inteligente e sabia do que estava falando. — Seus olhos baixaram para a mesa por um momento, e Cassie pensou que ele talvez estivesse pensando no amigo.

A funcionária aproximou-se em silêncio e colocou as bebidas na mesa. Cassie pediu pão integral torrado e ovos mexidos, embora não achasse que comeria. Drummond pediu uma fatia de bolo *red velvet*.

— Em que momento estamos, exatamente? — Drummond perguntou depois de a funcionária ter se afastado.

— Se não estou enganada, pouco mais de dez anos atrás — Cassie disse. — Vinte e dois de agosto de 2012, no finzinho das férias de verão.

Passar por uma porta para chegar ao passado não havia sido difícil para Cassie. Fora mais fácil, na verdade, do que abrir a porta para a Biblioteca Fox nas Sombras. Ela se perguntou se seria porque a porta do Matt's era um lugar que conhecia tão bem, que frequentou por tanto tempo. Era uma porta muito familiar.

— Por que escolheu esse dia? — Drummond perguntou.

— Eu me lembro dele vividamente — ela respondeu. — Fiquei uns dias fora da cidade, acampando com uma amiga e os pais dela. — Ela apontou para a janela, para a chuva respingando no vidro e as nuvens pesadas à distância. — Este é o início de um aguaceiro de três dias. Não é algo de que se esquece quando se está acampando. Tudo ficou molhado. Foi péssimo. Nunca mais fui acampar.

— Isso não responde à pergunta — ele pressionou. — Por que vir hoje?

— Estou viajando, então não vou topar comigo mesma, certo? E ninguém que eu conhecia na cidade vai ver duas de mim por aí.

Drummond assentiu, compreendendo a linha de raciocínio.

— Não sei o que aconteceria se você encontrasse a si mesma — ele pareceu se distrair brevemente com a ideia.

— Não consigo pensar em nada pior — Cassie murmurou. — Não sei quem ficaria mais horrorizada: eu mais nova, me vendo vestida nessas roupas de brechó — ela indicou o suéter com um gesto —, ou eu agora, tendo que me lembrar de como eu era antes...

— Antes do quê? — Drummond insistiu.

— Antes, só isso — ela respondeu depois de um instante.

Os dois ficaram em silêncio até que a comida chegou, e então o silêncio fez companhia a eles enquanto comiam, Cassie brincando com os ovos mais do que os comendo. A lanchonete ficou mais cheia. Grupos de homens entraram com estrondo, fugindo da chuva, conversando e rindo alto; garotas adolescentes davam risadinhas e cochichavam, e um menino pequeno chegou com revistas em quadrinhos ensopadas e infelicidade clara no rosto. De todos os lados, talheres tilintavam, e xícaras e copos batiam no tampo das mesas. Por alguns minutos, Cassie ficou distraída, até mesmo feliz, imaginando que os últimos dez anos não tinham acontecido, que ela podia estar de novo na lanchonete, com a vida toda à sua frente, um cenário cheio de oportunidades esperando para serem descobertas.

— Conte mais de como conseguiu o livro — Drummond pediu, arrastando-a a contragosto para longe de seus pensamentos. Ela o observou cortar um pedaço do bolo e, em seguida, o levar com a colher para dentro da boca.

— Está bom? — ela perguntou.

— Nada mal — ele admitiu. — Vai me manter em pé. O livro: quem era o homem que o deu para você?

Ela pensou no que dizer, perguntando-se por que Drummond estava tão interessado em onde o livro havia surgido. Mas, então, a porta se abriu mais uma vez, e, quando Cassie virou o rosto, viu seu avô entrando, escapando a passos largos da tempestade, correndo a mão pelo cabelo e livrando-se das gotas de chuva ao cumprimentar os funcionários com um sorriso que, de repente, fez a garganta de Cassie ficar pesada e dolorida.

Então, ele atravessou o restaurante até uma mesa no canto oposto e se sentou.

Seu avô.

Seu avô, maravilhosamente vivo e saudável, o homem que havia morrido há mais de oito anos.

IZZY INDISPOSTA

Quando Izzy acordou na manhã seguinte, aproximadamente na mesma hora em que Cassie e Drummond estavam saindo da Biblioteca e viajando para o passado de Cassie, sentiu-se imediatamente certa de que havia algo errado.

Ela saiu da cama de supetão e se pôs em pé no meio do quarto, tentando localizar a origem de sua ansiedade. Parecia a lembrança de um pesadelo demorado, um terror noturno que ainda não tinha se dissipado. Mas ela não conseguia se lembrar de ter tido nenhum sonho.

Izzy tomou um banho, esperando que a água levasse embora seu desconforto, mas, ao fim dele, não se sentia nem um pouco melhor. Será que tinha bebido na noite anterior? Tentou lembrar, mas o período parecia nebuloso em sua mente. Começou a se perguntar se teria sido drogada. Talvez ela não conseguisse se lembrar porque alguém tinha colocado algo em sua bebida? Talvez a estranheza que estava sentindo fosse algum tipo de sequela?

Ela se trocou para ir trabalhar, verificando o próprio corpo cuidadosamente enquanto o fazia, sem admitir para si mesma que estava procurando por hematomas, escoriações ou outros sinais de que alguma coisa tinha acontecido a ela. Até onde conseguia ver, julgando pelo que *sentia*, ela estava bem, fisicamente. O que quer que houvesse de errado, era algo mais intangível.

Ao sair para o trabalho, percebeu que a porta do quarto de Cassie estava entreaberta.

— Cassie? — ela chamou, espiando pela porta. A cama estava arrumada, como se ninguém tivesse dormido ali. Cassie também não estava nas áreas comuns. Mais uma anormalidade que fez com que Izzy franzisse a testa. Ela não se lembrava de Cassie ter passado uma noite fora de casa em nenhuma ocasião. Isso a preocupou.

Izzy tentou ligar para Cassie, mas não foi atendida e, pela primeira vez, se perguntou se estava se sentindo estranha porque algo tinha acontecido com a amiga. Talvez ela tivesse sido atacada ou sequestrada? Talvez a sensação estranha de Izzy fosse porque ela tinha ouvido algo acontecer enquanto dormia?

Ela não sabia o que fazer. Não sabia se estaria sendo histérica, ou se alguma coisa estava realmente errada. Pensou se deveria ligar para a polícia, e então pensou no que poderia dizer a eles.

— Estou me sentindo esquisita e não consigo falar com a amiga que mora comigo — ela disse a si mesma, e fez uma careta em seguida. Olhariam para ela como se fosse idiota. Fariam piadinhas de que era uma mulher emotiva.

Ligou para Cassie uma segunda vez e deixou uma mensagem:

— Cassie, pode me ligar, por favor? Estou preocupada e não consigo falar com você.

Assim que desligou, ouviu uma batida na porta, um *toc-to-toc-toc* animado. Ela abriu a porta e viu dois homens ali, a dupla mais esquisita que já tinha visto. O mais próximo dela era asiático, baixo com maças do rosto proeminentes e cabelo arrumado. Era bonito, Izzy notou. Atrás dele, estava um gigante, um homem bem acima de um metro e oitenta e de torso largo, feito algum super-herói de desenhos animados. Ele era caucasiano, de cabelo castanho encaracolado e um olhar sereno e observador. Os dois estavam vestidos com ternos escuros e capas de chuva, mas a gravata do gigante estava solta, seu terno mais desalinhado.

— Srta. Cattaneo? — o homem asiático perguntou, sorrindo.

— Isso mesmo — Izzy confirmou.

— Se importaria se entrássemos por um momento para falar com você? Eram da polícia, Izzy percebeu.

— É sobre Cassie? — ela perguntou.

O asiático olhou de relance por cima do ombro para o gigante, e então voltou-se para ela.

— Receio que sim — ele respondeu, uma expressão dolorosa no rosto.

— Ah, meu Deus — Izzy murmurou, levando as mãos à cabeça. — O que aconteceu? Ela está bem? Não me digam que ela morreu... eu não conseguiria...

O homem ergueu uma mão para tentar acalmá-la.

— É melhor se nós... — ele começou, indicando com um aceno o apartamento às costas de Izzy.

— Ah, meu Deus — Izzy repetiu, dando meia-volta e entrando novamente. Os dois homens a seguiram até a sala de estar. O espaço parecia lotado com os três ali, especialmente com o gigante parado exatamente na frente da porta, as mãos nos bolsos.

— Srta. Cattaneo — o homem começou —, meu nome é Azaki. A parede ambulante atrás de você é o Lund. Ele não é de falar muito.

152

— Eu não ligo para o nome de vocês — Izzy respondeu. — O que aconteceu com Cassie?

— Podemos te fazer algumas perguntas rápidas primeiro? — Azaki indagou.

Izzy tomou ciência de sombras se movendo e percebeu que o homenzarrão estava se afastando da porta. Ele se espremeu entre Azaki e ela e foi até a janela para observar o dia.

— Que perguntas? — Izzy retorquiu, impaciente.

— Qual foi a última vez que você viu Cassie? Ela falou de algum amigo novo ou de situações estranhas recentemente?

— Ontem à noite — ela disse, com mais certeza do que sentia. — Eu a vi ontem à noite. E aí acordei hoje, e ela não estava aqui. E...

— E o quê? — Azaki encorajou.

— Você não deveria estar anotando ou coisa assim? — Izzy perguntou.

Azaki deu uma batidinha com o indicador em sua têmpora.

— Está tudo aqui. Não se preocupe, srta. Cattaneo, este não é um depoimento formal. O que você dizia?

— E eu tô me sentindo estranha desde que acordei, como se tivesse algo errado, mas não consigo dizer o quê.

— É fora do comum que Cassie não esteja em casa de manhã? — Azaki prosseguiu.

— Sim — Izzy afirmou. — Ela normalmente trabalha à tarde e à noite. Ela é notívaga. Fica acordada até tarde e dorme até tarde. Ainda deveria estar na cama.

— Entendo — Azaki disse. Ele olhou para o outro homem brevemente, mas o gigante não reagiu. — Mais uma pergunta, srta. Cattaneo — ele continuou. — Cassie trouxe para casa algum livro novo recentemente? Ou comentou sobre ter encontrado algum livro interessante?

— Livro? — Izzy repetiu, completamente confusa. — Por que está me perguntando de livros?

— Apenas responda à pergunta, por favor — Azaki pressionou.

Izzy pensou rapidamente no assunto.

— Não sei — ela disse. — Cassie trabalha em uma livraria e está sempre lendo. Ela sempre tem livros novos. Não é um assunto de que a gente fala muito.

— Ela trabalha em uma livraria? — Azaki questionou, como se fosse um fato interessante.

— Espera um pouco — Izzy falou. — Achei que vocês estavam aqui pra me falar alguma coisa sobre Cassie. Achei que ela estava no hospital, ou que tinha morrido, ou algo assim?

— Ah, não fazemos ideia — Azaki disse.

Izzy sentiu um choque ao ligar os pontos, fazendo uma dedução.

— Vocês não são da polícia — ela afirmou, repentinamente alerta.

Azaki franziu a testa.

— Ah, sim, nós somos. Sinto muito. — Ele sorriu como se pedisse desculpas e colocou as duas mãos nos bolsos, parecendo procurar alguma coisa, então uma das mãos surgiu, segurando um distintivo que ele estendeu na direção de Izzy. Ela se aproximou e o leu.

— Detetive Azaki — ela disse.

— Isso mesmo. — Ele tornou a guardar o distintivo.

— Por que está me perguntando sobre Cassie? — Izzy olhou de relance para o homenzarrão ao lado da janela. O homem a observava, mas não havia nenhuma ameaça óbvia em sua expressão.

— Estamos muito interessados em encontrá-la — Azaki explicou. — Acreditamos que ela possa estar em perigo devido a um item de valor que adquiriu recentemente. Ela possui algo de valor, você sabe?

— Valor? — Izzy disse. — Cassie? Acho que estão enganados. As únicas coisas que Cassie tem são livros e mau gosto pra se vestir.

O gigante soltou uma risada, um único "hú" que perfurou o ar, e, quando Izzy olhou para ele de soslaio, um sorriso se desfazia em seu rosto. Azaki suspirou, irritado com a interrupção.

— Você disse que ela está em perigo? — Izzy perguntou. — Que perigo?

— Acreditamos que você também possa estar em perigo, srta. Cattaneo — Azaki continuou, preocupado.

Izzy sentiu a mão erguer-se ao peito, em choque.

— Por que eu estaria em perigo? Eu não fiz nada. O que é que você não está me contando? Onde Cassie está?

— Nós realmente não sabemos — Azaki disse, solidário. Ele a observou por um momento, como se tentando decidir alguma coisa. — Talvez seja melhor se você nos acompanhar até a delegacia, só por algumas horas. Só até conseguirmos encontrar Cassie.

— Delegacia? — Izzy reagiu. — Vocês estão me prendendo?

— Não, de maneira alguma. É apenas para sua proteção. Não quero te deixar aqui preocupada.

— Não estou gostando disso — Izzy falou. — Vocês não podem entrar aqui e me dizer que estou em perigo.

Outra batida soou na porta, dessa vez, uma pancada alta em vez das batidinhas animadas de Azaki. O homem girou a cabeça na direção do som, então acenou a cabeça consigo mesmo. Ele sorriu para Izzy.

— Um segundo, por favor — ele disse. Hesitando por um instante, ele se aproximou, abaixando a voz. — Vai ficar tudo bem, Izzy. Só tenha coragem.

Enquanto Izzy assimilava a mensagem estranha, Azaki gesticulou para o gigante, assentindo, e os dois saíram da sala de estar para o corredor. Izzy foi até a janela e encarou a rua abaixo, tentando encontrar algum sentido naquela manhã louca.

No corredor, ela ouviu a porta do apartamento se abrir. Então, um barulho, como um arquejo ou ganido de surpresa. Em seguida, dois estrondos abafados e dois ruídos mais altos, o som de pessoas caindo ao chão, e Izzy congelou.

A porta do apartamento se fechou com um baque, e, um momento depois, um terceiro homem apareceu na entrada, segurando em uma das mãos algum tipo de arma com um longo tubo no cano e, na outra, uma bolsa que pendia da lateral de seu corpo. Era um homem alto e careca, com óculos redondos. Por alguma razão, o simples fato de vê-lo deixou Izzy tensa.

— Olá novamente — ele cumprimentou, sorrindo como se fossem velhos amigos. Ele olhou o cômodo ao seu redor, como alguém que estava considerando se mudar para lá. — Caramba. Que porra de lugar horrível. Não conseguem bancar nada melhor?

Izzy queria dizer algo — uma pergunta que a ajudasse a entender, um grito por ajuda —, mas estava paralisada. Ela observou o homem guardar a arma em um coldre preso ao quadril, o fim do cabo indo até sua coxa, e depois ajustar o sobretudo para escondê-lo.

— Nós dois vamos ter uma conversinha — ele anunciou, aproximando-se. Colocou a mão no ombro de Izzy e a encorajou, gentilmente, a sentar-se no sofá. Izzy conseguia sentir o cheiro da colônia dele, apimentado e abrasivo, que ou era forte demais ou havia sido usado com demasiada generosidade. — Vai me contar tudo o que sabe.

— Sobre o quê? — ela perguntou. — Quem é você? O que você fez com os detetives?

Ele a observou por um momento, uma expressão de desagrado muito sutil franzindo seu cenho, e Izzy teve a sensação de que o homem estava chegando a alguma conclusão.

— Muito bem — ele falou. — Você não sabe de nada.

Ele se agachou à frente dela, os joelhos estalando, e encontrou seu olhar.

— Precisaremos conferir se consigo te ajudar a lembrar.

Ele sorriu, e Izzy sentiu-se gelar até o âmago.

— Ah, não se preocupe — ele disse, enxergando algo dos pensamentos dela em sua expressão. — Vai ser bom. Vai ser muito bom.

CASSIE E JOE (2012)

— É ele — Cassie disse, para Drummond, mas olhando para o avô.

— Você deveria ir falar com ele — Drummond encorajou, fazendo Cassie olhar para ele. — É o que você queria.

Era, *de fato*, o que queria, Cassie percebeu. Seu avô, Joseph Andrews, estava analisando o menu, como se não fosse simplesmente fazer o mesmo pedido de sempre.

— Vá lá — Drummond disse, um quê de impaciência nas palavras.

Ela hesitou por mais alguns momentos, observando o avô fazer o pedido à funcionária. Ela sabia o que seria: um hambúrguer de queijo, batatas fritas e café puro. Era o que ele sempre pedia no Matt's. Então, a mulher se afastou, e ele ficou sozinho. Apalpou os bolsos e puxou seu celular: um Nokia antigo, estreito e retangular, com uma tela minúscula e um teclado que surgia ao deslizar a parte superior do telefone para cima. Cassie se lembrava de quanto havia ficado deslumbrada com o celular quando o avô o trouxe para casa, embora o aparelho já estivesse datado há alguns anos àquela altura. Tinha parecido tão futurista para ela, e ver o celular agora trouxe aquela memória de volta à vida para ela, a empolgação borbulhando em sua barriga como uma garrafa de refrigerante sacudida. Seu avô colocou o aparelho na mesa e, de um bolso diferente, tirou um livro velho e surrado de Stephen King e acomodou-se na cadeira para ler.

Cassie se ergueu e cruzou o restaurante, o estômago revirado como uma máquina de lavar. Ela se sentou de frente para o avô, sem dizer nada. Ele ergueu os olhos do livro e uma série de expressões passaram por seu rosto: a centelha de reconhecimento se tornando confusão, um arregalar dos olhos, rápido e preocupado.

Então, ele simplesmente a encarou, piscando uma única vez, os olhos correndo de cima para baixo pelo rosto de Cassie, enxergando algo familiar que parecia diferente.

A funcionária trouxe um café e tornou a se afastar, mas o avô de Cassie nem sequer notou.

— Oi, vô — ela disse, tentando sorrir, tentando não chorar.

Ele a olhou, uma expressão que Cassie nunca havia visto, o olhar inocente, estupefato de um garoto no rosto de um homem de meia-idade.

— Cassie? — ele sussurrou, hesitante.

Ela deu um aceno de cabeça.

— Mas você parece...

— Mais velha — ela completou. — É porque sou.

Ele sacudiu a cabeça devagar, repousando o livro na mesa e indo mais para a frente em seu assento para observá-la.

Ele era um homem bonito, Cassie via agora, algo que nunca tinha notado antes. Estava desgastado pelo trabalho e pela vida, mas era bonito, com um maxilar acentuado, cabelo farto, olhos azul-escuros com rugas nos cantos. Tinha um torso largo e braços fortes, desenvolvidos ao longo de muitos anos de trabalho manual. As mãos eram calejadas e rugosas, com nós dos dedos inchados, como roscas em parafusos, mas eram mãos capazes de trabalho delicado e afeto. As mãos de um artesão.

— Quando eu tinha seis anos — Cassie disse, retirando o braço esquerdo do casaco —, caí e arranquei um pedaço da pele perto da clavícula. — Seu avô a observou, a expressão em seu rosto vazia e a boca levemente aberta. Ela puxou a gola do suéter e da camiseta para mostrar a cicatriz, ainda claramente visível ao lado da alça de seu sutiã. Tinha uma cabeça arredondada com uma cauda alongada e, para Cassie, sempre havia parecido um cometa.

Cassie esperou enquanto seu avô analisava a cicatriz. Então, os olhos voltaram a encontrar os dela. Ele assentiu, e Cassie voltou a vestir o braço no casaco.

— Um hambúrguer com fritas — a funcionária anunciou, colocando a comida na mesa. — Vai querer algo, querida?

— Não, obrigada — Cassie disse, sem interromper o contato visual com o avô. A funcionária se afastou mais uma vez, e, depois de um momento, o avô pareceu, de fato, se lembrar de onde estava. Os olhos baixaram para a comida que estava diante de si. Ele estendeu a mão para pegar o café e o ergueu, mas não bebeu.

— Você deveria estar acampando com Jessica e os pais dela — ele disse.

— Eu estou — Cassie afirmou. — A eu desta época está. A eu mais nova.

Seu avô assimilou a resposta, então deu um gole no café, franzindo a testa.

— O que está acontecendo?

— Não sei como explicar sem parecer maluca — Cassie admitiu, lutando agora com todas as coisas impossíveis e importantes que precisava dizer. O avô a encarava, como se não conseguisse ver o suficiente, como se não existisse espaço o bastante em seus olhos para tudo que precisava ver nela.

— Apenas me diga — ele falou.

Com aquelas três palavras, ele relembrou Cassie de tudo que era e de tudo que ela amava. Era um homem que escutava e assimilava, um homem que nunca fazia um julgamento precipitado.

— Eu vim do futuro — Cassie contou, sentindo-se levemente constrangida simplesmente por usar aquelas palavras. — Não importa como nem por quê, mas eu voltei para cá para te ver.

— Entendo — ele disse, olhando para ela.

— Não quer comer o seu lanche?

— Não. Não agora.

— Certo.

Eles ficaram em silêncio por um momento, olhando um para o outro, a lanchonete cheia de barulhos e burburinho ao redor.

— Você acredita em mim? — ela perguntou. — No que eu falei?

— Acredito que você é minha neta — ele disse, falando devagar, considerando as palavras. — E acredito que é mais velha do que a Cassie de quem eu me despedi ontem de manhã. Você é uma mulher. Posso ver isso.

Cassie assentiu. As emoções eram uma cachoeira dentro dela, uma cachoeira vasta e estrondosa que abafava todo o restante, mas seu rosto não manifestava nada.

— E então? — ela perguntou.

— É uma explicação que dá para o gasto — ele falou. — Não consigo pensar em nada melhor. A não ser que eu esteja alucinando. A não ser que você não seja real.

Cassie estendeu a mão e a colocou sobre a dele.

— Consegue me sentir?

Ele fez que sim com a cabeça.

— Estou aqui.

Ela sentiu-se ruir em seu cerne, como se fosse feita de papel. Sentiu-se desmoronando no próprio âmago, todas as muralhas e defesas que tinha construído ao longo da década vindo abaixo ao seu redor, porque ele estava ali, e estava vivo. As lágrimas encheram seus olhos, não importando quanto desejasse que elas desaparecessem.

— O que foi, Cassidy? — seu avô perguntou.

— Cassidy — ela disse, fungando. — Ninguém me chama assim.

Ele a estava observando de maneira estranha agora, estreitando os olhos levemente, como quando estava fazendo cálculos para algum projeto complexo de marcenaria.

— Por que está aqui? — ele perguntou. — Não acredito que tenha sido fácil para você, viajar para cá, então por que veio? O pessoal proibiu hambúrgueres no futuro ou coisa assim?

Ela riu, um som alto, curto e feliz, e enxugou em seguida os olhos na manga do casaco, o tempo todo ciente dos olhos do avô a observando.

— Não — ela disse. — Ainda dá pra comer hambúrguer. Eu só... Só queria te ver, vô.

Ele assentiu devagar com a cabeça, olhando então para a xícara de café. Ele a ergueu e bebeu um gole.

— Imagino que não possa me ver no futuro então.

Cassie encontrou os olhos dele, entendendo a pergunta, e simplesmente confirmou com a cabeça. Ele repetiu o gesto, aceitando a resposta e tudo que ela inferia, e desviou os olhos da neta.

— Certo — ele falou.

Quando voltou a olhar para ela, os olhos azuis correndo por seu rosto, por suas roupas, Cassie quase conseguia enxergar a linha de raciocínio do avô: *quantos anos você tem? Quanto tempo me resta?*

— Eu queria te dizer umas coisas — ela falou. — Ai, meu Deus. Eu pensei nisso por tanto tempo, no que eu te diria se te visse mais uma vez. Tudo que eu nunca consegui dizer.

O avô estendeu as mãos.

— Estou aqui, Cassidy. Fale comigo, só isso.

— Eu só queria te agradecer — ela disse depois de um instante, sentindo as lágrimas voltarem aos olhos, a queimação no fundo da garganta. — Você fez tanta coisa por mim. Fez tudo por mim. Você foi o melhor pai que eu poderia ter. O melhor pai e mãe. E eu sinto muito por nunca ter conseguido te dizer isso.

Ele apertou os lábios de leve, evitando os olhos dela, desajeitado diante da emoção franca.

— Eu sei, Cassidy — ele murmurou. — Eu sei de tudo isso.

— Eu viajei! — ela contou tomada repentinamente pelo assunto. — Pela Europa inteira!

Os olhos dele brilharam com interesse, luz do sol refletindo na água.

— Ah, é? Para onde você foi?

— Pra todo lugar! — ela exclamou, enchendo-se de entusiasmo. — França, Itália, Grã-Bretanha. Vi todos os museus, as obras de arte, os prédios antigos.

Ele assentiu devagar. Então, disse em um quase sussurro:

— Você é uma mulher linda.

— Vô — ela murmurou, sua vez de sentir-se desconfortável.

— Sempre soube que seria — ele continuou. — Você se parece com sua avó. Vejo um pouquinho da sua mãe também, nos seus olhos.

Cassie não disse nada, percebendo que aquele era um momento para ele desfrutar, era o futuro dele que estava encarando.

— Eu trabalho em uma livraria — ela contou.

— Bom, isso não é surpresa para mim. Livros são sua paixão.

— Herdei isso de você — ela retorquiu. — Todas as noites, depois do trabalho, um livro até a hora de dormir.

— Isso — ele concordou.

Ela o observou, lembrando-se dos traços de seu rosto de que havia se esquecido, as rugas em seus olhos, a cor do cabelo, mas viu que o avô estava ficando desconfortável sob seu olhar. Ele baixou os olhos para a comida que esfriava à sua frente.

— Coma — ela encorajou. — Eu sinto muito, estou interrompendo seu intervalo do almoço.

Ele lançou um olhar de desaprovação a Cassie, mas ergueu o hambúrguer, deu uma mordida e começou a mastigar, sem tirar os olhos dela.

— Tem algo que eu devia te dizer — ela disse, as palavras saindo antes que conseguisse pensar a respeito, embora soubesse que aquele havia sido o objetivo da conversa desde o início. *Se eu conseguir contar a ele a respeito da doença, talvez ele não morra.* Mas ela hesitou, incerta de como tocar no assunto.

Ele franziu a testa, ainda mastigando. Cassie olhou de relance por cima do ombro, para a mesa onde Drummond estava sentado, observando-os, o rosto inexpressivo. Ele não havia dito não a ela. Não tinha dito que algo de ruim aconteceria. Na verdade, a tinha encorajado.

— Quem é aquele? — o avô perguntou, percebendo o olhar.

— Ninguém.

— É seu namorado?

— Meu Deus, não! — ela disse, horrorizada. — Tenha mais fé em mim.

— Tudo bem — ele falou, sorrindo e erguendo os ombros ao mesmo tempo, conciliatório. — Não sei o que andam considerando bonito por aí.

Ela tornou a colocar a mão no braço do avô, inclinando-se para a frente.

— Eu preciso te contar o que vai acontecer.

— O que vai acontecer com o quê? — ele perguntou.

— Com você — ela começou, mas ele a interrompeu de imediato.

— Não — ele declarou, a mão fazendo um gesto decisivo para o lado.

— Mas...

— Não, Cassidy — ele disse, a voz firme. — Não sei de onde você veio ou do que você sabe. Nem mesmo sei se estou com um tumor no cérebro, ou algo do tipo, e estou sentado aqui falando comigo mesmo. Mas sei que não devo saber do futuro. O que você quer me dizer, o que acho que quer me dizer... ninguém deve saber esse tipo de coisa.

— Mas talvez...

— Não — ele protestou com ferocidade, e ela sentiu ter oito anos novamente, quando o avô a tinha flagrado desenhando no papel de parede novo com giz de cera. Ela não tinha gostado da cor do papel de parede, então tentou mudá-lo. Nunca tinha visto o avô tão bravo. Na época, ela não havia entendido quanto dinheiro ele havia gastado para deixar o quarto bonito para ela, nem que ele não estava realmente bravo, mas que, na verdade, estava magoado por ela não ter gostado.

— Eu só... — ela começou, mas tudo que queria dizer, todas as suas justificativas, pareceram fracas. Ela estava ciente das lágrimas correndo por suas bochechas, gotas enormes e redondas caindo em seu colo. — Foi tão difícil. Para você. E para mim. E depois... — ela desviou os olhos, enxugando o rosto com a palma da mão — ... eu sinto sua falta todos os dias, o tempo todo. Você era tudo que eu tinha, na minha vida inteira, e aí você se foi.

Estava surgindo agora, aquela cachoeira de emoções transbordando.

— Tem sido tão difícil. É uma ferida que não vai cicatrizar, e eu passo meus dias sozinha, lendo meus livros trancada em casa. Talvez, se eu puder te contar tudo, talvez tudo seja diferente, e eu vou poder continuar em casa, lendo na oficina enquanto você trabalha.

O olhar que o avô lançou para ela era de preocupação, mas com um toque de decepção, ela enxergava; ouvia, também, como suas palavras pareciam patéticas.

— Cassidy — ele disse. — Isso que está falando... A vida é assim, não há outro jeito, e você tem que seguir em frente, só isso.

O cenho de Cassie enrugou-se de frustração. Ele não compreendia.

— A felicidade não é devida a você, Cassidy. Olhe para mim, olhe para a minha vida. Eu perdi minha esposa e minha filha, trabalho todos os dias para colocar comida na mesa e, por pouco, dar um jeito manter as coisas nos eixos. Mas nunca é fácil. Houve momentos em que passei fome, em que não pude pagar as contas. A felicidade não é algo que se senta e espera acontecer. Você precisa escolher a felicidade, ir atrás dela, apesar de tudo. Ela não vai ser entregue a você. E essas coisas que você está falando, sentir falta da casa, sentir falta de mim. É só parte de envelhecer. Você acha que eu não sinto falta da sua avó? Eu sinto. Todos os dias, toda vez que respiro, em todos os momentos que nós dois teríamos passado juntos. Mas é preciso abrir mão dessas coisas, ou elas te consomem. Deixe que as coisas passem.

— Eu não quero — ela falou, em meio às lágrimas.

— Ninguém quer. Mas é necessário.

Foi a vez dele de se esticar sobre a mesa e segurar a mão dela. A dele parecia imensa sobre a dela, uma carapaça enorme e pesada.

— Mesmo que você me diga o que quer me dizer, mesmo que isso mude o futuro, você ainda precisa viver, Cassidy. Não pode se esconder para sempre das rasteiras da vida. Sei que você gosta de se esconder nos seus livros, e talvez isso seja minha culpa, porque eu gosto de ter você por perto o tempo todo. — Ele soltou um suspiro baixo. — Talvez eu deva começar a te fazer sair e fazer amigos.

— Não — ela disse, porque era a última coisa que queria.

— Você se esconde da realidade. Mas isso não é viver. Você sabe disso.

Ela assentiu, mesmo que odiasse tudo que ele estava dizendo.

— E agora? — ele perguntou, depois de alguns instantes.

— Eu não sei — ela respondeu. Sentia-se esvaziada. O que estivera procurando quando veio ao encontro dele? Será que tinha tornado as coisas melhores, ou apenas piorado tudo? — Acho que preciso ir.

Seu avô ponderou sobre as palavras.

— Isso... é algo que você pode fazer mais de uma vez?

— Não sei — ela admitiu. — Não sei de muita coisa. Desculpe, é bem difícil de explicar. Mas... Mas eu gostaria de voltar. Gostaria de te ver de novo, se você não se importar.

Ele sorriu, então, e foi como a primeira luz da manhã depois de uma noite ruim.

— Por que eu me importaria? Volte outra vez, a hora que quiser.

— É bom ver você — ela disse.

Os dois encararam um ao outro, sem jeito. Então, ela perguntou:

— Posso te dar um abraço?

Ele pareceu surpreso com o pedido.

— Por favor? — ela pediu.

— É claro, Cassidy. É claro.

Eles se levantaram ao mesmo tempo e deram a volta na mesa para se abraçarem. A princípio, foi esquisito, mas se tornou mais natural, mais familiar.

— Sinto sua falta — ela falou, o rosto pressionado no ombro do avô.

— Eu sei — ele respondeu, próximo do ouvido dela.

Tendo se afastado, ele a segurou, os braços estendidos, correndo os olhos por ela, um sorriso leve na boca.

— Isso é inacreditável — ele falou, mais para si mesmo do que para Cassie.

Então, a soltou, mas a conversa ainda não tinha acabado.

— Como é o futuro? — ele perguntou, um sorriso repuxando o canto de sua boca.

Ela deu de ombros, não sabendo como responder.

— Não é tão diferente de agora — falou. — Só... que você não está lá.

O sorriso dele vacilou.

— Sinto muito — ela lamentou, odiando que talvez o tivesse magoado. — É melhor eu ir embora — acrescentou, apesar de não querer fazer isso.

— Também preciso ir — ele disse, distraído de repente, olhando de relance para a mesa e pegou o celular e o livro de Stephen King. Tirou algumas notas da carteira e as deixou ao lado dos restos do hambúrguer, e então sustentou o olhar dela por mais um instante. — Seja feliz, Cassidy, por favor, por mim?

Ele tocou o ombro da neta brevemente, e ela concordou com a cabeça.

— Talvez eu te veja de novo algum dia — ele falou. Então, afastou-se, passou pela porta e foi para baixo da chuva.

Cassie foi até a janela e o acompanhou apressar-se em meio à chuva torrencial, subindo na caminhonete. O avô ficou sentado lá por alguns momentos, os olhos fixos à frente, sem se mover. Parecia estar em choque. Então, balançou a cabeça, ligou o motor e deu a ré para sair da vaga no estacionamento. Virou o volante e entrou na estrada, os faróis traseiros emitindo centelhas brilhantes de vermelho desaparecendo em meio ao cinza.

Uma vez que ele sumiu de vista, as emoções tomaram conta de Cassie. Ela abriu a porta com um puxão e saiu correndo da lanchonete. Ficou parada no estacionamento, deixando que a chuva a encharcasse, ensopando seu cabelo até o escalpo, correndo por suas costas. Quando ergueu os olhos, o céu estava baixo e cinza-escuro, um céu sério, pesado.

— O que está fazendo? — Drummond perguntou, saindo do estabelecimento e estreitando os olhos para enxergar em meio à chuva. — Está caindo um pé-d'água.

Ela o ignorou. Atravessou o estacionamento na direção do limiar das árvores, sem fazer ideia alguma de onde estava indo ou do motivo, mas parou antes de chegar muito longe. Deixou-se cair de joelhos, chapinhando água empoçada nos jeans. Ela gritou e berrou para o dia cinzento, angustiada e destruída por ter perdido o avô mais uma vez, e precisando colocar tudo aquilo para fora. A chuva continuou a açoitá-la, como se o mundo estivesse chorando com ela.

O QUE IZZY ESQUECEU

Sentada no sofá, Izzy observou o homem ir até a janela e esquadrinhar a rua abaixo. Ela olhou de relance para a porta e o corredor além dela.

— Você não vai conseguir — o homem disse, sem olhar para ela.

Izzy não estava pensando em fugir. Estava tentando descobrir o que tinha acontecido com os detetives.

— Você os matou? — ela perguntou, atônita com a calma com que as palavras pareciam sair de sua boca.

— Sim. — O homem a encarando. — Atirei na cabeça dos dois.

A resposta fez a mente de Izzy vacilar momentaneamente. Era uma resposta simplesmente pesada demais para assimilar.

— Quem é você? — ela indagou.

— Meu nome é doutor Hugo Barbary — ele se apresentou. — Nos conhecemos ontem à noite.

Izzy não tinha lembranças da noite anterior, tampouco de ter conhecido aquele homem.

— Que tipo de médico você é? — ela quis saber, não porque estivesse interessada, mas porque queria que ele continuasse falando.

— Ah, não sou um médico de verdade — ele disse. — Digo, é fato que fui para a universidade de medicina. Mas era tão entediante que não terminei. Só chamo a mim mesmo de doutor. Mas sempre tive interesse no que faz as pessoas aquilo que são. Sempre pensei que, talvez, essa resposta estivesse escondida em algum lugar no meio de todo aquele negócio vermelho e molhado dentro da gente. — Ele deu um tapinha na barriga.

Ele tinha um sotaque, Izzy se deu conta, um sotaque inusitado. Falava inglês como um nativo, mas suas vogais soavam erradas.

— Isso tem a ver com a Cassie? — ela perguntou.

O homem ergueu a cabeça sutilmente, como se curioso quanto ao motivo de Izzy ter feito aquela pergunta.

— A mulher que mora comigo — ela explicou.

— O que tem ela?

— Ela não está aqui. Não sei onde está — Izzy disse. Não sabia por que estava contando essas coisas a ele.

— Eu quero saber onde o Livro das Portas está.

— O livro do quê?

O homem se aproximou, sem pressa.

— Quero saber onde o Livro das Portas está — ele repetiu. Ficou de pé em frente a onde Izzy estava sentada no sofá, ameaçadoramente alto.

— Não tenho ideia do que você está dizendo — Izzy falou. O pânico começava a borbulhar dentro dela, como uma panela esquentando no fogão. Ela tentou se manter calma, mas não fazia ideia de quem era o homem ou o que ele faria. — Não me mate, por favor. — Ela tentou, odiando quanto sua voz parecia patética.

— Não quero matar você — Barbary disse. — Digo, gostaria de fazer isso, talvez, mas provavelmente não se alinha com meus interesses. Você é um recurso para mim. Quando eu encontrar sua amiga, ela vai querer que você esteja viva, e isso é vantajoso para mim. Se estiver morta, perco esse trunfo.

Izzy assimilou as palavras, agarrando-se à esperança. Seu coração martelava a caixa torácica como um boxeador. Uma parte remota de sua mente a lembrou do nervosismo que sempre havia sentido antes de audições importantes, de como ela era capaz de suprimi-lo, de não demonstrar nada para aqueles com quem interagia. Sabia que precisava usar essas habilidades agora: precisava que nada do que estava sentindo em seu interior transparecesse.

— Mas é menos importante para mim o fato de você estar inteira ou não — o homem acrescentou. — Se perder um dedo, ou um braço, ou os olhos... — Ele fez um gesto vago na direção de cada parte do corpo dela conforme as mencionava. — Então, me deixar feliz se alinha com os *seus* interesses.

As palavras dele a fizeram querer vomitar, e suas entranhas se apertaram de súbito.

— Eu não sei de nada — Izzy disse, juntando as mãos sobre o colo. — Eu juro.

O homem assentiu devagar.

— Eu acredito em você — ele garantiu. — É no que você esqueceu que estou interessado.

— Não estou entendendo — Izzy disse, tentando sorrir. — Eu quero ajudar você. Não quero morrer, mas não posso te contar aquilo que não sei.

O homem suspirou. Ele parecia ligeiramente irritado, como alguém que teria ido até um mercado apenas para descobrir que o que queria comprar estava esgotado.

— Preciso saber o que você esqueceu e, se você não consegue se lembrar, vou te ajudar.

— Como vou me lembrar do que não consigo me lembrar? — ela perguntou, entrando em pânico. — Eu não me lembro!

O homem pousou sua bolsa no chão e a abriu. De dentro, ele retirou um pequeno caderno. A capa era um choque de formas roxas e verdes, como se alguém tivesse tentado pintar uma enxaqueca.

— Isto pode ajudar — ele disse.

— O que é isso?

— Pegue. — O homem estendeu o livro para ela.

Ela olhou para o objeto e para o rosto sem expressão do homem, voltando ao livro por fim.

— O que é isso? — ela repetiu, com mais cautela.

— Pegue o livro nas mãos — o homem instruiu, falando devagar, como se estivesse tentando fazer uma pessoa idiota compreender um conceito simples. Ele afastou seu sobretudo para mostrar a arma no coldre. — Ou eu enfio uma bala em uma das suas juntas.

Izzy pegou o livro e, assim que o fez, sentiu uma pontada nos nós de seus dedos, uma pontada que não cessou. Era constante e persistente, um guinchar baixo causando atrito em seus dedos.

— Ai! — ela exclamou, baixando os olhos para o livro.

O que viu ali não fazia sentido. O livro, ou o ar ao redor dele, parecia pulsar, com tons de verde, roxo e vermelho profundo emanando do meio de suas mãos. Aquilo fez Izzy pensar em alguma criatura bizarra das profundezas do oceano, fazendo cores tremularem ao se locomover através das águas escuras. O pensamento foi afugentado quando ela percebeu que o livro parecia ficar mais pesado e mais quente, que a dor pulsava dentro dela em sincronia com as cores que enxergava.

— Este é o Livro da Dor — o homem disse. — Você só vai soltá-lo quando eu permitir. A dor que está sentindo nas mãos vai se espalhar gradualmente, até alcançar cada parte do seu corpo...

Conforme o homem dizia isso, Izzy percebeu que a dor subia arrastada por seu antebraço, como pregos enferrujados arranhando suas veias.

— Ai! — ela tornou a gritar, o corpo tentando se afastar do livro. Ela era um animal em uma armadilha, e sentiu lágrimas brotando em seus olhos. — Pare! — implorou. As cores pareciam pulsar com mais rapidez agora.

— Uma vez que esteja em todo o seu corpo — o homem continuou, seu tom de voz completamente indiferente à dor de Izzy —, vai piorar aos poucos,

167

até que a dor se torne tudo que você é. Você não será nada mais do que um punhado de agonia. E, por fim, seu coração vai entregar as pontas.

O ombro de Izzy era um amontoado de espinhos, seco e estaladiço, fazendo atrito com a articulação. O livro em suas mãos estava muito quente e pesado, as cores estranhas gritando no ar e cintilando velozmente em seu rosto.

— Ninguém é capaz de segurar o Livro da Dor por muito tempo — o homem disse, o mero som de sua voz uma agonia aos ouvidos de Izzy. Ele se agachou à frente dela para observar seu rosto, interessado no que estava acontecendo.

A dor alcançou o pescoço de Izzy, e ela gritou, um uivo de agonia que pareceu muito distante de sua mente atônita. Sabia que o homem estava falando, mas não conseguia mais compreender as palavras. Dedos de agonia deslizavam por seu busto e suas costas, atiçadores em brasa queimando sua pele. Ela se sacudiu no sofá. Sua bexiga cedeu, e ela se urinou, mas nem sequer percebeu. O mundo distanciava-se sob o ataque da dor.

— Pedaços de sua memória foram escondidos de você — o homem estava dizendo, palavras sem sentido, um idioma estranho ao mundo de sofrimento de Izzy. — A tortura abrirá as portas, resetará sua mente. Acredito que é o que acontecerá. Você vai se lembrar, ou vai aguentar.

Ela soltou um grito silencioso, a boca e os olhos escancarados, incapazes de dar voz à agonia que estava a destruindo. Sua garganta começou a apertar quando a dor se estendeu até seu outro braço, até seus quadris. Ela não enxergava um fim, não enxergava esperança. Era incapaz de pensamentos conscientes. Estava desolada.

E, então, tudo parou. A dor desapareceu em um instante, e Izzy estava deitada no sofá, na própria urina, piscando, a mente gaguejando, e cada parte dela estava gloriosamente livre de dor. Naquele instante, ela nunca havia sido tão feliz, nunca havia sentido tamanha alegria.

— Alguma coisa?

A voz do homem a chocou, e ela se afastou do som com um sobressalto. Ele estava agachado ao seu lado, os olhos escuros a examinando através das lentes dos óculos, o livro em suas mãos. Ela se sentou e se afastou, tentando ficar tão longe do livro quanto possível.

— Você se lembrou de algo? — o homem exigiu. — A dor soltou alguma coisa no seu cerebrozinho?

Izzy tentou escapar. Ela se levantou com um salto, mas, sem conseguir raciocinar direito, correu na direção da janela, só percebendo quando chegou até lá que não poderia ir para lugar algum. Deu meia-volta, e o homem estava

168

logo atrás dela, a encurralando, próximo demais para que passasse em segurança. Mas ela precisava tentar... Qualquer coisa era melhor do que a dor...

— Você se lembrou, mulher? — o homem indagou novamente, agora raivoso.

Os olhos de Izzy estavam fixos no livro, a terrível coisa roxa e verde que era o fim do mundo. Ela não conseguia pensar com clareza: tudo que conseguia ver era o livro, tudo que conseguia se lembrar era da agonia.

— E então? — o homem insistiu, erguendo a voz. — Ou será que precisa de mais uma rodada para chacoalhar seu cérebro minúsculo?

— Não! — ela gritou.

Ela jogou-se para a esquerda, tentando passar em disparada pelo homem, mas ele previu a ideia e se moveu na mesma direção. Izzy tentou corrigir o rumo e girou para o sentido oposto, mas ele estava ali também, e não havia lugar algum para onde ir. Queria gritar, queria chorar, mas estava presa.

— Ei!

Uma voz apareceu na consciência de Izzy, e Barbary virou o corpo, surpreso, bem a tempo de encontrar um punho imenso cortando o ar em sua direção. Barbary foi erguido do chão, sua cabeça girando para a lateral antes que os pés percebessem que estava em movimento, e ele colidiu com o móvel que sustentava a TV e desmoronou em um amontoado no chão, o rosto para baixo e os braços sob o corpo.

Izzy olhou para o gigante, o homem que tinha vindo com Azaki. Havia sangue escorrendo de um lado de seu rosto, vindo de uma ferida na têmpora. Ele observou Izzy por um momento, a respiração pesada. Então, olhou de relance para o doutor Barbary, como se esperando para ver se haveria algum movimento dali, mas o homem careca estava imóvel. O gigante ergueu a mão e tocou o próprio rosto com a mão. Ele retraiu-se levemente e olhou para o sangue em seus dedos.

— Você está em perigo — o gigante disse, a voz profunda e calma. Para Izzy, era como um abraço caloroso. — Não somos da polícia. Era mentira. Mas você está em perigo aqui. Outras pessoas vão vir atrás de você. — Ele apontou para o homem no chão. — Se não estiver morto, ele vai continuar te perseguindo.

— Eu não sei o que tá acontecendo! — ela gemeu.

O gigante ofereceu um aceno de cabeça, aceitando o que ela dizia.

— Estou indo embora — ele informou. — O homem com quem eu estava está morto.

Izzy assentiu, como se tudo fizesse sentido.

O gigante pareceu hesitar, mas então disse:

— Se quiser vir comigo, vou te proteger. Tem até alguém a quem posso te levar, que vai te manter em segurança.

Izzy hesitou por um instante, ouvindo as palavras, mas não conseguindo digeri-las de verdade. Os olhos se voltaram para o formato no chão, o livro roxo e verde que havia deslizado na direção da cozinha quando o homem fora atingido.

— Certo — ela concordou, não pensando no assunto, apenas desejando ser protegida.

O gigante assentiu e suspirou, um som de exaustão, mais do que irritação.

— Vá se lavar e trocar de roupa — ele disse. — Arrume uma mala como se não fosse mais voltar. E seja rápida, antes que mais alguém apareça e tente matar a gente.

VELHOS AMIGOS NO
PARQUE BRYANT (2012)

Os dois ficaram sentados em silêncio sob as árvores, a chuva martelando a terra e borrando a placa de neon na janela do Matt's Burgers & Tradição.

— Merda — Drummond disse.

Cassie olhou para ele, as bochechas ainda úmidas com as lágrimas, o corpo exausto de soluçar.

— O quê?

— Nós saímos correndo sem pagar — ele falou.

Ela o observou por um momento, surpresa, e então uma risada explodiu de sua boca, um misto de incredulidade e riso.

— Tá falando sério?

— O quê? — ele perguntou.

Cassie sacudiu a cabeça.

— Está preocupado com o trocado do almoço? E Izzy e eu ficamos preocupadas que você fosse perigoso.

— Não sou um ladrão — ele explicou.

— Pode voltar e pagar, se quiser — ela disse, enxugando o rosto com as costas de uma mão.

— Não acredito que meu cartão do futuro vai funcionar aqui — ele refletiu, um tanto aborrecido. — Deveria ter pensado nisso antes de fazermos o pedido, creio eu. — Ele lançou a Cassie um olhar de esguelha. — E, então... como você está?

— Estou bem — ela garantiu, enternecida pela pergunta, pela preocupação dele. — Digo, não estou. Mas vou ficar. Foi a pior coisa do mundo, mas... Mas também foi a melhor. Foi um divisor de águas. — Ela indicou a lanchonete com um gesto, assentindo. — Eu falei com meu avô. Posso falar com ele de novo se quiser, quantas vezes eu quiser.

— Se você estiver com o livro — Drummond lembrou, a voz baixa.

— Como consegue pensar em destruí-lo? — Cassie quis saber. — Deve haver alguma outra maneira de proteger os livros na sua biblioteca. Quer destruir este livro para proteger outros livros, isso não faz sentido!

Drummond pensou por um tempo, os olhos estreitos voltados para a chuva. Então, ele perguntou:

— Posso te mostrar uma coisa? Poderia usar o livro e nos levar a outro lugar?

— Por quê? — Cassie perguntou.

— Eu disse que lhe mostraria do que o Livro das Portas é capaz, o que eu fiz. Então, falei que lhe mostraria por que tive que esconder a Biblioteca. Disse que te mostraria a ameaça. Se estiver disposta, posso mostrar.

Ela sustentou o olhar do homem por um momento, então, assentiu.

Era um verão quente em Nova York, no mesmo ano em que Cassie encontrou o avô, mas alguns meses antes. Cassie e Drummond estavam sentados em uma das mesas no Parque Bryant, à sombra das árvores e de frente para os fundos da Biblioteca Pública de Nova York. O calor ajudava os dois a se secarem, depois da chuva em Oregon. Era uma boa sensação para Cassie. Como uma cama quentinha em um dia frio.

Estava na hora do almoço, e os funcionários dos escritórios de prédios das redondezas bebiam cafés e comiam sanduíches, tomando sol no gramado. Tudo que Cassie via lhe parecia familiar e esquecido: um lugar que ela conhecia bem, mas disfarçado de como fora há uma década. As roupas eram diferentes, os formatos dos veículos que passavam, até os pôsteres e as propagandas anunciando séries de TV e filmes há muito esquecidos.

— E por que estamos aqui? — ela perguntou.

— Só quero ver meus amigos mais uma vez — Drummond falou, distraído. Ele deu um sorriso triste. — Você viu seu avô. Eu só quero ver meus amigos.

Os dois ficaram em silêncio, porque Cassie não achava que Drummond queria conversar, não por ora, e ela estava satisfeita de poder refletir sobre o encontro com seu avô. Já começava a lhe parecer algo intangível e onírico, como se não tivesse acontecido de verdade. Ela se perguntou o que ele estaria fazendo agora, como estaria lidando com o fato de ter conhecido uma versão mais velha de sua neta. E se perguntou, então, como seriam todas as outras ocasiões em que esteve com ele como a Cassie mais nova, todos aqueles dias depois do encontro na lanchonete. Ele a teria olhado de forma diferente? Teria falado com ela de modo diferente, com a consciência da mulher que ela se tornaria? Desejou ter sido mais atenta quando adolescente: talvez teria percebido alguma coisa.

— Lá estão eles — Drummond avisou, virando a cabeça na direção da entrada do parque, vindo da rua 42.

Cassie viu duas mulheres indo até uma mesa sob o sol e sentando-se juntas. Uma delas era asiática, baixinha e corpulenta, usando um vestido de alças vermelho vivo e tênis de corrida brancos. Estava ouvindo a companheira com atenção, uma mulher negra de pele clara, alta e com cabelo curto e branco. Esta vestia um conjunto de casaco e camisa azul pastel, com um lenço multicolorido em torno do pescoço e óculos de armações grossas no rosto. Ela sorria enquanto falava, como se estivesse narrando uma história engraçada.

— Quem são elas? — Cassie perguntou.

— São Lily e Yasmin — Drummond respondeu. — Lily é de Hong Kong. Era. Era de Hong Kong. — Ele franziu a testa, culpando-se pelo erro. — Ela gerenciava um pequeno hotel de luxo na Ilha de Hong Kong. Yasmin era egípcia. Era historiadora.

— E quem são eles? Caçadores de livros?

— Não — Drummond disse. — Caçadores, não. Caçadores de livros perseguem livros em prol de lucro, ou para usar os livros em prol de interesses próprios. Mas Lily e Yasmin eram como eu. Interessadas nos livros, mas cautelosas com eles.

— Cautelosas, como?

— Como se devêssemos ser cuidadosos com eles, assim como com qualquer outro item precioso. Lily tinha dois livros próprios. E Yasmin tinha três. E lá, aquele homem... — Drummond apontou para o outro lado do parque, onde caminhava um homem alto e esguio, com vincos no rosto e cabelo escuro e espetado. — Aquele é Wagner, da Alemanha, o homem de quem te contei antes. Ele é físico.

— Era — Cassie corrigiu.

Drummond voltou o olhar para ela abruptamente.

— Correto, ele *era* físico.

— Desculpe, eu não quis falar desse jeito — Cassie disse, arrependendo-se das palavras. — Não estava tentando te magoar.

— Eu sei — Drummond garantiu, exibindo um sorriso que mostrava que era verdade.

Wagner usava uma camisa de tecido leve aberta no pescoço e calça de cotelê verde-clara. Estava carregando uma mochila em um dos ombros.

— Ele também tinha dois livros — Drummond continuou.

O homem se juntou às duas mulheres na mesa. Houve sorrisos, abraços e risadas, e Cassie podia ver que aquelas pessoas eram amigas, que havia afeto genuíno ali.

— Wagner herdou seus livros da família — Drummond contou, observando o grupo. — Assim como eu. Foi assim que eu os conheci. Em dados momentos, todos eles vieram até mim com perguntas sobre os livros, e eu contei a eles de alguns dos livros da Biblioteca Fox. Acabamos formando um grupo pequeno de pessoas que partilhavam das mesmas opiniões. E, pelo menos uma vez por ano, nos reuníamos para colocar a conversa em dia, discutir sobre o mundo dos livros especiais, descobertas recentes. Esse tipo de coisa.

— Tipo uma convenção de magia? — Cassie sorriu.

Drummond lançou uma olhada para mostrar que havia entendido a piada.

— Mais ou menos — ele admitiu. — Passávamos horas falando dos livros, teorizando. Falando sobre o que eles podiam fazer.

— Como viajar no tempo.

— É — Drummond concordou. — Tínhamos longos debates sobre a origem dos livros, qual seria a matriz da magia.

Cassie observou o grupo enquanto Drummond falava. O homem, Wagner, estava agora ouvindo a história de Yasmin, depois ele e Lily riram do que quer que fosse a conclusão, trocando olhares entre si. Estavam felizes, aproveitando o reencontro, como velhos amigos depois de um longo tempo.

— É agora que o negócio fica constrangedor — Drummond murmurou, então. — Constrangedor e esquisito.

Na extremidade oposta do parque, próximo aos fundos do prédio da Biblioteca Pública, Cassie viu Drummond, um Drummond mais jovem, caminhando sem pressa na direção da mesa. Ele era menos abatido do que o homem ao lado dela — seu corpo parecia mais forte, mais preenchido —, e seu cabelo era castanho, sem mechas grisalhas. Ele era bonito, Cassie percebeu, uma beleza que agora parecia surgir apenas quando Drummond sorria. O que quer que houvesse acontecido com ele na última década havia escondido sua beleza natural.

— Lá estou eu — ele sussurrou. — Deus do céu, é assim que as pessoas me veem andando?

— Não tem nada de errado — Cassie disse, e Drummond lançou a ela um olhar confuso. — Bem diferente de mim, toda desengonçada.

— Não tem nada de errado com você, também — ele rebateu, distraído, e as bochechas de Cassie esquentaram, como se estivesse corando. Mas Drummond não estava olhando para ela: estava prestando atenção ao que acontecia em seu passado.

As três pessoas na mesa localizaram o Drummond mais jovem que se aproximava. Cadeiras foram empurradas e o grupo se levantou para cumprimentá-lo

174

com abraços e palavras afetuosas antes de tornarem a sentar. Puseram-se a conversar, rindo e sorrindo.

— Eu queria ver isso mais uma vez — Drummond murmurou. — De verdade. Tenho minhas lembranças, mas a realidade é sempre melhor. Queria nos ver felizes mais uma vez.

— Eu entendo — Cassie disse.

Depois de alguns minutos, o grupo de amigos se levantou em conjunto e andou pela beirada do parque, na direção em que Cassie e Drummond estavam sentados. Eles abaixaram as cabeças sutilmente quando o grupo passou, mas ninguém olhou para os dois, concentrados em suas conversas.

— Foi uma tarde ótima — Drummond recordou, acompanhando com os olhos o grupo que saía do parque pela saída sudeste. — Caminhamos por um tempo, apenas conversando, nos atualizando. Wagner falava de ir para uma nova universidade, na Holanda. Lily estava falando de política, China e Hong Kong, e o que estava pensando do futuro. Yasmin comentava de sua aposentadoria. E as filhas dela... uma das filhas dela ia se casar, eu acho. Só uma conversa normal.

— Parece bom — Cassie comentou.

— Foi — Drummond disse. — Foi bom, e eu sinto falta disso. Sinto falta dos meus amigos.

— Eu sinto falta do meu avô — Cassie respondeu, e os dois se encararam por um momento, confortando-se com o sentimento de perda compartilhado. Então, Drummond voltou os olhos para os amigos.

— Fomos jantar, um restaurante no SoHo. Tínhamos uma sala particular nos fundos. Comemos e conversamos, contamos histórias uns aos outros, de livros que tínhamos descoberto. Fofocamos sobre caçadores de livros, e a Livreira...

— Livreira?

Drummond abanou a mão, como se a Livreira fosse uma distração.

— Lottie — ele disse. — Mora em Nova Orleans. Ela vende livros para os caçadores que estão nesse meio pelo lucro. Meio que uma intermediária. Ela os vende em leilões. Faz uma fortuna. Era um incômodo longevo. É como se fosse aquelas pessoas que negociam artefatos inestimáveis no mercado paralelo. Se perguntar para qualquer arqueólogo, certamente vai ouvir opiniões bem fortes a respeito. Então, ficamos um tempinho falando mal dela.

Cassie aguardou, pressentindo que o fim da história se aproximava.

— Já estava tarde quando saímos do restaurante, e voltamos andando juntos, indo para nossos hotéis. Planejávamos nos encontrar de novo no dia seguinte e estávamos falando a respeito: o que faríamos, onde iríamos. E então... Então, chegamos ao Parque Washington Square. Estava vazio, e o dia tinha ficado frio, de um jeito estranho. Não como agora. — Drummond indicou o céu azul acima deles com um gesto. — Eu me lembro de uma névoa ter caído de repente, quase como aquelas loucuras climáticas. E, então, uma mulher apareceu no meio do parque.

— Que mulher? — Cassie perguntou.

— Não sei o nome dela — Drummond admitiu. — Eu a chamo apenas de "a Mulher". Nunca a tinha visto antes daquele dia. Não fazia ideia de quem ela era. Ainda não faço. Mas ela sabia quem nós éramos, e este foi o dia em que ela se fez conhecer por nós.

— Como? — Cassie quis saber.

Drummond não respondeu. Cassie não tinha certeza se ele não havia escutado a pergunta, ou se não queria dizer mais nada.

— Como? — ela tornou a perguntar, colocando a mão no braço de Drummond para chamar sua atenção.

— Todos eles morrem hoje — ele contou, o rosto sério. — Wagner, Lily e Yasmin. A Mulher mata todos. Eu fui o único que sobreviveu, e ela tem me perseguido desde então.

Os olhos de Cassie se arregalaram com o choque.

— Por quê?

— Porque ela quer a Biblioteca Fox — ele disse. — Foi por isso que eu a escondi nas Sombras. Depois deste dia, depois de ter visto a Mulher pela primeira vez. Foi... — Drummond pareceu ter dificuldades para encontrar a palavra certa — ... devastador — concluiu depois de um momento.

— O quê?... — Cassie hesitou, querendo saber mais e, ao mesmo tempo, não querendo saber. — O que ela fez?

— Posso mostrar a você, se quiser? — Drummond perguntou, os olhos escurecendo. — Se quer realmente saber por que eu estou fugindo há dez anos, por que a Biblioteca Fox está nas Sombras, por que precisamos impedir que ela consiga o Livro das Portas, eu posso lhe mostrar.

— Como?

Drummond tirou um livro do bolso.

— O Livro da Memória, Cassie — ele disse, estendendo-o para ela. — Posso lhe mostrar minhas lembranças deste dia.

Cassie encarou o livro oferecido por um bom tempo, sentindo-se como se o mundo todo estivesse se distanciando, ficando em segundo plano. Ela sabia que Drummond queria que ela visse: era por isso que estavam aqui.

176

Ela sabia que seria terrível, mas parte dela queria compartilhar do fardo de Drummond, ajudá-lo a não estar sozinho.

Ela estendeu a mão e segurou o livro. De repente, o Parque Bryant desapareceu, e Cassie estava enxergando com os olhos de outra pessoa.

IZZY E LUND

— Eu me lembro, mas não lembro — Izzy disse, vendo a gravação de Cassie na porta do apartamento delas, com a rua em Veneza aparecendo além. Tinha encontrado o vídeo ao conferir o celular, tentando descobrir o que tinha feito ao longo dos últimos dias. — Parece um sonho, sabe? Quando você se lembra, mas não parece de verdade? — Ela sacudiu a cabeça, assistindo até a gravação ser cortada com o som da própria voz. Tornou a apertar o botão de play e assistiu mais uma vez. Era hipnotizante. — Como isso funciona? — ela perguntou. — É tipo ciência ou magia?

Não recebendo nenhuma resposta à pergunta, Izzy ergueu os olhos. Lund estava sentado do outro lado da mesa, uma tigela de sopa de frango com macarrão à frente, a colher a meio caminho de sua boca. Ele segurava a metade de um pãozinho com a outra mão. O pão parecia minúsculo.

— Eu vou conseguir lembrar? Vou me lembrar de tudo? — Izzy perguntou.

Lund engoliu a sopa, e seus olhos ergueram-se para encontrar os de Izzy, retornando então para a tigela.

— Não sei — ele disse.

— Digo, acho que estou me lembrando de quase tudo — Izzy continuou. — O que aquele homem fez, toda aquela dor... — Ela esperou enquanto um calafrio fazia seu corpo vibrar. — Tirou algumas coisas do lugar. Eu sei o que aconteceu. Mas não lembro ter *vivenciado* aquilo. Faz algum sentido?

Ela encarou o próprio reflexo na janela. Sabia que estava tagarelando. Estava nervosa, em choque, talvez, e não conseguia se conter. Lá fora, era o fim da manhã, as ruas lotadas de trânsito e pessoas. Os dois estavam em uma lanchonete em algum ponto de Midtown, um lugar grande e espaçoso na esquina de um quarteirão que Lund havia escolhido.

Duas horas depois de chegarem, ainda estavam sentados à mesma mesa e Lund terminava sua terceira refeição, a tigela de sopa de frango e macarrão tendo vindo depois de um hambúrguer com fritas, e uma omelete a seguir.

Izzy não estava com fome, em choque demais para comer, mas havia pedido um queijo-quente e um café, de qualquer forma. À altura em que a comida chegou, as memórias já estavam começando a retornar. Ela havia deixado acontecer, sem fazer força, sentindo que era um processo que a faria voltar ao normal, sentir-se mais quem realmente era do que havia sido no restante do dia. Aquilo a ajudou a se distanciar do que tinha acontecido, da dor, do homem careca que a torturara.

— Você não é de falar muito, é? — Izzy observou, refletindo sobre quão poucas foram as palavras que o gigante havia dito desde que os dois saíram do apartamento.

Lund ergueu a tigela e sorveu o restante da sopa.

— Não — ele concordou, enxugando a boca com o guardanapo. Colocou a metade restante do pão na boca e mastigou, observando Izzy com o rosto inexpressivo.

— Tá parecendo uma vaca — Izzy comentou, mas não com crueldade.

Ele sorriu enquanto mastigava.

— O que estamos esperando? — Izzy perguntou, impaciente de súbito.

— Você não está esperando nada — Lund disse. — Pode ir, se quiser. Não estou te forçando a esperar.

— Tá bem, o que *você* está esperando? — ela indagou.

— Uma mensagem — Lund respondeu. Izzy esperou que ele elaborasse, mas nada aconteceu. Ela se deixou cair no encosto do assento, derrotada.

— Acha que Cassie está bem? — quis saber.

Lund deu de ombros.

— Não sei.

Ele estava observando o mundo do lado de fora, a passagem do tráfego, os prédios do outro lado da rua. Parecia satisfeito em simplesmente esperar.

Izzy tornou a conferir o celular. Nada de mensagens, nada de ligações.

— Ela não me deu notícias. Ela não costuma fazer isso. E se aquele homem pegou ela?

— Se estivesse com ela, ele não teria vindo atrás de você — Lund apontou.

Izzy aceitou o conforto com gratidão.

— Sim — ela disse. — Tem razão. Espero que ela esteja bem.

Os dois ficaram em silêncio por alguns momentos, e Izzy se lembrou de outra coisa, outro momento revelado: a Lanchonete do Ben, com Cassie... e um homem.

— Tinha um homem. — Ela disparou, de repente. — Comigo e com a Cassie...

Lund a observou, interessado.

— Eu acho... Acho que foi ele que me fez esquecer — ela comentou.

Lund aguardou.

— Era um nome estranho — ela murmurou consigo mesma, esforçando-se para lembrar. — Drummond — ela murmurou, por fim, aliviada. — Ele disse que estava tentando me proteger — Izzy contou mais, conforme recobrava suas memórias. Ela se lembrava de Cassie falando com ela, dizendo que a ajudaria a se lembrar, e seu amor pela amiga a inundou, como uma onda de água morna. — Ela tá bem — Izzy concluiu, sentindo-se mais leve de repente. — Ela tá com aquele cara.

Izzy bebeu um pouco do café, sentindo-se melhor com o mundo agora que sabia que Cassie estaria segura.

— O que eu faço agora? — ela se perguntou. — Não posso voltar para o apartamento. Mas deveria ir trabalhar hoje... Ai, meu Deus, o trabalho. Vão me demitir. — Ela deixou o rosto cair nas mãos. Tudo era uma loucura, ao que parecia, e ela ansiava pela normalidade entediante.

— Não acho que precise se preocupar mais com o trabalho — Lund alegou.

— O quê? — Izzy perguntou. — Por que não?

— Você vai ficar rica — ele disse.

— O quê?

Lund puxou seu celular e o checou novamente, sem responder diretamente. Ele assentiu, digitou alguma coisa e devolveu o celular para o bolso.

— Estamos esperando a Livreira — ele falou, como se aquilo explicasse tudo. — O homem que estava comigo, Azaki, ele tinha um contato que vende esses livros mágicos. Estou com o celular dele. — Lund balançou o aparelho entre os dedos. — Eu disse a ela que temos um livro e que quero encontrá-la. Estou esperando que ela responda.

— Eu não faço ideia do que você está falando — Izzy confessou.

Lund procurou em um bolso diferente e retirou um livro. Ao ver a capa roxa e verde, Izzy se retraiu, o estômago dando cambalhotas. Ela desviou os olhos.

— Nós temos este livro — ele falou. — Estava no chão, onde o homem deixou cair. Então, eu o peguei enquanto você arrumava suas coisas. Não é o livro que o Azaki estava procurando, mas a Livreira ainda vai ter interesse nele. Vendemos para ela e ficamos ricos.

Izzy tentou dar sentido à explicação dele.

— Espera, o quê? Não estou entendendo. Por que eu ficaria rica?

— Esses livros — Lund começou. — são inestimáveis. As pessoas pagam muita grana por eles. Tipo, quantias ridículas de dinheiro. Por que acha que o Azaki estava procurando? Com um único livro, você está com a vida ganha. É disso que a gente estava atrás. — Lund pensou por um momento, baixando os olhos para o objeto à sua frente. — Ele devia ter outros livros — refletiu. — Um homem daqueles provavelmente tinha mais nos bolsos. Talvez eu devesse ter conferido. Mas a ganância é o que acaba matando as pessoas.

— Sinto muito pelo seu amigo — Izzy disse, lembrando-se de Azaki, percebendo que não havia pensado duas vezes nele desde que havia passado por cima de seu corpo ao sair do apartamento. — Deus do céu, ele ainda tá lá caído no meu apartamento. E se acharem que eu matei ele?

— Não era meu amigo — Lund explicou. — Não exatamente. Mas era um homem legal. Gentil.

— Pode guardar isso aí? — Izzy pediu, indicando o livro com a cabeça. — Tá me dando mal-estar.

Lund devolveu o livro para o bolso e tornou a olhar para o lado de fora, novamente, apenas esperando.

— Então por que eu ficaria rica? — Izzy perguntou mais uma vez.

— O livro — Lund repetiu. — Nós vendemos o livro, você fica com metade da grana.

— Por que eu ficaria com metade da grana?

Lund hesitou, como se ela estivesse sendo tapada de propósito.

— O livro estava no seu apartamento. Foi usado em você. Não é o livro que Azaki estava procurando. Eu só estava no lugar certo e na hora certa para encontrá-lo. É justo que você receba um pouco do dinheiro. Vamos dividir. Metade para mim por colocar você em contato com a Livreira. Metade para você.

— Está dizendo isso tudo como se fosse totalmente razoável — Izzy murmurou. — Por que não só levar o livro e ficar com todo o dinheiro? Não é como se eu fosse capaz de te impedir, né? Você é do tamanho de uma casa.

— Eu disse que cuidaria de você — Lund lembrou, como se isso explicasse tudo. — Já ia dividir o dinheiro com Azaki de qualquer jeito. De quanto dinheiro eu precisaria? Meus gostos não são de alto custo.

— Quanto... — Izzy hesitou. — De quanto dinheiro a gente está falando?

— Dinheiro o bastante para que você não precise mais se preocupar em trabalhar — Lund respondeu. — Pode considerar uma compensação por tudo que aconteceu a você.

Izzy sacudiu a cabeça, incrédula.

— Além disso, tenho outra coisa — Lund falou, puxando um livro diferente. Este era preto, com um desenho complexo de linhas finas e douradas na capa. — Este aqui pertencia ao Azaki — o homem disse. — O Livro da Ilusão. Ele conseguia criar coisas a partir do nada.

Izzy franziu a testa.

— Tipo o distintivo policial que ele me mostrou? Aquilo não era real, era?

— Isso — Lund concordou. — Ele só segurou o livro em uma mão dentro do bolso e imaginou aquilo. Eu o vi criar uma catedral no deserto alguns dias atrás. Um distintivo não era nada para ele.

As sobrancelhas de Izzy se ergueram ceticamente, mas, antes que ela pudesse dizer algo mais, Lund puxou o celular do bolso mais uma vez para ler uma mensagem.

— Hora de encontrar a Livreira e fazer sua fortuna — ele disse. — Ela está na cidade.

AS MEMÓRIAS
DE DRUMMOND FOX (2012)

— **D**e onde veio essa névoa? — Drummond perguntou ao se aproximarem do Parque Washington Square. Estava ciente de que se sentia um pouco embriagado. Mas estava de bom humor: fazia muito tempo que não saía de casa, muito tempo desde a última vez que estivera em Nova York, e muito tempo desde que tivera a companhia de seus amigos.

— Loucura climática — Wagner disse, caminhando ao seu lado. Alguns passos atrás, Lily e Yasmin discutiam algum ponto obscuro da história do Egito, do qual Drummond havia perdido o fio da meada.

Tinha sido uma bela refeição, um evento longo e luxuoso que nenhum deles queria que terminasse. Eles se reuniam tão raramente, mas Drummond se perguntou se os encontros seriam tão bons assim se acontecessem com mais frequência. Será que desfrutariam tanto da companhia uns dos outros caso se encontrassem mais vezes? Ele sabia que eram os pensamentos incertos de um introvertido e os afastou em uma tentativa de vivenciar o presente.

— Qual é o plano para amanhã, cavalheiros? — Yasmin indagou, aparecendo entre Drummond e Wagner, entrelaçando os braços com o deles ao atravessarem a rua.

Eles tinham mais um dia inteiro juntos, e a ideia era trabalhar um pouco, o que quer que aquilo significasse. No passado, haviam discutido o potencial de reunir os livros de todos eles na Biblioteca Fox, criar uma coleção conjunta, talvez em algum local novo. Era algo com que eles flertavam de tempos em tempos, mas Drummond nunca dizia muito nessas conversas, não querendo passar a nenhum dos amigos a impressão de que estava tentando conseguir os livros para si.

— Acho que deveríamos só sair para comer mais — Lily sugeriu. — Conheço todos os lugares bons em Chinatown. Consigo um bom desconto pra gente.

As palavras de Lily fizeram Drummond sorrir. Da maneira que estava se sentindo naquele momento, teria ficado feliz em simplesmente comer, conversar e desfrutar da companhia de seus amigos. Era bom se distrair de suas preocupações, das histórias que estava ouvindo, sobre caçadores de livros se tornarem mais violentos, mais agressivos. Ele se preocupava com o futuro, com seus amigos e com os livros caindo nas mãos erradas. Às vezes, queria apenas se esconder em casa, no meio do nada, fechar as portas e se esquecer do mundo.

— Acho que seria bom tentarmos fazer algo de produtivo — Wagner comentou ao entrarem no parque. — Mas estou pensando em abrir um restaurante quando me aposentar, então essa ideia conta como produtiva para mim.

— Ótimo argumento — Lily concordou, com seriedade.

— Estou ficando velha demais para comer tanto assim — Yasmin reclamou.
— Estou engordando.

— Me poupe — Lily resmungou. — Cabem três de você no meu vestido.

A névoa ficou mais densa no parque, Drummond pensou, como se estivesse vindo dali. A primeira nota de inquietação resvalou seu subconsciente, mas era um pensamento distante, suavizado pelo álcool que havia bebido a noite inteira, e ele se distraiu com a pergunta de Lily:

— Ouviu falar de um livro que foi descoberto no Outback australiano?

— Não — ele respondeu. — Onde? Qual livro?

Lily deu de ombros e então se arrepiou, como se sentisse o frio de repente.

— Achei que era para fazer calor em Nova York nessa época do ano. Devia ter trazido um casaco.

— Quem é aquela? — Yasmin perguntou.

Drummond olhou à frente e viu uma mulher, em pé e imóvel, não muito longe deles. Era uma mulher linda, Drummond via, jovem e esguia, usando um vestido de alças branco que era uma luz brilhante em meio à névoa. A Mulher sorriu quando todos olharam para ela, curvando a cabeça levemente.

— Olá? — Wagner disse, mas Drummond sentiu aquela ânsia ficar mais forte.

Ele sabia, ele já sabia que algo estava errado.

A Mulher não disse nada, mas pareceu a Drummond que a névoa estava ficando mais densa ao redor deles, os engolindo, os separando da cidade no exterior do parque.

— É ela que está fazendo isso? — Yasmin perguntou.

— O quê? — Lily indagou.

— A névoa — Yasmin respondeu. — A Mulher está criando esta névoa?

— Sim — Drummond disse, porque enxergava isso no rosto dela.

— Quem é você? — Yasmin perguntou em voz alta. — E o que você quer?

A Mulher vestida de branco sorriu, e tudo ficou em silêncio por um instante na escuridão nebulosa. Drummond sentiu os próprios batimentos acelerados nos ouvidos.

E, então, uma movimentação súbita e surpreendente.

A Mulher se moveu em um borrão e, em um segundo, estava próxima de Lily, ao lado de Drummond. Antes que a amiga tivesse a chance de reagir, a Mulher havia empurrado um livro em sua mão e Lily desmoronou de imediato, indo ao chão com um gemido visceral.

— Lily! — Drummond arfou, atônito com o som da dor dela.

A Mulher de branco olhou para Drummond, então para Yasmin a seu lado e para Wagner logo além, escolhendo um adversário. Os cantos da boca dela se ergueram, como se estivesse gostando daquilo, e ela deixou a cabeça pender levemente, observando-os de baixo para cima. Atrás dela, no chão, Lily virou o corpo e começou a bater a própria cabeça no asfalto, dando guinadas para cima e atirando a cabeça para baixo violentamente.

— Lily! — Drummond gritou de novo. Sua linda amiga parecia algo saído de um pesadelo, veios de sangue correndo por seu rosto, sua boca com dentes brancos arreganhada de agonia.

Drummond deu um passo para o lado, tentando passar pela Mulher para ajudar Lily. A Mulher o ignorou, Wagner e Yasmin se afastando.

— Quem é você? — Yasmin exigiu saber. — Tem ideia do que está fazendo? Tem ideia de quem nós somos?

Nenhuma resposta. Enquanto Drummond corria até Lily, ele viu Yasmin balançar a cabeça e fechar os olhos. Era como ela usava o Livro da Luz. Um brilho amarelo forte apareceu, emoldurando Yasmin.

— Vou cegar você — ela disse, tanto um aviso para os amigos como também uma promessa para a Mulher. Quando Drummond virou o rosto, a luz surgiu às suas costas, como uma estrela explodindo. Ele se agachou ao lado de Lily, o rosto dela agora ferido e quebrado, o livro agarrado com força em seu peito.

— Deixe-me te ajudar — ele pediu, estendendo a mão para o livro.

Lily rolou para longe, os olhos arregalados, buracos brancos em seu rosto vermelho, sua boca um "oh" chocado de pavor e dor. Ela sacudiu a cabeça em meio à própria agonia.

— Por favor! — Drummond implorou, horrorizado com o sofrimento de sua amiga, desesperado para ajudar.

Lily sacudiu a cabeça mais uma vez, uma mensagem severa: *você não pode me ajudar! O que quer que esteja acontecendo vai acontecer com você também.*

Drummond tomou consciência da luz subitamente enfraquecendo às suas costas e, quando olhou, viu que o espaço onde Yasmin estivera era agora uma nuvem de sombra e névoa densa, como se o tempo tivesse de repente se reunido ao redor dela e estivesse contendo a luz branca e quente.

— Ah, meu Deus — ele murmurou, afastando-se a passos largos.

Um pouco além, Wagner e a Mulher circundavam um ao outro, como se fossem os primeiros passos de alguma dança de salão. Wagner estava temeroso, Drummond enxergava, indiscutivelmente chocado com a rapidez e a facilidade com que a Mulher havia incapacitado suas amigas. A Mulher parecia relaxada, o mesmo sorriso recatado em seus lábios, as mãos unidas atrás das costas.

Drummond estava paralisado, querendo ajudar os amigos, mas não sabendo como. Nenhum deles era um combatente: eram acadêmicos e bibliotecários. Carregavam livros que poderiam ser usados para se defender, caso necessário, não para atacar. Drummond carregava apenas o Livro das Sombras, a habilidade de desaparecer e escapar.

Ele voltou a olhar para Lily. Os gritos da amiga haviam tornado-se lamentos, obscurecidos pelo sangue em sua boca, pelo caos em que ela havia transformado o próprio rosto ao golpeá-lo no chão. Se Lily estava com algum livro, Drummond não sabia onde estava. Yasmin estava perdida na tempestade que a engolia, o Livro da Luz batalhando com a escuridão. Ele conseguia vê-la se mexendo, andando de um lado para o outro e tentando escapar, mas a nuvem se movia junto dela, a envolvendo como uma cobra.

— Eu não sei o que fazer, não sei o que fazer — ele falava sem parar, impotente e aterrorizado. Era uma criança sozinha no quarto, quando os monstros vinham visitar; uma criança sem pai ou mãe para afugentar os monstros.

Os olhos apavorados de Wagner olharam para Drummond de relance. Havia uma mensagem ali, uma intrepidez: *proteja os livros!* E, então, Wagner voltou o olhar para a Mulher. Drummond buscou o Livro das Sombras, pronto para desaparecer em meio à noite. Antes que pudesse fazer qualquer coisa, um grunhido perfurou o ar. Drummond viu Wagner cair de joelhos, agarrando o peito. A Mulher se colocou diretamente à frente do amigo, tendo se movido em um piscar de olhos, uma mão no ombro de Wagner. Ele resmungou mais uma vez e arfou, o rosto agonizado, e desmoronou de lado no chão, o corpo convulsionando algumas vezes, como se estivesse tendo um ataque.

Então, ficou imóvel.

— Não! — Drummond disse, seu estômago saltando. Ele se virou e vomitou, o jantar em processo de digestão esguichando no concreto, o choro de Lily ainda ressoando em seus ouvidos.

Quando Drummond voltou a encarar a Mulher, ela estava em pé à frente de Wagner, como se acompanhasse os últimos resquícios de vida o deixarem. A escuridão recaiu sobre Drummond como uma nuvem, desespero e terror o agarrando, o paralisando.

A Mulher correu os olhos pelo parque, Lily agora inconsciente, mas ainda tremendo, a nuvem turva que engolia a luz de Yasmin. Drummond viu uma expressão cruzar o rosto da Mulher, uma centelha de raiva e ódio, como uma luz desligada e ligada, e o sangue dele pareceu hesitar nas veias por um segundo, o coração perdendo o ritmo e, então, acelerando. Havia visto o mal, ele sabia, um mal absoluto e desumano, vestindo a pele de uma linda mulher.

A tempestade onde Yasmin estava entrou em colapso, de repente, como uma explosão ao contrário, e ouviu-se um grito de agonia, um esmagar de ossos aterrorizante, como um açougueiro atravessando o peito de algum animal com um cutelo, e um som chapinhado de sangue e tecido, e então o grito foi interrompido de repente. A névoa se dissipou, libertando o corpo agredido de Yasmin. Ela caiu ao chão como se fosse líquido dentro de sua pele, todos os seus ossos triturados até virarem pó.

— Não! — Drummond gritou para os céus, incapaz de se conter, vendo o que havia se tornado sua amiga inteligente e engraçada. Aquela mulher, aquela encarnação do mal, a transformara em carne, havia tirado de Yasmin tudo que fazia dela uma pessoa brilhante. Os olhos de Drummond se encheram de lágrimas, o estômago dando cambalhotas, as entranhas tremendo de medo. Ele enfiou um punho na boca e o mordeu, tentando silenciar o grito que crescia em seu peito.

A Mulher foi até o caos de pele e cartilagem que fora Yasmin e se estendeu para pegar o Livro da Luz. Ela o inspecionou por um instante, então virou-se e olhou para Drummond.

— Drummond Fox — ela disse, a voz baixa e rouca. Era quase um sussurro, quase um flerte.

Drummond queria gritar. Queria correr. Queria ficar completamente imóvel e esperar que a Mulher não o visse, muito embora ela já estivesse olhando diretamente para ele. Em seu bolso, um dedo trêmulo procurava desesperadamente por uma página do Livro das Sombras.

— Entregue a Biblioteca Fox para mim — a Mulher ordenou, andando casualmente até onde Lily estava deitada no próprio sangue. Ela olhou para a amiga de Drummond por um momento e, então, deu um pulo e caiu pesadamente na barriga de Lily com os dois pés. Ar e sangue explodiram da boca de Lily.

— Pare com isso! — Drummond gritou por reflexo, encolhendo-se para longe, horrorizado. — Porra!

187

A Mulher olhou para ele por cima do ombro, ainda em pé no estômago de Lily.

— Entregue a Biblioteca Fox para mim — ela tornou a dizer, um tom de voz que sugeria que estava perdendo a paciência.

Drummond sacudiu a cabeça, os olhos correndo para o corpo caído de Wagner, para a massa disforme que havia sido Yasmin, para a silhueta ensanguentada e quebrada de Lily. Aqueles haviam sido seus amigos, as pessoas que ele havia amado. Pessoas que nunca haviam machucado alguém em suas vidas. Pessoas que eram fantásticas, divertidas e vivas, *tão* vivas, e agora não mais: eram um ponto-final, encerrando um belo poema.

Ele se afastou, odiando abandonar seus amigos, mas sabendo que desejariam que ele sobrevivesse, que mantivesse os livros longe daquela mulher. Em seu bolso, seus dedos finalmente encontraram uma página do Livro das Sombras. À sua frente, a Mulher desceu do corpo de Lily e limpou os sapatos no concreto. Então, virou-se para encará-lo.

— Entregue seus livros para mim! — ela berrou, o rosto repentinamente tornando-se uma máscara contorcida de fúria.

Drummond arrancou o canto da página e desapareceu em meio às Sombras no mesmo momento em que a Mulher se moveu em um borrão até o ponto em que ele estivera instantes antes.

Enquanto saía às pressas do parque e chegava à rua, ele a viu olhando ao seu redor, procurando por ele.

Ele fugiu, correndo das imagens que iriam assombrá-lo para sempre, chorando nas Sombras por seus amigos e pelas coisas medonhas que a Mulher havia feito a eles.

A LIVREIRA (1)

Encontraram a Livreira no bar do átrio do Ace Hotel, saindo da Broadway na rua 29 Oeste. Izzy já tinha ido lá uma vez, em um encontro duplo, pouco tempo depois de se mudar para Nova York, e o lugar não tinha mudado desde então. Era um espaço amplo, como se já tivesse sido um banco, com pilares brancos e largos dividindo-o e sustentando o teto acima. Painéis de madeira cobriam as paredes, e a sala era iluminada por abajures de mesa e lâmpadas dependuradas muito acima das cabeças de todos. Quando Lund e Izzy entraram, era o início da tarde, e havia um burburinho baixo e confortável de pessoas passando o tempo e colocando a conversa em dia. Izzy esperou ao lado de Lund enquanto o homem vasculhava o lugar com os olhos, antes de identificar uma figura sentada no canto oposto.

— Espere aqui — ele pediu.

— Não — Izzy respondeu.

Lund olhou para ela, a avaliando, e não discutiu. Partiu na direção de uma mulher sentada sozinha em uma extremidade de um sofá de couro. Ela ergueu os olhos quando eles se aproximaram, e Izzy viu que era muito bonita. Era negra, com olhos grandes e maçãs do rosto marcadas. Ela era careca, e brincos grandes e coloridos pendiam de suas orelhas. Estava vestida em um terno cinza luxuoso, com uma blusa carmesim com botões abertos o bastante para revelar um decote, e tinha óculos presos em uma corrente em torno do pescoço. Estava sentada com as pernas cruzadas, e Izzy pôde ver sapatos de salto caros nos pés dela, de uma cor parecida com a da blusa. Havia um drinque na mesa à sua frente.

A mulher os observou por um momento.

— Pois não?

— Azaki se foi — Lund informou, simplesmente.

A mulher assimilou a resposta, contraindo os lábios levemente.

— E você é...?

— Lund — ele disse. — Eu estava com ele. — Ele jogou o celular de Azaki no sofá ao lado dela, e os olhos da mulher moveram-se para o aparelho.

— O guarda-costas — a mulher constatou.

— Um homem careca o matou com um tiro.

— Um homem careca — Lottie repetiu.

— Tentou atirar em mim também — Lund continuou, apontando o ferimento na lateral da cabeça. — Mas errou. Difícil de acreditar, já que eu sou muito maior do que Azaki.

— Doutor Barbary — Izzy disse. — Era esse o nome dele. Hugo Barbary.

A mulher suspirou, então indicou os assentos à sua frente com um gesto. Izzy e Lund se sentaram.

— Você deve ser Izzy — a mulher presumiu. Ela olhou de relance para Lund, que assentiu em resposta.

— Sim — Izzy confirmou, hesitante. — Como você sabe?

— Você é uma linda mulher, Izzy — a Livreira disse, ignorando a pergunta. — Devem lhe dizer isso o tempo todo.

— Não o suficiente — Izzy respondeu. Ela balançou a mão sobre a própria cabeça, olhando para o escalpo da Livreira. — Gostei da careca. Eu nunca conseguiria ficar bem com um visual assim.

A Livreira sorriu em resposta.

— Ah, eu gosto de você — ela afirmou. — O que é bom, porque prometi a alguém que te manteria em segurança.

— Quem? — Izzy perguntou. — Para quem prometeu isso?

— Não importa — a mulher disse. — Por ora. Não vai ser preciso esperar muito.

— Importa, sim — Izzy discordou. — Quero saber o que está acontecendo.

— Tudo o que importa é que você estará segura. Foi o que eu pedi que Azaki fizesse e é por isso, presumo, que o sr. Lund lhe trouxe até mim.

Izzy olhou para Lund interrogativamente.

— Não é o único motivo de estarmos nos encontrando — Lund informou à Livreira.

Ele sacou o Livro da Dor do bolso e o deslizou pela mesa na direção dela.

— Hmmm — a Livreira murmurou. Ela ergueu os óculos e os colocou no rosto. — Este não é o Livro das Portas.

— Dor — Lund anunciou, com simplicidade, e os olhos da mulher se ergueram, surpresos.

— Fascinante — ela disse. — Ouvi rumores sobre ele e Hugo Barbary.

Lund não fez nenhum comentário. Izzy observou a mulher virar o livro nas mãos e, então, abri-lo.

Ela olhou para Lund.

— Você o tomou de Hugo Barbary então?

— Isso importa? — Lund perguntou.

— Geralmente, sim, mas, para irritar Hugo, abrirei uma exceção.

— Consegue vendê-lo?

— É claro — a Livreira respondeu. — Sempre. Mesmo com o mundo indo ladeira abaixo, as pessoas ainda vão querer comprar livros especiais. É isso que você quer?

— Sim. Pode comprar de nós, nos dar o dinheiro, depois vender. — Lund disse.

— Não — a Livreira rebateu, empurrando o livro de volta na mesa. — Não é assim que funciona. Eu não me approprio do livro. Ajo em seu nome. Vendo-o por você. Precisa esperar pelo dinheiro.

Lund olhou de relance para Izzy, depois voltou os olhos para a mulher.

— Ela vai ficar segura — a Livreira disse. — Se é por isso que está tão interessado no dinheiro.

— Como funciona? — Lund perguntou.

— Faremos um leilão — a mulher explicou. — Caçadores de livros do mundo todo serão convidados. Será um evento e tanto. Já tenho um local e preparativos organizados. Estava esperando leiloar o Livro das Portas, mas certamente conseguiremos vender este também.

— Quando?

— À meia-noite, hoje.

— Tão rápido assim? — Lund se espantou.

— As pessoas arrumam tempo para os meus leilões — a Livreira falou. — São eventos raros, sr. Lund, mas de alto valor. As pessoas virão. Ninguém está a mais do que doze horas de distância, e podem enviar um representante se não puderem vir pessoalmente. E, confie em mim, quanto mais cedo vendê-lo, melhor para você, para todos nós. Estar com um desses livros só serve para atrair atenção.

— Quanto? — Lund quis saber.

— As coisas são direto ao ponto com você, não é? Bom, obviamente, não posso antecipar o resultado do leilão, mas um livro desse tipo... — Ela balançou a cabeça para a frente e para trás. — Vinte, vinte e cinco, facilmente.

Lund assentiu.

— Vinte o quê? — Izzy perguntou.

— Milhões — a Livreira disse.

Izzy sentiu seu sangue drenar até os pés, e o mundo saiu do eixo por alguns segundos. Ela estendeu a mão para se estabilizar na lateral da cadeira.

— Minha taxa é de quarenta por cento. Normalmente, eu aceitaria trinta, mas Hugo Barbary torna o caso mais perigoso. Aceitável?

Lund deu de ombros.

— Que seja.

Ela se pôs de pé, então, e alisou as roupas.

— É uma pena, a questão do sr. Azaki — ela disse a Lund. Ergueu seu drinque e o bebeu de uma só vez. — Eu gostava muito dele.

Lund assentiu, concordando.

— Mas o mundo segue em frente, e são tempos conturbados que vivemos. Devemos nos adaptar e perseverar. E é muito mais fácil fazer isso quando se tem uma montanha de dinheiro, pode acreditar.

— Eu acredito — Izzy disse.

— Agora, vocês dois virão comigo — a Livreira instruiu.

— O quê? — Izzy perguntou.

— Não é nada de assustador. Mas, se estou me propondo aos gastos consideráveis de organizar um leilão, quero que a mercadoria esteja em segurança. Se quiserem que eu venda este livro, ficarão ao meu lado pelas próximas vinte e quatro horas. Nenhum contato com o mundo exterior, nada de mensagens secretas para proponentes potenciais. Nada disso. Não é nada pessoal em relação a vocês, espero que compreendam. Sou uma mulher cautelosa.

Lund olhou para Izzy, uma pergunta em seu rosto.

— Eu não sei — ela falou. Então, olhou para a Livreira. — Mas eu acho que gosto dela. Gosto muito mais do que do homem careca. Tudo bem por mim ir com ela, se significar que estaremos seguros.

— Estarão na maior segurança possível — a Livreira alegou. — Vamos lá.

Juntos, eles saíram do hotel e entraram em um carro que estava aguardando.

ILHADA

Cassie ofegou de pavor e caiu da cadeira em que estava no chão do Parque Bryant. Um jovem casal que passava por ali se virou na direção dela, mas Drummond ofereceu a eles um sorriso que era tanto tranquilizador como pesaroso.

— Ela está bem, só com um pouco de tontura.

Ele a ajudou a sentar novamente em sua cadeira, e o casal seguiu seu caminho.

— Entende agora? — Drummond perguntou. — Entende por que não podemos deixar que ela o pegue?

— Pobre daquela mulher, Lily... O que ela fez com ela?

— Eu não sei — Drummond admitiu. — Mas, se tivesse que adivinhar, diria que foi o Livro do Desespero.

— Livro do Desespero — Cassie repetiu.

Drummond assentiu.

— Era propriedade de uma família em São Petersburgo, na Rússia. Ironicamente, o mantinham em uma igreja, talvez porque igrejas são lugares onde as pessoas vão quando estão desesperadas. Mas tínhamos ouvido histórias, antes daquela noite, antes de ela nos atacar... ouvimos dizer que a família havia desaparecido e que ninguém sabia o que tinha acontecido com o livro. Eu não sabia se acreditava nessas histórias ou não, sempre havia rumores de livros sumindo, livros sendo encontrados. Mas a Mulher o pegou, e matou a família. Não sei disso com toda a certeza. Mas sinto que sim.

Cassie sacudiu a cabeça.

— Lily era uma mulher tão inteligente, tão vivaz — Drummond disse. — Ela amava comer, amava mostrar Hong Kong, sua ilha, às pessoas. Quando ria, ria com o corpo inteiro. — Ele balançou a cabeça devagar. — Fazer aquilo com ela, fazê-la se desesperar a ponto de querer acabar com a própria vida do jeito mais horrível...

— Ela te salvou — Cassie falou, com segurança. — Ela sabia que, se você tentasse ajudá-la, também seria afetado pelo livro.

Drummond hesitou, incerto. Cassie viu que ele queria que isso fosse verdade, que era assim que ele queria se lembrar de Lily.

— Eu acredito nisso, Drummond — ela afirmou. — Acredito que ela salvou você. Pude sentir toda a sua culpa por não ter feito mais.

Ele desviou os olhos, fixando-os no chão, como se estivesse envergonhado por tanto de seus pensamentos internos terem sido revelados junto de suas lembranças.

Cassie tocou o ombro dele com a mão.

— Não precisa se sentir culpado. Lily não queria que você morresse como ela morreu. Não a conheci, mas eu sei disso. Eu *vi* isso.

Drummond assentiu, aceitando as palavras.

— Obrigado — ele disse em voz baixa, evitando o olhar dela.

Uma súbita onda de emoções, terror e repulsa, inundou Cassie, com as memórias abrindo caminho à força até a superfície de sua mente, a imagem do mal cruzando o rosto da Mulher enquanto Drummond observava, o som brutal de ossos triturados antes dos resquícios sangrentos de Yasmin caírem no chão frio. Cassie deixou a cabeça cair entre os joelhos.

— Foi tão horrível — ela murmurou. — Eu queria não ter visto...

— Lamento — Drummond disse. — Carrego essas memórias comigo. Sei como são horríveis. Eu *vivi* elas. Mas agora você sabe por que quero proteger a Biblioteca dela, por que o Livro das Portas nunca pode chegar até ela.

— Mas por que destruí-lo? — Cassie perguntou, erguendo os olhos para ele. — É a única maneira?

Ela conseguia entender que a pergunta o atormentava, como se tivesse dado voz a uma questão que estava na mente do homem.

— O que vai acontecer se aquela mulher chegar à Biblioteca Fox, se ela conseguir todos os livros?

Cassie sacudiu a cabeça, os olhos fixos no chão.

— É o que ela quer — Drummond continuou. — É o que ela busca, desde aquela época. Agora, ela estará mais forte. Dez anos se passaram. E ela continua procurando, continua reunindo livros.

Cassie olhou para ele.

— Eu ouvi as histórias — ele disse. — Ainda falo com pessoas do mundo dos livros de tempos em tempos. Sistematicamente, ela tem perseguido caçadores de livros e outros colecionadores, tomando os livros deles. Todos que a encontram e saem vivos, e não são muitos, dizem a mesma coisa. Ela pergunta

194

onde eu estou. E pergunta da Biblioteca Fox. Todos sabem que ela quer todos os livros, mas ninguém sabe o motivo. Ninguém sabe quem ela é ou de onde veio. E ninguém sabe o que ela vai fazer quando estiver com todos.

— Por que não a impede então? — Cassie perguntou. — Em vez de destruir meu livro, destrua essa mulher! Use os livros que tem contra ela, em vez de escondê-los!

Drummond retraiu-se, como se tivesse levado uma ferroada. Ele abriu a boca, tentando elaborar uma resposta, e tornou a fechá-la.

— Eu... — ele tentou — ... eu não sou um combatente, Cassie. Eu fico sentado em lugares quietos e estudo livros. O que sou eu para ela? Você a viu. Ela é letal.

Cassie sacudiu a cabeça, discordando da avaliação.

— Você enfrentou aquele homem, Barbary, lá na lanchonete. Você defendeu Izzy e a mim...

— Eu só fiz o que tinha que fazer... para escapar, para proteger você e Izzy e para manter o livro a salvo dele.

— Não é diferente — Cassie disse. — Precisamos enfrentar a Mulher e manter os livros a salvo dela.

Drummond soltou uma risada no ar, discordando.

— *É* diferente. Hugo Barbary é apenas um homem, e ele me deixa aterrorizado. Mas a Mulher... a Mulher é pior. Você viu.

Cassie lutou com a ideia, sabendo que ele tinha razão, mas sabendo também que não poderia deixar o Livro das Portas ser destruído. Ela precisava pensar. Precisava decidir o que fazer. Se colocou em pé.

— Precisamos voltar. Voltar para a nossa época — ela afirmou.

Drummond ergueu os olhos para ela, desapontado.

— Eu só quero ver minha amiga, Drummond — Cassie falou. — Preciso espairecer. Não... Não consigo lidar com isso agora. Quero ter certeza de que ela está bem.

— Certo — ele concordou. — Certo.

— Você perdeu seus amigos, e eu sinto muito, muito por isso — Cassie falou, a voz ficando mais suave. — Mas Izzy ainda está viva. Depois do que acabei de ver, só quero saber como ela está.

Drummond assentiu.

— Eu entendo — ele disse. — Vamos confirmar que ela está segura.

Os dois saíram do Parque Bryant em silêncio, seguindo para o leste ao longo da rua 42, esbarrando e sendo empurrados pelas multidões da hora do almoço. A cidade cheirava a metal e concreto quentes, e o ar estava denso e sujo. Encontraram um estacionamento subterrâneo e desceram a rampa até onde o ar estava mais fresco, buscando uma porta afastada. Cassie pensou que estava ficando boa em encontrar o tipo certo de portas, os lugares calmos, para onde ninguém olhava ou sequer notava existir. Esses lugares eram feitos para o Livro das Portas. Ela encontrou uma entrada para uma escadaria interna de uma saída de emergência.

— Essa serve — ela disse.

— Deixe a porta aberta — Drummond falou. — Só para caso de ter alguém lá. Precisamos de uma rota de fuga.

Cassie assentiu e abriu a porta, revelando o corredor de seu apartamento.

— O que é aquilo? — ela perguntou, examinando o chão próximo da porta da frente. — É sangue?

Os dois deram alguns passos e observaram as poças vermelhas pegajosas marcando a madeira. O coração de Cassie disparou de pânico.

— É — Drummond afirmou, a voz inexpressiva. — Sangue.

— Izzy! — Cassie arquejou. Ela disparou por Drummond e entrou na sala de estar. Tudo parecia normal à primeira vista, mas, conforme os olhos de Cassie corriam pelo lugar, ela localizou coisas que não estavam certas. Viu uma desordem, o móvel da TV desmontado e quebrado. Achou ter sentido cheiro de urina no ar.

— Ah, meu Deus! — ela murmurou, dando voltas no mesmo lugar, as mãos erguidas.

Cassie viu móveis e pertences tombados, uma mancha nas almofadas do sofá, o homem escondido atrás da porta, avançando na direção dela.

— Merda! — Cassie gritou quando Hugo Barbary se lançou para cima dela, seu rosto contorcido de raiva e escárnio.

— O quê? — Drummond gritou do corredor, a voz surpresa.

Mas Cassie não conseguia responder, porque a mão enorme de Hugo Barbary estava em torno de seu pescoço, expulsando sua respiração e seus pensamentos racionais. Ela bateu naquela mão inutilmente. Cassie não era pequena, mas era muito menor do que Hugo Barbary, e o braço do homem era grosso e sólido, como o tronco de uma árvore. Ele a puxou para mais perto, e Cassie viu que um dos lados do rosto do homem parecia inchado e vermelho.

— Vou ficar com isto — ele murmurou, perto do ouvido dela, e sua mão livre mergulhou no bolso de Cassie e retirou o Livro das Portas.

Cassie deu tapas com mais força no braço dele, mas seu cérebro gritava que ela não conseguia respirar, que o livro não era tão importante assim, na verdade.

— Agradeço muitíssimo — Hugo disse no instante em que Drummond apareceu na porta.

— O qu... — ele começou. — Ah, merda.

— Sr. Fox. — Hugo se empertigou, dando alguns passos para longe da porta. — Como é bom vê-lo novamente. Estou com sua amiga e com o livro dela.

Para Cassie, ainda presa no aperto de Hugo, ainda com dificuldades para respirar, as palavras do homem começaram a soar quase surreais, como se estivessem sendo ouvidas por outra pessoa.

— O que vai fazer, Bibliotecário? — Hugo perguntou. — Vai entrar nas Sombras e fugir de novo, como da última vez?

Drummond vacilou, os olhos indo de Cassie para Hugo, a indecisão em forma humana.

— Covarde — Hugo cuspiu.

E então Cassie o chutou entre as pernas, com toda a força que conseguia, esperando que fosse o bastante.

O homem arfou, grunhiu e a soltou, o rosto ficando vermelho, enquanto Cassie cambaleava para longe.

Ela recuou para perto de Drummond, e os dois retrocederam, saindo da sala e voltando para o corredor, enquanto Hugo se recompunha e forçava-se a avançar, os olhos fixos neles.

— Já tive o bastante de dor para um dia! — ele murmurou.

— Venha. — Drummond apressou Cassie, como se soubesse o que Hugo poderia fazer.

— O que fez com Izzy? — Cassie exigiu saber, a voz um sussurro rouco. — Onde está minha amiga?

Os dois estavam seguindo na direção da porta do quarto de Cassie, ainda a porta para o passado, a rota de fuga deles. Hugo viu o que estava além da porta ao se aproximar, os olhos se iluminando.

— Esplêndido — ele comemorou. Então, olhou para Cassie. — Talvez eu tenha matado sua amiga, porque ela me irritou.

— Não — Cassie grunhiu, recusando-se a acreditar. Acreditar no que ele dizia seria o fim dela, ela sabia; ela se despedaçaria feito um cristal que caiu no chão.

— Ele está mentindo — Drummond disse.

— Estou, é? — Hugo contrapôs. — Por que eu faria isso?

— É quem você é — Drummond respondeu.

— Enfim, isso está cansativo.

Cassie olhou para baixo e viu Hugo guardar o Livro das Portas em seu bolso e retirar de lá outro livro.

— Com você, eu ainda tenho negócios a tratar — Hugo disse a Drummond.

Então, olhou para Cassie, no momento em que o livro em sua mão ganhou vida, vertendo centelhas de roxo e vermelho no corredor lúgubre.

— De você, já chega para mim.

Cassie sentiu seu corpo ser erguido com um solavanco e lançado para trás, e tombou através da porta de seu quarto, para o passado. Ela ouviu Drummond gritando "não!" e sentiu concreto áspero ao rolar pelo chão no estacionamento.

Ela aterrissou desajeitadamente, um emaranhado de pernas sob seu corpo, e Barbary passou pela porta também. Ele olhou ao redor, satisfeito com o fato de que Cassie estava agora em um lugar diferente, e sorriu para ela.

— Adeus — ele disse, com simplicidade, enquanto Cassie apressava-se para se colocar de pé, movendo-se lentamente.

Barbary fechou a porta, o estrondo ecoando pelo estacionamento como um trovão, e então Cassie estava sozinha, no passado, e sem o Livro das Portas.

Parte Três:

ECOS NO PASSADO

SOZINHA NO PASSADO

Cassie estava sozinha em meio ao barulho e às luzes, uma figura solitária entre os turistas e o trânsito na cidade de Nova York.

Ela estava sentada no topo das escadas vermelhas da TKTS, no coração da Times Square, suando no entardecer quente, seu sobretudo dobrado no colo, o chapéu e o cachecol enfiados nos bolsos. De todas as direções, luzes elétricas gritavam na direção dela, forçavam sua mente a se encolher, tentando se proteger, fazendo Cassie querer fugir para algum lugar escuro e silencioso. Mas ela não conseguia pensar em nenhum outro lugar para onde ir. Estava presa no passado, sem dinheiro, sem amigos, sem nenhuma maneira de ir para casa. A Times Square ficava iluminada a noite toda, e sempre havia turistas ali. Era seguro, pelo menos. Barulhento, luminoso e inquietante, mas seguro.

— Por que alguém ia querer ir para a Times Square? — ela disse para si mesma, lembrando-se de algo que Izzy havia dito uma vida atrás, antes de o mundo ficar louco. — As únicas pessoas que ligam para a Times Square são turistas e terroristas.

As lágrimas vieram novamente, silenciosas e derrotadas, surgindo em seus olhos, e as luzes da cidade de Nova York ficaram borradas em sua visão.

— Ah, meu Deus — ela lamentou sozinha.

Cassie tinha passado por momentos difíceis na vida. A doença de seu avô e a morte dele, e as semanas sombrias que se seguiram, quando ela havia estado realmente sozinha no mundo pela primeira vez. Mas, mesmo naqueles dias, Cassie nunca tinha se sentido tão sozinha quanto agora, tão impotente.

— O que eu vou fazer? — ela indagou a si mesma, enxugando as lágrimas com a manga de seu velho suéter.

Depois de a porta de seu quarto ter se fechado com um estrondo à sua frente, Cassie tinha esperado por um tempo no estacionamento, esperando que ela fosse se abrir de novo, esperando que Drummond viesse atrás dela.

Mas, à medida que minutos, depois horas, passaram-se, sua esperança havia esmaecido. Ela nem sabia se Drummond era capaz de usar o Livro das Portas. Talvez ninguém além dela mesma conseguisse.

Naquele momento, estava anestesiada demais para entrar em pânico imediato. Com sua esperança extinta, Cassie havia saído do estacionamento, voltando para a tarde quente de Nova York. Havia andado sem rumo por um tempo, a mente estranhamente quieta, como se tivesse simplesmente dado o dia por encerrado. Fustigada por ruas, pessoas e trânsito, viu-se, por fim, em um banco no Central Park, observando pessoas passeando com cachorros e correndo, e tentou pensar racionalmente em seu problema, descobrir que a solução óbvia estava a poucos passos lógicos de distância.

Mas não havia solução alguma. Ela não tinha dinheiro. Estava sozinha. Quaisquer documentos de identidade que estivesse carregando eram datados do futuro e provavelmente seriam inúteis no passado.

O pânico, então, brotou como uma enchente se elevando velozmente, ameaçando afogá-la. Ela havia agarrado o braço do banco, tentando estabilizar a si mesma, hiperventilando enquanto, a sua volta, Nova York seguia em frente e a ignorava enfaticamente.

Estava sozinha. Mais do que nunca.

Agora, muitas horas depois, com as luzes da Times Square tentando afugentar a escuridão que se aproximava, a mente de Cassie emergiu do buraco onde tinha se escondido e tentava ajudá-la.

— Pense nas questões positivas — ela pediu a si mesma, enquanto um jovem casal asiático posava para fotos à sua frente. Ela os viu perguntando-se se deveriam pedir que ela tirasse uma foto, mas depois de uma olhada em seu rosto molhado de lágrimas, foram até um homem de meia-idade que estava a alguns passos mais longe.

— Está quente — ela disse a si mesma, balançando a cabeça. — É verão. Você não vai congelar até a morte.

Ela deu alguns tapinhas no casaco em seu colo. Se fosse necessário, ela poderia ficar na escadaria a noite toda. Estaria segura e aquecida.

— Você não está em perigo imediato.

Cassie balançou a cabeça novamente, tentando enfatizar os lados positivos para si mesma.

— Ótimo. Então você não vai morrer imediatamente.

Era isso. Era tudo que ela tinha.

Cassie ficou sentada na escadaria a noite toda, sentindo um medo estranho de se mexer, como se um movimento fosse tornar tudo realidade, como se significasse que ela precisaria lidar com aquilo. A cidade realmente nunca dormia, com certeza não na Times Square. As luzes piscavam e zumbiam, e sempre havia táxis fluindo, sempre havia turistas, embora o número deles diminuísse nas primeiras horas da manhã. Então, tudo começou a ganhar vida novamente, o trânsito aumentou, os barulhos ficaram mais altos, e Cassie percebeu que tinha cochilado sentada. De repente, estava acordada de novo, em pânico, piscando, tentando lembrar por que estava na Times Square, sozinha.

Então, ela viu um anúncio de um filme que havia saído há dez anos, e tudo recaiu esmagadoramente sobre ela, o pânico, o medo, e ela precisou se levantar, precisou se mover, só para impedir que o desespero a engolisse novamente.

Cassie precisava usar o banheiro, e sua boca estava seca, então desceu a Sétima Avenida até a Estação Penn, deixando-se ser empurrada pela maré de passageiros a caminho ou voltando do trabalho. Dentro da estação, ela usou o banheiro, tentando ao máximo ignorar as conversas gritadas e agressivas que pareciam ecoar a seu redor, e apressando-se a sair dali assim que terminou, antes que alguém tentasse falar com ela. Encontrando o bebedouro, ela bebeu até estar saciada, lavando da boca o gosto do ar da cidade.

Ela perambulou pelos corredores da estação, sentindo o cheiro de pão e de cachorro-quente, ainda não sentindo fome, mas sabendo que ela estava a caminho. Sabendo que precisava fazer alguma coisa se quisesse sobreviver.

Cassie viu uma mulher desabrigada, uma sacola de plástico lotada em cada mão e muitas camadas de roupas cobrindo o corpo, e enxergou seu próprio futuro. Viu a si mesma tornando-se anônima e esquecida, uma das pessoas escondidas sob a superfície de Nova York, uma reclusa que contava histórias dizendo que vinha do futuro.

De repente, a Estação Penn era um lugar sufocante, uma armadilha de onde ela não conseguia escapar, e o pânico a fez sair correndo até o ar quente da manhã. Ela voltou a caminhar no sentido norte, porque o pânico em sua mente parecia diminuir quando andava, e ela se viu de volta no Parque Bryant, onde ela e Drummond haviam se sentado no dia anterior para observar o Drummond mais jovem e seus amigos.

Cassie se sentou a uma mesa e tentou relaxar. Tudo o que queria era uma cama. Seu apartamento. E Izzy.

— Ah, não, Izzy — ela disse, lembrando-se do que Hugo Barbary havia dito a ela, antes de empurrá-la pela porta: *Talvez eu tenha matado sua amiga, porque ela me irritou.*

Cassie deixou a cabeça cair nas mãos.

E se fosse verdade?

E se aquele homem *realmente* tivesse matado Izzy?

As entranhas de Cassie eram um mar revolto, agitado e tempestuoso, todo o seu ser mergulhado em caos, como nunca havia sentido antes. O mundo se tornou um borrão ao seu redor mais uma vez quando lágrimas emergiram. Ela tentou enxugá-las, mas elas não paravam de surgir, soluçando enquanto enxugava e enxugava, até que seu rosto estivesse esfolado. Mas as lágrimas ainda estavam lá. As lágrimas eram infinitas.

Quando estava esgotada, quando era uma carapaça exausta, destituída de qualquer esperança, Cassie se perguntou quem poderia ajudá-la. Ela não conseguiria sobreviver sozinha. Pensou em quem conhecia no passado.

Seu avô: a um continente de distância e, mesmo que conseguisse chegar a ele, será que ele a ajudaria? O que ele poderia fazer? Ele tinha sua própria Cassie para cuidar.

Izzy estaria em algum lugar de Nova York, mas Cassie não sabia onde. E a Izzy de dez anos atrás não conhecia Cassie. Por que a ajudaria?

Então, ela pensou em Drummond Fox. Tinha esperado que o Drummond Fox do futuro voltasse para resgatá-la, mas, com certeza, ele já teria chegado a essa altura. Ele sabia onde ela estava. Cassie não podia contar com ele.

Mas e o Drummond Fox do passado? O Drummond Fox de dez anos atrás?

Pareceu a ela uma ideia, uma oportunidade. Pela primeira vez, desde que a porta de seu quarto havia sido fechada diante dela, pareceu um caminho possível a se seguir.

Cassie se ergueu e deixou que os pés a carregassem ao redor do Parque Bryant, olhando para o chão enquanto cultivava a ideia, cultivava sua esperança, como se fosse uma planta frágil.

Se conseguisse encontrar Drummond Fox, ela poderia contar a ele a respeito do Livro das Portas e de tudo que aconteceria no futuro... Ele acreditaria nela, com certeza.

Cassie sentiu um arroubo súbito de adrenalina ao se dar conta de que o Drummond Fox do passado estava na cidade... Ela e o *seu* Drummond o tinham visto no dia anterior, no Parque Bryant...

E então a esperança dela se jogou de um penhasco quando Cassie percebeu que Drummond Fox se fora. Na noite anterior, ele tinha visto seus amigos serem mortos pela Mulher — Cassie tinha visto com os próprios olhos, tinha *estado* lá, nas lembranças de Drummond. Ele havia fugido da mulher e do massacre de seus amigos. Drummond Fox havia dado início a seus dez anos de fuga e esconderijos nas Sombras. Ela não tinha nenhum meio de saber onde ele estaria até que dez anos se passassem, quando ela e Izzy o veriam no bar do terraço do Library Hotel.

— Não — ela disse para si mesma conforme tais verdades se manifestavam. Ela parou de andar, forçando outras pessoas a desviar. Cassie não ouviu as palavras irritadas; não viu os olhares incomodados lançados em sua direção. Estava perdida em pensamentos.

Drummond Fox não podia ajudá-la.

Ela esperou que sua mente respondesse, criasse uma alternativa.

Se não conseguisse encontrar Drummond Fox, e se não havia mais ninguém no passado que podia ajudá-la, ela precisava ajudar a si mesma. E só havia uma maneira com que ela voltaria ao próprio presente.

— Eu preciso encontrar o Livro das Portas — ela constatou, a voz baixa, percebendo que aquela era a resposta na qual deveria ter pensado há doze horas.

Mas onde começar? Onde encontrar um livro daqueles?

A resposta era simples: começaria com o homem que tinha dado o livro a ela.

Ela precisava encontrar o sr. Webber.

Do lado de fora do prédio do sr. Webber, Cassie esperou por ele. Já era o fim da tarde quando ele apareceu, e à primeira vista Cassie não percebeu que era ele. Aquele era um sr. Webber de cabelo mais escuro e menos anos nas costas.

Ela o alcançou antes de ele chegar à esquina.

— Sr. Webber!

O homem parou e olhou para ela. Cassie viu um sorriso educado, curiosidade e cautela em sua expressão.

— Sr. Webber, é tão bom ver você — ela matraqueou, as emoções transbordando de repente. — Não faz ideia. Por favor, preciso da sua ajuda. — As palavras eram uma torrente; doze horas de medo, ansiedade e pânico despejando dela, porque estava vendo um rosto que conhecia, mesmo que aquele rosto não a conhecesse. — Sinto muito, sei que o senhor não sabe quem eu sou, mas eu preciso de ajuda, e você é a única pessoa que eu conheço.

A testa do sr. Webber se enrugou, os olhos correndo pelo rosto de Cassie de cima a baixo, como se estivesse tentando se lembrar dela.

— Eu preciso do Livro das Portas. Você o deu para mim no futuro, não sei por quê, mas deu. Mas eu fiquei presa aqui no passado e preciso dele para voltar para casa, e não consigo pensar em mais ninguém para me ajudar, ah, Deus... — Ela levou uma mão à cabeça. Seu cérebro disse a ela que estava divagando. Disse a ela que pensasse em como deveria estar parecendo para um homem que não sabia quem ela era. Cassie forçou-se a respirar, a se acalmar. — Eu sei que isso parece loucura. Sei como isso tudo deve estar soando.

— Você precisa de ajuda? — o sr. Webber perguntou, assentindo com gentileza.

— Sim! — Cassie disse. — Sim! Preciso de ajuda, por favor... O Livro das Portas. Eu preciso usá-lo, só uma vez.

O sr. Webber acenou mais uma vez com a cabeça, devagar. Ele lançou um olhar para o lado, para a agitação e o barulho da Segunda Avenida.

— Receio não saber o que é isso. Mas parece que uma refeição quentinha e uma bebida te cairiam bem, não é?

Cassie hesitou, incerta de onde essa virada na conversa conduziria.

Ela observou o sr. Webber tirar algumas notas do bolso e passá-las para ela, apertando-as na palma de sua mão.

— Compre um pouco de comida e algo para beber. Tem um abrigo de mulheres em Midtown, eu acho. Vão te ajudar por lá. Sinto muito, mas não posso fazer mais nada.

Cassie assistiu ao sr. Webber se afastar às pressas, lançar um olhar preocupado por cima do ombro, conferindo se a mulher maluca o estava seguindo ou não.

Ela ficou parada em completo silêncio por alguns minutos, as notas de dinheiro apertadas na mão, a cidade indiferente revolvendo-se ao seu redor.

A FANTÁSTICA HISTÓRIA
DE CASSIE ANDREWS

Cassie fez a única coisa em que conseguiu pensar: foi a um lugar familiar, algum lugar onde pudesse raciocinar. Foi à Livraria Kellner. Depois das ruas quentes e grudentas da cidade, passar pela porta da livraria foi um alívio. O lugar estava a mesma coisa, mesmo que os livros fossem diferentes e ela não reconhecesse nenhum dos funcionários. Era um lugar seguro, reconfortante. Cassie encontrou a velha poltrona nos fundos da loja e se sentou, um livro aleatório em sua mão, como se estivesse lendo, apenas tentando lutar com sua mente acelerada e forçá-la a se render.

Ela ficou sentada ali por um tempo, a mente desacelerando, mas seu desespero teimosamente presente, tecendo uma lista de seus fracassos pessoais.

Por que ela tinha voltado para o apartamento?

Por que não tinha visto Hugo Barbary na sala de estar? Ela era idiota, ou cega?

Por que tinha deixado Izzy para trás quando acompanhou Drummond?

— Ah, não — ela murmurou, sentindo um frio na barriga ao se lembrar do sangue no chão. Onde Izzy estaria?

Alguém na estante próxima olhou de relance com o som de seu desespero, e Cassie tentou sorrir para aplacar a preocupação. Ela não poderia ficar ali para sempre, sabia disso. Sabia que logo estaria escuro, e que ela não tinha lugar algum para onde ir. A ideia de passar mais uma noite na Times Square sozinha era desoladora. Era assim que seria sua vida agora?

Ela pensou no abrigo que o sr. Webber tinha mencionado. Será que deveria ir até lá? Talvez houvesse uma cama, pelo menos. Comida.

Então Cassie se lembrou das notas que ele havia colocado em sua mão, e de repente estava ciente de seu estômago que roncava, vazio. Tinha andado quilômetros no decorrer do dia, apenas tentando manter a calma, e não comia desde a lanchonete com Drummond, onde havia encontrado o avô. Precisava comer. Ela sorriu fracamente ao se lembrar de Drummond dizendo a ela a mesma coisa em Lyon, e se deu conta de que estava sentindo falta dele. Só o conhecia há pouco tempo e sentia falta dele.

Ela se forçou a se colocar de pé. Devolveu o livro para a prateleira e atravessou a loja até chegar ao café na frente. Comprou um muffin de chocolate e um café grandes e sentou-se em uma das mesas vazias, insegura, de repente, de que poderia estar cheirando mal depois de sua noite nas ruas da cidade, esperando que os outros clientes não notassem.

Ela beliscou o muffin, tentando demorar-se nele, saboreando cada pedaço como se fosse sua última refeição. Com o estômago cheio e café nas veias, ela começou a se sentir mais racional novamente, capaz de reforçar as paredes de sua mente que continham suas emoções ferozes.

Cassie ficou sentada ali, encarando a vitrine da loja e a rua além dela, sem tentar resolver todos os seus problemas, sem tentar consertar o impossível. Simplesmente ficou sentada, calma e em silêncio.

E, então, a porta da rua se abriu, e o sr. Webber entrou na Livraria Kellner.

Ele não a notou, não logo de cara, e ela não chamou sua atenção. Ele foi até o balcão, como sempre fazia, e pediu sua bebida. Cassie notou que ele estava com um livro debaixo do braço agora, um livro que não estava carregando mais cedo, na rua.

Ela observou o sr. Webber se sentar, a três mesas de distância, e soube que a aparição dele na Livraria Kellner era sua última chance. Ele era a rota para o Livro das Portas. Ela precisava fazê-lo acreditar.

Cassie o observou lendo e tomando sua bebida por alguns minutos, tentando pensar na melhor abordagem, tentando pensar em como fazê-lo acreditar nela, ao menos o bastante para terem uma conversa.

Então, ela se levantou, levando seu café consigo, e foi até a mesa, sentando-se à frente dele. Quando o homem ergueu os olhos do livro, sua expressão exibiu diversas emoções em sequência: surpresa, choque, cautela.

— Obrigada pelo dinheiro, sr. Webber — ela disse. — Foi muito gentil da sua parte.

Aquilo o desarmou, ela percebeu. A cautela diminuiu.

— Comprei um café e um pouco de comida, e estava precisando muito. — Ela sorriu. — Acho que eu estava um pouco agitada quando falei com você mais cedo. Desculpe se te preocupei.

Ele sacudiu a cabeça, começando a finalizar a conversa com educação antes que Cassie tivesse dito o que queria.

— Deixe só eu dizer uma coisa — ela pediu. — Então, se você quiser, vou te deixar em paz, prometo. Só uma coisa.

O sr. Webber apertou os lábios brevemente, considerando a ideia.

— Eu admito, estou intrigado por você saber meu nome, senhorita.

— Por favor — Cassie disse, sentindo os olhos se fecharem com o esforço de permanecer calma. — Por favor, me deixe dizer apenas uma coisa.

— Certo — ele falou. — O que quer me dizer?

Cassie assentiu, sentindo mundos inteiros de esperança e desespero apoiados em um momento, em uma frase.

— Quando você foi para Roma, quando era mais novo — ela começou. — Você ficou em um alojamento próximo da Fontana di Trevi. A dona do hotel entrou no quarto para te trazer café e te encontrou pelado.

O sr. Webber assimilou aquilo com a expressão vazia, então se recostou em sua cadeira, o cenho franzido, e encarou Cassie por um bom tempo.

— Quem é você? — ele perguntou.

— Meu nome é Cassie.

— Eu nunca contei essa história a ninguém. Ninguém. Ninguém poderia saber disso. Como você sabe?

— Você me contou — Cassie disse. — Somos amigos. É por isso que eu sei seu nome. É por isso que sei onde mora. Eu estava te esperando, hoje, mais cedo. É por isso que sei que vem aqui regularmente, para se sentar e ler seus livros. Eu sei que ama *O conde de Monte Cristo*.

— Mas como é que você sabe dessas coisas? — o sr. Webber indagou, sacudindo a cabeça. — Nós nunca nos encontramos.

— Não — Cassie concordou. — Esta é a parte complicada, sr. Webber. Eu sou do futuro. Nós nos conhecemos no futuro e nos tornamos amigos. E não espero que você acredite nisso, porque... Bem, é absurdo, não é?

O sr. Webber a observava, e Cassie podia ver que ele passava por algum tipo de debate interno, lutando com fatos conflitantes.

— Eu não sou perigosa, sr. Webber — ela afirmou. — Só estou presa aqui, sozinha, sem dinheiro, sem amigos que possam me ajudar. Você é a única pessoa que conheço que pode ser capaz de me ajudar.

O sr. Webber tomou um gole de sua bebida.

— Não sei se acredito — ele falou. — O que está dizendo... é louco demais.

Ela assentiu com tristeza, os olhos baixando para a mesa. É claro que ele não acreditaria nela. Por que alguém acreditaria?

Mas ele não a afugentou. Quando ela voltou a erguer o rosto, ele continuava observando-a.

— Não consigo descobrir como você poderia saber da história de Roma — ele falou, mas falava mais consigo mesmo. — Eu não contei aquilo a *ninguém*. Nunca escrevi a respeito. Se é algum tipo de golpe ou uma vigarice, não consigo de maneira alguma pensar em como você saberia daquilo. E já te dei dinheiro hoje. Qual motivo você teria para falar comigo?

— Não é um golpe — Cassie garantiu, a voz baixa.

Eles ficaram em silêncio por um tempo.

A loja havia se aquietado, e agora havia poucas outras pessoas examinando as prateleiras, um casal jovem sentado a uma das outras mesas, as cabeças próximas e dando risadinhas. O dia passava, arrastado, a tarde se tornando noite, e Cassie sentiu uma tristeza ao pensar em sair da familiaridade reconfortante da loja e voltar para a noite solitária.

— Você tem celular? — o sr. Webber disse, interrompendo seus pensamentos.

— O quê? — Cassie perguntou.

— Um celular — ele repetiu. — Um telefone celular. Todo mundo tem um hoje em dia.

— Sim — Cassie falou, automaticamente apalpando os bolsos de seu casaco.

— Deixe-me vê-lo, por favor — o sr. Webber pediu, estendendo o braço.

— Por quê?

— Se quer que eu acredite em você, se não quer que me levante e vá embora agora mesmo, deixe-me ver seu celular.

Cassie considerou o pedido por um momento e não conseguiu pensar em nenhuma desvantagem. Ela tirou o celular do bolso e o entregou.

— Desbloqueie, por favor — ele pediu, a devolvendo o aparelho.

Cassie digitou a senha e entregou o celular, esperando por alguns instantes enquanto o sr. Webber inspecionava, correndo o dedo pela tela, os olhos se movimentando enquanto lia. Então, ele pousou o celular na mesa, uma mão apoiada sobre ele, e encarou o tampo em silêncio.

— O quê? — Cassie perguntou, quando não conseguiu mais suportar.

— É do futuro — ele constatou, erguendo os olhos. — Eu não sou tão avesso à tecnologia quanto finjo ser. Também tenho um celular. — Ele colocou a mão no bolso e puxou o próprio iPhone, um predecessor muito primitivo do aparelho de Cassie. — O que você tem aí é obviamente muito mais avançado.

— Não vou nem conseguir carregar a bateria dele nos próximos cinco anos — Cassie refletiu, tristemente.

— E a página que estava aberta no navegador — o sr. Webber continuou, sacudindo a cabeça lentamente. — A data era de vários anos no futuro. É impossível.

— Sim — Cassie concordou. — É mesmo.

O sr. Webber suspirou, então, um som pesado e exausto. Em seguida, empurrou o celular de volta para Cassie, que o devolveu ao bolso.

O homem bebeu seu café e apoiou as costas na cadeira.

— Durante boa parte de minha vida, eu estive sozinho — ele falou. — Por muito tempo, fomos só eu e minha mãe, mas ela morreu, e eu fiquei sozinho. — A testa dele se franziu, como se estivesse lutando com algo que havia antes tido dificuldades para compreender. — Não sei ao certo por que sempre estive sozinho — ele refletiu. — Eu teria gostado muito de ter tido mais amigos, alguém para amar. Mas passei minha vida profissional viajando muito, e minhas horas de trabalho eram pouco sociáveis. Era difícil conhecer pessoas, e, para ser honesto, acho que, depois de um tempo, era mais fácil simplesmente não tentar.

Cassie escutou, perguntando-se aonde ele queria chegar.

— Então, passei minha vida sozinho, e, quando uma pessoa é sozinha, ela se torna muito boa em observar os outros. Eu presto atenção. Não tenho conversas para me distrair, nem preocupações com amigos ou amores, nenhuma noite de bebedeira da qual me recuperar. Eu me tornei muito bom em ler as pessoas. E o meu problema agora é que eu não acho que você seja louca, minha querida. Não acho que esteja tentando me enganar, mesmo que tudo que esteja me dizendo seja ridículo. Não consigo conciliar essas coisas.

— Eu sinto muito — Cassie disse, e o sr. Webber assentiu, aceitando o pedido. — Se eu ainda não te afugentei, posso pelo menos te contar minha história?

O sr. Webber fez que sim com a cabeça.

— Tudo bem — ele concordou. — Conte-me sua história.

Então, Cassie o fez, deixando de fora a morte silenciosa do homem, e o sr. Webber escutou sem tecer comentários, esporadicamente bebendo seu café ou se remexendo na cadeira.

Quando ela terminou, o homem não disse nada por algum tempo. Seus dedos longos tamborilavam na xícara vazia de café, e os olhos pousaram na mesa entre os dois.

— É loucura — ela disse, sentindo a necessidade de assegurar a ele que sabia que tudo que havia acabado de dizer era inacreditável. — Eu sei que é. Mas é tudo verdade.

— Não sei se é ou não verdade — o sr. Webber admitiu. — Mas, tendo visto seu celular... e o que você disse que sabe a meu respeito, é mais fácil de acreditar do que se fossem outras as circunstâncias. Mas se é verdade...

— Sim?

— A história cai por terra em um ponto crucial.

— Qual ponto? — Cassie perguntou.

— Esse livro mágico que você diz que eu dei a você.

— O Livro das Portas?

— Eu não o tenho — ele falou. — Não faço ideia do que ele seja e não faço ideia de como poderia dá-lo a você no futuro.

Cassie sacudiu a cabeça, não querendo acreditar nele.

— Ele deve chegar até você — ela insistiu. — Em algum momento dos próximos dez anos, ele deve chegar até você. Do contrário, você não poderia ter me dado o livro e nada disso poderia ter acontecido.

O sr. Webber ergueu os ombros.

— Talvez. Mas não estou com ele agora. E não posso ajudar você a voltar para o seu presente.

Cassie sentiu-se encolher fisicamente, derrotada.

— Mas o que eu vou fazer? — Ela gemeu, mais para si mesma do que para o sr. Webber. — Não posso ficar presa aqui.

Lágrimas, mais uma vez, lágrimas horríveis e amargas enchendo seus olhos.

— Bom, você vai precisar esperar, querida — o sr. Webber disse, e ela viu a preocupação em seu rosto, como se ele talvez pensasse que a tinha feito chorar.

— Eu não posso esperar! — Cassie exclamou, o pânico espumando dentro de si. — Preciso voltar. Não tenho dinheiro, não tenho casa. O que é que eu vou fazer aqui, presa no passado?

O sr. Webber considerou a questão por um momento antes de responder.

— Você está tentando resolver tudo de uma vez só — ele falou. — Por que não resolver um problema de cada vez? Você precisa de um lugar para dormir. Vai raciocinar melhor depois de uma boa noite de sono.

— Onde eu vou dormir? — Cassie perguntou. — Em um abrigo para sem-tetos?

O homem sacudiu a cabeça, suspirando. Ele se virou para olhar para a rua. Então, tornou a olhar para Cassie. Havia outro debate acontecendo dentro dele, Cassie viu: ele estava sendo puxado em direções contrárias. Por fim, ele deu um aceno, uma decisão feita.

— Meu apartamento não fica longe daqui — ele falou, então percebeu o que dizia. — Mas você já sabe disso, não é, minha querida?

Cassie assentiu em meio às lágrimas.

— Eu tenho um quarto de hóspede. Você é bem-vinda para dormir lá até entender sua situação. Não poderá ficar por muito tempo, mas talvez até que resolva o que fazer. Um dia, dois no máximo. Isso ajudaria?

Cassie piscou e enxugou um pouco das lágrimas.

— Está falando sério? — ela perguntou.

— Não tenho certeza se sim — o sr. Webber admitiu. — Mas seria errado deixar você em tamanha angústia. Eu posso arcar com isso. Mas só por uma noite ou duas, é uma medida temporária. Entendido?

— Eu prometo — Cassie disse, embora não tivesse ideia de como sua situação poderia melhorar no espaço de dois dias.

O sr. Webber terminou seu café, e, juntos, eles saíram da livraria em silêncio.

O PASSAR DOS DIAS

No decorrer dos dois primeiros dias, Cassie não se sentiu realmente à vontade no apartamento do sr. Webber. Sentia que o homem iria expulsá-la a qualquer momento. Ela tentou ser prestativa, oferecendo-se para fazer bebidas, ir ao mercado, ajudá-lo a organizar a casa. Às vezes, ele aceitava as ofertas, mas Cassie via que o deixavam desconfortável, como se talvez estivesse o preocupando o fato de ela tentar se fazer útil para não ser expulsa. E, durante aqueles dois dias, pediu a ela que contasse sua história mais uma vez e a questionou em relação a detalhes, indagou sobre fatos que não compreendia. Nunca parecia ficar completamente satisfeito com o que Cassie dizia, mas ela não sabia dizer se era porque o homem não acreditava na conversa ou porque ele estava fracassando ao tentar encontrar furos nela.

No anoitecer do segundo dia depois do encontro na Livraria Kellner, o sr. Webber saiu de seu quarto depois de um cochilo e encontrou Cassie correndo os dedos ao longo de uma das estantes.

— Amei sua coleção de livros — ela disse. — Sempre quis ter uma biblioteca assim, um lugar onde pudesse só sentar sozinha e ler.

O sr. Webber sentou-se e deixou que os olhos corressem por seus livros.

— Sim — ele falou. — Eu também. E agora eu tenho uma.

Ele sorriu para ela, como se tivesse detectado uma alma irmã. Então, os dois passaram o início da noite discutindo livros: os livros que tinham lido e os que queriam ler, os livros de que gostavam e os de que não gostavam. Cassie fez chá para os dois e, um pouco depois, um sanduíche para cada, e eles continuaram a conversar. O sr. Webber gostava de falar sobre livros: fora desta maneira que tinham se conectado a princípio, quando Cassie começou a trabalhar na Livraria Kellner, tantos anos atrás.

No terceiro dia, o sr. Webber não pediu a ela que fosse embora. Não falou que ela podia ficar, mas não pediu que fosse embora. Em vez disso, durante o café da manhã, perguntou a ela:

— Como eu posso te ajudar a voltar para casa?

Ela o encarou com olhos incrédulos, e ele respondeu com um aceno irresoluto da mão.

— Não estou dizendo que acredito. Mas não me incomodo em entrar no jogo. O que posso fazer para te ajudar a ir para casa?

Então, ela narrou os pensamentos que tivera naquela primeira noite infeliz, sozinha em Nova York. Disse a ele sobre tentar localizar Drummond Fox, mas que seria impossível fazer isso.

— Porque ele está escondido agora — o sr. Webber alegou. — Dessa senhora que quer os livros.

— Correto — Cassie afirmar. — É por isso que eu vim atrás de você. Porque é você que me dá o Livro das Portas.

— O qual eu não tenho — ele completou.

— Pois é — ela disse, cutucando tristemente seu iogurte de café da manhã com uma colher.

— Bem, então é isso que vamos fazer — o sr. Webber falou. — Vamos procurar o seu Livro das Portas. Talvez seja assim que eu o consigo? Porque você me faz procurar por ele?

Cassie pensou naquilo, sentindo a esperança nascer.

— Sim — ela disse, animando-se com a ideia. — Sim, talvez você tenha razão! Isso faria sentido!

Ela pensou em Drummond falando sobre viagens no tempo, quando estavam comendo na lanchonete: ele havia dito que não se pode mudar o passado, apenas fazer com que coisas aconteçam.

— Talvez seja *mesmo* assim que você consegue o livro! — ela concordou.

Então, eles começaram juntos a procurar pelo Livro das Portas, e os dias se tornaram semanas, e as semanas se tornaram meses.

Nos primeiros meses com o sr. Webber, quando não estava procurando o Livro das Portas, Cassie manteve uma rotina confortável. Ela acordava primeiro e tomava um café da manhã leve, e então caminhava pela cidade bem cedo, ou procurando por pistas ou apenas alongando as pernas. Ela perdeu peso e aumentou seu condicionamento, tornando-se mais em forma do que em qualquer outra época da vida. Então, voltava para casa no almoço, fugindo do calor na época mais quente do ano, e compartilhava café e doces com o sr. Webber, ou um sanduíche, sentada na janela, cercada pelos livros dele. Os dois discutiam estratégias para localizar o livro, lojas de livros raros para verificar, bibliotecas para visitar, e

Cassie o atualizava do que havia encontrado. Na maioria dos dias, o sr. Webber saía durante a tarde ("Para minha caminhada, minha querida, preciso manter esse corpo velho em movimento, ou vou definhar"), e Cassie limpava o apartamento ou assistia à televisão. Às vezes, ela relaxava no sofá e sonhava com a Biblioteca Fox, aquele lugar maravilhoso e pacífico que era tão reconfortante em suas lembranças. E pensava em Drummond Fox, o homem que era bonito quando sorria, e se perguntava o que ele estaria fazendo no futuro. Esperava que ele estivesse em segurança. Esperava poder vê-lo de novo.

No fim dos dias, ela e o sr. Webber jantavam juntos e, depois, liam em silêncio amigável ou discutiam livros. Se o clima estivesse agradável, caminhavam juntos até um restaurante ou uma cafeteria nas redondezas. Às vezes, pegavam um táxi até o Central Park e passavam o entardecer sob a luz dourada do sol. Os meses se passaram, e Cassie se viu celebrando o Dia de Ação de Graças, o Natal e o Ano-Novo, apenas os dois, uma família simples e improvisada.

Durante esse período, o sr. Webber foi uma companhia incrível. Não pedia nada de Cassie exceto seu companheirismo. Escutava sempre que ela queria falar, geralmente oferecendo conselhos sábios, e não impunha suas próprias conversas quando ela não estava no clima. Cassie aprendeu tudo sobre o homem, sobre sua infância solitária com uma mãe autoritária, sobre dons musicais que tinham sido reconhecidos quando ele era muito novo ("Eu fui um prodígio, sabe? Não precoce, mas definitivamente um prodígio!"), depois sobre sua carreira como pianista e compositor. Ela aprendeu que ele fez sua fortuna não tocando piano ao redor do mundo, e, sim, compondo vinhetas musicais para um punhado de séries de TV populares nos anos 1990.

— Era um trabalho ridiculamente bem pago — ele lhe contara em certa ocasião, quando os dois passeavam por SoHo. — Especialmente quando as séries eram sindicalizadas. E eram as vinhetas mais simples do mundo. Só quatro notas, como um toque de celular, algo reconhecível. Aquelas quatro notas me renderam mais dinheiro do que todas as outras músicas que compus juntas, e me compraram aquele apartamento e muitos de meus livros.

Os meses se tornaram anos.

No verão, a cidade ficava insuportável em certos momentos, o ar denso de poluição e o cheiro de lixo cozinhando. O metrô era um forno, com pessoas suadas, coradas e irritadas. No outono, o vento frio surgia, e todos se enrolavam em cachecóis e casacos, antecipando o gelo amargo do inverno, os ventos frios que corriam pelos cânions de concreto. E então o ciclo começava novamente, o calor se esgueirando pelas ruas da cidade, flores e árvores desabrochando, o preto e branco do inverno transformando-se no colorido da primavera. E no decorrer das estações que se alternavam, e de todo o esforço procurando pelo Livro das Portas, Cassie viu-se acometida por uma raiva tênue, uma impaciência permanente da qual não conseguia se livrar. Ela sabia o que estava em seu futuro e sentia-se desesperada para retornar para lá. Era um livro que não tinha terminado de ler, uma refeição comida pela metade.

Mas, quando se aproximava o fim do segundo ano, Cassie sentiu a chama de sua impaciência se enfraquecendo, conforme ela sucumbia ao conforto e à satisfação de sua rotina.

— Estou começando a me sentir confortável aqui — ela admitiu ao sr. Webber certa noite. — Estou começando a gostar daqui. Não sei se estou me escondendo dos meus problemas ou só esperando que eles apareçam. Quero de verdade encontrar o Livro das Portas, mas parte de mim não quer. Parte de mim não quer voltar para todos aqueles perigos.

Cassie continuava a procurar pelo Livro das Portas, mas com menos dedicação do que nos primeiros meses. Era quase um passatempo agora, algo que ela fazia quando sentia vontade, uma atividade ocasional em vez de uma obsessão arrebatadora.

— Por que não pode ser as duas coisas? — o sr. Webber perguntou. Estavam sentados à mesa da cozinha tomando sorvete, e o homem lambeu sua colher e a deixou cair na tigela. — Ou por que não pode ser nenhuma delas? Por que precisa ser alguma coisa?

Cassie deu de ombros, sem compreender.

— Pare de tentar pensar nas coisas — o sr. Webber disse. — Eu sei que parece loucura. Sou um firme partidário de que as pessoas neste mundo poderiam usar seus cérebros com mais frequência, mas, minha querida, se tem alguém que precisa pensar menos nas coisas, é você. Tudo que você faz é pensar e se preocupar. Poderíamos aquecer o apartamento com a energia que seu cérebro consome sem parar. Você precisa simplesmente viver, estar presente nos momentos. Ou você vai encontrar o Livro das Portas, ou não vai. De uma forma ou de outra, vai voltar para o lugar de onde veio. Isso não precisa preencher cada momento de sua vida entre o agora e o depois. Você tem permissão para simplesmente aproveitar sua vida. Está enxergando este período dela como uma agonia, mas pode escolher enxergá-lo como uma dádiva.

Ela pensou nessas palavras, desenhando linhas no sorvete derretido que se empoçava no fundo de sua tigela.

— Eu preciso encontrar o livro — ela falou para si mesma. — Preciso voltar. Não sei o que faria se não conseguir.

— Pois eu sei, minha querida — o sr. Webber disse. — Você persistiria. Você é jovem, e o pior que pode acontecer é você viajar até o futuro enquanto o vive. Está segura aqui: não tem nada com o que se preocupar. Na pior das hipóteses, terá alguns anos para planejar o que vai acontecer quando o tempo finalmente te levar de volta ao ponto em que parou. Não é o pior destino do mundo, é?

Cassie continuou sua busca, mas estava perseguindo fantasmas e memórias, mitos e mal-entendidos. Encontrava pequenas pistas, referências a livros mágicos, nomes sem explicações ou descrições — o Livro dos Espelhos, o Livro das Consequências, o Livro das Respostas —, e não fazia ideia se eram reais ou inventados. Ela tentou pesquisar sobre o mundo inteiro dos livros especiais, mas tudo parecia escondido e misterioso demais, chegando a ser despropositado, como uma tentativa de construir um castelo de areia na praia enquanto a maré está subindo.

Em certa noite, deitada sozinha no pequeno quarto depois de outro dia sem encontrar nada, Cassie se viu encarando o velho guarda-roupa no canto do quarto, a pequena pilha de livros no parapeito da janela, e lembrou-se, de súbito, da primeira vez em que estivera no apartamento do sr. Webber, no dia após a morte dele.

Ela se lembrou do armário de roupas para o qual estava olhando agora, os livros que estavam agora no parapeito. Naquele dia, ela havia pensado que talvez pertencessem a uma namorada ou uma parente. Mas eram os livros *dela*, as roupas *dela* — sempre tinham sido.

A lembrança, a percepção, foram tão chocantes para ela que Cassie se sentou na cama, a boca escancarada.

Havia muitas outras roupas no armário naquele dia, e muito mais livros no parapeito do que os que estavam atualmente reunidos ali.

Cassie sacudiu a cabeça, compreendendo, então, que ainda ficaria junto do sr. Webber por mais um tempo.

— Eu não vou encontrar o Livro das Portas — ela admitiu para si mesma.

Depois disso, Cassie simplesmente parou de procurar.

Dias e semanas e meses e anos.

O tempo seguiu em frente, e Cassie, pouco a pouco, passou a aceitar que seu único caminho para voltar para casa seria viajar até lá minuto por minuto, dia por dia. Ela se acomodou em sua vida e sua rotina, e deixou que os dias passassem, sabendo que não retornaria até que o tempo permitisse.

A OUTRA CASSIE

— Eu vi você hoje, minha querida — o sr. Webber disse, acomodando-se com cuidado em sua poltrona. Para Cassie, ele parecia preocupado, ou talvez distraído. — Não você — ele esclareceu. — Uma outra você.

Quase quatro anos haviam se passado desde que Cassie encontrara o sr. Webber na Livraria Kellner, desde que tinha sido empurrada do futuro através de uma porta. Quatro invernos, quatro primaveras, e agora entravam em um novo verão. No decorrer desses anos, o sr. Webber havia aceitado a história de Cassie, embora parecesse a ela que nunca havia acreditado inteiramente nela. A expressão no rosto do homem enquanto erguia os pés sobre a banqueta sugeria que algo havia mudado.

— Você me viu? — Cassie perguntou. Ela estava em pé na cozinha, um pano de prato na mão. Estava faxinando, uma das coisas que fazia para sentir que contribuía com algo. Estava vivendo às custas do sr. Webber há quase quatro anos, o que a incomodava imensamente, mas encontrar qualquer maneira de conseguir dinheiro como refugiada do futuro fora impossível.

— Você era mais nova — ele contou, desviando os olhos para a janela a seu lado. Estavam em pleno verão, e o ar estava denso e quente. O sr. Webber estava com o rosto vermelho e suando devido à caminhada. A janela tinha uma fresta aberta, em uma tentativa de fazer o ar espesso do apartamento se movimentar, mas deixava o quarto barulhento com os sons da rua. — Não que você não seja nova agora, é claro. Mas parecia ainda mais nova.

Cassie estava apoiada no balcão, relembrando sua vida e seus movimentos. Ao longo dos últimos anos, ela havia brincado com certa frequência com o sr. Webber, dizendo que ele veria que ela dizia a verdade quando encontrasse pela primeira vez a sua versão mais nova na Livraria Kellner. A data de seu primeiro dia no trabalho havia se tornado quase icônica em sua importância. Mas Cassie havia esquecido que já estava na cidade há algum tempo antes de ter começado a trabalhar e passava bastante tempo na livraria naqueles dias.

— Na livraria? — ela perguntou.

O sr. Webber assentiu, balançando a cabeça. Como era de costume, o homem havia saído para caminhar sozinho durante a tarde, um circuito ao redor de vários quarteirões, que o levava a passar pela livraria. Ele parava para beber alguma coisa — um café gelado, nos dias quentes — e para olhar as estantes ou ler o livro que estivesse carregando no momento. Cassie tinha uma rotina similar, uma reminiscência dos dias em que procurava pelo Livro das Portas, mas ela caminhava pelas manhãs, como se os dois estivessem se alternando para deixar o apartamento. Cassie cobria distâncias maiores do que o sr. Webber. Muitas vezes, ela pegava o metrô até uma parte distante da ilha, ou até o Brooklyn, e voltava caminhando ao longo de várias horas. Sua mente estava repleta com os mesmos pensamentos, as mesmas ideias inspecionadas e polidas, como pedras preciosas. Como poderia voltar para casa? Como podia ter sido tão idiota para acabar deixada no passado? Quando o Livro das Portas apareceria na vida do sr. Webber se eles não procuravam por ele? O que tinha acontecido com Izzy e como ela poderia proteger a amiga? O que Drummond estaria fazendo, e será que estava preocupado com ela?

— É claro — ela disse, lembrando-se da versão mais nova de si mesma. — Eu vim para Nova York mais ou menos nessa época. Foi no começo do verão desse ano. — Ela foi até a janela e apoiou o corpo ali, o quadril no parapeito e os olhos na rua abaixo. — Estava me hospedando em albergues — ela falou, lembrando-se do dormitório de seis camas no albergue que ficava no bairro de Chelsea, do banheiro compartilhado e dos outros turistas. — Odiava não ter meu próprio espaço.

Cassie olhou para o sr. Webber e viu que ele a observava atentamente, como se fosse a primeira vez que a via.

— Quase tive um ataque do coração — ele contou, sem nenhum sinal de humor. — Era você, bem ali, na livraria. Estava quase indo falar com você, até que você se virou e eu vi que seu cabelo estava diferente. Estava muito mais curto.

Cassie deu um sorriso sombrio.

— Eu deixava curto quando estava viajando. Nada pior do que ter cabelo comprido quando existe o risco de pegar piolho.

— Você sorriu para mim quando passou do meu lado hoje — ele falou. — Lembra? Você se lembra de me ver?

Cassie vasculhou suas memórias daqueles dias, quando tinha acabado de chegar à cidade. Era uma mistura de imagens, cheiros e barulhos, dias repletos de empolgação, potencial e o otimismo da oportunidade.

— Não me lembro — ela admitiu. — Foi há muito tempo...

— Foi hoje.

— ... para um momento tão casual.

— Eu nunca acreditei de verdade em você — ele confessou, estreitando os olhos de leve, uma mão indo até o peito, como se conferindo se seu coração continuava a bater. — Sei que falamos a respeito e, nessas conversas, eu me expressei para você de igual para igual. Mas todas as vezes, em minha cabeça, eu ficava dizendo para mim mesmo que você obviamente era maluca ou delirante. E ficava esperando pela conclusão, esperando que a verdade fosse revelada.

Ela o observou, sem dizer nada, sem admitir que já sabia disso tudo.

— Mas é verdade. É tudo verdade.

— Sim — ela disse com simplicidade. — Sempre foi. Eu sou do futuro, mas estou presa aqui até que você consiga o Livro das Portas.

— O Livro das Portas — ele murmurou as palavras consigo mesmo, os olhos desviando para o lado, para encarar o mundo exterior.

— Vamos tomar um chá? — ela perguntou, porque o sr. Webber sempre gostava de beber chá quando voltava das caminhadas.

— Sim — ele disse, em um sorriso um pouco atrapalhado. — Seria bom.

Cassie voltou para a cozinha sentindo-se um pouco mais leve, sentindo que o sr. Webber se tornaria agora mais um aliado, em vez de apenas um anfitrião educado. Mas sua mente também estava apreensiva com a ideia de uma versão mais nova de si na mesma cidade. Enquanto preparava o chá, ficou se perguntando o que aconteceria se as duas se encontrassem. Perguntou-se como ela pareceria para si mesma. Se poderia ir ver sua eu mais nova em algum lugar, ver o que outras pessoas viam quando olhavam para Cassie Andrews. Ela se lembrou de Drummond Fox vendo a própria versão mais nova no Parque Bryant, como havia ficado impressionado com a experiência.

— O que você vai fazer agora, Cassie? — o sr. Webber perguntou quando Cassie levava o chá até ele.

— Bem, neste momento, vou tomar chá com você — ela disse, e o homem sorriu quando ela voltou a se sentar no parapeito.

— Digo, no geral — ele falou.

Ela deu de ombros.

— Vou fazer o que estive fazendo nos últimos anos — falou. — Vou viver e esperar. Sei que vou ficar aqui por um tempo. Ou o Livro das Portas vai aparecer, ou eu vou viver o bastante para voltar para o futuro de onde saí.

— Não está mais procurando o livro ativamente, está? — o sr. Webber quis saber.

Ela desviou os olhos, uma admissão.

— Por quê? — ele insistiu.

Cassie evitou a questão.

— Eu só me dei conta de que vou ficar aqui por um tempo. Algumas coisas começaram a fazer sentido.

O sr. Webber assentiu, como se compreendesse, mas ela o conhecia bem o bastante àquela altura para saber que ele via que ela estava escondendo algo.

— Já pensou no que vai acontecer se não encontrar o livro? Se ele não aparecer? — ele perguntou.

— É praticamente tudo no que penso — Cassie murmurou. — Não durmo à noite pensando nisso.

O sr. Webber suspirou.

— Eu gosto de ter você aqui, Cassie — ele disse, olhando para sua xícara. — É bom não estar sozinho. É bom que exista vida neste apartamento velho. Depois dos primeiros dias, não importava para mim que você fosse louca ou delirante.

— Quanta bondade — ela brincou, sorrindo.

— Mas agora que sei que o que diz é verdade — ele sacudiu a cabeça —, não posso só ficar parado e tirar vantagem de você assim.

— Não está tirando vantagem de mim. — Cassie riu. — Sr. Webber, eu não sei o que teria sido de mim se você não tivesse aparecido. Eu estava desabrigada e sem um centavo.

— Ainda assim — ele disse —, eu estou ganhando algo com isso. Estou te usando para ter uma companhia.

— Acho que a palavra que está procurando é "amizade" — Cassie provocou.

— Não posso deixar você continuar presa em um lugar desses — ele continuou, como se não a tivesse ouvido. — Precisamos achar o seu livro. Esse tal livro maluco, esse livro maravilhoso. Eu vou te ajudar de todos os jeitos que puder. Custe o que custar. A partir de agora. Diga o que devo fazer, e eu farei, se puder.

Ele sorriu para ela com alegria, e no futuro Cassie sempre se lembraria daquele momento, sentada no parapeito, a xícara de chá na mão, cercada pelos sons da cidade e vendo o sr. Webber em sua poltrona, sua parede de livros como pano de fundo às suas costas. Era como ela sempre pensaria nele: ávido para ajudar e sorrindo com o entusiasmo de um garoto.

— Certo — ela falou. — Mas não acho que tentar encontrar o livro é o que vai ajudar agora.

— Bem, o que acha que vai ajudar?

Cassie suspirou. Recentemente, sua mente estava seguindo por outra direção.

— Eu preciso pensar no que fazer quando voltar para o ponto de onde saí. Quer encontremos o livro ou não, eu preciso estar pronta para encarar o que vou encontrar lá. Para ajudar meus amigos.

— Tudo bem — o sr. Webber disse, assentindo com seriedade. — E do que você precisa?

A imagem do doutor Barbary assomou-se em suas lembranças, intimidadora e aterrorizante. O que ela poderia fazer contra um homem daqueles, com os livros e poderes que ele detinha? E quanto à Mulher nas memórias de Drummond, aquela figura bela e apavorante? Se Cassie realmente retornasse, precisaria estar preparada.

E quanto à Izzy? Como poderia ajudá-la?

E Drummond... por que não parava de pensar nele?

— Eu não sei — ela admitiu. — Mas vou pensar.

Quando a resposta surgiu em sua mente, uma resposta possível, e não uma certeza, aconteceu inesperadamente. Cassie havia saído para dar uma de suas caminhadas costumeiras. Era um dia nublado, em algum ponto na metade do outono, vários meses depois de sua conversa com o sr. Webber, e ela tinha parado para tomar um café no Parque Bryant. Enquanto estava sentada ali, bebendo o café aos golinhos, ela se lembrou da conversa que tivera com Drummond enquanto observavam os amigos dele se encontrando, no dia em que morreriam. Cassie se pegou pensando sobre aquelas conversas com Drummond, já há anos no passado, e lembrou-se de um detalhe que tinha esquecido, um fato que deu a ela um solavanco de adrenalina e a fez endireitar as costas e derramar o café.

Ela examinou o fato e a ideia que, lentamente, desenvolveu-se a partir dali, buscando falhas e fraquezas. Não encontrou nenhuma. Encontrou apenas uma possibilidade.

Uma possível maneira de encontrar o doutor Barbary em pé de igualdade.

Mas, então, aquilo deixou de importar, porque o sr. Webber disse a ela que tinha encontrado o Livro das Portas.

A DESCOBERTA DO LIVRO DAS PORTAS

— O quê? — Cassie perguntou.

Ela tinha voltado de uma caminhada. Era outono, quase inverno, e os dias estavam escuros e tempestuosos. Tinha acabado de passar pela porta, despindo o sobretudo, e o sr. Webber havia corrido a seu encontro, os olhos brilhantes.

— Eu encontrei o Livro das Portas — ele anunciou. Estava quase saltitando de empolgação, mal conseguindo se manter no lugar.

— O quê? — ela tornou a perguntar. Cada pensamento em sua mente havia parado de supetão, como um carro atingindo uma parede.

— Venha, sente-se — o sr. Webber incitou. Ele a puxou até o sofá, e então explicou. — Desde que vi aquela outra você, a você mais nova, estive procurando. Desde que comecei a acreditar de verdade.

— A-hã — Cassie disse.

— Então, mandei e-mails para todos os meus contatos, todos os meus contatos literários.

— Você tem contatos literários — Cassie disse, uma afirmação, não uma pergunta.

— Colecionadores de livros raros. Pessoas que frequentam leilões de livros. Eu gosto de primeiras edições. — Ele fez um gesto indicando as prateleiras que o cercavam.

— A-hã — Cassie repetiu. Estava tentando com todas as forças não sentir nada. Continuar cética.

— Recebi um e-mail nesta manhã de meu contato, Morgenstern. É um colecionador, ele mora em Toronto.

— O que você falou? Quando mandou seu e-mail? — A mente de Cassie estava finalmente assimilando a conversa e fazendo soar alarmes diante da ideia de um e-mail sendo enviado para montes de pessoas, falando de livros mágicos.

— Ah, nada de revelador — o sr. Webber falou. — Apenas descrevi o livro como você o descreveu para mim. Disse que ele era às vezes chamado de Livro das Portas. Que tinha rabiscos indecifráveis nele, e desenhos.

— Certo — Cassie disse. Estava ciente de seu joelho pulando de nervosismo. — Então, o Morgenstern, em Toronto...?

— Sim! — o sr. Webber disse. — Ele falou que encontrou. Ou acha que encontrou. Ele estava de férias no Leste Europeu, e, é claro, o que amantes de livros fazem? Vamos a todas as livrarias, exploramos cada feira local. Estamos sempre atrás de livros.

— Ele encontrou? — Cassie perguntou, incrédula.

— Olhe! — Ele se esticou para alcançar o notebook, que estava apoiado na mesa de centro, e virou-o para Cassie poder ver a tela. Ele abriu um anexo de um e-mail e exibiu uma imagem, e o coração de Cassie perdeu o ritmo. — É ele?

Cassie se inclinou, aproximando-se da imagem. Mostrava um livro na mão de um homem. Ela conseguia ver apenas a frente e a lombada.

— E tem isso. — O sr. Webber clicou em uma segunda fotografia. Esta mostrava o lado de dentro do livro, páginas com rabiscos em tinta preta. A resolução da imagem não permitia que se visse o texto em detalhes suficientes, mas Cassie sentiu seu coração saltar e correr uma volta olímpica em seu peito.

— É possível que seja — ela disse, forçando-se a ficar calma.

— Talvez seja agora! — o sr. Webber exclamou. — Talvez seja este o momento em que eu consigo o Livro das Portas. Talvez seja o momento em que você pode ir para casa!

O sr. Webber organizou as coisas para que seu amigo viesse a Manhattan naquela noite.

— É um voo curto — ele comentou. — Eu vou arcar com os custos, vou colocá-lo em um bom hotel. Isso vai convencê-lo. Ele ama os requintes da vida.

Cassie nem sequer estava ouvindo. Estava andando de um lado para o outro na sala, incapaz de ficar parada. Anos haviam se passado desde que ficara presa no tempo, e agora parecia que não tinha tido tempo algum para se preparar.

— Eu preciso encontrar Izzy — ela disse, balançando a cabeça consigo mesma. — Isso é tudo que importa. Se eu conseguir o livro e voltar para antes, talvez tirá-la do apartamento antes que Hugo Barbary sequer apareça.

Ela se deu conta de que estava divagando sozinha. Depois de um momento, ela parou e viu o sr. Webber apoiado na bancada da cozinha, a observando. Seu rosto estava sério.

— O quê? — ela perguntou.

Ele sorriu, mas era uma expressão triste.

— Estou realmente contente por você — ele falou. — Espero de coração que aquele seja o Livro das Portas e que consiga voltar para casa.

— Mas?

Ele suspirou. O que quer que estivesse prestes a dizer era difícil para ele admitir, ela via.

— Eu vou sentir sua falta, minha querida. Se você for para casa, significa que vai embora daqui.

Cassie não sabia o que dizer. Ela sustentou seu olhar por alguns instantes.

— Ah, sr. Webber — ela murmurou.

Indo até a cozinha, ela o abraçou por trás.

— Eu também vou sentir sua falta. Até que nos encontremos de novo.

Ele deu tapinhas nas mãos dela em seu peito, e Cassie o sentiu assentir.

— Acho que vou dar um cochilo, antes de sairmos. Pode me acordar, por favor?

Ele se afastou e foi para o quarto, e Cassie pensou que ele talvez estivesse envergonhado de mostrar quanto estava triste.

— Ah, sr. Webber — ela disse novamente, a voz baixa.

Eles encontraram Morgenstern no Champagne Bar do Plaza Hotel. Era um homem grande, com cabelo longos e esvoaçante, e óculos de armação grossa. Estava usando um terno caro, com um plastrão em torno do pescoço.

— Morgy! — o sr. Webber exclamou, apertando a mão do homem com força.

— Webber! — Morgenstern respondeu, lançando a Cassie em seguida um olhar lento da cabeça aos pés.

— Ah, esta é minha assistente de pesquisa, srta. Andrews — o sr. Webber a apresentou.

Morgenstern balançou a cabeça e ofereceu um sorriso rápido a Cassie, mas não lhe ofereceu a mão. Ele fez um gesto para as cadeiras a seu lado, e todos se sentaram. O Champagne Bar estava preenchido com o som sussurrado de conversas e o tilintar leve de um piano tocando ao fundo.

— Que grande prazer poder passar uma noite hospedado no Plaza Hotel — Morgenstern disse para Webber. — Muita gentileza da sua parte.

— Bom — o sr. Webber começou —, era o mínimo que eu podia fazer.

Os olhos de Cassie estavam fixos no pacote. Parecia um livro embrulhado em papel pardo. Um livro aproximadamente do tamanho do Livro das Portas.

— Hmm — Morgenstern disse. — Eu me pergunto por que este livro é de tamanha importância. Você me faz vir até aqui de repente, me coloca neste lugar maravilhoso. — Ele indicou o cômodo ao redor com um gesto, justamente quando um garçom apareceu ao lado de seu ombro. — Champanhe para os meus amigos — Morgenstern pediu, e o garçom afastou-se às pressas.

— Bem — o sr. Webber disse —, não sabemos se há algo de especial neste livro, não é? É por isso que está aqui, para que possamos averiguar se ele é aquilo que estou procurando.

— E o que seria? — Morgenstern perguntou.

— É este o livro? — Cassie interrompeu o fluxo, apontando para o pacote.

Morgenstern suspirou, um som de irritação. Os olhos de Cassie foram até o sr. Webber, e ele lançou a ela um olhar recriminador, que praticamente dizia: *deixe-me cuidar disso.*

— Quem é essa garota? — Morgenstern indagou.

— Morgenstern, vamos lá — o sr. Webber disse, empertigando-se sutilmente na cadeira. — Você está aqui às minhas custas, como meu convidado. Não sejamos rudes com minha colega. Mostre-nos o livro para que possamos verificar se é ou não o que estou procurando. Caso seja, será recompensado generosamente, eu lhe garanto.

Morgenstern pensou no assunto dramaticamente, os lábios retraídos ao bebericar o champanhe, e esperou que o garçom colocasse mais duas taças na mesa e servisse a bebida para Cassie e o sr. Webber.

Cassie queria gritar. Queria jogar tudo para fora da mesa, deixar que tudo se estilhaçasse no chão. Queria agarrar o livro e arrancar o embrulho dele. Queria o Livro das Portas.

— Tudo bem — Morgenstern disse, amuado. Ele empurrou o livro na direção do sr. Webber com um dedo delicado.

— Onde foi que você disse que o encontrou? — o sr. Webber perguntou ao pegar o livro para entregar a Cassie.

— Romênia — Morgenstern respondeu, acompanhando o pacote trocar de mãos. Ele bebeu o champanhe, e Cassie arrancou o embrulho do livro rapidamente, atraindo os olhares de algumas das pessoas sentadas ao redor.

Ela viu a capa de couro do livro sob o papel, e seu coração palpitou, as mãos tremeram. Parecia o Livro das Portas, e tudo ao seu redor desapareceu: os barulhos, as pessoas, o falatório de Morgenstern, o sr. Webber assentindo educadamente, observando o que ela fazia.

Ela arrancou mais do papel, revelando a lombada, e continuava parecendo o Livro das Portas.

— É mesmo...? — ela murmurou consigo mesma.

Mais papel rasgado, e então o embrulho caiu ao chão entre as pernas dela, como folhas de outono, e Cassie estava segurando um livro... *o livro*...

Ela agarrou as extremidades com mãos trêmulas e o abriu às pressas, desesperada para ver aqueles rascunhos, as palavras rabiscadas.

Ela viu texto, um amontoado de tinta preta.

— Só tem besteiras sem sentido — ela ouviu Morgenstern dizer, o tom de voz desdenhoso, e nunca havia sentido mais vontade de estapear alguém.

E, então, seus olhos assentaram-se no texto e o compreenderam, sua respiração parou no peito, o mundo inteiro pareceu congelar.

Ela viu palavras que não entendia, mas reconheceu as letras. Viu frases que eram obviamente humanas, talvez em romeno ou alguma outra língua europeia.

— Talvez... — ela murmurou, um apelo desesperado.

Ela folheou mais páginas, procurando imagens, rascunhos, procurando coisas que sabia estarem dentro do Livro das Portas.

E então seu coração despencou, e a decepção se abriu como um abismo gigantesco à sua frente. Entorpecida, ela encarou o livro, que não era o Livro das Portas, e odiou tudo e todos no mundo.

— Cassie? — o sr. Webber chamou, a voz perfurando os pensamentos dela como um alfinete tocando um balão.

Quando olhou para ele e sacudiu a cabeça, havia lágrimas em seus olhos.

Cassie levou dias para superar a decepção. O sr. Webber se desculpou diversas vezes, e em todas as ocasiões ela dispensou as desculpas, porque ele não havia feito nada que as exigisse.

— Foi esperança — ela dizia. — Você me deu esperança por algumas horas, o que foi bom.

Mesmo assim, o homem parecia aflito com o desânimo dela. Quando falaram a respeito alguns dias depois, durante o jantar no apartamento, Cassie explicou por que ele não deveria se sentir mal.

— Foi devastador — ela falou. — Na hora. Mas me fez perceber quanto eu quero voltar para casa, me fez perceber que eu preciso começar a pensar nisso. Tive uma ideia, tem algumas semanas... uma lembrança de algo que Drummond Fox me disse. Quero colocar em prática.

— Uma maneira de encontrar o Livro das Portas? — o sr. Webber perguntou.

Ela sacudiu a cabeça negativamente.

— Uma ideia de algo que eu posso fazer para estar pronta quando alcançarmos o meu presente. Para estar pronta para lidar com os perigos que estão me esperando.

O sr. Webber assentiu, devagar.

— Certo — ele falou.

Nos meses seguintes, Cassie iniciou um processo lento de investigação de sua ideia, procurando por uma pessoa, em vez de um livro. Foram necessários quase seis meses para que ela fizesse o contato de que precisava, e então alguns outros de conversações, duas pessoas cautelosamente compreendendo uma à outra. Ela discutia com frequência as coisas com o sr. Webber, testando os próprios pensamentos e ideias junto dele.

Quase um ano depois de sua epifania no Parque Bryant, praticamente cinco depois de ter chegado ao passado, Cassie fez uma longa viagem, sozinha. Teve um encontro, uma discussão, e fez um acordo. Então, retornou para Nova York, para o apartamento que havia se tornado sua casa.

— E então? — o sr. Webber perguntou quando ela chegou.

Cassie assentiu.

— Está feito. Agora, só precisamos esperar.

O ÚLTIMO ADEUS
AO SR. WEBBER

No nono ano de sua vida com o sr. Webber, a mente de Cassie se voltou para o futuro inevitável que estava agora avançando velozmente em sua direção. Por tanto tempo havia parecido algo muito distante, longe demais para se esperar, e agora, no entanto, parecia a ela que não tinha o suficiente para se preparar. O que parecera uma eternidade, visto de frente, parecia um mero momento olhando para trás.

O sr. Webber havia ficado mais fraco e frágil ao longo dos anos, um processo tão gradual e sorrateiro que Cassie nem sequer o tinha notado, até certo dia em que ele precisou se esforçar para se levantar de sua cadeira, sorrindo, constrangido por seus joelhos fragilizados. Cassie, então, tinha olhado para ele, visto como estava magro, como a pele em seu pescoço estava flácida. O rosto do homem ainda era liso e jovial, seu cabelo cheio e branco, mas as mãos ficavam cada vez mais fracas, seus cochilos, cada vez mais longos, e Cassie sabia que o tempo dele estava acabando. Saber que aqueles eram os últimos dias de sua vida, seu último Dia de Ação de Graças, Natal e Ano-Novo, sua última primavera, a entristeceu imensamente. Ela precisava esconder as emoções quando estava por perto dele, apavorada de acabar revelando algo de que o homem não deveria saber.

Ela se pegou pensando mais uma vez em seu avô e naquela conversa no Matt's. Cassie havia tentado contar a ele a respeito de sua saúde, mas o avô tinha se recusado a ouvir. Ela não sabia se teria feito alguma diferença, mas olhando para o sr. Webber, ela sabia, de alguma forma, que não havia nada que pudesse fazer para mudar o que aconteceria com ele. Era um homem que tinha vivido sua vida até sua conclusão natural.

— Ah, a minha luz está se apagando, Cassie — ele disse a ela certa noite, sem nenhum sinal aparente de tristeza verdadeira. — Mas tudo bem... Isso acontece com todos nós, e eu vivi uma vida encantadora, mesmo levando tudo em conta.

— Pode parar de falar assim? — ela o repreendeu. — Você está ótimo. Ainda está lúcido, ainda é capaz de sair, andar por aí e visitar as livrarias. Continua lendo, não é?

— Não estou reclamando, Cassie. Só estou sendo realista.

Cassie se ocupou com afazeres na cozinha que não precisavam ser feitos, em vez de comprometer-se com o assunto.

O sr. Webber havia se tornado seu amigo, talvez o melhor amigo que já tivera. Ele havia sido estabilidade, segurança e um alicerce de bondade e compaixão no momento em que ela mais precisou. Era insuportável pensar que não o teria mais em sua vida. Já tinha estado de luto por ele uma vez, como um conhecido casual; tinha medo de pensar que teria que fazer isso mais uma vez, agora como um amigo querido.

No verão do ano da morte do sr. Webber, o ano em que Cassie receberia o Livro das Portas, ela percebeu que precisava deixá-lo. Disse a si mesma que precisava se preparar por aquilo que estava por vir, mas sabia que, na verdade, era porque não suportaria estar com ele.

Ela disse isso a ele em certa noite, quando a cidade já estava silenciosa e escura, quando estavam sentados juntos na sala de estar dele, o rádio na cozinha tocando música barroca ao fundo.

— Eu preciso ir — ela falou.

— Eu sei — ele respondeu, com simplicidade. — Seu passado já é quase seu presente de novo. — Ele sorriu, contente com o próprio jogo de palavras.

Ela assentiu.

— E eu nunca consegui o Livro das Portas, não é? — ele falou. — Acredito que não importe agora. Não seria de muita ajuda para você, poder pular alguns meses.

— Não — Cassie concordou.

A questão do Livro das Portas continuava um enigma. Como o livro havia chegado às mãos do sr. Webber para que o entregasse a ela, afinal?

Ela suspirou.

— O que foi? — o homem perguntou.

— Passou tão rápido. Dez anos. Parece que foi tão pouco. Mas eu me lembro de chegar aqui naquela primeira noite, pensando que era tanto tempo, que era para sempre.

— Posso dizer o mesmo da vida em geral. — Ele deu um sorriso um pouco triste. — Aceite um pequeno conselho. Não desperdice sua vida escondida na própria mente. Aproveite ao máximo o tempo que você tem. Se não, antes que se dê conta, já não lhe restará tempo algum.

— Eu sei.

— E quero dizer mais uma coisa, já que estamos tão melosos. Quero te agradecer por estar comigo nesses últimos dez anos. — Ele estendeu a mão para ela, que a segurou. — Digo, de coração, que foram os melhores dez anos da minha vida. — Ele estava sorrindo, mas Cassie viu que havia lágrimas ali, acumulando-se em seus olhos. — Fico muito feliz por você ter podido ser minha amiga. Significou muito para mim.

— Para mim também — ela disse, os próprios olhos se enchendo.

— Mas não se preocupe — ele falou, a soltando e endireitando as costas. — Vou continuar te visitando na Livraria Kellner. Ainda podemos ser amigos: você só não vai saber quanto essa amizade é profunda, não ainda.

Cassie sorriu e balançou a cabeça, sabendo que ele não a continuaria visitando por tanto tempo assim.

— Sabe aquela história, do seu primeiro dia em Roma, e a mulher entrando no seu quarto quando você estava pelado?

— Hmm.

— Você me contou ela um monte de vezes nos anos em que eu te vi na livraria — ela confessou. — Sempre pensei que você era esquecido, mas não é, nem um pouquinho. Ficou me contando essa história várias vezes porque queria que eu me lembrasse dela, não é? Porque foi o que te fez acreditar em mim, quando eu a contei para você, naquele primeiro dia em que fiquei presa aqui?

Ele sorriu.

— Ela me viu em minha completude, sabia?

Cassie deixou o apartamento do sr. Webber pela última vez no início do inverno. Tinha uma conta no banco com um pouco de dinheiro que tinha recebido dele, algumas das roupas que havia acumulado ao longo dos anos em uma mala, e o celular que havia trazido consigo para o passado, recém-carregado, usando um carregador que ela havia comprado assim que o modelo certo ficou disponível no mercado. Ainda não tinha ligado o aparelho, incerta se aquilo interferiria com a outra versão do celular, que a outra Cassie tinha. Não queria que nada alterasse os eventos que a levara aonde estava.

— Bom, é isso — ela disse, o sr. Webber em pé na cozinha. Os dois acenaram com a cabeça, sem jeito de repente. Então, ela se aproximou e o abraçou. — Obrigada.

— Não — ele disse. — Eu que agradeço.

Eles se afastaram depois de um momento.

— Não se preocupe — ele falou. — Vou dar uma caminhada hoje mais tarde. Vou passar pela Livraria Kellner e ver a outra você lá. E, daqui a alguns meses, quando tudo isso tiver acabado, talvez você possa vir me visitar de novo, que tal? Não há motivo para essa amizade terminar, não é? Já estaremos vivendo no seu presente.

— Pois é — ela disse, tentando sorrir.

— Não vejo a hora de saber de todas as suas aventuras — ele continuou, levando-a até a porta. — De tudo sobre os seus livros mágicos. Enquanto isso, vou me ocupar. Muitos livros a serem lidos.

— Sempre há livros a serem lidos — ela concordou, saindo para o corredor.

— Estou pensando em retomar um velho favorito — ele comentou a ela. — Talvez eu dê conta de *O conde de Monte Cristo* mais uma vez.

Cassie sorriu para ele, seu coração se partindo um pouco.

— É um livro muito bom.

— Sim — ele respondeu. — Sim, é mesmo.

Ela o abraçou de novo, um abraço que pareceu durar para sempre, mas que não foi longo o bastante.

— Vá — ele falou. — Vá fazer o que precisa fazer. Eu te vejo em breve.

Ela deu um beijo na bochecha dele e, então, foi embora sem olhar para trás, seu último adeus para o sr. Webber.

Do apartamento, Cassie caminhou pela cidade até a Estação Penn. Ela tinha um bilhete para uma viagem de trem para o sul e um encontro dentro de poucos dias. Seria um encontro curto, ela sabia, e então ela voltaria direto para o norte, para Nova York.

A LIVREIRA (2)

Pela segunda vez em sua vida, Cassie encontrou Lottie Moore, a Livreira, em Nova Orleans. As duas se encontraram, como haviam combinado vários anos antes, às dez da noite no Café Du Monde, na Praça Jackson. Quando Cassie chegou, Lottie já estava sentada a uma das mesas externas, sob a marquise verde e branca, com café e *beignet*s na mesa à sua frente. O ar noturno estava denso e quente, como um ensopado espesso, e Cassie suava. Ao entrar no estabelecimento, ficou grata pelos ventiladores suspensos, que moviam o ar preguiçosamente.

— Tive minhas dúvidas se você apareceria — a Livreira disse quando Cassie sentou-se ao seu lado. — Estava começando a pensar que tinha imaginado a coisa toda.

— Eu também não tinha certeza de que você viria — Cassie falou. Havia outras pessoas sentadas às mesas, apesar da hora tardia, jovens dando uma pausa nas festas e bebedeiras, turistas finalizando a noite com café e *beignet*s. Na rua Decatur, um senhor negro de idade estava sentado em uma banqueta, tocando uma tuba surrada, notas estridentes perfurando o ar noturno denso. De tempos em tempos, a tuba parava e o homem cantava alguns versos em uma voz anasalada e áspera, trespassando o ruído de fundo como uma faca.

— Muito melhor nesse horário — Lottie explicou enquanto Cassie olhava ao redor. — Durante o dia, é cheio de turistas. Prefiro quando está calmo, quando eu consigo um lugar para sentar, sem ninguém tentando apressar meu café. Não consigo viver sem este lugar. Este café, estes docinhos. Isto é que é vida.

Uma mulher asiática de meia-idade arrastou-se até a mesa e olhou para Cassie, carrancuda, convidando-a a fazer seu pedido. Cassie pediu um *café au lait*.

— Você acredita em mim então? — Cassie perguntou, depois que a funcionária se afastou.

A Livreira assentiu.

— Bem, todas as coisas que você disse que aconteceriam, de fato, aconteceram. Então, ou você era do futuro, ou é sensitiva. Ou muito boa em adivinhar. De qualquer forma, fez valer outra conversa. E gostei de você naquela primeira vez que nos encontramos, há cinco anos. Tem uma energia que me agrada.

— Nunca me disseram que eu tinha energia nenhuma, mas vou aceitar.

A atendente voltou à mesa e colocou um café na frente de Cassie.

A Livreira deu uma mordida em um *beignet*, espalhando açúcar de confeiteiro em si mesma. Ela o limpou.

— Você devia pegar um — ela instruiu. — Está magra demais.

— Outra coisa que nunca me disseram — Cassie observou, mas pegou um dos doces e o comeu em poucas mordidas. Estava delicioso. Fez com que ela pensasse em Drummond e nos croissants que tinham comido em Lyon. Ela o veria de novo em breve, sabia disso, o que criou um burburinho de empolgação em sua barriga, sem que entendesse muito bem o porquê.

Enquanto mastigava, Cassie observou um bando de jovens mulheres com roupas curtíssimas cambaleando pela rua, na direção do músico. Ao se aproximarem, começaram a dançar na rua ao som da tuba, gritando, rindo e arrancando uma buzinada de um carro que tentava passar.

— Você disse que me ajudaria — Cassie falou para a Livreira, lambendo o açúcar dos dedos.

— Lembra-se do nosso acordo? — a mulher perguntou.

— Sim. Você vai mandar alguém para proteger minha amiga.

— Izzy — a Livreira falou, e Cassie ficou impressionada por ela não precisar conferir alguma anotação ou ser incitada a recordar o nome. — Eu me lembro.

— Ela é importante para mim — Cassie declarou. — Quero garantir que ela esteja segura.

— Compreendo. Diga-me onde e quando.

Cassie tomou um gole do café e limpou um pouco de açúcar do colo.

— Vou te mandar um e-mail mais perto da data com os detalhes. Me passe um endereço de e-mail.

A Livreira assentiu.

— Eu a deixei dormindo na cama — Cassie explicou, olhando novamente para a rua. — Alguém precisa vigiar e garantir que ela esteja bem. Então, de manhã, quando ela acordar, quero que a levem para algum lugar, para mantê-la em segurança.

— Entendido.

— E quero emprestado qualquer livro que você tenha que possa me ajudar com o doutor Barbary.

A Livreira não disse nada por um tempo, olhando para a própria xícara de café, rotacionando-a no pires. Cassie ouviu a tuba, o falatório de turistas em mesas próximas, falando do *Garden District*, de cemitérios, de quanto o gumbo que comeram estava ruim.

— O que está pedindo — Lottie começou, trazendo a atenção de Cassie de volta para si — não é pouca coisa. Compreende?

Cassie ergueu os ombros.

— O que estou oferecendo também não é pouca coisa.

— Se ele realmente existir.

— Você sabe que ele existe, ou não estaria aqui. Já tivemos essa conversa, e eu preciso voltar para Nova York.

A Livreira sorriu.

— Gosto mesmo da sua atitude, garota — ela falou. — Quanta confiança.

— Taí mais uma coisa que eu nunca ouvi — Cassie murmurou. Além do som da tuba e da conversa, na cafeteria, ela ouviu um sino tocando em algum lugar atrás de si, talvez de um barco no vasto Mississipi. Cassie não sabia se barcos viajavam tão tarde da noite. Imaginou o quanto seria solitário estar lá, no meio da escuridão.

— Então, me diga uma coisa — a Livreira pediu. — Se você conseguir recuperar seu livro de Hugo Barbary, por que simplesmente não volta no tempo e o impede de atirar você no passado? Por que só não fazer com que nada disso tenha acontecido?

Cassie sorriu. O sr. Webber e ela haviam passado muitas noites debatendo viagens no tempo.

— Acho que viagens no tempo não funcionam assim — ela disse. — Uma vez me disseram que não se pode mudar o passado, apenas criar o presente em que se vive.

— Isso não faz sentido.

— Depois de viajar um pouquinho no tempo, você começa a entender — Cassie falou. — As coisas sempre acabam do jeito que aconteceram. Não acho que eu poderia impedir que aquilo acontecesse comigo. E, o mais importante, não sei se iria querer isso agora.

— Ah, é? — a Livreira perguntou.

Cassie deu de ombros. Os primeiros meses presa no passado haviam sido difíceis para ela. Nunca havia experimentado tamanho desespero. Mas, depois, nos anos que se seguiram, em todo o tempo que tinha passado com o sr. Webber, ela havia sido feliz. Havia construído uma amizade com ele, e o período foi especial em sua vida. Ela não mudaria isso agora; não sacrificaria aquelas lembranças.

— Não importa — ela falou. — Não é por isso que estou aqui.

A Livreira ergueu uma mão e fez um gesto para um homem sentado do outro lado da cafeteria. Era um homem alto e caucasiano, de pele pálida. Ele foi até elas e entregou uma maleta para Lottie.

— Este é Elias — ela explicou. — É meu guarda-livros. No sentido de alguém que mantém livros em segurança, não um contador.

Elias olhou para Cassie sem qualquer expressão. Havia algo de intenso no olhar do homem, e, em outra situação e sem introduções, ele teria parecido medonho.

Lottie colocou a maleta na mesa, empurrando as xícaras e os pratos para os lados, e a destrancou usando uma chave pendurada em uma corrente em seu pescoço.

— Eu tenho um livro que jamais venderei — ela disse. — Está na minha família há três gerações. É o livro que me permite levar a vida que levo. Ele me manteve a salvo de caçadores de livros e outros ao longo dos anos. Sem este livro, eu estou exposta. Não é um risco que menosprezo.

— Vou devolvê-lo a você assim que estiver com o Livro das Portas — Cassie garantiu.

— Você vai me dar os dois livros — Lottie afirmou.

Cassie concordou com a cabeça, relutante.

— Esse é o acordo.

— Se não fizer isso — a Livreira falou —, não há nada neste mundo que vá me impedir de te encontrar e te matar. Você compreende?

— Sim — Cassie disse.

— Nã-não. — A Livreira balançou um dedo na direção de Cassie, como se estivesse a repreendendo. — Não fale sem pensar. Eu não sou Hugo Barbary. Não sou um homem idiota com o ego inflado. Sou uma profissional, e as pessoas só me contrariam uma vez.

— Eu compreendo.

A Livreira sustentou seu olhar por um momento, enfatizando a mensagem. Então, ela virou a maleta sobre a mesa.

O livro que estava dentro era do mesmo tamanho do Livro das Portas — assim como todos os livros especiais, Cassie presumia —, mas sua capa era de um branco puro, como porcelana refinada ou algodão cru.

— É lindo — Cassie disse, lembrando-se de como eram maravilhosos esses livros especiais, apesar de toda a infelicidade que haviam trazido a ela. — O que ele faz?

— Pegue-o.

Cassie retirou o livro da maleta e o segurou nas mãos. Era muito leve, como segurar uma nuvem. A superfície era levemente texturizada, como a maciez rugosa de uma atadura.

— Esse é o Livro da Proteção — a Livreira explicou, os olhos fixos no volume entre os dedos de Cassie. — Se o tiver consigo, nenhum dano recairá sobre você. Ninguém conseguirá te machucar. Você não poderá ser ferida. — A Livreira ergueu os ombros. — Ele vai te manter a salvo.

Cassie inspirou fundo e abriu o livro, lembrando-se da emoção da descoberta, a emoção da magia em forma de livro.

Ela sorriu conforme os olhos correram pelo texto do Livro da Proteção, pois sabia que Hugo Barbary não seria um problema.

Lá fora, na rua, o músico parou de tocar sua tuba e cantou suas palavras para a noite escura e espessa.

A MORTE SILENCIOSA
DO SR. WEBBER (2)

Cassie voltou para Nova York, o Livro da Proteção guardado no bolso de seu casaco. Ela ficou hospedada em hotéis por alguns dias, mantendo-se fora do radar, escondida.

Quando escureceu no terceiro dia, com o ar gelado, Cassie saiu do hotel onde estava hospedada e caminhou pela cidade até chegar à Livraria Kellner. A neve estava por vir, ela sentia no ar, e puxou a gola do casaco para cobrir o pescoço. Cassie ficou do outro lado da rua, em uma porta ao lado do restaurante de sushi, e observou sua versão mais nova através da janela da livraria. Observou aquela Cassie mais nova, no dia que sua vida havia mudado.

Ela não conseguia enxergar as mesas da cafeteria da rua, mas sabia que o sr. Webber já estava lá dentro, bebendo café e lendo *O conde de Monte Cristo*.

Então, viu a outra Cassie se afastar do balcão na frente da loja, uma pilha de livros debaixo do braço. A neve começou a cair, e em algum lugar da loja ela estava conversando com o sr. Webber, falando de Dumas e de Roma.

Cassie sentiu algo em sua bochecha e pensou ser um floco de neve, mas, quando ergueu um dedo, sentiu lágrimas.

A outra Cassie reapareceu na janela da loja, olhando para a noite, maravilhada, quando a neve começou a cair. Em algum lugar atrás dela, o sr. Webber morria silenciosamente.

Pela segunda vez, ela estava com ele — ou por perto dele, pelo menos — no fim de sua vida. Cassie desejou ter podido estar ao seu lado, segurando sua mão, fazendo companhia a ele nos momentos finais. Tinha desejado o mesmo com seu avô, mas estivera dormindo, exausta depois de cuidar dele por muitos dias. O fato de ter perdido aquele momento ainda ardia em seu âmago.

Na janela da Livraria Kellner, a Cassie mais jovem se levantou e, às pressas, afastou-se.

Cassie saiu da passagem e desceu a rua. Encontrou outra porta para se abrigar e observou os paramédicos chegarem, depois os policiais, os viu irem embora minutos mais tarde. E então, pouco tempo depois, a Cassie mais jovem saiu da loja e a trancou, envolta em seu sobretudo e no cachecol bordô, o gorro na cabeça. Ela caminhou pela rua e parou diretamente em frente à porta onde a Cassie mais velha observava. Cassie viu sua versão mais jovem tirar o Livro das Portas do bolso e o abrir para examiná-lo brevemente. Ela, então, sacudiu a cabeça, guardou o livro de volta no bolso e seguiu em frente, rumo à sua vida e suas aventuras.

A Cassie mais velha enxugou as últimas lágrimas do rosto enquanto observava sua versão mais nova ser engolida pela neve.

— Chega de lágrimas — ela disse a si mesma.

Aquela era a noite em que Cassie havia viajado pela primeira vez com o Livro das Portas.

Em poucos dias, retornaria para seu apartamento com Drummond Fox e encontraria Hugo Barbary esperando por ela, esperando para atirá-la no passado.

Dessa vez, era ela que estaria esperando. Dez anos haviam se passado, ela estava pronta para ele.

Parte Quatro:

UMA DANÇA EM UM LUGAR ESQUECIDO

UM ENCONTRO NA BIBLIOTECA FOX:
A NATUREZA E A ORIGEM
DA MAGIA (2011)

Durante o que viria a ser o último encontro na Biblioteca Fox, no ano antes de três deles morrerem em Nova York, Drummond Fox e seus amigos discutiram as origens da magia.

Era um dia de primavera, um mundo repleto de cor, e a luz do sol fluía para o interior da sala de jantar e cintilava nos copos e nos talheres. Drummond e seus amigos desfrutavam de um almoço luxuoso, que ele havia organizado para celebrar a presença de todos.

— E então, vai nos contar o que descobriu? — Drummond perguntou, olhando para Wagner.

Era o motivo de terem se reunido naquele fim de semana. Wagner viera devolver os livros que tinha pedido emprestado para seus experimentos, os estudos dos quais os quatro haviam falado em seu encontro anterior. Lily e Yasmin tinham viajado para a Escócia para saber de tudo sobre experimentos e dos detalhes das descobertas de Wagner.

— *Ja* — Wagner respondeu, cortando seu assado de cordeiro com a faca. — Vou contar a vocês tudo que descobri — ele falou. — Posso contar em uma só palavra: nada.

O restante do grupo ao redor da mesa lançou olhares entre si.

— Nada? — Drummond indagou. — Absolutamente nada?

— Nada — Wagner garantiu.

— Nada? — Lily questionou. — Eu vim de Hong Kong até aqui para nada? Sabe quanto custa um voo de Hong Kong, Wagner?

Wagner sorriu, sabendo que a amiga estava brincando.

— De acordo com todas as medições científicas, os livros são inteiramente normais.

— Você tentou usar um deles? — Yasmin perguntou. — Com a luz e tudo o mais? — Ela balançou os dedos, como se para expressar acontecimentos mágicos.

— *Ja.* — Wagner assentiu. — A luz não foi detectada. Não é visível exceto para olhos humanos, ao que parece. Não havia partículas que eu pudesse capturar, nada para se pesar ou medir. É como se a mágica não estivesse sujeita a interrogações científicas. — Ele ergueu um dedo. — O que é bastante inusitado.

— Para dizer o mínimo, certo? — Yasmin indagou.

— *Ja* — Wagner respondeu. — Precisamente.

Eles comeram em silêncio por alguns momentos, digerindo as notícias decepcionantes.

— O que me parece é que a luz colorida que os livros produzem é a fonte da magia em si — Lily disse, espetando metade de uma batata assada com o garfo e a segurou à frente dos olhos, como se a avaliasse. — A cor *é* a magia, eu acho. Ela só aparece quando a magia está acontecendo. O livro está sempre ali, mas a cor só aparece quando há magia.

Wagner assentia enquanto Lily colocava a batata na boca.

— *Ja* — ele concordou. — Como algum tipo de força universal que nós simplesmente ainda não compreendemos.

— E que não foi possível detectar com seus experimentos? — Drummond perguntou.

— Exatamente — Wagner confirmou. — Talvez nem seja algo tão misterioso, uma vez que a entendamos corretamente.

— Então está dizendo que é como eletricidade ou gravidade? — Yasmin perguntou, franzindo a testa.

Wagner deu de ombros, o gesto amigável.

— *Poderia* ser. Nós também achamos que essas coisas eram mágicas, antes de as compreendermos de verdade.

— A eletricidade pareceria bem incrível para alguém que não soubesse nada a respeito — Drummond concordou. Lá fora, além das janelas altas na extremidade da sala de jantar, florações em branco e cor-de-rosa cobriam todo o gramado.

— Talvez não seja uma força deste universo — Wagner continuou. — Talvez seja algo se infiltrando, vindo de outra realidade. Uma realidade diferente. Seria esse o motivo de não a compreendermos. Ou de alguma parte do universo que está por trás da nossa parte. Algum lugar fundamental, que seja a origem de toda a matéria e realidade.

O grupo avaliou a sugestão, ruminando grandes ideias enquanto mastigavam o almoço. Era daquilo que Drummond mais gostava nas reuniões: não era que respostas sempre fossem encontradas, e sim que perguntas eram feitas, consideradas e apreciadas. Nenhuma ideia era desprezada nem rejeitada; cada pensamento era válido. Seus amigos eram pessoas que tinham mais conhecimento do que ele, que compreendiam coisas diferentes e, às vezes, parecia que apenas quando estavam juntos, com todas as perspectivas diferentes que traziam, conseguiam chegar a qualquer conclusão.

— Mas por que livros? — Lily se perguntou depois de um tempo. — Por que são livros, e estes livros em particular, que podem canalizar ou conter essa força? A magia?

— Essa é uma boa pergunta — Wagner concordou. — Uma pergunta para a qual eu não sei a resposta. — Ele levou com o garfo um naco de cordeiro para dentro da boca e mastigou. — Excelente cordeiro, Drummond. Muito bom mesmo.

Drummond inclinou a cabeça, aceitando o elogio.

— Livros são um item especificamente humano, não são? — Yasmin disse. — Não se encontram de forma natural no mundo. Cães e gatos não escrevem livros.

— Eu leria um livro escrito por um cachorro — Lily comentou, e Wagner sorriu.

— Mas o que eu quero dizer... — Yasmin continuou — ... essa mágica, essa força que não compreendemos ainda, ela deve ter sido *inserida* nos livros de alguma maneira. Ou então, se são fragmentos de outro universo, como Wagner está sugerindo, como é que as paredes racharam, e por que esses fragmentos foram parar em livros?

— Eu sempre pensei que fosse obra de uma pessoa — Drummond admitiu. — Talvez séculos atrás, alguém que tinha a capacidade de criar esses livros mágicos. Que canalizaram algo, ou encontraram algo, e então ao longo dos séculos, os livros viajaram e se dispersaram por todo o mundo.

— Uma pessoa teria feito tudo isso? — Wagner perguntou, franzindo o cenho. — Uma pessoa criou todos esses livros?

— Alguém que amava livros — Drummond confirmou, ciente, mas não envergonhado do fato de que aquela era uma ideia boba e romântica.

Lily balançava a cabeça.

— Sim — ela disse. — Só alguém que ama livros poderia criar os livros especiais. Eles são bonitos demais para serem um acidente.

— Eu concordo — Yasmin se manifestou. — Não é um acidente que a magia esteja nos livros. Não sei se foi uma pessoa que os criou, ou se essa pessoa amava livros, mas a magia está neles por um motivo.

— *Ja* — Wagner concordou. — Esses livros compartilham muitas características similares, como se fizessem parte de um conjunto. Parecem ter sido

245

feitos por meio de um mesmo processo. Talvez por meio de uma mesma mão humana.

— Ou uma mão não humana? — Lily perguntou.

Drummond sorriu.

— Tipo o quê, um alienígena?

— Um deus? — Lily sugeriu. — A história é repleta de deuses, assim como as histórias humanas são repletas de magia. Talvez tenham existido deuses em algum ponto também. Talvez esses livros sejam relíquias ou artefatos de algum ser sobrenatural.

— Tudo isso são hipóteses — Wagner disse, dando de ombros. — Sei lá. Talvez nunca saibamos. "Fazer ciência" com os livros certamente não nos ajudou.

Lily sorriu com a referência intencional de Wagner a suas palavras do último encontro.

— O que eu sei é que tenho uma torta *Bakewell* caseira para comermos em seguida — Drummond mudou de assunto. — O que é uma experiência sobrenatural por si só.

O grupo riu, e a conversa seguiu em frente, indo para rumores de livros recém-descobertos, amigos mútuos de quem não tinham notícias há algum tempo, e histórias da bela mulher que estava viajando pelo mundo procurando livros.

OS NOVOS LIVROS DE BARBARY

— **M**as que vagabunda é aquela mulher — Barbary disse casualmente, enquanto Drummond se erguia do chão. Em seguida, sorriu. — Sempre melhor quando estamos só entre caras, não é? Ninguém pra ficar se ofendendo com piadas inocentes.

— O que você fez, Hugo? — Drummond perguntou. — Você a jogou pela porta? Ela vai ficar presa no passado!

Barbary deu um sorriso perverso.

— Acho que está me confundindo com alguém que se importa.

Barbary meneou o punho, e Drummond sentiu seu corpo imediatamente ser erguido, ficando suspenso em pé, a trinta centímetros do chão. O Livro do Controle, segurado ao lado do corpo de Barbary, efervescia com luz.

— Fique sabendo que eu tive um dia bem ruim — Barbary disse. Com um gesto vago, ele indicou a lateral de seu rosto, e Drummond notou pela primeira vez que ela parecia inchada. — Meu olho está cheio de sangue. Um filho da puta de um gorila me estapeou, como se eu fosse a esposa dele. E sabe o que mais ele fez?

Drummond observou, incapaz de se mover, cada parte de seu corpo tensa. Sua mente estava acelerada, tentando descobrir uma maneira de escapar, tentando pensar no que Cassie estaria fazendo, tentando entender o que Barbary faria com ele.

— Roubou a porra do meu livro! — Barbary gritou, furioso, espirrando saliva e acertando o rosto de Drummond.

— Você acabou de roubar o livro da Cassie — Drummond pontuou, indicando com a cabeça o Livro das Portas na outra mão de Barbary. — Não está exatamente com autoridade moral para reclamar disso, Hugo.

Barbary ergueu o Livro das Portas e o inspecionou.

— Ah, sim, o Livro das Portas. — Ele abanou as páginas. — Quanta diversão isto aqui pode me trazer. A aparência não é das mais espetaculares, né? — Ele analisou a capa do livro antes de deixá-lo cair no chão aos seus pés. — Bem comum. Mas é um prêmio fantástico.

Drummond moveu-se de repente, planejando agarrar um braço ou o pescoço de Barbary, mas o homem estava a postos. Ao sacudir a mão, o braço de Drummond congelou no meio do caminho, encontrando resistência tão firme quanto a de uma parede.

— Não adianta — Barbary avisou, sua voz quase solidária. — Eu prevejo tudo que você possa fazer. Mas, de fato, fez com que eu me lembrasse de que está com seus livros, não é?

Barbary moveu a mão duas vezes, e ambos os braços de Drummond foram puxados para os lados, em uma paródia de crucificação. Barbary o empurrou pelo ar até a sala de estar e o posicionou pendurado de frente para a janela.

— Não é terrível? — Barbary disse então, gesticulando para a sala de estar e a cozinha às suas costas. — Parece uma peça de teatro modernista dos anos 1990, uma bem deprimente. Tem gente que vive assim de verdade?

Ele não esperou uma resposta. Pôs-se a vasculhar os bolsos internos de Drummond, sua mão enorme correndo feito uma aranha, até que encontrou o Livro da Memória.

— Muito bom — ele vibrou, examinando o livro. — Este é o Livro da Memória, presumo. — Drummond não respondeu. Barbary segurou o livro pela capa traseira e deixou que as páginas se abrissem para analisá-las. — Muito bom. — Ele colocou o livro no chão e voltou a procurar nos bolsos de Drummond, mais dedos aranhosos, e retirou o Livro da Sorte e o Livro das Sombras. — Encantador — ele disse, admirando a capa dourada do Livro da Sorte. — Qual é este?

Drummond recusou-se a responder, o olhar fixo acima da cabeça de Barbary. O homem deu de ombros.

— Não importa. O tempo dirá. — Hugo colocou os dois livros no chão com o Livro da Memória e o Livro das Portas. Ao seu lado, o Livro do Controle continuava pulsando suas cores.

— Um acervo e tanto — o homem falou. — Talvez eu possa começar a minha própria coleção para competir com a da Mulher? O que acha, Drummond? Qual monstro você preferiria? Eu ou ela?

— Ah, você, sem dúvida — Drummond respondeu.

Barbary inclinou a cabeça, interessado.

— E por que motivo?

— Porque ela é aterrorizante, e você é um tolo. Eu nunca perderia o sono por sua causa, Hugo.

Barbary gargalhou como se aquela fosse uma resposta fantástica.

— Bem, vamos ver se podemos fazer algo a respeito disso, o que acha? — Ele olhou para Drummond, como se realmente tentasse decidir qual tortura infligir a ele. — É uma pena que aquele gorila tenha roubado meu Livro da Dor. Eu teria adorado te fazer contar todos os seus segredos. — Ele puxou o ar por entre os dentes, considerando suas opções. — Talvez eu ainda possa me divertir um pouquinho sem o livro... talvez possa te fazer falar à moda antiga. O que acha? Que tal uma torturazinha de leve?

Os pensamentos de Barbary foram interrompidos por um toque musical vindo de seu bolso. Ele retirou o celular e o observou por um momento.

— Aquela filha da puta — ele murmurou.

— O quê?

— Aquela vagabunda preta careca de merda.

— A Livreira? — Drummond perguntou.

— Ela vai vender meu livro — Barbary disse. — Aquele japa e o gorila dele deviam trabalhar para ela.

Barbary ficou imóvel por um momento, as mãos nos quadris e os olhos encarando a janela atrás de Drummond, como se estivesse fazendo algum plano ou decidindo como responder.

— Bem, vou ter que matá-la — declarou, como se fosse a conclusão óbvia.

— A Livreira? — Drummond repetiu, em tom cético.

— Ela, e qualquer outro filho da puta que tentar pegar meus livros. Ainda tenho o Livro do Controle — ele disse, erguendo o livro brilhante e pulsante que segurava. — Não vai ser difícil.

— Ela não permite que se tragam livros em leilões — Drummond disse. — Você sabe disso.

— Não, eu não sei — Barbary murmurou. — Nunca estive em um leilão dela. Mas isso só torna as coisas mais fáceis. Sem livros, ninguém mais terá trunfos. Vou atirar em todo mundo, e pronto. — Ele jogou o sobretudo para trás, revelando a arma em seu quadril. — Talvez atire em você primeiro, só para calar sua boca.

Drummond tentou erguer os ombros de onde estava pendurado no ar. Ele realmente já não se importava. Era interessante quão pouco espaço sobrava para o medo quando seu corpo estava cheio de exaustão.

— Anda logo com isso então, cara, por favor, pelo amor de Deus.

Drummond ouviu um barulho então, o rangido de uma chave, a porta da frente se abrindo. Barbary ouviu um momento mais tarde e se virou para encarar o corredor no momento em que uma mulher entrou na sala de estar.

249

Não qualquer mulher. Era Cassie.

Uma Cassie diferente, mais madura, com uma missão nos olhos.

— Olá — ela disse. — Esperei muito tempo por isso.

O LIVRO DA PROTEÇÃO

O cômodo ficou em silêncio por um instante, Barbary a encarando. Atrás dele, Drummond estava pendurado como um homem crucificado em suspensão, a janela iluminando-o por trás. O estômago de Cassie se revirou de alegria e empolgação ao vê-lo. Fazia dez anos, e ele parecia esfarrapado e exausto.

Concentre-se!

O livro de Barbary brilhava ao lado do corpo dele, segurando Drummond no alto.

— Você... — Barbary disse, estreitando os olhos para examiná-la — ... parece diferente.

— Devolva meu livro — Cassie ordenou. Não estava interessada em conversar sobre o que tinha acontecido a ela.

Barbary riu.

— Vá para o inferno, vagabunda. Eu comecei minha própria coleção. Seu livro é meu agora, e os dele também. — Ele apontou para Drummond às suas costas, e então se agachou para pegar os livros aos seus pés, os guardando um de cada vez nos bolsos.

Cassie deu alguns passos na direção dele, e as sobrancelhas de Barbary se ergueram de surpresa, um sorriso de prazer se estendendo por seu rosto.

— Sr. Fox — ele chamou, falando por cima do ombro —, sua jovem dama se tornou um tanto ousada. O que você vai fazer, querida? Me arranhar? Puxar o meu cabelo?

— Cassie — Drummond disse, em tom de alerta.

— Você não pode fazer nada comigo — Cassie falou.

— Ah, é? — Barbary falou. — Bem, estou empolgado pra testar essa teoria.

Ele moveu o braço de repente, e Cassie foi arrastada para a frente, até a mão estendida do homem, os dedos em torno do pescoço dela ao erguê-la do chão, o rosto muito próximo.

— Sabe, umas das piores coisas que já aconteceram na história foi quando vocês, mulheres, começaram a pensar serem iguais a nós, homens. — Cassie sentia o cheiro de carne apimentada e suor, o cheiro de Barbary, e teve vontade de vomitar. — Às vezes, eu queria viver nos anos setenta, quando a ordem natural das coisas ainda funcionava. A vida era muito mais simples naquela época. Eu poderia simplesmente te dar um tapa e te mandar fazer meu jantar, e ninguém nem piscaria.

Ele sorriu para Cassie, mas então sua boca se retorceu de repente em uma careta furiosa.

— Alguém precisa te dar uma lição, garota, assim como nos velhos tempos. — Atrás de Barbary, Drummond caiu ao chão, como se tivesse sido esquecido. Quase ao mesmo tempo, Barbary girou a cintura, como um golpe de judô, e atirou Cassie no chão. Seu corpo fez um estrondo audível, e ela sentiu as vibrações atravessando seu peito, mas não houve nenhuma dor.

O Livro da Proteção a protegia; ela sentia o calor dele através das roupas, e nenhum dano poderia recair sobre ela. A realidade daquele fato era como a luz do sol atravessando as nuvens em sua alma.

— Vagabunda idiota — Barbary murmurou ao passar por cima dela, e então enfiou a cabeça no corredor, como se quisesse garantir que não havia mais ninguém ali. Quando se virou novamente, Cassie estava de pé. Ele piscou, surpreso.

— Vai precisar fazer melhor do que isso — ela disse a ele.

Então, ela ergueu a arma que havia tirado do coldre quando ele a puxou para perto. Nunca tinha atirado antes, e aquela arma tinha um tubo comprido no cano, que Cassie presumiu ser um silenciador, mas ela não achava que seria difícil. Barbary era um alvo grande, e estava bem próximo. Ela puxou o gatilho e houve um estrondo abafado e, quase ao mesmo tempo, lhe pareceu, Barbary foi atirado para trás pelo ombro, caindo dentro do corredor.

— Pegue os livros — Drummond murmurou atrás dela, erguendo-se em um cotovelo.

Cassie aproximou-se do corredor quando Barbary se sentava, uma mão segurando o ombro.

— Você atirou em mim! — ele exclamou, aparentemente indignado.

— Devolva meu livro — Cassie exigiu.

— Vá para o inferno — Barbary repetiu. Ele sacudiu a mão, e Cassie foi jogada para cima, o topo da porta acertando sua lombar sem lhe causar dor.

— Não consegue me machucar — ela disse. — Mas eu consigo machucar você.

Ela ergueu a arma de novo e apontou-a para a cabeça dele.

Os dedos de Barbary se moveram, e dessa vez Cassie foi atirada para trás, até a cozinha, parando ao estatelar-se contra o fogão.

— Talvez eu não consiga te machucar — Barbary disse, tornando a entrar no cômodo. — Mas consigo te tirar do meu caminho.

Cassie atirou de novo e errou o alvo, atingindo rente ao lado esquerdo de Barbary.

— E as balas, você consegue tirar do seu caminho?

Ele hesitou, debatendo consigo mesmo enquanto Cassie se colocava de pé, não tirando os olhos dele em nenhum momento.

— Você consegue parar várias balas? — ela perguntou. — Ou acha que eu acerto um dos seus órgãos mais cedo ou mais tarde?

Ele a encarou venenosamente, dando-se conta do impasse. Cassie enxergava a mente dele funcionando, tentando encontrar uma saída, mas não queria dar a ele tempo suficiente para criar um plano.

— Devolva meu livro — ela vociferou — antes que eu enfie uma bala nesse espaço da sua cabeça onde deveria ter um cérebro.

Ele não se mexeu, e Cassie podia ver quanto o homem não queria dar a ela o que ela queria. Ele estava, furiosamente, tentando fazer qualquer outra coisa.

De algum lugar, movendo-se com uma velocidade surpreendente, Drummond se ergueu do chão com um salto, tomou impulso no sofá com um pé e se jogou sobre Barbary pela lateral, o homem distraído. Os dois se estatelaram na parede ao lado da porta, um emaranhado de membros e raiva, gritos e resmungos, e o Livro do Controle escorregou das mãos de Barbary e saiu voando para longe. Eles lutaram brevemente, desmoronando no chão, com Barbary por cima, socando Drummond repetidamente no rosto, grunhindo e murmurando enquanto o fazia.

— Pare — Cassie ordenou simplesmente, aproximando-se do homem por trás e tocando a boca gelada da pistola contra a nuca gorda dele.

Barbary congelou, um punho erguido no ar.

— Levante-se — ela instruiu, pressionando a arma no pescoço do homem. Ele se pôs de pé, e Cassie se afastou, ficando fora de seu alcance, esperando que Drummond se erguesse do chão. Seu rosto era um caos de sangue. Ele se esticou e pegou o Livro do Controle de onde estava caído. Era um item cinza desbotado, com a superfície texturizada, como uma hachura.

— Entregue os outros livros para nós — Drummond disse para Barbary, secando os olhos com a manga. — Todos eles.

Cassie manteve a arma apontada para o homem careca, que os encarava com o rosto abaixado, um sorriso desdenhoso nos lábios.

253

— Um dia muito ruim mesmo para você — Drummond constatou. — Perdeu seus dois livros. Nenhum dos que tem nos bolsos pode te ajudar agora, não contra o Livro do Controle e uma arma. Devolva-os para mim, e deixo você viver.

Barbary exalou pesadamente pelo nariz e, então, colocou as mãos nos bolsos e retirou os livros um por um, os atirando no chão: o Livro da Sorte, o Livro da Memória, o Livro das Sombras e, finalmente, o Livro das Portas.

— É melhor você me matar agora — ele disse. — Porque, se eu estiver vivo, vou atrás de você. E não vou parar.

— Eu não quero matar ninguém, na verdade — Cassie falou, dobrando o corpo para pegar o Livro das Portas, seu coração se enchendo de alegria ao segurá-lo novamente pela primeira vez em dez anos. — Mas também não quero ficar olhando por cima do ombro pelo resto da vida.

Ela pensou por um momento enquanto Drummond abria o Livro do Controle e sorria soturnamente, olhando para a primeira página.

— Controle — ele leu, virando o livro para mostrar a Cassie. A palavra "controle" era o único elemento na página, letras bastão maiúsculas estampadas em tinta preta espessa. — Acho que faltou um quê de poesia, não?

Cassie resmungou, e Barbary o encarou, furioso.

Drummond segurou o livro, o cenho franzido de concentração. O objeto começou a brilhar em sua mão e, um momento depois, o sofá se moveu alguns centímetros da parede, arrastando-se pelo chão.

— Não é tão difícil — Drummond disse para Barbary, o brilho enfraquecendo e o ar desanuviando. Então, para Cassie: — O que você quer fazer?

— Já sei o que quero fazer — ela avisou. Entrando no corredor, ela fechou a porta de seu quarto. — Coloque ele aqui quando eu abrir a porta.

Drummond assentiu, compreendendo, e o Livro do Controle começou a brilhar de novo. Cassie abriu a porta de seu quarto para revelar uma rua agitada em Nova York, o trânsito fluindo, pedestres com roupas de outra época. Drummond moveu a mão, e Barbary foi atirado para a frente, passando pela porta e caindo em meio à escuridão.

Cassie observou-o colocar-se de pé, além da porta.

— Vamos ver se você vai gostar mesmo de viver nos anos setenta! — ela gritou, liberando dez anos de raiva e dor. Então, bateu a porta com um estrondo enquanto ele olhava ao seu redor, a compreensão despontando.

Drummond caiu no sofá, exausto. Cassie deu a ele um punhado de guardanapos, e aguardou enquanto ele tentava limpar o sangue de seu rosto machucado.

— Você está diferente — ele disse, por fim, e Cassie achou que o homem estava tentando evitar seus olhos. — Você parece diferente.

Ela não disse nada, parada em frente à janela, os braços cruzados. Era muito estranho, estar de volta no velho apartamento, depois de uma década.

— O que aconteceu com você? — ele perguntou.

— Dez anos se passaram — ela respondeu. Sua voz estava baixa, sem raiva, sem gritos. A fúria havia sido drenada de seu corpo.

Drummond a encarou, uma expressão de choque.

— Dez anos — ela repetiu, como se precisasse ter certeza de que ele tinha ouvido.

— Como... — Drummond começou, mas então se conteve, talvez percebendo que não fazia sentido fazer perguntas. Ele engoliu em seco, e ela o viu reordenando os pensamentos — ... você esperou dez anos?

Ela deu de ombros.

— Não tinha outro jeito.

Ele assimilou aquilo por um momento, e então perguntou:

— Para onde você o mandou? Barbary?

— Fiz com ele o mesmo que fez comigo — ela disse. — Eu o mandei para o passado. Ele queria tanto viver nos anos setenta, então eu o joguei lá. Vamos ver se ele gosta.

— E se ele voltar? — Drummond perguntou. — Você voltou.

Cassie pensou na questão.

— Eu precisei viver dez anos, e já foi bem difícil. Ele precisaria viver cinquenta. Teria quantos anos agora? Noventa?

Drummond ergueu os ombros.

— Se ele viver até lá — Cassie pronunciou —, não acho que vai ser uma ameaça para nós.

Drummond apalpou o rosto machucado mais um pouco.

— Eu sinto muito — ele disse, por fim.

Cassie balançou a cabeça.

— Não foi sua culpa — ela falou.

Drummond olhou para ela.

— Tem certeza disso?

Ela suspirou.

— Eu não sei, Drummond. Só é bom ver você depois de todo esse tempo.

Depois de um instante, ele assentiu, aceitando. Observou Cassie em silêncio por um tempo, os olhos se movendo devagar pelo rosto dela, obviamente vendo quanto ela havia mudado.

— Não acredito que se passaram dez anos para você — ele falou em voz baixa. — Como você sobreviveu? Como seguiu adiante?

— Tive ajuda — ela admitiu. — Te conto a respeito em algum momento. Mas agora precisamos encontrar Izzy. Eu não a vejo há uma década e quero muito, *muito* vê-la de novo.

— Eu não sei onde Izzy está — Drummond confessou. — Não sei o que aconteceu com ela. Sinto muito.

— Eu sei — Cassie falou.

Drummond olhou para ela, interrogativamente.

— Fiz um acordo — ela contou. — Com a Livreira. Ela me deu o Livro da Proteção para que eu lidasse com Barbary. E me prometeu que mandaria alguém para proteger Izzy.

— Barbary falou de um homem japonês — Drummond disse. — Provavelmente Azaki. E quem quer que estivesse com ele.

Cassie deu de ombros. Ela não sabia dos detalhes.

— Em troca do quê? — ele perguntou. — Que acordo você fez?

Cassie ergueu o Livro das Portas.

— Em troca disto. Sinto muito, Drummond, mas, se você quer o Livro das Portas, vai precisar comprá-lo da Livreira primeiro. Eu prometi que o daria a ela se Izzy ficasse em segurança.

O LUGAR ESQUECIDO

Em um lugar esquecido na rua 27 Oeste, Izzy observou os caçadores de livros chegarem para o leilão da Livreira conforme os minutos do dia lentamente arrastavam-se até a meia-noite.

Ela estava em um mezanino em um espaço que outrora fora um bar, um andar acima do saguão em estilo *art déco* do antigo Macintosh Hotel. Na frente do átrio, a entrada, antes imponente, estava agora encoberta por madeira compensada, selando o lugar do resto do mundo. Uma única porta havia sido cortada nas placas, e, quando se abriu, um homem velho e esquelético, de cabelo branco e pele rígida, passou por ela. Seus olhos eram cruéis e julgadores, Izzy pensou, e, pela cara que fez, parecia que tudo que estava vendo era tão horrível quanto esperava que fosse. Era um homem que gostava de se desapontar com as coisas.

— Quem é aquele? — ela perguntou.

— É o pastor Merlin Gillette e dois e seus filhos horrorosos — a Livreira disse. — Não estou dizendo que só alguns dos filhos dele são horrorosos. Todos são. Mas hoje ele só trouxe dois deles.

O homem havia sido seguido ao entrar no saguão por dois adultos mais jovens que pareciam gêmeos, um homem e uma mulher. Os dois eram altos, magros e abençoados com cabelos loiros, esvoaçantes e lustrosos.

— Parecem uma propaganda de xampu — Izzy observou. — Pra nazistas.

Os três recém-chegados estavam vestidos com ternos cinzentos; os homens usavam gravatas, a filha, um crucifixo em uma corrente em torno do pescoço.

— Ele é pastor do quê? — Izzy perguntou.

— Ah, alguma igreja pentecostal maluca e cheia de dinheiro da Carolina do Sul — a Livreira respondeu. — Eles acham que os livros especiais são obra do diabo e devem ser destruídos. Porque o único livro especial de que as pessoas precisam é a Bíblia. — A mulher revirou os olhos. — São pessoas horríveis, mas bastante inofensivas, considerando o cenário geral. Ao menos comparados com alguns dos outros que estarão aqui hoje.

As duas observaram em silêncio o pastor e sua prole serem revistados e, em seguida, direcionados para além do saguão e fora das vistas, debaixo do mezanino.

— Para onde estão indo?

— Para o salão de baile — a Livreira disse. — Farei o leilão lá. É grande o bastante para que ninguém precise ficar perto demais dos outros. Geralmente é a melhor opção nessas ocasiões.

A Livreira parecia distraída, até mesmo ansiosa, como alguém precisando tolerar conversa fiada antes de uma entrevista de emprego.

Horas já tinham se passado desde que Izzy a encontrara no lobby do Ace Hotel. Depois daquele encontro, a Livreira os tinha levado até o outro lado da cidade, para o pouco espetacular prédio de tijolos vermelhos na rua 27 Oeste. Do ponto de vista da rua, o lugar parecia abandonado, com tapume coberto de grafite o isolando, como se estivesse passando por alguma reforma.

A Livreira os tinha conduzido até o interior passando pela mesma portinha pela qual Merlin Gillette havia acabado de chegar, entrando no saguão imenso e lúgubre. Izzy havia ficado maravilhada com aquele espaço, uma catedral de dourado e Jacarandá desbotado, carpetes em tons de preto e branco e um letreiro em estilo *art déco* acima da mesa da recepção. Espelhos enormes estavam pendurados nas paredes, alguns quebrados ou inteiramente ausentes. Era um lugar esquecido, um hotel do passado, desintegrando-se na escuridão.

— O que é este lugar? — Izzy tinha indagado, girando lentamente no saguão gigantesco depois que a Livreira ligou um interruptor para libertar um sopro de luz elétrica fraca.

— Já foi um hotel — a mulher havia respondido. — A família que o construiu perdeu todo o dinheiro depois da guerra. Ficaram pagando a dívida por décadas, mantendo o lugar inativo, com uma esperança maluca de que poderiam reabri-lo algum dia. Comprei o prédio deles há vinte anos. É útil ter um lugar para mim na cidade, um lugar extraoficial.

A Livreira havia subido com Izzy e Lund por uma escadaria imponente até chegarem a um cômodo amplo no primeiro andar, um espaço que parecia ter sido dois quartos reformados e transformados em um e, depois, modernizado, em comparação ao restante da propriedade. Havia sofás de couro e uma TV de tela plana grande, uma cozinha e um banheiro, com azulejos luxuosos de pedra cinzenta e uma ducha.

— Esperem aqui — a mulher havia dito. — Tem comida e bebida na cozinha. Sintam-se à vontade para dar uma volta. O lugar está vazio, mas é seguro. Eu não me importo. Mas não saiam do prédio. Não até que o leilão termine.

Izzy havia dormido por algumas horas, seus sonhos um coquetel de memórias esquecidas, pavor e o ruído de fundo do programa de TV a que Lund assistia. Ela comeu macarrão instantâneo que encontrou no armário, depois havia ficado impaciente e inquieta. Então, foi dar um passeio pelo hotel, perambulando por corredores compridos e melancólicos, atravessando o ar estagnado, no qual a lembrança de fumaça de cigarros e perfume ainda pairava. O emplastro nas paredes estava rachado em certos pontos, a decoração de vitrais opacos e sem vida em meio à penumbra. Ela abriu portas de quartos aleatoriamente e encontrou níveis variados de deterioração e abandono. Havia poltronas velhas e gastas, cortinas pesadas com camadas de poeira, cinzeiros de vidro com bitucas de cigarro antigas, agora enroladas e ressecadas. Alguns quartos contavam com camas, outros estavam vazios. Em alguns deles, os carpetes e as cortinas tinham sido retirados, deixando uma casca de madeira empoeirada, enquanto outros cômodos pareciam quase congelados no tempo.

Depois de ter andado a esmo por um tempo, Izzy havia cruzado a escadaria ampla pela qual a Livreira os havia conduzido mais cedo, a coluna de espaço vazio inundada de luz vinda das claraboias de vidro no alto, e tinha chegado ao mezanino e bar. Era um espaço grande, com poltronas e mesas tão datadas que quase estavam de volta à moda, e um bar comprido de madeira com garrafas expostas na parede atrás. Mais cinzeiros de vidro se empilhavam em um canto do bar, como se tivessem sido coletados em certa noite e abandonados ali desde então. Para Izzy, eles pareciam um tipo de maquete de um prédio futurista que algum arquiteto de luxo talvez criaria.

Ela estivera explorando a coleção de garrafas atrás do bar quando a Livreira apareceu, sem que Izzy percebesse.

— O que está fazendo?

Izzy havia se assustado, surpresa, a Livreira a encarando.

— Estou entediada — ela admitiu. — Dei uma volta. Por que você não conserta este lugar? Faria uma fortuna.

— Trabalho demais — a mulher havia dito. Ela foi até o gradil para observar o saguão abaixo.

— Mais trabalho do que encontrar e vender livros mágicos? — Izzy perguntou, cética.

A Livreira havia sorrido, mas não respondera nada.

Izzy havia ido até o lado dela e assistido a um grupo de homens usando ternos escuros e carregando armas em coldres se reunir no lobby, ao lado da porta da frente. Um homem alto com cabelo claro e uma maleta em mãos havia assumido posição a uma mesa próxima à porta, e foi então que Merlin Gillette e seus filhos horrorosos tinham chegado.

Quando o pastor já estava fora do campo de visão, Izzy apontou para o homem alto de cabelo claro com a maleta que estava esperando ao lado da porta.

— Quem é aquele?

— Elias — a Livreira respondeu. — Meu guarda-livros. Todos os livros especiais devem ser entregues na entrada. Elias toma conta deles e os devolve quando as pessoas vão embora. É o melhor para todos. Escute, tem certeza de que você não quer esperar no seu quarto? Não estou a fim de companhia no momento.

— Não, tô bem aqui — Izzy disse.

— Foi mais uma ordem do que uma sugestão.

— Eu sei — Izzy respondeu. — Mas eu não sou sua funcionária.

A Livreira suspirou, irritada, e então apontou para trás com o polegar, indicando o bar.

— Alguma dessas coisas ainda é bebível?

Izzy deu de ombros.

— Se insiste em ficar aqui, me traga alguma coisa que não pareça que vai me matar.

Izzy encontrou algumas garrafas de vodca que estavam fechadas e copos dos quais tirou a poeira com a própria blusa. Ela abriu uma garrafa, deu uma fungada experimental e, então, serviu alguns centímetros em cada copo.

— Vodca pura — ela disse, entregando à Livreira um dos copos. Ela estendeu seu copo, a mulher com o dela e as duas tomaram um gole. — Forte — Izzy falou, o rosto retorcido com o sabor.

— Nada mal — a Livreira disse. Ela entornou a bebida como se fosse água.

As duas observaram em silêncio, e Izzy compreendeu que a mulher estava avaliando seu público, como uma artista prestes a conquistar a audiência. Izzy estudou as pessoas que chegavam, os licitantes trazendo consigo montes de dinheiro. Todos eles desesperados para colocar as mãos na coisa que a havia torturado meras horas atrás. Ela se lembrou daqueles momentos de agonia, a impotência, o desespero, e seu estômago se revirou. Perguntou-se o que o licitante ganhador faria com o livro. Infligiria aquela mesma experiência em outras pessoas? Será que ela poderia aceitar milhões de dólares de alguém que talvez usaria o livro da mesma maneira que usaram nela? Izzy mordeu as unhas com nervosismo, surpresa com a confusão que sentia.

260

— Aquele é o Okoro. — A Livreira apontou um homem negro enorme que havia acabado de passar pela porta. — Bem perigoso. É mercenário e assassino. Provavelmente também comanda quadrilhas de traficantes na África Ocidental.

O homem tirou um livro do bolso e o entregou ao guarda-livros. O objeto desapareceu dentro da maleta.

— O que é aquilo? — Izzy perguntou.

— Ele tem o Livro da Matéria — a Livreira disse.

— O que esse livro faz?

— Permite a ele controlar a matéria. Fazer sólidos se tornarem líquidos, líquidos se tornarem gases, esse tipo de coisa. Tenho certeza de que ele está muito interessado em acrescentar o Livro da Dor à sua coleção. Seria muito útil para um homem como Okoro.

Izzy bebeu o que restava de sua vodca e considerou ir buscar um refil. Ela queria manter a mente lúcida, mas também queria beber, suavizar as arestas afiadas daquele mundo estranho que agora se via habitando.

— Ah, os representantes do presidente da Bielorrússia. — A Livreira indicou com a cabeça dois idosos caucasianos que entravam. Pareciam funcionários de escritório cansados depois de um longo dia. — O que eles fariam com o Livro da Dor... — Ela fez um muxoxo e sacudiu a cabeça uma única vez.

— Você não se importa com quem fica com os livros? — Izzy perguntou.

— É um leilão — a mulher falou. — Vence quem pagar mais.

— Eu sei como funciona um leilão — Izzy murmurou, irritada. — Não foi isso que eu quis dizer, e você sabe.

— Garota, se eu soubesse que você seria tão tagarela, teria trancado sua porta.

Izzy esperou.

— Não, eu não me importo com quem fica com os livros — a Livreira admitiu depois de um momento. — Não posso. Não se quiser conduzir um leilão honesto. Não pode haver favoritismo.

Izzy esperou mais um pouco, sentindo que a resposta da Livreira ainda não estava completa.

— Mas, sim, acredito que preferiria que os livros fossem para pessoas que não os usariam para tornar o mundo um lugar pior. Mas, no fim das contas, eu sou uma mulher de negócios. Estou aqui para ganhar dinheiro, e o dinheiro que me pagam por vender esses livros... eu posso usá-lo para tornar o mundo um lugar melhor. É isso que posso controlar.

— E como você faz isso? — Izzy perguntou. — Como torna o mundo um lugar melhor com todo o dinheiro que ganha?

A Livreira lançou a Izzy um olhar de soslaio, como se reconsiderando sua opinião sobre ela, e então voltou a olhar para a entrada principal sem responder.

— Hmm, imaginei — Izzy murmurou.

Mais e mais pessoas preencheram o local, a maior parte delas lacaios e apoiadores daqueles que tinham dinheiro, e a maioria das pessoas com dinheiro não possuía livros para oferecer. No total, ao que parecia, apenas três livros tinham sido entregues para Elias. Além do Livro da Matéria de Okoro, uma mulher de meia-idade e bem-vestida havia entregue o Livro da Saúde ("Aquela é Elizabeth Fraser. Ela é inglesa. E tem mais de cento e vinte anos", a Livreira disse. "Aquele livro a mantém jovem. Mas não a impede de ser uma grande filha da puta."), e um homem hispânico de meia-idade usando terno cinza e camisa turquesa havia entregue o Livro dos Rostos ("Aquele é o Diego", a Livreira contou. "Espanhol ou português, eu acho. A especialidade dele é espionagem industrial, até onde sei, mas assassinatos sem rodeios não estão fora de seu escopo. Mora na Califórnia, como uma estrela de cinema. O Livro dos Rostos pode fazê-lo ter a aparência de qualquer um, homem ou mulher. Muito útil para alguém no ramo dele.").

— Então só tem três livros — Izzy observou. — Três livros para toda essa gente?

— Essa é a realidade dos livros especiais — a Livreira explicou. — A maior parte das pessoas que tem conhecimento deles nunca nem viu um. Há muito mais pessoas que os desejam do que pessoas que podem tê-los. É a maior das mercadorias raras e preciosas. O item perfeito para se vender em um leilão. — A Livreira checou o relógio de pulso. — É melhor você ir — ela disse para Izzy. — Encontre aquela montanha em formato de homem e traga o Livro da Dor ao salão de baile no andar de baixo. Começaremos o leilão exatamente à meia-noite. Quero os dois lá para eu poder ficar de olho em vocês.

— Para manter a gente em segurança, você diz?

— Sim — a mulher disse, olhando para o copo vazio. — É o que quero dizer, claro.

Izzy voltou ao quarto onde tinha passado a tarde e encontrou Lund em pé ao lado do balcão da cozinha com o Livro da Ilusão aberto à sua frente. Ele ergueu os olhos, surpreso, quando ela chegou, sua mão se movendo rapidamente para encobrir o livro.

— Está tentando esconder isso aí? — ela perguntou.

Ele deu de ombros.

— Só me parece que é melhor as pessoas não saberem quando você tem um desses livros.

Ela assentiu, concordando.

— Tem bastante gente chegando. O leilão vai começar à meia-noite.

Lund assentiu.

— O que está fazendo com o livro? — ela perguntou.

— Tentando aprender a usar — o homem admitiu. — Mas não parece estar dando muito certo.

— Acho que Cassie usou o Livro das Portas quase na mesma hora — Izzy comentou. — Tipo, sem nem se esforçar.

— Hm — Lund disse, desapontado.

— Por que você quer criar ilusões?

Lund considerou a pergunta por um momento, então respondeu:

— Por que eu *não* iria querer?

Izzy pensou que era uma boa resposta.

— Posso tentar?

O homem ergueu os ombros.

— Vou ao banheiro.

Quando ele se retirou, Izzy ergueu o livro com gentileza, sentindo a textura do couro, a suavidade dos veios finos de ouro. O objeto lhe pareceu levemente quente, como se estivesse sobre um aquecedor antes de ela tê-lo erguido. Era um livro muito bonito, preto, dourado e suntuoso. Parecia ter sido produzido pela Fabergé ou alguma outra joalheria de luxo famosa por detalhes elaborados com metais preciosos. Izzy abriu o livro e viu rascunhos em tinta preta, páginas e páginas de rabiscos. O livro parecia estranho em suas mãos, mais pesado do que ela havia esperado que fosse. Fechando-o novamente, ela o virou, inspecionando as capas, como se talvez fosse encontrar algo que explicasse o peso. Enquanto fazia isso, Lund voltou do banheiro, e, quase simultaneamente, a porta que dava para o corredor se abriu de súbito.

Izzy deslizou o Livro da Ilusão para o bolso de seu quadril, escondendo-o, quando um dos membros da equipe de segurança da Livreira colocou a cabeça para dentro e observou os dois com um rosto sério, corpulento e maciço em suas vestes pretas.

— A Livreira solicitou que se juntem a ela — ele anunciou. — Estão com o item?

Lund puxou o Livro da Dor do bolso. Izzy desviou os olhos do objeto.

— Ótimo — o segurança disse. — Vamos. O leilão está prestes a começar.

263

O SALÃO DE BAILE
NO HOTEL MACINTOSH

O salão de baile do Hotel Macintosh era um dos lugares favoritos de Lottie. Era um espaço amplo e quadrado, com um candelabro estilo *art déco* gigantesco pendendo do centro do teto, como se alguém tivesse capturado o sol em um bolo de casamento feito de vidro. Espelhos altos e retangulares forravam as paredes, intercalados com portas que davam acesso a toaletes, cozinhas ou escritórios, e lâmpadas presas nas paredes. O carpete em torno das extremidades do salão parecia um diagrama de fiação, com linhas em preto e branco e padrões geométricos, e no centro do cômodo ficava uma pista de dança grande e quadrada, a madeira agora arranhada e empenada depois de anos de negligência. Continuava sendo um espaço impressionante — Lottie já o amava no momento em que comprou o hotel —, e ela conseguia imaginá-lo facilmente como fora há um século, com pessoas brancas e ricas usando ternos rígidos e vestidos elegantes, rodopiando pela pista de dança em meio a uma névoa de fumaça de cigarro e álcool, um conjunto de jazz no canto, notas de contrabaixo perfurando o ar ritmicamente.

O salão de baile estava desgastado agora, com o reboco rachado e manchas de infiltração em um canto do teto, mas ainda emanava certa atmosfera: ainda transmitia grandiosidade e elegância, mesmo no estado desalinhado em que se encontrava.

Quando Lottie cruzou as portas duplas grandes, vindo do saguão do hotel, seus clientes viraram-se para observá-la, grupos de pessoas e indivíduos espalhados pelo salão. Por um instante, ela se sentiu como uma noiva chegando para a primeira dança, mas afastou a fantasia infantil e focou reconhecer a presença de todos que pensou serem relevantes, lançando um olhar ou um aceno de cabeça àqueles que eram perigosos, ou ricos, ou as duas coisas. Normalmente, ela era mais confiante nos leilões. Normalmente, estava com o Livro da Proteção. Dessa vez, precisaria contar com a cara de pau, ao menos até que Cassie chegasse.

Se ela chegasse, Lottie disse a si mesma.

Lottie não achava que Cassie abandonaria a amiga, mas não havia chegado aonde estava sempre esperando o melhor das pessoas.

No extremo oposto do salão de baile, em uma plataforma elevada onde os padrinhos e as madrinhas estariam, ou onde a banda tocaria durante as danças, um púlpito fora posicionado. Lottie subiu na plataforma e se colocou atrás do objeto, observando o público. Enxergou impaciência, cálculos mentais, hostilidade descarada, e ignorou todas as reações.

— Senhoras e senhores — ela disse —, bem-vindos ao leilão desta noite.

— Já basta deste circo — Okoro gritou do lado esquerdo do salão. — Você tomou meu livro, me revistou da cabeça aos pés. Quanta desta humilhação ainda vou ter que aturar?

Lottie encarou o homem, o rosto sem expressão. Não respondeu nada. Tinha medo de Okoro, mas acreditava firmemente que lidar com pessoas como ele era exatamente como treinar um cachorro. Era preciso garantir que soubessem quem estava no comando, mesmo que ambos fossem capazes de arrancar sua cabeça em uma mordida.

— Eu não o forcei a comparecer, sr. Okoro — ela rebateu, a voz calma. — Você tem a liberdade de ir embora. — Ela ergueu a mão e gesticulou na direção da porta nos fundos do salão. — Aguardaremos até que tenha partido.

Era uma estratégia arriscada, tentar forçá-lo à submissão por meio do constrangimento, mas Lottie sabia de duas coisas. Em primeiro lugar, sabia que Okoro realmente desejava o Livro da Dor. Reconhecia a ânsia na expressão do homem. E, em segundo, sabia que, quando comprou o Hotel Macintosh, havia feito algumas modificações na estrutura do prédio. O espelho na parede diretamente às suas costas era uma porta de um quarto do pânico, que, por sua vez, conduzia a um corredor secreto e uma saída na parte de trás do prédio. Se acontecesse qualquer coisa com a qual a dupla de seguranças não fosse capaz de lidar, Lottie precisaria apenas retroceder três passos através do espelho e estaria segura. Teria preferido estar com o Livro da Proteção, mas mesmo sem ele, sentia-se no controle. Nem mesmo Okoro conseguiria alcançá-la antes que ela pudesse escapar.

— Não? — ela perguntou a Okoro. O homem cruzou os braços e a encarou.

— Eu gostaria muitíssimo que permanecesse conosco, sr. Okoro — ela acrescentou, jogando a ele uma migalha de respeito. — Quanto mais, melhor, não é?

— Vá em frente então — Okoro murmurou.

— É, vamos lá — o pastor Merlin Gillette gritou, a voz anasalada e afiada, como uma motocicleta. — Ande logo com isso, mulher!

— Nós iremos em frente — a Livreira disse, rispidamente, disparando um olhar de alerta ao homem velho. — À minha maneira. Não tolerarei mais interrupções. Quem quiser a palavra deve erguer a mão. Está claro?

A plateia a encarou, em silêncio.

— Senhoras e senhores, àqueles de vocês que possuem os próprios livros especiais, eu agradeço por tê-los entregue a Elias. — A Livreira gesticulou para os fundos do salão, onde Elias estava em pé à porta, a maleta na mão. — Como de costume, o guarda-livros agora se retirará para um local seguro, em outro ponto do hotel. Ele retornará uma vez que o leilão esteja finalizado, e quaisquer livros especiais serão devolvidos a vocês ao partirem.

Elias assentiu e se retirou. Lottie se manteve em silêncio por alguns momentos, deixando que a multidão o visse partir. No mesmo momento, o segurança que ela havia mandado para trazer Izzy e Lund apareceu, com os dois logo atrás. Ele conduziu o gigante e a garota pela extremidade do salão.

— Agora — a mulher prosseguiu —, vamos ao que interessa. Vocês estão aqui esta noite para fazer lances pela posse do Livro da Dor.

Ela fez um gesto para Lund quando o homenzarrão chegou à frente do salão de baile, e ele subiu na plataforma ao lado dela, sobressaindo-se. Ele entregou o livro à mulher, que o ergueu no alto, como uma pregadora com a Bíblia. Todos os olhos se fixaram no objeto. Lund voltou a descer e retornou para a lateral do salão, posicionando-se ao lado de Izzy.

— Este é o Livro da Dor. A capa é roxa e verde — a mulher descreveu. — Posso confirmar a autenticidade e boas condições do livro. — Ela abriu-o em uma página aleatória e o ergueu para que todos no salão pudessem enxergar o conteúdo. — Aquele que estiver de posse do Livro da Dor se torna capaz de causar sofrimento e agonia consideráveis a outras pessoas.

— É obra do demônio, sem sombra de dúvida! — Merlin Gillette crocitou, ignorando a instrução de Lottie para erguer a mão antes de se manifestar.

Em resposta ao comentário, Elizabeth Fraser, a mulher que chegara com o Livro da Saúde, ergueu a mão, e Lottie balançou a cabeça, indicando a ela que falasse.

— O Livro da Dor também pode remover dor de outras pessoas — ela disse, sua voz um contralto surpreendente e agradável. — É o poder do alívio, tanto quanto é o poder do sofrimento. Não é magia obscura. Este é o comentário de um homem de mente supersticiosa e subdesenvolvida.

Algumas pessoas abafaram risadinhas. Merlin Gillette virou-se para encarar a mulher mais velha, que estava alguns passos atrás.

— Vou te mostrar a mente subdesenvolvida, sua bruxa! — ele gritou.

— Você já fez isso, jovenzinho — Elizabeth disse, suavemente.

A filha de Gillette o conteve, sussurrando algo em seu ouvido, e o homem tornou a se virar para a frente.

— Basta! — Lottie exclamou, sua voz mais austera do que de fato se sentia. Aquele tipo de atrito antes da licitação sempre ajudava. Era a briga antes da cópula. — Todos aqui se comportarão, ou serão forçados a se retirar.

Merlin Gillette lançou em direção a ela um olhar rebelde, mas não disse nada.

— Vamos testar o livro — alguém sugeriu, do fundo da multidão.

O pedido foi respondido por Okoro.

— Sim, vamos testá-lo em alguém para provar que ele é real.

— Não — a Livreira respondeu, a voz firme. — Ninguém usará o Livro da Dor neste leilão. Ele é autêntico. Se não confiam em mim, não são obrigados a fazer lances, e estão livres para ir embora antes que comecemos.

Ela aguardou. Ninguém se mexeu. O salão ficou em silêncio.

— Muito bem — a mulher disse. — Agora, podemos prosseguir com o leilão. A moeda é o dólar norte-americano, naturalmente. Ergam as mãos para dar lances. Serão presumidos acréscimos de quinhentos mil dólares, a não ser que especifiquem outro valor. A licitação continuará até que tenhamos um proponente vencedor. O dinheiro será transferido imediatamente, e, uma vez recebido por meu banco, o Livro da Dor será liberado.

As pessoas no público se remexeram e se prepararam, lançando olhares ao redor e tentando julgar os apetites e a fortuna de seus oponentes. Nos espelhos que rodeavam as extremidades do salão de baile, reflexos do público fizeram o mesmo.

Então, Lottie perguntou:

— Quem abrirá os lances em quinze milhões de dólares?

Ninguém se mexeu, ninguém fez uma oferta. O momento pelo qual todos estavam esperando havia chegado. Como boxeadores cautelosos, ninguém queria dar o primeiro soco.

— Quinze milhões de dólares!

O lance veio dos fundos do salão, a voz de uma mulher, estridente e perfurante. Era uma das gêmeas de Xangai. Corriam rumores de que elas eram antiquárias ou colecionadoras de arte. Outros rumores diziam que, na verdade, elas trabalhavam para o Partido Comunista.

— Obrigada, srta. Li — a Livreira disse. — O leilão começou.

O leilão prosseguiu, lances surgindo devagar a princípio, com cautela, mas então a energia mudou, confiança e determinação crescendo, e o preço do Livro da Dor subia gradualmente, cada vez mais alto.

— Temos vinte e dois milhões! — Lottie exclamou. — Quem dá mais?

Ela esperava por mais. Nenhuma das pessoas relevantes havia dado seus lances ainda: estavam esperando que os amadores terminassem de brincar.

— Vinte e cinco milhões.

Era Okoro, em pé, com os braços cruzados e uma carranca no rosto.

Lottie assentiu, reconhecendo o lance, depois repetiu o valor ao salão.

— Vinte e seis — um homem gritou, em inglês com sotaque forte.

— Vinte e seis para o homem da Bielorrússia. Quem dá mais?

Os lances pararam, a energia vacilando levemente com as pessoas recobrando o fôlego, considerando o próprio patrimônio e comparando-o ao desejo pelo livro. Lottie sabia que ainda não havia acabado. Okoro olhava feio para o bielorrusso. Diego, o espanhol, estava com o corpo apoiado em uma parede lateral, como quem estava entediado, mas Lottie via que estava pronto para dar o bote no último momento. As gêmeas de Xangai estavam sussurrando entre si, e os dois filhos de Merlin Gillette sussurravam para o pai. Estavam todos calculando suas estratégias.

— Alguém cobre o lance de vinte e seis milhões de dólares? — ela perguntou, apoiando os cotovelos no púlpito.

— Isso está se arrastando demais — Diego anunciou de repente, afastando-se de súbito da parede. — Trinta milhões de dólares, e vamos acabar logo com isso!

— Trinta milhões de dólares — Lottie disse, as pessoas lançando olhares assassinos para Diego. Antes que ela pudesse analisar os rostos reunidos, procurando mais lances, ouviu-se um estrondo em um cômodo próximo, um ruído ensurdecedor que sacudiu as paredes.

Todos viraram as cabeças na direção do barulho. Lottie imediatamente olhou para um membro de sua equipe de segurança. Ele estava com a mão na orelha e o cenho franzido, como se não estivesse ouvindo o que esperava. O homem devolveu o olhar de Lottie e sacudiu a cabeça uma vez: *não sei*.

— Trinta milhões de dólares — Lottie repetiu, erguendo a voz. Estava determinada a finalizar o leilão. Mesmo que Cassie não aparecesse com o Livro das Portas, ela conseguiria lucro suficiente do Livro da Dor para se retirar dos negócios por um tempo.

Mais um estrondo soou, este mais próximo, e então um terceiro. Um burburinho se ergueu da multidão, as pessoas se afastando das paredes e olhando ao redor para ver o que os outros faziam.

— Por favor — ela disse. — Nos deem um momento.

Uma silhueta passava pela porta do salão de baile, na extremidade oposta a Lottie. Ela observou a figura, e outras pessoas também se voltaram para a mesma direção.

— Pare! — Lottie exclamou. — Quem é você?

Parecia um homem alto, maltrapilho com uma capa de chuva velha, um chapéu de caubói na cabeça. Ele avançou para dentro do salão, lentamente e mancando, como se tivesse uma perna fraca.

— Quem é você? — Lottie exigiu mais uma vez, a voz cheia de indignação e autoridade. O homem parou ao entrar no salão, ergueu a mão para retirar o chapéu e jogá-lo de lado. O rosto revelado era murcho e envelhecido, muitos anos mais velho do que deveria ser, macilento nas bochechas e flácido na papada, mas Lottie o reconheceu.

— Meu nome é Hugo Barbary — o homem gritou, a voz um crocitar fino e esganiçado. Ele esticou um braço e apontou uma pistola automática para ela, o cano um buraco enorme e escancarado de possibilidades assustadoras. — Agora, me devolve a porra do meu livro, sua vagabunda!

DOR NO SALÃO
DE BAILE ESQUECIDO

—Você não tem permissão para estar aqui — Lottie disse, soando mais calma do que se sentia. Estava em choque com a aparição de Barbary, mas encobriu os sentimentos com um escudo de irritação. — Não notificou sua presença.

— Eu pareço estar no clima de mandar um caralho de e-mail? — Barbary guinchou. — Você roubou meu livro! Não estou aqui para comprar de você. Esperei cinquenta anos por isso!

— Você está se envergonhando — Lottie respondeu, confusa com as palavras do homem, mas ignorando o fato. Estava ciente de que as outras pessoas no salão olhavam para Barbary e para ela, tentando prever como o confronto terminaria. — Retire-se agora, antes que eu o obrigue.

Barbary sorriu, a pele mole e enrugada esticando-se para revelar dentes manchados.

— Estive esperando por muito tempo, Livreira. Me escondendo e aguardando este dia. — Ele riu como uma criança. — Sei tudo sobre seu quartinho secreto atrás do espelho, Livreira.

Lottie levou os olhos ao líder de sua equipe de segurança, o sinal pelo qual o homem aguardava. Ele e os outros dois membros da equipe, incluindo o que havia escoltado Lund e Izzy, dispararam na direção de Hugo Barbary dos dois cantos do salão. Nenhum foi rápido o bastante. Hugo girou nos calcanhares, atirou duas vezes, virou-se e atirou mais uma, e os três homens caíram no chão enquanto corriam, buracos de bala em suas testas.

— Ainda não perdi o jeito! — Barbary gargalhou para Lottie. — Agora, você não tem mais nenhum homem armado.

Lottie percebeu a garota, Izzy, arfando ao seu lado, dando passos para trás, como se tentando escapar. Barbary também percebeu a movimentação, e sua atenção se voltou para a mesma direção. Lottie viu Lund se colocar em frente à garota e decidiu, naquele momento, que gostava do homenzarrão.

— Você — Barbary cuspiu. Seu rosto era um nó apertado de fúria e ódio grisalho. Ele avançou mancando, erguendo a arma na direção de Lund. — Você roubou meu livro.

— Alguém vai fazer algo a respeito deste tolo? — Merlin Gillette clamou. — Que tipo de circo está organizando aqui, mulher?

Barbary balançou o braço e atirou no meio da testa de Gillette, fazendo gotículas de sangue e massa encefálica respingarem no espelho às costas do homem, como lava cuspida de um vulcão. Os dois filhos de Gillette gritaram, berraram e desmoronaram no chão ao lado do corpo do pai. Percebendo agora que ninguém estava a salvo da interrupção, o restante dos presentes no salão começou a se mexer, afastando-se de Barbary, que mancava ao atravessar o lugar. Lottie viu alguns saírem correndo do salão, cruzando o saguão de entrada. Muitas das outras pessoas, ela sabia, estavam conduzindo os próprios debates internos entre a autopreservação e colocar as mãos no Livro da Dor.

Enquanto tudo isso acontecia, Barbary seguia na direção de Lund.

— Vou matar você primeiro — Barbary murmurou. — Só pra me deixar de bom humor.

Lund encarou a figura que se aproximava, o rosto inexpressivo, e a Livreira perguntou-se por que ele parecia tão calmo.

Antes que Barbary pudesse alcançar o lado oposto do salão, Okoro partiu para cima dele, a cabeça baixa, mas Barbary identificou o movimento em um dos espelhos e afastou-se, girando desajeitadamente.

Okoro se aproximou de Barbary, e os dois homens caíram no chão em um emaranhado de membros e fúria. A arma disparou uma vez, a bala fazendo uma curva ampla e estilhaçando um dos espelhos na parede esquerda, criando uma chuva de vidro. Lottie olhou de relance para Lund.

— Você — ela disse —, tire-o dali.

Lund piscou uma vez, então olhou para os homens que lutavam. Ele deu alguns passos e ergueu Okoro de cima do mais velho.

— Tire as mãos de mim, imbecil! — Okoro gritou para Lund, limpando o terno caro assim que se levantou. Lund voltou a atenção para Barbary e agarrou o punho do velho, puxando a arma de seus dedos ao mesmo tempo que o erguia.

A Livreira desceu da plataforma e aproximou-se. Barbary olhou para ela desafiadoramente, o rosto enrugado, a barbicha grisalha salpicada ali.

— O que houve com você? — ela perguntou, genuinamente interessada.

— Você está com meu livro — ele acusou. — Eles o roubaram. — Ele indicou Lund com o queixo. — É isso que você faz agora, Livreira? Encomenda o roubo de livros e os vende para lucrar?

— Não vou me dignificar a te oferecer uma resposta — Lottie disse, mas pôde sentir as pessoas considerando a pergunta, seus clientes a observando com olhos que se estreitavam. — E, francamente, deve ter ficado doido se acha que pode entrar aqui e interromper um dos meus leilões dessa maneira, completamente sozinho com uma pistola. — Ela tirou a arma de Lund e a inspecionou, como se o objeto fosse uma piada. — Com isto? Você achou que eu não seria capaz de lidar com um velho com uma arma?

Barbary sorriu, olhando para ela com o rosto baixo.

— O quê? — a Livreira perguntou. — Por que esse sorriso?

— Você tem razão. Eu teria ficado doido, caso tivesse feito isso. Mas estive esperando muito tempo por este momento. Tive anos e anos para me preparar, madame Livreira. Anos e anos para planejar o que faria.

Barbary aguardou um momento, garantindo que o que estava prestes a falar seria ouvido.

— Tive tempo para saber onde procurar o seu guarda-livros durante os leilões. Tempo para saber como conseguir todos os livros que ele levava.

Para Lottie, o salão de baile saiu do eixo por um momento, e Barbary mostrou os dentes em um sorriso zombeteiro.

— É isso mesmo! — ele disse.

Barbary pareceu cair de repente, como se tivesse perdido a força nas pernas, e Lottie observou Lund soltá-lo. Mas o homem não se estatelou no chão. Em vez disso, tocou a pista de dança com uma das mãos, enquanto a outra entrava no bolso grande de seu sobretudo. Quase que de imediato, Lottie sentiu o chão sob seus pés amolecer. Ela olhou para baixo, chocada, e deu alguns passos apressados para trás, vendo Lund fazer o mesmo. Enquanto observava, a pista de dança de madeira ondulou-se em torno de Barbary, como a superfície de uma piscina. O homem parecia estar agachado em um círculo de solidez, como se estivesse em uma coluna submergida logo abaixo da superfície. Outras pessoas se afastaram da mesma maneira, criando um círculo amplo em torno do velho.

— Sr. Okoro — Barbary gritou, tirando o Livro da Matéria do bolso, lançando fagulhas e cor no ar ao pulsar —, seu livro é muitíssimo divertido!

Antes que Okoro pudesse responder, antes que pudesse correr para um novo ataque, Barbary ergueu e deixou cair a mão rapidamente, e o chão líquido avolumou-se, subindo quase dois metros, e foi lançado na direção da porta do salão, uma onda disparando para a costa, e todas as pessoas paradas ali, bem como o corpo de Merlin Gillette, foram atiradas para cima e arremessadas bruscamente contra o teto. Quando o chão desapareceu debaixo deles, tão rápido quanto havia se erguido, voltando a tornar-se sólido, pessoas e emplastro tornaram a cair, em um tumulto de grunhidos e estilhaços.

Em meio ao tumulto, Barbary disparou para a frente e arrancou a arma da mão de Lottie.

— Eu fico com isto.

Lottie não ofereceu resistência, seus pensamentos lentos com o choque e a surpresa.

— Sabe, eu estou muito, muito mais velho — Barbary dizia. — Tirei umas férias no passado, cortesia daquela vagabunda do Livro das Portas, e estou cinquenta anos mais velho do que quando você roubou meu livro.

— Cassie? — Izzy perguntou.

— Cale a boca — Barbary vociferou. Ele voltou os olhos para Lottie. — Estou com noventa e quatro anos, mas começo a me sentir tal como meu eu de antigamente. Deve ser um desses outros livros que eu peguei do seu homem. O Livro da Saúde, é? O Livro da Corda Toda? — Ele soltou uma risada alta para si mesmo, feliz e triunfante. — Acho que não conseguiria nem ter atirado naqueles ali sem a ajuda deste livro! Não me sentia assim há muitos anos!

Ele mirou a arma sem muita preocupação e disparou, exultante, o tiro ricocheteando pelas paredes.

— Tudo bem — Lottie disse de repente, e o rosto de Barbary mudou com a surpresa. — Você quer isto aqui? — ela disse, mostrando a ele o Livro da Dor. Viu como os olhos do homem foram capturados pelo livro, como tecido em uma farpa. Ela observou a expressão dele se desmontar, deixando apenas ânsia pura, toda a raiva dissipada, toda a fúria.

Toda a dor, ela pensou, e lembrou-se do que Elizabeth Fraser havia dito poucos minutos atrás.

— Pode pegar — Lottie ofereceu, esticando o braço e o livro na direção de Barbary. O livro que era repleto de texto denso e raivoso, imagens rabiscadas de rostos berrando e armas afiadas.

O velho esticou a mão e agarrou o livro, mas, antes de soltá-lo, Lottie disse:

— Vou tirar toda a sua dor.

Os olhos de Barbary se arregalaram de surpresa, e cores se derramaram de todos os lados do livro. Um momento depois, os joelhos do homem se dobraram, uma mão ainda segurando o livro, Lottie segurando o lado oposto. Eram duas pessoas segurando um fogo de artifício entre si, o livro, uma conexão, e, por meio do objeto, Lottie pôde sentir toda a dor do homem. Pôde sentir seu trauma físico, a dor em seus ossos e em sua perna esquerda, nas feridas de balas antigas que permeavam seu corpo. Mas, por baixo disso tudo, além disso tudo, mais profundo no poço da consciência de Hugo Barbary, ela sentia a *outra* dor, a dor espiritual e psicológica que fazia o homem ser quem era. Aquela dor nadava ali, nas profundezas, ondulante e fugindo.

Lottie pensou em arrancar aquela dor de Barbary. Ela sentia os filamentos da dor e começou a puxar. Era fibrosa e rija, resistindo a ela conforme era puxada, como um emaranhado de fios de cabelo no ralo de um chuveiro. Lottie fechou os olhos e se concentrou, trazendo a dor à superfície, a reunindo, dando forma a ela para removê-la, para limpar a ferida que era a alma do homem.

Barbary, de repente, estava de joelhos à sua frente, gritando, chocado pela reunião súbita de toda a sua dor.

Lottie continuou puxando, fios e fios de escuridão e agonia, de fúria amarga, arrastando-os da alma daquele homem, erguendo-os para que se dissipassem e desaparecessem na luz. Ela abriu os olhos e viu o rosto de Barbary virado para cima a encarando de volta, olhos arregalados e límpidos, os olhos de uma criança aterrorizada. Ela encarou aquele olhar, o sustentou enquanto continuava trazendo a escuridão à superfície.

— Eu te liberto de sua dor — ela disse, os dentes apertados.

Ela percebeu a movimentação, alguma coisa erguendo-se logo além de sua visão periférica. E, então, antes que pudesse finalizar a cirurgia na alma de Barbary, o contato foi quebrado, e Barbary foi empurrado e jogado para longe no chão, Okoro atracando-se com ele.

Lottie arfou com a quebra da conexão e tropeçou para trás. Braços a seguraram antes que ela caísse, e a mulher virou o pescoço para ver Lund às suas costas, a estabilizando.

— Sr. Okoro! — ela gritou. Algumas das pessoas, as mais jovens e em forma, começavam a se erguer do chão, de onde a onda de Barbary os havia derrubado. Outros estavam mortos ou mais seriamente feridos, Elizabeth Fraser, sem seu Livro da Saúde, entre estes. Mas Okoro fora o primeiro a se levantar. — Okoro, pare!

Okoro e Barbary estavam lutando no chão, Okoro lançando socos brutais, Barbary com as mãos erguidas na defensiva, obviamente ainda aturdido pelo que Lottie lhe fizera.

— Tome! — Barbary gritou, puxando o livro do bolso novamente e o atirando para longe. — Pegue seu livro, caralho!

O Livro da Matéria deslizou pela pista de dança e parou no carpete gasto.

Okoro, no mesmo momento, estava em pé, indo atrás de sua posse estimada, Barbary esquecido. Ele atravessou o piso a passos largos e recolheu

274

o livro, limpando-o e o guardando no bolso do peito. Então, voltou os olhos para Lottie.

— Agora, vou ficar com o outro livro — ele disse, estendendo o braço ao avançar na direção dela.

Lund se colocou entre os dois, baixando os olhos para Okoro, trinta centímetros acima dele. O homem não falou nada. Apenas ficou parado ali, imóvel, encarando o outro. Lottie não sabia por que o gigante sentia a necessidade de protegê-la, mas, naquele momento, estava grata por tê-lo entre si mesma e Okoro.

— Quer brincar comigo? — Okoro perguntou, impassível. — Já matei outros grandalhões.

As coisas haviam saído do controle, Lottie sabia, mas ela ainda tinha o Livro da Dor. A atenção das pessoas parecia estar no confronto entre Lund e Okoro. Barbary estava deitado no chão, encarando o candelabro, como se estivesse atordoado, e Izzy estava atrás dela, encolhendo-se contra a parede, tentando parecer pequena e insignificante. Lottie pensou que, talvez, fosse o momento de bater em retirada. Poderia haver outro leilão, em outro dia.

Ela começou a se afastar, indo na direção do espelho atrás da plataforma.

Então, a porta na parede oposta se abriu, depois de Lund e Okoro, e Cassie e Drummond Fox entraram no salão. Atrás deles, do outro lado da porta, estava um lugar inteiramente diferente, um cômodo em outro prédio.

Ver os dois chegarem daquela maneira foi espantoso, mesmo para Lottie. Ela sentiu seu queixo cair e estava ciente de que todos os outros presentes no salão, até Okoro, haviam parado para olhar.

— É o Bibliotecário — alguém disse.

Cassie e Drummond ficaram parados ali, assimilando o caos de corpos quebrados e de sangue. Então, os olhos de Cassie pousaram em Izzy, e Lottie ouviu Izzy chamar o nome da outra.

Naquele momento, Hugo Barbary se ergueu do chão.

— Hugo — Drummond murmurou, quando o viu. — De novo.

Lottie o viu lançar um olhar mordaz para Cassie.

Hugo girou a arma para mirar além de Lottie, na direção de Izzy, às suas costas.

— Devolva meu Livro do Controle para mim, Bibliotecário — Barbary ordenou. — Ou eu enfio uma bala no rostinho bonito da sua amiga.

Barbary olhou para Cassie.

— E vou levar o Livro das Portas também, por via das dúvidas.

275

TARDE DEMAIS

Todos os olhos se voltaram para Cassie, conforme os presentes assimilavam o que tinham ouvido. Até Okoro deu as costas para Lund, lançando a Cassie um olhar calculista.

— Ouviu? — Barbary disse. — Entregue os livros para mim, cacete.

Mas, então, seu rosto mudou. De alguma forma, amarrotou-se, entrou em colapso em uma tempestade de emoções e dúvida. Sua mão livre ergueu-se até a cabeça, e ele grunhiu.

— O que você fez comigo? — ele perguntou a Lottie, a encarando com olhos cheios de dor.

Ele se recompôs, retomou o empenho com a ameaça e voltou a apontar a arma.

Lottie notou Lund olhar de relance na direção do homem, e então para Okoro à sua frente, e percebeu que ele estava tentando decidir onde estava o perigo maior. Ou talvez estivesse tentando decidir quem proteger: Lottie ou Izzy.

— Eu arranquei a sua dor — Lottie contou. — Ou a maior parte dela. Antes de sermos interrompidos.

Barbary grunhiu mais uma vez, mas observou, os olhos estreitos, Cassie percorrer um círculo amplo em torno dele, indo na direção de Izzy.

— Eu vou matá-la! — ele ameaçou, mas pareceu a Lottie que estava tentando convencer a si mesmo. Além disso, a mulher pensou ver lágrimas nos olhos do velho. Se perguntou se, na tentativa de consertá-lo, ela o teria quebrado de vez.

— Só abaixe a arma — Lottie pediu, a voz doce como mel.

Okoro deu um passo para o lado, e Lund deu um passo para equiparar-se, mantendo sua posição entre o homem e Lottie.

— O que você fez comigo? — Barbary tornou a perguntar, dessa vez mais uma súplica do que uma exigência. — Por que eu não quero...?

Ele não conseguiu terminar a frase. Houve um borrão de movimento que Lottie percebeu tarde demais, e Diego estava correndo em disparada em sua direção, aproveitando a distração como oportunidade para visar o Livro da Dor. Ele não a alcançou. Antes de chegar a dois metros dela, foi erguido de supetão no ar, como se puxado pela gola do paletó de luxo que vestia, e atirado para trás contra a parede ao lado da porta do salão de baile. Outro espelho se estilhaçou, e Lottie viu Drummond deixando a mão cair e cambaleando para trás, como se chocado com o que tinha acabado de fazer, surpreso com quão fácil havia sido matar um homem atirando-o pelo ar.

Lottie esperou que Barbary reagisse, mas o homem parecia perdido em pensamentos, preso em um enigma em sua mente, o braço que segurava a arma agora inerte ao seu lado.

— Cassie? — A voz de Izzy veio de trás de Lottie, incerta.

Lottie viu que a atenção de Cassie estava no centro do salão, onde Okoro e Lund continuavam cara a cara, e Barbary havia caído de joelhos. Drummond observava as outras pessoas que ainda estavam rodeando as extremidades do cômodo, esperando para ver o que aconteceria, esperando que o leilão recomeçasse.

Lottie contemplava a mesma questão: talvez a pior parte tivesse terminado. Talvez ela ainda conseguisse fazer uma venda. Ou talvez duas, com o Livro das Portas agora também presente.

— O que eu sou? — Barbary perguntou, erguendo os olhos do chão. — O que eu era?

Ele olhou ao seu redor brevemente, confuso, mas então a certeza retornou a seus olhos, e ele ergueu a arma mais uma vez.

— Drummond! — Cassie gritou. Ela disparou em direção à porta pela qual tinham passado momentos atrás e a abriu. Drummond moveu a mão novamente, e Barbary foi erguido no ar, a arma caindo de suas mãos e quicando no chão de madeira. — Volte para o passado, seu merda! — Cassie exclamou, e Drummond o moveu com um solavanco, fazendo-o atravessar o salão e passar pela porta. Lottie podia ver outro lugar diferente além da abertura, uma rua ensolarada, e então Cassie tornou a bater a porta, que se fechou com um baque. O cômodo pareceu expirar em uníssono, a ameaça desaparecida.

— Sr. Okoro — Lottie vociferou, então. — Quer continuar fazendo pose, ou podemos retomar o leilão, agora que nossa interrupção foi resolvida?

Okoro não reagiu.

— A maioria dos outros licitantes está incapacitada ou em situação pior — Lottie disse. Os olhos do homem encontraram os dela, compreendendo a mensagem nas entrelinhas: *você provavelmente vai vencer*.

Okoro parecia querer muito brigar com Lund. Como se tivesse algo a provar.

No fundo, homens são muito infantis, Lottie pensou. *Alguns deles, ao menos.*

— Certo — ele disse, puxando as mangas da camisa para fora dos punhos do paletó. — Continuemos.

A multidão se reorganizou no salão, uns observando os outros nervosamente, enquanto Lottie voltava a subir na plataforma. Drummond Fox ficou em pé de um dos lados, próximo à porta pela qual ele e Cassie haviam chegado, e Cassie havia atravessado o cômodo para abraçar Izzy. As duas estavam juntas na parede oposta, falando baixinho. Lund se pôs em frente à plataforma de Lottie, como se tivesse assumido o papel da equipe de segurança. Ela o observou chutar a arma que Barbary estivera usando para um canto do salão, fora do alcance.

— Vamos recomeçar. O último lance foi do cavalheiro espanhol — Lottie indicou Diego, inconsciente ou morto, no canto do salão —, que parece incapaz de prosseguir. Então, retomaremos o lance anterior, que foi vinte e seis, do homem da Bielorrússia.

Uma série de lances rápidos seguiu-se, como se agora as pessoas estivessem ansiosas por acabar com aquilo de uma vez. As gêmeas de Xangai ofereceram vinte e sete, e então Okoro aumentou para trinta. O bielorrusso ofereceu trinta e um, e Okoro cobriu com trinta e dois.

As coisas pareciam estar ficando boas para Lottie. Conforme os lances continuavam, ela debatia consigo mesma se seria o momento propício para também leiloar o Livro das Portas. Significaria que ela poderia finalizar a coisa toda de uma vez por todas, pegar todo o dinheiro e dar o fora do mundo dos livros especiais, antes que fosse tarde demais. Mas ela também se perguntava se as condições atuais eram as melhores para conseguir o preço ideal pelo Livro das Portas. Muitos dos licitantes mais ricos já não estavam vivos ou capazes de fazer lances. Talvez um leilão à parte, em uma ou duas semanas, atrairia mais interesse e um público maior.

— Trinta e quatro! — Era o homem indiano da Inglaterra. Ele não havia feito nenhum lance até então. Sua estratégia obviamente fora esperar até que o leilão estivesse no auge para manifestar-se de repente. Okoro fuzilou o homem com o olhar, como se ele não tivesse o direito de adentrar os lances em um estágio tão avançado.

— De onde está vindo essa fumaça?

A pergunta veio do lado oposto do salão, de uma das gêmeas de Xangai. Lottie virou-se e viu que as pessoas à distância estavam menos nítidas, como se o ar estivesse denso naquele ponto, obscurecendo sua visão.

— Não é fumaça — Drummond disse, alarmado. Ele se afastou da parede lateral e apressou-se a atravessar o salão, aproximando-se de Cassie. — É névoa.

Lottie franziu a testa, sem compreender.

— Me dê o livro! — Drummond ordenou a Cassie. — Rápido!

— O que é isso agora? — Okoro quis saber.

O extremo oposto do salão era uma parede cinzenta agora, as pessoas ali não passando de silhuetas indistintas, pairando na névoa.

E então a névoa se abriu, como cortinas em um palco, e uma mulher estava ali, uma linda mulher usando uma saia preta, com camadas que pareciam feitas com penas de corvo, e um corpete branco. Seu cabelo, intensamente preto, estava puxado para trás, e ela parecia usar maquiagem esfumada em torno dos olhos. Carregava uma bolsa preta, pendurada por uma tira na dobra de seu cotovelo, e com a mão empunhava um livro que pulsava com luz cinzenta. Ela tinha a cabeça erguida, os olhos deslocando-se pelos rostos que observavam sua chegada.

— É a Mulher — alguém anunciou.

Lottie suspirou, quase exausta demais para sentir medo.

Seu plano era sair daquele ramo antes que fosse tarde demais. Uma ou duas últimas vendas e dar a carreira por encerrada.

Mas parecia que ela havia abusado da sorte.

Parecia que já era tarde demais.

MORTE NO SALÃO DE BAILE

Enquanto Lottie dava andamento ao leilão, Cassie abraçava Izzy com todas as forças, segurando-se a ela como uma sobrevivente de um naufrágio se agarrando a uma pedra no meio do oceano vasto.

— Senti tanto a sua falta! — ela exclamou, o coração cheio de amor e lágrimas enchendo seus olhos. Quando se afastou, Izzy parecia chocada com toda a sua emoção, e então analisou o rosto de Cassie.

— O que... O que aconteceu com você? — ela perguntou. — Você está... diferente.

Cassie sacudiu a cabeça, sem dar importância ao assunto.

— Não importa. Vou te contar, mas senti sua falta. Achei que você estivesse morta.

Izzy negou com a cabeça.

— Eu... Bom... muita coisa aconteceu. — Ela indicou o homem alto, parado no meio do salão. — Lund me ajudou. Aquele homem, Hugo, ele entrou no apartamento, mas Lund me ajudou.

Cassie assentiu e abraçou Izzy de novo.

Era demais para ela. Eram dez anos de agonia, incerteza e vazio, mas Izzy estava ali. Cassie sentiu o cheiro do sabonete dela, um cheiro tão familiar que trouxe a sensação de que estava de volta no apartamento, que estava vivendo a mesma vida pacata e banal de antes, antes de toda a loucura. Naquele momento, Cassie *ansiava* por aquela vida simples, uma dor no centro de seu ser.

— Eu sinto muito por tudo — Cassie murmurou no ouvido de Izzy. — Sinto muito por isso tudo ter acontecido. Eu deveria ter te escutado. Nunca deveria ter usado o livro.

Elas foram interrompidas, então, por Drummond Fox correndo até elas, fazendo ambas se retraírem com a surpresa, os olhos dele arregalados e em pânico.

— Me dê o livro! — ele ordenou para Cassie. — Rápido!

Cassie leu o medo nos olhos dele e olhou para trás, vendo a Mulher surgir da nuvem de névoa, como se fosse um deus, ou um demônio. Ela já tinha visto aquela mulher, nas lembranças de Drummond. Fazia anos que tinha vivido aquela memória, mas a memória permaneceu viva dentro dela.

O salão se ajustou à aparição da Mulher, as pessoas trocando de posição, sussurrando entre si. E, então, o homem negro que estivera lutando com Hugo deu um passo na direção dela, no meio do cômodo.

— Então é você a branca maluca de que todo mundo anda morrendo de medo? — ele perguntou, quebrando o silêncio e lançando à Mulher um olhar de desdém. — Você não me parece tão assustadora, mulher.

— Sr. Okoro... — a Livreira disse, um alerta.

— Me dê o livro — Drummond pediu para Cassie, a voz baixa. — Vou levá-lo comigo para as Sombras.

Cassie sacudiu a cabeça.

— Eu prometi entregá-lo para a Livreira — ela falou, mas seus verdadeiros sentimentos vieram à tona ao mesmo tempo que dizia as palavras. Ela não queria abrir mão do livro. Tinha acabado de recuperá-lo, depois de dez anos. Não ia entregá-lo tão facilmente, a não ser que fosse absolutamente necessário.

No centro do salão, os olhos da Mulher correram de rosto em rosto, e então fixaram-se em Drummond, ao lado de Cassie e Izzy.

— Quem é aquela? — Izzy perguntou. Cassie apenas sacudiu a cabeça, sem tirar os olhos da Mulher.

— Que tal eu transformar seu sangue em pedra? — Okoro zombou da Mulher, retirando o Livro da Matéria e o segurando ao seu lado, o corpo virado de forma a proteger o objeto. — E você cair morta bem aí? Ou, então, eu transformar o ar nos seus pulmões em líquido, e você se afogar?

Cassie observou os olhos da Mulher retornarem vagarosamente para encarar Okoro. A expressão em seu rosto era a de uma mãe observando um filho desobediente. A Mulher balançou a cabeça uma vez, e, em um instante, a névoa retornou, serpenteando pelo salão e preenchendo o espaço com rapidez, baixando cortinas entre cada pessoa.

— Mexam-se! — Drummond sibilou, uma voz incorpórea próxima do ouvido de Cassie. Ela segurava a mão de Izzy, um aperto firme que as conectava em meio à névoa, e sentiu Izzy a puxando, seguindo em direção ao lado oposto do cômodo.

— Isso não vai funcionar comigo! — Okoro gritou de algum ponto atrás deles, a voz atravessando o burburinho apavorado das outras pessoas. Quase tão logo a névoa havia aparecido, Cassie viu um pulsar de luz indistinta em meio à atmosfera cinzenta, e a névoa tornou-se água, uma piscina que desabou no chão, chapinhando as laterais do salão.

À frente do grupo, Cassie viu que Lottie já estava descendo da plataforma, o espelho às costas da mulher se abrindo para revelar uma passagem. Izzy virou-se para olhar para Cassie enquanto corria, apontando a rota de fuga, e Cassie assentiu, concordando. Ela olhou para trás e viu que Drummond as seguia, a alguns passos de distância, o rosto e corpo encharcados com a água que havia acabado de cair em torno deles. Mais além, pessoas ensopadas se retiravam do salão, lançando olhares nervosos para trás, na direção da Mulher e de Okoro, que rodeavam um ao outro lentamente no meio da pista de dança.

Izzy puxou Cassie na direção oposta.

— Cassie, vamos! — ela implorou, indo na direção da passagem secreta da Livreira.

— Hora de morrer, bruxa — Okoro gritou do meio do salão, e Cassie não pôde se conter: precisava se virar para olhar, precisava ver se o homem *conseguiria* matar a Mulher.

A Mulher fechou os olhos, e imediatamente uma explosão de luz surgiu, cintilando nas poças e nos pingos de água nas paredes e nos espelhos, e todos que ainda restavam no cômodo encolheram-se. Cassie cambaleou para trás, soltando a mão de Izzy para cobrir os olhos.

— O Livro da Luz! — Drummond gritou. Cassie se lembrou da mulher egípcia da lembrança dele. A Mulher estava usando o livro da amiga de Drummond.

A luz era cegante, mesmo com sua cabeça virada e a mão na frente dos olhos. Cassie tombou de lado, caindo contra a parede, estendendo a mão e sentindo o emplastro úmido, o frio do espelho.

— Izzy! — ela chamou ao seguir em frente aos tropeços, usando a parede como guia.

Ouviu-se um grito inumano, um guincho agudo, como ar escapando de um pneu sob pressão demais. A luz ficou mais intensa por um momento, e então se foi, apenas uma memória nos olhos de Cassie.

Ela piscou e olhou ao seu redor, tentando espantar a distorção de sua visão. No meio do salão, havia uma poça de sangue e ossos em um terno requintado. A Mulher estava em pé logo além, olhando para a sujeira que havia sido Okoro. Ela ergueu os olhos devagar para Cassie, a expressão de um gato que havia acabado de deixar um animal morto na frente da porta: *olhe só o que eu fiz.*

O estômago de Cassie embrulhou, e ela se virou e espalhou vômito no carpete encharcado aos seus pés. Quando olhou para os fundos do cômodo, avistou Izzy alcançando a saída secreta da Livreira, exatamente quando o espelho se fechou com um baque.

— Não! — Izzy berrou, esmurrando o espelho com um punho fechado. Enquanto Cassie se recompunha, o homenzarrão que estava até então na frente da plataforma (Lund, Izzy dissera) alcançou sua amiga. Ele ficou ao lado dela, de forma protetora, os olhos analisando o cômodo, procurando pelo perigo.

Ele se apaixonou por ela, Cassie pensou, a ideia surgindo do nada, mas parecendo certeira, e aquilo alegrou Cassie, de maneira singela.

— Não! — Izzy gritou mais uma vez, ainda batendo no espelho. Cassie observou o gigante tomar a mão dela e a afastar ao longo dos fundos do salão, até o outro lado da pista de dança. Então, Cassie sentiu a si mesma ser puxada, seu corpo se virando, e o rosto de Drummond estava de repente colado no seu.

— Me dê o livro! — ele exigiu, mais apavorado do que bravo. — Nós não somos páreo para ela!

Cassie moveu os olhos por cima do ombro de Drummond, até o centro do salão. A Mulher tinha a cintura dobrada e a mão estendida para a lambança vermelha que fora Okoro. Cassie ouviu um som úmido e chapinhado, e seu estômago embrulhou outra vez.

— Ah, meu Deus — ela murmurou. Parecia um pesadelo. Mesmo depois de ter confrontado Hugo Barbary no apartamento, ela não estava pronta para aquilo.

A forma amorfa no chão pulsava fracamente, como se resquícios desesperados de vida ainda existissem ali. Quando a Mulher afastou a mão, segurava um livro: o Livro da Matéria. Um sorriso satisfeito se espalhou pelos traços bonitos de seu rosto.

Ouviu-se um estalo súbito, como madeira seca se partindo, e as poucas pessoas ainda presentes no cômodo gritaram de surpresa com o barulho do tiro.

Atrás da Mulher, o homem espanhol, que Drummond havia atirado pelos ares mais cedo, apontava a arma de Hugo Barbary para as costas dela.

— Me dê todos os livros! — o homem exigiu. Ele disparou um segundo tiro para o teto acima, e a Mulher virou a cabeça, olhando para ele por cima do próprio ombro.

— Me dê o livro! — Drummond ordenou a Cassie mais uma vez, agarrando o braço dela.

Cassie sacudiu a cabeça. Não podia fazer aquilo. Ela olhou para a porta por onde os dois tinham chegado, do outro lado do salão. Então, correu os olhos ao longo da parede e viu Lund conduzindo Izzy na mesma direção. Se Cassie conseguisse chegar até lá, todos poderiam escapar.

— Vamos! — ela disse para Drummond, afastando-se do homem rispidamente e apontando para a porta. — Agora!

Mais um tiro disparado no meio do salão, e Cassie se agachou por reflexo, olhando na direção de Izzy, em pânico. Izzy encontrou seus olhos, e Cassie viu medo ali. Ela apontou para a porta, e Izzy assentiu, e então tocou no ombro de Lund para passar a mensagem.

No centro do salão, a Mulher encarava o homem com a arma, e Cassie viu o lábio superior dela se crispar com irritação ao erguer o Livro da Matéria. Era um brinquedo novo, Cassie percebeu, uma coisa nova com que se divertir.

O homem com a arma viu algo nos olhos da Mulher e, sob o olhar de Cassie, pareceu decidir que os livros talvez não fossem tão importantes, afinal. Ele recuou, a arma à frente do corpo defensivamente, movendo-se devagar a princípio. Mas a Mulher avançou na direção dele, o Livro da Matéria começando a brilhar em sua mão.

— Morra, mulher! — o homem gritou, disparando de novo enquanto se afastava. As balas pareceram atravessar a Mulher, despedaçando um espelho na parede oposta, perto de onde Lund e Izzy andavam devagar na direção da porta.

Então, a Mulher disparou de repente, cruzando o cômodo e aproximando-se do homem velozmente, como um borrão.

Outra bala abriu um buraco na parede, e o espanhol começou a gritar quando a Mulher se lançou sobre ele, rosnando feito um animal. A porta, a rota de fuga, estava a meros passos de distância. Izzy e Lund estavam pouco mais além na parede, tão próximos. Cassie viu os dois se virarem instintivamente na direção do grito que perfurava o ar.

Cassie estava prestes a dizer algo para Izzy, gritar uma instrução, mas então uma bala perdida escavou um buraco no ombro de Lund, e ele foi atirado para trás, batendo na parede com um grunhido.

E então uma segunda bala explodiu o crânio de Izzy, salpicando parte de seu cérebro no espelho às suas costas e a fazendo despencar até o chão.

Cassie ouviu um grito angustiado, um pássaro do desespero levantando voo, e um momento depois, percebeu que era sua voz.

Ela desmoronou de joelhos na pista de dança. Izzy estava caída abaixo de uma mancha de sangue e cérebro na parede, a boca aberta de choque, o único olho restante arregalado, como se estivesse surpresa.

— Izzy! — Cassie gritou, as cordas vocais se esticando e rasgando. Ela gritou mais uma vez, erguendo as mãos até as bochechas, as unhas se cravando na pele, o barulho que saía de sua boca não eram palavras, apenas um guincho de agonia.

284

Ela sentiu mãos em seu corpo, alguém tentando colocá-la de pé, mas não importava, nada mais importava: ela havia aguentado anos para reencontrar a amiga, mas Izzy estava morta. Sua amiga linda, o calor, o humor e o amor dela, destruídos em um instante. Um vazio, vasto e infinito, onde momentos antes havia sido tudo para Cassie.

Ela gritou mais uma vez, incapaz de se livrar por completo da agonia que preenchia seu corpo.

A luz brilhante apareceu, um sol explodindo no salão, branco e purificador. Cassie ouviu o clique de um gatilho, o homem ainda tentando disparar a arma, muito depois de toda a munição ter sido usada.

Cassie não se importava mais. Ela era agonia, perda e dor em forma humana.

Izzy estava morta, por culpa dela, por culpa das escolhas que ela havia feito.

Cassie também queria morrer. Não queria nada mais daquele mundo terrível.

Ela se viu correndo, fugindo na direção da porta na parede, assim como sempre havia fugido dos próprios problemas, lágrimas se derramando de seus olhos e a luz mortal em seu encalço.

Cassie desapareceu ao atravessar a porta, querendo tornar-se nada, querendo estar em lugar nenhum.

Parte Cinco:

NADA E LUGAR NENHUM

*E*la não era nada e não estava em lugar nenhum. Era apenas pensamento e memórias no silêncio além da realidade.

Nada existia ali, no lugar nenhum e todo lugar; nada poderia existir. Não coisas vivas, certamente nada humano, e os pensamentos e a consciência que haviam sido Cassie momentos atrás também não teriam existido, se não fosse o fato de ter consigo o Livro da Proteção. Alguma essência daquilo permanecia, recusando-se a deixar que Cassie se dissipasse em nulidade, prendendo-a à existência.

Ela estava em lugar nenhum e em todo lugar. Seus pensamentos eram vãos e estagnados, praticamente não existindo, mas ainda ali. Tudo que existia era pensamento, um único pensamento formando-se lentamente, ao longo de uma infinita eternidade. O pensamento de existir. Mas este algo que existia, este algo que outrora havia sido Cassie, estava em choque e impassível, distendido sobre o nada além da criação.

Então, uma imagem: uma mulher.

Izzy.

Izzy!

Seu rosto, surpreso e quebrado, vazio.

No nada e lugar nenhum, cores explodiram, muitas delas, um arco-íris gritante, e uma nota de baixo, profunda e vibrante, sacudiu toda a consciência, uma imensa sirene atravessando a irrealidade em uma explosão.

Depois disso, tudo voltou a ser silêncio. O choque daquela imagem de Izzy fez a consciência fugir de volta para dentro da escuridão, como uma criatura amedrontada. A consciência tentou se esconder, tentou deixar de existir. Mas era uma impossibilidade, existir sem pensamentos. Mesmo o desejo de não pensar já era pensar.

Pensamentos se formaram espontaneamente, lembranças, emoções e imagens, todos os elementos que formam um ser humano.

A consciência deu as costas a tudo isso, mas não havia lugar algum para se fugir, nada com o que se esconder. Só havia o pensamento.

Esses pensamentos que perturbavam a consciência estavam distantes a princípio, como algo em uma orla distante, algo que definitivamente estava ali, mas incerto e indistinto. A consciência ignorou essas coisas, mas logo sentiu-se atraída por elas. Com o tempo, seu medo diminuiu. Ela aproximou-se dessas coisas, essas memórias e emoções, porque o pensamento precisava de algo em que pensar.

Primeiro vieram as sensações, e a consciência se lembrou delas. Um tipo diferente de pensamento: um pensamento com substância, uma porta para o mundo externo.

Óleo e madeira, a umidade de um dia chuvoso.

Então, sons, o zumbido de maquinário, a raspagem ritmada de uma lixa.

E, então, a luz e textura de uma imagem, uma lembrança: um homem à frente de uma bancada de trabalho. Um homem alto, de torso largo, o rosto focado no trabalho.

A consciência lembrou-se da sensação do toque: a sensação de páginas de um livro entre os dedos. A flexibilidade ostentosa de músculos jovens, membros fortes.

O homem à bancada olhou para a consciência — para aquilo que um dia fora Cassie —, que, naquele momento, sentiu algo diferente: um florescer súbito, como um vasto prado de flores brotando para a vida vibrante de uma só vez. Era lindo e reconfortante, colorido como o grito do arco-íris, mas não horrível e aterrorizante. Era felicidade, e a consciência se deleitou com a sensação.

A consciência sentiu algo, então, algo além do pensamento. Sentiu a si mesma, a personalidade que havia sido Cassie, as vontades e os desejos, medos e prazeres. E a consciência quis mais coisas como um prado de felicidade.

Outra imagem apareceu: um dia quente, a luz do sol em seu rosto e uma brisa fazendo cócegas em suas bochechas. Seus olhos estavam protegidos por um chapéu, a aba agitando-se com o vento, e ela sentia o cheiro bruto do sal marinho no ar. Era uma jovem mulher mais uma vez, encarando o Mediterrâneo do topo de um penhasco alto, uma catedral branca às suas costas. Em algum ponto em meio à brisa, uma gaivota gralhou no céu, o barulho sendo levado pelo ar até Cassie — porque este era seu nome, ela sabia, Cassie —, até o alto do penhasco.

As cores retornaram, a malha de realidade, o prado desabrochando, um arco-íris cruzando o céu em sua visão, mas desta vez a sirene tocou um acorde maior, alegre e vivaz, no lugar de um grito de dor estridente.

Cassie lembrou-se da felicidade que tinha sentido naquele momento, no alto do penhasco, a liberdade e a oportunidade, e a sirene tocou seu acorde maior mais uma vez. Aquilo não era algo de que fugir. Era a adrenalina da emoção humana, da sensação, da vida.

Uma memória mais sombria irrompeu em seus pensamentos, um penetra em uma festa agradável: um quarto lúgubre com a figura torturada do homem que havia sido seu avô, agora macilento e fraco, desvanecendo cada vez mais. A casa onde ela tinha crescido, a única casa que conhecia, transformada em um lugar onde ela já não queria estar. O que outrora havia sido confortável e aconchegante era agora claustrofóbico e sufocante, e as paredes e os lençóis fediam a suor, sangue e dor. Era uma casa da morte, e havia sido ali que seu avô morrera, sozinho, enquanto Cassie dormia em uma cadeira, exausta pelos cuidados que estava prestando a ele.

Cassie, em lugar nenhum, lembrou-se do pavor silencioso do que sua casa havia se tornado, e a sirene soou mais uma vez, um som raivoso, brutal e sem tom, e sua consciência tremeu. O grito do arco-íris apareceu novamente, mais vívido e terrível, guinchando com a agonia daquela lembrança, e Cassie, a consciência, saiu correndo, enrolando-se em si mesma para se esquecer, se esconder.

Quando ousou emergir, sua consciência incapaz de se conter, e flutuou à superfície, as memórias e emoções vieram mais rapidamente. Cada vez mais rápido, cada uma delas, uma erupção de luz e som, todas as emoções humanas e lembranças raiando para o nada e lugar nenhum por trás da realidade. Estava criando coisas, Cassie percebeu, criando ao se lembrar e ao ser; toda a realidade estava mudando. As memórias e a dor de Cassie, seu desespero e sua felicidade, sua fuga e seu medo, faziam a irrealidade tremer e se agitar. Todas essas emoções, todas essas memórias, os pilares da personalidade e humanidade, era tudo demais para ser contido pela consciência de Cassie.

Ali, no nada e lugar nenhum, pairando como um pensamento, ela era poderosa. A consciência de Cassie, em lugar nenhum e em todo lugar, usou o grito do arco--íris, usou aquela energia da criação para esconder suas emoções e memórias, os fragmentos de sua vida que a tinham destruído, a criado e a destruído novamente. Eles eram demais para ela, então ela os colocaria em outro lugar.

Onde mais colocaria todas essas coisas, senão em livros? Onde mais ela poderia trancafiar toda a sua emoção, senão no lugar onde toda a felicidade e prazer da vida eram encontrados? Conforme criava aqueles livros, aqueles livros especiais, nascidos em lugar nenhum e em todo lugar, cada um criado a partir de suas memórias e emoções, dos fragmentos de sua realidade, ela os lançou no mundo, impelindo-os para longe de si, dispersando-os através da realidade e do tempo, suas páginas repletas de linguagens antigas e novas, conhecidas e desconhecidas, imagens e palavras, o idioma de todas as partes.

Cassie fez isso por uma eternidade, não havendo significado para o tempo em lugar nenhum e todo lugar, e só quando havia exaurido todas as suas agonias *e seus prazeres, quando todos os seus livros especiais haviam sido atirados na realidade, quando estava vazia, Cassie ficou em paz.*

A consciência que havia sido Cassie, e que estava voltando a ser, dormiu — ou adentrou o estado mais próximo possível do sono na irrealidade. Quando acordou — ou adentrou o estado mais próximo possível do despertar em lugar nenhum e todo lugar —, existia mais Cassie do que consciência. Cassie, em lugar nenhum, não entrou em pânico: estava simplesmente ciente de que estava em outro lugar, um lugar que era lugar nenhum.

Ela havia chegado a este lugar passando por uma porta que havia aberto, tentando fugir da realidade e do horror do que havia feito.

Ao se lembrar agora de seus pavores, não houve gritos do arco-íris nem prados florescendo, tampouco a sirene. Havia apenas a memória.

Ela sabia que precisava voltar. Sua consciência não podia existir naquele lugar.

E, assim como alguma essência do Livro da Proteção havia permanecido e a mantido viva em um lugar em que vida alguma deveria existir, um pouco da essência do Livro das Portas continuou com ela. E, quando Cassie pensou em retornar, uma porta apareceu, um retângulo incaracterístico, distinto da nulidade em virtude de sua existência.

A porta, sendo a única coisa ali, a atraiu em sua direção, a atraiu na direção de algo que Cassie percebeu ser luz.

A atraiu de volta à realidade, saindo do nada e lugar nenhum.

Parte Seis:

UM PLANO EM CINCO PARTES

A MULHER, DEPOIS DO LEILÃO

Terminado o leilão em Nova York, a Mulher dirigiu até sua casa, treze horas no decorrer da noite ao longo de estradas que começaram vazias e escuras, ficando mais agitadas conforme a luz da manhã apareceu e o dia rastejava até a hora do almoço e a tarde.

Ela estava satisfeita, uma sensação que raramente vivenciava. Por um tempo, ao menos, estava saciada. Havia tomado mais um livro para adicionar à sua coleção, o Livro da Matéria. Gostava de fazer experimentos com ele, assim como tinha sido com todos os seus outros livros, testando do que o objeto era capaz e como ela poderia usá-lo em outras pessoas.

Ela dirigiu com a mente relativamente silenciosa, desfrutando da satisfação, recordando alguns momentos do leilão. A dor e o sofrimento eram suas partes preferidas. Ela gostava de ver agonia nos rostos de outras pessoas e preferia quando a agonia era duradoura, quando era mais do que um momento fugaz.

Havia visto Drummond Fox de novo, e aquilo a encantou, mas, outra vez, ele havia escapado. Ela sabia que deveria estar furiosa a respeito disso, mas não estava. Na verdade, sentia-se revigorada. Além de ter agora uma prova de que o homem continuava vivo, ela tinha mais livros. E reuniria mais livros nos anos vindouros. Drummond Fox estava correndo contra o tempo, ela sabia. Ela estava circundando a Biblioteca Fox, irrevogavelmente mais perto a cada momento. Nada impediria aquilo agora. Na verdade, lhe agradava saber que a experiência seria prolongada. Ela esperava aparecer nos pesadelos dele.

Enquanto a Mulher subia lentamente a estrada até seu chalé, avistou, para sua decepção, outro veículo estacionado na entrada de cascalhos. Era uma caminhonete grande, estacionada de frente para a casa, com dois homens, um deles sentado no capô, o outro de pé à frente. Música nas alturas saía dos alto-falantes do veículo, trespassando insistentemente a tarde pacata do bosque. Estavam rindo quando ela se aproximou, e então repararam no carro e interromperam a conversa para encará-la. Os dois tinham latas de cerveja na mão, e um deles, o que se sentava no capô, deu um gole casualmente enquanto observava a Mulher desacelerar. Era alto e magro, de cabelo claro, e usava uma camiseta do Kiss que parecia ter sido lavada mais vezes do que o dono. O outro homem era mais baixo e mais gordo, como se comesse donuts de café da manhã, e estava vestido como se tivesse acabado de encerrar o expediente em um posto de gasolina, ou pretendesse ir para lá depois.

Os dois observaram a Mulher sair do carro. Ela se perguntou se eles já tinham estado ali antes. Ela ficava fora de casa com frequência. Talvez fosse o lugar em que vinham beber e relaxar quando estavam entediados. Ela fechou a porta do carro e olhou para os dois, sentindo o ar denso e fresco da tarde, a umidade da floresta nos arredores. Os homens devolveram seu olhar, os dois correndo os olhos por seu corpo dos pés à cabeça, trocando um olhar. O mais alto e loiro tinha um quê de faminto, de cruel. Era um tipo com que a Mulher já havia topado. Havia muitos do mesmo tipo em cidades pequenas ao redor do mundo.

— Oi, meu bem — ele cumprimentou.

Ela não disse nada.

— Sua casa? — ele perguntou, indicando a casa com a cabeça.

A Mulher assentiu, o rosto sem expressão.

— Não estamos fazendo nada de errado, só tomando umas cervejinhas — ele disse. — Né, George?

— Opa — George concordou, assentindo, mas menos seguro de si. George só estava indo na do amigo.

A Mulher sustentou o olhar do homem alto por um momento, ainda sem dizer nada.

— Bonito esse vestido, moça — ele elogiou.

A Mulher foi até a casa, sem responder. Ela destrancou a porta da frente e a abriu, as dobradiças gritando para o dia como um pássaro. Ela se virou para olhar para os dois por cima do ombro e deixou a porta aberta ao entrar. Era um convite.

Os homens se juntaram a ela sem demora, desligando a caminhonete e entrando às pressas na casa. Erro deles. Se tivessem simplesmente ido embora, ela não os teria perseguido.

Esperou por eles dentro da casa, empertigada em pé com a bolsa no braço, ao lado da porta do porão. Quando chegaram, desajeitados e fazendo barulho ao passar pela soleira, parecendo cachorros na hora da ração, ela abriu a porta do porão e desceu os velhos degraus de madeira. Quando os dois se juntaram a ela lá embaixo, olharam ao redor, cautelosos. O mais alto viu o colchão no canto e cutucou o amigo com o cotovelo. Não enxergavam perigo ali, apenas oportunidade.

A Mulher decidiu que queria testar o livro que havia tomado do homem negro no leilão: o Livro da Matéria. Ela precisava experimentar para entender o potencial dele. Que fortuito dois homens terem caído em seu colo!

Ela fez um gesto para que o homem alto adentrasse mais o cômodo. Então, indicou que ele se deitasse.

— Tipo, aqui? — ele perguntou, lançando um sorriso para o amigo. — No chão?

A Mulher assentiu, e o homem obedeceu, feliz da vida, atirando-se no chão de concreto, sob a lâmpada dependurada, deitando-se de costas.

A Mulher olhou para o outro homem por cima do ombro e indicou a direção do colchão no canto. Ele parecia assustado, ela pensou, mas assentiu, obedientemente, e passou por ela arrastando os pés.

— Espero que esteja pronta, moça — o homem no chão disse, olhando para ela lascivamente. — Nunca provou nada como eu!

A Mulher o observou gesticular com as duas mãos, encorajando-a a se juntar a ele. Ela se agachou, uma mão no cimento, a outra alcançando o interior da bolsa para tocar o Livro da Matéria. Ela direcionou sua determinação na direção do chão, o amolecendo e tornando líquido abaixo do homem. Então, pressionou o peito dele com a mão. Ele não se deu conta, a princípio: continuou sorrindo por um ou dois segundos, perguntando-se o que ela estava fazendo, olhando de relance para seus pés, como se talvez ela estivesse tirando os sapatos. Então, ele notou que estava afundando. A expressão em seu rosto mudou, a incompreensão surgindo, e a Mulher amou ver aquilo.

— Ei, peraí!

Ele debateu-se no concreto pastoso, mas não encontrou nada em que se agarrar, e sua agitação apenas o fez afundar mais rápido. Então, o concreto estava subindo em seu rosto, cobrindo suas pernas, e o pânico o fez se calar e tentar se soltar, lutando para sobreviver. Enquanto a Mulher observava, viu os olhos dele se arregalarem, ficando brancos conforme o concreto o engolia.

E então os olhos desapareceram, e apenas os lábios e as narinas e os dedos de uma mão restavam, e a Mulher tornou o concreto sólido novamente, o endurecendo em torno do corpo magro do homem com um chiado. Ela assistiu com interesse por alguns minutos aos lábios do homem agitarem-se e estalarem, a luz ainda balançando para a frente e para trás acima dele, sombras crescendo e encolhendo enquanto o homem lutava por oxigênio, seus pulmões tentando inflar dentro do peito triturado. Ela se perguntou no que ele estaria pensando, sufocando na escuridão.

Então, os estalos cessaram, a respiração irregular esgotando-se, e as partes visíveis do corpo do homem ficaram imóveis.

No canto do quarto, sobre o colchão, o outro homem estava encolhido e choramingando. Quando a Mulher olhou em sua direção, ele ficou em silêncio. As mãos estavam fechadas à frente da boca, como se tentasse se esconder, os olhos arregalados e amedrontados.

— Por favor — ele implorou, lágrimas em seus olhos. — Não me mata, por favor. Eu faço qualquer coisa. A gente não ia fazer nada contigo.

A Mulher nem sequer ouviu as palavras dele. Aproximou-se, segurando o Livro da Matéria ao lado do corpo e lembrando-se do que o homem negro havia dito, a respeito de encher os pulmões dela com água, ou transformar seu sangue em pedra. A Mulher se interessava pela ideia de transmutação de um ser vivo. Estava interessada no terror que alguém vivenciaria com a matéria dentro de si sendo transformada em outra coisa. Então, ela experimentou. Decidiu transformar as células do homem em líquido.

Ela voltou a se agachar, esticando a mão para colocá-la com gentileza na perna do homem. Em sua outra mão, o Livro da Matéria começou a ficar pesado e brilhar na escuridão, lançando cores nos cantos do porão. A Mulher direcionou sua determinação enquanto o homem no colchão a observava, horrorizado. Ela queria as células dele se tornando líquido, e quase imediatamente viu o rosto do homem esmorecer.

Ela ouviu um gorgolejar, e então a pele dele começou a pingar de seus ossos, como um melado. Ele gorgolejou algo novamente, e a Mulher percebeu que talvez estivesse tentando dizer algo, talvez tentando dar um grito de terror.

Ela colocou mais força em sua determinação, e os órgãos e até mesmo os ossos do homem se tornaram líquido grosso, entrando em colapso, como uma escultura de chocolate derretendo sob o calor.

A coisa que havia sido o homem era agora uma sopa cor-de-rosa e espumosa empoçando-se no colchão velho, gotejando da beirada para o chão. A Mulher afastou a mão e limpou o resíduo no colchão, enquanto ao seu redor as cores eram drenadas do mundo, o Livro da Matéria dormente novamente.

Ela se ergueu e inspecionou o que havia feito, a sopa tremendo. Pensou ter ouvido mais um gorgolejar, talvez um grito de terror final e desesperado da poça no colchão.

Então, ela pensou ter ouvido outro barulho, ou detectado algo de diferente no ar, e sua mente ficou silenciosa de repente. Ela olhou para a escada, para o outro homem engolido pelo concreto, procurando por algo que poderia ter agitado o ar. Havia sido um momento estranho, algo que ela nunca tinha sentido antes. Mas tão breve... E, então, tinha desaparecido.

Ela encarou o nada, escutando atentamente. Mas não havia nada ali. Apenas os dois homens mortos, ou o que restava deles.

A Mulher foi até o cofre no canto. Ela o destrancou e retirou os livros da bolsa, os três que havia levado consigo naquela manhã, e o Livro da Matéria, um novo prêmio para acrescentar à sua coleção. Então, tornou a fechar o cofre e se afastou. Puxou o cordão para desligar a luz e foi para seu quarto, para lavar o cheiro da cidade.

MAIS UMA VEZ, A REALIDADE

Cassie retornou para a realidade, para longe da luz da nulidade, em direção à escuridão da existência. Não era uma escuridão absoluta, no entanto, havia a sugestão de uma luz ali. Ao erguer a cabeça e seus olhos se ajustarem à realidade, ela viu menos escuridão à sua direita, mais escuridão à esquerda. O chão era macio sob suas mãos e seus joelhos... macio e úmido.

— Carpete — ela disse, a palavra como um pássaro morto caindo no chão, dentro da acústica monótona do cômodo.

Ela estava em um espaço grande... e a luz parecia mais visível agora, à sua direita. Havia uma porta, e, além dela, formatos vagos eram visíveis.

Cassie se ergueu em pernas instáveis e tombou para trás, encontrando solidez. Uma parede. Ela estendeu a mão e sentiu uma maçaneta, uma porta. Frescor liso... um espelho.

E, então, ela se lembrou.

Lembrou-se do salão de baile e do pandemônio.

E de Izzy.

A lembrança foi como um soco em seu estômago que a fez arfar, e Cassie voltou a cair de joelhos.

— Izzy — ela gemeu.

Sua amiga. Sua linda amiga, que bebia vinho em canecas e dormia na cama de Cassie quando estava com frio. Morta. Tudo que ela era, destruído em um instante.

Cassie ficou deitada no chão úmido e se esvaziou por dentro ao chorar.

Depois de uma eternidade, quando não restavam mais lágrimas, quando o luto a deixara anestesiada, ela foi até a porta, e pôde ver luz vindo de algum lugar próximo, uma escadaria com claraboias no alto. Ela encontrou interruptores e os testou com a mão trêmula, e luzes acenderam-se atrás dela, no salão.

O lugar estava como Cassie se lembrava. Amplo e quadrado, vidro estilhaçado por todo o chão, dos espelhos e do candelabro. Havia umidade no ar, e ela se lembrou da névoa que havia se tornado água. Viu manchas escuras de bolor ao longo do rodapé da parede, próximo do carpete, mas não havia corpos. Ela havia temido ligar as luzes caso Izzy ainda estivesse ali, deitada com seu único olho, vazio e chocado. Mas alguém tinha removido os cadáveres. Cassie se perguntou onde Izzy estaria agora. Em algum túmulo anônimo com os outros corpos? Sozinha e esquecida por toda a eternidade?

Ela afastou aqueles pensamentos cruéis, incapaz de abrir a mente para tais possibilidades.

Ao caminhar até o lado oposto do salão de baile, até a porta pela qual havia acabado de passar aos tropeços, Cassie perguntou-se, distraída, quanto tempo teria se passado.

Ela parou e encarou a parede ao lado da porta. Era o lugar onde Izzy tinha caído, ela sabia, mas não havia nenhum sangue na parede.

Cassie correu os olhos pelo restante do cômodo. Havia marcas em outras áreas das paredes, sangue de outras vítimas, buracos de bala. Quem quer que houvesse levado os corpos não tinha limpado o lugar. A umidade no carpete provava aquilo. Não houvera esforço algum para organizar e consertar todo o dano.

Mas por que o sangue de Izzy fora limpo?

Cassie esfregou a cabeça, se perguntando se estava, talvez, tendo lapsos de memória. Uma semente de esperança atravessou a terra seca de seu coração, mas ela se recusou a regá-la. Sabia o que tinha visto. Ninguém conseguiria sobreviver a um ferimento daqueles.

Ela saiu do salão de baile, deixando para trás o bolor, a umidade e as lembranças do pandemônio, e se viu em um saguão. Cassie o atravessou, chegando ao que parecia ter sido uma entrada imponente em certo momento, mas todas as janelas e portas tinham sido cobertas. Havia uma única passagem cortada na madeira, mas parecia estar trancada pelo lado de fora. Um cadeado, talvez, em um ferrolho grosso. Cassie sacudiu a porta, mas ela não cedeu.

Ela ficou parada no lugar por um instante, cercada pelo silêncio, sem saber o que fazer. Estava tendo dificuldade até mesmo para formar um pensamento consciente e direcionado.

— Pense, mulher — ela murmurou.

Cassie apalpou o bolso e descobriu que ainda estava carregando dois livros. Parecia que o que quer que havia levado consigo, tudo que estava vestindo, havia sobrevivido ao lugar onde ela estivera.

Ela parou, o cenho franzido ao refletir sobre aquele lugar, pensando nele de verdade pela primeira vez desde o seu retorno.

Era lugar nenhum, um lugar onde nenhuma pessoa deveria existir. Era algo além da criação, um universo ou uma realidade diferente. Mas ela havia sobrevivido.

— Por causa dos livros — ela disse. — O Livro da Proteção.

Ela havia sobrevivido e retornado, de um lugar diferente, uma realidade diferente. Era o lugar de onde os livros haviam surgido, ela sabia. Era onde a *magia* tinha origem.

Toda aquela magia, e Izzy ainda está morta, ela pensou, amargamente.

Cassie se lembrou então da Livreira. Lembrou-se da mulher fugindo pelo espelho quando a violência tivera início, impedindo, assim, que Izzy pudesse escapar.

— Covarde — ela murmurou consigo mesma.

E, então, lembrou-se de Drummond usando o Livro do Controle para protegê-la, e seu coração amargo ficou levemente quentinho. Ela se perguntou o que teria acontecido com o homem. Descobriu que estava preocupada com ele.

E lembrou-se da Mulher. A mulher bela e monstruosa que havia feito coisas terríveis com os livros.

Com *seus* livros.

Porque Cassie sabia agora que os livros pertenciam a ela. Tinham sido criados por ela, no nada e lugar nenhum.

Os livros eram dela. E ela não podia deixar que a Mulher continuasse a usá-los. Ela não permitiria.

Cassie usou o Livro das Portas e passou por uma das portas no salão de baile, voltando para seu quarto no apartamento que havia dividido com Izzy. Fazia um dia ensolarado, ela viu, um dia límpido e iluminado além da janela ao lado de sua cama.

Ela não entrava naquele quarto há mais de dez anos, e, de certa maneira, parecia que ainda mais tempo havia novamente se passado enquanto estivera no nada e lugar nenhum.

Cassie arrancou as roupas, sem se importar com mais nada, e caiu na cama, fechando os olhos e cobrindo a cabeça com o edredom para bloquear o mundo.

Ela dormiu.

Quando acordou, sentia-se mais como antes, o que quer que significasse aquilo, e então se lembrou de que Izzy estava morta, e seus órgãos despencaram em um poço sem fundo.

— Ah, Izzy.

Cassie se sentou, sentindo-se mais pesada e mais vazia do que nunca, lençóis reunidos em torno da cintura. Ficou sentada ali por um bom tempo, tentando aceitar a ideia de que a vida e a luz de Izzy já não estavam naquele mundo.

Ela observou a janela. Parecia que algumas horas haviam se passado. Ainda havia luz do dia do lado de fora, mas a noite se aproximava. Ela podia ouvir os sons tranquilizadores e normais da cidade: o trânsito, as buzinas dos carros, pessoas gritando. Tão maravilhosamente mundano.

Seus olhos se moveram até a estante de livros ao pé de sua cama e pousaram no exemplar do sr. Webber de *O conde de Monte Cristo*. Ela sorriu com tristeza, lembrando-se de tempos felizes no decorrer da última década.

Por que estava cercada por tanta tristeza?

Cassie forçou-se a levantar, tomou um banho e vestiu roupas limpas, demorando alguns minutos para desfrutar de vasculhar pelo armário e gavetas que não via há uma década. Era um prazer tão estranhamente simples. Depois que estava vestida, ela deslizou seus dois livros para os bolsos, garantindo que sempre estariam com ela.

Ela andou pelo apartamento, chegando à porta do quarto de Izzy. Parou por um momento antes de entrar, inspirando profundamente para assentar as emoções turbulentas, e então entrou. O quarto tinha o cheiro da amiga, um misto de sabonete, xampu e perfume, o aroma suspenso no ar como uma lembrança. Tudo que restava de Izzy, e que também lentamente desapareceria com o passar do tempo.

Cassie sentiu as próprias emoções borbulhando mais uma vez ao andar pelo quarto. Seus olhos foram atraídos pelas fotografias e cartões-postais colados na parede: fotos de Izzy e Cassie ao longo dos anos; das duas na Livraria Kellner; naquela viagem horrível para a Flórida. Havia cartões-postais dos pais de Izzy, mais porque eram de lugares que Izzy queria visitar do que por ela querer guardar as mensagens. E havia recortes de revistas, imagens de modelos usando roupas luxuosas que Izzy havia adorado.

Cassie correu a mão pelo tampo do gaveteiro de Izzy, onde a amiga guardava todas as maquiagens e os artigos de higiene pessoal. Parecia vazio agora, como se algumas das coisas dela tivessem sido levadas, e Cassie franziu a testa, perguntando-se mais uma vez se estava tendo lapsos de memória.

Ela demorou-se abrindo as gavetas de Izzy, o armário embutido, e o tempo todo ficando cada vez mais certa de que alguns dos pertences de Izzy não estavam lá. Onde estava o suéter de lã que Cassie tinha dado a ela há dois Natais? Onde estavam as leggings favoritas dela? O jeans preto? Onde estava a caixinha de joias que Izzy guardava nas gavetas ao lado da cama? Teriam sido roubadas?

Cassie voltou ao próprio quarto e investigou as roupas que tinha arrancado mais cedo. Encontrou o celular e o ligou.

Ela esperou, impaciente, por alguns segundos, enquanto o celular executava seu procedimento de inicialização. Então, ele iniciou, e Cassie arfou ao ver três coisas em rápida sucessão.

Primeiro, era o início de março: meses haviam se passado desde os acontecimentos no salão de baile.

Em segundo, ela havia recebido uma mensagem de voz do celular de Izzy, dias depois de Izzy supostamente ter morrido.

E em terceiro, ao longo dos últimos três meses, alguém estivera enviando a Cassie mensagens a cada dois ou três dias, cada mensagem contendo apenas uma foto de uma porta, cada porta diferente da anterior.

FOGUEIRAS NOTURNAS NA PRAIA

Em uma praia ao entardecer, na costa oeste dos Estados Unidos, Lund fez uma fogueira. Havia comprado madeira e acendedores em uma loja de ferramentas na cidade, assim como um isqueiro de plástico à moda antiga, que usou para acender o fogo.

— Me deixa ver isso aí — Izzy disse ao se aproximar, segurando uma bolsa na mão. Ele jogou o isqueiro por cima do fogo para ela, que o pegou e se sentou na areia. — Eu tinha um desses quando era mais nova. Teve uma época que tentei fumar — ela explicou. Parecia o começo de uma história, mas Izzy não disse mais nada, e seus olhos se desviaram para observar o fogo.

O Oceano Pacífico murmurava à sua frente, e o vento acariciava as bochechas de Lund, que encarava o céu escuro. Era março, mas fazia um anoitecer quente, com pouca friagem no ar.

Os dois tinham avançado bastante para o norte, saindo da Califórnia e entrando no Oregon, mas o clima havia sido gentil com eles na última semana. Estavam em Pacific City, uma congregação de casas de veraneio e áreas para trailers por três ou quatro ruas, que abrangiam o comprimento de um trecho de areia dourada e uma baía ampla. Era um local para turistas, tanto locais como estrangeiros, um lugar onde um casal de viajantes poderia se misturar com facilidade.

— Peguei batatinhas e um pouco de Coca-Cola — Izzy informou. Ela guardou o isqueiro no bolso e passou um saco de batatinhas para Lund. — Espero que esteja bom.

— Uhum — ele disse.

O fogo estava indo bem agora, lambendo os troncos, e ele viu a claridade refletida no rosto de Izzy, que encarava as chamas.

Estavam matando tempo, ele sabia. Desde o salão de baile e Nova York, haviam passado de um lugar ao outro só para permanecer escondidos, matando tempo até que algo acontecesse. Não sabia pelo que estavam esperando, mas estava feliz em continuar assim. Tinham viajado primeiro para o sul e o oeste, pegando ônibus por longas distâncias, decidindo aonde ir depois a cada parada, e, por fim, haviam chegado à costa oeste da Califórnia. Tinham ficado na mesma cidade por algumas semanas, até que os dois sentiram a necessidade de ir embora, desconfiados, de repente, de que alguma coisa os perseguia, temendo uma sombra que se aproximava no horizonte. Nos últimos tempos, estavam subindo lentamente a costa oeste, ao longo da rodovia da costa do Pacífico, pedindo caronas na estrada ou para pessoas que conheciam em bares.

Lund olhou para Izzy. Ela estava sentada com os braços em torno dos joelhos, o rosto virado para o Pacífico. Seu cabelo estava preso, a brisa brincando com os fios. Ela era linda, e tão despretensiosa a respeito disso.

Lund tinha gostado dela no segundo em que a vira, desde a piada que ela tinha feito para Azaki sobre o mau gosto para roupas da amiga. Desde então, havia desejado estar com ela, e ela parecia feliz de tê-lo por perto. Não era nada mais do que isso, e Izzy parecia tão perdida nos próprios pensamentos na maior parte do tempo que nunca havia parecido certo sugerir qualquer outra coisa. Não que Lund esperasse conseguir convencê-la a se afeiçoar a ele. Ele não detinha as palavras para conseguir aquilo. Mas estava feliz em simplesmente estar com ela, ter a confiança dela, e estava feliz em esperar e ver o que mais ela poderia querer, ou não. Não tinha nenhum outro lugar onde deveria estar.

Satisfeito com o fogo agora autossustentável, Lund relaxou na areia, esticando as pernas e se apoiando no cotovelo. Sentia o calor das chamas em seu rosto. O fogo estalava enquanto o mar sussurrava e se aquietava, e Izzy fazia silêncio. Atrás deles, uma fileira de casas de férias ficava na beirada da praia, e Lund ouvia o burburinho das conversas de pessoas sentadas em suas varandas, observando a noite com taças de vinho e cobertores quentinhos em torno dos ombros.

Lund estendeu a mão para pegar as batatinhas e abriu o saco. Ficou comendo por um tempo, analisando as estrelas espalhadas pelo céu.

— Bonito — ele falou, fazendo um gesto vago para cima.

Izzy pareceu não o ouvir. Estava pensando na amiga, ele sabia. Era o que havia ocupado a mente dela desde que os dois tinham fugido de Nova York. A amiga tinha desaparecido ao passar por uma porta no salão de baile, e não tinham tido nenhuma notícia dela. Em algumas ocasiões, Lund havia tentado abordar a possibilidade de sua amiga ter desaparecido de vez, mas Izzy estava ou relutante ou incapaz de cogitar aquilo, então o homem parou de comentar qualquer coisa a respeito. Agora, ele esperava, nada mais. Ela precisava lidar com o que ainda não compreendia e com o que tinha acontecido com sua amiga em seu próprio ritmo.

— Come — ele disse, atirando o saco de batatinhas para ela.

Izzy olhou de relance para as batatinhas, e sua cabeça se moveu quando fez isso, deixando que Lund visse uma silhueta mais além na praia. Havia outras pessoas na areia, sentadas ao redor de fogueiras, como Izzy e Lund, alguns casais caminhando de mãos dadas, e até um grupo de crianças pequenas correndo e gritando, mas aquela silhueta se destacava do ruído de fundo, porque estava sozinha e imóvel. E parecia olhar na direção de Izzy e Lund.

Izzy pegou um punhado de batatinhas e viu, então, que os olhos de Lund estavam encarando algum ponto atrás dela.

— O quê? — ela perguntou, virando a cabeça.

A silhueta adiante na praia se moveu, então, dando alguns passos na direção deles, o rosto iluminado por outra fogueira.

— Cassie? — Izzy indagou, uma questão sussurrada.

Lund se ergueu da areia, sentando-se com as costas eretas.

A silhueta se aproximou, e ele viu que Izzy estava certa.

— Cassie! — Izzy gritou, erguendo-se em um pulo e atirando as batatinhas de lado.

As duas mulheres correram uma na direção da outra e se abraçaram.

Lund desviou os olhos para o fogo, pensando que aquilo pelo que estavam esperando tinha finalmente chegado. Ficou surpreso ao descobrir que estava decepcionado.

— Eu pensei que você tinha morrido — Cassie afirmou. Ela estava sentada de frente para Lund em torno da fogueira, e as chamas pintavam desenhos em seu rosto. Izzy tinha apresentado os dois quando Cassie se sentou ali. — Obrigada por ter cuidado dela — Cassie dissera a ele, enquanto apertava sua mão.

Lund havia dado de ombros, sem dizer nada, e então ela simplesmente havia assentido e sentado à sua frente. As duas mulheres conversaram por alguns minutos, ambas aparentemente esquecendo que ele estava ali. Não era uma experiência incomum para ele; apesar de seu tamanho, Lund causava pouco impacto em situações sociais. Desaparecia no pano de fundo. Era um estranho, sempre vivendo ligeiramente à margem do restante.

— Eu sei — Izzy falou. — Foi por isso que te mandei mensagem. Não suportava a ideia de você pensar que eu tinha morrido.

Ela estendeu a mão e segurou o braço da outra mulher por um momento.

— O que aconteceu? — Cassie perguntou. — Como foi que eu vi você morrer?

Izzy deu de ombros, olhando para Lund através do fogo. Eles tinham conversado bastante a respeito, principalmente naqueles primeiros dias. Ou, então, Izzy tinha falado a respeito, e Lund havia escutado, oferecendo uma ou duas palavras vez ou outra.

— Eu não sei, para ser honesta — Izzy admitiu. — O máximo que conseguimos pensar é que foi o Livro da Ilusão.

Cassie franziu a testa.

— Livro da Ilusão?

— Ele cria ilusões — Izzy disse. — Faz as pessoas verem as coisas de forma diferente da realidade. — Ela se voltou para Lund, como se pedisse ajuda para explicar.

— Izzy estava com o Livro da Ilusão no bolso — ele falou.

— Onde você conseguiu? — Cassie perguntou.

— Comigo — Lund respondeu. — Era de um amigo meu. Eu estava tentando usar o livro no hotel, antes do leilão. Ele acabou ficando com Izzy. Quando a coisa começou a ficar feia, todas as balas voando e tudo o mais, a Izzy ficou amedrontada. Nós pensamos, talvez, que uma parte dela conseguiu usar o Livro da Ilusão para se proteger, depois que eu fui baleado. Tipo, a fez parecer morta para que ninguém mais fizesse algo a ela.

O ombro de Lund ainda doía, especialmente quando fazia frio. Mas a bala que o pegou no salão de baile atravessara seu corpo, logo abaixo da clavícula. Havia sangrado por alguns dias, e doído muito por algumas semanas, mas depois de alguns meses, ele conseguia chegar até o fim do dia sem analgésicos. Seu braço parecia mais fraco agora quando fazia certos movimentos, mas não havia afetado sua vida.

— Então o livro conjurou um ferimento e um corpo morto? — Cassie perguntou.

— Eu achei que um tiro ia me acertar — Izzy se justificou, olhando para o fogo. — Depois que vi Lund, simplesmente me imaginei levando uma bala na cabeça.

— Foi o que eu vi — Cassie confirmou.

— Isso a protegeu — Lund disse. — Depois que você passou pela porta e desapareceu, a Mulher voltou a atenção para o homem com quem você estava.

— Drummond — Cassie murmurou.

— Ele desapareceu, feito fumaça ou algo assim — Lund contou. — Eu estava olhando. Estava deitado lá no chão, me fingindo de morto, esperando que ela não reparasse em mim, no meio de todos os outros corpos. Depois que aquele homem, Drummond, desapareceu, ela nem sequer olhou para mim. Nem para Izzy. Para ninguém. Ela simplesmente foi embora.

— Ela não sabia que você estava com o Livro da Ilusão — Cassie disse para Izzy. — Se soubesse, ela teria tomado o livro de você. E provavelmente te matado.

Izzy balançou a cabeça. Então, deu um sorriso culpado.

— Tinha que ter visto a cara dele quando eu me levantei logo depois disso.

Lund olhou para o fogo, deixando-a desfrutar do momento.

— Parecia que tinha visto um fantasma — Izzy disse.

Lund sorriu consigo mesmo. Havia apenas estado feliz por ela estar viva.

— Ele falou um pouco de baboseiras, até eu conseguir fazer com que ele entendesse que não era um fantasma. Que estava viva.

Izzy contou como saíram do hotel depois daquilo. Que tinham voltado ao apartamento que ela dividia com Cassie, porque ela não sabia aonde mais ir. Os dois tinham feito o melhor que podiam na ferida de Lund, e então Izzy juntou algumas coisas e eles foram embora, seguiram para a rodoviária e pegaram o primeiro ônibus para qualquer outro lugar.

— A gente não sabia para onde estava indo — ela disse. — Só não queríamos ficar lá. Eu estava com medo que ela viesse atrás da gente.

Lund viu Cassie assentir.

— E eu não sabia o que tinha acontecido com você — Izzy continuou. — Mas queria garantir que você conseguiria nos encontrar. Então, em todo lugar que a gente parou, eu te mandei uma foto de uma porta. Não sabia se você viria, mas tinha esperança...

— Como você nos achou aqui? — Lund perguntou. — Na praia?

— Eu perguntei no hotel. Falaram que vocês ainda estavam hospedados. Então eu só saí de lá, segui o barulho e a movimentação. Aonde mais vocês iriam à noite em uma cidade dessas?

— Estou tão feliz por você estar aqui — Izzy falou, em um arroubo de alegria, esticando-se para abraçar Cassie mais uma vez.

Lund bebeu a Coca-Cola, deixando que as duas tivessem seu momento.

Lund escutou por um tempo Cassie contar a Izzy sobre seus dez anos no passado. Parecia inacreditável, mas ele tinha visto tantas coisas inacreditáveis que já não era mais cético.

— E aí? — Izzy perguntou, franzindo a testa. — Agora você é oito anos mais velha do que eu?

— Isso mesmo — Cassie confirmou. — Velha, enrugada e grisalha. Sou o seu futuro.

— Para onde você foi? — Lund indagou, sentindo, por algum motivo, que queria atravessar a felicidade das duas. Não sabia por que estava sentindo aquilo. — Saindo do salão de baile? Onde você esteve esse tempo todo?

Cassie não respondeu de imediato. Seus olhos vidraram-se enquanto encarava o fogo, e então seu cenho se franziu brevemente.

— Fui a outro lugar — ela disse. — Estava em lugar nenhum, um lugar para onde humanos não podem ir.

— Como assim? — Izzy perguntou.

Cassie ergueu os ombros.

— É difícil explicar. Quando achei que você tinha morrido, eu só quis fugir. Queria não ser nada, queria não estar em lugar nenhum. Então, abri uma porta e fui para lá. Para... o nada. — Ela sacudiu a cabeça. — Eu nem me lembro direito. É como um sonho, talvez... Você sabe que teve o sonho, mas, assim que acorda, ele desaparece.

Lund não conseguia entender. Ele olhou de relance pelo fogo e viu Izzy analisando Cassie.

— Então, em algum momento, eu me dei conta de que queria voltar. Uma porta apareceu, e eu passei por ela. E aqui estou.

Izzy assentiu, devagar.

— Bem — ela falou —, onde quer que tenha estado, estou feliz por você ter voltado.

— Talvez eu te conte mais a respeito algum dia — Cassie disse. — Se eu mesma entender o que aconteceu.

— O que vai fazer agora? — Izzy perguntou.

— Eu não sei — Cassie admitiu. — Mas não quero passar minha vida fugindo daquela mulher.

Izzy lançou um olhar para Lund. Era exatamente o que eles estavam fazendo.

— Quem é ela? — Izzy perguntou.

— Não faço ideia — Cassie disse. Izzy voltou a olhar para Lund, que deu de ombros.

— Vai tentar impedi-la? — Lund perguntou, atraindo os olhos de Cassie para si. Ela o observou em silêncio por um instante, e então também deu de ombros.

— Não sei — ela repetiu. — Não pensei tão adiante ainda. Estava focada em encontrar vocês primeiro.

— Vamos te ajudar — Lund falou, e agora as duas mulheres olhavam para ele. — O que quer que você queira fazer, vamos ajudar.

— Desde quando você fala por mim? — Izzy perguntou, mas havia humor na pergunta. Lund achou que ela talvez estivesse satisfeita com o que ele havia dito.

— Desculpe — ele ofereceu. — Eu vou te ajudar. Não falo por Izzy.

— Obrigada — Cassie disse, sorrindo para o homem. — Fico feliz.

— Você não está sozinha, Cassie — Izzy garantiu e, estendendo a mão mais uma vez. — Está entre amigos agora.

Lund foi buscar mais bebidas e batatinhas na loja que ficava a algumas ruas de distância. Ele não se apressou, deixando que Izzy e Cassie tivessem alguns minutos a sós. Quando voltou, a praia estava mais silenciosa, e o vento vindo do oceano estava mais cortante. Ele brincou um pouco com o fogo, arrancando chamas e calor dele, e passou cervejas para Izzy e Cassie.

— Onde você vai dormir? — Izzy perguntou.

— Vou arranjar um quarto no hotel — ela respondeu. — Ou, se não tiverem vagas, vou para outro lugar. Tenho o livro.

O grupo ficou em silêncio por alguns instantes, apenas o som das ondas e o estalar do fogo.

— O que fizeram com o livro? — Cassie perguntou, os olhos nas chamas. — O Livro da Ilusão?

Izzy olhou para Lund.

— Nós o enterramos — ele falou.

— Não achamos que era seguro ficar com ele — Izzy completou.

— Você usou o livro de novo? — Cassie perguntou à amiga. — Descobriu como criar ilusões?

Izzy negou com a cabeça.

— Talvez eu só consiga fazer magia em momentos de morte certa. Lembra o que Drummond disse quando a gente estava em Lyon? Algumas pessoas podem aprender a usar os livros.

— Sim — Cassie concordou.

— Talvez eu consiga aprender a usar o Livro da Ilusão — Izzy disse, e olhou para o fogo. — Mas não sei bem se quero.

— Nós precisamos do livro — Cassie avisou. — Se a Mulher achou que você estava morta, significa que as ilusões funcionam com ela. Talvez a gente possa usar uma ilusão para derrotá-la.

311

— Podemos ir desenterrar? — Izzy sugeriu.

— É muito longe? — Cassie perguntou.

— Sim — Lund disse. — É bem longe.

— Longe quanto?

— Vai levar alguns dias para chegar até lá, a não ser que a gente consiga um carro.

— Não precisamos de um carro — Cassie retorquiu. — Só precisamos de uma porta próxima.

Lund bebeu a cerveja e sacudiu a cabeça.

— Não tem nenhuma porta próxima — ele falou. — O livro só vai te levar até certo ponto. Pensamos nisso. Se caso outra pessoa colocasse as mãos no seu livro.

Ele a viu assentir, apreciando como os dois haviam sido cautelosos.

— Tá ficando frio — Izzy constatou. — E o resto do pessoal está indo embora. Vamos entrar? Não gosto desses lugares vazios, quando não tem mais ninguém por perto.

— Garota da cidade por natureza — Cassie murmurou.

Lund ergueu-se e apagou o fogo, chutando areia sobre ele.

— Você vem? — Izzy perguntou a Cassie quando Lund a levantou.

— Vou ficar mais um pouco — ela disse. — Preciso pensar em algumas coisas.

Izzy hesitou.

— Não vou desaparecer de novo — Cassie falou. — Prometo.

— É bom mesmo — Izzy murmurou. Ela acenou para Lund e o levou areia acima.

Lund olhou para trás em certo momento e viu Cassie sentada ali sozinha, encarando o céu escuro e o oceano abaixo dele.

A SOMBRA NA AREIA

— Pode sair agora — Cassie disse para o vento. — Estamos a sós.

Nada aconteceu por um momento, e Cassie começou a se perguntar se estava enganada. Mas então Drummond Fox se materializou a seu lado, como se tivesse saído de um bolsão de escuridão. Ele parecia igual — as mesmas roupas, levemente desgrenhado —, mas Cassie teve a impressão de que estava mais magro, os olhos mais escuros.

Ele foi até ela, as mãos nos bolsos, chutando areia à sua frente, e se deixou cair ao seu lado.

— Oi — ele cumprimentou, a olhando nos olhos.

Ela sorriu.

— É bom ver você de novo — Drummond falou. Ele devolveu o sorriso, então desviou o rosto para o oceano escuro. — Quanto tempo faz, dessa vez?

— Dessa vez passou rápido para mim — Cassie disse. — Estava escutando a conversa?

Drummond assentiu.

— Você foi a algum lugar que não consegue explicar.

— Consigo explicar mais do que falei para Izzy — Cassie admitiu. — Era o lugar de onde a mágica vem. — Drummond olhou para ela, o interesse brilhando em seus olhos, como um fósforo em um quarto escuro.

— Sério?

Ela assentiu.

— Tenho certeza que sim. *Sei* que sim. Eu não deveria ter sobrevivido, mas o Livro da Proteção me protegeu. Era em outro lugar, um lugar fora dessa realidade. Mas apareciam cores lá de vez em quando, como quando os livros fazem a coisa deles.

Drummond assimilou aquilo, mordendo o lábio inferior distraidamente.

— Eu gostaria de saber de tudo a respeito. Tudo que você lembra.

Ela concordou.

— Eu gostaria de te contar. Tudo sobre o lugar... e... outras coisas. — Ela queria contar a ele dos livros, do fato de que ela havia criado todos eles, mas pareceu algo grande demais, muito com que lidar naquele momento. — Tem outras coisas que posso contar para você, quando for a hora certa.

Ele a observou por um instante, as mãos unidas em torno dos joelhos, talvez tentando calcular o que ela estava querendo dizer.

— Certo — Drummond falou. — Eu gostaria de ouvir. Quando você quiser.

Ela concordou com a cabeça, e pareceu uma promessa.

— Ficou seguindo os dois esse tempo todo?

Drummond fez que sim.

— Eles não são muito bons em se esconder — ele refletiu.

— Para sermos justos, ele tem mais ou menos três metros de altura.

— E Izzy não é das pessoas mais discretas — Drummond comentou, um sorriso brincalhão repuxando suas bochechas. — Sei que ela é sua amiga. Mas ela é barulhenta.

— Ela é — Cassie concordou, alegre.

— Mas eu gosto dela — o homem afirmou, olhando para Cassie com seriedade. — Izzy é inteligente, gentil, e tem sido leal a você esse tempo todo. Eu gosto muito dela, Cassie.

Cassie sentiu seu peito aquecer com as palavras de Drummond e teve vontade de abraçá-lo.

— Lund é mais difícil de ler — Drummond continuou, alheio ao efeito que suas palavras causavam nela. — Mas parece devotado à Izzy. Juntos, formam uma dupla e tanto.

— Fico feliz por ela ter tido alguém — Cassie disse, olhando para trás, como se ainda pudesse ver Izzy e Lund à distância. — Fico feliz por ela não ter ficado sozinha.

— Não — Drummond concordou.

— Como você tem sobrevivido? — Cassie perguntou. — Ficou sozinho esse tempo todo.

— Não é tão difícil. Eu fiquei sozinho por dez anos. Quando você usa o Livro das Sombras, você se torna... insubstancial. Então, posso ir a qualquer lugar: posso andar em carros ou no fundo de ônibus, e ninguém sabe que estou ali. E, quando eles param, eu simplesmente encontro um quarto vazio por perto e durmo por lá.

— Por quê?

Drummond olhou para ela.

— Por que seguiu os dois? — ela esclareceu.

— Porque eu sabia que, se e quando você voltasse, iria direto para ela. Ela é a âncora para a sua antiga vida. Você a perdeu por dez anos, não foi? E mal trocou dez palavras com ela naquele salão de baile. Minha melhor oportunidade de me reconectar com você era ficar perto dela.

Sob o olhar de Drummond, Cassie sentiu algo esquisito no estômago, que parecia estar se contorcendo e agitando: estava se sentindo uma estudante em um primeiro encontro. Precisou desviar os olhos dele.

— Que bom que ficou junto deles — ela conseguiu dizer, a voz tremendo só um pouquinho. — E fico feliz por ter esperado o bastante para eu reaparecer.

Os dois ficaram sentados em um silêncio confortável na escuridão, as estrelas girando lá em cima e as ondas chocando-se contra a orla ritmicamente. Em algum lugar ali atrás, mais adiante na rua em Pacific City, uma mulher deu um gritinho de alegria, e a risada profunda de um homem soou em seguida. Pessoas vivendo vidas comuns, vidas felizes.

— Consegue fazer isso com outras pessoas? — Cassie indagou. — Segui-las por aí, como uma sombra?

— Acredito que sim — ele respondeu. — Por quê?

— Só para saber.

— Você vai tentar detê-la — Drummond disse, atraindo os olhos de Cassie para si. — A Mulher.

— Acho que vou.

— E o que "detê-la" significa, para começar? — Drummond perguntou. — Levá-la à polícia? Tomar os livros dela? Matá-la?

— Eu não sei — Cassie admitiu. — E não sei como vou fazer isso. Mas alguém me pediu uma vez que imaginasse o que ela poderia fazer se conseguisse todos os livros.

Drummond resmungou.

— Você disse uma vez que queria destruir o Livro das Portas para ela não poder ter acesso à sua Biblioteca — Cassie comentou. — Se conseguirmos detê-la, de alguma forma, a Biblioteca pode voltar a sair das Sombras. E, talvez, os livros ainda possam fazer algo de bom?

Drummond não disse nada. Seu rosto estava inexpressivo, encarando o mar.

— Eu amaria visitar a Biblioteca de novo — Cassie comentou, esticando-se para tocar o braço de Drummond. — Amaria que ela saísse das Sombras de vez. Mas preciso da sua ajuda. Não vou conseguir sem você.

Drummond refletiu por alguns momentos. Então, lançou a ela um olhar de esguelha.

— Pode admitir, você só me quer por causa das minhas montanhas.

Cassie riu, jogando a cabeça para trás e atirando seu riso ao vento, e sentiu-se livre e feliz pela primeira vez em anos.

Izzy e Lund cumprimentaram Drummond friamente a princípio, quando Cassie o levou ao quarto dos dois.

— Eu o encontrei — Cassie disse —, passeando pela rua.

As sobrancelhas de Izzy se ergueram ceticamente.

— Ah, é?

— O Livro da Sorte — Cassie falou. — Lembra que nós trombamos com ele lá na Lanchonete do Ben?

— Olá, Izzy — Drummond a cumprimentou. — Da última vez que conversamos, você disse que me odiava.

— Disse? — ela perguntou. Então, acrescentou enfaticamente: — Eu não lembro, não é mesmo?

— Sim, sinto muito por isso — Drummond disse, indo até ela. — Eu realmente, com toda a sinceridade, estava apenas tentando manter você em segurança.

— Não sei se funcionou muito bem — Izzy ironizou.

— Você ainda está aqui — Lund observou. Izzy ergueu os olhos para ele com a cara fechada, não gostando da interpelação.

Então, a tensão suavizou, Cassie e Izzy começaram a conversar. Lund ligou a TV e se deitou em uma das duas camas de casal, as pernas pendendo da extremidade do colchão, assistindo a um apresentador bonitão berrar a respeito dos acontecimentos mundiais. Drummond jogou-se em uma espreguiçadeira ao lado da porta e encarou a tela. Cassie, vendo isso, pensou que ele parecia grato pela distração.

— Alguém está com fome? — ela perguntou, depois de um tempo. — Eu estou faminta.

— Pode pedir pizza — Lund sugeriu. — Tem o cardápio de um delivery na mesa.

Izzy ligou para a pizzaria, e, quando perguntou se alguém queria algo para beber, Cassie perguntou: "Eles têm uísque?". E Drummond olhou para ela, surpreso. Ela sorriu, incapaz de se conter, e os cantos da boca do homem se contraíram, vincos ao lado dos olhos, como se estivesse achando graça.

Não tinham uísque, mas pediram pizza, algumas bebidas e cookies, e ficaram em um silêncio confortável, esperando que a comida chegasse. Cassie e Izzy sentaram-se na segunda cama, de costas para a parede. Depois de um tempo, Izzy começou a falar, indagando como Cassie poderia encontrar a Mulher, como poderia tomar os livros dela ou derrotá-la. Cassie juntou-se a ela e notou que Drummond estava escutando. A pizza chegou, todos pegaram suas fatias e bebidas e voltaram aos lugares. A conversa seguiu em frente, e Lund abaixou o volume da TV, para que pudessem falar sem distrações. Falaram sobre a Mulher e as habilidades que tinham visto, tentando enumerar os livros que ela poderia ter.

— O que ela quer? — Izzy se perguntou.

— Ela quer os livros — Cassie disse.

— Ela quer a Biblioteca Fox — Drummond corrigiu. — Ela me disse isso. Na primeira vez em que a vi. — Ele pegou um pepperoni de sua fatia de pizza e o descartou no cesto de lixo ao lado de seu assento.

— Não desperdiça assim, cara — Lund resmungou.

— O que é a Biblioteca Fox? — Izzy perguntou.

Drummond explicou e disse a ela como havia escondido o lugar.

— Você tem dezessete livros?

Ele assentiu enquanto mastigava, e Cassie se pegou lembrando da biblioteca que havia visitado, tantos anos atrás. Ela permanecia em sua memória como um lugar especial, apesar da turbulência e da incerteza daqueles dias, um lugar que ela queria voltar a visitar. Um lugar, talvez, onde queria ficar.

— A gente poderia usar a Biblioteca como isca? — Izzy se perguntou. — Atrair a Mulher até lá?

— Eu não gostaria de levá-la diretamente até lá, mesmo fazendo parte de um plano — Drummond disse, cauteloso. — É perigoso demais.

— Bem, uma Biblioteca falsa então — Izzy sugeriu. — A gente a atrai e a prende lá, ou algo assim?

— Atrair e prender — Drummond ecoou, cada palavra coberta de ceticismo.

— Não sei. Pelo menos, estou tentando pensar.

— Que tal uma ilusão? — Cassie propôs. — A gente pode ir buscar o Livro da Ilusão, certo? Podemos criar uma ilusão da Biblioteca Fox, algo em que ela acreditaria?

— Isso mesmo, ela acreditou na ilusão de que levei um tiro no salão de baile — Izzy concordou. — Então as ilusões funcionam com ela.

Cassie olhou para Izzy.

— Você conseguiria usar o Livro da Ilusão para criar uma biblioteca?

Izzy fez um som de deboche.

— Eu nem sei como fiz aquilo no salão. Não, não acho que conseguiria, mesmo se quisesse.

Cassie voltou o olhar para Drummond.

— Você parece conseguir usar qualquer livro que apareça na sua frente. Será que conseguiria usar o Livro da Ilusão assim? Fazer com que ela acreditasse que está na Biblioteca Fox?

— O que vai fazer se eu conseguir? — Drummond perguntou. — Porque eu não acho que levá-la até um lugar seja a parte mais difícil. Podemos fazer com que ela vá a algum lugar. Mas ela ainda estará com os livros. Você precisa ser capaz de lidar com eles.

— É um início — Cassie falou. — Uma vez me disseram que eu não preciso resolver todos os problemas ao mesmo tempo. Vamos resolver um de cada vez. Você conseguiria criar esse tipo de ilusão?

Drummond suspirou e pensou, tomando um gole de cerveja.

— Nunca usei o Livro da Ilusão — ele admitiu. — Mesmo que conseguisse, não sei ao certo se gostaria de apostar nisso nessas circunstâncias. Além do mais, se você vai enfrentar a Mulher, provavelmente vai me querer livre para fazer outras coisas.

Cassie assentiu, sentindo-se murchar.

— Azaki conseguiria — Lund disse, e todos olharam para ele.

— O quê? — Cassie perguntou.

— Azaki conseguiria. Eu o vi criar uma catedral no meio do deserto. Tenho certeza de que ele conseguiria criar uma biblioteca.

— Quem é Azaki? — ela insistiu.

— Não importa — Lund falou. — Ele morreu.

— Quando? O que houve com ele?

Lund explicou suas viagens com Azaki, contou que os dois foram para Nova York e o que tinha acontecido no apartamento de Cassie, quando Hugo Barbary atirou nos dois.

Cassie, então, olhou de relance para Drummond, fazendo uma pergunta silenciosa.

— Eu fui ao apartamento pouco depois disso — ela contou. — Nós dois fomos. Não vi nenhum corpo.

— Não — Drummond concordou.

— Vi sangue no corredor, mas nada de corpos.

Lund ponderou por um instante, inexpressivo.

— Você também achou que eu tinha morrido — Izzy observou. — Talvez Azaki também não esteja morto. Talvez tenha sido uma ilusão.

Lund franziu o cenho, mais expressivo do que Cassie tinha visto o homem durante toda a noite.

— Conte sobre o sr. Azaki. — ela pediu. — Já houve alguma vez, durante o período em que estavam viajando juntos, em que ele estava sozinho?

— Por quê? — Lund perguntou, desconfiado.

Depois da pizza, das cervejas e das conversas sobre Azaki, Cassie se deu conta de que sua relação com Izzy havia mudado para sempre quando foi até seu quarto do hotel para dormir, já tarde da noite. Izzy disse que ficaria no quarto que estava dividindo com Lund, mas acompanhou Cassie até o outro lado do hotel, cruzando o estacionamento.

— Você está se dando bem com ele — Cassie observou, tentando fazer o comentário soar leve, apesar da dor que sentia.

— Ele é legal — Izzy disse. — Sei que é difícil dizer, porque ele é tão... não sei... calado, né? Mas ele estava aqui quando precisei. E ele não mente. Ele é assim. Gosto de estar com ele. E acho que ele também gosta de mim.

— É claro que gosta — Cassie falou. — seria doido se não gostasse.

Aquelas palavras fizeram Izzy sorrir.

— Nós estamos bem, certo? — ela perguntou, pegando a mão de Cassie.

— É claro — Cassie garantiu, sorrindo. — Sempre estaremos bem, mesmo quando as coisas mudarem.

— Ficamos afastadas por dez anos para você — Izzy disse, séria.

— Mas não para você — Cassie lembrou. — Para você, só se passaram algumas semanas.

— Como você sobreviveu?

— Fiz um amigo — Cassie falou. — Eu fiquei bem. De um jeito estranho, era algo de que eu precisava.

— Você parece diferente mesmo — Izzy comentou, observando o rosto de Cassie atentamente no escuro. — Mais segura de si, talvez.

— Ainda sou eu — Cassie respondeu. E, sabendo o que Izzy estava insinuando, acrescentou: — Nós ainda somos amigas e sempre seremos. Eu sei que não mereço isso, já que estraguei sua vida com essa... Com essa loucura...

— Ah, cala a boca.

— Mas sempre seremos amigas, se você quiser.

— Eu quero. — Foi a resposta simples de Izzy. Ela estendeu os braços para Cassie e a abraçou. As duas ficaram juntas por alguns momentos, e Cassie sentiu-se em paz. A tensão que havia carregado consigo por anos a libertou de suas garras, mesmo que brevemente. — Agora, vá dormir um pouco, e a gente se encontra de manhã para tomar café. Combinado?

— Combinado.

— Pode até trazer aquele escocês deprimente se quiser.

Tinham deixado Drummond cochilando na cadeira no quarto de Izzy.

— Ele não é tão ruim assim — Cassie o defendeu. — Ele ficou de olho em vocês nesses últimos meses.

Izzy ficou surpresa.

— Sério?

— Sim — Cassie falou. — Ele estava seguindo vocês, garantindo que estavam bem.

— Hm — Izzy resmungou, virando a cabeça na direção do quarto, como quem reavalia as coisas. — Talvez, então, eu faça um café para ele, ou algo assim. Só para ser gentil.

— Boa ideia.

Elas trocaram sorrisos.

— Amo você, Cassie — Izzy disse, as palavras oferecidas sem nenhum constrangimento ou embaraço.

— Também amo você, Izzy — Cassie respondeu.

Izzy deu um aceno de cabeça e tornou a cruzar o estacionamento sem pressa, voltando para o quarto.

Quando entrou no próprio quarto, Cassie se deu conta de que estava se sentindo sozinha e precisando de companhia. Então, abriu a porta mais uma vez e voltou para sua antiga casa, para ver o avô uma última vez.

CASA (2013)

Cassie foi para casa. Para o lugar e para a pessoa que eram sua casa. Foi para vários anos atrás, quase um ano depois de ter encontrado o avô na lanchonete com Drummond. Ela passou por uma porta e chegou à varanda de sua casa, em Myrtle Creek. Era uma noite de fim de verão, e Cassie ouvia o zumbido de insetos. O ar estava úmido e fresco, e, pelo cheiro de terra molhada, ela sabia que a chuva havia parado há pouco.

Cassie cruzou a varanda e se sentou em uma das velhas cadeiras de madeira no canto. Conseguia ver a oficina do avô dali. A luz estava ligada, a janela da oficina brilhando como um farol na noite escura. Ela escutava baques e movimentação, seu avô organizando as coisas para encerrar a noite, depois de Cassie ter ido dormir. Ou depois de ela ter ido para o quarto, porque nem sempre ia dormir quando ia para o quarto. Ficava acordada até tarde, lendo, muito depois de seu avô ter ido para a cama.

Mas o quarto de Cassie ficava do outro lado da casa, com uma janela com vista para as árvores. E aquela outra Cassie, uma Cassie mais nova, estaria em outro mundo, envolvida nas vidas dos personagens de qualquer livro que estivesse lendo no momento.

Depois de alguns minutos, a luz na oficina se apagou e seu avô apareceu, saindo pela porta ampla da frente. A oficina fora uma garagem em outros tempos, antes de seu avô tê-la convertido, mas ainda mantinha a mesma porta. O avô trancou o lugar e cruzou o quintal para alcançar a casa, a cabeça baixa, um braço balançando ao lado do corpo. Em algum lugar entre as árvores, um pássaro gritou para a noite, um som solitário, mas reconfortante de certa maneira, e o avô estava olhando na direção dele quando subiu os degraus da varanda. Então, ele se virou, na direção em que Cassie estava sentada, e congelou. Ela o encarou, e seus olhos se encontraram.

Ele estava mais magro do que da última vez que tinham se visto, ela tinha certeza. Faltava, àquela altura, um ano para seu diagnóstico. O câncer já estava dentro dele, mudando-o. Devorando-o. Ela se perguntou se ele conseguia sentir. Se ele sabia.

Ele atravessou a varanda, a madeira estalando sob seu peso, e se sentou ao lado dela, na outra cadeira. Havia uma mesinha entre os dois, e Cassie se lembrou de quando se sentavam juntos ali, às vezes, e bebiam garrafas de Coca-Cola, principalmente no verão, quando fazia calor e ainda estava claro. Mas estava escuro agora, e a única luz vinha da janela da cozinha, atrás deles.

— Achei que era você — o avô comentou. — Digo, a outra você. Achei que você tinha levantado da cama.

— Não — Cassie disse, a voz baixa. — Ainda estou lá. Lendo, provavelmente.

— É — seu avô concordou. Ele a examinava com atenção mais uma vez. — Talvez seja só a luz, ou talvez sejam meus olhos, mas você parece mais velha.

— Eu estou — ela confirmou. — Passaram-se dez anos para mim, desde que te vi no Matt's.

— Uau — ele falou. Deixou o corpo relaxar na cadeira, que estalou com seu peso. Juntos, eles ficaram observando a estrada, a rodovia principal não muito longe. Um caminhão passou em meio ao silêncio, indo para o sul, na direção de Myrtle Creek. Então, seu avô continuou: — Eu decidi que tinha imaginado a coisa toda — ele disse. — Encontrar você. Decidi que tinha que ser um sonho, ou...

— Ou o quê?

— Não sei. *Algo.* Porque qualquer coisa fazia mais sentido do que isso. Mas cá está você, mais uma vez.

— Não foi um sonho.

— Eu sei — ele disse.

— Como você está? — Cassie perguntou. — Como tem se sentido?

Ele demorou um momento para responder e, de certa forma, sua resposta pareceu resguardada.

— Bem. Do mesmo jeito de sempre.

Ela queria dizer a ele que ele estava mais magro. Queria dizer a ele para ir ao médico, mas sabia que ele não queria saber. E sabia que não podia alterar o passado. Aspectos demais de quem ela era agora, do que sabia agora, estavam conectados com aquele início, com o que tinha acontecido com seu avô. Era uma corrente que não podia ser partida. A viagem no tempo não funcionava daquela maneira, ela sabia.

— Por que está aqui? — ele perguntou.

— Eu não sei — Cassie admitiu. — Só queria sentir que estava em casa mais uma vez. Sentir que ainda tinha uma casa.

O avô não respondeu nada. Então, estendeu a mão e colocou-a na dela.

— Tenho que fazer uma coisa difícil e apavorante — ela contou. — Acho que, talvez, eu só quisesse me lembrar de como eram as coisas antes de existir qualquer coisa difícil e apavorante no mundo, antes de ir em frente.

— A vida é cheia de coisas difíceis e apavorantes — ele falou. — Às vezes, sabemos que vamos encarar algo assim. — Ele assentiu, e Cassie pensou que ele estava falando tanto consigo mesmo quanto com ela. — Mas temos que seguir em frente. Ficar resmungando e se queixando não vale a pena. O negócio é fazer o que é preciso de uma vez.

Ela sorriu, triste.

— Muito pragmático.

— O que mais podemos fazer? — ele perguntou, e pareceu estar irritado, com ela, com o mundo. — Porque, se você parar, está admitindo que as coisas ruins venceram, não é? Tudo que pode fazer é seguir em frente. Recusar-se a ser derrotada, mesmo quando já perdeu. As coisas ruins só vencem se você permitir. Eu me recuso a ser derrotado, Cassie. Eu me recuso.

Ela nunca o tinha visto assim, Cassie percebeu. Era o lado que o avô sempre tinha mantido escondido dela. Era o amargor, a raiva, e tudo que a vida havia feito a ele.

— Eu me recuso, e você devia fazer o mesmo. — Ele apontou o dedo para ela. — O que quer que precise fazer, faça de uma vez e siga em frente. Vire a página e sobreviva.

— É. Parece uma boa ideia.

Os dois ficaram sentados em silêncio mais uma vez. Cassie estava cercada pelos sons e cheiros de sua infância, e aquilo a reconfortava, o mais próximo que ela conseguiria do abraço de uma mãe.

— Espere aí um minuto — seu avô pediu. Ele se ergueu da cadeira com um grunhido e foi devagar até a porta da casa. Ele entrou, e Cassie ouviu-o se movimentando na cozinha. Quando reapareceu, um momento depois, estava trazendo duas garrafas de Coca-Cola. Entregou uma a ela, que a pegou, e voltou a se sentar ao seu lado. — Vamos beber — ele disse. Usou o abridor que ficava em seu chaveiro para tirar as tampinhas, dois *tsks* rápidos na noite silenciosa. Eles brindaram com as garrafas, e Cassie tomou um gole da bebida. O gás e o açúcar a despertaram, como um choque.

— Esta é a última vez que vou te ver? — seu avô perguntou, olhando para dentro da garrafa.

— Espero que não — ela disse. — Espero ver você de novo.

Ele assentiu e sorriu para ela.

323

— Que bom — ele falou. — É bom ver você assim. Mais velha, digo. É bom falar com minha neta como uma adulta, em vez de uma criança.

— É bom falar com você como adulta.

— Fale então — o avô disse, erguendo a garrafa para tomar um gole. — Não precisa se apressar para beber. Se é uma viajante do tempo, pode voltar ao presente quando quiser, não é?

— É — Cassie concordou, sorrindo.

— Então, aproveite sua Coca-Cola e me conte algo da sua vida. Quero saber como é o futuro.

Ela pensou naquilo por um momento, e mais dois carros passaram na estrada em frente à casa, viajando em direções opostas, um de frente para o outro, como cavaleiros medievais, seus faróis perfurando a noite.

— Tá bem — Cassie concordou, e falou até ter terminado a garrafa, contando ao avô um relato de um livro mágico capaz de abrir portas para qualquer lugar, e seu avô escutou, com os olhos arregalados de uma criança ouvindo uma história antes de dormir.

UM PLANO EM CINCO PARTES

Na manhã seguinte, depois da noite de pizza, bebidas e conversas, Drummond estava sentado no chão em frente a seu quarto no hotel, encarando o estacionamento e pensando em que tipo de homem era. Por um bom tempo, havia sido um homem que fugia e se escondia, porque era aquela a coisa certa a fazer. Ele continuava tendo certeza disso: não poderia ter lutado contra a Mulher, nem dez anos atrás, nem desde então.

Não sozinho.

Agora, lhe parecia que ele tinha amigos mais uma vez, pessoas com quem compartilhava uma causa. Ele disse a si mesmo que estava dando importância demais a uma noite com pizza e bebidas, mas esperava que não fosse o caso. Ele queria amigos. E queria pessoas para ajudá-lo. Porque era demais para ele, quando estava sozinho.

Fazia um dia bonito. O céu azul acima brilhante; já estava calor, e Drummond gostava da sensação do ar em seu rosto. Gostava de simplesmente ver as pessoas indo e vindo, o tráfego do lado de fora, na rua principal. E, então, ele viu Cassie aparecer pela porta de seu quarto, do outro lado do estacionamento, e ela sorriu, indicando que o tinha visto também, e foi em sua direção, e ele também gostou daquilo.

— O que está fazendo? — ela perguntou, sentando-se no chão ao seu lado.

— Só aproveitando a paz e o silêncio. Pensando no que precisamos fazer.

— É — Cassie concordou, os olhos se estreitando ao encarar o estaciona-mento. Ela correu as mãos pelo cabelo loiro e o prendeu em um rabo de cavalo, o amarrando com um elástico.

— Acho que deveríamos ir todos tomar um café da manhã — Drummond sugeriu, e Cassie olhou para ele. — Você e eu, Izzy e Lund. Deveríamos nos juntar e comer, igual fizemos ontem à noite.

— Por quê? — Cassie perguntou. — Não estou discordando. Só me pergun-tando por que está sugerindo isso.

— Dois motivos — ele falou. — Porque gosto disso. Gosto da companhia de vocês. Gosto de todos vocês, e faz muito tempo que não gosto de estar junto de outras pessoas.

— Certo.

— E, em segundo lugar, porque precisamos bolar um plano.

Ele olhou para ela.

— Você já está pensando nisso — ele disse. — Foi por isso aquela história da noite passada, as perguntas sobre Azaki.

Ela deu de ombros. Não estava negando.

— Eu fiquei bem boa em pensar em longo prazo no tempo em que fiquei no passado. Fiquei boa em planejar as coisas.

— Eu sou bom em sobreviver. E conheço a Mulher melhor do que qualquer um de vocês. E Lund e Izzy também sabem algumas coisas.

— É.

— Se você vai bolar um plano, vamos fazer juntos, tomando café da manhã.

Ela sorriu, e pareceu a Drummond que estava aliviada, de alguma forma.

— Tá bem — ela falou. — Seria legal.

Os dois ficaram sentados juntos, em silêncio, desfrutando do calor da manhã. Seria um belo dia de primavera, um dia capaz de fazer alguém acreditar que não havia nada de errado no mundo. Era um dia perfeito para afugentar dúvidas e medos, e para planejar o impossível.

Quando Izzy e Lund saíram do quarto, pouco tempo depois, localizaram Drummond e Cassie sentados no chão.

— Tem cadeiras aqui, sabia? — Izzy brincou.

Cassie se ergueu primeiro.

— Onde é um bom lugar para tomar café aqui? — ela perguntou, enquanto Drummond se punha de pé. — Vamos tomar café da manhã juntos e planejar nossas próximas ações.

Izzy olhou de relance para Lund, que assentiu uma vez.

— Panquecas — ele disse.

— Fantástico — Drummond falou.

Izzy os levou até uma cafeteria a uma curta caminhada de distância, um lugar que parecia um grande celeiro, com janelas enormes com vista para a praia e o Pacífico, e mesas de madeira robusta com talheres dentro de canecas e alguns outros turistas espalhados. Pediram panquecas, bacon e café, e Drummond interrompeu Izzy para reforçar que preferia chá; então, todos beberam, comeram e ouviram Cassie e Izzy relembrar uma viagem que haviam feito para a Flórida, para visitar o primo de Izzy.

— Dois dias dentro do ônibus. Pior experiência da minha vida! — Izzy riu.

— Mesmo depois de tudo que passei nos últimos dez anos — Cassie falou, sorrindo —, aquela viagem ainda é a pior coisa que já aconteceu comigo.

Era uma conversa boa e confortável, e Drummond sentia-se em casa. Mas havia decisões a serem tomadas, e, quando ele sugeriu que precisavam colocar a mão na massa, sentiu-se o adulto dizendo ao restante para fazerem o dever de casa.

Os pratos foram levados, e as bebidas, reabastecidas, e todos se puseram a pensar em um plano. Cassie tinha algumas ideias, pensamentos que estava cultivando desde a noite anterior. Ela os apresentou, e Drummond os complementou, identificando problemas e riscos. Izzy fez perguntas, e Lund ouviu. E, então, Lund fez uma pergunta, e eles se deram conta de que o plano não funcionaria, e recomeçaram o processo.

Discutiram por mais de uma hora, com turistas chegando e partindo, o chá de Drummond esfriando, depois conversaram por mais uma hora enquanto caminhavam pela praia, refinando e revisando o plano. Era algo complexo, um plano em cinco partes, envolvendo a Livreira, Azaki (que talvez estivesse morto) e uma viagem arriscada para Drummond, para seguir a Mulher. E tudo aquilo, se funcionasse, culminaria no grupo precisando enfrentar a Mulher.

— Mesmo se tudo funcionar, ela ainda vai ser perigosa — Drummond alertou, os quatro em pé na praia, semicerrando os olhos sob a luz do sol. As ondas rugiam à frente do grupo, pássaros gritando do alto. — Talvez estejamos planejando nosso fim.

Izzy não ficou feliz com essa perspectiva. Lund estava inescrutável como sempre. Mas Cassie balançou a cabeça.

— Eu acho que não. Acho que vamos conseguir derrotá-la.

— O que você vai fazer? — Izzy perguntou. — Vai matá-la?

Cassie hesitou.

— Não pensei nisso ainda — ela admitiu. — Não sou uma assassina.

— Não é, mesmo — Izzy disse com severidade. — Então o que fazemos com ela se a pegarmos? Não podemos levá-la à polícia.

Drummond estava olhando para o mar. Ele sabia a resposta à pergunta. Tinha decidido o que precisavam fazer naquela manhã, antes de falar com qualquer um deles.

— Nós a matamos — ele declarou, atraindo o olhar dos três. — Ela é maligna. Não há como simplesmente dar um jeito nela. Ela não vai parar. — Ele olhou para Cassie, sabendo que precisava que ela concordasse. — Você viu o que ela fez com meus amigos — ele disse e, para a sua surpresa, ouviu a própria voz tremer de emoção. Uma parte distante de seu cérebro falou: *Caramba, você realmente está à flor da pele.* — Você viu, nas minhas memórias.

Cassie assentiu.

— Você viu o que ela fez no salão de baile. Ela não estava matando porque precisava. Ela poderia ter tomado os livros, e ninguém conseguiria impedir. Ela matou porque queria. E fez isso dos jeitos mais horríveis, porque sente prazer nisso. Diga-me que estou errado.

Cassie desviou os olhos para o horizonte distante. Um pouco além na praia, duas crianças berravam e gritavam enquanto se perseguiam, correndo ao redor do início de um castelo de areia. Era tudo tão normal, tão alegre.

— Nós a matamos — Drummond repetiu. — Nos comprometemos a fazer isso, ou nem começamos. Porque seria inútil. Sem meios-termos. Fazemos as coisas do jeito certo, e só então estaremos livres. Só então tudo isso... — Ele fez um gesto, indicando as pessoas ao redor. — Estará seguro.

— Tô dentro — Lund falou. — Matamos a Mulher.

Izzy olhou para Lund, surpresa, o rosto franzido e conflituoso. Então, olhou para Cassie.

— Cassie? — ela perguntou.

E Cassie aquiesceu, sem tirar os olhos do horizonte.

— Sim — ela disse. — Vamos fazer do jeito certo.

Izzy anuiu, relutante.

— Certo.

— Ótimo — Drummond falou. Ele esperou alguns minutos, deixando que a decisão fosse assimilada, e então disse: — Vamos começar então?

O PLANO, PARTE UM
— A HISTÓRIA DE AZAKI

Antofagasta, vários meses atrás

Não pela primeira vez em sua vida, Azaki se sentia péssimo. A ilusão no deserto havia custado tanto a ele quanto havia significado para a velha mulher. Ele sentia como se a tivesse enganado, de alguma forma, oferecendo a ela algo que ela desejava, algo de que precisava, que ele sabia que jamais seria capaz de dar a ela. As coisas que ele fazia apenas para conseguir encontrar livros especiais estavam começando a sobrecarregá-lo.

— Uma cerveja, por favor — ele pediu ao chegar ao bar. O garçom assentiu e puxou uma garrafa de uma geladeira atrás do balcão. Azaki colocou na conta do quarto e se acomodou na banqueta. O bar não estava cheio: tinha pessoas no nível exato para gerar um ruído de fundo agradável.

— À srta. Pacheo — ele disse para si mesmo, brindando o topo da garrafa com o ar antes de dar um gole.

Não sabia quanto tempo mais conseguiria aguentar, mas parar não era uma opção. Ele tinha medo, sabia. Tinha medo da Mulher. Ela estava matando pessoas como ele, tomando seus livros. Azaki tinha ouvido falar dela por meio de conhecidos, outros caçadores de livros que encontrava em bares. Eles contavam histórias do massacre no Parque Washington Square, outros donos de livros desaparecendo. Que tipo de pessoa conseguia fazer aquilo tão impiedosamente? Que tipo de pessoa desejava ter todos os livros?

Azaki só queria encontrar mais um livro. Ele o venderia por intermédio da Livreira, pegaria seus milhões e se esconderia em algum lugar. Fugiria daquilo tudo.

Ele deu mais um gole na cerveja, encarando o espelho atrás do balcão.

É claro, ele tinha um livro que poderia vender. O próprio livro.

Azaki sacudiu a cabeça para o próprio reflexo: *nem pense nisso.*

O Livro da Ilusão pertence a ele. Ele não o venderia. Nunca.

Azaki sentiu uma batidinha no ombro e viu Lund no espelho, agigantando-se ao seu lado.

— Achei que você ia para o quarto — Azaki disse, sem se virar.

Ele gostava de Lund. O homem era calado, complacente. Era o guarda-costas perfeito. Mas Azaki não precisava ficar grudado nele a noite toda.

A voz de uma mulher respondeu:

— Ele é outro Lund.

Azaki se virou e viu uma mulher, loira e bonita, parada ao lado de Lund. Então, viu que Lund parecia diferente. Outras roupas, o cabelo mais comprido.

— O que está acontecendo? — ele perguntou.

— É melhor conversarmos em um lugar mais privado — a mulher sugeriu.

Azaki olhou para Lund, e o homenzarrão assentiu.

Eles foram até uma mesa no canto do bar, afastados dos outros.

— Então, o que está acontecendo?

A mulher retirou um livro do bolso e o colocou na mesa. Por um momento, Azaki se perguntou se Lund teria encontrado um livro, e seu coração deu um salto com a possibilidade de escapar. Mas ele percebeu quase imediatamente que estava enganado.

— Certo — ele falou. — O que significa isso?

— Você precisa escutá-la — Lund alertou.

— É o Livro das Portas — a mulher disse. — Meu nome é Cassie. Nós viemos de alguns meses no futuro para salvar sua vida.

Azaki hesitou por um instante, assimilando as palavras, e então olhou de novo para Lund.

— Vocês vieram do futuro?

Lund assentiu, e então disse:

— Como eu falei, você precisa escutá-la. Porque vai rolar uma treta colossal nos próximos meses.

— Você precisa ir para Nova York — a mulher instruiu. — A Livreira vai te ligar em algum momento dos próximos dias e lhe dizer que vá até lá, de qualquer forma.

— Por quê? — Azaki perguntou.

A mulher balançou a cabeça.

— É meio difícil de explicar. Porque eu pedi a ela. No passado. Não importa.

Azaki sorriu, porque a situação era ridícula.

— Pare de sorrir — a mulher disse. — Isto é sério. Estou tentando salvar sua vida.

— Por quê? — ele perguntou de novo. — Por que quer salvar a minha vida no futuro?

— Porque precisamos da sua ajuda — Cassie falou. — Para deter a Mulher.

Então, Azaki parou de sorrir, porque já não parecia tão ridículo, e escutou Cassie contar sobre seu futuro e sobre o plano que tinha em mente.

— É possível? — ela perguntou.

Azaki refletiu por um momento.

— É possível — ele respondeu. — Difícil, mas possível. Vou precisar de um tempo para praticar.

Nova York, vários dias depois

Quando Azaki abriu a porta, estava com a mão no bolso, segurando o Livro da Ilusão, e criou a ilusão de que ele e Lund estavam quinze centímetros à direita de onde estavam, de fato.

Hugo Barbary estava ali, assim como Cassie e o outro Lund lhe contaram, mas, ainda assim, Azaki se surpreendeu com a verdade do que tinham dito. Ele estava encarando o cano da arma de Barbary. Ou teria estado, se estivesse quinze centímetros à direita.

Barbary atirou, e Azaki caiu no chão, mantendo a mão no bolso e criando a ilusão de estar morto, deitado com o rosto para o chão, uma ferida sangrenta em sua cabeça. Barbary atirou mais uma vez e Lund também caiu, assim como haviam dito a Azaki que aconteceria.

Ele ficou imóvel por um tempo, ouvindo Barbary torturar Izzy no outro cômodo. Se já não soubesse que ela ficaria bem, talvez teria tentado intervir. Ou, talvez, teria se levantado silenciosamente e ido embora — ele não sabia dizer. Não achava que era um herói, mas nunca havia se visto em uma situação em que precisasse testar a si mesmo daquela maneira. Como seu pai lhe havia dito uma vez, em sua infância: "A melhor defesa contra qualquer golpe é não estar lá. Corra, garoto. Não há vergonha em sobreviver.".

Ele ouviu Lund se levantar depois de alguns minutos. O homenzarrão se aproximou e examinou Azaki, mas viu apenas um cadáver, esvaindo-se em sangue no chão. Azaki ouviu-o suspirar, como se estivesse triste por Azaki estar morto, e, na verdade, aquilo o deixou um pouco feliz. Então, Lund se ergueu de novo, surpreendentemente discreto, e alguns momentos depois Azaki ouviu Barbary atingir o chão quando o grandão o esbofeteou, e comemorou internamente. Então, ouviu Lund falando, e a mulher passou por ele no corredor para entrar em um dos quartos, arrumando uma mochila de roupas. Enquanto ela fazia isso, Lund voltou até Azaki, e aquela era a parte arriscada. Ou teria sido, se Azaki já não tivesse sido informado pelo Lund do futuro que o gigante não tinha notado nada ao tirar o Livro da Ilusão do bolso de Azaki. Azaki havia tirado a mão do bolso e a colocado debaixo do corpo, deixando o bolso aberto. Lund já acreditava que Azaki estava morto, e estava com pressa: não notou que a lateral da cabeça de Azaki estava milagrosamente curada.

Então, Lund e a mulher se foram, saindo às pressas do apartamento, antes que Barbary acordasse.

Azaki esperou um ou dois minutos, garantindo que os dois não voltariam, muito embora Lund tivesse sido muito claro naquele aspecto, e então se ergueu e limpou as roupas.

Ele se sentiu estranho sem o Livro da Ilusão no bolso. O objeto estava com ele há mais de vinte anos. Era sua posse mais preciosa. Já estava impaciente para recuperá-lo.

Dando alguns passos no corredor, ele entrou na sala de estar. Barbary estava ali, caído em meio a um caos de detritos contra a parede oposta. Lund o acertara em cheio.

— Você mereceu — Azaki murmurou. — Desgraçado do caralho.

Ele deixou o apartamento como estava, sabendo que precisava ir embora antes que Cassie chegasse com o Bibliotecário. A cronologia estava nítida em sua mente.

Agora, ele precisava esperar.

À noite, haveria um leilão, e a Mulher apareceria e causaria um pandemônio. Lund e a amiga de Cassie fugiriam, levando consigo o Livro da Ilusão. Eles viajariam para o sul com o livro e o esconderiam no meio do percurso.

Azaki sabia onde eles o esconderiam. Tinham contado isso a ele, no bar em Antofagasta. Ele estaria lá para recuperá-lo assim que os dois fossem embora.

O deserto, sul de Las Vegas

Azaki havia reservado uma suíte no Rio Hotel em Las Vegas, apenas matando tempo por alguns dias. Tinha voado direto de Nova York para lá, um trajeto de cinco horas, e pousado no Aeroporto Internacional Harry Reid antes mesmo de o leilão começar em Nova York. Havia se acomodado em seu quarto e estava na cama vestindo apenas roupas de baixo, comendo um hambúrguer superfaturado do serviço de quarto, ao mesmo tempo que davam lances pelo Livro da Dor. E, pouco depois disso, Lund e Izzy — e o Livro da Ilusão — estariam em um ônibus, em direção ao sul. Azaki sabia que ainda levaria três dias para que chegassem à cidade, mas, quando o fizessem, eles pegariam o quarto mais barato que encontrassem no Hotel Circus Circus, saindo da Strip — uma das vias mais movimentadas da cidade —, e, na manhã seguinte, alugariam um carro e dirigiriam para o sul na Interestadual 15 por meia hora, até chegarem à Rodovia 161. Dali, viajariam para o oeste até encontrarem uma estrada de terra que seguia para o norte pelo deserto, paralela à rede elétrica. Lund pararia no terceiro poste, caminharia dez passos a oeste no deserto e enterraria o livro, guardado em uma sacola de plástico, embaixo de um arbusto usando seu braço saudável, o outro, pendurado em uma tipoia.

— Seus passos são maiores que os meus — Azaki havia ressaltado quando Lund descreveu o lugar onde tinha enterrado o livro, durante a conversa deles, no bar do Chile.

— Conte quinze então — Lund tinha dito. — O arbusto é bem óbvio. Era o único ali, numa linha reta a partir do terceiro poste.

Azaki torcia para que fosse tão fácil assim.

No dia em que Lund tinha enterrado o livro, Azaki estava aguardando no Starbucks logo após o trevo que passava por baixo da Interestadual. Tinha chegado mais cedo e se sentado à janela. Estava ali, observando, quando Lund e Izzy passaram de carro, pouco depois das dez da manhã, Izzy ao volante. E estava sentado em seu carro alugado, esperando impaciente quando os dois voltaram na direção oposta, meia hora depois. Ele observou os dois seguirem a estrada que dava para a Interestadual e voltar na direção norte, para Las Vegas. Ficariam lá por mais algumas noites, debatendo se tinham ou não feito a coisa certa ao deixar o livro no deserto. Lund havia dito aquilo a ele, como se sentisse culpa por descartar a posse preciosa de Azaki. Naquele momento, ao acelerar pela rodovia para chegar à estrada que ladeava a rede elétrica, Azaki estava disposto a perdoá-lo. Presumindo que encontraria o livro, é claro.

Ele encontrou a estrada e os postes.

Encontrou o terceiro poste e estacionou o carro, vendo as marcas do carro de Lund pararem no mesmo ponto.

Enxergou até as marcas das botas de Lund na areia, distanciando-se do carro. Ele as seguiu e avistou o arbusto de que Lund havia falado dias atrás. Azaki caiu de joelhos, o sol quente atingindo suas costas, e cavou com as mãos até sentir plástico frio.

Através do plástico, o livro passava uma sensação quente. Uma sensação familiar. Uma sensação de estar voltando para casa.

Azaki o desembrulhou avidamente, como uma criança com chocolate, e sorriu ao ver a capa em preto e dourado.

Era lindo, tão lindo quanto sempre fora, mas muito mais depois de ter ficado sem ele.

Azaki se pôs de pé novamente e ficou parado por um momento, apenas sentindo o livro. Então, olhou para o deserto, estreitando os olhos contra o brilho do lugar. O vento soprava poeira e areia em seu rosto.

Ele fechou os olhos, e, segurando o Livro da Ilusão, luz e cor derramaram-se por entre seus dedos. Azaki pintou imagens no céu, vastas esculturas de areia espiralando ao seu redor, como se ele estivesse no olho de um furacão. Então, a areia assumiu formas sólidas, criaturas serpentinas o rodeando, sibilando, gritando. Ele sentiu as bestas, ouviu seus gritos, a ilusão absoluta.

Às vezes, Azaki gostava de exibir suas capacidades, só para se divertir.

Ele coloriu as criaturas serpentinas, vermelho, amarelo e azul, e elas passaram de formas sinuosas e retorcidas para luzes dançantes, uma de suas ilusões preferidas. Luzes no deserto, um arco-íris sem chuva. Tudo aquilo conjurado por Azaki, como um atleta testando os próprios músculos depois de uma pausa entre temporadas.

Sua dádiva, a dádiva do Livro da Ilusão, continuava ali.

Azaki deixou que as luzes desaparecessem no céu, e as cores brilhantes em torno do livro também desapareceram. Então, ficaram apenas ele e o sol, quente e árido.

Ele voltou até o carro.

Precisava ir para o norte, ele sabia.

Ele seria de grande ajuda para resolver a questão da Mulher.

Ele lhes dissera que ajudaria, havia prometido, porque eles tinham salvado sua vida ao contarem a ele sobre Barbary.

Uma voz em sua mente, talvez a voz de seu pai, disse a ele que deveria correr. Não havia vergonha em sobreviver. A voz o incomodou durante todo o trajeto de volta para Las Vegas, e continuou incomodando-o por todo o caminho até o aeroporto.

Quando estava no avião, a voz havia se calado, e Azaki sentia-se estranhamente em paz.

O PLANO, PARTE DOIS
— A LIVREIRA

Cassie encontrou a Livreira pela segunda vez tarde da noite no Café Du Monde em Nova Orleans, mas, dessa vez, a mulher não estava esperando por ela.

Cassie tinha visitado o local em três noites diferentes, em rápida sequência, abrindo uma porta de um quarto de hotel para o outro lado do país e saindo no Café Du Monde. Na primeira ocasião, estava quente e úmido. Cassie tinha esperado por uma hora depois da meia-noite, mas a Livreira não apareceu. Na segunda noite, fazia calor e o tempo estava seco, e Cassie esperou ainda mais, mas, novamente, a Livreira não apareceu. Na terceira noite em Nova Orleans — a mesma noite para Cassie —, a Livreira já estava lá quando ela chegou. Sentava-se à mesma mesa onde Cassie a tinha encontrado anteriormente, café e *beignets* à sua frente e um olhar distante no rosto. A mulher nem percebeu sua presença até que Cassie puxou uma cadeira e sentou-se.

— Olá — Cassie a cumprimentou.

A Livreira a observou, inexpressiva.

— Eu me perguntei se veria você de novo — ela disse. Não havia raiva em suas palavras.

— Como tem passado? — Cassie perguntou, embora não se importasse. Na linha do tempo da Livreira, pouco mais de dois meses haviam corrido desde o leilão. Cassie tinha voltado no tempo.

— Estou ótima — a mulher respondeu. — Levando em conta que meu leilão virou o sonho erótico de um psicopata. Levando em conta que aquele animal do Barbary matou meu único amigo verdadeiro. Levando em conta que nem consegui vender a merda do Livro da Dor. Ao todo, foram bons meses.

Cassie ouviu sem tecer comentários.

— O que você quer? — a Livreira perguntou.

— Bem, quero três coisas — Cassie informou. — Em primeiro lugar, quero um café e um *beignet*, porque certa vez me disseram que são ótimos, e tinham razão. Em segundo lugar, quero o Livro da Dor. E, em terceiro lugar, quero sua ajuda.

As sobrancelhas da Livreira se ergueram, incrédulas, mas ela esperou até que a garçonete se aproximasse e anotasse o pedido de Cassie antes de dizer:

— Quer minha ajuda? Tem a audácia de pedir minha ajuda?

Cassie hesitou por um instante, sem compreender.

— Por que, exatamente, seria uma audácia?

— Você ainda está com o meu Livro da Proteção. Nunca me devolveu. Nem me entregou o Livro das Portas.

— Ah, bom — Cassie falou. — Não pude te devolver o Livro da Proteção, não é? Porque você fugiu antes que eu tivesse a oportunidade.

A boca da Livreira formou uma linha apertada de irritação.

— E não vou te entregar o Livro das Portas, porque você não cumpriu sua parte no acordo. Você não teria visto, já que saiu correndo, mas Izzy levou uma bala na cabeça de um homem que estava tentando se defender daquela mulher.

A Livreira desviou o rosto, os olhos indo de um lado para o outro, como se assistisse a uma partida de tênis. A garçonete voltou, e Cassie pegou o café e o prato de *beignets*.

— Relaxa — Cassie disse. — Ela não morreu. Mas não teria como você saber disso, porque você fugiu.

— Certo — a mulher falou, ríspida. — Você já se fez entender. Eu fugi. Fiz o que precisava para sobreviver. E, se não tivesse fugido, aquela mulher teria conseguido mais um livro para a coleção.

Cassie deu uma mordida no *beignet*. Era tão bom quanto ela lembrava.

— Não que ela precise de mais algum livro — a Livreira disse, falando mais consigo mesma agora. — As coisas que ela fez. A velocidade. A ferocidade. Você viu o que ela fez com o Okoro. Digo, aquele homem nunca nem respirou sem estragar o dia de alguém, mas ninguém merece morrer daquela maneira.

— Ele não foi o único que morreu — Cassie falou. — No seu leilão.

— Você acha que eu não sei disso?! — a mulher vociferou, a voz amarga. — É só no que consigo pensar. Eu estava tentando sair desse ramo, e tudo que fiz foi trazer o desastre sobre minha própria cabeça. Bem, não mais. Não quero ter mais relação alguma com esses livros amaldiçoados.

— Encontrou a religião? — Cassie perguntou, erguendo a sobrancelha, cética.

— Sua pergunta pressupõe que eu a perdi em algum momento. Não fique aí me julgando, jovenzinha. Não sabe nada a meu respeito ou da minha vida. Não vou me desculpar por nada que fiz.

— Não vim atrás de desculpas — Cassie garantiu. Ela tomou um gole do café. Estava escuro e amargo, o perfeito parceiro de dança para o *beignet* doce e amanteigado.

— Sim, você já disse. Café, *beignets* e minha ajuda. Que ajuda acredita que posso oferecer?

— Onde está o Livro da Dor? — Cassie perguntou.

— Em um lugar seguro — a Livreira respondeu. — Vou devolver quando receber o Livro da Proteção.

Cassie assentiu consigo mesma. A oferta não era uma surpresa. Ela esperou que um grupo de rapazes barulhentos passasse por elas, cantando algum hino esportivo, lançando breves olhares lascivos para Cassie e a Livreira antes de seguirem em frente.

— Inferno de turistas — a mulher murmurou. — Estão destruindo esta cidade. O Livro da Proteção é meu. Você não tem o direito de ficar com ele.

Cassie sorriu ao tomar outro gole de café, pensando que tinha todo o direito e que o Livro da Proteção pertencia mais a ela do que já havia pertencido à Livreira.

— Não tenho pretensão alguma de ficar com o livro — Cassie falou. — Mas, se o quiser de volta, precisa me ajudar.

— Ajudar você com o quê?

— Eu vou deter a Mulher.

A Livreira a encarou por um instante, e então riu, incrédula. Ela cruzou os braços na frente do peito.

— Você tem coragem, garota, isso eu reconheço. Quer detê-la? Você e o seu Livro das Portas?

— O Livro das Portas não é o único que tenho — Cassie retorquiu. — E não estou sozinha. Mas existem algumas coisas que eu não tenho e que você pode me fornecer.

— E o que seriam?

— Preciso de outro leilão. Preciso atrair a atenção dela. Ela apareceu no último. Já se perguntou como ela ficou sabendo?

A Livreira deu de ombros.

— Não é exatamente um segredo. Eu envio uma notificação a todos. Quanto mais pessoas sabem, mais pessoas aparecem.

— Ela não me parece o tipo de mulher que tem muitos amigos.

— Hmmm, bom. Ela provavelmente tomou os celulares de algumas das pessoas que matou. Teria recebido a notificação desses aparelhos quando nós as enviamos.

— Então ela vai ser notificada de novo, se você organizar outro leilão. Principalmente se quiser os livros.

— Que livros? — a Livreira perguntou, e, apesar de tudo que a mulher havia dito, Cassie viu uma fagulha de interesse ali.

— A Biblioteca Fox — Cassie respondeu, e as sobrancelhas da Livreira se ergueram de surpresa.

— Você a encontrou?

— Eu sei onde ela está.

— E vai usá-la como isca? Perdeu essa sua cabecinha branca? Vai dar a ela a oportunidade de acrescentar a Biblioteca à coleção dela?

— Preciso garantir que ela vai aparecer — Cassie disse. — É o maior prêmio de todos.

A Livreira balançou a cabeça.

— Está me fazendo perder a vontade de comer meus *beignets*.

— Você não precisa estar lá — Cassie a tranquilizou. — Só precisa definir a hora e o lugar e mandar a notificação quando eu avisar. Nós cuidamos do resto.

— Nós? — a mulher perguntou. — Quem está na sua gangue? Sua amiga Izzy, a que fala mais do que a boca? Ou o grandalhão? Ou Drummond Fox, que fugiria do próprio reflexo?

— Você julga muito as pessoas.

— Tive bastante experiência me decepcionando com elas.

— Você parece muito mais... insegura do que da última vez que conversamos — Cassie observou.

— Insegura — a Livreira repetiu. Então, deu um sorriso apertado. — Taí algo que ninguém nunca me disse.

— Você me ajuda, eu te devolvo o Livro da Proteção. Dou minha palavra.

— Ah, bom, se eu tenho sua palavra...

Cassie comeu o segundo *beignet*, fazendo uma pausa para apreciar os arredores. Outras pessoas estavam na cafeteria: um casal de meia-idade que pareciam turistas, um casal de mulheres mais jovens que estavam acabadas, como se estivessem tentando combater uma ressaca com café e açúcar. As garçonetes estavam ao lado do balcão, conversando entre si em voz baixa.

— Certo — a Livreira disse, por fim. — Quando quer fazer esse absurdo? E onde?

— Ainda não sei quando — Cassie admitiu. — Mas sei onde. Quero fazer no mesmo lugar que você organizou o último.

— No meu hotel? — a mulher perguntou. — Em Nova York?

— Por que não? — Cassie disse. — É um hotel. Tem bastante portas lá.

O PLANO, PARTE CINCO (1)

Em um lugar esquecido na cidade de Nova York, Cassie aguardava a Mulher. O salão de baile ainda tinha cheiro de umidade, apesar de meses terem se passado desde o leilão, e mais algumas semanas desde que Cassie havia retornado à realidade, voltando do local em que estivera, o lugar onde havia criado os livros. E o salão continuava em desordem, com espelhos despedaçados e vidro por todo o chão, manchas de sangue na parede. O candelabro suspenso era um fragmento de sua antiga forma, a luz que lançava muito reduzida e se esforçando para alcançar os cantos do cômodo. Velas haviam sido acesas e posicionadas nas beiradas do lugar, apenas para oferecer um pouco mais de iluminação, mas a luz delas dançava e tremeluzia. O salão de baile era um lugar de sombras agora, de cantos ocultos e ameaça, não mais o domínio cintilante de dança e risos.

Cassie estava sentada, as pernas cruzadas, na plataforma no extremo do salão, em frente ao espelho que conduzia ao quarto do pânico e à rota de fuga da Livreira, relembrando os anos que tinha passado com o sr. Webber enquanto esperava. Aquilo lhe parecera um suplício a princípio, uma punição, talvez, mas agora ela se lembrava daqueles dias com carinho. Sempre os levaria consigo, como uma época em que havia se sentido segura e protegida, quando fora capaz de desfrutar das pequenas coisas. Ela se perguntou, então, se as vivências sempre seriam melhores em retrospecto, em forma de lembranças. Seria possível aproveitar verdadeiramente algo no presente?

Ela pensou em Izzy, em tudo pelo que a tinha feito passar. Cassie sentia muita culpa a respeito disso. Algumas horas mais cedo, no período ocioso em que esperavam que a Mulher chegasse, Cassie tinha sentado junto de Izzy no bar do hotel, cercado por copos e garrafas vazios, o detrito dos últimos dias delas no local.

— Não quero que você fique aqui — Cassie tinha dito, sem encarar Izzy. — Não posso colocar você em risco.

— Sei que é mais velha do que eu agora, mas não manda em mim — Izzy havia respondido. — Eu vou aonde quiser. E quero estar aqui.

— Essa briga não é sua. Eu impus tudo isso a você. Você me falou para parar.

Izzy tinha dado de ombros.

— Tem razão. Mas, mesmo assim, não vou a lugar algum. Não sou sua amiga só porque você sempre faz o que eu peço. E não vou parar de ser sua amiga por causa de tudo que aconteceu.

— Pode fazer uma coisa para me ajudar, então? — Cassie tinha perguntado, e Izzy, estreitado os olhos, desconfiada. Cassie colocou a mão no bolso e passou um livro para ela. — Preciso garantir que ela não pegue isto. É o Livro da Proteção. Se ela colocar as mãos nele, nada vai poder detê-la. Pode levá-lo para outro lugar, mantê-lo seguro? Desse jeito, pelo menos, se algo acontecer conosco, vou saber que ela nunca vai pegar esse livro.

Izzy havia pego o livro e corrido a mão pela capa.

— Por que não me entrega os outros livros também? — ela havia perguntado. — Se quer mantê-los seguros, me dá todos.

— Nós precisamos deles.

— Não de todos. Não para derrotá-la.

Cassie ficara em silêncio.

— Ou você só tá me dando isto aqui para me manter segura? — Izzy havia perguntado.

Aceitando que Izzy não iria deixá-la, Cassie perguntou:

— Pode só ficar com o livro? Por favor? Por mim? Eu nunca me perdoaria se algo acontecesse com você. Por favor?

Izzy, finalmente, havia assentido.

— Mas não vai acontecer nada com você também, tá bem? Vamos passar por isso.

Sentada no salão de baile, esperando pela Mulher, Cassie esperava que Izzy estivesse certa.

Um barulho trouxe seus pensamentos vagantes de volta ao foco, e Cassie ergueu os olhos, encarando o lado oposto do salão. O barulho que ela tinha ouvido era uma porta abrindo e fechando, ela tinha certeza. O barulho de alguém chegando.

Cassie puxou o ar, nervosa, o coração acelerado.

— Tem alguém aqui — ela disse para o cômodo. Todos estavam ali com ela (Drummond e Izzy, Lund e Azaki), todos escondidos, invisíveis por mais uma das ilusões de Azaki. Saber que não estava sozinha a reconfortava um pouco. Ela esperava que o fato a ajudasse, se fosse preciso.

Ela deixou a cabeça cair na mão, o cotovelo apoiado na perna, o rosto propositalmente inexpressivo enquanto o estômago dava piruetas.

Ela esperou, e nada aconteceu por alguns momentos. O prédio, de repente, estava muito silencioso, como se as paredes em si estivessem segurando a respiração.

Então, a névoa apareceu, tentáculos enroscando-se e adentrando o salão de baile, como serpentes. Eles giraram até formar uma parede de névoa, separando o salão da entrada, e então se abriram, como cortinas, exatamente como da última vez que a Mulher havia chegado, e ela passou pela lacuna, entrando na pista de dança. Mais uma vez, estava usando a saia preta em camadas e o corpete branco. A saia se arrastava ao redor de seus pés, dando a impressão de que ela estava em pé em uma poça de sombras. Em uma mão, ela carregava uma bolsinha pelas alças, o objeto balançando ao lado de suas pernas, e segurava o Livro da Névoa na outra.

A Mulher correu os olhos pelo cômodo e os pousou, então, em Cassie.

— Você precisa arranjar um truque novo — Cassie disse, indicando a parede de névoa atrás da Mulher.

A Mulher devolveu seu olhar, sem nenhuma expressão no rosto.

— Está se perguntando cadê todo mundo? — Cassie indagou.

Ela saltou da plataforma e deu alguns passos adiante para encarar a Mulher do outro lado da pista de dança.

— Não tem mais ninguém aqui — Cassie falou. — Só você e eu. Ninguém viria a outro leilão aqui, não depois do que aconteceu na última vez.

O queixo da Mulher se ergueu levemente, os olhos se estreitando.

— Eu armei o leilão para trazer você até aqui — Cassie disse.

A Mulher tinha a expressão atenta e cautelosa de um gato que acabara de ver um cachorro que não conhecia.

— Você não é de falar muito, né? — Cassie observou, e ficou surpresa ao perceber que estava com raiva daquela mulher, apesar do medo que sentia. — Mas eu sei que você sabe falar. É só para impressionar, não é? Só para fazer as pessoas pensarem que você é apavorante?

A boca da Mulher se contraiu nos cantos, não exatamente um sorriso, mas talvez um reconhecimento da análise de Cassie.

— Tudo em você é artificial. Até essa névoa quando você entra num lugar. Como se fosse o Drácula, ou coisa assim.

A Mulher ajustou a postura, trocando o peso do pé esquerdo para o direito.

— Você é tudo que existe de errado neste mundo — Cassie continuou. — Tem toda essa magia ao seu alcance, e a usa para quê? Para causar dor e sofrimento. É tudo que você consegue pensar em fazer, quando há tantas coisas incríveis e maravilhosas que poderia fazer em vez disso.

Cassie quase podia sentir Drummond mentalizando que ela calasse a boca, que seguisse em frente com o plano, mas não conseguia se conter. Estava desabafando anos de frustração e desespero.

— Tenho pena de você — Cassie concluiu. — Tenho pena, de verdade.

Então, a expressão da Mulher relaxou, toda a emoção desaparecendo, apenas uma máscara em branco.

— Como deve ser solitário, odiar tudo — Cassie falou, sacudindo a cabeça devagar.

O rosto da Mulher endureceu, a boca se apertando e os músculos do maxilar se tensionando.

— O que vai fazer? — Cassie perguntou. — Vai me triturar, ou arrancar minha pele, ou me queimar com a sua luz?

A Mulher abaixou a cabeça, um predador preparando-se para dar o bote.

— Vá em frente — Cassie desafiou, seu coração acelerado de adrenalina e medo. — Dê o seu melhor.

O PLANO, PARTE TRÊS
— DRUMMOND E CASSIE NAS SOMBRAS

parte mais difícil do plano, aquela que Drummond mais temia (exceto pela parte final), era seguir a Mulher para descobrir o que precisavam. Nas horas anteriores, sozinho no hotel, ele estava andando de um lado para o outro em seu quarto, inquieto, debatendo se o que estavam fazendo era certo ou não. Ele sentia o momento avançando vertiginosamente em sua direção, mas a indecisão o mantinha preso ali, encarando algo que não tinha certeza de que queria fazer.

Foi Cassie que foi atrás dele, batendo na porta de seu quarto alguns minutos antes do horário que tinham combinado de se encontrar no bar do hotel. Quando Drummond abriu a porta, ela estava sozinha ali, linda e desgrenhada com o sobretudo grande que sempre usava, o cabelo preso, deixando o rosto livre.

— Está pronto?

— Não — ele admitiu.

Ela balançou a cabeça, os olhos escorregando para o lado.

— Nem eu.

Os dois ficaram em um silêncio constrangedor por alguns momentos, e então Drummond falou:

— Melhor irmos logo então, antes que nós dois percamos a coragem.

Ele percebeu que queria ser mais corajoso. De uma maneira boba, infantil, queria impressionar Cassie, aquela mulher que havia passado por tanta coisa por ele não ter sido capaz de protegê-la quando Hugo Barbary atacou nem quando a Mulher havia vindo atrás deles no salão de baile, meses atrás.

— É — ela concordou.

Os dois atravessaram o hotel juntos até chegar ao bar, onde Izzy, Lund e Azaki estavam passando o tempo, conversando e inquietos de energia nervosa.

— É agora então? — Izzy perguntou, colocando-se em pé para cumprimentar os dois. Cassie acenou com a cabeça. Drummond observou as duas mulheres se encararem.

— Tome cuidado — Izzy disse à amiga, a puxando para um abraço. — Sei que você é mais velha agora, mas precisa me escutar, senão eu acabo contigo.

Cassie sorriu por cima do ombro de Izzy, então as duas se soltaram, e Izzy voltou o olhar para Drummond.

— E acabo contigo também se acontecer alguma coisa com ela.

— Eu sei — Drummond afirmou, tentando sorrir.

— Tá bem — Cassie disse, tentando esconder a apreensão. — Vamos lá.

Os dois foram até o primeiro quarto no corredor que saía do bar, e Cassie usou o Livro das Portas para abrir a porta, revelando o que parecia ser outro corredor no hotel.

— Passando por aqui, vamos chegar pouco antes do leilão — ela explicou a Drummond. — Pouco antes de ela atacar. Longe o bastante do salão para que ninguém nos veja.

— Certo — Drummond disse. Ele estendeu a mão para Cassie, que olhou para ela, confusa.

— Vou nos levar para dentro das Sombras agora — ele explicou. — Precisa segurar minha mão.

— O quê? Não segurei sua mão da outra vez, quando fomos para a Biblioteca.

— Aquilo foi diferente — Drummond esclareceu. — A Biblioteca em si estava nas Sombras. Nós fomos juntos para lá. Eu vou entrar nas Sombras agora. Se vier comigo, precisamos dar as mãos. E não pode soltar, entendeu?

— O que acontece se eu soltar?

— Você vai cair das Sombras — Drummond falou. — Vai cair de volta no mundo real. — Ele balançou a cabeça, o rosto sério. — Não solte, por favor, não quando estivermos em qualquer lugar perto da Mulher.

— Segura a mão dele, Cassie — Izzy gritou, atrás deles. — Como se fosse seu livro preferido.

— Cala a boca! — Cassie murmurou.

Drummond a observou hesitar, encarando a mão dele como se fosse algo estranho e levemente assustador. Então, ela esticou o braço, e seus dedos se entrelaçaram. A mão de Cassie era fria e macia, e o homem sentiu um arrepio com o contato, inesperado e encantador. Os olhos dos dois se encontraram, e Drummond achou que Cassie tinha sentido o mesmo. Ela parecia um pouco envergonhada, tão envergonhada como Drummond se sentia.

— Que belezinha, vocês dois — Izzy provocou atrás deles, sorrindo.

— Eu disse para você calar a boca! — Cassie vociferou.

— Pronta? — Drummond perguntou.

Cassie engoliu em seco visivelmente e fez que sim.

— Lembre-se, não vamos poder conversar: eu não vou conseguir ouvir você. Vamos apenas ficar juntos, não importa o que aconteça.

Ela assentiu, compreendendo.

Os dois passaram pela porta e entraram no passado, fechando-a em seguida. Drummond os levou para as Sombras, e de repente tudo estava cinzento e surreal, e aquela sensação familiar e agradável de estar flutuando em meio à irrealidade veio à tona.

Eles deslizaram pelo hotel, através de paredes intangíveis e quartos esquecidos, até chegarem ao térreo, onde as pessoas estavam em movimento, silhuetas bulbosas e barulhentas naquele mundo irreal. Drummond estava acostumado à aparência dos humanos nas Sombras, mas se deu conta de que não era o caso de Cassie. Ele olhou para a mulher ao seu lado, e viu seus olhos arregalados e atônitos. Ele puxou sua mão de leve, e ela virou a cabeça na direção dele. Ele sacudiu o queixo: *tudo bem?* Ela fez que sim, assentindo, e voltou os olhos para a cena à sua frente.

Os dois ficaram juntos, de mãos dadas, na lateral do salão de baile, e observaram os acontecimentos de que se lembravam, mas dessa vez vistos como que debaixo d'água, em tons monocromáticos, com os sons abafados e ecoando. Assistiram a pessoas gritarem e morrerem, e assistiram à Livreira fugir. Observaram a Mulher destruir Okoro, e então Diego, que estava com a arma. Viram a ilusão de Izzy, viram Cassie gritar de choque e horror no momento em que achou que sua amiga tinha morrido e, então, a viram fugir pela porta. Drummond observou seu eu prévio, o viu entrar em pânico, viu seus olhos dispararem para os arredores e, por fim, viu aquele Drummond, acovardado, dissolver-se nas próprias sombras, tornando-se nada.

Ele sentiu um puxão gentil. Cassie apontou, e ele seguiu o dedo dela até ver a Mulher, o anjo devastador, saindo do salão de baile. Drummond correu atrás dela, Cassie apressando-se ao seu lado, sua mão na dele, e o homem colocou a mão livre no ombro da Mulher, agarrando-se nela e deixando-se ser carregado com ela pelo saguão de entrada. Não precisavam mais correr. Ele olhou para Cassie, e ela compreendeu, erguendo os pés do chão. Foram carregados com a Mulher para a noite de Nova York, um rastro atrás dela, como uma capa agitada pelo vento.

Ela os levou até um carro. Drummond e Cassie ficaram no banco traseiro, de mãos dadas, como namorados tímidos, enquanto a Mulher dirigia horas a fio pela noite. Em certo ponto, Drummond olhou para o lado e viu que os olhos de Cassie estavam fechados, como se ela dormisse. Parecia tão serena, ele pensou, mesmo enquanto viajavam com uma criatura saída de um pesadelo. Ele deixou que ela dormisse, perguntando-se que tipo de sonhos uma pessoa teria dentro das Sombras, e observou o mundo passar do lado de fora. A viagem foi silenciosa. Nada de rádio, nada de música. Apenas o ronco do motor e os olhos da Mulher no espelho retrovisor, erguendo-se esporadicamente para enxergar, através de Drummond, a estrada às suas costas.

Quando o carro parou, Cassie acordou. Olhou para ele, olhos abertos e preocupados nas Sombras, e Drummond tentou apertar a mão dela, tentou tranquilizá-la, embora estivesse arrepiado com o próprio pavor.

Drummond atravessou a porta para sair do carro, puxando Cassie consigo. Havia um bosque por todo lado, e uma casa, barulho e luzes: outro veículo. Cassie e Drummond flutuaram atrás da Mulher, mudamente observando-a convidar os dois homens para entrar em sua casa. Cassie puxou o braço de Drummond para atrair sua atenção e, quando o homem se virou, ela gesticulou com veemência na direção dos outros dois.

O que fazemos?

Drummond deu de ombros e sacudiu a cabeça com tristeza. *Nada.*

Cassie ficou tensa e levou as duas mãos ao rosto, puxando a mão de Drummond junto, até ele resistir. Ela lançou um olhar feroz a ele, que pôde apenas balançar a cabeça: *eu sei.*

Ele a conduziu pelas paredes da casa, seguindo os dois homens, que desciam até um porão.

Drummond posicionou a si mesmo e a Cassie do lado das escadas e esperou, seu estômago transbordando de pavor, como se tivesse acabado de comer demais. Havia um zumbido em suas orelhas que ele percebeu ser o próprio sangue, correndo cada vez mais rápido por seu corpo.

A Mulher direcionou um dos homens até um colchão no canto, e o outro, para o chão frio de concreto. Aquele homem tinha olhos famintos, Drummond via, olhos famintos e cegos à ameaça. Ele pensava estar no controle. Pensava que aquela mulher, pequena e linda, não era um perigo.

E então vieram a incompreensão, o pânico, com o chão o engolindo. Drummond forçou-se a assistir, forçou-se a ver cada segundo horrível em que o homem lutou e esperneou. Ele observou a Mulher, a alegria em seu olhos diante do sofrimento que estava criando. Drummond se obrigou a assistir, porque seria um baluarte, protegendo-o de quaisquer hesitações que tivesse a respeito do que planejavam fazer. Aquela era quem ela era. Era por isso que precisavam detê-la.

Cassie puxou o braço dele, como se tentando fugir, mas ele a segurou, olhando para ela e balançando a cabeça com severidade: *precisamos saber. Não terminamos o que viemos fazer aqui!*

Drummond Fox, sempre fazendo o que precisava ser feito, não importava o preço.

Ele odiou a si mesmo enquanto Cassie tentava se virar, dando as costas para o que se passava no porão.

Então, o homem no chão não era nada além de lábios que se abriam e fechavam e narinas dilatadas, lutando por oxigênio. Drummond viu a boca dele ficar imóvel, viu o homem morrer em sua tumba de concreto, e segurou Cassie próxima de si, o rosto dela em seu peito, as mãos de ambos ainda unidas desajeitadamente entre seus corpos.

A Mulher foi até o colchão, e Drummond avançou alguns passos para observar. Não porque queria. Porque era necessário.

Cassie ergueu os olhos de seu peito e olhou para a mesma direção, no mesmo momento em que o homem no colchão tremeu e derreteu, tornando-se líquido espumoso, seus gritos martelando as Sombras.

Cassie sacudiu a cabeça e se afastou, usando a mão livre para tentar arrancar os dedos de Drummond dos seus. Ela estava gritando silenciosamente nas Sombras: *Não! Não! Não!* E Drummond via que ela estava aterrorizada, angustiada, os olhos indo de relance até o ponto onde a Mulher inspecionava o caos líquido que, momentos antes, havia sido um homem.

Drummond tentou puxá-la de volta, tentou atrair a atenção de Cassie, mas ela estava em pânico, como um animal amedrontado, os olhos arregalados e desenfreados. Ela começou a socar seu peito com o punho fechado, desesperada para se libertar.

E, então, a Mulher se pôs de pé.

E olhou diretamente na direção deles.

O coração de Drummond parou. Ele precisou reunir todas as suas forças para não soltar a mão de Cassie e fugir ele mesmo.

Sentindo algo, sentindo a mudança em Drummond, Cassie parou e seguiu seus olhos até onde a Mulher estava parada. E, de repente, ela também ficou imóvel, como se tivessem acabado de ver um predador, o mundo inteiro congelado, esperando para ver o que aconteceria.

O momento passou, e a Mulher lhes deu as costas. Drummond olhou para Cassie e viu que ela estava chorando, lágrimas de sombra se derramando de seus olhos, mas o pânico parecia ter diminuído. Ela estava observando a Mulher enfaticamente, sem olhar para o colchão.

Quando a Mulher foi até um canto do porão, Drummond avançou alguns passos, seguindo-a. As Sombras e a escuridão dissiparam-se o bastante para que ele identificasse o que acontecia. Havia um cofre ali, no canto do cômodo. Os dois observaram a Mulher abrindo-o, revelando quatro livros no interior. Ela retirou mais livros da bolsa e os colocou junto dos outros volumes. Drummond tentou espreitar através da escuridão, descobrir quais livros ela possuía.

Então, ela fechou o cofre, pôs-se de pé e passou diretamente por eles. O barulho dos saltos nos degraus, conforme ela subia de volta para a área de estar da casa, era um metrônomo lento, e uma eternidade pareceu se passar antes de a Mulher se afastar, a porta do porão fechada às suas costas.

Drummond olhou para Cassie. Ela estava encarando o cofre. Quando puxou sua mão, levou alguns momentos para que ela virasse e o encarasse. Parecia traumatizada. Estava com a expressão vazia de alguém aparecendo no jornal, uma testemunha ocular de um acontecimento terrível.

Drummond apontou para o cofre e mexeu o queixo, fazendo a pergunta: *foi o suficiente?*

Cassie considerou a questão por um momento, inexpressiva, depois assentiu. Havia visto o suficiente. Mais do que o suficiente.

O PLANO, PARTE QUATRO — AZAKI E OS LIVROS

— Sabe qual é o problema de Lund? — Azaki perguntou, balançando o copo alegremente.

— Não — Izzy respondeu. — Diga lá.

— O problema de Lund é que ele acha que ficar calado o tempo inteiro faz as pessoas acharem que ele é idiota. — Azaki encarou Lund, que o observava do outro lado da mesa. O cenho do homem baixou levemente, o mais próximo de um olhar zangado que Azaki já tinha visto em seu rosto. — O que ele não percebeu é que gente idiota não é calada. Os idiotas geralmente são os mais escandalosos.

— Ai, meu Deus — Izzy murmurou. — O que isso diz a meu respeito?

Azaki a observou por um momento, e então riu.

— Sempre existe uma exceção à regra. Porque você, com certeza, não é uma idiota.

— Só escandalosa — Izzy disse, alegre.

— Definitivamente escandalosa — Azaki respondeu, brindando com o ar antes de dar um gole em sua bebida.

Os três estavam no bar do mezanino do Hotel Macintosh. O hotel dava arrepios a Azaki. Ele odiava o lugar, especialmente à noite, quando tentava dormir. Era um lugar vazio, quartos cheios de melancolia e memórias. Mas, de toda a área do hotel, o bar do mezanino era onde o homem se sentia mais confortável. Desde o encontro com Lund e os outros há alguns dias, os momentos em que mais relaxava era quando estava sentado no bar com Lund e Izzy.

Havia sido estranho, encontrar Lund e Cassie de novo, tanto tempo depois de vê-los no Chile. Para Lund e Cassie, quando os encontrou no Parque Bryant, apenas algumas horas tinham se passado desde aquele último encontro. Eles tinham cruzado uma porta no Oregon para chegar ao Chile e retornado para o mesmo ponto depois de convencê-lo de seu futuro. Então, tinham passado por outra porta, junto de Izzy e Drummond Fox, para Nova York, para se reunirem com Azaki, como prometido.

O grupo havia passado a primeira noite em um hotel de turistas insípido em Midtown e, durante a estada, Cassie havia visitado a Livreira no passado e a persuadido a deixá-los usar o Hotel Macintosh, lugar que aparentemente pertencia à mulher. Azaki havia ficado muito animado ao ouvir falar do local, mas decepcionou-se quando cruzaram a cidade e passaram pelos tapumes do velho prédio.

Mas poder conhecer Izzy o tinha animado nos últimos dias. Ele gostava de ficar com a mulher. Lund era uma companhia confortável, como um cômodo calmo e silencioso, onde se podia relaxar. Izzy, em contraste, era a melhor festa da vida de alguém, vivaz, engraçada e linda, e ele adorava tê-la por perto. Cassie também tinha um jeito bondoso, por trás de toda a preocupação e quietude. E Drummond Fox era uma revelação para Azaki, muito mais caloroso do que o tinha imaginado, e com um senso de humor que parecia vir à tona quando o homem relaxava mais.

Na primeira noite no Hotel Macintosh, Azaki e Izzy haviam saído para arranjar suprimentos. Álcool, principalmente, mas um pouco de comida também. Desde então, estavam passando a maior parte do tempo no bar, apenas conversando, bebendo, tentando ignorar o nervosismo e o medo. Às vezes, Cassie se juntava a eles, quase sempre distraída e distante. Drummond aparecia e bebia em silêncio, mas obviamente ouvindo a conversa, como se quisesse estar junto de outras pessoas, mas sem nenhuma necessidade de interagir. Azaki compreendia aquilo.

— Não me dei conta de que você sabia quanto sou esperto — Lund disse, e Azaki o encarou, surpreso.

— Eu não falei que você era esperto — ele corrigiu.

— É mesmo — Izzy concordou. — Ele não falou que você é esperto.

— Eu só falei que você não é tão idiota quanto deseja que as pessoas pensem.

Lund considerou as palavras por um momento, então disse:

— Queria ser esperto o bastante para entender a diferença.

— Você é muito seco — Azaki reclamou, observando-o. — É impossível saber quando está falando sério ou brincando.

Foi quando Cassie e Drummond apareceram, e todos os observaram desaparecer pela porta, indo para o passado.

— É isso então — Izzy disse, depois que os dois sumiram. — Está acontecendo.

— Pois é — Azaki concordou, e percebeu que estava nervoso. A próxima parte cabia a ele. Ele pousou o copo na mesa.

Cassie e Drummond retornaram quase que imediatamente. A porta se abriu, eles saíram aos tropeços, e Cassie a fechou com força. Azaki ficou alarmado com a expressão no rosto da mulher. Seus olhos pareciam ocos, a pele pálida.

— E então? — ele quis saber. Percebeu que estava abrindo e fechando a mão velozmente dentro do bolso, um tique nervoso que sempre lhe acometia na infância.

Cassie passou por ele e se deixou cair em um dos assentos do bar.

— Preciso beber alguma coisa — Drummond falou. — Cadê o uísque?

— Atrás do bar — Izzy disse, mas seus olhos estavam em Cassie. Ela se sentou ao lado da amiga no sofá.

— Traz um pra mim! — Azaki exclamou quando Drummond foi até o bar. O homem ergueu a mão, indicando que tinha ouvido.

Cassie parecia estar organizando os pensamentos.

— O que houve? — Izzy perguntou, obviamente pressentindo que algo estava errado.

Azaki e Lund se entreolharam, e Lund moveu as sobrancelhas para cima e para baixo.

— Não importa — Cassie falou. — Nós vimos a Mulher. Fomos até a casa dela. Estávamos com ela e... ela matou dois homens enquanto estávamos lá. — Cassie balançou a cabeça. — Foi horrível, Izzy.

Izzy estava aflita. Ela segurou a mão de Cassie.

— O que ela fez? — Azaki indagou. Não conseguia se conter. Estava assustado e queria o máximo de informação possível.

Cassie ergueu a cabeça para observá-lo. Parecia estar a quilômetros de distância.

— Ela transformou um homem em líquido — ela contou. — Acho... Acho que ele estava gritando. Mas parecia um gorgolejo, porque ele estava todo líquido. Ai, meu Deus...

Ela deixou a cabeça cair nas mãos. Azaki cruzou os braços, andando de um lado para o outro, inquieto.

— Nunca estive mais certa do que estamos fazendo — Cassie declarou, sua voz soando através das mãos. — Ela é maligna.

Então, ela ergueu os olhos para Azaki.

— Mas encontramos o lugar onde ela guarda os livros. É um cofre no porão, em uma casa em algum ponto ao sul daqui.

— Então vocês conseguem pegá-los? — Azaki perguntou.

351

— Acho que sim — Cassie falou. Ela olhou para Izzy. — Você se lembra daquela primeira noite no Library Hotel? Quando falamos de um ladrão abrindo um cofre?

— Lembro — Izzy disse, um sorriso fraco no rosto.

Drummond voltou com uma garrafa de uísque em uma das mão e cinco copos apoiados contra o peito no braço oposto. Ele serviu doses para todos, que brindaram um ao outro em silêncio e beberam, até Cassie.

— Vamos lá — ela disse a Drummond. — Vamos pegar os livros.

Então, ela olhou para Azaki.

— Está pronto?

Azaki assentiu, mesmo estando nervoso.

— Como funciona isso? — Lund perguntou. Ele apontou para a porta pela qual Cassie e Drummond haviam chegado. — Aquela porta é maior do que a porta de um cofre.

— Não faço ideia — Cassie falou. — Mas vamos descobrir.

Cassie se levantou, limpou a boca na manga da blusa e foi até a porta novamente. Ela segurava o Livro das Portas ao lado do corpo, efervescendo e brilhando, então estendeu a outra mão para abrir a porta. Em vez de um corredor, viram uma parede preta sólida, com o que parecia o interior de um cofre em um nicho quadrado de sessenta centímetros, a cerca de trinta centímetros do chão.

— É esse? — Izzy perguntou.

— É — Drummond falou. — É o cofre dela.

Azaki observou Cassie se esticar e remover os livros. Ela os mostrou para ele, um de cada vez, e Azaki os estudou cuidadosamente.

— Você consegue criar versões deles?

Azaki assentiu. Ele sabia que conseguia, mas também sabia dos limites das capacidades do Livro da Ilusão.

— Mas a ilusão não vai durar para sempre. Horas, talvez. Um dia ou pouco mais se tivermos sorte. E eu vou precisar ficar me concentrando o tempo todo.

Ele desejou não ter bebido tanto nas últimas horas.

— Então precisamos anunciar o leilão — Cassie concluiu. — Para daqui a doze horas.

— Foi o tempo que ela levou no trajeto de volta — Drummond comentou. — Quando estávamos com a Mulher. Ela está a cerca de doze ou treze horas de viagem. Se a Livreira anunciar o leilão, ela vai precisar sair quase que imediatamente.

— Então a ilusão só precisa durar o tempo que ela levar para pegar os livros e sair — Lund disse a Azaki. — Fácil, não é?

Azaki sorriu, soturno, embora soubesse que Lund estava tentando ser solidário.

— É, fácil.

— Estamos prontos para começar? — Cassie perguntou, olhando para cada um deles. — Porque, quando eu anunciar o leilão, não tem como voltar atrás.

— Por que não simplesmente pegar os livros? — Izzy perguntou. — Só pegamos tudo e nos esquecemos dela.

Cassie sacudiu a cabeça.

— Nós já falamos disso.

— Existem mais livros no mundo — Drummond concordou, servindo-se de mais uma dose de uísque. — É melhor que ela desapareça de vez.

Azaki sentiu a tensão no cômodo, uma corda de violão apertada até o limite, pronta para arrebentar.

— Tá bem — Cassie disse. — Azaki, crie as ilusões. E depois eu ligo para a Livreira.

— Deixe o Livro da Névoa com ela — Drummond disse.

— Por quê? — Cassie perguntou.

— Ela gosta de chegar em grande estilo, não é? — Drummond falou. — Se ela tentar criar névoa e não funcionar, ela vai saber que os livros se foram, antes que tenhamos a chance de lidar com ela. Deixe este com ela. Só vamos precisar tomá-lo quando ela chegar aqui.

Azaki assentiu, e Cassie devolveu o Livro da Névoa ao cofre.

Então, Azaki se pôs a trabalhar, o Livro da Ilusão em sua mão brilhando com luz suave. Ele criou simulacros de cada um dos livros que haviam tomado e os depositou no cofre. Deu a eles peso e textura, uma ilusão de substância, magia tanto para as mãos como para os olhos.

— Feito — ele murmurou, mantendo a mente focada nos livros imaginários no cofre. Ele se afastou e foi até o sofá, fechando os olhos para manter o foco. Conseguia *sentir* os livros ilusórios no cofre da Mulher. Ficou apertando o Livro da Ilusão nas mãos, as cores suaves ainda vazando pelas extremidades das páginas.

Ele ouviu Cassie fechar a porta novamente, juntamente do cofre da Mulher.

— Tudo certo? — Cassie perguntou. Então, presumivelmente depois de uma série de confirmações silenciosas, ela disse: — Vou ligar para a Livreira.

Logo tudo vai terminar, Azaki pensou. *De um jeito ou de outro.*

O PLANO, PARTE CINCO (2)

— Vá em frente — Cassie desafiou. — Dê o seu melhor.

A Mulher a observou por um momento, e então sorriu para Cassie.

— É agora que você quer que eu use meus livros? — a Mulher perguntou, inclinando a cabeça levemente. — É agora que quer que eu perceba que meus livros foram roubados?

O cérebro de Cassie congelou.

Seu plano foi subitamente empurrado para fora dos trilhos; seu plano era um trem despencando de uma encosta enquanto a Mulher observava calmamente.

Cassie passou a língua nos lábios, as entranhas fervendo de medo, e a Mulher espiou o interior da bolsa pendurada em seu cotovelo. Ela retirou de lá um livro e o examinou, o rosto inexpressivo. Quase imediatamente, o livro tornou-se insubstancial, apenas a sugestão do objeto no ar. E, então, nada: apenas a mão vazia da Mulher.

Seus olhos voltaram para Cassie.

— Achou que eu não perceberia? — a Mulher indagou, tirando os outros livros, um depois do outro, cada um se dissipando até virar nada com seu toque. — Eu conheço os livros — ela falou. — Conheço a sensação deles.

Cassie estava congelada no mesmo lugar, a Mulher parada entre ela e a entrada do salão.

Ela só está com o Livro da Névoa!, o cérebro de Cassie gritou. Mas Cassie se lembrou do que a Mulher havia feito com Yasmin, a amiga de Drummond, com o Livro da Névoa.

— Contudo, não conheço você — a Mulher disse, os olhos perfurando Cassie. — Não sei quem você é. Não sei como pegou meus livros. Mas vi você com o Bibliotecário. Vi você aqui, no último leilão.

A Mulher avançou alguns passos à frente.

— Diga-me quem você é.

— Não importa quem eu sou — Cassie retrucou, a voz rouca, a mente acelerada, tentando elaborar um plano.

— Ah, importa, sim — a Mulher respondeu. Ela correu os olhos por Cassie, mirando-a da cabeça aos pés. — Vou deixar você viva — ela informou. — Mas você vai desejar ter morrido. Vou fazer você cantar para mim com sua dor. Vou me deleitar com suas agonias, por semanas e meses.

A Mulher deu mais um passo à frente.

— O Bibliotecário está por trás disso — ela falou. — Diga-me, loirinha, onde está o Bibliotecário? Qual era o plano dele? Ele pensou que poderia me deter simplesmente tomando meus livros?

Cassie engoliu em seco, o medo uma pedra enorme e seca em sua garganta. Não conseguia se mexer. Não conseguia pensar.

Então, a Mulher colocou novamente a mão na bolsa, mas dessa vez puxou uma arma, um revólver, a extremidade do cano um imenso buraco preto na visão de Cassie.

— Você acha que eu preciso de livros? — a Mulher perguntou. — Esta é a arma com que matei meu pai. Ele demorou dias para morrer. Arranquei pedaços do corpo dele aos tiros e tratei as feridas para mantê-lo vivo. Eu não tinha livros na época, mas, ainda assim, consegui fazê-lo cantar para mim.

Cassie se viu hipnotizada pelo cano da arma, o olho escuro que a observava.

— Pare.

Cassie olhou por cima do ombro da Mulher. Drummond estava ali, de repente, tendo aparecido do nada, aparecendo detrás do véu de invisibilidade de Azaki, que também estava ali, e Lund, e Izzy, mais afastada. Cassie sentiu o alívio inundar seu corpo.

— Já basta — Drummond falou. Seus olhos foram até Cassie, conferindo se ela estava bem, e então retornaram para a Mulher.

— O Bibliotecário — a Mulher disse. — E... outras pessoas.

Ela sorriu, como se estivesse radiante.

E, então, Lund disparou na direção da Mulher, seu movimento súbito surpreendendo todos ali. Cassie se retraiu, chocada, mas a Mulher era rápida demais. Ela girou e disparou a arma, e Lund foi atirado para trás, como se tivesse levado um soco, caindo no chão com um estrondo.

Imediatamente, Cassie viu três coisas.

Viu Izzy gritar o nome de Lund e disparar na direção dele.

Viu Azaki tremeluzir e desaparecer novamente.

E viu Drummond correndo na direção da Mulher, exatamente como Lund fizera, o rosto contorcido de determinação.

A Mulher mirou e disparou em Drummond, assim como tinha feito com Lund momentos atrás.

Cassie hesitou, incerta do que fazer, e quando decidiu se mexer, correr na direção da Mulher, era tarde demais. A névoa já estava se juntando ao seu redor.

Drummond não parou de correr, e nenhuma bala pareceu atingi-lo, e Cassie viu os olhos da Mulher se estreitarem, surpresos, ao mesmo tempo que a névoa ficava mais densa.

Ela tentou se mexer, mas era como empurrar lençóis, travesseiros, conforme a névoa engrossava.

— Drummond! — Cassie gritou.

Então, a névoa desapareceu, o ar subitamente nítido e limpo, e, à sua frente, Azaki estava agarrando o punho da Mulher, tendo surgido do nada e arrancado o livro dela. E, enquanto ela olhava na direção de Azaki, Drummond a havia alcançado e agarrado a arma com as duas mãos.

— É difícil atirar em uma pessoa que tem o Livro da Sorte — ele disse a ela. — Para minha grande satisfação.

A Mulher gritou, furiosa, saliva voando de sua boca enquanto Azaki e Drummond puxavam as armas de suas mãos, dois homens facilmente superando uma mulher pequena.

— O que você é, sem os seus livros? — Drummond perguntou, afastando-se alguns passos junto de Azaki. — O que você é, sem nenhum de seus poderes?

A Mulher não respondeu.

Dos fundos do salão, Izzy gritou:

— Cassie, ele tá ferido. Ele levou um tiro!

— Estou bem — Lund grunhiu, a voz fraca.

— Você não é nada de especial, no fim das contas — Drummond disse, sem tirar os olhos da Mulher.

— E é menor do que eu pensei — Azaki observou. — Não acredito que tive medo de você por todos esses anos. — Ele olhou para o Livro da Névoa que segurava nas mãos.

— Você matou meus amigos — Drummond continuou, o rosto sério. — Eu estou fugindo de você há uma década. Minha biblioteca...

A Mulher inclinou a cabeça, interessada.

— Eu estou longe da minha biblioteca há muito tempo, só para protegê-la de você.

Drummond ergueu a arma e a apontou para a testa da Mulher.

— Por que simplesmente não atiro em você agora e torno o mundo um lugar melhor?

— Não — Cassie disse, a voz suave.

Ela se aproximou e colocou a mão no braço de Drummond, forçando-o a abaixar a arma, forçando-o a olhar para ela.

— Foi ela que trouxe o revólver aqui — Drummond protestou.

— Eu sei — Cassie disse. — Mas você não é um assassino. Não é esse o caminho.

Os três olharam para a Mulher em silêncio, e ela os encarou de volta, desafiadoramente.

Cassie ouvia Izzy falando com Lund, o tranquilizando. Não tinham muito tempo, ela sabia. Não sabia a gravidade do ferimento de Lund, mas precisavam conseguir auxílio médico para ele.

— É hora de você dar um passeio — Cassie disse à Mulher. — Quero te mostrar o Livro das Portas. — Ela puxou um livro do bolso, e a Mulher o observou como se fosse alguém faminto, e o livro fosse uma refeição. — Quero te mostrar o nada e lugar nenhum. Quero te mostrar de onde os livros vieram.

A Mulher ergueu as sobrancelhas.

— Eu já estive lá — Cassie contou. Ela sacudiu a cabeça, devagar. — Você não vai sobreviver. É um lugar onde humanos não podem existir. Vai te despedaçar.

Drummond enfiou a arma no bolso, e Azaki jogou o Livro da Névoa no chão, e os dois se aproximaram da mulher, um em cada braço, planejando carregá-la até a porta na lateral do salão, onde Cassie revelaria o nada e lugar nenhum. Mas, antes que pudessem segurá-la, a Mulher colocou as mãos em sua saia, as palmas tocando as penas negras.

Azaki a alcançou primeiro, segurando seu braço, e ela baixou a cabeça e sorriu para ele, o rosto baixo.

Azaki grunhiu. Sua boca se abriu, e ele soltou um grito terrível que ecoou no salão de baile. Ele caiu para trás, no chão acarpetado, levando as mãos ao rosto, e Cassie viu que a saia que a Mulher vestia estava agora brilhando, pulsando uma luz escura.

A Mulher esticou o braço e agarrou Drummond antes que ele pudesse se afastar, e o homem berrou, um grito agudo e agonizado; seus olhos se reviraram, e ele também caiu no chão, as duas mãos cobrindo o rosto.

Cassie se afastou.

Ela já tinha visto aquilo antes, nas lembranças de Drummond.

— O Livro do Desespero — ela falou.

A Mulher girou no mesmo lugar, dando uma pirueta elegante, como uma bailarina, a cabeça pendendo para trás e os olhos no teto, como se Cassie não estivesse ali.

Cassie olhou mais uma vez para a saia de penas de corvo e viu que não era tecido que estava ali. As penas eram as páginas de um livro, costuradas e formando um traje.

Antes que Cassie pudesse reagir, a Mulher disparou para a frente, sem velocidade sobre-humana, mas ainda mais rápida do que ela tinha esperado, e a agarrou com as duas mãos, um grito retorcido de fúria em seu rosto, e Cassie foi preenchida de desespero.

DESESPERO

N a mente de Cassie, tudo estava perdido. Tudo estava acabado. Não havia esperança. Tinham sido derrotados, e ela mal tinha consciência do próprio corpo ao despencar até o chão, qualquer força e propósito a abandonando.

Não havia cor no mundo. A vida era monocromática e austera. Havia a consciência e, então, a morte, e a consciência era destruída pela inevitabilidade da morte.

Morte.

Seu próprio avô, um esqueleto dentro de pele flácida, com sangue de sua tosse nos lábios. O ar era denso com suor e dor. Cassie estava presa ali, em um quarto sem portas, apenas dor e morte para sempre, e ela chorou, e aquele mundo de desespero desfrutou do som de sua dor.

Então, ela viu o futuro, seu desespero abrindo uma cortina e revelando a ela o que significava seu fracasso. O mundo inteiro estava vazio, cidades silenciosas e campos estéreis. Carcaças de animais caídas em campos lamacentos, onde nenhuma safra crescia. As árvores no horizonte eram mãos erguidas de pavor com o que o mundo havia se tornado.

Este era o mundo que a Mulher tinha criado, e lá estava ela, uma sombra no horizonte, caminhando tranquilamente, radiante em meio à miséria. Ela era uma mancha escura na paisagem, aproximando-se, seus braços abertos ao passear ao longo da estrada. Mas não era uma estrada, Cassie viu. A Mulher caminhava em uma trilha feita de pessoas, todas esmagadas sob seus pés, todas gritando, as bocas escancaradas, para o mundo cinzento. E o mundo já não era silencioso: estava repleto dos sons de dor e agonia.

Aquele era o futuro da humanidade, de todos os humanos. Por causa da Mulher.

Por causa de Cassie.

Por causa dos livros que Cassie criara, em lugar nenhum e em todo lugar.

Cassie chorou, no salão e no mundo morto, onde ela estava dentro de sua mente.

E a Mulher foi atraída pelo som. Olhos famintos percorreram os arredores como holofotes e encontraram Cassie, o ponto onde ela estava encolhida. O sorriso de deleite da Mulher tornou-se uma expressão de escárnio.

Cassie abaixou os olhos, sabendo que a Mulher avançava em sua direção. Ela sabia que a Mulher queria acrescentá-la à estrada de corpos e ossos, à trilha gritante que a carregava pelo mundo. Cassie ficaria presa ali, pela eternidade, apenas uma entre milhões de outros.

No alto, o céu era cinzento e insosso, e pássaros caíam no chão com estrondos, por todos os lados, conforme a Mulher avançava, grasnando e batendo as asas enquanto a dor os agarrava. E abaixo dela, na lama, insetos e vermes contorciam-se e surgiam na superfície, atingidos pela agonia da Mulher passando por eles.

E a Mulher estendeu a mão ao se aproximar de Cassie, a boca escancarada em um grito de puro ódio.

Não poderia haver vida sem dor, sem sofrimento.

Cassie estava gritando, a mão esquelética da Mulher cada vez mais perto, a boca aberta ao tentar despedaçar Cassie com seus dentes escuros.

Não havia nada além do desespero.

E, então, surgiu fogo, súbito, furioso, raivoso e belo, porque era *algo*, algo em vez de ser nada.

FOGO

Izzy estava no chão ao lado de Lund, segurando seu braço, o homem gemendo e se contorcendo. A bala o tinha atingido no abdômen, nas entranhas, e a possibilidade de algum órgão ter sido perfurado, de ele estar sangrando internamente, aterrorizava a mulher.

— Lund! — ela disse. — Fale comigo.

O homem era uma rocha de músculos tensos, os olhos apertados.

— Eu... estou bem — ele murmurou, os dentes cerrados.

Izzy sabia que ele precisava ser socorrido; ela precisava tirá-lo dali. Ao olhar de relance para ver o que estava acontecendo com a Mulher, ela viu, em vez disso, Cassie, Drummond e Azaki no chão, todos gemendo. A Mulher continuava parada a alguns passos de distância, girando no mesmo lugar, o rosto direcionado para cima, para o teto. Ela parecia quase jubilosa com as agonias que a cercavam.

— O quê? — Izzy arfou. Ela não fazia ideia do que estava acontecendo, do que a Mulher estava fazendo, mas viu que a saia dela brilhava.

Izzy olhou mais uma vez para Lund, os músculos do maxilar do homem apertados com tanta força que ela pensou que ele quebraria os próprios dentes. Cassie gritou mais além no salão, e ela ouvia Drummond grunhindo. Azaki estava simplesmente dizendo "não, não, não" repetidamente. Sob o olhar de Izzy, ele se virou até ficar de quatro e bateu a cabeça no chão atapetado, como se tivesse tentando nocautear a si mesmo.

A Mulher se virou, e os olhos se arregalaram ao encarar Izzy. Ela avançou, e Izzy estava congelada, incapaz de se mover, observando o monstro se aproximar.

Então, a Mulher resvalou a mão gentilmente na bochecha dela, e Izzy se retraiu por reflexo. Mas ela não sentiu nada, mesmo quando a Mulher voltou a lhe dar as costas, dando piruetas, como se dançasse uma música que ninguém mais conseguia ouvir.

Izzy se deu conta de que estava segura. O livro que Cassie tinha dado a ela a protegia. Ela o sentiu, então, quente e pesado em seu bolso, um escudo contra o que quer que estivesse afetando seus amigos.

Izzy olhou novamente para a saia brilhante, a Mulher dançando a alguns metros de distância. Prestando mais atenção às penas, ela percebeu que não eram penas. Era por isso que a saia brilhava: era um dos livros. A saia toda era feita das páginas de um livro, costuradas de alguma maneira.

A Mulher continuou dançando sob a luz das velas tremeluzindo, os olhos virados para cima.

Ela não pensou duas vezes em você, Izzy disse para si mesma. *Você não é nada para ela.*

Izzy odiou a Mulher. Ela não passava de uma tirana egoísta. Assim como as crianças que implicavam com ela quando era mais nova, no pátio da escola.

Ela olhou para Lund, para Cassie, Drummond e Azaki. Ela era a única que não havia sido afetada. Era a única capaz de fazer alguma coisa.

Ela olhou mais uma vez para a saia, vendo papel seco e grosseiro em vez de penas, a oscilação das velas atrás. E, então, lembrou-se de algo que Drummond tinha dito a ela certa manhã em Lyon, meses atrás. E lembrou-se de estar sentada na praia com Lund, no Oregon.

Izzy levantou-se e colocou a mão no bolso, procurando o isqueiro que Lund tinha usado para acender a fogueira na praia. Ela acendeu o isqueiro e arremessou-se à frente, colocando-o na barra da saia enquanto a Mulher encarava a direção oposta, olhando para Drummond e Cassie, que estavam mais distantes.

As chamas foram imediatas, incendiando as páginas grossas e secas do Livro do Desespero, e em alguns segundos a peça toda estava em chamas, a Mulher usando agora uma saia de fogo.

Enquanto Izzy se afastava, retornando para Lund, enquanto a Mulher se sacudia de surpresa e gritava, ela viu Cassie sacudindo a cabeça, voltando a si, e Drummond se sentando. Azaki parou de bater a cabeça no chão, e até Lund abriu os olhos para ver o que acontecia.

A Mulher gritou, furiosa, estapeando a saia com as mãos.

— Drummond! — Cassie exclamou, e Izzy viu a amiga correr até o espelho nos fundos do salão, o espelho com a passagem secreta atrás de si. O espelho que também era uma porta.

Do outro lado do salão, Drummond segurava um livro, que estava brilhando. Ele flexionou seu outro braço, e a Mulher foi erguida do chão, uma bola de fogo e fúria no ar. Cassie abriu o espelho e o puxou, revelando um buraco escuro na parede, um retângulo de inexistência, e Drummond lançou o braço na direção dele. A Mulher disparou pelo cômodo, suspensa a um metro do chão, um rastro de fogo movendo-se com o uivo de um animal preso em uma armadilha.

A Mulher desapareceu ao passar pelo retângulo de escuridão, virando-se para encará-los, sua cabeça jogada para trás, como se estivesse caindo de um prédio e o grupo estivesse no telhado, a observando despencar até o próprio fim. Ela estendeu a mão na direção deles ao cair, como se buscando algum suporte. Pareceu desintegrar-se na escuridão, seu berro fraturando-se em mil sons diferentes, e, por fim, nada.

Cassie fechou o espelho com força, e o fogo e o barulho se foram.

Ao lado de Izzy, Lund gemeu e fechou os olhos mais uma vez.

Izzy puxou o Livro da Proteção de seu bolso e o apertou nas mãos dele.

— Vamos — ela disse, lágrimas nos olhos. — Funcione.

Seus amigos correram até eles do outro lado do salão, e Izzy esperava que não fosse tarde demais. Esperava que Lund ficasse bem.

O ÚLTIMO ATO DE
HUGO BARBARY (2002)

No passado, o homem que por muitos anos fora conhecido como doutor Hugo Barbary estava sentado na beirada do espelho d'água em frente ao Radio City Music Hall, na Sexta Avenida. Era noite na cidade, quente, úmida e raivosa, e Hugo Barbary era um debate em forma de homem.

Havia sido atirado mais uma vez no passado por Cassie, através de uma porta do salão de baile. Julgando por quanto foi capaz de decifrar, quando não estava distraído pela tempestade em sua mente, havia voltado muitos anos. Talvez vinte. Não tanto quanto da última vez, mas era o passado, sem dúvida.

Ele estremeceu e grunhiu, sentindo a dor contorcendo-se em seu crânio.

Aquela mulher, a Livreira, lhe fizera algo, ele sabia. Ela tinha usado o Livro da Dor e deslocado alguma coisa dentro dele. Desde então, não se sentia normal. Havia caminhado sem rumo assim que chegou ao passado e sabia que se parecia com qualquer outro velho maluco nas ruas de Manhattan. Havia dado por si na Sexta Avenida e parado ao lado do espelho d'água, simplesmente tentando se acalmar.

Ele se sentia alternadamente furioso e exultante, entre agonia e deleite. Ele era duas pessoas que brigavam entre si. O Livro da Dor havia libertado toda a sua turbulência, as lembranças e experiências de sua infância que tinham-no tornado aquele homem monstruoso. O livro havia *reforjado* sua dor, dando a ela vida e intenção próprias, e, agora, sua dor lutava com ele.

O restante de Hugo, as outras partes dele que já não sentiam dor, pareciam uma parte que estivera adormecida há décadas. Ele retinha todas as suas lembranças, todas as vivências, mas era uma pessoa diferente, um homem horrorizado e apavorado pelas coisas que tinha feito antes de a Livreira tê-lo mudado com o Livro da Dor.

Na noite barulhenta de Nova York, os olhos ofuscados pelas luzes e pelos faróis fortes, Barbary atirou a cabeça para trás e grunhiu, e alguns turistas sentados por perto na beirada do espelho d'água lançaram olhares nervosos para ele e afastaram-se disfarçadamente.

A dor estava viva e tentando recapturar Hugo, mas ele não queria aquilo. A parte dele que outrora havia sido um garoto, que havia sido inocente antes de ser ferido, resistia. Ele gritou entre dentes cerrados, agarrando a beirada de concreto com as duas mãos, o pescoço tenso. Seu grito morreu no céu acima dele, engolido pelos sons de buzinas dos veículos e pelo ronco dos metrôs abaixo da Sexta Avenida.

Ele pensou que tinha acabado, pensou se sentir melhor por um momento, e começou a relaxar, mas então a dor voltou. A dor era algo físico, e Hugo Barbary estava carregando o Livro da Saúde, que trabalhava para removê-la dele, como se retira veneno de uma ferida, ou uma farpa enterrada na pele há muito tempo, e, de repente, a dor se esvaiu dele em um golpe, algo tenebroso, intangível, que explodiu de sua boca e pairou no ar, escondendo-se na poluição e na escuridão da noite.

Hugo, súbita e imediatamente, estava liberto. Sua mente estava límpida, suas agonias desaparecidas, e ele olhou ao redor com olhos arregalados e cheios de deslumbramento. Pela primeira vez em sua vida, ele viu, de fato, o mundo à sua volta, as cores, a vida, a atividade, e o mundo lhe era maravilhoso.

Ele se pôs de pé abruptamente, tomado de repente pela sensação de oportunidade e possibilidade. Era um homem velho, mas carregava consigo o Livro da Saúde e o Livro dos Rostos. Tinha muitos anos à sua frente, e muitas maneiras de passar o tempo. Ao caminhar para o sul na Sexta Avenida, os olhos brilhando e um sorriso no rosto, ele decidiu que já não era doutor Hugo Barbary. Aquele era um nome que outro homem havia escolhido para ele, para transmitir certas ideias. Nunca havia sido seu nome verdadeiro. O homem que fora Hugo Barbary pela maior parte da vida decidiu que assumiria outro nome a partir de então. Ele não sabia qual, mas tinha bastante tempo para decidir.

A dor de Hugo Barbary pairou no ar, na noite quente de Nova York. Ela flutuava acima do trânsito e das pessoas, despercebida. Mas aquela dor havia sido criada por um livro especial, uma dor que, se não inteiramente viva, ainda assim possuía intenção, determinação.

A dor aguardou, mas sem consciência do que estava esperando.

Esperou até que uma jovem família passou por ela, a família Belrose, que passava as férias em Nova York pela primeira vez, desfrutando das atrações e das luzes brilhantes. Estavam sentados lado a lado no espelho d'água, dividindo M&Ms e uma Coca-Cola que tinham acabado de comprar, e então a filha pequena, Rachel, se afastou da mãe e do pai, que estavam falando de coisas adultas chatas, e vagueou pela beirada do espelho d'água, tentando se equilibrar, brincando consigo mesma que poderia cair e se molhar.

Ela ficou parada ali, na esquina da Sexta Avenida com a rua 49, olhando para o Rockefeller Center, para os outros prédios imensos por todos os lados. Rachel estava muito empolgada por ter saído do campo, do chalé velho onde moravam. Ela achava que não ia conseguir dormir quando voltassem para o hotel: ficaria acordada ao lado da janela a noite inteira, observando as pessoas e os veículos. Em casa, ela não conseguia ver nada de seu quarto, só escuridão e árvores. Era muito entediante.

Ela olhou para os pais, então, que se levantavam, conferindo se não tinham deixado nada para trás.

— Vamos, Rachel! — seu pai chamou, sorrindo.

Ela deu uma última olhada ao seu redor, pulou da beirada do espelho d'água e, quando o fez, foi tomada pela dor de Hugo Barbary. A dor a engoliu, ou foi Rachel que engoliu a dor, e a garota caiu com as mãos e os joelhos na calçada.

Por alguns momentos, ficou imóvel, somente encarando o concreto entre seus dedos. Então, de repente, sentiu-se cheia, de maneira *desagradável*, e sua cabeça parecia estranha. E ela se sentia... diferente.

— Querida! Rachel?

Era seu pai, ela sabia, e o som da voz dele a irritou imediatamente, de uma maneira que nunca tinha acontecido antes.

Ela ficou de pé e viu os pais a procurando, como se ela não fosse capaz de fazer nada sozinha.

Rachel foi até eles e viu o alívio em seus rostos, o que a fez sentir desprezo.

Então, outra parte dela — a parte que havia sido Rachel, antes de ter pulado, poucos momentos atrás — se questionou por que estava pensando tais coisas.

A parte que era Rachel ignorou os sentimentos estranhos e apressou-se a ir atrás dos pais.

Mas, com o tempo, depois de voltarem para casa de Nova York, a parte que era Rachel se tornaria cada vez mais calada, cada vez mais desalentada com o que estava acontecendo. Depois de um tempo, ela se retrairia e, por fim, seria trancafiada em algum lugar dentro de si.

A dor assumiu o controle dela. A dor vivia no corpo de Rachel.

E a dor se lembrava dos livros, dos livros que a tinham criado. E ela os cobiçava.

Parte Sete:
COMEÇOS E FINAIS

A BIBLIOTECA FOX

Na Biblioteca Fox, tudo era escuro e insubstancial, descolorido de uma maneira que fazia Cassie relembrar o que tinha visto em seu desespero. Eles ficaram parados em silêncio, um grupo de sombras em um espaço escuro, enquanto a silhueta que era Drummond, mais uma vez, jogava uma página do Livro das Sombras para fora, para o dia. Então, as cores inundaram seus arredores, assim como havia acontecido da última vez que Cassie visitara a Biblioteca. A Biblioteca Fox já não era a Casa das Sombras, era uma construção real e sólida, repousando em uma colina no noroeste das Terras Altas escocesas.

— Uau! — Izzy arfou.

Eles seguiram Drummond até o pátio em frente à casa, esmagando o cascalho sob os pés. Diferentemente da última visita de Cassie à biblioteca, o céu estava azul e límpido, a luz do sol dourada e quente, apesar do vento frio.

— É tão bom respirar ar puro — Azaki murmurou, estreitando os olhos sob a luz do dia. — Ar sem cheiro de móveis velhos.

— Onde estamos? — Izzy perguntou, e Drummond explicou a ela.

O grupo ficou parado em frente à casa por alguns momentos, apenas aproveitando o ar e o silêncio. Lund ficou afastado em um canto, o Livro da Proteção em sua mão. Cassie cutucou Izzy e indicou a direção do homem enorme com a cabeça. Izzy foi até ele, segurando seu braço.

— Como você está? — ela perguntou.

— Bem, por ora — ele disse. — Acho.

O Livro da Proteção parecia ter interrompido o avanço do ferimento, qualquer que fosse, que a bala havia feito a Lund, mas eles não sabiam se era um conserto permanente ou não. No salão de baile, Drummond havia dito: "Eu tenho algo que pode ajudar de verdade. Na Biblioteca.".

Então, Cassie havia aberto uma porta, e todos passaram por ela e entraram nas Sombras.

Agora, sob a luz do dia, em frente à casa, Cassie olhou para o outro lado do gramado e viu outro cervo ali, a observando, assim como da última vez. Ou talvez fosse o mesmo. Então, um segundo cervo apareceu ao lado, mastigando preguiçosamente enquanto os olhava.

— Olha — Cassie disse para Izzy, apontando os animais.

O rosto de Izzy se iluminou quando os viu.

— É o Bambi!

— Que tal uma bebida? — Drummond perguntou. — Em algum lugar confortável?

— Sim, por favor — Azaki disse. — Alguma coisa para dar um grau.

Eles voltaram para a casa e cruzaram o corredor, Azaki murmurando, encantado, ao ver as prateleiras de livros que cobriam as paredes. Todos marcharam escada acima, passando pelas janelas altas de vitrais, e Drummond então os conduziu até a biblioteca principal.

Para Cassie, o lugar parecia ainda mais imponente do que em sua visita anterior. Talvez fosse a luz do sol, dourada e suave, alongando-se através da janela saliente, mas o cômodo parecia maior, as cadeiras confortáveis mais convidativas.

— Em casa, novamente — Drummond falou, as palavras saindo em um suspiro de satisfação.

Ele ficou parado por um momento, desajeitado, observando todos encontrarem um lugar para se sentar ou um parapeito no qual se apoiar.

— Essa casa é incrível! — Izzy elogiou, sentada no braço da poltrona em que Lund havia se deixado cair. — Você é dono disso tudo? — ela perguntou.

— Ele é dono das montanhas — Cassie falou, apoiada na janela e contemplando o lago do lado de fora, a oeste da casa.

— E de todos esses livros — Azaki acrescentou. Ele estava sentado na poltrona à frente de Lund, vasculhando a pilha de livros da mesinha de centro baixa. — Presumo.

— Essa é meio que a sua casa dos sonhos, Cassie — Izzy falou. — Um monte de livros. Ninguém dividindo o espaço para te incomodar. — Ela sorriu com a brincadeira, e Cassie fez uma careta para a amiga. Os olhos de Cassie e Drummond se encontraram, e os dois desviaram o rosto ao mesmo tempo.

— É lindo aqui — Azaki acrescentou, esticando o pescoço para apreender a vista da janela. Ele se levantou e foi até o lado de Cassie para observar o dia do lado de fora. Havia alguma coisa naquela luz que fazia com que Cassie se lembrasse de ouro líquido. O vale todo estava banhado nela, as montanhas e o lago.

Drummond sorriu e enfiou as mãos nos bolsos.

— É porque está fazendo sol, o que quase nunca acontece. Espere até estar cinzento, nebuloso e molhado, aí você vai ver que é mais bonito ainda. Vou pegar umas bebidas. Chá e café para todo mundo?

Drummond ouviu os pedidos de todos e saiu do cômodo. Cassie e Azaki vasculharam os livros nas prateleiras, e Izzy foi até a janela para examinar a vista, contando ao restante deles quando via mais cervos. Lund continuou sentado, a cabeça inclinada para trás e os olhos fechados, como se estivesse de ressaca, o Livro da Proteção agarrado na mão e apertado contra o estômago.

Quando Drummond voltou, estava carregando uma bandeja cheia de xícaras. Eles se reuniram em torno da mesa de centro, sentando-se nas cadeiras ou de pernas cruzadas no chão, e Drummond distribuiu as xícaras.

— Trouxe biscoitos amanteigados também — ele disse, colocando um prato com biscoitos na mesa. — Todos deveriam comer. Até você, Lund. Precisamos de energia. Vai te ajudar a se sentir melhor.

Todos pegaram biscoitos e os mastigaram em silêncio por alguns minutos.

— E agora? — Izzy perguntou a Cassie, segurando sua xícara de café entre as mãos.

— Eu não sei — Cassie admitiu. — De volta ao normal, acho?

Todos ficaram em silêncio, contemplando a perspectiva. Cassie ouviu um tique-taque vindo de algum ponto da casa, o ritmo de um relógio de pêndulo preenchendo o silêncio.

— Não precisa ser assim — Drummond disse, olhando para o chão ao falar. — Ainda existem livros especiais por aí. Ainda haverá pessoas usando e abusando deles.

— Aquela mulher, a Livreira, ainda está com o Livro da Dor — Izzy observou.

— O que você está dizendo? — Azaki perguntou a Drummond.

— Bem — Drummond falou, pigarreando em seguida. Cassie achou que ele estava nervoso. — A Biblioteca Fox costumava ser um lugar onde amigos se reuniam e conversavam sobre livros. Eu gostaria de revivê-la. Mas, talvez, nós precisemos fazer mais do que apenas falar sobre os livros? — Ele olhou para Azaki. — Você era um caçador de livros. E Lund ajudou você por um tempo.

— Então... o quê? Quer que a gente continue caçando livros? — Azaki quis saber.

— Por que não? — Drummond disse. — Mas não pelo dinheiro. Pela Biblioteca. Para proteger e preservar os livros.

Azaki ponderou a ideia, dando golinhos em sua bebida.

— Acho uma boa ideia — Izzy disse a ele. — Eu odeio esses livros, preferiria mil vezes que ficassem trancados aqui do que por aí, no mundo.

— Você também poderia ajudar — Drummond sugeriu, olhando para Izzy, depois para Lund. — Vocês dois.

— O quê? — Izzy perguntou. — Eu não posso ajudar. Tenho um emprego lá em Nova York. Ou tinha. Vai que me demitiram... Mas eu tenho um apartamento. Preciso trabalhar para sobreviver.

— Eu vou pagar vocês — Drummond disse. — Vou contratar vocês. A Biblioteca Fox tem recursos consideráveis à disposição. E não podemos deixar que outra pessoa como aquela mulher ou Hugo Barbary coloquem as mãos nos livros. Temos um dever. A Biblioteca já empregou pessoas antes. Não há motivo para não fazer isso de novo. Vou contratar vocês três como pesquisadores. Caçadores de livros. Assistentes de biblioteca. Podem chamar do que quiser. Eu preciso de pessoas com as intenções certas. Pessoas em quem eu posso confiar.

— E seríamos nós? — Izzy perguntou, cética.

— Sim — Drummond falou, a olhando nos olhos. — É o que eu penso. Eu confiaria em todos vocês.

Izzy pareceu surpresa com as palavras de Drummond, até lisonjeada.

— Eu acho uma boa — Cassie disse para Izzy.

— E você? — Izzy perguntou.

— Cassie também — Drummond disse, sustentando o olhar de Cassie, sem desviar o rosto, dessa vez. — Todos vocês.

— Tá bem, tô dentro — Azaki concordou, pegando um segundo pedaço de biscoito amanteigado do prato. — Seria legal fazer algo de positivo, para variar. O que mais eu vou fazer da vida?

— Qual é o salário? — Izzy perguntou.

Drummond riu.

— Eu pago o que quer que você esteja recebendo no momento.

— Só isso? — ela indagou.

— Ela aceita — Cassie disse. — Nós duas aceitamos.

— Lund? — Izzy perguntou.

O homenzarrão assentiu e ergueu o polegar.

— Mas eu gostaria bastante de não ficar com uma bala no estômago por muito mais tempo.

— Ah... — Drummond falou. — Sim. É claro. Eu tenho algo para você. — Ele se levantou e fez um gesto com a cabeça para Azaki e Izzy. — Vocês dois, vão acendendo a lareira, e aí podemos conversar sobre a nova Biblioteca Fox.

— Eu nunca acendi uma lareira — Izzy reclamou.

— Lund — Drummond continuou —, não se mexa. Volto em um minuto. — Ele olhou para Cassie. — Pode me ajudar? — ele perguntou, indicando a lateral do cômodo com um aceno.

Drummond abriu a estante de livros no outro lado do cômodo, revelando a escadaria escondida, e Cassie e ele voltaram a subir os degraus até a sala no topo da torre, com seus armários, papéis e a luz do sol entrando pelas janelas. Drummond puxou o mesmo chaveiro de seu bolso e caminhou ao longo da parede, até o armário de número oito.

— O Livro da Cura — ele disse a Cassie, retirando o volume de dentro do armário. — Ele deve deixar Lund novinho em folha.

— Fantástico.

— Mas tem outra coisa que eu queria mostrar a você — Drummond continuou. Ele foi até o armário número seis e o destrancou.

Ele retirou o livro do armário e foi até a mesa, deixando-o lá. Cassie sentiu um sobressalto quando o viu.

— Esse é o Livro das Portas — ela percebeu, olhando para o mesmo livro que carregava no próprio bolso.

— Sim — Drummond falou. — Ele está na Biblioteca há quase um século, mas não sabíamos o que era. Ninguém conseguiu usá-lo. Veja.

Ele abriu o livro na primeira página, e Cassie viu que não havia texto descrevendo o Livro das Portas, diferentemente da versão do livro que estava com ela.

— Mas é o mesmo livro — Drummond disse. — Foi por isso que fiquei tão surpreso quando você o mostrou para mim naquele dia, em Lyon. Percebi que já tínhamos esse livro, só não sabíamos. É por isso que eu estava tão interessado em quem o tinha dado a você.

— De onde ele veio? — Cassie perguntou.

— Do Egito.

Cassie sacudiu a cabeça devagar, tomando o livro dele. Ao segurá-lo em suas mãos, o objeto ficou quente, brilhando daquela maneira familiar, e então ela viu a primeira página do livro mudar, o texto entrando em foco, as palavras familiares que ela conhecia de seu próprio exemplar.

— Qualquer porta será todas as portas — ela leu.

Drummond sorriu, depois soltou uma risada.

— Continua incrível, mesmo depois de tantos anos — ele murmurou consigo mesmo, observando a página.

— Mas... são duas versões do mesmo livro — Cassie observou, folheando as páginas. O livro que Drummond havia dado a ela era idêntico ao seu. — Como pode?

— Viagem no tempo — Drummond disse. — É o mesmo livro, mas em dois pontos diferentes da própria linha do tempo. Assim como houve duas versões de você no passado. Só havia uma Cassie, mas a sua versão mais nova e a mais velha estavam existindo no mesmo momento, por um tempo.

O cenho de Cassie se franziu ainda mais conforme ela refletia.

— Quando pedi a você que me trouxesse de volta para cá na primeira vez — Drummond continuou —, eu queria ver este livro de novo. Queria confirmar para mim mesmo que era, de fato, o Livro das Portas. Esperei até você ter dormido e subi aqui para checar.

Cassie assentiu, distraída.

— Eu pensei em destruí-lo — Drummond murmurou, e então Cassie olhou para ele. Os olhos do homem estavam fixos no livro. — Mas não pude. Simplesmente não consegui. E eu sabia que, se você tinha uma versão posterior do mesmo livro, eu ainda poderia destruí-la, se fosse necessário, e a outra versão estaria segura aqui na Biblioteca, fora do alcance da Mulher.

— Você não precisa destruir nada agora — Cassie falou. — Com certeza não precisa destruir isto aqui.

— Não — Drummond concordou. — Eu quero que fique com ele. Sinto que o Livro das Portas sempre foi seu.

Ela sorriu, comovida com o gesto. Naquele instante, quis contar tudo para ele, revelar que todos os livros eram dela, mas ainda era algo que parecia grande demais e, talvez, agora, inacreditável demais. Será que ela mesma ainda acreditava naquilo? Suas memórias do nada e lugar nenhum estavam ficando cada vez mais vagas.

— Pegue, por favor — Drummond insistiu, como se achasse que ela estava hesitando para aceitar.

Cassie assentiu e correu o polegar pela capa do exemplar de Drummond do Livro das Portas.

— Esta é a versão do livro que eu ganhei, em Nova York, meses atrás — ela disse, tentando compreender a cronologia em sua mente. — Você me entrega ele agora, e então... — Ela sorriu, porque havia entendido o que precisava fazer. — Eu preciso entregá-lo para o sr. Webber — ela murmurou. — Para ele poder entregá-lo para mim.

— Se você diz... — Drummond falou.

Ela assentiu.

— Vamos descer e ajudar Lund. Depois, talvez, possamos falar do futuro, todos nós.

Cassie sorriu.

— Eu gostaria disso. E amaria ficar aqui. Este lugar parece uma casa para mim. Mas preciso fazer algumas coisas antes.

Ela olhou ao seu redor, para os armários numerados.

— Posso pegar emprestado outro dos seus livros?

A ALEGRIA NO FIM

O quarto estava mergulhado no escuro, pesado com o cheiro de suor, sangue e morte.

Aquela era a casa de Cassie, um lugar que havia se tornado estranho para ela. Havia voltado até lá usando o exemplar de Drummond do Livro das Portas, precisando provar para si mesma que ele funcionava, que era o mesmo livro que possuía.

Seu avô estava na cama, uma figura esquelética, gemendo silenciosamente. Outra Cassie, uma Cassie mais nova, estava jogada na poltrona do canto, exausta. Do outro lado das cortinas, o amanhecer se aproximava, a luz lentamente adentrando o dia.

Cassie foi até a janela e abriu uma das cortinas. Ela viu a oficina do lado de fora, as flores de primavera crescendo na grama comprida na lateral da parede, cores vibrantes na luz da manhã.

— Cassie.

A palavra era um crocitar de agonia. Cassie, à janela, virou-se e viu o avô olhando para ela. Ele sorriu, as bochechas encovadas e a expressão rígida de um cadáver.

Ela sentou-se na cama e segurou a mão dele.

— Eu tive esperanças de te ver de novo — ele confessou.

Ela assentiu, sorrindo.

— Eu queria estar aqui — falou. — Estava dormindo da primeira vez.

Ela olhou por cima do ombro para seu eu mais novo. O avô olhou também.

— Você está exausta. Eu não me importo.

— Não, mas eu me importo.

Seu avô estremeceu, os olhos se revirando. Cassie se lembrou de que nem mesmo a morfina estava ajudando no final.

— Eu queria estar aqui e queria te dar uma coisa — ela contou, nem mesmo certa de que o avô conseguia ainda ouvi-la. Ela tirou o Livro da Alegria. A capa era uma justaposição vívida de muitas cores felizes, como flores de primavera em plena floração. Ela o colocou nas mãos do avô, sentindo a umidade, a ferocidade de seu aperto. — Quero te dar alegria.

Assim que segurou o livro, a atitude do homem mudou, seu rosto relaxando à medida que as agonias o abandonavam, e ele a olhou com olhos límpidos. O Livro da Alegria brilhava intensamente, como fogos de artifício em um céu escuro.

— Cassie — ele falou.

Ele sorriu e virou a cabeça para o lado no travesseiro. Por um momento, ficou apenas observando pela janela.

— Minha oficina — ele disse. — Tantas memórias. Eu amava ter você sentada ali, lendo, enquanto eu trabalhava.

Cassie sentiu lágrimas em seus olhos ao observá-lo recordando-se, a alegria surgindo em seu rosto, como o mais belo nascer do sol.

— Olhe as flores — ele disse, as palavras quase um arquejo de satisfação. — Olhe as cores delas. Tão... vivas e coloridas. Não é lindo? Olhe elas ali, balançando com a brisa.

Ela ficou sentada junto dele por mais alguns minutos, enquanto a manhã nascia em um mundo lindo, incrível, enquanto ele partia, deixando o mundo com alegria, em vez de dor.

E, então, ele se foi, e as cores do Livro da Alegria morreram junto dele.

Cassie se pôs de pé, levando o livro consigo, e deu a volta na cama, retornando para a porta. Sua outra versão continuava adormecida na cadeira, mas logo acordaria e encontraria o avô falecido, e aquele momento a assombraria por muitos anos.

Mas não mais, Cassie pensou.

Aquele era um final, mas era também um novo início para ela, para Cassie.

Ela abriu a porta e deixou a casa pela última vez. Ainda tinha mais um lugar para ir antes de retornar para a Biblioteca Fox, seus amigos e seu futuro.

A MORTE SILENCIOSA
DO SR. WEBBER (3)

Na Livraria Kellner, no Upper East Side de Nova York, o sr. Webber estava sentado sozinho, refletindo sobre a conversa que havia acabado de ter com a versão mais nova de Cassie. Já se aproximava o momento em que ele deveria entregar a ela o Livro das Portas, ele sabia, e se perguntou como o livro entraria em sua vida.

Ele ergueu os olhos da mesa e viu Cassie surgindo pela porta da sala dos funcionários, nos fundos da loja. Era uma Cassie diferente: mais velha, *sua* Cassie. Ela sorriu para ele e levou um dedo aos lábios, apontando então por cima do ombro do homem para a vitrine da loja, onde a Cassie mais nova estava sentada de frente para a janela.

Ele assentiu e devolveu o sorriso, feliz por vê-la mais uma vez. Ela parecia mais leve em seu próprio corpo, o homem pensou.

Ela se estendeu e entregou um livro a ele, um pequeno caderno encadernado em couro. Ele a questionou com um olhar, e ela fez que sim com a cabeça.

O sr. Webber pegou o livro e o examinou, ignorando a maneira com que seu coração parecia estar batendo com mais força do que o normal.

Ele olhou mais uma vez para Cassie, que voltou a assentir, movendo os olhos para a versão mais nova de si mesma, como quem diz: *você entrega o livro para mim.*

Ele concordou silenciosamente também, indicando que compreendia a mensagem. Então, procurou no bolso e tirou sua caneta. Estava ciente de Cassie o observando enquanto escrevia uma mensagem cuidadosa para ela na primeira página, abaixo das outras linhas de texto. Então, fechou o livro e devolveu a caneta ao bolso.

Quando ele olhou novamente para Cassie, ela estava observando sua versão mais nova por cima do ombro dele. Ela o olhou, e parecia triste, ele pensou.

Então, ele sentiu a dor, uma dor súbita e cegante que o fez se sobressaltar em silêncio.

Ele agarrou o peito, vagamente ciente da proximidade de Cassie. Olhou para ela, em agonia, mas compreendendo agora por que a expressão em seu rosto estava tão triste. Ela o abraçou, e, enquanto sentia a consciência escapando, enquanto sentia o abraço próximo da escuridão, Cassie deu um beijo em sua testa, como uma bênção e um agradecimento.

AGRADECIMENTOS

gradecimentos, é? Quem diria que eu escreveria um desses? Estou escrevendo isto quase um ano antes de *O Livro das Portas* sequer ser publicado. Quem quer que você seja, lendo isto aqui, estou falando com você do passado. Olá! Como é o futuro? Obrigado por comprar o livro e se dar ao trabalho de ler estes agradecimentos.

Então, a quem agradecer?

Bem, em primeiro lugar, a meu agente, Harry Illingworth, que me ofereceu um contrato com base em um romance louco e complexo sobre a invenção da viagem no tempo. Aquele livro sucumbiu assim que foi apresentado, e, quando eu apresentei um punhado de outras ideias para o que fazer a seguir, Harry me disse que este livro — *O Livro das Portas* — era o que eu deveria escrever. Cara, ele tinha toda a razão. Suas perspectivas editoriais no primeiro rascunho ("Mais maravilhamento!", "Coloca mais maravilhamento!", "Cadê a sensação de maravilhamento?") também foram perfeitas. Obrigado, Harry, e sinto muito por estragar suas férias com todas os perrengues da entrega.

Agradeço a Helen Edwards, por seus esforços ao vender o livro para outros territórios e me apresentar aos caminhos dos certificados de residência e papeladas de impostos. Nos divertimos pra caramba.

A meus editores — Simon Taylor, da Transworld no Reino Unido (possivelmente o homem mais charmoso que já conheci), e David Pomerico, da William Morrow nos Estados Unidos —, agradeço muito pelo entusiasmo por *O Livro das Portas*, e pela gentileza e paciência que demonstraram com minhas perguntas de novato. Vocês tornaram minha primeira experiência com publicações um completo deleite. As equipes em ambas as editoras foram incríveis, transformando esta pequena história em algo maravilhoso: obrigado a todos pelo cuidado e pelos comentários construtivos.

Ao longo dos anos, muitas pessoas leram coisas que eu escrevi. Agradeço a todos vocês, mas menções especiais a Chris Clews, Pamela Niven e Alison Kerr.

Todos vocês, em um ou outro momento, foram muito além das expectativas, oferecendo comentários detalhados e construtivos.

Obrigado a meu amigo Graeme O'Hara, de Bob's Trainset Productions. Muitos anos atrás, escrevi um roteiro de um curta para ele — sobre a invenção da viagem no tempo —, e ele me disse: "Tem material o bastante aqui para um livro". Ele tinha razão. Eu escrevi aquele livro, e, alguns anos depois, o livro me conseguiu um agente. Sem isso, eu não estaria aqui, hoje, escrevendo estes agradecimentos. Eu lhe devo uns hambúrgueres e umas cervejas, no mínimo, mas você precisa aceitar que *A múmia* é um filme objetivamente excelente. Além disso, não tenho dúvidas de que você vai ficar muito feliz com o retorno de Merlin Gillette nestas páginas.

Uma menção especial a Clem Flanagan, o "justiceiro da caneta vermelha", que me concedeu opiniões editoriais brilhantes em meu romance de viagem no tempo e me fez acreditar que era um trabalho realmente bom e digno de ser enviado a agentes literários. Novamente, sem você, Clem, eu não estaria aqui. Espero que goste de *O Livro das Portas* tanto quanto gostou de "TDWITT".

Quase vinte e cinco anos atrás, arrumei um trabalho como funcionário público do Reino Unido para pagar as contas enquanto escrevia. Desde então, tive o prazer de trabalhar com muitas pessoas incríveis e interessantes, todas elas (incluindo a maior parte dos políticos que conheci) dedicadas a tentar tornar o mundo um lugar melhor. É gente demais para mencionar individualmente, mas agradeço a todos com quem trabalhei ao longo dos anos: vocês fizeram minha vida profissional muito mais prazerosa do que ela poderia ter sido. Em particular, agradeço aos membros do *Lard and Leek Club* dos dias de quiz de variedades; ao BODS (que continua sendo o melhor time do mundo); e ao *Exclusive Pizza Club* (Erin, Cheryl, Felicity, Alex e Fern) pelo apoio mútuo durante a Covid-19 e desde então. Obrigado, também, a Tasmin Sommerfield, por seu entusiasmo com *O Livro das Portas* e pelo apoio nessa loucura de publicação de livros.

Agradeço aos meus pais, por terem me dado o melhor início de vida possível e por, essencialmente, criarem as condições que me permitiram tornar-me um autor. Obrigado ao meu irmão, por me apresentar a Tolkien quando eu achava que seus livros provavelmente eram só besteiras ultrapassadas.

Um salve aos meus sogros, cunhados e todos os parentes e amigos na Malásia, que foram interessados e solidários durante o processo.

Por fim, agradeço à minha esposa, May, por seu amor e apoio constante. Ela insiste que não faz muita coisa, mas, além de revisar e melhorar minha prosa, e das muitas discussões a respeito da possível aparência dos livros especiais, ou os métodos que uma mulher poderia usar para esconder as páginas de um livro especial em sua pessoa, May faz muito mais do que poderia imaginar. Ela é a inspiração para personagens e trechos de diálogos, e minha companheira empolgada nas viagens de pesquisa. Ela acrescentou experiências e memórias à minha vida que embasam tudo que escrevo e, sem ela, duvido que este livro sequer teria sido escrito. Por todos esses motivos, este livro é dedicado a ela, mas talvez principalmente porque ela precisa me aguentar vivendo dentro da minha própria cabeça quase que constantemente, enquanto eu tento construir enredos. (Em breve, o quarto do sabão!)

Agradeço também a Dougal e Flora por me fazerem rir todos os dias. Eles não vão ler isso, porque são cachorros, mas eles vão saber. Cachorros sempre sabem.

Primeira edição (fevereiro/2025)
Tipografias PT serif e Baskerville
Papel de miolo Ivory 65g
Gráfica LIS